KB246304

漢陽

그 곳에서 살고 싶다?

최완기 저

(주)교학사

책 머리에

　서울은 조선 왕조(朝鮮王朝) 500년의 도읍지였다. 조선 왕조는 중앙 집권적 사회를 지향하여 정치, 경제, 사회, 문화 등 모든 활동이 중앙을 중심으로 이루어졌다. 이에 수도였던 한양(漢陽)은 조선 왕조의 정치, 경제, 사회, 문화 등 모든 활동을 주도하면서 그 구심점으로서의 역할을 충실히 했다. 중앙 집권적 사회에서의 수도의 번영은 그 국가의 발전과 긴밀한 관계가 있다는 것이 도시학에서의 일반적 논리이다. 조선 왕조와 한양의 관계는 특히 그러하였다. 결과적이긴 하지만 분명히 조선 왕조는 한양을 중심으로 발전하였다.

　그러나 오랜 역사 속에서 그 역할이 매우 컸던 옛 서울 한양에 대한 연구는 그리 활발하지 못한 실정이다. 특히 각 지역에서 나름대로 특징적인 삶을 영위하게 된 서울의 입지가 구체적으로 해명되지 못하고 있으며 한양이 조선 후기 행정 도시에서 상업 도시(商業都市)로 이행되면서 나타나는 각 지역의 개발 과정과 경제 현장이 진솔하고 소박하게 검토되지 못하고 있는 것이 우리 학계의 현실이라 하겠다. 이러한 문제의 해결은 전적으로 한국 사학계의 책임이건만 지금까지는 오히려 도시학, 지리학, 조경학, 사회학 등 역사학 밖의 분야에서 관심이 제고되고 있는 상황이다. 대도시로 성장한 서울의 뿌리를 올바르게 이해하기 위해서도 조선 시대 한양의 모습, 특히 경제 생활(經濟生活)의 면모를 역사적으로 밝힐 필요가 있다.

　현재까지 조선 시대 서울에 대한 이해를 총체적으로 시도한 연구 성과로는 도시학의 측면에서 손정목의 『조선시대 도시사회 연구』를 우선 손꼽을 수 있다. 이 연구는 1970년대 이래 역사학 쪽에서 전개된 상공업 발달상에 대한 이해를 전폭적으로 수용하면서 도시학적 견지에서 도시 사학의 발전 방향을 나름대로 제시하였다. 그러나 역사적 사실에 대한

2

미시적 검증과 지역 사회에 대한 구체적 해명에는 미흡함이 없지 않다. 그리고 서울의 역사에 대한 체계적 조명은 서울특별시에 의해 방대한 『서울 600년사』 총서(叢書)로 나타났는데 그 방대한 내용은 서울의 발자취를 상세하게 이해시킴에 도움을 주고 있으나, 대부분의 내용이 서울의 역사를 독자적으로 조명하기보다는 한국사의 일환으로 구성하고 있는 아쉬움이 있다. 특히 조선 시대 서울의 발전 과정을 체계적으로, 그리고 역사적으로 이해함에는 큰 도움을 주지 못하는 한계가 있다. 조선 시대 서울의 변화를 사회, 경제적으로 해명하고자 한 연구 성과는 근년에 이르러 주목되고 있는데, 이들 연구에서는 한양의 모습을 조선 후기 사회, 경제적 변동과 관련지어 보다 심도있게 접근시키고 있다.

수도 서울은 조선 후기에 안팎으로 활동성(力動性)을 보이면서 변화하고 있었다. 지금까지 행정 도시의 틀에서 벗어나지 못하고 있던 한양은 이 시기에 이르러는 상업 도시로서의 면모를 분명하게 보여가고 있었다. 상업 도시란 상업적 기능이 농후한 도시를 말한다. 일반적으로 도시(都市)는 비생산 인구가 주민의 대다수를 구성하고 있기 때문에 어떤 도시에 있어서도 상업적 기능이 있다.

조선 초기의 한양이 정치·행정 도시라고 하지만, 주민의 생활 필수품이 공급되어야 했기 때문에 그 곳에서도 제한적이나마 상거래가 행해지고 있었다. 그러나 교환 경제가 발달하지 못했던 조선 초기에는 상거래(商去來)가 주로 왕실·관아를 중심으로 이루어졌기 때문에 당시 한양에서의 상거래는 그리 의미가 없었다. 이러한 상황은 조선 후기에 이르러 크게 달라지고 있었다. 전국적으로 유통 거래가 진전되고 있는 속에서 도시의 성격 자체가 바뀌어져 가고 있었던 것이다.

한양 곳곳에는 기존의 종루 외에 새로운 교역처가 생겨났다. 배오개, 칠패, 용산, 마포 등이 그러한 곳들이었다. 당시 한양은 최대의 소비 도시(消費都市)였기 때문에 전국 각지의 생산물이 집하되고 교역되었다. 한양에서 유통되는 물화는 불편한 교통 조건에도 불구하고 제주도, 울릉도, 평안도, 함경도 등 전국 각지에서 반입되고 있었다. 18세기 후반에는 국내의 상품만이 아니라 외국에서 생산되는 물건도 한양에서 거래되었다. 이처럼 한양이 상업 도시로 변모하면서 한양에서는 화폐 경제가 경제 활동을 지배하기에 이르렀는데, 이에 한양에서는 돈만 있으면 안되는 일이 없다는 말까지 생겨났다.

　본 서(書)에서는 이러한 변화를 계기적으로, 구체적으로 밝혀보고자 한다. 본 서(書)가 의도대로 입증된다면, 이는 서울의 역사뿐만 아니라 한민족사(韓民族史)가 주체적, 발전적으로 해명될 수 있어 한국사의 체계화에 기여하게 될 것이며, 아직도 잔재가 남아 있는 식민 사학의 굴절된 시각을 바로 교정함에 일정한 기여를 하리라고 본다. 나아가 대도시 서울의 오늘이 있기까지의 계기적 성장 과정을 밝힘으로써, 서울 시민으로 하여금 뿌리를 바로 찾게 해 준다는 점에서 의미가 있다고 본다. 서울이란 대도시는 어느 순간에 돌연히 나타난 괴물이 아니다. 인간은 삶의 뿌리를 떠나서는 존재할 수 없다. 서울도 마찬가지이다. 뿌리는 특히 경제적(經濟的) 토양(土壤)에 의해서 가꾸어진다고 할 수 있다.

龜山齋에서
지은이가

차 례

책 머리에 …………………………………………………………………… 1

Ⅰ. 한양 천도와 경제적 성장

1. 한양으로의 천도 …………………………………………… 11
1. 천도(遷都)의 배경 ………………………………………… 11
2. 천도의 과정 ………………………………………………… 16
3. 도읍의 건설 ………………………………………………… 19

2. 상업 도시로의 이행 …………………………………… 24
1. 초기의 경제 정책 ………………………………………… 24
2. 상업 도시로의 이행 ……………………………………… 25

3. 상업 도시화의 입지 …………………………………… 70
1. 사회적 입지 ………………………………………………… 70
2. 경제적 입지 ………………………………………………… 72
3. 정책적 입지 ………………………………………………… 74

Ⅱ. 한양의 지역별 경제 동향

1. 종로와 운종가 …………………………………………… 81
1. 경제 활동의 입지 ………………………………………… 81
2. 농경의 자취 ………………………………………………… 99
3. 제조업의 기지 …………………………………………… 106

5

4. 시전 상업의 발달 ……………………………………………123

2. 중구의 칠패장 ……………………………………………146
1. 경제 활동의 입지 …………………………………………146
2. 농경의 흔적 ………………………………………………157
3. 제조업의 발달 ……………………………………………160
4. 칠패 상인의 난전 활동 …………………………………170
5. 창고의 설치 ………………………………………………183

3. 용산·마포의 유통 기지 ……………………………………190
1. 경제 활동의 입지 …………………………………………190
2. 농경 생활 …………………………………………………208
3. 어로 활동 …………………………………………………216
4. 제조업 ……………………………………………………219
5. 경강 상인과 선상 활동 …………………………………222

4. 동대문 밖의 적전 ……………………………………………236
1. 경제 활동의 입지 …………………………………………236
2. 농경의 본바닥 ……………………………………………241
3. 교통의 발달과 상공업 …………………………………258
4. 목마장의 부지 ……………………………………………261

5. 서대문 밖의 채전 ……………………………………………264
1. 경제 활동의 입지 …………………………………………264
2. 근교 농업의 온상 ………………………………………273
3. 제조업의 현황 ……………………………………………284
4. 상품의 유통 ………………………………………………286

6. 성동 일원의 마장 ……………………………………………290
1. 경제 활동의 입지 …………………………………………290
2. 농경과 양잠 ………………………………………………294

6

   3. 목축업의 본산지 …………………………………………302

   4. 제조업의 연원 ……………………………………………307

   5. 상가의 흔적 ………………………………………………311

7. 성북 지역의 상가 ………………………………………323

   1. 경제 활동의 입지 ………………………………………323

   2. 농경 생활 …………………………………………………330

   3. 제조업 ………………………………………………………339

   4. 누원의 사상 도고 ………………………………………342

8. 송파장의 상인들 ………………………………………362

   1. 경제 활동의 입지 ………………………………………362

   2. 삶의 요람 …………………………………………………370

   3. 벼농사의 고장 …………………………………………377

   4. 어로 활동 …………………………………………………385

   5. 옹기와 벽돌 ………………………………………………386

   6. 송파상의 도고 활동 ……………………………………389

9. 강남과 영등포의 개발 ………………………………403

   1. 경제 활동의 입지 ………………………………………403

   2. 농경 생활 …………………………………………………412

   3. 어로 활동 …………………………………………………422

   4. 제조업 ………………………………………………………424

   5. 유통 경제 …………………………………………………426

Ⅲ. 한양의 상업 도시화와 주변 요인

1. 운송 수단의 발달과 한양 ……………………………435

   1. 조선 초기의 한강과 운송 문제 ……………………435

   2. 경강선의 활동 …………………………………………450

2. 경제 정책의 변화와 한양 ·····································477
  1. 대동법의 특성 ·····································477
  2. 대동법 시행의 의도 ·····························486
  3. 대동법 시행의 결과 ·····························495

글을 마무리하며 ·····································527
參考文獻 ···530
英文抄錄 ···533
찾아보기 ···535

I. 한양 천도와 경제적 성장

1. 한양으로의 천도 / 11

2. 상업 도시로의 이행 / 24

3. 상업 도시화의 입지 / 70

1. 한양으로의 천도

1. 천도(遷都)의 배경

고려 사회에서 조선 사회로의 전환은 단순히 왕조의 교체에 그친 것이 아니었다. 그것은 민족사의 전개에서 볼 때, 정치, 경제, 사회, 문화 등 여러 방면에 걸쳐 커다란 진전을 이끌었다. 조선 왕조는 강력한 중앙 집권 체제를 지향하면서 사회 발전을 추구하였는데, 그 구심점은 수도인 오늘의 서울, 즉 한양이었다. 1392년 새 왕조를 개창한 이성계(李成桂)는 나라 이름을 새로이 정하기에 앞서 고려의 수도였던 개경에서 속히 벗어나고자 수도의 이전을 보다 서둘렀다. 그리하여 계룡산, 무악, 누원, 적성, 임진 등을 후보지로 선정, 친히 답사하기까지 하였는데, 결국 1394년 한양(漢陽)을 새 수도로 정하고 이전하였다.

이성계가 새 왕조를 개창하면서 국호(國號)의 개정보다 더 중하게 여기면서 수도(首都)를 옮기고자 한 데에는 나름대로 이유가 있었다. 이에 대해 그동안의 연구에서는 기존 세력의 근거지인 개경에 대한 정치적 불안과 심리적 갈등, 그리고 풍수 지리설의 영향, 민심의 쇄신 등을 그 이유로써 꼽고 있는데,[1] 타당한 지적이라고 본다.

그런데 이성계가 개경에서 벗어나고자 하였을때, 그는 왜 하필이면 한양을 새 도읍지로 택하였을까? 그 의미는 과연 무엇이었을까? 그것은 과연 합당한 조처였을까? 수도의 선정 과정에는 자연적, 인문적 입지가 충분히 고려되어야 한다. 수도의 번영은 그 국가의 발전과 긴밀한 관계가 있기 때문이다. 결과적이긴 하지만 조선 왕조는 한양을 중심으로 발전하였다. 조선 왕조를 건국한 직후 수도의 선정 과정에서 보인 논의에서 볼 때 한양으로 천도하면서 이를 추진한 세력들은 한양의 입지를 최대한 살리고자 했음을 알 수 있다. 이에 대해서는 지금까지 나름대로 설명이 있었는데 이를 종합해 보면 다음과 같다.

첫째, 정치적 측면에서 공간의 중심성을 고려하여 통치 행정의 효율성에 유의하고자 했고, 둘째, 사회적 측면에서 산수의 길지론(吉地論)이 작용, 국민적 기대에 부응하고자 했으며, 셋째, 문화적 측면에서 일찍이 백제의 도읍지였던 역사성을 고려, 백성들에게 한양의 정통성, 나아가 조선 왕조의 정통성을 심어주고자 했고, 넷째, 경제적 측면에서 수도가 수행하는 기능 및 발전과의 관계성에 주목했는데, 한양은 사회 발전의 토대인 교통, 운송의 요충지였다.

그러면 이들의 근거가 이유있는 것이며, 특히 경제적 측면의 문제를 당시 위정자들이 어느 정도 고려하고 있었는지를 보다 구체적으로 살펴보기로 하자.

(1) 중심성(中心性)의 문제

일반적으로 도회지는 그 자연적 조건 및 인문적 특색에 의해 성립되는데, 그 도회지가 입지할 위치의 중심성도 도회지 성립에 크게 작용한다. 그런데 수도는 다른 도회지와 달리 한 나라의 통치 중심지이다. 따라서 수도의 입지에는 보다 중심성이 강조되고 있다.[2] 특히 중앙 집권적 사회를 추구하고 있는 국가에서는 통치의 영향이 전국적으로 미쳐야 하기 때문에 그 나라의 중앙에 수도가 위치해야 효율적이다. 한양이 수도로 선정됨에는 이 같은 이유가 강조되었다. 조준(趙浚)과 김사형(金士衡)이 한양을 최종적으로 선택함에 있어서도 사방으로 거리가 균등함을 일차적으로 내세웠고,[3] 계룡산 천도를 반대한 하륜(河崙)이 불가한 이유로서 그 위치의 치우침을 지적하였으며,[4] 정도전(鄭道傳) 역시 수도의 입지로서 공간의 중심성을 강조하고 있었다.[5]

한양은 동쪽과 북쪽에 큰 산맥이 뻗어있는 한반도에서 생활 터전을 중심으로 살펴볼 때 거의 중앙에 위치하고 있다.[6] 그리하여 옛 사람들은 부산 천리, 진주 천리, 광주 천리, 의주 천리, 길주 천리라 하여 한양에서 변경 지대까지를 거의 같은 거리로 헤아렸다. 실제의 거리로도 부산까지 약 450km, 목포까지 430km, 신의주까지 500km, 함흥까지 400km 정도였다. 이 같은 공간의 중심성(中心性)에 유의하여 한양으로 수도를 옮긴 조선 왕조는 도로망, 운송망, 통신망을 한양을 중심으로 편성하여 전국을 조직적으로 관장 통제하였던 것이니, 중앙 집권 체제의 구축은 공간의 중심성에 의해 보장되고 극대화 되었다고 할 수 있다.

　물론 수도가 그 국토의 중앙에만 위치하는 것은 아니다. 그러나 수도가 국토의 중앙에 위치했을 때가 그렇지 않은 경우보다 행정의 효율성에 있어서 그 효과가 컸다. 지리학에서는 이에 공간의 중심성을 중앙과 주변 거리의 최소화와 이 결과로 나타나게 되는 최소 총화 거리(最少總和距離)로 표현, 수도가 중앙에 위치하게 되면 영토나 국민을 관리하고 통치함에 있어서 편벽되게 위치하는 경우보다 시간상으로나 비용상으로 월등하게 편리하다고 하였다.[7] 이성계(李成桂)도 이 점에 유의하여 한양으로 도읍지를 정하였으니,[8] 수도의 일차적 기능은 행정의 효율성에 있었다.

(2) 길지론(吉地論)의 문제

　고려의 수도였던 개성, 즉 송도(松都)는 지리 도참설에 의하면 5백 년간의 도읍지로서 그 말기에는 지덕(知德)이 쇠하여 도읍지로 적합하지 않다고 하였다.[9] 지리 도참설이 크게 영향을 끼쳤던 당시에 이성계로서는 이 같은 지리 도참설을 명분으로 하여 고려 왕조의 근거지인 개성에서 벗어나고자 하였다.[10] 그런데 한양은 산수의 배치가 명당길지(明堂吉地)에 매우 부합되고 있었다.[11] 그리하여 고려 중기 이래로 민간 사회에서는 한양에 도읍을 정하면 사방에서 찾아와 조공하고, 국가가 번영할 것이라는 참언이 퍼져 있었다. 이에 도읍지 건설 공사를 진행하던 계룡산으로의 이전도 포기하고, 공간의 중심성으로 보아 거의 하자가 없는 무악도 마다하고 한양으로 도읍을 정하게 되었는데, 그 큰 이유가 계룡산이나 무악이 명당길지에 적합하지 않음에 대하여 한양은 비교적 양호한 산수의 배치를 보여주었기 때문이다.

　한양으로 천도를 주장한 사람들은 한양의 형세가 전형적인 길지의 모습을 띠고 있다고 하였다.[12] 즉, 이성계는 길지론에 의거 중앙에 위치하고 조운이 편한 한양을 새 도읍지로 정하면서 국민적 기대감을 성취시키고, 나아가 자신의 새 사회 건설을 나름대로 추진시키고자 했던 것이다. 현실적으로도 지리 도참설은 당시 사람들의 심리에 크게 작용했다.

(3) 역사성(歷史性)의 문제

　한양(漢陽)은 본래 백제의 도읍지였다. 백제는 678년의 역사 가운데

○ **도성연융북한합도**(都城鍊戎北漢合圖)〈**동국여도**(東國輿圖)〉

475년 간을 송파(松坡)를 중심으로 한 한강 유역에서 번성했다. 그 이전에도 이들 지역에서는 신석기 문화, 청동기 문화가 꽃피었는데, 백제 성립 이후에는 한반도의 정치, 문화의 중심지로서 지역적 위상을 높이고 있었다. 백제는 지역적 기반을 토대로 서해와 남해의 해상권을 장악, 경제적 번영을 누리면서 중국, 일본과 적극적으로 교류하면서 세련된 문화를 과시하였는데, 그 중심지가 한강 유역이었다. 그 후 이 곳은 고구려, 신라가 서로 차지하면서 삼국의 문화가 고루 스며들었고, 그리하여 개방적이고 포용적인 향토 문화(鄕土文化)가 발달하여 고려 시대에도 3경의 하나로 중요시된 지역이었다.[13] 고려에서는 이 곳에 궁궐을 짓고 경역(境域)을 확정하며, 주변 고을의 사람들을 이주시켜 그 위상을 높이면서, 한때 천도가 단행된 바도 있었다.[14]

한양이 이 같은 역사성을 지닌 곳이었기 때문에 이 곳에 수도를 정한다고 해서 백성들이 반발하지 않으리라는 것을 예견할 수 있었다. 오히려 백성들은 한양에 대해 자긍심을 가질 수 있었다. 왜냐 하면 역사와 전통이 있는 곳은 오랜 시간이 경과해도 그 이미지가 백성들 마음 속에 자연스럽게 새겨지고, 그 곳을 정신적 구심점으로 여기게 되기 때문이다. 이에 이성계로서는 지리 도참에 의해서도 길지(吉地)일 뿐 아니라 옛 도읍지라는 특성 때문에 백성들이 쉽게 받아들일 가능성이 큰 한양을 주목하고 선택하게 되었던 것이다.

(4) 관계성(關係性)의 문제

도읍지는 정치, 사상적으로 정신적 지주 구실을 해야 할 뿐 아니라 기능면에서도 효율적이어야 한다. 통치의 중심지이기 때문에 수도는 정치적으로 정치 발전을 주도해야 하고, 사회·경제적으로도 그 국가 발전에 유리해야 한다. 사회·경제적으로 국가 발전에 유리하자면 그 도읍지가 갖는 관계성(關係性)이 양호해야 한다.

지리학에 의하면 도시는 촌락보다도 널리 다른 지역과 정치적, 경제적, 문화적 관계를 가지는 지역적 존재라고 한다.[15] 따라서 도시 발달에 있어서는 국지적인 지형 조건 보다는 그 관계성이 더욱 중요하다고 하겠다. 그것은 관계성이 도시가 수행하는 기능 및 발전과 직접적인 관계가 있기 때문이다. 특히 풍부한 생산 지역을 배경으로 하며, 다른 지역과 쉽게 교류할 수 있는 위치는 도시 발달에서 매우 중요하다. 더구나 전국 지역과의 관계성이 문제가 되는 수도의 입지 선정에서는 특별한 다른 이유가 없다면 그 도시의 관계성이 양호해야 바람직한 도읍지가 될 수 있다.

육로와 수로 교통이 두루 용이한 한양은 이 점에서도 이상적 입지 조건을 가지고 있었다. 더구나 오늘날과 같이 육상 교통 수단이 발달하지 않았던 당시에 있어서는 수로 교통이 큰 비중을 차지하고 있었고, 더구나 국가 재정 수입의 대부분을 이루는 세곡을 운송함에 조운(漕運)이 큰 역할을 하고 있었다. 따라서 전국 각지와 뱃길이 닿는 한강 유역의 한양은 사회·경제적 측면에서도 수도로서 매우 합당한 곳이었다.[16] 위정자들도 이 점을 잘 인식하고 있어 교통의 중요함을 한양 천도의 가장 큰 이유로 제시하고 있었다. 즉 이성계(李成桂)는 1393년 계룡산 신도안에 행차하여 몸소 산수의 형세를 살피면서 호종한 성석린(成石璘) 등에게 조운이 잘 통하는지를 조사하도록 지시하였고, 이어서 무악으로의 천도를 논의하면서도 천도를 주장하는 하륜(河崙)이나 천도를 반대하는 정도전, 성석린 등이 모두 조운을 제1의 여건으로 중요시하였다.[17]

마침내 한양을 도읍지로 정하면서 이성계는 '조운(漕運)이 통하지 않는다면 어찌 도회지라 하겠는가' 하면서 조운이 편한 한양을 주목하였다.[18] 요컨대 한양에 도읍을 정한 것은 국가 운영을 책임진 위정자들에게는 길지론(吉地論)이나 역사성(歷史性)과 같은 상징적 의미와 함께 조운과 같은 현실적 의미로서 보다 인식되고 있었다고 하겠다. 새 왕조를 창건한 조선의 위정자들이 볼 때 당면한 시급한 문제는 이념적 측면에서 정통성의 확보도 중요하였지만, 그보다도 파산 직전의 국가 재정을 이어받은 현실 상황 속에서 우선 국가 운영을 정상화시켜야 하는 것이었다. 그런데 국가 운영의 생명선과 같은 것이 조운로(漕運路)였던 것이다. 이에 이성계는 한양으로 도읍을 옮기기 전에도 조운의 소통에 진력한 바 있었다.[19]

2. 천도의 과정

한양(漢陽)으로의 천도가 제기되고 그 불가피함이 주장되었지만, 그 시행은 쉬운 일이 아니었다. 왜냐 하면 도읍지의 선정은 그 국가의 발전과 긴밀한 관계가 있고, 여러 계층의 사람들과 다양하게 이해 관계가 얽혀 있기 때문에 통치권자가 선호하였다고 해서 쉽게 이루어 질 수 있는 것이 아니었다. 따라서 1392년 7월 17일 개성의 수창궁(壽昌宮)에서 태조(太祖)로 왕위에 오른 이성계(李成桂)가 즉위 1개월도 안 되는 동년 8월 13일에 도읍지를 한양으로 옮기라고 명하였어도, 그것은 즉각적으로 실현될 수 없었다. 『태조실록(太祖實錄)』에는 이러한 천도의 과정이 매우 소상하게 설명되어 있다. 그 사이에 일어났던 상황을 일정한 시각에서 분석하는 것도 의미가 있겠지만, 연대기(年代記)의 사실을 그대로 밝힘도 천도의 과정을 생동감있게 이해시켜 주리라고 본다.

1년(1392) 7월 丙申 태조(太祖), 왕위에 오르다.

1년(1392)　8월 壬戌　태조, 도평의사사에 한양(漢陽)으로 천도할 것을 명하다.

1년(1392)　8월 甲子　이염(李恬), 한양부의 고려 궁궐을 수리하다.

1년(1392)　9월 辛巳　조준(趙浚), 한양 천도를 서두르지 말자고 건의하다.

1년(1392) 12월 甲辰　새 왕조의 이름을 논의하다.

2년(1393)　1월 戊申　권중화(權仲和), 새 도읍지의 후보로 계룡산(鷄龍山) 기슭을 추천하다.

2년(1393)　1월 乙丑　태조, 계룡산의 지형을 살피려고 개성을 떠나다.

2년(1393)　2월 丙子　태조, 계룡산으로 천도할 것을 강력히 희망하다.

2년(1393)　2월 癸未　태조, 계룡산 밑에 이르다.

2년(1393)　2월 甲申　태조, 새 수도 자리의 지형을 둘러보다.

2년(1393)　2월 乙酉　권중화(權仲和), 새 수도의 궁궐, 관아, 시장 자리를 도면으로 만들다.

2년(1393)　2월 戊子　계룡산 밑에 새 수도의 건설을 시작하다.

2년(1393)　3월 己巳　계룡산 새 수도를 중심으로 경기(京畿)를 설정하다.

2년(1393) 12월 壬午　하륜(河崙), 신도안의 형세가 명당(明堂)이 아니라고 하며 반대하여, 새 수도의 건설을 중지하다.

3년(1394)　2월 戊子　태조, 하륜에게 새로운 도읍지를 물색하게 하다.

3년(1394)　2월 癸巳　하륜, 무악(毋岳)이 협착하지만 명당이라고 주장하다. 그러나 서운관(書雲觀)에서는 무악은 도읍지로서는 길지(吉地)가 아니라고 주장하다.

3년(1394)　7월 己亥　서운관, 새 수도의 자리로 불일사(佛日寺), 선점(鐥店)을 천거하다.

3년(1394)　7월 辛丑　도평의사사, 선점(鐥店)은 도읍지로서 불가하다고 하다.

3년(1394)　7월 壬寅　도평의사사, 불일사(佛日寺)도 도읍지로서 불가하다고 하다.

3년(1394)　8월 戊寅　태조, 무악(毋岳)에 이르러 새 도읍지의 가능성을 살피다. 이 때 서운관에서는 무악은 수도가 될 수 없다고 주장하다.

3년(1394) 8월 己卯 태조, 재상들에게 새 도읍지의 후보를 각기 진술하라고 하다.
성석린(成石璘), 부소(扶蘇)가 도읍지로서 적합하다고 하다.
정 총(鄭 摠), 개성(開城)도 도읍지로서 가능하다고 하다.
하 륜(河 崙), 무악(毋岳)이 새 도읍지로서 적합하다고 하다.
정도전(鄭道傳), 무악은 터전이 협착해 도읍지가 될 수 없다고 하다.

3년(1394) 8월 庚辰 태조, 한양(漢陽)의 형세를 살피다. 이때 왕사 자초(自超), 이 곳이 도읍지로서 적합하다고 하다. 여러 재상들도 수도를 꼭 옮기려고 한다면 이 곳이 좋다고 하다.

3년(1394) 8월 辛卯 도평의사사, 한양(漢陽)을 새 도읍지로 결정하다.

3년(1394) 9월 戊戌 신도궁궐조성도감(新都宮闕造成都監)을 설치하다. 심덕부(沈德符), 신도(新都) 건설을 주관하다.

3년(1394) 9월 丙午 심덕부, 정도전, 한양에 이르러 종묘, 사직, 궁궐, 관아, 시전, 도로의 터를 잡고 구획하다.

3년(1394) 9월 己未 태조, 도평의사사에 천도의 시기를 논의하게 하다.

3년(1394) 10월 辛卯 한양으로 천도(遷都)의 길을 떠나다.

3년(1394) 10월 甲午 한양(漢陽)에 이르다.

4년(1395) 9월 庚申 종묘와 새 궁궐이 준공되다.

4년(1395) 9월 甲戌 도성축조도감(都城築造都監)을 설치하다.

4년(1395) 10월 丁酉 정도전(鄭道傳), 새 궁궐의 이름을 경복궁(景福宮)이라고 정하다.

5년(1396) 9월 庚午 태조, 경복궁(景福宮)으로 입어(入御)하다.

3. 도읍의 건설

　한양(漢陽)이 새 왕조의 도읍지로 결정되자, 곧 도읍의 건설 공사가 착수되었다. 우선 국왕이 거처할 궁궐과 행정부의 청사로서 관아가 있어야 했다. 이에 도읍지가 결정된 그 다음 달에 신도궁궐조성도감(新都宮闕造成都監)이 설치되었고, 심덕부(沈德符) 등이 책임자가 되어 일을 추진하였다.[20] 그리하여 궁궐, 관아, 종묘, 사직, 시전, 도로 등의 터가 정해지고, 승려, 농민들이 동원되어 이듬해 9월 총 390칸의 경복궁을 비롯한 여러 시설들이 차례대로 건립되었다.[21] 궁궐 남쪽 큰 길 좌우에는 의정부, 삼군부, 6조, 사헌부, 한성부 등 주요 행정 관아가 세워졌고, 그 후 태종 때는 창덕궁(昌德宮)이 새로이 조성되었으며, 종루를 중심으로 대로변에는 3천여 칸의 시전행랑이 세워졌다. 이로써 한양은 조선 왕조의 수도로서 체모를 갖추게 되었다.

　한양의 핵심적 시설은 궁궐과 관아였다. 이들 시설은 곧 통치 행정의 시설로서, 한양이 행정 도시임을 보여주는 것이었다. 당시에도 상가 시설이 건설되긴 하였지만, 도시 전체로서 볼 때 조선 초기의 한양은 거의 순수에 가까운 행정 도시(行政都市)였다.[22] 한양은 이후 통치 행정의 중심지로서, 조선 왕조의 정치, 경제, 사회, 문화 등 모든 활동이 한양을 중심으로 이루어졌다. 조선 왕조의 최고 통치자는 국왕(國王)이었으며, 정치 체제는 국왕을 중심으로 편제된 중앙 집권 체제를 지향하고 있었다. 따라서 통치의 기본 시설인 의정부, 6조, 승정원, 의금부 등은 국왕이 항시 머물고 있던 한양에 설치되었으며, 전국의 강역과 국민들도 거의 전적으로 한양을 중심으로 관리되고 통제되었다. 수도가 곧 국가요, 국가가 곧 수도였던 것이다.

　통치의 중심지, 행정의 중심지로서 건설된 도읍이었기에 한양은 주민의 대다수가 비생산 인구였다.[23] 당시 약 10만 명을 헤아렸던 한양의 인구는 양반 관료, 아전, 관아에 부속된 노비 등이 주류를 이룬 소비 인구였다. 이들은 정부가 농민들에게서 거둔 조세, 공납의 일부를 급여 받거나 외방 농장에서 추수해 온 곡식으로 생활했고, 도성 안에서의 농경은 원칙적으로 금지되어 있었다.[24] 도성 주변을 둘러싸고 있는 울타리로서의 경기(京畿)와 그 밖의 외방 각 고을들이 수도를 호위하고 보좌하였으

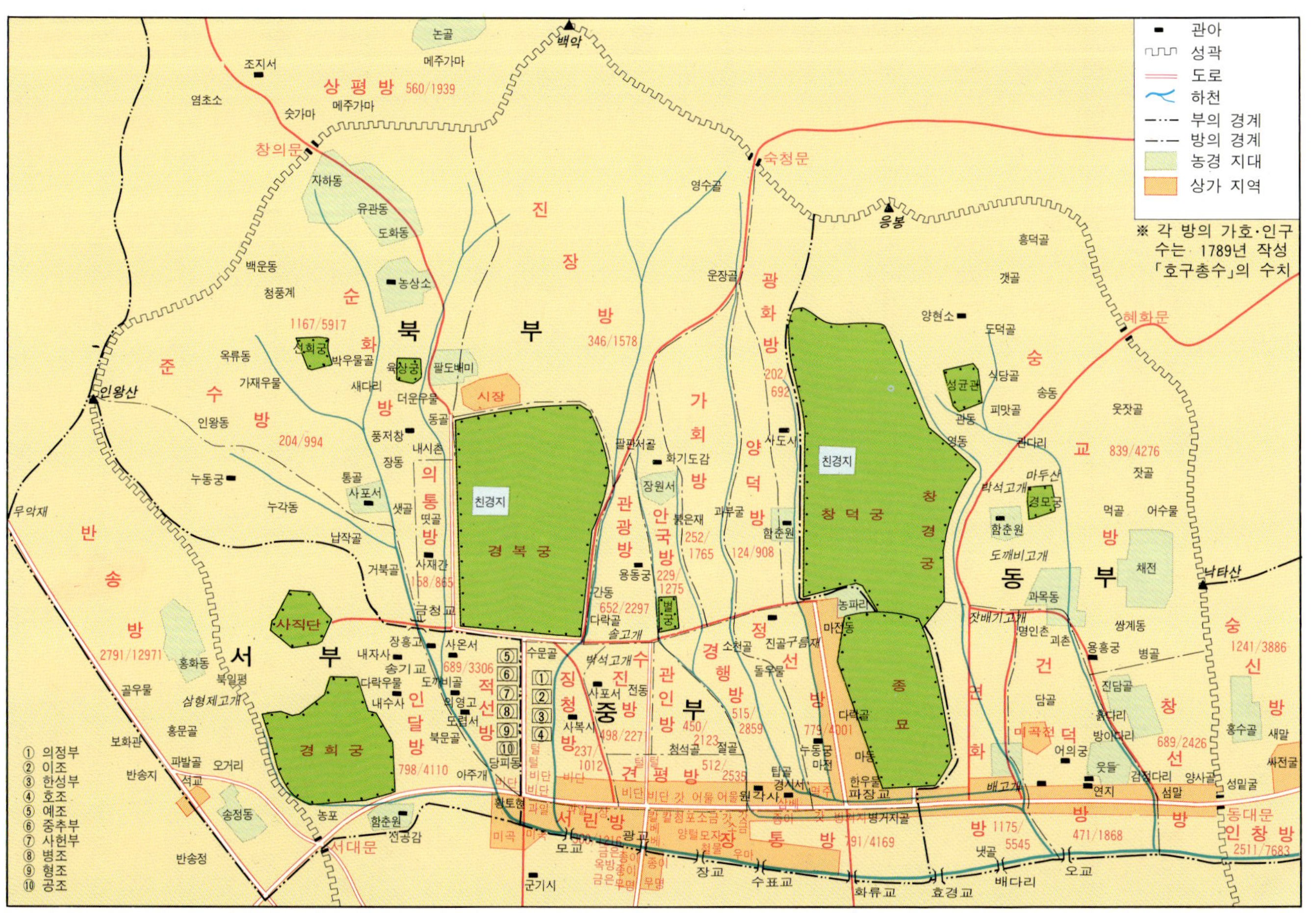
관아
성곽
도로
하천
부의 경계
방의 경계
농경 지대
상가 지역
※ 각 방의 가호·인구
수는 1789년 작성
「호구총수」의 수치
백악
조지서
논골
메주가마
염초소
숫가마
메주가마
상 평 방 560/1939
창의문
자하동
유관동
도화동
진 장 방 346/1578
영수골
응봉
숙청문
운장골
광 화 방 202/692
흥덕골
갯골
양현소
식당골
송동
도덕골
숭 교 839/4276
백운동
청풍계
농상소
순 화 방 1167/5917
옥류동
진희궁
박우물골
육상궁
팔도배미
성균관
피맛골
관동
웃잣골
북 부
준 수 방 204/994
인왕동
누동궁
통골
가재우물
새다리
동골
더운우물
풍저창
내시촌
장동
사포서
샛골
떳골
화기도감
장원서
팔판서골
사도사
가 회 방
양 덕 방 124/908
영동
친경지
창 덕 궁
창 경 궁
마두산
경모궁
함춘원
도깨비고개
먹골
어수물
방
채전
낙타산
누각동
납작골
거북골
사재감
158/865
경 복 궁
친경지
관 광 방
안 국 방 229/1275
용동궁
붉은재
252/1765
과부골
함춘원
간동
652/2297
별궁
다락골
솔고개
농파라
마전동
과목동
용궁골
쌍계동
괴촌
명인촌
잣배기고개
담골
진담골
건 덕 방
숭 신 방 1241/3886
무악재
반 송 방 2791/12971
서 부
사직단
홍화동
북일평
골우물
삼형제고개
장흥고
내자사
송기교
다락우물
도깨비골
영영고
북문골
금천교
사온서
689/3306
도렴서
징 청 방
청 진 방 498/227
적 선 방
인 달 방 798/4110
수문골
벽석고개
사포서
전동
사복사 237/1012
수 진 방
관 인 방 450/2123
절 골 512/2535
소천골
진골구름재
돌우물
정 선 방
경 행 방 515/2859
종 묘
다락골
마전
한우물
파장교
경시서
탑골
누동궁
건 화 방
미곡천
어의궁
웃들
감정다리
양사골
성밑골
새말
689/2426
홍수골
싸전굴
인 왕 산
경 희 궁
보화관
파발골
오거리
반송정
석교
송정동
농포
함춘원
전공감
서대문
군기시
서 린 방
비단 비단갓 어물 어물원 각사
칼칭포소금 갓 소금
망탱모자집
양철모자집
옥빙종이
금은우물 무명
미곡 미곡
모자
광교
천우아
금은종이
장 통 방 791/4169
장교
수표교
화류교
중부
791/4169
냇골
연지
섬말
방 1175/5545
방 471/1868
효경교
배다리
오교
동대문
인 창 방 2511/7683
① 의정부
② 이조
③ 한성부
④ 호조
⑤ 예조
⑥ 중추부
⑦ 사헌부
⑧ 병조
⑨ 형조
⑩ 공조

조선 시대 한성부의 호구 변동

년 도	가호수	인구수	년 도	가호수	인구수
태종 9년(1409)	11,056		영조 47년(1771)	38,497	196,219
세종 10년(1428)	18,522	109,372	50년(1774)	38,531	197,558
14년(1432)	18,830		정조 원년(1777)	38,593	197,957
17년(1435)	21,891		4년(1780)	38,742	201,070
20년(1438)	20,352		7년(1783)	42,281	207,265
선조 26년(1593)		39,931	10년(1786)	42,786	195,731
인조 26년(1648)	16,006	35,569	13년(1789)	43,929	189,153
효종 8년(1657)	15,760	80,572	16년(1792)	43,963	189,287
현종 10년(1669)	23,899	194,030	19년(1795)	43,890	191,501
숙종 4년(1678)	22,740	167,406	22년(1798)	44,945	193,783
43년(1717)	28,356	185,872	순조 7년(1807)	45,707	204,886
경종 3년(1723)	31,859	199,018	헌종 3년(1837)	45,640	203,925
영조 2년(1726)	32,747	188,597	철종 3년(1852)	45,678	204,053
5년(1729)	32,372	186,305	고종 즉위(1863)	45,162	204,624
8년(1732)	35,768	207,733	원년(1864)	47,565	202,639
11년(1735)	33,836	187,756	2년(1865)	46,662	206,980
14년(1738)	35,576	194,432	3년(1866)	45,646	200,059
17년(1741)	34,886	189,985	4년(1867)	45,605	207,271
23년(1747)	34,153	182,584	5년(1868)	45,598	207,206
26년(1750)	34,652	180,090	6년(1869)	45,898	206,967
29년(1753)	34,953	174,203	7년(1870)	45,928	207,062
32년(1756)	38,108	197,452	8년(1871)	46,503	200,804
35년(1759)	36,467	172,166	9년(1872)	46,556	200,819
38년(1762)	39,926	183,782	10년(1873)	45,734	197,377
41년(1765)	39,344	194,634	11년(1874)	45,301	191,445
44년(1768)	38,770	188,884	12년(1875)	45,299	200,951
			13년(1876)	44,607	198,372

18세기 한양의 호구 분포

부방별 \ 호구수	城 內			城 外		
	방	호수	인구수	방	호수	인구수
中 部	貞善坊	779	4,001			
	寬仁坊	450	2,123			
	堅平坊	512	2,535			
	瑞麟坊	300	1,216			
	長通坊	791	4,169			
	壽進坊	498	2,271			
	慶幸坊	515	2,859			
	澄淸坊	237	1,012			
계	8	4,082	20,186			
동 부	蓮花坊	1,175	5,545	崇信坊	1,241	3,886
	景慕宮坊	776	4,026	仁昌坊	2,511	7,683
	崇敎坊	839	4,276			
	建德坊	471	1,868			
	彰善坊	689	2,426			
계	5	3,950	18,141	2	3,752	11,569
남 부	明哲坊	1,614	5,371	豆毛坊	1,425	4,484
	薰陶坊	1,027	6,095	漢江坊	406	1,145
	樂善坊	1,168	6,021	屯之坊	1,241	3,589
	廣通坊	372	2,176			
	明禮坊	571	3,821			
	太平坊	343	2,343			
	會賢坊	989	6,550			
	誠明坊	814	5,189			
계	8	6,898	37,566	3	3,072	9,218
서 부	養生坊	687	3,394	盤石坊	2,965	13,882
	仁達坊	798	4,110	盤松坊	2,791	12,971
	積善坊	689	3,306	龍山坊	4,617	14,915
	餘慶坊	706	3,402	西江坊	2,186	6,239
	皇華坊	950	5,975			
계	5	3,830	20,187	4	12,541	48,007
북 부	順化坊	1,167	5,917	常平坊	560	1,939
	安國坊	229	1,275	延禧坊	1,279	4,173
	嘉會坊	252	1,765	延恩坊	631	1,876
	義通坊	158	865			
	觀光坊	652	2,297			
	鎭長坊	346	1,578			
	養德坊	124	908			
	俊秀坊	204	994			
	廣化坊	202	692			
계	9	3,334	16,291	3	2,470	7,988
총 계	47	22,094	112,371	12	21,835	76,782

典據 : 고동환, 『18 · 19세기 서울 京畿地域의 商業發達』, p.29의 도표 인용

며 그 생계를 책임지고 있었기 때문에,[25] 수도 한양은 행정과 통치에만 전념하면 되었다.

【주】

1) 김용국, 「서울 전도의 동기와 전말」(『향토서울』 1호, 1957)
   이원명, 「한양 천도의 배경에 관한 연구」(『향토서울』 42호, 1984)
   임덕순, 「한양이 수도로 선정된 이유」(『충북대학교 논문집』 27집, 1984)
   원영환, 「한양 천도와 수도건설고」(『향토서울』 45호, 1988)
2) 임덕순, 『서울의 수도 기원과 발전 과정』(서울대학교 박사 학위 논문, 1985), p.13
3) 太祖實錄 권 6, 태조 3년 8월 신묘
4) 太祖實錄 권 4, 태조 2년 12월 임오
5) 太祖實錄 권 6, 태조 31년 8월 기묘
6) 강대현, 「한강변의 도시 발달」(『한강사』 1985) p.159
7) 임덕순, 앞의 책 p.54
8) 太祖實錄 권 6, 태조 3년 8월 경진
9) 이병도, 『고려시대의 연구』(을유문화사, 1954) p.163
10) 太祖實錄 권 6, 태조 3년 9월 무인
11) 최창조, 『한국의 풍수 사상』(민음사, 1984) p.233
12) 太祖實錄 권 6, 태조 3년 8월 신묘, 경진
13) 高麗史節要 권 6, 숙종 1년 8월
14) 高麗史 권 134, 열전47, 신우 8년 8월, 9월
15) 홍경희, 『도시지리학』(법문사, 1985) p.114
16) 최완기, 「조선전기 조운시고」(『백산학보』 20호, 1976) p.399
17) 太祖實錄 권 3, 태조 2년 2월 갑신
    太祖實錄 권 6, 태조 3년 8월 기묘
18) 太祖實錄 권 6, 태조 3년 8월 경진
19) 최완기, 앞의 논문 p.399
20) 太祖實錄 권 6, 태조 3년 9월 무인
21) 원영환, 앞의 논문 pp.29-51
22) 임덕순, 앞의 책 p.68
23) 손정목, 『조선시대 도시 사회 연구』(일지사, 1977) p.60
24) 正祖實錄 권 12, 정조 5년 11월 기해
25) 朝鮮經國典 (上) 주군

2. 상업 도시로의 이행

1. 초기의 경제 정책

　행정 도시로 건설되었기 때문에 초기에 있어서 한양에서의 상거래는 활발하지 않았다. 상가가 건설되었다고는 하지만, 상인들은 왕실과 관청에서 필요한 물품을 공급하는 어용 상인에 지나지 않았다. 더구나 조선 왕조는 처음부터 중농 정책을 경제 정책의 기본 방향으로 삼았다. 그리하여 공업, 상업 등은 말업이라고 하여 억압되었기 때문에 자유로운 발달이 제약되었다. 따라서 도시는 존재했어도 관아를 중심으로 한 행정 중심지에 지나지 않았다.

　본래 도시란 용어는 도(都)와 시(市)의 복합어이다. 즉, 도(都)는 황제·국왕·문무 백관이 거주하는 정치적 중심지를 뜻하여 도성(都城)은 황도(皇都)·왕도(王都)·왕성(王城)이라고도 하였다. 이에 대하여 시(市)는 상품이 거래되는 시장을 의미하였다.[1] 우리 나라에서도 도읍이라면 각 왕조의 수도였던 평양성, 금성, 한성, 웅진, 사비, 개경 등을 거론한다. 이들 도읍의 기능은 정치적 기능이 우선적이었다. 그 밖에 후에 주요 도시로 성장한 곳들도 본래는 목·부·군·현 등 지방 행정의 치소(治所)가 있던 곳이다.[2] 이렇게 볼 때 상공업이 발달하지 않았던 조선 초기 도시의 주된 역할은 정치·행정적 기능이었다. 이 시기의 한양은 대표적 정치·행정 도시였다.

　일반적으로 상업 도시란 상업적 기능이 특히 농후한 도시를 말한다. 도시는 비생산 인구가 주민의 대다수를 구성하고 있기 때문에 어떤 도시에 있어서도 상업적 기능이 이루어지고 있다. 조선 초기의 한양이 정치·행정 도시라고는 하지만, 도읍의 건설 당시에 종루(鐘樓) 주변에 시전이 설치되어 상가가 이루어지고 있었기 때문에 한양에서도 부분적이나마 상거래가 행해지고 있었다.[3] 그러나 교환 경제가 발달하지 못했던

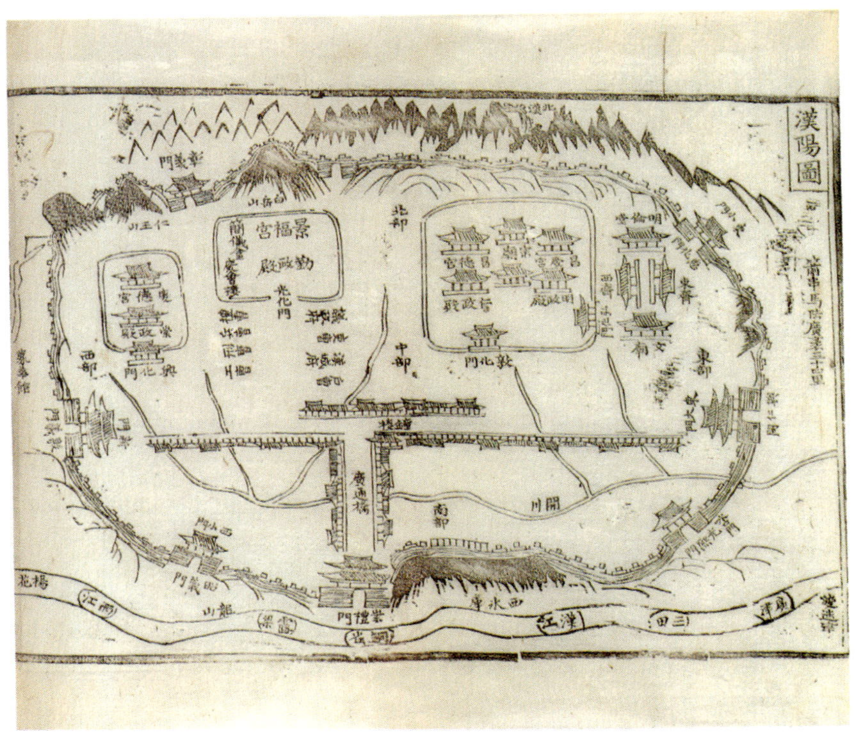

◆ 한양도(漢陽圖)

당시에 있어서 상거래는 주로 왕실, 관아를 대상으로 이루어졌기 때문에 한양의 상업적 기능은 거의 인정될 수 없었다.

2. 상업 도시로의 이행

한양의 도시적 성격은 조선 후기에 이르러 크게 달라지고 있었다. 전국적으로 유통 거래가 진전되고 있는 속에서 도시의 성격 자체가 바뀌어져 갔던 것이다.

서울은 특히 18세기에 이르러 외양과 내면 모두에서 역동성을 보이며 변모하였다. 이 시기에 서울은 인구와 공간에서 한 단계 도약을 하였고, 또 도시의 내면에서도 새로운 전환을 모색, 이를 구현시키고 있었다. 도시의 발달 단계를 살펴보면, 일반적으로 근대 도시는 상공업에 토대하여 성장했다고 한다. 또는 도시의 발달이 상공업의 발달을 촉진했다고 보기도 한다. 여하튼 양자의 관계는 연관성이 매우 깊다고 하겠다. 이 시기 서울의 변모에서 주목되는 것은 이 같은 조짐이 두드러지게 보여지고 있다는 사실이다.

18세기 전후 나타난 서울의 변모가 새로운 도시의 틀을 지향하는 움직임이었다고 하면, 그것은 이 시기 민족사의 움직임과 관련하여서도 매우 중요한 의미를 갖는다. 물론 서울이라는 도시가 어떻게 변모하고 있었는가 하는 변모 그 자체에 대한 파악도 오늘의 서울이 갖는 도시적 상황(都市的 狀況)에 대한 이해의 전제가 된다는 점에서 주목되어져야 한다. 변화의 양상, 변화의 특성을 밝히는 작업은 역사 연구의 대전제이다. 그 대상이 서울이 아니라고 하여도 역사 연구의 종착지는 변화의 규명이다. 그런데 서울의 변화는 서울이 민족의 구심점이었기 때문에 민족사의 연구에 있어서는 무엇보다도 우선되어야 한다. 서울에 대한 이해가 없이 민족사를 올바로 이해할 수는 없기 때문이다. 서울은 서울 사람만의 보금자리가 아니다. 우리 민족 모두의 보금자리이다. 그 속에서 민족의 삶이 꽃을 피웠고, 뿌리를 내렸다.

조선 후기 서울 사람들의 삶과 그들의 삶을 규제하였던 상황에 대한 이해와 관심은 근년에 이르러 매우 활발하다. 일찍이 서울특별시사편찬위원회가 중심이 되어 서울의 발전 과정이 정리된 바 있지만, 조선 후기의 변모를 확연히 해명해 주지는 못하였다. 특히 삶의 실체와 관련하여 서울의 도시적 상황을 살핀 연구는 그리 많지 않았다. 그런데 최근 서울학연구소가 설립되면서 이러한 아쉬움이 상당히 해소되고 있으니, 연구 성과의 양적인 면만이 아니라, 연구 인력이 다양화되면서 보다 심도있는 천착이 이루어지고 있다. 기존 연구에 대한 연구사 정리는 이태진 교수에 의해 비교적 소상하게 이루어졌기에[4], 대신하기로 하면서 다만 앞으로의 연구는 보다 생동적(生動的)인 측면에서 삶의 장이 구체적으로 밝혀졌으면 한다. 그러나 삶의 현장을 구체적으로 밝혀주는 자료를 찾아내기란 쉽지 않다. 지금까지 발굴된 자료는 거의 지배층 중심으로 작성되어 있어 매우 제약적이다. 따라서 본서에서도 그 의도와는 달리 그동안의 연구 성과를 정리하는 선에서 글을 이끌었고, 때로는 무리한 추론을 할 수 밖에 없었다. 새로운 시각의 방법론과 신선한 자료의 발굴이 지속적으로 이루어져야 하겠다.

　본서에서는 그러한 아쉬움 속에서도 17,18세기 서울의 변모가 갖는 의미를 나름대로 규명해 보고자 외양과 내면의 양 측면에서 몇 가지 사실들을 점검해 보고자 한다. 외양적 측면에서는 서울의 양적인 변모를 가늠케 하는 공간, 인구, 시설의 문제를, 내면적 측면에서는 경제, 사회, 문화 등 삶의 장에서 드러나는 당시 서울 사람들의 모습을 살펴 보고자 한다.

(1) 양적(量的)인 변모(變貌)

　일반적으로 도시는 촌락 또는 시골과 반대되는 개념으로 이해되고 있다. 그러나 도시는 일반 촌락과 마찬가지로 사람들이 삶을 이루는 터전으로서, 일정한 공간을 전제하고 있다. 다만 도시는 촌락과 달리 좁은 공간에 다수의 인구가 밀집되어 있어 그 지역에서 정치 · 경제 · 문화의 핵심을 이루고 있음이 특징이다. 서울 역시 남경(南京) 또는 한양(漢陽)으로 도시화되기 이전에는 여느 촌락과 다름없었다. 도시로서 서울이 모습을 가꾼 것은 고려 왕조가 풍수 지리설에 따라 1101년 이 곳에 남경을 설치하면서였다. 그 이전에는 남에서 북으로, 또는 북에서 남으로 사람들이 오가는 길모퉁이에 한적하게 위치한 산촌 취락(山村聚落)의 수준이었다.

　그러한 서울이 대도회지로 발돋움한 것은 조선 왕조의 성립과 더불어서였다. 조선 왕조는 1394년 한양을 새 수도로 선정하고, 이어서 종묘, 사직, 궁궐, 관아, 시전, 도로 등을 시설하고 개성의 사람들을 이 곳으로 옮기게 하여 새로운 도시를 창출하였다. 그런데 신도시로서의 서울은 단순한 수도가 아니라 공간, 인구, 시설 등 여러 면에서 우리 민족의 핵심으로서 치밀하게, 그리고 신중하게 계획된 계획 도시였다. 따라서 이후 서울은 조선 왕조의 구심점으로서 그 역할을 충실히 하는 듯 하였다. 조선 왕조의 정치 · 경제 · 사회 · 문화 등 모든 활동이 서울을 중심으로 이루어졌다. 조선 왕조의 정치 체제는 중앙 집권적이었기 때문에, 전국의 강역과 국민들은 국왕이 항시 머물고 있던 한양을 중심으로 관리되고 통제되었다. 수도가 곧 국가요, 국가가 곧 수도였던 것이다.

　그럼에도 불구하고 당초 서울의 모습은 도시학의 측면에서 볼 때 도시의 성격을 온전히 충족시키지 못하고 있었다. 도시는 단순히 인구가 많다고 해서 규정되는 것이 아니다. 도시가 그 지역에서 핵심적 역할을 하려면 정치적 · 경제적 의미를 모두 포괄해야 한다. 그것은 오늘의 도시학에서 설정한 것이 아니다. 도시(都市)라는 말 자체가 생겨나면서 내포하고 있는 의미이다. 왜냐 하면, 도시는 전술한 바와 같이 도(都)와 시(市)의 합성어이다. 즉 도(都)는 황제, 국왕, 관료, 군인 등이 거주하는 정치적 중심지를 뜻하며 시(市)는 상품이 거래되는 시장(市場), 시가(市街)의 준말이었다. 사람들이 많이 모여 산다면 그들이 필요한 생활 물자를 공급해 줄 수 있는 거래처가 충분히 보장되어야 한다. 따라서 도시라고 할 때는 시(市)의 의미가 당연히 내포되어야 한다. 조선 왕조 초기의 서울은 거의 전적으로 정치적, 행정적 중심지였다.

그러한 서울이 새로운 모습을 보인 것이 18세기였다. 18세기에 이르러 서울은 지금까지 정치적 중심지로서 구실을 하던 도시의 성격에서 벗어나 경제적 성향을 드러내기 시작하여, 도(都)와 시(市)의 의미를 모두 수렴한 그야말로 도시로서의 온전한 모습을 보여주기에 이르렀다. 이 시기 서울의 한편에서는 보다 나은 삶을 이루기 위해 열심히 돈을 벌고 있었고, 그리고 다른 한편에서는 축적된 부를 바탕으로 여가를 즐기는 모습이 보여지고 있었다. 그러한 속에서 서울의 모습은 양적으로, 질적으로 달라져 가고 있었다. 먼저 양적인 측면에서 살펴 보면, 서울은 이 시기에 이르러 공간이 크게 확대되고 있었고, 그 곳에 사는 사람들이 날로 집중되고 있었으며, 이를 위해 여러 가지 편의 시설들이 확충되고 있었다.

1) 공간(空間)의 확대

오늘의 서울은 동쪽의 용마산, 서쪽의 덕양산, 남쪽의 관악산, 북쪽의 북한산으로 둘러싸인 넓은 지역을 그 구역으로 하고 있다. 근래에 이르러 서울은 급속도로 그 영역이 팽창하였다. 조선 초기 서울의 관할 구역은 이보다 훨씬 협소하였다. 동쪽의 낙타산, 서쪽의 인왕산, 남쪽의 목멱산, 북쪽의 백악산으로 둘러싸인 분지가 그 터전으로서, 성 밖의 일부 지역도 관할했지만, 원칙적으로 성 안의 구역만을 서울로 여겨 장안, 문안, 한양이라 하였다.[5] 수도로 정해지면서 서울에는 궁궐, 도로, 성곽이 새로이 마련되었다. 그리고 산 능선에 도성(都城)을 이어 쌓아 사람들로 하여금 성 안에 터를 잡고 살게 하였다.

서울의 지리적 형세는 풍수 지리설에 의하면, 예로부터 명당으로 주목되었다. 인왕산, 백악산, 낙타산으로 이어진 높고 낮은 산악과 구릉이 천연의 담장을 이루고 있고, 남쪽에는 큰 강이 울타리 역할을 하고 있다. 그 안에 황토마루, 솔고개, 배고개, 붉은재, 박석고개, 마두산 등 작은 둔덕들이 있기는 하지만, 대체로 평탄한 분지를 이루고 있었다. 분지 사이로 인왕산, 북악산, 매봉 등에서 계곡으로 흘려 보낸 물이 크고 작은 시냇물을 이루어 실개천이 형성되고 있어 자연스럽게 배수로 역할을 하고 있다. 특히 조선 왕조의 중심 궁궐인 경복궁이 자리한 곳은 북쪽으로 백악산을 등지고 남산을 정면으로 바라볼 수 있다. 즉 백악산을 진산으로 하여 북좌남향(北座南向)하고, 배산임수(背山臨水)하여 북고남저(北高南低)하니, 남산을 비롯한 전방의 여러 산봉우리가 마치 배례하여 엎드린 모습과 같다. 풍수 지리설에서는 이러한 곳이 삶의 터로서 매우 양호하다 하였다.[6]

풍수 지리설에 의하지 않는다고 하여도 그러한 지세는 사람의 마음을 편안하게 하고 정치적·군사적으로도 도읍지로서 적합한 입지였다. 그리하여 경복궁 주변의 사직동, 필운동, 옥인동, 효자동, 통의동, 궁정동, 삼청동, 팔판동, 안국동, 가회동, 계동, 재동, 화동 등에는 일찍부터 권세 있는 양반들의 집터가 마련되어, 북촌 또는 우대라는 이름을 남겼다. 뿐만 아니라 현재의 종로를 중심으로 청진동, 수송동, 견지동, 관훈동, 낙원동, 훈정동 일대는 넓고 평평한 분지를 이루고 있어 도시 건설에 있어서 매우 유리한 지역이었다.

이에 대하여 개천 남쪽인 오늘의 중구 지역은 현재의 을지로와 청계천 사이만이 평탄하였고, 대부분의 지역이 남산에서 뻗은 구릉이 높은 언덕바지를 이루고 그 사이에는 개천이 흘러 지형의 기복이 매우 심하였다. 지형의 기복이 심하면 취락의 형성이 쉽지 않고, 사람들의 왕래도 불편하다. 사람들은 일반적으로 오르락 내리락하는 것을 좋아하지 않는다. 그리고 지역의 위치도 이 지역의 개발을 더디게 하였다. 전통적으로 우리 민족은 햇볕이 잘 드는 남향집을 선호했다. 남향으로 집자리를 설정한다고 했을 때, 이 곳은 풍수 지리설의 배산임수(背山臨水)와 정면으로 어긋나는 지대였다. 이 때문에 권세와 지위가 높은 양반들은 이 지역에 거주하기를 꺼려했다. 그리하여 이 곳은 벼슬을 하지 못한 가난한 양반들의 차지가 되었다.

비교적 평지였던 청계천 연변은 잦은 홍수로 수해가 심했을 뿐 아니라 시전이 설치되어 있어서 장사치들과 사귀기를 꺼려하는 양반들은 이 곳 역시 그들의 터전으로 삼지 않았다. 반면 조용한 남산 골짜기는 선비들이 공부하기에 보다 적당하였다. 이에 남산골, 삼아동, 청학동, 타락골, 먹절골, 찬샘골, 피란골 등의 취락이 생겨났다. 이른바 남촌(南村)을 이루었다. 그러한 취락은 십여 호 내외의 작은 마을이었다고 추정된다.

그런데 서울에로 인구의 집중이 급속화되면서 15세기에 벌써 도성 안에 사람은 많은데, 땅은 협소해서 집터를 둘러싸고 소송하며 다투는 사람이 많았다.[7] 그리하여 정부에서는 동대문·서대문·수구문 밖에 거주지로서 적합한 땅을 집터로 지급하기에 이르렀다. 특히 임진왜란 이후 농촌 경제가 크게 파탄되면서 농촌에서 살 수 없게 된 농민들이 대거 도시로 몰려들었다. 그러나 한양 성 안에는 주거지의 여유가 거의 없었고, 그리하여 그들은 주로 청계천 연변, 성저십리 등에 흩어져 살아야 했다.[8]

조선 시대 서울이라 하면 일반적으로 도성 안의 경중오부(京中五部)를 일컫지만, 넓은 의미로는 성 밖의 10리까지 포함하는 성저십리(城底十里)까지가 그 영역이다. 성저십리란 지도에서와 같이 동쪽으로는 우이천·장위천·송계교에서 중랑교에 이르며, 남쪽으로는 중랑교에서 전관교·신촌·두모포에서 용산에 이르고, 서쪽으로는 마포에서 망원정·성산·사천도·석관현에 이르며, 북쪽으로는 석관현에서 대조리·연서역·아미산·보현봉에 이른다고 하였다.[9] 조선 왕조는 형식적으로는 이들 성저십리 지역까지를 한성부의 관할 구역으로 설정하고 관리하였다. 그러나 반송방·반석방·숭신방·인창방 등에 속한 일부 지역을 제외하고는 주거 공간이라고 할 수 없었다. 서울이 한 국가의 도읍지가 되었다고는 하지만 초창기에는 도성 안에만 거주지로 인정하여 취락이 조성되고, 도성 밖의 지역은 도성의 보호막으로서 사산금표(四山禁標) 등을 세워 자연 훼손을 엄금하였기 때문에 취락의 발달이 어려웠다.

그러나 조선 후기에 이르러 성저십리 지역은 급속도로 도시화되어 갔다. 먼저 동대문 밖과 서대문 밖으로 서울의 도시권이 확대되었다. 동대문 밖의 주거지화는 이 지역에서 도성에 공급하는 야채 재배 농가가 증

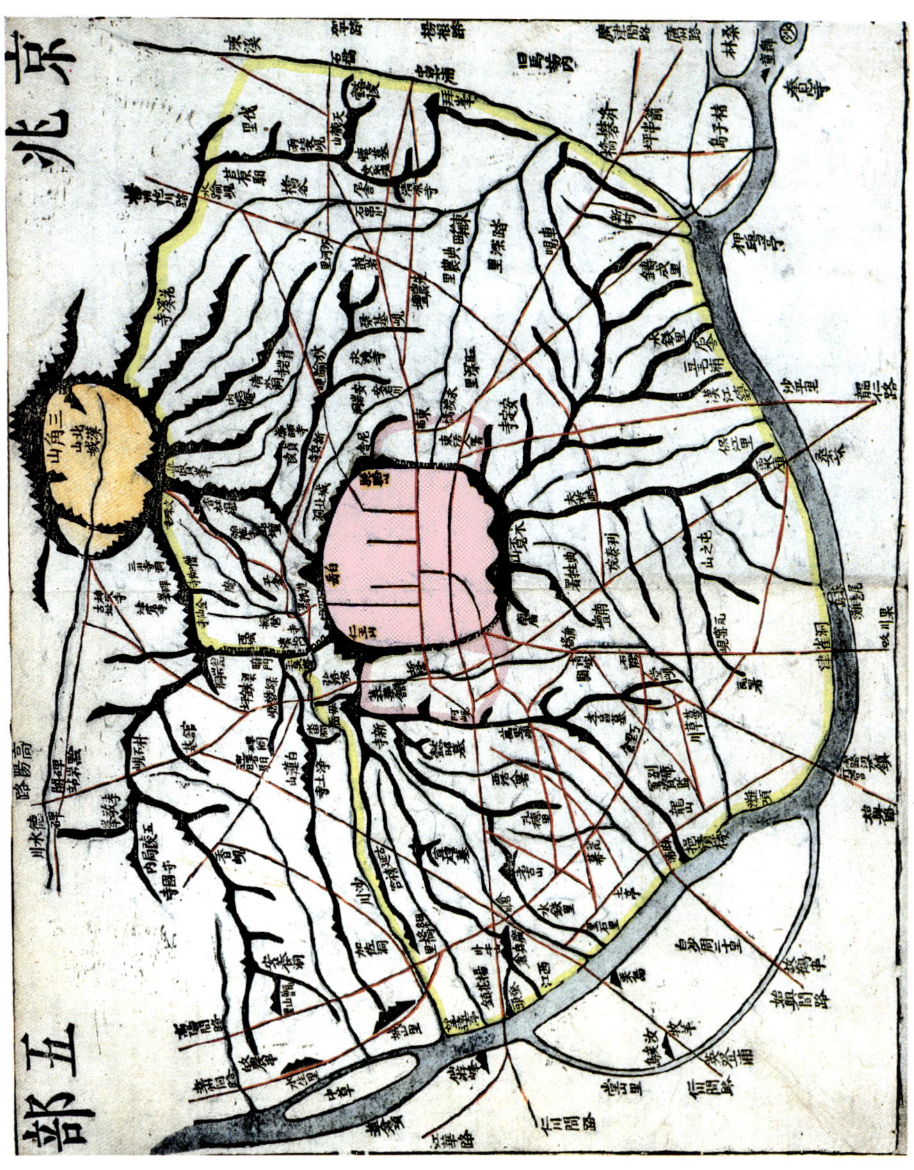

○ 성저십리(城底十里)

대되었기 때문이기도 하지만, 그보다는 전반적으로 사회 · 경제적 변동이 이는 가운데 이 지역을 관통하는 도로가 교통의 발달을 촉진했고, 교통의 편리함은 인구의 집중을 유발했기 때문이다. 경기도 내륙의 양평, 포천, 강원도 여러 고을, 충청 북도 등지에서 물화를 갖고 오는 사람들이 지나는 길목이 되면서 왕산로, 망우로 연변에 상업 취락(商業聚落)이 형성되어 갔다. 이른바 주막거리가 생겨난 것이다. 특히 망우리 고개를 넘어 가쁜 숨을 잠시 쉬어야 하는 상봉동과 하룻밤을 유숙하면서 동대문이 열리기를 기다리는 용두동 일대에는 주막거리가 번창하여 주막이 다수 생겨났고, 중간에서 물화를 매매하는 객주 · 거간들이 자리를 잡아갔다. 짐을 싣고 온 소나 말을 쉬게 하면서 말발굽에 징을 박아주는 대장간도 곳곳에 생겨났다. 그리하여 지금까지 잠자는 듯 하던 동대문 밖 일대는 생기가 도는 모습을 보여주었는데, 그러한 변화는 곧 이 지역의 입지 조건이 갖는 특성 때문이었다. 그러나 이 지역은 평탄한 지대에 도로 사정이 너무나 양호하여 통과 지역으로만 간주되었으니, 그리하여 다른 성저십리 지역의 누원 · 뚝섬 · 두모포 · 용산 · 마포 등지와 같이 부도심으로 성장하지 못하는 한계를 지니기도 하였다.

이에 대하여 서대문 밖은 도시화가 보다 촉진되고 있었다. 서대문 밖의 지역은 성저십리라고 하였지만, 일찍부터 한성부의 반송방(盤松坊)이 설치되어 있었다.[10] 그러나 조선 초기 도성 서부의 광활한 면적은 오늘의 의주로(義州路) 연변을 제외하고는 전 지역이 거의 개발되지 않고 자연 그대로 방치되어 있었다. 산악과 구릉으로 점철되어 있었고, 불광천 · 모래내 (沙川;홍제천), 봉원천, 만초천 등이 구릉 사이를 흐르고 있어 그 연변에 부분적으로 농경지가 형성되고 있었을 뿐이다. 서울 자체가 크고 작은 산으로 둘러싸인 분지였으며, 그 가운데서도 서대문 밖은 북한산, 도봉산에서 뻗어 온 산맥의 능선이 서남쪽으로 갈라지면서 안산을 중심으로 인왕산, 백련산 등 세 개의 봉우리가 잔구(殘丘)의 형태로 솟아 있다. 일찍이 이 지역의 중심 지구로 발달한 현저동 골짜기는 인왕산과 안산에 의해 협곡 지대를 이루고 있는데, 인왕산은 화강암으로 구성되어 가파른 절벽이 많다. 그리고 편마암으로 구성되어 비교적 완만한 경사 지대를 이루고 있는 안산과 백련산 기슭도 능선이 곳곳에서 돌출하여 취락의 입지로서는 그리 적합하지 않았다. 더구나 조선 시대에는 이들 지역에도 사산금표제(四山禁標制)가 실시되어 처음부터 개발이 제한되고 있었다. 즉 조선 왕조는 한양을 둘러싼 거의 모든 산에 출입을 금지하는 금표(禁標)를 세워 이들 구역에서의 건축, 경작, 벌목을 금했을 뿐 아니라 나무 뿌리나 흙과 돌의 채취도 엄금하였다.[11] 이를테면 자연 보호를 위해 그린벨트를 설정한 것이다. 그리하여 이 지역에는 숲이 무성했고, 사람들이 거의 거주하지 않았다.

그러나 이와 같은 현상은 조선 후기에 이르러 크게 달라졌다. 사산금표제의 원칙이 잘 지켜지지 않았다. 17세기 후반이래 흉년이 계속되고 농촌 사회가 분해되면서 전국의 유민들이 서울로 몰려드는 것이 연례 행사처럼 되었다.[12] 정부의 귀향 조처에도 불구하고 유민들의 서울 집중 현상은 19세기에도 계속되었고, 이들은 고향에 돌아가지 않고 대부분 서울에서 정착하고자 하였다. 그러나 조선 초기에 벌써 도성 안에는 인구가 조밀하여 택지의 여유가 없었다. 그리하여 반송방·반석방 등지에 택지를 마련해 주고 있었다.[13] 조선 후기에는 이들 반송방과 같은 성저십리의 주거지도 한계에 이르고 있었다. 그리하여 유민들은 금표 지역까지도 침입하여 벌목하고 집을 지었다. 1746년(영조22)의 기록에 의하면, 만리재·서빙고를 비롯한 성저(城底)의 여러 산들이 개간되고 있었는데,[14] 18세기 후반에는 산허리 이상의 개간이 보편화되고 있었다. 그리하여 1727년(영조3)에는 연희동을 감싸는 능선으로 정해졌던 종래의 성저십리 구역을 주민들의 요청으로 모래내까지 확장시켰다.[15] 그리고 이 지역을 정식으로 한성부로 하여금 관할케 하기 위하여 연희방, 연은방, 상평방을 설치했다.[16] 이 지역의 가호와 인구는 그 이전부터 한성부가 면(面)으로서 관장하고 있었지만, 이제 행정 편제인 방(坊)을 신설하여 공식적으로 이 지역에 대한 행정 관리를 강화한 것이다.

공간의 확대는 도성의 남쪽, 즉 한강 연안의 용산, 마포, 두모포, 뚝섬 등지로 이어졌다. 특히 용산, 마포 일대가 주거 공간으로 주목되었다. 용산과 마포 강변은 전반적으로 보아서 그 자연 환경이 취락의 입지 조건을 갖추고 있었다. 취락이 인간의 생활 무대라고 할 때, 생활하기에 적합한 지형·기후·토질·음료수 등의 생태는 어떠한 입지 조건보다도 중요하다.

그런데 사람이 모여 생활하기에 좋은 입지 조건은 자연 지리 조건과 아울러 사회·경제적 조건의 측면도 고려되고 있다. 때로는 음료수·토질 등의 자연 지리적 조건보다도 사회·경제적 조건이 취락의 입지를 결정함에 있어서 더 큰 영향을 준다. 그 가운데서도 교통 조건은 사람과 사람 사이에, 마을과 마을 사이에 빈번한 교류가 이루어지면서 그 중요성이 강조되고 있다. 조선을 건국한 이성계도 풍수 지리설에 의거하여 계룡산(鷄龍山)에 도읍을 정하려고 몸소 순시까지 하였으나, 이를 그만두고 한양으로 도읍을 정한 것은 교통 운수가 편리하였기 때문이다.[17] 한양 중에서도 배가 다닐 수 있는 용산·마포 등의 한강변의 강촌들은 한강의 상류를 통해 충청 북도와 강원도와 통하고, 한강의 하류를 통해 충청 남도, 전라도, 황해도, 평안도 등 서해안 지방과 교류하기에 좋은 곳이었다. 그리하여 전국의 물화가 이 곳에 집산되었다가 도성 안으로 공급되었다. 이에 일찍부터 용산·마포 강변에는 여기저기에 규모가 큰 취락이 생겨났다.

조선 후기에 이르면 용산·마포·서강은 운송 기지(運送基地)로서 뿐 아니라 유통 기지(流通基地)로서 지위가 강화되고 있다. 종래에는 소금이나 어물 외에는 거의 모든 물자가 자급자족으로 충족되었기 때문에 지역 상호간에 물화가 유통되지 않아도 크게 불편하지는 않았다. 봉건적인 조선 왕조도 중농 정책을 내세워 상업 활동을 통제하였다. 즉 도시의 상업은 시전 상업(市廛商業)에 국한시켰고, 지방에서의 상업 활동 역시 행상제(行商制)에 의해 규제하였다.[18] 뿐만 아니라 민간인에 의한 외국 무역도 거의 이루어지지 않았다. 그러나 이 같은 상황은 16세기 말 이래 바뀌어 갔다. 농업 생산력이 증대되고, 수공업 생산이 활기를 띠면서 상업의 발달이 촉진되었다. 서울을 비롯한 각지에서 사상(私商)의 활동이 전개되었다. 사상들은 각 지방에 널리 생겨나고 있던 장시를 연결하면서 물화를 교역하고 각지에 지점을 두면서 상권을 확장하였다. 고동환 교수가 일찍이 치밀하게 밝힌 바 있지만, 용산·마포 등지의 한강변(漢江邊)은 그러한 경제적 분위기 속에서 유통 기지로서 발돋움해 갔다.[19] 특히 선상들의 근거지로서 정착해 갔다. 그런데 당시 용산·마포 일대는 저지대였고, 만초천·대흥천·봉원천·홍제천 등이 인근에 흐르고 있었기에 홍수가 날 때는 범람의 위험성이 있었다. 그리하여 상인들은 만리동에서 서계동·청파동·효창동·용산동에 이르는 구릉 지대에 상가나 가옥을 지었다. 마포쪽에서는 공덕동 · 도화동 · 마포동 · 토정동 · 용강동의 언덕 배기에 터전을 잡았다.

그리고 현재의 성동구 옥수동의 옛 이름인 두모포와 성수동의 옛 이름인 뚝섬도 조선 후기에 상공업이 발달하면서 부도심으로 발돋움하였다. 이들은 보다 일찍 상업 기지가 되고 있던 용산, 마포, 서강 등과 더불어 한강의 경제적 위치를 바탕으로 인구가 급증하면서 도성 안과 지방 사이에 경제적 · 사회적 활동을 매개시켜 주는 위성 도시로 성장해 갔던 것이다.

2) 인구(人口)의 집중

18세기에 이르러 서울이 공간적으로 확대된 것은 기본적으로 인구의 집중에 따른 결과였다. 물론 공간의 설정이 인구의 집중을 초래하기도 한다. 조선 시대의 한양은 도성 안쪽 5부를 그 구역으로 하였다. 성저십리 또는 성저오리라고 하여 도성 변두리까지 행정적으로는 관할하였지만, 기본적으로는 성중오부(城中五部)가 행정 구역이었다. 실제로 주민의 대다수도 성중오부에 거주하고 있었다. 특히 조선 초기에는 더욱 그러하였다. 최초로 서울의 인구를 밝힌 자료에 의하면, 1428년 성중오부의 가호는 16,921호였고, 인구는 103,328명이었으며, 이외에 성저십리에 가호 1,601호, 인구 6,044명이 살고 있었다고 한다.[20] 성저십리에 살고 있는 인구는 큰 비중을 갖지 못했다. 당시 총 인구 109,372명의 5%를 조금 넘을 뿐이었다. 이러한 서울의 인구는 〈표 1〉에서 보는 바와 같이 왜란이 일어나고 있던 1593년에 4만 명 수준으로 격감한 바 있으나, 17세기 초에 이르러는 원상을 회복하여 1648년 조사에서는 95,569명으로 파악되고 있다.

그 후에도 한동안 그 수준을 유지하던 서울의 인구는 1669년에 갑자기 20만 명 선으로 급증하고 있다. 각처에서 서울로 사람들이 모여들었다. 서울로 모여든 사람들은 거의 농촌에서 배제된 이농 인구(離農人口)였다. 이 시기에는 자연 재해가 특히 심하여 가뭄과 홍수가 빈발하였고, 그리하여 흉년이 거듭되었는데 이로 인하여 기민이 대거 발생하였다. 한편 이 시기에는 상품 화폐 경제가 발달하면서 농촌의 분화가 촉진되었고, 농업 기술과 경영의 쇄신으로 단위 면적에 소요되는 농업 노동력이 감축되어 가난한 농민들은 소작농의 위치에서도 밀려나고 있었다. 이들

이 살기 위해서는 도시로 모여들어 임노동이나 장사로 생계를 영위해야
했다. 그래도 일자리가 많은 곳은 서울이었다. 그리하여 농토에서 배제
된 다수의 농민들은 서울로 모여들었다. 그들은 처음에는 도성 안으로
진출하였다. 상공업이 발달하면서 도성 안 곳곳에 그들이 발붙일 수 있
는 삶의 터전이 있었기 때문이다. 즉, 종로 일대에는 기존의 종루 시전
상가 뿐 아니라, 배고개 즉 이현(梨峴)을 중심으로 사설 시장이 형성되

〈표 1〉 조선 시대 서울의 인구 변동

시기	가호수	인구수	시기	가호수	인구수
태종　9년 (1409)	11,056		영조　47년 (1771)	38,497	196,219
세종 10년 (1428)	18,522	109,372	50년 (1774)	38,531	197,558
14년 (1432)	18,830		정조　원년 (1777)	38,593	197,957
17년 (1435)	21,891		4년 (1780)	38,742	201,070
20년 (1438)	20,352		7년 (1783)	42,281	207,265
선조 26년 (1593)		39,931	10년 (1786)	42,786	195,731
인조 26년 (1648)	16,006	95,569	13년 (1789)	43,929	189,153
효종　8년 (1657)	15,760	80,572	16년 (1792)	43,963	189,287
현종 10년 (1669)	23,899	194,030	19년 (1795)	43,890	191,501
숙종　4년 (1678)	22,740	167,406	22년 (1798)	44,945	193,783
43년 (1717)	28,356	185,872	순조　7년 (1807)	45,707	204,886
경종　3년 (1723)	31,859	199,018	헌종　3년 (1837)	45,640	203,925
영조　2년 (1726)	32,747	188,597	철종　3년 (1852)	45,678	204,053
5년 (1729)	32,372	186,305	고종　즉위 (1863)	45,162	204,624
8년 (1732)	35,768	207,733	원년 (1864)	47,565	202,639
11년 (1735)	33,836	187,756	2년 (1865)	46,662	206,980
14년 (1738)	35,576	194,432	3년 (1866)	45,646	200,059
17년 (1741)	34,886	189,985	4년 (1867)	45,605	207,271
23년 (1747)	34,153	182,584	5년 (1868)	45,598	207,206
26년 (1750)	34,652	180,090	6년 (1869)	45,898	206,967
29년 (1753)	34,953	174,203	7년 (1870)	45,928	207,062
32년 (1756)	38,108	197,452	8년 (1871)	46,503	200,804
35년 (1759)	36,467	172,166	9년 (1872)	46,556	200,819
38년 (1762)	39,926	183,782	10년 (1873)	45,734	197,377
41년 (1765)	39,344	194,634	11년 (1874)	45,301	191,445
44년 (1768)	38,770	188,884	12년 (1875)	45,299	200,951

典據 : 《朝鮮王朝實錄》, 《增補文獻備考》, 《戶口摠數》, 《度支志》

어 사람들의 내왕이 분주했다. 이에 상인뿐 아니라 주막, 객주, 거간, 소상품 생산자들이 그 주변에 모여들었으니, 오늘의 서린동, 청진동, 관철동, 관수동, 장사동, 예지동, 효제동, 연지동 등 청계로와 종로 주변이 새로운 인구 밀집 지역으로 변해갔다.

그러나 도성 안의 공간은 모든 인구를 수렴할 수는 없었고, 더구나 시간이 흐르면서 서울의 인구가 크게 늘어나자 도성 안의 주거 공간 자체가 부족하게 되었다. 따라서 도성 밖 성저십리의 주거지화는 시간 문제

〈표 2〉 18세기 서울의 인구 분포

부명	방명	가호수	인구수	부명	방명	가호수	인구수
동부	숭교방	839	4,276	남부	명철방	1,614	5,371
	창선방	689	2,426		훈도방	1,027	6,095
	건덕방	471	1,868		낙선방	1,168	6,021
	연화방	1,175	5,545		광통방	372	2,176
	경모궁방	776	4,026		명례방	571	3,821
	숭신방	1,241	3,886		태평방	343	2,343
	인창방	2,511	7,683		회현방	989	6,550
서부	적선방	689	3,306		성명방	814	5,189
	인달방	798	4,110		두모방	1,425	4,484
	양생방	687	3,394		한강방	406	1,145
	여경방	706	3,402		둔지방	1,241	3,589
	황화방	950	5,975	북부	광화방	202	692
	반송방	2,791	12,971		양덕방	124	908
	반석방	2,965	13,882		가회방	252	1,765
	용산방	4,617	14,915		안국방	229	1,275
	서강방	2,186	6,239		관광방	652	2,297
중부	정선방	779	4,001		진장방	346	1,578
	관인방	450	2,123		의통방	158	865
	견평방	512	2,535		준수방	204	994
	서린방	300	1,216		순화방	1,167	5,917
	장통방	791	4,169		상평방	560	1,939
	수진방	498	2,271		연희방	1,279	4,173
	경행방	515	2,849		연은방	631	1,876
	징청방	237	1,012				
					계	43,929	189,153

였다. 성저십리 중에서도 서부의 반석방, 반송방, 용산방, 서강방 등에 인구가 집중하였다. 1789년에 정리된 『호구총수(戶口摠數)』에 의한 한성부 각 방의 호구와 인구수는 〈표 2〉와 같다.[21]

〈표 2〉에 의하면 서대문 밖 반송방의 호수는 2,791호, 인구수는 12,971명, 반석방의 호수는 2,965호, 인구수는 13,882명이었다. 이 같은 인구수는 당시 도성의 중심인 서린방의 인구수가 1,216명, 수진방의 인구수가 2,271명, 광통방의 인구수가 2,176명이었음에 비하면 그 비율은 매우 높은 것이다.

조선 후기에는 한강변(漢江邊)에 인구가 특히 집중되어 갔다. 당시 유통 기지로 발돋움하고 있던 한강변에는 비교적 일자리가 많았다. 이농민들은 이 곳에서 선박의 화물을 하역하는 임노동에 참여하거나, 주막 또는 객주집에서 심부름하며 살 길을 모색하였다. 손정목 교수의 연구에 의하면, 18세기 후반 용산방은 대구보다도 많은 인구를 보유하고 있었다.[22] 당시 용산방의 행정 구역은 현재의 용산구 청파동·원효로·신창동·용산동·서계동·효창동·산천동·청암동에다 중구의 만리동과 마포구의 도화동·공덕동·마포동·토정동·용강동 지역을 그 관할 구역으로 하고 있었다. 이 같은 용산방의 인구수는 남자 7,529명, 여자 7,386명, 도합 14,915명이었으며, 가호수는 4,617호였다. 당시 개성이 27,769명, 평양이 21,869명, 상주가 18,296명, 전주가 16,694명이었는데, 그 다음으로 많은 인구였다. 더구나 대구가 13,734명, 충주가 11,905명이었음을 볼 때 용산방은 매우 번창한 상업 지구였다. 용산방보다는 적었지만, 마포 일대를 포괄하던 서강방에도 남자 3,060명, 여자 3,179명으로 도합 인구수는 6,239명, 가호수는 2,186호이어서 안동, 경주와 비슷한 규모였다.

한편, 빙고(氷庫)와 나루가 있었던 서빙고, 동빙고 일대에도 많은 인구가 집중되고 있었다. 당시 남부 한강방에 속한 이 일대의 인구수는 1,145명이었으며, 가호수는 406호였다. 그리고 남부 두모방에 속했던 두모포는 인근의 수철리, 살고지벌까지 합하여 가호수 1,425호에 인구수는 4,484명이었다. 그 중 남자가 2,543명, 여자가 1,941명이었는데 당시의 수철리, 즉 오늘의 금호동 일대는 암석으로 뒤덮인 산골이었고, 오늘의 군자동, 사근동, 송정동 일대인 살고지벌은 주거에 적합하지 못한 저습 지대로서 말을 기르는 데 적합하였기 때문에 정착민의 수는 극히 적었다고 생각할 때 거의 4천 명에 가까운 인구는 주로 두모포에 집중되어 있었다고 하겠다. 한편 뚝섬의 인구 규모는 두모포 보다는 훨씬 작아 가호수 657호에 인구수 1,985명이었는데 여기에는 잠실의 인구 약간 명이 포함되어 있어 뚝섬 자체로는 1,500명 수준이었다고 여겨진다. 그렇다고 하여도 당시 두모포는 원주, 춘천, 제천, 김제, 정주, 영천, 성주, 원산보다 큰 도시였다.

17세기 초 양란 직후에도 서울의 인구수는 대체로 10만 명 미만이었다. 이는 15세기와 비교할 때 큰 차이가 있는 것이 아니었다. 그러나 17세기 후반부터는 인구가 급격히 증가하여 18세기 이후에는 20만 명을 넘어, 서울은 당시로서는 세계적인 대도시로 커가고 있었다. 더구나 조사 보고된 인구수보다 실제의 인구수는 훨씬 많아 30만 명에 이를 것이라는 연구도 있다.[23] 그런데 여기에서 주목해야 하는 것은 도성 안의 인구 수용 능력이 10만 명 정도였기에 조선 후기 크게 늘어난 인구의 상당 수는 도성 밖, 즉 성저에 거주해야 했던 점이다. 이는 단순한 공간의 확장이 아니라 도시 발달 과정에서 보더라도 새로운 도시의 출현을 의미하기 때문이다. 일반적으로 중세 도시에서 근대 도시로 이행될 때는 성저에 인구가 집중되고 있다.

　3) 시설(施設)의 확충

　도시를 정의함에 있어 흔히 '다인구의 밀집 거주 지역'이라 하는데, 많은 인구가 모여 살고자 하면 여러 가지 요건의 시설이 마련되어야 하고, 또 이를 관리하기 위한 행정 시설도 구비되어야 한다. 그리하여 1394년 한양을 도읍지로 결정한 이성계(李成桂)는 곧 신도궁궐조성도감(新都宮闕造成都監)을 설치하고, 정도전 등에게 새 수도의 설계를 지시하여 서울에는 궁궐, 종묘, 사직, 관아, 시전 등의 시설이 급속도로 마련되었다.[24] 그리고 방어 시설로서 도성이 수축되었다. 그러나 1592년의 임진왜란, 1623년의 인조 반정, 1636년의 병자호란 등 전란으로 인해 수도 서울의 모든 시설이 불타고 파괴되었다. 경복궁, 창덕궁, 창경궁 등이 불타고, 의정부, 6조, 3사 등의 관아가 파괴되었다. 그리하여 정부는 우선 이들을 중건함에 힘썼으니, 1608년에 종묘, 그 이듬해에 창덕궁

(1623년 다시 불타서 1647년 재건), 1616년에 창경궁(1624년 다시 불타서 1633년 재건)과 경희궁이 중수되었고, 이를 전후하여 각 관아들도 복구되었다.

조선 후기에는 기존의 행정 시설을 복구하는 외에 사회 변동에 따른 새로운 행정 시설들이 다수 마련되었다. 즉, 대동법이 시행되면서 선혜청이 설치되니, 그 청사가 1624년 서부 양생방에, 그리고 그에 부속된 창고들이 성 안 곳곳에 건립되었다. 그리고 1760년에 도성 안의 개천 준설을 위해 준천사가, 1790년에 한강에 주교 가설을 위해 주교사가, 1776년에는 왕실 도서관이라 할 수 있는 규장각이 건립되었다. 행정 시설뿐 아니라 군제가 개편되면서 군영 시설도 새로이 마련되었으니, 1594년 훈련도감 청사(서부 여경방 소재), 1706년 어영청 청사(동부 연화방 소재), 1624년 총융청 청사(북부 진장방 소재; 1747년 북부 상평방으로 이전), 1626년 수어청 청사(북부 진장방 소재), 1682년 금위영 청사(중부 정선방 소재)가 건립되었고, 이들에 부속된 산하 군영, 창고 등이 곳곳에 설치되었다.[25]

이러한 행정 시설, 군영 시설이 서울의 도시화(都市化)에 있어서 갖는 의미는 크다. 그러나 조선 후기 서울의 도시화에 있어서 특히 도시 성격의 변모에 있어서 주목되는 것은 교통 시설, 생산 시설, 물류 시설 등의 확충이었다. 특히 교통 시설은 도시화에 있어서 핵심 요소이다. 문명의 발달은 교통의 발달 없이는 불가능하다. 교통은 인간의 접촉을 유발시켜 사회가 공존할 수 있도록 도와주며, 결과적으로 그 사회의 경제를 활성화시켜 주고 삶의 질을 증진시켜 준다. 도시의 성장 가능성은 교통 중심지가 될 수 있는가에 좌우되기도 한다.[26] 그리고 교통은 상품의 수요가 클 때 공급을 원활하게 하여 상품의 가치를 높여주는 역할을 한다.

조선 후기에 확충된 교통 시설(交通施設)은 도로의 정비, 교량의 가설, 포구의 설치 등에서 살펴볼 수 있다. 조선 왕조는 한양을 새 수도로 정하고 도시 계획을 수립하면서 궁궐, 관아의 건립과 더불어 도로의 개설에도 유의하였다. 도로가 국가나 지역의 정치·경제·문화의 발달에 미치는 영향이 매우 큼을 알았기 때문이다. 더구나 조선 왕조는 중앙 집권 체제를 강력히 추구하여 전국에 대한 지배력을 서울을 중심으로 획일적으로 구사하고자 하였다. 그러한 집권 체제의 수립을 위한 하나의 방편으로 교통 정책이 특별히 요구되었다. 그것은 역참(驛站)의 구축으로 집약되었다. 전국의 도로망은 역참에 의해 형성되었다. 그리하여 동서남북의 변방과 서울이 도로망에 의해 연결되고 있었다. 조선 후기에는 이러한 외방 도로가 이전의 그것보다 더욱 세밀하게 망을 이루었다. 당초 5,6개이던 간선 도로망이 18세기에는 9, 10개로 늘어났다. 조선 후기 상품 화폐 경제가 진전되면서 도로의 기능은 행정적, 군사적인데서 경제적으로 전이되고 있었다. 전국적인 도로망은 서울을 기점으로 하였다. 지금도 남아있는 세종로 네거리의 이정원표(里程元標)는 전국 각지로 뻗는 도로의 출발점이었다. 따라서 그것은 이 지역의 경제를 활성화시키는 토대가 되었다.

　조선 왕조의 위정자들은 이 지역을 중심으로 전국적 도로망을 편성했을 뿐 아니라 이 지역 내에서의 가로망(街路網)의 개설에도 유의했다. 도시의 발달은 인구의 집중, 생활 시설의 확충뿐 아니라 가로망의 편리함에 의해 좌우된다. 그 지역이 행정 지역이건 주거 지역이건 가로망이 잘 정비되어 있으면 생활이 편리해지고 쾌적한 환경이 조성되어 도시의 발달이 촉구된다. 특히 상업 지역에서는 가로망의 발달이 필수적이다. 사람과 물화의 왕래가 신속하고 편리하게 이루어져야 하기 때문이다. 도읍지를 새로이 조성하면서 조선의 위정자들도 이 점에 주목하였다. 그리하여 도성 건설 당초부터 서울에는 폭이 꽤 넓은 가로망이 계획되고 건설되었다. 『경국대전(經國大典)』에 의하면 서울의 가로(街路) 역시 대로, 중로, 소로로 나뉘었는데, 대로의 폭은 56척, 중로는 16척, 소로는 11척, 그리고 길 양쪽에는 2척의 도랑을 두어 배수에 편하게 하였다.[27] 오늘의 미터 법으로 환산해 보면 대로는 약 17.5m, 중로는 5m, 소로는 3.5m, 그리고 도랑의 폭은 60㎝ 정도이다. 이러한 도로의 구조는 그 후에도 커다란 변함이 없었다.

　가로망의 노선은 종로 일대를 중심으로 설정되었다. 궁궐, 종묘, 사직, 관아들이 모두 이 지역에 위치하였고, 동대문과 서대문이 이 지역에 있었기 때문이다. 당시의 노선은 주로 이들 시설을 연결함이 우선이었다. 조선 시대 서울의 대로에는 3개의 노선이 있었다.[28] 즉 오늘의 광화문 네거리인 황토마루에서 경복궁 광화문에 이르는 세종로, 황토마루를 중심으로 동쪽의 흥인문에서 서쪽의 돈의문에 이르는 종로, 신문로를 잇는 길, 그리고 오늘의 종로 네거리인 대광통교에서 숭례문에 이르는 남대문로가 있었다. 이들 대로는 광활하다는 표현과 같이 넓게 개통되어 있었다. 이러한 서울의 가로망은 조선 후기에 대체로 계승되었지만, 전란이 계속되고 기강이 해이해지면서 파손된 곳이 적지 않았다. 특히 도로변에 가가(假家)를 짓거나 행상을 벌여 노폭이 좁아지는 일이 많았다. 따라서 이를 시정하지 않고는 도로의 기능이 정상화될 수 없었다. 더구나 조선 후기에는 상품 화폐 경제가 진전되면서 도로의 중요성이 보다 제고되고 있었다. 서울에서의 도로 관리는 기본적으로 한성부의 임무였으나, 실제로는 오부에 위임되었고, 오부에서는 각기 소속의 방민(坊民)을 부역 동원하여 수리하였다. 도로의 정비는 상업이 발달하던 18세기에 활발히 이루어졌다. 이 시기에는 정책적으로 도로, 교량에 대한 보수뿐만 아니라, 무너진 포구, 선창에 대하여도 개축에 힘을 기울였다.[29]

　도로를 정비하면서 교량과 진도(津渡)의 보수에도 힘썼다. 백악산, 인왕산, 목멱산 등으로 둘러싸인 서울에는 산악에서 흘러내린 크고 작은 개울이 광교 부근에서 합류하여 큰 개천, 즉 청계천을 이루어 도성 복판을 가로 질러서 동쪽으로 흐르고 있다. 그리고 도성 남쪽에는 한강이 외부로의 통행을 막고 있다. 예로부터 하천과 산악은 교통의 기능을 저해하는 가장 큰 요인의 하나였다. 그러나 사람들은 교통의 장애를 극복하며 새로운 문화를 창조하여 왔으니, 하천의 장애를 극복한 것이 교량이요, 산악의 장애를 극복한 것이 터널이다. 사람이 물 위에 다리를 놓게 되기까지 자연은 두 가지의 지혜를 제공하였다. 그 중 하나는 계곡의 물이 돌을 굴려 내려가다가 물길의 중간 중간에 하나씩 남겨 둔 것이고, 또 하나는 바람이 나무를 쓰러뜨려 계곡을 가로질러 걸쳐 준 것이었다. 사람들은 전자의 암시에서 징검다리를 놓게 되었고 후자의 암시에서 외나무 다리를 놓게 되었다.

　서울에도 도로와 개천이 교차되는 지점에는 당초부터 다리를 놓았다. 그러나 이러한 다리들도 오랜 세월 속에서 훼손된 곳이 많았고, 조선 후기에는 인구의 증가와 상업의 발달로 인마와 물화의 통행이 증가하면서 새로운 교량(橋梁)들이 필요하였다. 혜정교, 파장교, 광통교, 장통교, 수표교, 효경교, 태평교, 영도교, 제반교 등은 예전부터 있어 왔던 다리로서 수시로 보수되었다. 그 밖의 다리는 거의 조선 후기에 가설되었다.

동대문
돈화문
경희궁
목멱
양
1425/4484
흥인문
남소문
서소문
서대문
숙정문
남산
오간수문
동소문
수표교
청계천
광통교
혜정교
경교
광희문
소의문
이현
종로
육조거리
경복궁
창덕궁
창경궁
종묘
사직
1614/5371
1168/602
1814/5189
1027/6095
571/3821
989/6550
372/216
706/3402
850/5975
687/3394
2965/13882

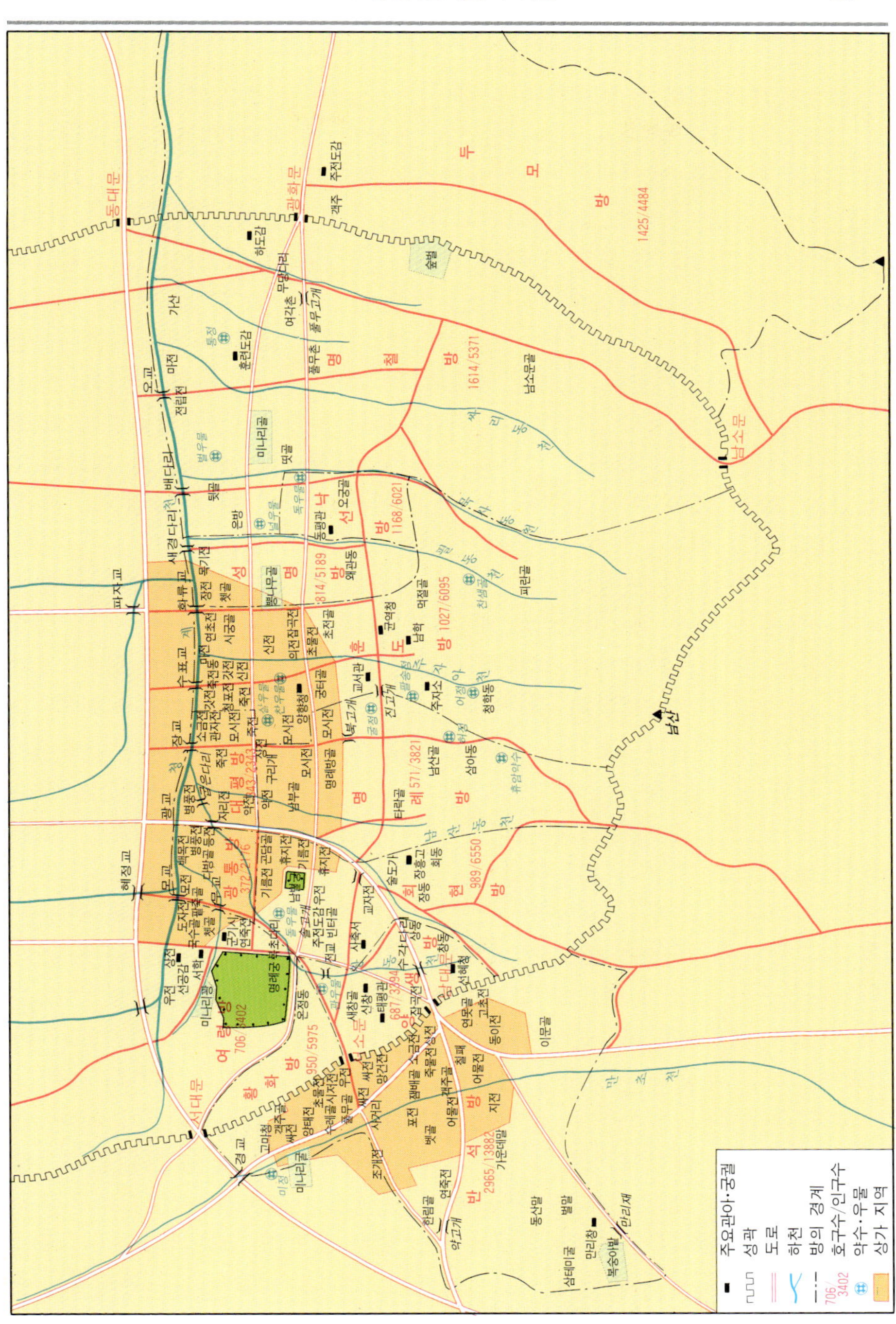

⬢ 가로망

특히 18,19세기에는 청계천에 교량이 다수 가설되었다.[30)]

그러나 한강은 계곡도 아니고 얕은 하천도 아니었다. 수심이 매우 깊고 강폭도 매우 넓었다. 옛 노량진 자리에 놓인 한강 대교의 길이가 1,005m, 광진 자리에 놓인 광진교가 1,037m, 한강도 자리에 놓인 한남 대교가 915m, 마포진 자리에 놓인 마포 대교가 1,389m, 서빙고동 자리에 놓인 반포 대교가 795m, 용산진 자리에 놓인 원효 대교가 1,470m임을 생각할 때, 당시 1,000m에 가까운 넓은 하천에 그리 발달하지 않은 토목 기술로 다리를 놓는다는 것은 불가능하였다. 그리하여 일찍부터 배를 이용할 줄 안 사람들은 배를 통하여 강을 건너고자 하였다. 강을 건너는 양쪽에는 나루터가 있어 나룻배와 뱃사공이 대기하고 있었다. 즉, 한강에는 일찍부터 광 나루(광진), 삼밭 나루(삼전도), 서빙고 나루(서빙고진), 노들 나루(노량진), 한강 나루(한강도), 삼개 나루(마포진), 양화 나루(양화도) 등이 개설되고 있다. 조선 후기에는 송파 나루, 동재기 나루 등이 새로이 개설되었다.[31)]

한강을 건너기 위해서는 배를 타야했는데, 나룻배는 사고가 종종 일어나고 있었다. 이에 고안된 것이 배다리, 즉 부교(浮橋)였다. 주교(舟橋)라고도 했다. 부교가 놓이는 곳은 한강도 아니면 노량진이었다. 18세기에는 부교의 가설 업무를 효과적으로 수행하기 위하여 주교사(舟橋司)라는 전담 관청을 설치하고 배다리 가설의 규정이라고 할 수 있는 주교절목(舟橋節目)을 제정하기도 하였다.[32)]

조선 후기에 교통 시설로서 특이하게 주목된 것은 포구였다. 한강은 육상 교통에 있어서는 큰 장애였으나, 수상 운수에 있어서는 매우 편리하였다. 조선 왕조가 한양으로 도읍을 정한 것도 한강에 의한 수상 운수의 이로움 때문이었다. 근대 사회에 있어서 대량의 화물을 수송하기 위하여는 육상 교통보다는 수상 운수가 중요시되었다. 조선 후기의 실학자 이중환(李重煥)도 『택리지』에서 우리 나라는 산이 많고 평야가 적어 수레의 통행이 불편하여 상인들은 모두 말에다 물건을 싣고 다니는데, 말보다는 수레가 낫고, 수레보다는 배가 낫다고 하였다.[33)] 실제로 용산을 비롯한 한강변은 조선 시대에 있어서는 수로 교통의 요충지였다. 서해안과 한강 하류를 통하여 호남·호서의 양호 지방(兩湖地方)과 황해도·평안도의 양서 지방(兩西地方)의 물화가, 그리고 한강의 상류인 남한강·

북한강을 통하여 충청 북도와 강원도의 물화가 선박에 실려 용산, 마포, 서강 등지로 운송되었으니, 용산, 마포, 서강 등지는 전국 물화의 집산지였다.

한강에 개설된 포구는 18, 19세기에 특히 그 역량을 발휘하고 있었다. 15세기에는 서강, 용산강, 한강이 3강이라 하여 교통의 중심지 역할을 하였다. 그런데, 18세기 중엽에는 5강, 18세기 후반에는 8강, 19세기에는 10강, 12강으로 확대되고 있다.[34] 즉, 조선 후기에는 조선 전기의 서강, 용산, 한강 외에 마포, 두모포, 뚝섬, 서빙고, 양화진, 동작진, 송파 등이 주목되고 있다. 이 같은 포구의 증설은 이 시기 상품 화폐 경제의 진전과 관계가 깊다고 보여진다. 이들 포구에 상선의 출입이 잦아지면서 포구 주변에는 미곡, 어염, 목재를 취급하는 각종의 시전이 생겨나기도 하였다. 포구가 활성화되면서 각 포구에는 선박이 접안하기 용이하도록 부두 시설이 확충되었다.[35] 이는 정부에 의해서도 이루어졌지만, 대체로 포구 주민들이 주도하였다. 1885년 기록에 의하면 용산 탄항계민(灘項契民)들이 스스로 나서서 강변을 수축하여 선박의 접안을 용이하게 하는 작업을 했다.[36]

다음으로 도시는 그 주민의 다수가 상공업에 종사하는 곳이라는 정의도 있다. 물론 서울의 주민은 당초부터 거의 비농업 인구였다. 그러나 그들이 상공업에 종사했다고 볼 수는 없다. 이 같은 현상은 조선 후기에 이르러 크게 변모하고 있다. 상공업 인구가 크게 늘어난 것이다. 이에 생산 시설, 물류 시설들이 확충되고 신설되어 갔다. 서울에서는 당초부터 제조업이 일정하게 발달하고 있었다. 당시 제조업은 대체로 관영 체제로 이루어지고 있었다. 그것은 이 지역에 조선 왕조의 궁궐과 관아가 집중적으로 배치되면서, 그러한 곳에서 필요한 물건을 가까이에서 신속히 조달해야 했기 때문이다. 물론 전근대 사회에서 궁궐, 관아가 필요한 물건은 공납(貢納)의 형태로 백성들에게서 수취되기도 하였다. 그러나 당시로서는 민간에서 물건을 만드는 기술이 발달하지 못하여 제품의 품질이 좋지 못하였고, 자급 자족적인 단계였으므로 생산량도 많지 못했다. 이에 정부는 전문적인 수공업자인 공장(工匠)들을 중앙과 지방의 각 관청에 소속시켜 일정한 기간 동안 궁궐과 관아에서 필요로 하는 물품을 제조하게 하였다. 관청에 등록된 장인(匠人)을 관장(官匠)이라 하였는데, 이들은 국가의 통제 아래 강제로, 무상으로 노동력을 제공해야 하는 부역제(賦役制)에 토대하여 일정한 작업장에서 물건을 만들었다.

1392년(태조 1)에 편성된 관제에 의하면, 작업장을 직접 경영하거나 관련이 있는 관아는 공조(工曹)를 비롯하여 상의원, 봉상시, 사복시, 예빈시, 사섬시, 선공감, 군기감, 교서감, 사온서, 도염서, 아악서, 공조서, 장흥고, 의영고, 제용고, 서적원 등 17개소에 지나지 않았으나, 15세기 후반에 편찬된 『경국대전』에 의하면 30개 관아로 늘어나고 있다.[37] 여러 작업장 중에서도 장인을 많이 거느리고 생산량이 많았던 작업장은 공조, 군기시, 상의원, 사용원, 선공감, 제용감, 조지서, 교서감, 내수사, 내자시 등에 소속된 작업장이었다. 이들 작업장의 대부분은 서울에 분포되어 있었다.

따라서 조선 초기 서울, 특히 당주동, 내자동 일대는 한 마디로 당시 최대의 국립 공업 단지라 할 수 있다. 전국에서 기술이 가장 뛰어난 장인들이 집단적으로 모여 세분화된 공정을 통해 최고의 제품을 만들어 내었던 곳이 세종로, 당주동, 적선동, 내자동, 도렴동, 내수동, 신문로 등지였다.

이와 같이 조선 초기에는 관장들의 상품 생산이 점차 주목되고 있었지만, 조선 후기에 생산 활동을 주도한 것은 민영 수공업자, 즉 사장(私匠)들이었다. 민영 수공업의 발달은 관아의 고용에서보다도 이 시기의 상업 발달과 인구 증가 등 일련의 경제적 변화에 의해 촉진되었다. 생활 수준이 향상되고 소비 인구가 급증하였으며, 상업이 발달하여 거래가 원활해진 것이다. 기존의 시전 상가 외에 종루, 이현 등지에 사설 시장이 번창해 갔다. 그리고 상평통보(常平通寶)와 같은 금속 화폐가 보급되면서 거래가 용이해졌다. 사회가 변모하고 문화 수준이 높아지면서 주민의 소비 생활도 다양해졌다. 그리하여 가공 상품의 수요가 확대되고, 이에 따라서 제조업도 활기를 띠고, 작업장의 규모도 점차 커졌다. 대동법의 시행은 특히 민영 수공업자들을 바쁘게 했다. 민영 수공업자들이 제조한 물건은 사람이 몸에 걸치는 차림새에서 집안을 장식하는 살림살이, 그리고 여가나 유흥에 필요한 여러 가지 잡기 등 다양하였다.

이러한 물건은 궁궐에서도 필요하였고 민간에서도 필요하였는데, 생활이 향상되면서 보다 사치스러워졌다. 이들 물건은 예전에는 당주동,

내자동 일대에서 주로 만들어졌으나, 민영 수공업이 발달하여 판매를 전제로 제조되면서 시전이 개설되어 있던 종로 주변에서 생산되었다. 즉, 종로 주변에 민영 수공업장(民營手工業場)이 대거 형성되어 갔다.[38] 특히 관철동을 중심으로 서린동, 공평동, 관수동 일대에는 서민들의 생활용품을 제조하는 작업장이 곳곳에 있어 사람들에게 직접 판매하거나 인근에 있는 시전에 제품을 처분하였다. 관철동 일대에서는 금·옥·뿔 등으로 망건의 관자를 만드는 사람이 많아 그 지역을 관자골이라 하였고, 그 인근의 청계천 연변에는 칼·솥·문고리 등 철물을 다루는 곳이 많아 이곳에서 개천을 건너는 다리를 철물교 혹은 철교라 하였다. 그 밖에 무교동을 중심으로 장도, 식도 등이, 입정동 일대에서는 장롱, 마구 등이, 의주로 2가, 쌍림동 등지에서는 농기구가, 공평동, 아현동에서는 놋그릇이, 금호동, 신수동, 도원동 등지에서는 메주가, 세검정 일대에서는 종이가 대량으로 생산되었다.

　조선 후기에는 물류 시설(物流施設)에도 큰 변화가 있었다. 이는 물론 상품 화폐 경제의 진전에 따른 것이었다. 조선 초기에는 상업 활동이 그리 두드러지지 않았다. 그 원인에는 생산력과 구매력이 기본적으로 미약하고, 외국과의 교역이 활발하지 못했다는 점이 우선 지적될 수 있지만, 그와 아울러 조선 왕조의 경제 정책에 문제가 있었기 때문이다. 조선 왕조는 농본 정책을 기본적 경제 시책으로 하여 농업 이외의 산업에 대하여는 진흥시키기보다는 통제하여 그 발전을 저해하였다. 유교를 신봉하고 있던 지배층이 볼 때 상공업은 공정한 산업이 아니었다. 특히 상업은 다른 사람을 눈속임하는 행위로 여겨졌다. 그리하여 일반인들의 상업 활동은 난전으로서 규제하였고, 양반들 스스로도 말업(末業)이라 하여 하기를 꺼려하였다.[39] 그럼에도 불구하고 왕실이나 관아에서 필요한 물화를 조달하는 통로가 있어야 했다. 필요한 물화를 직접 만들어 쓸 수 없는 귀하신 분들로서는 그러한 물화를 조달하는 특정의 상인이나 상점이 존재해야 했다. 이에 어용 상점으로서 설치된 것이 시전이다. 이들 시전의 점포는 주로 종로와 남대문로에 밀집되어 있었다. 그러나 이 때에는 상업 인구가 그렇게 많지 않았고, 상거래도 그리 활발하지 않아서 심한 경쟁을 벌일 정도는 아니었다.

　이 같은 사정은 16세기 이래로 달라지기 시작했다. 농민층의 분화가 시작되면서 농토를 떠난 농촌 인구의 일부가 도시로 몰려 들었고, 특히 조선 후기에는 금속 화폐가 전국적으로 유통되며, 민간 수공업이 발달하고, 대동법이 실행되며, 대외 무역이 진전되면서 상업 인구가 크게 늘어났고, 상품의 수요가 증가하고 상품의 종류가 다양해졌다. 이러한 움직임 속에서 종로 5가 자리인 배오개, 남대문 밖 칠패에 사상인들의 시장이 생겨났고, 그들은 시전 상인들이 판매하는 물품을 보다 싼 값에 팔면서 시전 상인에 도전하였다. 이들 사상인들은 심지어 시전이 있는 종로 거리에도 나타나 시전의 전매품을 거래하였다.[40]

18세기에 이르러 상품의 유통이 보다 활발해지는 속에서 사상인층의 활동은 보다 적극화되었고, 그들은 시전 상인의 제지를 피하기 위하여 시전의 중도아(中都兒)가 되면서 결탁하거나, 나아가 재산을 모아 시전을 새로이 설립하고자 하였다.[41] 이들 신전(新廛)은 종로 지역에도 설치되고 있으나, 도성 안에서는 대광통교 이남의 청계천 연변에 집중적으로 설치되고 있었다. 이 지역은 당시 전국 각지에서 일반 서민들이 몰려들어 밀집하고 있을 뿐 아니라 기존의 시전 상가와도 인접해 있어 상거래가 편리했기 때문이다. 그리고 도성 밖에는 서소문 밖 의주로 일대에 시전이 대거 설치되고 있었다.[42]

이를 현재의 위치로 살펴보면, 무교동에 모전, 도자전, 수하동에 자리전, 삼각동에 병풍전, 장교동에 모시전, 청포전, 관자전, 소금전, 신전, 수표동에 죽전, 마전, 입정동에 연초전, 장전, 을지로 1가에 기름전, 휴지전, 을지로 2가에 약전, 죽전, 상전, 모시전, 을지로 3가에 신전, 을지로 4가에 은방, 남대문로 1가에 자리전, 백목전, 소공동에 우전, 정동에 우전, 상전, 저동에 모시전, 초동에 초물전, 남대문로 4가에 잡곡전, 소금전 등이 있었다. 그리고 서소문 밖 성저(城底)에는 순화동에 싸전, 우전, 시저전, 초물전, 의주로에 싸전, 포전, 조개전, 양태전, 남대문로에 상전, 죽물전, 소금전, 동이전, 봉래동에 어물전, 지전, 중림동에 연죽전 등이 있었다.

사상인들은 서로 연결하여 자본을 합자해서 상품을 매점하고, 전국 각지의 상인과도 통하여 물량과 물가에 대한 정보를 교환하며 최대의 영리를 도모하였다. 이들 사상인의 본거지(本據地)가 배오개, 칠패 등이었다. 배오개, 칠패는 서울의 요충지에 자리잡고 있었다. 18세기 중엽에 이르면 칠패의 사상인들의 활동은 매우 극성스러움을 보이고 있다. 1746년 (영조 22년)의 한 기록에 의하면 무뢰배들이 칠패에 난전을 차려놓고 하루종일 상품을 판매하는데, 물건을 사고 파는 사람과 물건을 실어나르는 말이 길거리를 꽉 메웠다. 그들은 동쪽으로는 동작진, 서강, 마포 등지에 사람을 보내어 남쪽, 북쪽 지방에서 오는 어물을 몇 백 바리, 몇 천 바리를 막론하고 모두 매점해서 칠패로 집하시켰다. 그리고 도성 안의 중개업자인 중도아(中都兒)를 끌어들여 각지로 도산매하였으니, 수각교, 회현동, 죽전동, 주자동, 어청동, 어의동, 이현, 병문 등지에는 칠패에서 흘러나온 어물들이 산과 같이 쌓였다고 한다.[43] 그러나 도성 안에서는 아직 육의전이 금난전권(禁亂廛權)을 행사하고 있어서 사상인의 활동은 다소 제약이 있었다. 그러므로 사상인의 활동은 서울의 외곽 지대에서 보다 활발하였다.

서울의 외곽 지대에서 활동한 대표적인 사상인은 한강 연변에 기지를 갖고 있던 경강 상인들이었다. 일찍이 조선 초기부터 정부의 세곡 운송을 용역 맡으면서 활로를 모색하던 경강 상인들은 조선 후기에 이르러는 선상으로 그 지위를 구축하였다. 그들은 용산 · 마포 · 서강 · 노량진 · 동작진 · 서빙고진 · 한강진 · 두모포 등의 포구를 중심으로 미곡 · 어염 · 시탄 등 서울 시민의 생활 필수품을 조달하면서 부를 축적해 갔다.

사상인의 활동은 송파 · 누원 · 송우점 등에서도 돋보였다. 이들 지역은 교통의 요충지여서 외방에서 서울로 물화가 반입되는 길목이었다. 사상인들은 이들 길목을 장악하고서 서울로 반입되는 물품을 매점하였다가 도성의 배오개, 칠패 등의 사상인에게 넘김으로써 시전 상인들을 압박하는가 하면 상권을 보다 확대시켜 갔다.[44] 그리하여 송파와 같은 곳은 처음에는 5일장으로 출발하였으나 상권이 확장되고 각처에서 상인들의 내왕이 빈번해지면서 날마다 장이 열리고 있었다. 상설 시장(常設市場)으로서의 송파에는 각종 상품을 마을 가운데 쌓아두고 매매하여 서울 시내 소비자들의 발걸음도 잦았다.[45] 이와 같이 조선 후기에는 물류 시설을 비롯한 다양한 시설들이 곳곳에 마련되어 이전에 볼 수 없었던 새로운 모습을 보여 주고 있었다. 그러한 모습은 공간의 확장, 인구의 밀집 등의 현상과 함께 서울이 외양적으로 달라지고 있음을 분명히 증거하는 것이다.

(2) 질적(質的)인 변모(變貌)

다수의 인구와 각종의 물적 시설로 장비된 지역 공간으로서의 도시는 행정적 중심지일 뿐 아니라 인간 활동의 핵심지로서, 넓게 그 주변 지역과 관계를 맺고 경제적, 사회적, 문화적 측면에서 중심 역할을 수행하기도 한다. 특정한 공간, 거대한 물적 시설은 어디까지나 도시의 외양(外樣)이며 도시 그 자체는 아니다. 도시는 인간 사유의 구조라는 말이 있다.[46] 변화하는 사회에 있어서 도시는 결코 거대한 나무 기둥, 오밀조밀하게 쌓아올린 석조물의 구조가 아니다. 도시에서는 특정한 삶의 모습을 보여 주고 있다. 도시 사회에서는 교통 시설의 발달로 사람과 상품이 지역을 넘어 쉽사리 이동하고, 통신 수단의 발달로 정보의 전달이 광역화되어 도시민 모두에게 공통의 사회 의식을 형성시키고 있다. 따라서 도시는 주변 지역에 대한 중추적 기능과 도시 자체의 필요성에 의해 외형적으로 공간, 시설, 인구 등을 충족시키면서, 아울러 내면적으로 끊임없이 그 지위를 변화, 발전시킨다. 이러한 도시의 면모가 17,18세기 서울에서도 드러나고 있었다. 이 시기 한양은 나름대로 도시화(都市化)되고 있었다.

도시화는 도시 세력이 외연적으로 파급되어 주변의 농촌 지역이 도시적 취락으로 변화하여 가는 과정과 아울러 도시 자체가 보다 도시적 요소를 더해가는 과정을 포함한다. 그 중에서도 도시의 질적 변모를 보여 주는 것은 후자의 경우이다. 그런데 도시적 요소(都市的 要素)는 도시가 수행하는 역할에서 드러나는데, 그것은 경제 기능, 문화 기능, 사회 기능, 그리고 정치 기능으로 나누어 생각해 볼 수 있다. 대개의 도시는 이들 기능을 복합적으로 갖고 있으나, 도시의 발달 과정에서 보면 고대 도시 · 중세 도시에서는 정치 기능이, 근대 도시 · 현대 도시에서는 경제 기능, 문화 기능이 두드러졌다. 서울의 발달 과정에서도 17 · 18세기에 이르면 경제 기능, 문화 기능이 돋보이고 있다. 이 시기에 서울은 상품 화폐 경제가 진전되면서 경제적으로 상업성(商業性)을 분명히 했고, 문화적으로 다양성(多樣性)을 보여 주었다. 즉, 상업 인구가 급증하면서 서울은 종래의 행정 도시 성격을 벗어나 상업 활동의 중심지가 되어 갔고, 그러한 속에서 정보 교환이 발달하고 견문이 확대되면서 사람들의 의식화가 보다 촉진되었다.

본래 한양을 감싸고 있던 문화적 분위기는 성리학이란 수직적 이데올로기였지만, 17 · 18세기에는 한글이 널리 보급되고, 정보 전달이 용이해져 도시민들은 성리학적 질서에 그리 구애받지 않고 다양한 문화 성과를 즐길 수 있었다. 그리고 사람들은 자신의 존재를 자각하고 자유롭고 평등한 인간으로서 자신의 삶을 증진시키려고 하였다. 그러한 조짐은 종교, 교육, 문학, 예술 등에서 나타났다. 18세기를 전후해서는 복종과 비굴에서 자신을 해방시키려는 사회 의식이 조선 사회 전반에 형성되고 있었다. 정보가 집중되고 있던 서울에서 특히 그러하였다. 이러한 서울의 질적 변모는 양적인 변화와 아울러 한양을 한 차원 더 높게 성장시켜, 결과적으로 한양으로 하여금 중세 사회 해체에 있어서 견인차 역할을 하게 하였던 것이다. 조선 후기의 사회 변동은 외방에서 비롯되었다기보다는 그 핵심부인 서울에서 비롯되었고, 그 시기가 18세기 전후였던 것이다.

1) 경제적 상업화(商業化)

서울의 질적인 변모에 있어서 가장 두드러진 현상은 상업 도시화(商業都市化)였다. 상업 도시란 상업적 기능이 특히 농후한 도시를 말한다. 도시는 비생산 인구가 주민의 대다수를 구성하고 있기 때문에 어떤 도시에 있어서도 상업적 기능이 이루어지고 있다. 조선 초기의 한양이 정치 · 행정 도시라고 하지만, 도읍 건설 당시에 종루(鐘樓) 주변에 시전이 설치되어 상가가 이루어지고 있었기 때문에 서울에서도 부분적이나마 상거래가 행해지고 있었다. 그러나 교환 경제가 발달하지 못했던 당시에 있어서 상거래는 주로 왕실 · 관아를 대상으로 이루어졌기 때문에 당시 서울에서의 상업적 기능은 거의 인정될 수 없었다.

이러한 상황은 조선 후기에 이르러 크게 달라지고 있었다. 전국적으로 유통 경제가 진전되고 있는 속에서 도시의 성격 자체가 바꾸어져 갔던 것이다. 관아를 중심으로 한 기존의 행정 도시에서 상행위가 번창함에 따라 이들 행정 도시는 상업 도시로서 보다 부각되었으니, 서울, 평양, 전주, 대구 등이 그러한 도시들이었다. 그 중에서도 서울이 가장 두드러진 상업 도시였다.[47] 당시 서울은 최대의 소비 도시였기 때문에 전국 각지의 생산물이 집하되고 교역되었다. 물론 서울의 상업 도시화가 진전되어 갔다고 하지만, 그것을 근대적 상공업 도시로 규정하기에는 아직 이르다고 하겠다. 그렇다고 하더라도 18세기 전후의 서울은 이전 시기의 서울의 모습과는 전혀 다르게 보여지고 있었다. 그것은 당시 가짜 암행어사를 하다가 붙잡혀 포도청에 끌려 온 죄수가 실감있게 증언하는 데서 쉽게 알 수 있다. 그는 서울은 지방과 달라서 돈이 있으면 안되는 일이 없는 곳이라고 증언하고 있다.[48] 이러한 상황은 국왕에 의해서도 증언되고 있다. 즉 영조는 서울의 바탕이 되는 백성은 상인과 공인(貢人)이라고 하였다.[49] 국왕의 이러한 인식은, 상공업을 말업으로 천시하던 종래의 관념에 비추어 볼 때 놀라운 변화로서,[50] 당시 전개되고 있던 도시의 발달과 상공업의 성장을 전제로 하지 않고서는 이해할 수 없는 것이다.

　서울의 상업 도시화는 첫째 상업 인구의 증대에서 증거해 볼 수 있다. 18세기에 이르면 서울에서 상행위를 하는 사람들이 급증하고 있다. 전술한 바와 같이 17세기 중엽 이후 서울의 인구는 20만 명 내외로 조사되고 있는데, 실제로는 30만 명으로 추산되고 있다. 이들 인구의 상당수는 거듭된 전란과 소빙기(小氷期)라는 자연 재해로 인해 견딜 수 없게 된 지방민들이 먹을 것을 찾아 무작정 상경한 결과였다. 이들 유입 인구의 대부분은 당초에는 단순 노동자들이었다. 그런데 18세기 이후 서울에는 각종 일거리들이 많이 생겨 근근하게나마 먹고 살 수 있었다. 즉 각종 토목 공사나 운반 작업에 고용되어 생계를 유지하거나 또는 양반집의 하인이 되기도 했다. 그 밖에 류갈지류(流丐之類)가 되어 청계천 연변에 움막을 치고 살면서 구걸을 일삼기도 하였다. 그 후 상황이 호전되면서는 소규모 자본으로 장사길에 나서는 자들이 생겨났다. 한강 주변에서 품팔이로 사공이나 하역에 참여하던 사람들 중에는 주막 주인, 강상으로 변신하는 경우도 있었다. 사람들이 많이 모이는 교통의 길목에는 주막, 밥집, 떡집 등이 다수 생겨났다. 그리하여 1781년 사헌부 장령 구수온(具修溫)은 '서울에는 원래부터 농업에 종사하는 사람이 없다. 따라서 각 관청의 이속과 노비 외에는 모두 상공업에 종사하면서 그 생업을 이어가는데, 이들은 서울 시민 10명 중에 8, 9명 정도이다'라고 하여, 당시 서울의 직업별 인구의 구성비를 나름대로 추산하고 있다.[51]

　둘째 서울의 상업 도시화는 상업 지역의 확장에서도 확인할 수 있다. 그것은 성내(城內)와 성외(城外)에서 각기 이루어지고 있었다. 먼저 성내의 상가 시설이 크게 확장되고 있었다. 15세기의 서울은 거의 순수에 가까운 행정 도시였다. 행정 도시였기 때문에 서울에서의 상거래는 활발하지 않았다. 시전(市廛)이란 상가가 종루를 중심으로 건설되었다고는 하지만, 그것은 대체로 왕실과 관청에서 필요한 물품을 공급하는 어용 상점에 지나지 않았다. 더구나 조선 왕조는 중농 정책을 경제 정책의 기본 방향으로 삼았다. 그리하여 상공업은 말업(末業)이라 하여 억압하였기 때문에 자유로운 발달이 제약되었다. 이러한 사정은 16세기 이래로 달라지기 시작했다. 곡물, 면포, 어염 등의 생산력이 증대되고, 대외 교역이 활발해지면서 상품의 거래가 활성화되었는데, 이 때 주도적 역할을 한 것이 시전 상인들이었다. 그들은 거래 물량을 크게 늘였을 뿐 아니라 활동 구역도 확장시켜 갔다. 상품 화폐 경제의 진전과 더불어 새로운 시전이 개설되면서 그 활동 구역이 본바닥인 운종가를 벗어나 인접 지역으로 확장되어간 것이다.

　새로운 시전의 설립이 가능했던 것은 이 시기에 이르면 농산물, 수산물, 공산품 등의 종류가 많아지고 그 물량이 크게 늘어나면서, 아울러 도시 인구의 급증으로 이에 대한 소비가 늘어나 종래의 시전으로서는 그 역할을 모두 감당하기에는 한계가 있었고, 또 정부도 신전에게 역(役)을 부담시켜 재정의 보조를 받고자 하였기 때문이다. 그리하여 새로운 시전이 급격히 늘어났다. 이들 신전(新廛)은 종로 지역에도 설치되고 있으나, 도성 안에서는 대광통교 이남의 청계천 연변에 집중적으로 설치되었다. 이 지역은 당시 전국 각지에서 일반 서민들이 몰려들어 밀집해 있을 뿐 아니라 기존의 시전 상가와도 인접해 있어 상거래가 편리했기 때문이다. 그리고 도성 밖에는 서소문 밖 의주로 일대에, 그리고 용산, 서강, 마포 등 한강변에 신전이 대거 설치되었다.

　이들 시전과는 별도로 동대문 부근 배오개(梨峴)나 남대문 밖 칠패(七牌)에는 사설 시장이 생겨나 활발히 거래를 하고 있었다. 그런데 상권 경쟁이 치열하지 않았을 때는 배오개, 칠패의 상인들과 시전 상인들의 대립이 거의 없었다. 오히려 양자는 도매상과 소매상이란 관계 속에서 나름대로 협조하고 있었다. 즉, 시전 상인들은 거래 물량이 많아 소매로 직접 처분하기가 어려운 경우, 그 물량의 일부를 배오개, 칠패 등의 상인에게 전매하였고, 배오개, 칠패 등의 상인은 시전에서 구입한 물건을 소매하면서 관계를 유지하였다. 그리하여 사상인은 시전의 중도아(中都兒)인 경우가 많았다.[52] 그러나 18세기 후반부터 사상인들의 활동이 활발해지고, 그리하여 그것이 시전 상인의 기득권을 위협하면서 양자는 필연적으로 대립하기에 이르렀다. 사상인들은 도시 근교의 소생산자 또는 소상인들과 결탁하여 농산물, 수산물, 수공업 제품을 원가로 매입하여 소비자들에게 직접 판매하거나 다른 지역에 전매함으로써 보다 많은 영리를 꾀하였다. 이는 시전 상인의 상업 활동을 침해하는 것이었다. 이들 사상인의 본거지가 배오개, 칠패 등이었다. 18세기의 기록에 의하면, 골목 곳곳을 돌아다니는 행상들이 모두 배오개, 칠패에서 물건을 구입하여 장사하고 있었으니, 배오개, 칠패는 대규모의 도매 시장으로 성장해가고 있었다.[53]

　한편 18세기에는 서울 외곽에 새로운 유통 기지가 구축되고 있었다. 서울의 외곽 지대에서 활동한 대표적인 사상인은 한강 연변에 기지를 갖고 있던 경강 상인(京江商人)들이었다. 일찍이 조선 초기부터 정부의 세곡 운송을 용역 맡으면서 활로를 모색하던 경강 상인들은 조선 후기에 이르러는 선상으로 그 지위를 구축하였다. 그들은 용산·마포·서강·노량진·동작진·서빙고·한강진·두모포 등의 포구를 중심으로 미곡·어염·시탄 등 서울 시민의 생활 필수품을 조달하면서 부를 축적해 갔다. 경강 상인들의 상품은 미곡·소금·생선·건어물·목재·시탄·직물 등 다양하였다.

　이들의 상업 활동은 지역적으로 다소 전문화되고 있었다. 용산과 서강은 본래 세곡의 집산지였다. 따라서 미곡의 거래가 활발하였다. 용산에서는 미곡뿐 아니라 조선 초기부터 목재의 집산지였고, 시목전이 유독 용산에 있었음을 볼 때 목재와 시탄의 거래도 성했으리라 본다. 그리고 목재를 이용하여 조선(造船)에 종사하는 경강 상인도 있었을 것이다. 다음 마포의 경우에는 새우젓 장사의 후예라는 말이 있는 것과 같이 젓갈, 소금, 생선, 건어물 등 해산물의 집산지로 유명했다. 그리고 뚝섬·두모포 등지에는 목재와 시탄이 주로 집산되었다. 사상인의 활동은 송파·누원·송우점 등에서도 돋보였다. 이들 지역은 교통의 요충지여서 외방에서 서울로 물화가 반입되는 길목이었다. 사상인들은 이들 길목을 장악하고서 서울로 반입되는 물품을 매점했다가 도성의 배오개, 칠패 등의 사

상인에게 넘김으로써 시전 상인들을 압박하는가 하면 상권을 보다 확장
시켜 갔다.[54] 그리하여 송파와 같은 곳은 처음에는 5일장으로 출발하였
으나 상권이 확장되고 각처에서 상인들의 내왕이 빈번해지면서 날마다
장이 열렸다. 상설 시장으로서의 송파에는 각종 상품을 마을 가운데 쌓
아두고 매매하여 서울 시내 소비자들의 발걸음이 잦았다고 한다.[55]

　셋째 서울의 상업 도시화는 상업 자본의 구축에서도 엿볼 수 있다. 그
것은 도고(都賈)라는 모습으로 나타났다. 기록에는 도고를 도가(都賈)·
도고(都雇)·도고(都庫) 등 혼용하여 쓰고 있는데, 그 모두가 상품을 매
점 혹은 독점하는 상행위 또는 그 조직을 뜻하고 있다.[56] 이들 도고 상업
은 18세기 중엽 이래 크게 발달하였는데, 그 발달의 배경은 17세기의
경제계에 있었다. 즉 이 시기에는 관개 시설이 복구되고 영농 기술이 향
상되며 경작 면적이 확대되어 농업 생산력이 크게 늘었고, 또 대동법이
실시되고 민영 수공업이 발달하면서 제조업에서의 생산력도 크게 늘었
다. 여기에 더하여 금속 화폐가 전국적으로 보급되어 상거래를 촉진하였
고, 그리고 이 시기에는 민간인에 의한 중국·일본 등과의 대외 무역이
발달하여 자본 집적을 가능케 했다.

　당시의 도고 활동은 크게 관상 도고와 사상 도고로 나누어 볼 수 있다.
관상 도고는 대체로 시전 상인의 활동을 일컫는데, 시전 상인의 도고 활
동은 금난전권(禁亂廛權)을 바탕으로 하였다. 시전 상인들은 금난전권에
의해 특정의 상품을 독점적으로 매점할 수 있었다. 즉 종루 지역에서 상
권을 장악하고 있던 육의전을 비롯한 시전 상인들은 전안(廛案)에 등록
되지 아니한 자가 임의로 상행위를 하면, 이를 난전(亂廛)으로 규정하고
금단하면서, 자신들은 대량으로 물품을 매점하였다가 시세가 크게 오르
면 이를 매각하여 일반 서민들의 가계에 많은 어려움을 주었다.[57] 시전
상인들은 사상인의 활동을 규제할 뿐 아니라 수공업자들의 제품 판매까
지도 난전이라하여 규제하고, 그 물품을 헐값에 매점하였다. 즉, 모의장
이 휘양을 만들어 팔면 선전에서, 도자장이 장도를 만들어 팔면 도자전
에서, 총장이 말총 제품을 만들어 팔면 상전에서, 가칠장이 소반을 만들
어 팔면 칠목기전에서, 야장이 자물쇠 등 철물을 만들어 팔면 잡철전에
서 난전이라 고발하고 그 물건들을 매점하여 폭리를 취했다.

　그러나 관상 도고의 도고 행위는 근본적으로 자유 상업의 발전을 저해

하는 것이었고, 더구나 그것이 본래 지니고 있던 특권성은 봉건 질서의 해체와 더불어 배제되어야 했다. 관상 도고에 대한 도전은 사상 도고 · 수공업자 · 소상인 · 소비자 등 여러 분야에서 제기되었다. 그 중에서도 사상 도고의 도전이 강력하였다. 사상 도고는 자본력과 조직망 등 경제적 조건과 경영 능력을 바탕으로 관상 도고의 특권을 극복하면서 차츰 그것을 무너뜨려 갔다. 1793년(정조 17) 외어물전의 고발에 의하면, 마포에 사는 오세만(吳世萬) 등이 주동이 되어 강변의 무뢰배 70여 명을 규합하여 한강 연안에 어물전을 차려놓고 각처에서 운반해 오는 생선, 건어물 등을 매점하여 어물전의 활동에 피해를 주고 있다는 것이다.[58] 사상 도고의 활동 중심지는 사상인의 근거지였던 배오개, 칠패와 서울의 외곽 지대인 강변 포구였다. 특히 배오개와 칠패는 동부채(東部菜) 칠패어(七牌魚)라 하여 채소 · 어물의 집산지였다.[59]

일반적으로 시전 상인이 판매하는 상품은 지방의 생산자가 직접 서울로 와서 시전에 팔거나 행상이 개입하여 구입되었으나, 사상 도고들은 그들이 직접 현지에 가서 상품을 구입하고 가격을 조종하였다. 이 같이 보다 적극적이고 조직적 상행위를 전개하였기 때문에 그들은 시전 상인을 압도할 수 있었다. 1816년(순조 16)의 기록에 의하면 배오개 · 칠패에 사는 사상인들이 어획기인 늦가을 원산에 가서 북어를 매점하고, 가격을 조종하여 판매하므로 어물전에서는 상품을 구하지 못하여 폐업 상태에 이르고 있다고 하였다.[60]

사상 도고의 하나로 특히 주목되는 것은 경강 상인(京江商人)들의 활동이었다. 경강 상인들이 벌인 도고 활동의 일반적인 양상은 선상을 통하여 각 지방에서 운반해 온 미곡을 한강 연안에서 매점함으로써 서울의 미가(米價)를 조종하는 것이었다. 그런데 서울 시민의 양곡 중 강상미가 차지하는 비중이 무엇보다도 컸기 때문에 경강 상인들이 그것을 매점해 두고 판매하지 않으면 곧 서울 시내의 미가는 급등하였다. 1779년(정조 3)의 기록에 의하면, 경강의 부상들이 미곡을 매점하여 감추어 두었다가 미곡이 극히 귀해지기를 기다려 10배의 이익을 얻고 있다고 하였다.[61] 1794년(정조 18)에도 경강 상인들이 미곡을 매점해 두고 가격을 마음대로 조정하였기 때문에 풍년이었음에도 불구하고 미가(米價)가 등귀하고 있었다.[62] 이와 같이 경강 상인들은 서울 시내의 양곡의 가장 중요한

공급원인 강상미를 매점해 두고 가격을 조종함으로서 폭리를 남겼는데,
경우에 따라서는 지방에 흉년이 들어 미곡이 귀하게 되면, 그들은 비축
해 두었던 미곡을 지방으로 운반 판매하여 이익을 남기기도 하였다.[63)
즉, 그들은 다량의 미곡을 장기간 매점할 수 있을 만큼 자금면에서 규모
가 커졌고, 또 각 지방간의 미가(米價) 차이를 신속히 그리고 광범위하
게 파악할 수 있을만큼 상업망이 확대되어 있었기 때문에 서울뿐만 아니
라 전국 어디라도 이익이 생길 수 있는 곳은 모두 진출하여 도고 활동을
벌였던 것이다.

　경강 상인은 미곡뿐 아니라 시탄과 목재 영업에 있어서도 비교적 대규
모의 도고 활동을 펴고 있었다.[64) 서울 시내에서 소비되는 가정용 시탄
과 건축용 재목은 모두 한강 상류인 강원도 산악 지방에서 벌채되어 선
박 혹은 뗏목으로 뚝섬, 용산 등 한강에까지 운반 판매되었는데, 경강
상인들이 이를 매점 취리(取利)하였다. 특히 시탄은 미곡과 함께 도회지
인으로서는 자급할 수 없는 생활 필수품이었으므로 그것의 공급로를 독
점하다시피 한 경강 상인의 도고 상업은 서울 시민의 생활과 직결되어
있었던 것이다. 한편 원래 동빙고가 있던 오늘의 성동구 옥수동 강가의
두모포(豆毛浦) 역시 경강 상인의 터전이었는데, 한강 상류 지방에서 오
는 각종 물자 특히 고추·마늘·감자·고구마 등과 목재·시탄의 집산
지였다. 이 곳에 근거지를 둔 경강 상인들은 그러한 시탄과 목재를 매점
하여, 1791년(정조 15)에는 서울 시내의 시탄과 목재가 3일간이나 품
절된 때도 있었다.[65) 이처럼 18세기에 이르러는 서울이 상업 도시화되면
서 상품 화폐 경제가 서울 사람들의 삶을 좌우하였는데, 이는 조선 초기
에는 쉽게 찾아 볼 수 없는 현상이었다. 특히 용산·마포 등 도성 밖에
인구가 밀집되고 그들이 주로 상업 활동에 종사하고 있음은 도시 발달
과정에서 보더라도 매우 의미있는 현상이라 하겠다.

　2) 사회적 의식화(意識化)

　서울의 상업 도시화에서 보듯이, 조선 후기 사회의 변동을 가능하게
한 움직임은 백성들의 경제 활동이 활발해진 데 있었다. 스스로 살 길을
찾지 않으면 안 되었던 백성들은 수단과 방법을 다하여 자신들의 생활
조건을 개선해 갔다. 18세기에 이르러 이러한 변화는 한층 증폭되어 사

회 전반으로 확산되어 갔다. 그런데, 모순이 심화되어 사회 체제가 동요하는 가운데서도, 지배층으로서의 양반 관료들은 여전히 미봉적인 계책으로서 그 위기를 모면하려 하였다. 예컨대 대동법(大同法)과 균역법(均役法)이 그러한 조처였다. 뿐만 아니라 그들은 상품 화폐 경제의 진전에 따라 특정 분야에서 부(富)가 집중되는 현상을 보이자, 이를 침탈하고자 하였다. 그것은 농촌에서만이 아니라 포구·광산·상가 등 이익이 있는 곳이면 어디에서든지 볼 수 있었다.[66] 특히 돈으로 생업을 이루는 서울에서 심하였다. 이에 지배 권력의 독선과 탐관의 부패에 시달리던 백성들은, 마침내 불만을 터뜨리면서 점차 자신의 존재를 깨닫게 되고, 그리하여 삶의 주체(主體)로서 자신의 권익을 지키고자 행동해 가기 시작했다.

본래 조선 왕조는 신분제를 바탕으로 봉건적 질서가 철저하게 관철되던 전제 왕조였다. 지배층의 힘은 전국을 획일적으로 통제하였다. 서울이 수도라고 하여 예외가 되는 것은 아니었다. 그들에 의해, 그들의 삶을 위해 처음부터 계획적으로 만들어진 서울은 오히려 보다 철저히 관리되었다. 따라서 그 곳에 살고 있는 주민들에겐 순응과 복종만이 최고의 미덕으로 간주되었다. 그러나 17·18세기에 이르러는 분위기가 달라지고 있었다. 사회 모순이 크게 드러나는 속에서 여러 가지 폐단이 크게 노출되고, 소빙기(小氷期)에 의한 자연 재해까지 겹쳐 기민·유민이 다수 발생하면서 사회 저변에서는 위기 의식이 만연되어 갔다. 이 같은 상황에서 사람들은 새로운 활로를 모색하게 되었다. 그들은 사회 모순에 대하여 지금까지의 소극적인 자세에서 벗어나 적극적으로 지배 권력과 대결하고자 하였다. 그러한 움직임은 특히 이 시기 전국 각지에서 서울로 몰려 온 유민층에서 두드러졌다. 당시 서울로 몰려온 유민층은 삶의 조건이 극도로 나빠서 류갈지류(流丐之類)라고도 불리웠는데, 그들에게는 내일에 대한 보장이 없었다.[67] 그들에게는 현실이 고통이었고, 증오의 대상이었다. 따라서 그들의 행동은 보다 극렬하였다.

도시 빈민들의 분노와 원한은 기본적으로는 사회 구조의 모순으로 인한 열악한 삶의 조건에 그 배경이 있지만, 이는 당시의 상품 화폐 경제의 진전에 따른 빈부의 격차, 물가의 변동에도 그 원인이 있었다. 여기에 더하여 이 시기에 발달한 장터는 교역의 장소일 뿐 아니라 정보 교환과 오락 장소의 구실도 하였다. 많은 사람과 많은 정보가 모이는 장터에

서 경험하는 사건, 그리고 소문을 통한 이야기들은 자신을 얽어맨 봉건
적 굴레를 숙명적으로 받아들여 온 사람들에게 계급 의식, 특히 불평
등·불합리·모순에 대한 인식을 불러 일으키게 했다. 장터에 나온 사람
들은 우연히 들른 주막, 술청에서 자연스럽게 대화와 주연을 함께 하는
가운데 사회 의식을 키웠고, 장돌뱅이에게서 듣는 판소리, 타령, 잡가
등을 통해 양반 중심의 사회 모순과 지배층의 횡포에 대하여 비판적 자
세를 갖게 되었다. 그리고 이 시기에는 그들의 지적 요구를 채워 줄 한
글 소설이 널리 보급되어 양반의 비리를 풍자하거나 사회의 모순을 비판
하고 있어 사람들을 더욱 격앙시키고 있었다. 그 모습은 서울에서 특히
심하였다.

　도시민의 불평·불만은 크게 자신의 지위를 지키고 억울함을 해소하
려는 움직임과 생존을 용납하지 않는 현실 구조를 깨뜨리려는 움직임 등
두 가지 양상으로 표출되었다. 전자가 현실과 타협하는 속에서 합법적으
로 이루어지는 행동이라면, 후자는 현실을 부정하는 속에서 이루어지는
행동이었기에, 처음에는 전자가 주류를 이루었다. 고통스러운 현실, 억
울한 처지에 있던 사람들은 자신의 고통을 호소하고 억울함을 풀기 위해
먼저 관청이나 관리에게 나아가 청원(請願)·호소(呼訴)하였다. 본래 조
선 왕조는 유교 정치를 지향하여 위민(爲民)의 명분으로 백성들의 억울
함을 해소시켜 주는 것을 당연시하였다. 정부의 잘못된 조처, 탐관 오리
의 비리, 궁방·아문·군문·권세가의 침탈로 인한 억울함이 사실이라
면 위정자로서는 당연히 시정해 주어야 했다. 1728년의 기록에 의하면,
경강 상인들이 세곡 운송 과정에서 부정 행위를 심하게 저지르자 호남
어사 이광덕(李匡德)이 경강선의 호남 지방에서의 왕래를 금한 바 있었
다. 이에 대하여 경강 상인들은, 이는 자신들의 생업을 막는 것이라면서
입궐하는 대신들의 길을 막고서 조처의 철회를 강력히 청원하였다.[68] 조
선 후기의 기록에서는 이러한 사례를 많이 찾아볼 수 있다.

　서민들은 이러한 방법을 통해서도 억울함이 해소되고 부당함이 시정
되지 않으면, 국왕에게 직접 호소하는 상언(上言)·격쟁(擊錚)까지도 감
행하였다. 18세기 후반 서울에서는 특히 상공업 문제를 둘러싸고 상
언·격쟁이 활성화되고 있는데, 이에 대하여는 한상권 교수가 심도있게
그 실상을 밝혀주고 있다.[69] 그러나 백성들의 목소리가 국왕에게까지 전

달될 수 있는 여건이 조성되었다고 하여도 그들의 질곡이 해소되었다고
보기는 어렵다. 그 방법과 절차가 까다로왔을 뿐 아니라 위정자들의 해
결책은 일반적으로 고식적 수준에서 벗어난 것이 아니었기 때문이다. 아
직 백성들은 통치의 대상일 뿐 정치의 주체는 아니었다. 침탈을 일삼는
궁방·아문·군문·권세가들은 위정자의 편에 있었기에 근원적인 문제
해결은 애시당초 기대하기가 힘들었다.

이에 억울한 사람들은 법을 초월하여 자신의 생존권을 지킬 수 있는
방안을 모색하고, 비리와 부정을 공개적으로 폭로하여 자신의 억울함과
현실 사회의 모순을 고발하고자 하였다. 우선 소극적으로 괘서(掛書)·
벽서(壁書)를 이용하여 자신들의 의사를 알렸다. 괘서나 벽서는 청원·
상언 등 합법적 방법으로 그들의 뜻이 관철되지 않을 때 익명으로 사람
들이 많이 다니는 운종가나 남대문 같은 도성의 출입구, 그리고 궁궐이
나 관청의 벽에 붙이는 것이다. 이러한 움직임은 18세기 후반에 특히 유
행하였다. 1728년 정월 서소문에, 1789년 12월 돈화문에 괘서가 나붙
었다.[70] 그 내용은 대개 변란·작변을 예고하여 민심을 충동하거나 조정
을 비방하는 것이었다.

현실에 대한 불만은 급기야 폭력을 수반한 행동을 야기시키기에 이르
렀다. 1684년의 기록에 의하면, 도하의 무뢰배들이 검계(劍契)를 만들
어 시정에서 사사로이 연습하는데, 민심이 이로 인하여 더욱 소란하다고
하였다.[71] 『조야회통(朝野會通)』에 의하면, 당시 무뢰배들은 비밀 결사를
조직, 강령까지 작성하고 있었으니, 첫째 양반을 살육할 것, 둘째 양반
의 부녀자를 겁탈할 것, 셋째 그들의 재물을 탈취할 것 등을 명시하고
있었다.[72] 한편 일부 유랑민들은 도적 집단을 구성하여 기존 질서에 저
항하였다. 서울 부근에서 약탈을 일삼던 도적떼는 후서강단(後西江團),
유단(流團) 등으로서, 관가의 창고를 주로 습격하여 한 때 장안을 술렁
이게 하였다.[73] 1720년의 기록에 의하면, 이들 중 16명이 포도청 감옥
에 잡혀 있었는데, 동료들이 작당하여 쳐들어가 옥문을 부수고 구해 달
아날만큼 그들의 힘은 막강하였다.[74] 이 같은 도적떼의 활동은 특히 도
성 부근에서 극심하였다.[75] 그러나 아직도 서울에는 전제 군주가 상주하
면서 그 힘을 과시하고 있어서 그들의 의식이 행동화함에는 한계가 있었
다. 당시의 치안은 거의 수도에 집중되고 있었다. 그렇다고 하여도 분명

한 것은 이 시기 도시민의 사유 세계가 사회 저변으로부터 심하게 동요하고 있었다는 사실이며, 나아가 그것은 비판적이고 부정적이라는 특성이 있었다는 사실이다.

3) 문화적 다양화(多樣化)

18세기 후반, 시장 경제가 발달하면서 상공업 중심지로 부상한 서울에는 현실 중시의 사고, 물질 중시의 삶이 고양되고 있었다. 돈만 있으면 안되는 것이 없는 분위기 속에서 봉건적 명분론은 퇴조하였고, 그에 따라 사람들의 생활상에도 커다란 변화가 일어났다. 사람들의 의식이 각성되는 속에서 유교 사회의 제도적 굴레가 아무리 완고한 것이었다고 하여도 그것은 인간 본연의 가치·사유를 억압할 수는 없었다.

당시 서울에는 각양 각색의 사람들이 살고 있었다. 높은 벼슬을 하며 호사스러운 삶 속에서 세도를 부리던 고관 대작이 있었는가 하면, 벼슬을 하지 못하여 가난에 허덕이던 남산골 서생도 있었다. 또한 상공업이 활성화되면서 여기에 관계하여 열심히 돈을 벌고 있던 장사치도 있었고, 여기 저기를 기웃거리며 일자리를 찾아 헤매던 날품팔이 노동자도 있었다. 그런가 하면 청계천·수구문 일대에서는 거지들이 떼를 이루며 살고 있기도 하였다. 이와 같이 서울에는 다양한 사람들이 살고 있었다. 따라서 서울 사람들의 삶은 매우 다양하게 이루어지고 있었고, 그들의 생각도 매우 다양하였다. 이는 서울이 외양적으로 커지고 질적으로 변모하면서 사람들에게 자유로운 활동 공간과 활발한 사회 분위기를 제공하였기 때문이다. 이를테면 이 시기의 서울은 다양한 변화, 격심한 변동 속에서 가능성의 세계였다고 할 수 있다.[76] 도시가 상업화되는 속에서 무식한 사람이라도 돈을 벌 수 있는 길이 열려 있었고, 돈을 많이 벌면 벼슬도 구할 수 있었다. 이는 이 시기에 쓰여진 여러 소설들에서 그 구체적 모습을 엿볼 수 있다.

서울에 다양한 사람들이 살고 있었고, 그들의 삶이 다양하게 이루어지는 속에서, 서울에서의 문화 활동 역시 다양화되어 갔다. 문화란 한 사회를 지배하는 사고의 틀과 행동 양식이라고 광의의 개념으로 정의할 수도 있지만, 어느 특정 집단이 지닌 민속적, 토속적 삶의 모습이라고 협의의 개념으로 정의할 수도 있다. 서울이란 도시에서의 문화 활동은 서울에서의 삶을 반영해야 한다. 그런데 서울은 당초, 통치의 중심지, 행정의 중심지로 건설되었기 때문에 왕족과 양반 관료의 삶이 문화 활동의 핵심이었다. 의·식·주를 비롯한 일상 생활에서 여가·문학·예술 등의 활동이 거의 모두 양반 관료 중심으로 이루어졌다. 더구나 조선 사회는 엄격한 신분제 사회였기에 지배층인 양반을 제외하고는 대다수 백성들이 규격화된 삶을 살아야 했다. 문화란 자유와 여유 속에서 성장하는 것인데, 그것이 가능했던 것은 왕족과 양반 관료뿐이었다. 일반 백성들은 일만 해야 했다. 따라서 조선 초기의 문화는 흔히 양반 문화로 일컬어지고 있다. 서울에는 특히 양반들이 대거 집주하고 있었다. 이들은 정치·사회 활동을 주재하면서 문화 활동을 주도하였다.[77]

그런데 조선 후기에 이르러 이러한 사정은 달라져 갔다. 상품 화폐 경제의 진전이 가져온 서울의 분위기는 서민들의 의식을 일깨웠으며, 그들의 재능과 취향을 발전시킬 기회를 마련해 주었다. 게다가 경제 구조의 변동으로 종래의 신분제가 동요되어 양반의 권위가 실추되었는가 하면, 새로운 계층이 다양하게 나타나 다양한 삶이 이루어지고 있었다. 종래 고관 대작만이 누릴 수 있는 호사스러운 삶을 이제는 시정의 장사치들도 흉내낼 수 있었다.

그렇다고 하여도 아직 문화의 주인공은 왕족, 양반, 선비 등 지배층이었다. 그들의 풍류 생활은 세간에 소문이 자자할 정도였다. 『청구야담(靑丘野談)』에는 18세기 명문 거족 출신이었던 심용(沈鏞)의 풍류 생활이 소개되고 있는데, 그는 재물에 대범하고 의리를 숭상하여 일세의 가객, 시인, 묵객들과 친하여 항상 사람들이 문전성시를 이루었다고 한다.[78] 그는 남달리 예술을 즐겨 많은 연예인들이 그의 비호를 받았다고 한다. 이러한 경우는 특이한 예이겠지만, 당시 대다수의 양반 관료, 선비들은 전반적으로 풍류를 즐겼으며,[79] 특히 풍광 좋은 강변이나 계곡을 찾아 마음이 맞는 사람끼리 한시 또는 시조를 읊으며 생활의 여유와 멋을 즐겼다. 그리하여 풍광이 좋은 곳에는 누각·정자가 다수 조영되었다. 이 시기에 조영된 대표적 누정에는 인왕산·백악산 기슭의 독락정, 태고정, 세검정, 남산의 귀록정, 재산루, 낙산의 조양루, 한강변의 쌍호정, 소동루, 월파정, 용봉정 등이 있다. 누각·정자의 조영은 일찍부터 행해져 왔지만, 이를 조사 분석한 연구에 의하면 특히 18·19세기에 활발히 이루어지고 있었으며, 누정을 조영한 사람들은 대부분이 양반 관료, 왕족들이었다.[80] 이는 그들의 풍류 생활을 짐작케하는 것으로서 조선 후기 서울에서 보여진 도시 문화의 한 모습이라 하겠다. 즉 서울이 이 시기에 대도회로 커가면서 정쟁, 논변에 시달리던 양반들은 도시의 각박한 분위기를 잠시 잊어버리고 싶은 심정으로 풍광 좋은 곳에서 시회, 대화, 음주로 자연스레 해소하고자 하였던 것이다.

　이러한 양반들의 풍류적 삶은 18세기에 이르러는 서얼·역관·의관·서리 등 중간 계층에까지 전이되고 있었다. 이들 중간 계층은 지적, 문화적 면에서는 사대부들과 다를 바 없었으며, 실무에서는 사대부들보다 오히려 더 밝았지만 신분적 한계 때문에 현실적 영달을 보장받지 못한 계층이었다. 그리하여 그동안 불만이 많았던 이들은 18세기 사회 변동이 심화되는 가운데 지위의 상승을 시도하였으나, 사대부들의 거센 반발로 뜻과 같이 되지 않았다. 이에 그들은 그 현실적 한계를 보상받을 수 있는 그들 나름의 문화를 추구하였다. 시사(詩社)를 결성하여 시회를 갖고, 경승지를 찾아 풍류를 즐겼다. 18세기 후반의 대표적 시사는 역관 천수경(千壽慶)이 주도한 옥계시사(玉溪詩社)로서, 인왕산을 중심으로 인근의 경승지를 찾아 시회와 음주를 즐겼다. 이러한 모임에는 중인들뿐 아니라 양반·상민·천민들까지 두루 참여하여 함께 풍류를 즐겼다. 당시 서울 시정에는 온갖 재능을 가진 풍류객이 있었는데, 노래를 잘하는 체부동의 김봉사(金奉事), 거문고를 잘 켜는 누각동의 이만호(李萬戶), 손님맞이를 좋아하는 삼청동의 이만호(李萬戶), 술을 좋아하는 미원동의 서초관(徐哨官), 꽃가꾸기를 잘하는 이문 안의 조봉사(趙奉事) 등이 서로 어울려 즐겼는데, 실학자 박지원(朴趾源)도 그들과 어울리기를 좋아했다.[81]

　조선 후기에는 풍류 문화와 함께 판소리 등 놀이 문화가 유행하였다. 이는 지금까지 문화적 정서에서 소외되었던 서민들의 삶을 흥겹게 하는 데 기여하였다. 판소리는 17세기 말에서 18세기 초에 형성되었다고 하는데, 광대들이 한 편의 이야기를 창과 아니리로 엮어 나가면서 연출하여 흥미를 보다 돋구었다. 칠패나 이현 등의 저자거리, 한강변 부둣가에 임시로 무대를 가설하고 모여든 사람을 대상으로 공연한 판소리 중에는 춘향가, 흥부가, 심청가, 배비장타령 등이 특히 인기가 있었다. 사람이

많이 모인 곳에서는 판소리와 함께 탈춤, 가면극도 공연되어 사람들의
관심을 집중시켰다. 이 시기 서울의 위성 도시로 성장하고 있던 송파장
에서는 상인들이 장터의 분위기를 고조시키고자 놀이패를 고용하여 탈
춤을 추고 줄타기, 장타령 등을 하게 했다. 이것이 송파산대놀이였다.[82]
그 밖에도 이 시기에는 다양한 놀이가 행해졌다. 조선 후기 서울의 모습
을 실감있게 노래한 『한양가』에는 이를 다음과 같이 표현하고 있다.

> "화려가 이러할 제 놀인들 없을소냐
> 장안소년 유협객과 공자왕손 재상자제
> 부상대고 전시정과 당방골 제갈동지
> 별감 무감 포도군관 정원사령 나장이라
> 남북촌 한량들이 각색 놀음 장할시고
> 선비의 시축놀음 한량의 성청놀음
> 공물방 선유놀음 포교의 세찬 놀음
> 각사서리 수유놀음 각집 겸종 화류 놀음
> 장안의 편사놀음 장안의 호걸놀음
> 재상의 분부놀음 백성의 중포놀음
> 각색놀음 벌어지니 방방곡곡 놀이처로다"

이로써 볼 때 조선 후기 서울에서는 각양 각색의 사람들이 다양한 놀이
를 즐기고 있었으니, 이는 놀이 문화의 다양성이라고 규정할 수 있는 것
으로서, 이전에는 볼 수 없는, 서울이 도시화되면서 나타난 하나의 특성
이라고 할 수 있다. 서민들의 문화적 욕구는 민화를 유행시키기도 하였
다. 이는 경제력의 진전에 따라 자기의 삶을 더욱 풍요롭게 하려는 서민
들의 교양적 욕구가 그만큼 컸기 때문이다. 민화는 거의 작가가 밝혀지지
않은 떠돌이 화가들에 의해 그려졌는데, 익살스럽고도 소박한 형태와 대
담하고도 파격적인 구성, 그리고 아름다운 색채가 매우 특징적이다. 이와
같은 민화는 예술적 감상을 위한 것이라기 보다는 생활 공간을 장식하기
위한 것이었다. 즉, 경제적으로 어느 정도 여유를 가진 도시민이 늘어나
면서, 그들은 방·마루·대문 등을 멋있게 장식하고자 하는 욕망을 갖게
되었고, 그리하여 이를 충족시키고자 민화가 널리 공급되었다.[83]

　　경제적으로 여유를 갖게 된 서민 사회에서는 생활 공간의 장식 뿐 아니라 생활 수단 자체를 새로이 하여 품격을 높이고자 하였다. 즉 살림살이에 있어서 그릇류는 빼놓을 수 없는 것이었는데, 이전에는 목기나 소쿠리를 주로 사용하였으나, 18세기 이래로는 도기·자기 등이 널리 쓰였다. 일반 서민들은 보다 쉽게 만들 수 있는 오지그릇, 질그릇에 곡물을 저장하고 음식을 담아 보관하였다. 사치 풍조가 심해지면서 서민들은 고관 대작의 집에서나 사용했던 자기를 선호하였는데, 자기 중에서도 화려한 청화 백자가 인기를 끌었다. 부상대고들은 이를 시전에서 구입해 쓰기도 했지만, 사기장에 주문하여 쓰는 경우도 있었다. 이 시기 그릇 사용에 있어서 특히 주목되는 것은 놋그릇이었다. 놋그릇은 조선 초기에만 하여도 극소수의 부유한 양반들만이 사용했으나, 18세기 이후 동광의 개발이 촉진되어 원료가 충분해지고, 또 제조술이 개선되면서 놋그릇의 사용이 널리 보급되어 갔다. 18세기 말에는 일반 서민들도 서너 개의 놋바리나 놋대접쯤은 일반적으로 쓰고 있었다.[84]

　　생활 문화에 있어서 이 시기 두드러진 모습은 음주 문화의 발달이었다. 18세기 말에 이르러 풍류 생활이 유행하고 저자거리가 흥성하면서 술에 대한 수요가 날로 늘어났다. 당시 기록에 의하면 서울에는 양조업자가 동리마다 2,3호씩 있었는데, 큰 양조업자는 하루에 쌀 한 섬 이상을 쓰고, 작은 술집도 하루에 몇 말을 소비한다고 쓰여 있는 것을 보면, 양조업이 매우 번창했음을 알 수 있다. 이는 그만큼 술의 수요가 많았다는 것을 말한다. 『동국세시기(東國歲時記)』에 의하면, 마포구 공덕동 일대에서는 소주의 일종인 삼해주(三亥酒)를 만들어 파는데, 술독이 1천여 개나 된다고 하였다.[85] 18세기에는 술과 더불어 담배가 도시민의 기호 식품으로 널리 이용되었는데, 16세기 말에 일본에서 전래된 담배는 이후 소비가 급격히 증가하여 18세기에 그려진 풍속화에서는 긴 장죽에 담배를 피우는 양반이나 부녀자의 모습이 다수 주목되고 있다.

　　그 밖에도 상업 도시로 커가고 있던 서울에서는 경제력의 진전에 따라 자기의 삶을 더욱 풍요롭게 하려는 서민들의 모습이 다양하게 나타나고 있었는데, 소설의 독자층이 크게 늘어났다는 것도 하나의 징표이다. 조선 전기에는 한문학이 주류를 이루었고, 그 내용도 성리학적 윤리관을 강조하는 것이었다. 그러나 조선 후기에는 한글로 쓰여진 소설이 많이 나타나고, 그 내용도 현실적 인간 세계를 바탕으로 서민을 주인공으로 삼아 사회의 모순과 부정·비리를 고발하는 것이 많았다. 그리하여 그러한 소설들은 서민 대중 속에 깊이 파고 들었다. 돈을 주고 책을 빌어다 보는 풍조도 유행하여 부녀자들이 가사를 소홀히 할 뿐 아니라 가정이 파산되는 지경에 이르는 경우도 있었다.[86] 그리고 소설을 읽어 주는 직업적 이야기꾼이 나타난 것도 이 시기였다. 상가나 장터 등 사람들이 많이 모인 곳에서 길거리의 대중을 상대로 소설을 읽어 주기도 하였고, 부잣집에 불려 다니면서, 특히 부녀자들에게 소설을 읽어 주기도 하였는데, 이 역시 조선 후기 서울에서 보여진 새로운 문화 양상이었다.[87] 당시 서울은 확실히 변모하고 있었다. 변모하고 있는 속에서 사람들은 다양한 생각, 각양의 행동을 하며 문화적으로 다양화되고 있었다. 이 시기의 서울은 가능성의 세계로서, 사람들은 생동적인 삶을 추구하였는데, 그러한 모습은 풍류, 여가, 기호 등에서 쉽게 보여졌다. 요컨대, 여유와 멋을 추구하면서도 자신의 삶을 풍요롭게 하고자 하는 이 시기 서울 사람들의 삶, 그 자체가 하나의 문화였던 것이다.

【주】

1) 諸稿轍次, 『大漢私辭典』 都·市·都市
2) 손정목, 앞의 책 p.222
3) 太宗實錄 권 19, 태종 10년 2월 갑진
4) 이태진, 「조선시대 서울의 도시 발달 단계」(『서울학연구』 1, 1994) p.15
5) 손정목, 『조선시대 도시 사회 연구』(일지사, 1977) p.29
6) 최창조, 『한국의 풍수 사상』(민음사, 1984) p.74
7) 世宗實錄 권24, 세종 6년 4월 계해
8) 고동환, 『18. 19세기 서울 경강 지역의 상업 발달』(서울대 박사학위논문, 1993. 8) p.17
9) 續大典 권5, 형전 금제
10) 太祖實錄 권9, 태조5년 4월 병오
11) 經國大典 권6, 공전 재식
    續大典 권5, 형전 금제
12) 김갑주, 「18세기 서울의 도시 생활의 일양상」(『동국대 논문집』 23집, 1984) p.218
13) 世宗實錄 권24, 세종6년 4월 계해
14) 度支志 권2, 판적사 판도부 사산금표사실

15) 英祖實錄 권11, 영조 3년 5월 경진

16) 正祖實錄 권26, 정조 12년 10월 갑진

17) 太祖實錄 권6, 태조 3년 8월 경진

18) 經國大典 권2, 호전 잡세

19) 고동환, 앞의 책 p.163

20) 世宗實錄 권40, 세종10년 윤4월 기축

21) 戶口總數 제 1책, 한성부 5부

22) 손정목『조선시대 도시 사회 연구』(일지사, 1977) p.256

23) 고동환, 앞의 책 p.25

24) 太祖實錄 권6, 태조 3년 9월 무인

25) 서울시,『서울 6백년사』제2권 (서울시사편찬위원회,1978) p.101-170

26) 최운식,『한국의 육상 교통』(이화여대 출판부, 1995) p.36

27) 經國大典 권6, 공전 교로

28) 손정목, 앞의 책 p. 337

29) 承政院日記 756책, 영조 9년 3월 6일

30) 漢京識略 권2 교량

31) 최완기,「수상 교통」(『한강사』서울시, 1985) p.404

32) 正祖實錄 권28, 정조 13년 12월 을묘
    正祖實錄 권30, 정조 14년 7월 기묘

33) 擇里志 복거총론 생리

34) 고동환, 앞의 책 p.146

35) 承政院日記 758책, 영조 9년 3월 6일

36) 各處所志謄錄(奎 18015) 기축 5월 초3일

37) 太祖實錄 권1, 태조 원년 7월 정미
    經國大典 권6, 공전 경공장

38) 최완기,『조선시대 서울의 경제 생활』(서울학 연구소,1994) p.46

39) 芝峯類說 권5, 유도부 초학

40) 備邊司謄錄 163책, 정조 5년 11월 16일

41) 各廛記事 지권, 건륭 11년 11월 일
    正祖實錄 권32, 정조 15년 1월 경자

42) 東國輿地備攷 권2, 한성부 시전

43) 各廛記事 지권, 건륭 11년 11월 일

44) 최완기,「조선후기의 도고상업과 물가 변동」(『국사관논총』65, 1995) p.166

45) 備邊司謄錄 128책, 영조 31년 정월 16일

46) Svend Riemar; The Modern City, Prentice, 1952, p.30

47) 擇里志 복거총론 생리

48) 右捕廳謄錄 권2, 임인 3월 29일

49) 英祖實錄 권111, 영조 44년 12월 임신

50) 한상권, 『조선후기 사회와 소원 제도』 (일조각, 1996) p.42

51) 正祖實錄 권12 , 정조 5년 11월 기해

52) 이욱, 「18세기 사상도고의 성장과 주교사」 (『역사학보』 142, 1994) p.25

53) 各廛記事 지권, 건륭 11년 11월 일

54) 各廛記事 인권, 건륭 46년 1월 일

55) 備邊司謄錄 128책, 영조 31년 1월 16일

56) 강만길, 『조선후기 상업 자본의 발달』 (고려대 출판부, 1973) p.156

57) 備邊司謄錄 161책, 정조 4년 12월 27일

58) 各廛記事 지권, 계축 2월

59) 京都雜志 권1, 풍속 시포

60) 各廛記事 인권, 가경 21년 9월

61) 備邊司謄錄 160책, 정조 3년 1월 10일

62) 備邊司謄錄 182책, 정조 18년 10월 6일

63) 備邊司謄錄 141책, 영조 38년 6월 27일

64) 강만길, 앞의 책, p.81

65) 日省錄, 정조 15년 6월 20일

66) 이를테면 浦口의 수세권, 鑛山에서의 설점수세권, 市廛의 남설 등은 지배층이
　　 상공업에서 발생하는 이윤을 침탈하고자 한 법제적 조처였다고 하겠다.

67) 備邊司謄錄 202책, 순조 12년 4월 25일
　　 備邊司謄錄 221책, 순조 33년 10월 16일

68) 備邊司謄錄 83책, 영조 4년 1월 23일

69) 한상권, 앞의 책 p209.

70) 英祖實錄 권15, 영조 4년 1월 무진
　　 正祖實錄 권28, 정조 13년 12월 병자

71) 肅宗實錄 권 15, 숙종 10년 2월 무신

72) 정석종, 『조선후기 사회 변동 연구』 (일조각, 1983) p.23

73) 英祖實錄 권53, 영조 17년 4월 임인

74) 景宗實錄 권4, 경종 1년 7월 을축

75) 正祖實錄 권4, 정조 1년 12월 기미
　　 備邊司謄錄 221책, 순조 33년 10월 16일

76) 이문규, 「조선후기 서울 시정인의 생활상과 새로운 지향의식」 (『서울학연구』
　　 5, 1995) p.138

77) 貞蕤集 문집 권1, 서 송이정재왕공주

78) 靑丘野談 풍류 (『이조 한문 단편집』 일조각, 1973) p.200

79) 이우성,「18세기 서울의 도시적 양상」(『향토서울』 17, 1963) p.12
80) 박의제,「조선시대 서울 누정 조영 특성에 관한 연구」(『서울학연구』 3, 1994)
    p.26
81) 이우성 앞의 글, p.15
82) 정승모,『시장의 사회사』(웅진출판사, 1992) p.44
83) 김영학,『민화』(대원사, 1993) p.29
84) 홍희유,『조선에서 자본주의적 관계의 발생』(이성과 현실, 1989) p.201
85) 東國歲時記 3월 월내
86) 青莊館全書 권20, 아정유고 12 사소절
87) 임경택,「19세기 이야기꾼과 소설의 발달」(『고전문학을 찾아서』 문학과 지성
    사, 1976) p.103

3. 상업 도시화의 입지

1. 사회적 입지

한양은 조선 후기에 이르러 확실히 초기의 도성 건설 당시와는 다르게 도시 분위기가 달라지고 있었다. 즉, 시장의 분위기가 물씬 풍겨나고 있었다는 것이다. 한양이 조선 후기에 전국적 상업의 중심지로 발돋움하게 된 데에는 몇가지 사회·경제적 배경이 입지(立地)로 작용하고 있었다.

첫째, 상업 인구가 증가하고 있었다. 도시가 발달하지 않았던 조선 초기에는 대부분의 인구가 농촌에 거주하였다. 농민들은 대를 이어가며 한 곳에 살면서 자급 자족적인 생활을 하였다. 그러나 이러한 상황은 16세기 중엽 이래로 사회 체제가 모순을 드러내는 속에서 달라지기 시작하였으니, 즉 지배층의 수탈이 심해지는 속에서 조세·부역의 무거운 부담을 견디지 못한 농민들은 최소한의 생존을 위해서 농촌을 떠나야 했다.

이러한 경향은 조선 후기에 이르러 더욱 심해졌다.[1] 더구나 조선 후기에는 농업 경영 방법의 발달로 농민층이 분화되어 갔는데,[2] 일부 농민들이 부농층으로 성장해 간 한편에서는 대다수의 농민들이 농토에서 밀려나고 있었다. 농토를 잃은 농민들은 농촌에 남아 머슴, 품팔이 등의 농업 노동자가 되거나, 아니면 농촌을 떠나 도시, 광산, 포구 등을 찾아가 삶의 수단을 강구해야 했다. 시간이 흐를수록 후자의 모습이 두드러졌다. 게다가 16, 17세기에는 기근과 같은 자연 재해도 심해 유민들의 도시 집중화 현상을 가속화시켰다.

기록에 의하면 '근래 지방의 농민들이 한양으로 모여들고 있는데, 이들을 갑자기 쫓아 보낼 수는 없지만, 각 도에 명령하여 다시 데려가도록 해야 한다'고 했고, 또 강원도 산골 농민들은 흉년을 만나면 곧 한양이나 어촌을 찾아가 다시는 돌아갈 생각을 하지 않는다고 했다.[3] 이들 기록은 도시에로의 농촌 인구의 이동 모습을 잘 보여주는 자료이다. 그리하여 조선 초기 10만 명 정도이던 한양의 인구는 18세기 후반 공식적으로 20만 명에 이르렀는데, 그들 대부분은 상업이나 임노동에 종사하였다. 정조 때의 기록에 의하면, 한양에는 각 관아에 속한 이속과 노비 이외에는 모두 상업에 종사하면서 그 생업을 누렸는데, 이들은 주민 10명 중에 8,9명 정도라고 한다.[4]

한편 이 시기에는 양반의 일부도 상업 인구로 전환하고 있었다. 대부분의 양반들은 벼슬은 잃어도 호구지책을 위해 아직은 천시되던 장삿길에 나서기 보다는 연고지를 찾아 농촌으로 낙향하여 잔반으로 처신하였지만, 일부 양반들은 상업이 재화 축적의 길임을 인식하면서 매점 매석 등의 방법까지도 구사하며 적극적으로 상업 활동을 폈다.[5] 대부분은 체면 때문에 그 노복이나 하인을 시켜서 장사를 했지만, 때로는 자신이 직접 상업에 종사하기도 했다. 이 때 유수원(柳壽垣), 박지원(朴趾源), 박제가(朴齊家) 등의 실학자들은 양반의 상업 경영을 강력히 주장하기도 했다.[6]

둘째, 소비 인구가 크게 늘어났다. 행정 도시로 출발한 한양은 경제적 기능면에서 볼 때 처음부터 소비 도시였다. 교역이 활발하기 위해서는 생산력의 증대도 중요하지만, 구매력을 높이는 소비 인구가 많아야 한다. 한양은 처음부터 행정 도시로 계획된 도시였다. 따라서 한양의 직업별 주민의 구성은 정치, 행정을 맡은 관료, 그리고 이들을 뒷받침해서 실무를 처리하는 기술직, 이속과 노비들이 주류를 이루었다. 그 밖에 수도를 지키는 포졸, 군인과 관수품을 조달하던 공장(工匠), 시전인(市廛人) 등이 한양에 거주하였다.[7] 이로써 볼 때 한양의 주민은 공장(工匠)을 제외하면 거의 모두가 생산과 거리가 먼 소비자들이었다.

식량을 비롯한 생활 필수품은 모두 외부에서 반입되어야 했다. 성저십리(城底十里)의 도성 밖에서는 농사가 행해지고 있었지만, 도성 안에서는 농사를 행할 수 없었다. 조선 후기 농촌에서 밀려나 한양으로 모여든 유민들도 모두가 소비 인구였다. 당시 20만 명이라는 조선에서 최대의 인구를 자랑한 한양은 최대의 소비 도시였던 것이다. 따라서 전국 각지에서 생산된 물화가 한양으로 반입되고 소비되었다. 조선 후기 한양의 소비 물량은 미곡의 경우 1년에 약 1백만 석에 이르렀다.[8] 그 밖에 어물, 소금, 시탄, 옷감 등도 그에 버금가게 소비되었을 것이다.

2. 경제적 입지

첫째, 도시 수공업이 발달하였다. 소비 인구가 늘어나 구매력이 증대되고, 교환 경제가 발달하면서 생산력의 증대가 촉구되었다. 본래 조선왕조는 부역제에 의해 수공업을 운영했다. 즉, 수공업자들은 모두 관아에 등록되어 일정 기간 의무적으로 노동력을 징발당하고 있었다.[9] 그러나 장인(匠人)들은 가급적 등록을 기피하였고, 또한 정부도 재정 사정이 악화되면서 포(布)를 받는 대신 입역을 면제시켜 주어 조선 후기에는 비교적 자유롭게 생산 활동에 종사하는 민영 수공업자들이 수공업을 주도하였다. 수공업자들은 장인세만 부담하면 자유롭게 제품을 생산하고, 판매할 수 있었다.[10]

17세기 이래 도시 인구의 증가와 교환 경제의 발달, 그리고 대동법의 실시로 인한 관수품의 증대는 생산 활동을 보다 촉진시켰다. 이들 수공업자들의 활동은 한양을 중심으로 활발하였다. 이 같은 도시 수공업의 발달 역시 한양을 상업 도시로 이행시키는 요인이 되고 있었다. 일부 수공업자들은 성안에 직접 시전을 개설하기까지 하였다. 17세기 후반 왕족이나 관료들의 방한용 귀마개를 만들던 장인들이 일반 시민을 대상으로 이엄전(耳掩廛)을 개설했고, 상의원에 소속되어 칼을 만들던 장인들은 도자전(刀子廛)을 개설했다. 이는 시전 상인들과 마찰을 빚어냈다.[11]

많은 자본을 갖고 있던 시전 상인들은 장인들의 생산 활동을 지배하기 위해 주문과 함께 원료와 자금을 선대하여 제품을 생산케 하였다.[12] 이는 수익면에서 수공업자들에게 매우 불리한 조처였다.

이에 수공업자들은 끼리끼리 동업하여 독자적으로 제품을 생산하고, 이를 직접 판매하여 보다 많은 이득을 올리고자 하였다. 그러나 이는 시전 상인들의 이익을 침해하는 것이었다. 그리하여 수공업자들과 시전 상인들의 치열한 경쟁으로 한양의 상업

⬆ 풍차 (風遮)

구조는 복잡한 양상을 보이기도 했다. 도시 수공업의 발달은 농촌에서의 생산력 증대와 더불어 조선 후기의 전반적 경제 추세를 교환 경제로 변모시켜 갔는데, 특히 한양이 그 주도적 역할을 하도록 이끌었다.

둘째, 교통·운송이 발달했다. 조선 후기에 생산력이 증대되고 그 잉여생산물이 수요자에게 소비되면서 유통 경제가 발달했다고 하면, 그것을 매개하는 기본적 역할은 교통·운송 체계였다. 교통·운송이란 그 의미에서 볼 때 물화의 지역 간 이동을 내용으로 하고 있는데, 특히 생산력, 구매력이 증대되고 있는 사회에서 주목되고 있다. 교통·운송은 물화의 이동에서 뿐만 아니라 물화의 가치에 있어서도 효과를 증대시켜 준다. 왜냐 하면 물화의 가치는 장소적 제약을 받는다. 따라서 상업의 발달을 위해서는 교통·운송의 발달이 필수적이라 하겠다.

한강변에 위치한 한양은 교통·운송의 요충지였다. 근대화 이전에는 도로 사정이 불량했고, 교통 수단 역시 발달하지 못했기 때문에 육로는 크게 이용되지 않았고, 물화의 운송은 거의 수로를 이용하였는데, 한강(漢江)은 그 대동맥이었던 것이다.[13] 일찍부터 조운로로 개발되었던 한강을 통하여 한양의 주민들이 필요로 하는 미곡, 어물, 소금, 시탄 목재 등이 공급되었다.

한강은 초기에는 국가가 주관하는 조운제에 의해 세곡과 소작료 등이 운반되는 통로였지만, 조선 후기에 경강선인, 지토선인, 도감선인 등의 선운업자를 중심으로 사설 항로가 발달하면서 교통·운송은 보다 발달해갔다.[14] 남한강과 낙동강을 통해 최대 생산지인 영남 지방과 최대 소비지인 한양이 연결되었고, 서해안의 연안 항로가 한강 본류로 이어지면서 평안도, 황해도에서 충청도, 전라도의 물화가 한양으로 쉽게 반입되었다. 당시 선인들의 뱃길은 닿지 않는 곳이 없을 정도였다. 특히 18세기 이후 조선술의 발전과 항해술의 발달은 해상 교통에서 그동안 장애가 되었던 안흥량(安興梁), 장산곶(長山串) 같은 곳을 쉽게 통과하게 하여 전국을 하나의 유통권으로 형성시켰는데, 그 중심이 한강의 용산, 마포, 송파 등지였다.[15] 이 같은 교통·운송의 발달은 생산과 소비를 보다 촉진했고, 한양을 상업 도시화함에 있어 주된 요인으로 작용하였다.

3. 정책적 입지

첫째, 조선 후기에 정부는 수취 체제의 개편을 추진하였다. 이 같은 수취 체제의 개편도 한양을 상업 도시로 이행시킴에 작용하였다. 특히 현물의 공납제가 대동법(大同法)으로 바뀌면서 한양으로 상품이 집중케 되었다.[16] 대동법이 실시되면서 관청의 수요품을 조달하는 상인으로서의 공인(貢人)이 새로 생겼다. 선혜청이 농민에게서 거둔 대동세를 배정하여 해마다 공인들로 하여금 관청에서 필요한 물품을 독점적으로 조달하게 하였으므로 공인은 그만큼 특권을 가진 상인들이었다. 그들이 조달하는 물품의 양은 막대하였다.[17] 그리하여 자본의 규모가 커져 특권적 매점 상업, 즉 도고(都賈) 상업이 발달하기도 했는데 이들 공인의 주요 활동 무대는 한양이었다.

조선 후기 상업 활동의 주역은 공인과 사상(私商)이었는데, 이들이 한양을 중심으로 활발히 그 활동을 전개하면서 한양의 상업 도시화는 가속화되어 갔다. 종래 관수품을 현물로 수취하던 정부가 공인을 통해 시장에서 구입하게 되었으니, 그것은 상품 유통을 활성화시키고, 화폐 경제를 발달하게 하는 경제적 배경이 되었던 것이다. 그리고 한양에 시전인이나 공장 이외에 공인이 새로이 많이 생겨 났음은 조선 후기에 한양의 상업 도시적 성격을 보여주는 또 하나의 증거이기도 했다.

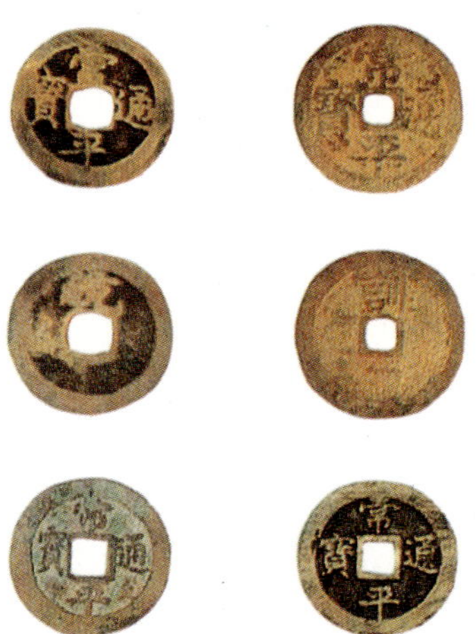

◆ 상평통보

둘째, 금속 화폐의 유통 역시 한양을 상업 도시화함에 작용하였다. 왜냐 하면 상평통보(常平通寶)는 한양에서 주로 주조되고 보급되었기 때문이다. 금속 화폐는 정책적으로 보급되었다. 그리하여 17세기 후반부터는 금속 화폐가 널리 유통되기 시작하였다. 그 이전에도 화폐의 통용이 시도되지 않았던 것은 아니지만, 당시에는 한양에서도 금속 화폐가 보급될 여지가 매우 적었다.

　조선 초기에는 정부가 필요로 하는 것을 부역 노동으로 생산하거나 조세의 형태로 농민의 생산물을 수취하였고, 양반 관료들도 노비의 노동력을 동원하여 조달하는 자급 자족적 형태였기에 교환이 발달하지 못했고, 따라서 화폐의 필요성도 높지 않았다.[18] 그러나 17세기 중엽 이후 교역이 발달하면서 금속 화폐가 자연스럽게 유통되어 대동미와 기타의 세금도 차차 금납화되고 소작료의 납부도 금납화되었다.[19]

　유통 경제의 발달이라는 조건이 갖추어졌기 때문에 금속 화폐가 보급되었지만, 또한 금속 화폐의 보급은 상품의 유통을 보다 촉진했다. 즉 사람들은 크게는 토지, 가옥, 노비로부터 작게는 땔나무, 채소, 과일에 이르기까지 모두 돈으로 구매하게 되었으니,[20] 상품의 교역에서 금속 화폐는 이제 필수적이었다. 그러한 금속 화폐의 보급이 상업의 중심지인 한양을 중심으로 이루어졌다고 할 때, 한양의 상업 도시화는 보다 가속화될 수 있었던 것이다.

　셋째, 상업 정책의 변화도 한양을 상업 도시화하는 데 바탕이 되었다. 본래 조선 왕조는 중농 정책에 의해 상업에 대해 초기부터 국가가 적극적으로 관여하여 그 활동을 규제하였다. 다만 왕실과 관청에서 필요한 물품을 조달하는 시전 상인(市廛商人)의 활동만이 인정되어, 종루를 중심으로 미곡, 비단, 명주, 모시, 종이, 어물 등을 취급하는 상점이 개설되어 있었을 뿐이다.[21]

　그런데 17세기 이후 이러한 상업계에 변화가 나타났다. 이현, 칠패를 중심으로 사상(私商)들이 나타난 것이다. 농촌에서 밀려난 사람들이 한양으로 모여들면서 그들은 호구지책을 위해 장사라도 해야 했다. 초기에는 영세한 자금으로 시전에서 물건을 떼어다가 소매하던 사상들은 점차 거리마다 난전(亂廛)을 벌여 시전에만 팔 수 있는 전매품을 매매하기에 이르렀다.[22] 이 때문에 종래 특권 상인으로서 이익을 독점하던 시전 상인들은 큰 위협을 받게 되었다. 그리하여 시전 상인들은 정부로부터 금난전권(禁亂廛權)을 얻어내어 그들의 상업 활동과 이익을 침해하는 사상들의 상행위를 규제하려 하였다. 시전 상인들은 정부에 대해 국역(國役)을 지는 대신에 금난전권을 인정받았다. 정부로서도 금난전권을 가진 시전이 많을수록 국역 수입이 확대되므로 계속 이를 허가해 주었다.[23] 그리하여 18세기 한양의 상업계는 특권적 금난전권이 지배하고 있었다.

○ 행　상

그런데 그 폐해는 매우 컸다. 독점적 시전 상인의 횡포로 물가가 계속 상승하고, 도시 빈민층과 영세 상인의 생계가 크게 위협받았다.[24] 사상들은 이에 대해 상행위를 계속함으로써 시전 상인에 저항하였고, 정부로서도 금난전권의 폐해를 알게 되면서 시전 상인을 일방적으로 보호하던 정책을 완화하여 사상 활동을 어느 정도 인정하는 방향으로 후퇴하지 않을 수 없게 되었다. 그리하여 결국 1791년 육의전을 제외한 나머지 시전의 금난전권을 철폐하였다.[25] 이로써 한양에서 사상인의 활동은 한층 더 활발해져 갔으니, 이후 사상인들은 각 지방의 장시를 연결하면서 물화를 교역하고 각지에 지점을 두어 상권을 확장하여 갔다.

사상 가운데서도 경강 상인(京江商人), 송파 상인(松坡商人) 등은 한강 연안을 근거지로 삼아 전국의 유통권을 장악, 미곡, 소금, 어물 등의 운송과 판매를 장악하고 부를 축적하여 갔다. 금난전권의 규제는 한양 성 내를 범주로 하였기 때문에, 그 완화 조치는 한양에서의 자유로운 상업 활동을 보장한 것이라고 할 수 있으니, 한양의 상업 도시화는 이같은 정책의 변화에서도 조장되었다고 할 수 있다.

요컨대 한양은 전국적 상품 화폐 경제의 진전과 함께 18세기 중엽이후 행정 도시에서 각지의 모든 물화가 반입되는 전국적 상업 도시로 이행되고 있었는데, 그 바탕에는 상업 인구가 한양으로 집중되었고, 또 한양의 주민은 거의가 소비 인구였으며, 한강을 끼고 있는 한양이 교통, 운송의 요충지라는 점, 그리고 대동법의 실시, 금속 화폐의 보급, 신해통공의 실시 등 여러 조건이 작용하였음을 살펴 보았다.

한양이 상업 도시로 변모하면서 지역적 공간의 확대에 따라 서울 주변에도 도성 안의 상권을 위협할 정도의 상업 중심지가 형성되어 도시화가 촉진되었다. 즉, 송파, 누원, 말죽거리 등 새로운 유통 거점을 토대로 상품 화폐 경제가 발달하면서 한양은 질적인 면에서 도고 상업(都賈商業)의 발달을, 양적인 면에서 위성 도시의 형성을 촉구, 상업 도시로 급속히 성장하여 갔던 것이다.

이제 한양은 결코 행정 도시가 아니었다. 성중오부 뿐만 아니라 문 밖 성저십리 곳곳에서 경제에 눈을 뜬 사람들이 분주히 오가며 경제를 활성화시키고 있었다. 즉, 근교의 부지런한 농부는 미나리와 같은 수익성있는 상품 작물을 재배하면서, 물건 만드는 재주가 있는 장인들은 벙거지, 귀마개 등 온갖 물건을 만들면서, 눈치 빠른 상인들은 오고가는 길목에서 수단과 방법을 다하여 거래를 주선하면서 돈벌기에 땀을 흘리고 있었다. 왜냐 하면 한양에서는 돈만 있으면 안되는 일이 없었기 때문이다.

【주】

1) 전석담 외, 『조선에서의 자본주의적 관계의 발생』(이성과 현실, 1989) p.41
2) 김용섭, 『조선후기 농업사 연구 Ⅱ』(일조각, 1971) p.182
3) 備邊司謄錄 161책, 정조 4년 2월 16일, 千一錄 관동
4) 正祖實錄 권 12, 정조 5년 11월 기해
5) 備邊司謄錄 160책, 정조 3년 1월 10일, 동 248책, 철종 12년 12월 10일
6) 강만길, 앞의 책, p.14
7) 손정목, 앞의 책, p.60
8) 承政院日記 1540책, 정조 9년 9월 9일
9) 經國大典 권2, 호전 잡세
10) 전석담 외, 앞의 책 p.49
11) 備邊司謄錄 163책, 정조 5년 11월 12일
　　備邊司謄錄 178책, 정조 15년 1월 8일
12) 강만길, 앞의 책, p.133
13) 최완기, 「수상교통」(『한강사』 서울특별시, 1985) p.386
14) 최완기, 『조선후기 선운업사 연구』(일조각, 1989) p.248
15) 고동환, 앞의 책 p.250
16) 度支志 권 10, 판적사 대동 사실
　　萬機要覽 재용편 3, 대동 작공

17) 당시 선혜청에서 1년마다 공인에게 지급되는 공가는 20만 석에서 30만 석에
    이르렀고, 초기에는 그 값도 4, 5배에 이르는 후한 값이었다. (德成外志子,「조선후기의 공물 수
    은 자기 자본 없이도 영업을 할 수 있었다. (德成外志子,「조선후기의 공물 수
    납제」,『역사학보』58집, 1988)
18) 이종영,「조선초 화폐제의 변천」(『인문과학』7, 1964) p.296
19) 원유한,『조선후기 화폐 유통사』(정음사, 1978) p.200
    방기중,「17 · 18세기 전반 금납조세의 성립과 전개」(『동방학지』45호 1984)
    p.114
20) 增補文獻備考 권 159, 재용고 6, 전화 5
21) 유원동, 앞의 책, p.147
22) 各廛記事 지권, 건륭 11년(1746) 11월 일
23) 강만길, 앞의 책, p.170
24) 備邊司謄錄 108책, 영조 17년 6월 10일
    正祖實錄 권 22, 정조 15년 1월 경자
25) 備邊司謄錄 178책, 정조 15년 1월 28일

Ⅱ. 한양의 지역별 경제 동향

● 1. 종로와 운종가 / 81

● 2. 중구의 칠패장 / 146

● 3. 용산·마포의 유통 기지 / 190

● 4. 동대문 밖의 적전 / 236

● 5. 서대문 밖의 채전 / 264

● 6. 성동 일원의 마장 / 290

● 7. 성북 지역의 상가 / 323

● 8. 송파장의 상인들 / 362

● 9. 강남과 영등포의 개발 / 403

1. 종로와 운종가

1. 경제 활동의 입지

(1) 자연적 입지

근래에 이르러 서울은 급속도로 그 영역이 팽창하였다. 조선 시대의 서울 즉 한성부의 구역은 오늘날보다 훨씬 협소하였다. 동쪽의 낙타산, 서쪽의 인왕산, 남쪽의 목멱산, 북쪽의 백악산으로 둘러싸인 분지가 그 터전으로서, 성 밖의 일부 지역도 관할했지만, 원칙적으로 성 안의 구역만을 한양이라 하였다.[1]

성 안의 터 중에서도 오늘의 종로구 일대가 한성부의 중심 구역이었다. 도성으로 둥글게 둘러싸인 한양은 다시 서쪽에서 동쪽으로 흐르는 큰 개천을 경계로 하여 남쪽 지역과 북쪽 지역으로 구분되고 있는데, 북쪽 지역이 곧 종로구의 관할 구역이다. 조선 왕조는 수도를 설계하면서 북쪽 지역에 궁궐·관아·상가 등 주요 시설을 마련하여, 이 지역을 서울의 중심부로서, 나아가 한반도의 중심지로서 발전시켰다. 조선 왕조의 다섯 궁궐 중의 네 개가 종로구에 위치해 있고, 의정부·6조 등의 행정 관아가 거의 종로구에 있었다. 따라서 전국의 인물과 산물이 이 곳으로 집중되었던 것이 조선 시대였다. 이를테면 종로구 일대는 우리 나라의 심장부였다.

종로구의 지리적 형세는 예로부터 명당으로 주목되었다. 인왕산·백악산·낙타산으로 이어지는 높고 낮은 산악과 구릉이 천연의 담장을 이루고 있고, 남쪽에는 큰 개천이 울타리 역할을 하며, 그 안에 황토마루·솔고개·배고개·붉은재·박석고개·마두산 등 작은 둔덕들이 있기는 하지만, 대체로 평탄한 분지를 이루고 있었다. 분지 사이로 인왕산·북악산·매봉 등에서 계곡으로 흘려 보낸 물이 크고 작은 시냇물을 이루어 실개천이 형성되고 있어 자연스럽게 배수로 역할을 하고 있었다.

　　이러한 곳이 풍수 지리설에서는 삶의 터로서 매우 양호하다 하였다. 삶의 터나 죽음의 터에는 지세가 크게 작용한다는 것이다.[2] 풍수 지리설에 의하지 않는다고 하여도 그러한 지세는 사람의 마음을 편안하게 하고 정치적 · 군사적으로도 도읍지로서 적합한 입지였다. 그리하여 경복궁 주변의 사직동 · 필운동 · 옥인동 · 효자동 · 통의동 · 궁정동 · 삼청동 · 팔판동 · 안국동 · 가회동 · 계동 · 재동 · 화동 등에는 일찍부터 권세 있는 양반들의 집터가 마련되어, 북촌 또는 우대라는 이름을 남겼다.

　　종로구 일대는 지형의 형세가 평탄한 국면을 이루었을 뿐 아니라 지층 깊이에는 화강암이 넓게 분포되어 기반이 튼튼하고, 지표는 청계천 유역을 중심으로 충적층이 두텁게 형성되어 배수와 지하수에 용이한 지질 구조를 이루고 있다. 기온 · 강수량 · 바람 등 기후 조건에 있어서도 위도에 의한 요인도 있지만, 지형 조건 때문에 보다 포근하니, 연중 최고 기온은 36℃, 최저 기온은 -10℃로서, 평균 기온은 15℃이며, 연간 강수량이 760㎜로서 삶에 있어 매우 적합한 자연 조건을 이루고 있다.[3]

　　자연적 입지로 볼 때 인왕산 기슭과 삼청동 골짜기가 가장 양호한 삶의 터였다. 그 밖의 원남동 · 명륜동 · 혜화동 · 동숭동 · 이화동 일대도 주거지로 적합하여 부분적으로 개발되기는 하였으나, 일반적으로 조선

○ 김윤겸　백악산(白岳山)

시대에는 미개발 지구로서 과수원, 채전, 숲으로 이루어져 있었다. 따라서 당시 이 지역에서는 농경도 어느 정도 행해지고 있었다. 그러나 전반적으로 보아서 종로구 일대, 특히 경복궁 주변은 주거지·궁궐·관아 등이 계획적으로 조성된 소비 지역이었다. 본래 이 지역에서의 농경은 원칙적으로 금지되어 경제 활동의 측면에서는 생산성이 거의 없는 곳이었다. 이 지역에서의 생산 활동은 도시로서 구획되기에 앞서서도 그리 두드러진 것은 아니었다. 이 지역의 발전은 인위적 노력에 의해서, 즉 수도로 선정됨에 의해 가능해진 것이다. 자연적 입지는 수도의 선정에 우선적으로 주목되었지만, 만일 수도로 선정되지 않았다면 생산성·유통성 등 경제 활동의 측면에서는 거점으로 발돋움할 입지 조건이 그리 뛰어난 곳은 아니었다. 농업 경제의 측면에서 볼 때 조선 시대 이 곳의 자연적 입지는 평범한 산촌(山村)에 불과하였다.

(2) 인문적 입지

1) 도읍지로의 설정

종로구 일대가 주거지로서는 비교적 양호한 자연적 입지를 이루고는 있었지만, 그렇다고 하여서 그 자체가 이 지역을 경제 활동의 중심지로 발돋움하게 한 것은 아니었다. 이 지역이 경제 활동의 중심지가 된 것은 조선 왕조의 수도로 선정되면서부터였다. 도시의 발달은 자연적 입지에 의해 이루어지기도 하지만, 인위적 노력에 의해 이루어지는 경우도 적지 않다. 종로구의 경우는 후자의 예라 할 수 있다. 물론 이 지역도 자연적 조건에 의해 일찍부터 취락이 형성되고는 있었다. 그러나 그 모습은 도시의 수준은 아니었다. 도시로서의 발전은 고려 시대에 이르러 3경의 하나로서 서울 부근이 주목되면서부터였다. 그 이전에는 산촌 취락의 수준이었다. 백제가 도읍을 정한 송파구 일대와는 먼 거리에 있었고 통일 신라도 이 지역에서 상당한 거리에 있던 남한산성을 중심으로 부근의 지역을 통치하였다.

1096년(숙종) 숙위동정 김위제는 신라 말기의 풍수 지리학자였던 도선의 『삼각산 명당기』 등을 근거로 하여 삼각산 밑 종로구 일대에 도성을 건설하자고 주장했다.[4] 그리하여 숙종은 친히 이 지역의 지세를 살펴고 1101년 10월 백악산 남쪽 현재의 세종로동 청와대 자리에 궁궐을 짓게 하니, 이른바 남경(南京)이 창건된 것이다. 궁궐 공사는 1104년 5월에 완수되었는데, 정궁 외에 오늘의 낙원동 즉, 한양골이란 곳에 별궁도 세웠다.[5] 당시 남경의 영역은 동쪽으로는 낙타산, 서쪽으로 무악재, 남쪽으로 한강 연안의 사리(沙里), 그리고 북쪽으로 백악산에 이르는 지역으로서,[6] 오늘의 종로구 일대를 중심으로 중구·용산구 일대까지 포함하였다.

남경의 건설로 지금까지 산촌 취락의 수준에 있었던 종로구 일대가 비약적으로 도시화되어 갔다. 도시를 육성하기 위해 관아의 건물들이 세워졌을 뿐 아니라 도로가 새로이 개설되고, 인근의 양주·광주의 주민들이 이 곳으로 이주되었다.

종래 이 지역이 개발되지 않고 있던 상황에서 남쪽에서 북쪽으로 가려면 용인-광주-하남-광나루-미아리-의정부-동두천의 길을 택하거나, 광주-양재-한남동-미아리의 길, 또는 수원-과천-서빙고-서울역-무악재-구파발-벽제의 길, 또는 수원-안양-대림동-노량진-서울역-무악재의 길을 택해야 했다. 간혹, 청파동-서울역-청계천변-미아리-노원역-의정부로 빠지는 경우가 있어 종로구 지역 부근을 거쳐가기도 했지만, 남경이 건설되기 전에 있어서 종로구 일대에는 도로가 거의 개설되지 않고 있었다. 신라의 북방 진출로나 고려 초기 동경(東京) 등으로 가는 주요 교통로가 모두 종로의 외곽으로 노선이 형성되고 있었기 때문이다. 이는 고려의 역로상에도 잘 나타나 있다.[7]

그러나 남경이 건설되어 개경, 동경과 같이 3경의 하나로서 중요시 되면서 이 지역은 전국 도로망의 중요한 결절점의 하나가 되었고, 그에 따라서 이 지역의 가로망도 확장되어 갔다. 남경의 건설로 도시의 위상이 높아지고 중요시 되면서 인구도 상당히 늘어났는데, 종래 소수의 농가로 구성되었던 산촌 취락이 전국적으로 손꼽히는 대도시로 커갔다. 정부는 정책적으로 부근의 주민들을 이 곳으로 이주시키기도 하였다.

그러나 남경의 발전은 정치 상황에 따라서 변화가 많았다. 예종·인종 때는 서경에 대한 관심이 높아지면서 남경의 관리에 소홀했고, 의종 때 다소 남경에 주목하여 국왕이 두 차례에 걸쳐 순행(巡行)하기도 했으나, 그 후에는 무신 정권과 몽고 침입이라는 정세 속에서 점차 무관심해졌

다. 1308년 충선왕은 남경을 한양부(漢陽府)로 격하시켰다.[8]

　남경에 대한 관심이 다시 고조된 것은 고려 말 내우외환이 심해지면서였다. 정국이 불안한 속에서 풍수 지리설이 다시 대두되고, 그리하여 개경에 대신하여 한양 천도론이 주장되었다. 즉 공민왕은 배원정책(排元政策)을 추진하고 왕권을 강화하여 국가를 다시 일으키고자 하면서 도읍을 한양으로 옮기고자 했다. 이에 남경 일대의 지세를 살피게 하고, 그동안 퇴락해 있던 종로구 세종로동 궁궐을 보수하고 중건하게 했다. 이러한 소식을 전해들은 개경의 주민들은 먼저 가서 자리를 잡으려고 아우성치며 남경으로 내려갔다.[9] 그러나 한양 천도는 쉽게 이루어지지 않았다. 그 후 우왕 때 5개월 동안, 공양왕 때 5개월 동안 한양으로 도읍을 옮겨 세종로동의 정궁(正宮), 또는 낙원동의 별궁(別宮), 그리고 이 때 새로 건축된 창경궁 자리의 신궁(新宮) 등에서 정무를 처리하기도 했다. 종로구 일대가 다시 번창했다.[10] 그러나 고려 왕조의 한양에서의 삶은 오래지 않았다. 재앙이 계속 일어나면서 민심이 흉흉하였고, 그리하여 국왕은 다시 개경의 수창궁으로 돌아갔다. 비록 국왕이 환궁했지만, 종로구 일대는 예전과 달리 번창했다. 주택들이 도처에 자리잡았고, 비교적 넓게 뚫린 도로에는 내왕하는 사람들로 붐볐다.

　종로구 일대가 본격적으로 개발된 것은 1394년 한양이 조선 왕조의 수도로서 정해지고, 그리하여 이 지역에 궁궐·종묘·사직·관아·시전들이 건립되면서부터였다. 1392년 고려 왕조를 대신하여 조선 왕조를 세운 이성계(李成桂)는 건국 직후, 국호의 개칭에 앞서 수도의 이전을 꾀했다. 즉 이 해 7월 17일 개경 수창궁에서 즉위한 이성계는 한 달도 되지 않은 8월 13일 도평의사사에 한양으로 천도할 것을 명하고, 그 다음 날에는 우복야 이염(李恬)을 한양부로 보내어 궁궐을 수리하게 하는 등 천도 준비를 서둘렀다.[11] 그러나 이는 너무 성급한 조처였다. 예전에 건립했던 궁궐은 퇴락했고, 성곽은 곳곳이 무너져 허술했으며, 관료들의 주택도 마련되지 않아 민가를 빼앗아 들어가야 하는데, 그렇게 되면 백성들은 갈 곳이 없게 되는 상황이었다.[12] 그리하여 중신들의 건의를 받아들여 천도를 연기하면서 새 도읍지로 적합한 곳을 신중히 헤아렸으나 이는 쉽지 않았다.

　마침내 1394년 8월 좌정승 조준(趙浚), 우정승 김사형(金士衡) 등의 주장에 따라 한양을 새 도읍지로 확정하기에 이르렀다.[13] 한양을 도읍지로 결정한 이성계는 곧 신도궁궐조성도감을 설치하고, 정도전(鄭道傳) 등에게 새 도읍지의 설계를 지시하여 공사를 시작하게 했다. 이성계는 천도하고 싶은 마음이 조급하여 공사가 다 이루어지기도 전에 이 해 10월 28일 한양에 거동하였다.[14] 그러나 당시 한양에는 궁궐이나 관아가 제대로 조성되지 않아서 옛 한양부 객사였던 곳을 임시 궁궐로 삼아 국왕이 거처하고, 관료들도 주변의 임시 거처에 머물러야 했다. 1395년 12월 경복궁의 조성이 이루어져 비로소 이성계는 궁궐로 이어하였고, 이어서 1396년 5월에는 도성과 성문이 완성되니, 한양은 그제서야 수도로서의 면모와 내용을 구비하게 되었다.

2) 최대의 소비 지역

새 서울 한양의 중심부는 종로구 일대였다. 따라서 종로구 일대가 당초부터 행정 지역, 주거 지역으로 계획되어 생산성(生産性)의 측면에서는 경제 활동의 입지로 그리 적합하지는 않았지만, 소비성의 측면에서는 오히려 매우 높은 강점을 보였다. 궁궐 · 관아에서의 수요도 많았지만, 비생산 인구인 양반 관료들이 주로 거주한 이 지역에서는 전국 어느 지역보다도 소비(消費)가 촉구되고 있었다.

조선 왕조의 도읍지로 결정되면서 종로구 일대에는 궁궐 · 종묘 · 사직 · 관아들이 잇따라 건설되고, 그 주변에는 그 곳에서 일하는 사람들의 거처가 마련되었다. 국왕을 비롯하여 궁궐이나 관아에 있던 사람들은 생산 활동과는 거의 관계가 없었다. 그들은 통치와 행정의 대가로 도성 밖에 살고 있는 일반 백성들의 생산물을 조세 · 공물이란 이름으로 수취하여 소비하고 있었다. 전국 각지에서 생산된 물화가 이 지역으로 집중되었다. 특히 궁궐의 수요가 컸다. 품질이 가장 좋은 물건은 우선적으로 궁중에 진상(進上)되었는데, 그 수량도 매우 많았다. 의식주에 필요한 생활 필수품뿐만 아니라 사치품 · 기호품 등 모두가 이 지역으로 집중되었다.

양식으로서의 미곡 · 잡곡 · 채소 · 과일 · 어물 등과 옷감으로서의 비단 · 무명 · 모시 · 삼베, 그리고 호랑이 · 사슴 · 노루 등 동물의 가죽뿐만 아니라 산삼 · 녹용 · 웅담 등의 약재와 청자 · 백자 · 옹기 · 목기 등의 그릇 등 헤아릴 수 없는 종류의 물화가, 그것도 가장 좋은 것들만이 궁중으로 진상되었다. 궁궐도 천도 초기에는 경복궁만 있었으나, 그 후 태종 때에 창덕궁이, 성종 때 창경궁이 건립되었고, 조선 후기에는 왕자·공주들이 분가하면서 경희궁, 명례궁, 어의궁, 용흥궁, 수진궁 등 도처에 궁궐(宮闕)들이 세워졌다. 조선 왕조는 이들 궁궐의 수요를 위하여 특정 관아까지 설치하였다.

현재 내수동에 있었던 내수사에서는 미곡과 포목 등을, 내자동에 있었던 내자시에서는 국수·술·간장·기름·꿀 등을, 통인동에 있었던 사포서에서는 채소를, 수송동에 있었던 제용감에서는 모시·마포·가죽·인삼 등을, 적선동에 있었던 장흥고에서는 종이와 돗자리를, 원서동에 있었던 사도시에서는 간장·된장 등을, 도렴동에 있었던 의영고에서는 기름·꿀·채소·향료 등을, 적선동에 있었던 사온서에서는 술과 감주를 궁중에 조달하였다. 궁궐과 더불어 조성된 종묘와 사직에서도 궁궐과 같지는 않았지만, 국가적 제향을 지내는 곳이었기 때문에 제향에 필요한 여러 물품이 소요되었다.

궁궐에 못지 않게 물화의 수요가 많았던 곳이 각 관아(官衙)였다. 조선 왕조는 고려의 제도를 본받아 관아를 설치했는데, 사회가 발전하면서, 그리고 행정 기능을 전문화시키면서 보다 많은 관아를 설치했다.[15] 먼저 왕실에 관련된 종친부, 의빈부, 돈령부, 원로 대신들을 위한 기로소, 충훈부 등이 설치되었고, 최고의 행정 관아로 의정부와 그 아래에 이조·호조·예조·병조·형조·공조와 예하 관서들, 그리고 사헌부, 사간원, 의금부, 한성부 등이 잇따라 설립되었는데, 이들 관아의 대부분이 종로구 일대에 있었다. 각 관아에서는 시설과 운영을 위해 많은 재화가 필요하였다. 그리고 각 관아에 근무하는 관료나 이속 그리고 노비들의 삶을 위해서도 생활용품을 비롯한 많은 물화가 필요하였는데, 조선 시대는 신분제에 의해 사회가 엄격하게 규제되고 있었기 때문에 상급 신분인 양반 관료들의 쓰임새는 하급 신분에 비할 바 없이 컸다. 고관 대작은 거의 모두 솟을대문이 있는 넓은 집에서 수십 명의 하인을 부리며 살았다. 더구나 당시는 대가족제로 가족이 구성되어 있는 것이 일반적이어서 한 집에 살고 있는 식구는 손으로 꼽아 헤아릴 수 없을 정도였다. 그 많은 식구들이 먹고 입고 하는 데 쓰이는 물화는 적지 않은 양이었다. 고관 대작은 먹는 데도 호사스러웠지만, 입는 데도 호사스러워 비단·모시 등이 피륙으로 소요되었다.

　고관 대작의 저택이나 별장 역시 거의 모두 종로구 일대에 있었으니 사직동에 이숙번, 허견, 필운동에 권율, 옥인동에 김수항, 궁정동에 남곤, 박은, 통의동에 김정희, 청운동에 김상헌, 김상용, 성수침, 정철, 삼청동에 김조순, 민정중, 안국동에 민유중, 송현동에 유자신, 심상규, 재동에 조만영, 임광재, 수송동에 정도전, 관훈동에 김병학, 민영익, 인사동에 구수영, 이완 등이 살고 있었다.[16] 이들의 저택(邸宅)은 이름 그대로 고대광실인 경우가 많았는데, 특히 사직동 이숙번의 집은 크기가 대단했을 뿐 아니라 치장이 매우 호사스러워서 사람들의 입에 널리 회자되었고, 수송동 정도전의 집은 왕자의 난 뒤 몰수되어 사복시로 쓰였는데, 수만 필의 말을 길렀다고 한다. 허견도 재상이었던 아버지 허적의 권세를 빙자하여 황해도에서 수천 그루의 재목을 도벌하여 사직동에 매우 큰 집을 지었으며, 정조 때의 영의정이었던 심상규의 송현동 저택도 규모가 수백 칸이었을 뿐 아니라 정원도 화려하여 구경하는 문객(門客)이 끊이지 않았다고 한다.

　종로구 일대에서 쓰임새가 많고 사치스러웠던 것은 왕족과 양반 관료들이 주로 거주하였기 때문이기도 하지만, 실제로 인구도 다수 밀집되어 있었기 때문에 소비의 중심지가 될 수 밖에 없었다. 인구의 많고 적음은

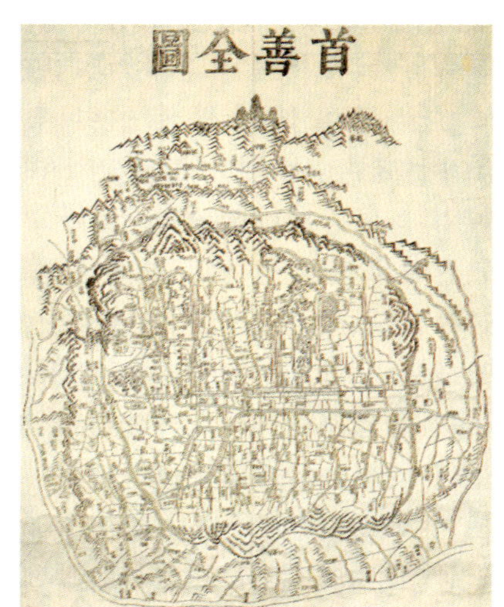

◉ 수선전도 (首善全圖)

〈표〉조선 후기 종로구 지역의 인구 분포

부명	방 명	가호 수	인구 수	부명	방 명	가호 수	인구 수
동 부	숭 교 방	839	4276	중 부	수 진 방	498	2271
	창 선 방	689	2426		경 행 방	515	2849
	건 덕 방	471	1868		징 청 방	237	1012
	연 화 방	1175	5545	북 부	광 화 방	202	692
	경모궁방	776	4026		양 덕 방	124	908
	숭 신 방	1241	3886		가 회 방	252	1765
서 부	적 선 방	689	3306		안 국 방	229	1275
	인 달 방	798	4110		관 광 방	652	2297
	반 송 방	2791	12971		진 장 방	346	1578
중 부	정 선 방	779	4001		의 통 방	158	865
	관 인 방	450	2123		준 수 방	204	994
	견 평 방	512	2535		순 화 방	1167	5917
	서 린 방	300	1216		상 평 방	560	1939
	장 통 방	791	4169		계	17445	80830

곧 경제 활동과 비례한다. 인구가 많은 곳은 그 경향이 생산성이건 소비성이건 또는 유통성이건간에 경제를 활성화시킨다. 조선 시대 경제 활동이 한양, 특히 종로구를 중심으로 이루어졌다고 하면, 그것은 이 지역의 인구가 많았던 때문이기도 했다.

조선 시대의 한양은 도성 안쪽 오부를 그 구역으로 하였다. 성저십리 또는 성저오리라고 하여 도성 변두리까지 행정적으로는 관할하였지만, 기본적으로는 성중오부(城中五部)가 관할 구역이었다. 실제로 주민의 대다수도 성중오부에 거주하고 있었다. 특히 조선 초기에는 더욱 그러하였다. 최초로 서울의 인구를 밝힌 자료에 의하면, 1428년 성중오부의 가호는 16,921호였고, 인구는 103,328명이었으며, 이외에 성저십리에 가호 1,601호, 인구 6,044명이 살고 있었다고 한다.[17] 성저십리에 살고 있는 인구는 큰 비중을 갖지 못했다. 당시 총인구 109,372명의 5%를 조금 넘을 뿐이었다. 성중오부 중에서도 대부분의 인구는 오늘의 종로구 일대에 모여 살았다. 조선 후기 종로구 지역 각 방의 가호 수와 인구 수는 앞의〈표〉와 같다.[18]

조선 왕조는 한양으로 천도한 후 도시를 새로이 정비하면서 1395년 6월 행정 관서로서 한성부를 두고, 그 관할 구역을 5부로 나누어 각 부 밑에 방을 두었다.[19] 즉 중부에는 정선방 이하 8방, 동부에는 연화방 이하 12방, 남부에는 광통방 이하 11방, 서부에는 인달방 이하 11방, 북부에는 광화방 이하 10방으로 도합 52방을 두었다.

이 같은 부방의 구획은 세종 때 다소 조정되어 5부 49방으로 확정되고, 이것이 조선 후기까지 계속되었다. 부방의 구획을 오늘의 행정 구획과 비교하면, 남부의 11방과 서부의 일부 지역을 제외하고는 모든 지역이 종로구에 포함되고 있다. 이 때 성저십리에 속했던 동부의 숭신방, 서부의 반송방 역시 오늘의 종로구 일대이다. 남부 11방은 개천 남쪽의 분지 또는 남산 기슭에 위치하였는데, 당시 이 지역은 거의 개발되지 않고 있었다. 다만 광교에서 남대문에 이르는 대로변에 사람들이 살고 있었을 뿐이다. 이렇게 볼 때 조선 시대 서울의 인구는 거의 종로구 일대에 밀집되어 있었는데, 손정목이 분석한 당시 서울의 인구 밀도 1km²당 8,859명보다 훨씬 많은 인구가 이 지역에 집중되고 있었다고 본다.[20] 아마 당시로서는 세계적으로 손꼽히는 인구 밀집 지역이었다고 여겨진다.

종로구 일대에 밀집되어 있던 인구의 일부는 시전에서 상행위를 하거나 관영 수공업장에서 물건을 제작하는 경우도 있었지만, 대부분은 궁궐이나 관아에 소속된 사람들과 그 가족이었기 때문에 거의 소비 인구였다. 이들이 소비하는 양을 미곡의 예로 살펴 보면 조선 후기에는 1년에 약 1백만 석에 이르렀다.[21] 물론 조선 후기에는 서울의 인구도 다소 늘어났다. 세종 때 10만 명을 약간 넘던 오부의 인구는 조선 후기 정조 때는 20만 명 가까이에 이르렀다.

17세기 후반에 이르러 성중오부의 인구는 급격히 늘어났다. 즉, 1657년 8만여 명이던 인구가 1669년에는 20만 명 가까이 늘어나고 있다. 이는 각 시기에 있는 인구 조사의 오차에도 기인하겠지만, 행정적으로 이 때 성중오부의 구역이 둔지방, 두모방, 한강방, 용산방, 서강방, 상평방, 연희방, 연은방 등을 새로이 설치할 만큼 확장되어 인구가 인위적으로 증가하였다는 점과 이 시기를 전후하여 상품 화폐 경제가 발달하고 또 흉년이 계속되면서 농촌 인구가 대거 서울로 집중되었기 때문이다.

특히 농토에서 배제된 다수의 농민들이 서울로 모여 들었는데, 그들은 우선 성저십리(城底十里)라 하는 변두리 지역에 정착하였다. 그리하여 용산, 서강, 마포, 두모포 등 상업 기지로 발돋움하고 있던 곳에는 인구가 급격히 늘어났다.

그러한 인구는 점차 도성 안에까지 진출하였다. 상공업이 발달하면서 도성 안의 곳곳에도 그들이 발붙일 수 있는 삶의 터전이 있었기 때문이다. 종로구 일대에는 기존의 종루 시전 상가뿐 아니라 배고개 즉 이현(梨峴)을 중심으로 사설 시장이 형성되어 사람들의 왕래를 분주하게 했다. 이에 상인뿐 아니라 주막, 객주, 거간, 소상품 생산자들이 그 주변에 모여들었으니, 오늘의 서린동, 청진동, 관철동, 관수동, 장수동, 예지동, 효제동, 연지동 등 청계로와 종로 주변이 새로운 인구 밀집 지역으로 변해갔다.

이들 지역에서의 인구 변동은 인구의 증대라는 양적 측면에서 뿐만 아니라 그들 인구의 대부분이 상공업 인구로 구성되었다는 데에 특징이 있었다. 지금까지 종로구 일대의 주민이 소비 인구였던 데에서 점차 유통 인구, 생산 인구로 그 구성이 변모해 갔음은 경제를 보다 활성화시키는 요인이 되었다. 조선 후기에는 종루와 이현이 전국적 상업의 중심지로 주목되고 있었다. 그것은 이 지역에서의 상업 인구의 증대에 기본적으로 연유한다고 하겠다. 종루와 이현이 전국적 상업의 기지가 될 수 있었던 것은 세계적으로 많은 인구를 확보한 이 지역의 소비 인구, 그리고 헤아릴 수 없이 수요를 창출하고 있던 궁궐 관아가 전국의 숱한 물화를 유인하고 있었기 때문이다.

3) 유통 기지의 확보

종로구 일대의 경제 활동을 보장해 준 또 하나의 입지는 조선 왕조가 처음부터 이 곳에 유통 기지를 설치해 주었다는 것이다. 전국적 유통 기지였던 시전(市廛)의 설치가 그것이었다.

종로구 지역은 그 기능에서 크게 셋으로 나뉜다. 첫째, 경복궁과 그 앞의 세종로에는 예전에도 6조 거리라 하여 행정 관아들이 줄이어 서 있었고, 그 전통은 오늘에 이르고 있다. 이른바 행정 지역이었다. 둘째로 사직동, 옥인동 또는 삼청동, 가회동 일대는 전술한 바와 같이 북촌(北村)을 형성하였는데, 오늘에도 한옥 보존 지구로 관리되고 있다. 한옥이 양옥으로 대부분 바뀌었지만, 주거 지역의 전통은 계속되고 있다. 공장이나 아파트도 이 지역에는 거의 자리잡지 못하고 있다. 대로변에는 개발에 의해 빌딩들이 들어서고는 있지만, 학교, 공원 등을 제외하면 순수한 주택 지대를 그대로 보여주고 있다.

한편 종로와 청계로 주변에는 상업 지역을 형성하고 있는데, 이 같은 모습 역시 조선 시대 이래의 전통이 계속되고 있는 것이다. 조선 시대, 특히 그 초기에는 상업 활동이 그리 두드러지지 않았다. 그 원인에는 생산력과 구매력이 기본적으로 미약하고, 외국과의 교역이 활발하지 못했다는 점이 우선 지적될 수 있지만, 그와 아울러 조선 왕조의 경제 정책에 문제가 있었기 때문이다. 조선 왕조는 농본 정책을 기본적 경제 시책으로 하여 농업 이외의 산업에 대하여는 진흥시키기 보다는 통제하여 그 발전을 저해하였다.[22] 유교를 신봉하고 있던 지배층이 볼 때 상공업은 공정한 산업이 아니었다. 특히 상업은 다른 사람을 눈속임하는 행위로 여겨졌다. 그리하여 일반인들의 상업 활동은 난전으로서 규제하였고, 양반들 스스로도 말업(末業)이라 하여 종사하기를 꺼려하였다. 그럼에도 불구하고 왕실이나 관아에서 필요한 물화를 조달하는 통로가 있어야 했다. 필요한 물화를 직접 만들어 쓸 수 없는 귀하신 분들로서는 그러한

◎ 6조 거리

물화를 조달하는 특정의 상인이나 상점이 존재해야 했다. 이에 어용 상점으로서 시전이 설치된 것이다.

한양 천도 후, 정부는 궁궐·종묘·사직·관아를 건설하면서 아울러 시전을 건립하고자 했으니, 1399년(정종 1) 종로의 혜정교에서 창덕궁 입구까지의 대로변 좌우에 800여 칸의 상설 점포를 세우고자 했다.[23] 그런데 공사가 마무리되기도 전에 개경으로 도읍을 환도하게 되어 시전의 건립은 잠시 유보되었다. 그리하여 한양으로 다시 천도하고서 공사가 재개되었으니, 1412년부터 2년간에 걸쳐 예전에 계획했던 공사를 마무리함과 더불어 돈화문에서 정선방 입구까지 472칸, 경복궁에서 종묘 앞까지 881칸, 종루에서 남대문까지, 종묘 앞에서 동대문까지 주요 도로변에 행랑을 조성하여 시전 상인에게 대여해 주고 상업세를 징수하였다.

당시 점포는 폭이 20척인 10칸 정도로서 규모가 매우 컸다. 조선 후기에는 많은 시전을 시전의 영업 성적에 따라서 유분전, 무분전으로 구별, 유분전에는 일정한 국역(國役)을 부담시켰다.[24] 시전에서 부담하는 국역은 관아의 수요에 따른 임시 부담금, 궁궐의 수리에 쓰이는 경비, 왕실의 관혼상제 또는 중국에 파견되는 각종 사절의 세폐 등이었는데, 면전·면포전·면주전·저포전·지전·어물전 등의 부담이 커서 이들을 흔히 육의전이라 했다. 이들 시전은 상업 활동에서도 뛰어난 성과를 보여 전체 시전 활동을 주도하였다. 이들 시전의 활동은 대체로 독점적이여서, 어떤 시전이 허용되지 않는 상품을 거래하거나 공인받지 못한 점포에서 함부로 시전의 상품을 매매하면 난전(亂廛)이라 하여 규제되고 엄중한 처벌을 받았다.[25]

시전에는 상품을 직접 판매하는 가게로서 방이 있었는데, 동시에 생긴 가게가 여럿이 이웃해 있을 때는 1방, 2방, 3방이라 했고, 새로 생긴 가게는 신방(新房)이라 했다. 따라서 시전의 종류는 많지 않아도 종로에 개설된 가게는 매우 많았다. 예컨대 면포전, 즉 백목전의 경우는 10개의 방이 있었다. 그리고 각 방을 총괄하는 본점으로서의 도가가 있었다. 각 시전들은 도가를 중심으로 각각 독립된 조합을 결성하여 조합원 상호간의 친목을 도모하고 상업 활동을 신장시켰다.

이 같은 시전이 정부에 의해 종로 일대에 설립되었다는 것은 이 지역의 경제 활동을 이미 보장한 것이라 하겠다. 더구나 그들 시전이 정부의 보호를 받으며 막대한 수요를 담당하기로 예정되었다는 것은 그것이 설치된 지역의 상행위의 의의를 알 수 있으며, 당시로서는 유일한 전국적 상업 기지였다고 할 때, 이후 조선의 경제 활동은 종로구 일대가 그 구심점이 될 수 밖에 없었다. 즉, 시전이 비록 관수품의 조달을 위해 설치되었다고 하여도, 합법적 상업 시설로서는 유일하였기 때문에 사경제(私經濟)에 파급되는 영향도 컸다.

　4) 도로의 건설
　종로구의 경제 활동은 이 지역에 조선 왕조의 왕궁이 건설되고 관아가 설립되면서 전국의 정치적 중심지가 되었다는 데서 우선적으로 예비되었다. 수도였기 때문에 많은 인구가 모여들어 최대의 소비처로 이 곳이 주목되었고, 또 정부로서도 막대한 수요를 원활하게 처리하기 위해 이 곳에 전국적이며 합법적인 최대의 거래처를 마련하여 경제 활동의 중심지로 발돋움하게 했다. 그러나 경제의 활성화는 거기에 더하여 교통이 편리해야 보다 촉진된다.

　조선 왕조는 이 곳을 중심으로 전국 각지로 뻗어나는 도로망, 역참망을 편성하여 이 지역이 전국 교통의 중심지가 되게 하였다. 또 오늘의 세종로, 종로, 남대문로에 세계 어느 나라의 도로에 못지않게 훌륭한 가로망을 계획, 건설하였다. 물론 이들 도로가 경제 활동을 위해서만 건설된 것은 아니었다. 정치 · 행정 · 군사의 용도가 보다 컸다. 그렇다고 하여도 경제 활성화에 크게 이바지하였다.

　도로가 국가나 지역의 정치 · 경제 · 문화의 발달에 미치는 영향은 매우 크다. 인체의 모든 부분으로 피가 흐르게끔 혈관이 있듯이 도로는 지역 내에 또는 지역 간에 정보와 물화를 전달해 준다. 최단 시간 안에 출발지에서 목적지까지 도달할 수 있어야 좋은 도로이다.[26] 신속성 · 효율성이 높아야 한다. 도로는 경제 발전과 관련이 깊다. 근대 산업 사회가 형성되면서 도로가 특히 발달한 것은 그 때문이다. 산업 혁명은 동력 혁명 또는 교통 혁명이라고도 한다. 대량으로 생산된 물화를 대량으로 수송해서 소비했기 때문이다. 모든 지역은 각각 독특한 자연 환경을 가지고 있으며 자원의 분포도 다르다. 그러므로 사람들은 물자 교환을 통하여 부족한 자원을 보충하고 남아 도는 자원을 처리하고자 한다. 이 때 교통이 편리하면 그러한 움직임이 용이해진다. 전근대 사회에서도 전국 각지에서 수취한 조세, 공납을 용이하게 운반해 오자면 교통이 편리해야 했다.

조선 왕조는 한양으로 천도하고 우선 전국 각지와 연결되는 도로망을 재편성하였다. 그리하여 고려 시대 개경으로 집결되던 도로망이 한양을 중심으로 편성되었다. 그 출발점이 종로구 일대였다. 지금도 남아있는 세종로 네거리의 이정원표(里程元標)에는 전국 각지에로의 거리가 표기되어 있는데, 이를테면 기준 지점이었다. 이 곳에서 동대문, 서대문, 남대문의 각 방향으로 성문을 나서 전국 각지로 왕래하였다. 『증보문헌비고』에 의하면 조선 시대 주요 도로망으로서 9개의 노선이 있었다.[27]

〔제 1로〕 서대문-무악재-파주-개성-봉산-평양-안주-의주

〔제 2로〕 동대문-누원-회양-철령-원산-함흥-북청-경성-경흥

〔제 3로〕 동대문-망우리-양근-원주-대관령-강릉-삼척-울진-평해

〔제 4로〕 남대문-한강진-용인-충주-조령-유곡-낙동진-대구-부산

〔제 5로〕 남대문-유곡-상주-성주-현풍-함안-진해-고성-통영-거제

〔제 6로〕 남대문-동작진-과천-진위-천안-공주-전주-남원-순천

〔제 7로〕 남대문-동작진-은진-삼례-정읍-장성-나주-영암-해남

〔제 8로〕 남대문-동작진-진위-소사-신창-신례원-보령-남포-비인

〔제 9로〕 남대문-양화도-김포-통진-강화

이 같은 도로에는 대로, 중로, 소로의 등급이 있었다. 즉, 길 폭이 12보이면 대로(大路), 9보이면 중로(中路), 6보 이하는 소로(小路)였다. 도로의 등급은 사람과 수레의 왕래가 어느 정도 빈번하느냐에 따라서 규정되고 확장되었다고 보는데, 같은 노선에서도 등급이 같지 않았다. 즉, 『경국대전』에 의하면 제 1로의 경우 서울에서 개성까지는 대로(大路)였고, 개성에서 평양까지는 중로(中路), 평양에서 의주까지는 소로(小路)였다.

조선 후기 사회·경제적 변동으로 사람과 물화의 왕래가 빈번해지면서 도로의 등급이 높아갔다. 『속대전』에 의하면 제 1로에서 대로는 변함이 없으나 중로는 개성에서 의주까지 연장되고 있다.[28] 이는 다른 노선에서도 거의 비슷하였다. 상품 화폐 경제가 발달하면서 도로의 중요성이 제고된 것이었다. 도로망이 전국적으로 형성되고, 그것이 서울, 특히

종로구 지역을 기점으로 하였다고 할 때, 비록 그것이 본래 경제적 목적
에서 건설된 것이 아니라고 하여도 결과적으로 이 지역의 경제를 활성
화시키는 토대로 작용하지 않을 수 없었다. 전국 각지의 물화가 이 지역
에서 주로 수요되었다고 할 때, 물화의 운반에 있어서 도로의 기능은 자
연적으로 제고되었고, 그것은 나아가 경제 발전을 보다 촉진시키게 했
던 것이다.

조선 왕조의 위정자들은 이 지역을 중심으로 전국적 도로망을 편성했
을 뿐 아니라 이 지역 내에서의 가로망의 개설에도 유의했다. 도시의 발
달은 인구의 집중, 생활 시설의 확충뿐 아니라 가로망의 편리함에 의해
좌우된다. 그 지역이 행정 지역이건 주거 지역이건 가로망이 잘 정비되
어 있으면 생활이 편리해지고 쾌적한 환경이 조성되어 도시의 발달이 촉
진된다. 상업 지역에서는 가로망의 발달이 필수적이다. 사람과 물화의
왕래가 신속하고 편리하게 이루어져야 하기 때문이다.

도읍지를 새로이 조성하면서 조선의 위정자들도 이 점에 주목하였다.
그리하여 도성 건설 당초부터 종로구 지역에는 폭이 꽤나 넓은 가로망이
계획되고 건설되었다. 가로망이 계획된 시기는 궁궐 · 관아 · 종묘 · 사직
의 창건이 논의되던 1394년(태조 3) 9월이었다고 보이나, 실제로 도로
가 구획되고 건설된 것은 경복궁, 종묘 등이 조성된 뒤였다. 물론 남경
당시에 닦여진 도로가 있었으리라 여겨지지만, 그 길은 새 왕도에 적합
한 도로는 아니었다. 궁궐과 도성문이 완공되면서 이들을 연결하는 새로
운 도로가 건설된 것이다. 그 시기는 대체로 경복궁과 종묘의 건설이 완
료된 1395년 9월 이후였다고 추정된다.

서울 도로의 구획이 도성 건설의 일환으로 추진되었음은 "도성 내의
대로를 평탄하고 곧게 하여 우마 · 수레의 출입이 편리하였다." 또는 "도
성 내의 도로는 도읍을 세울 때 이미 정하였다"고 하는 조선 초기의 기
록에서 알 수 있다.[29] 그런데 1399년(정종 1) 개경으로 환도하면서 서
울의 가로망은 크게 훼손되었다. 정세가 어수선하여 한양의 관리가 소홀
한 틈을 타서 무지한 사람들이 자기의 집터를 넓히려고 도로를 침범하는
사례가 많았던 것이다. 그리하여 반듯하고 넓던 도로가 좁아지고 굴곡이
심해졌는데, 때로는 길에 돌출해서 집을 짓기도 하고, 심한 경우에는 도
로를 막아놓기까지 하여 통행이 불편할 뿐 아니라 또한 화재의 위험도

◑ 한양의 가로망

있었다. 이에 한양으로 다시 천도한 태종 때는 대대적으로 가로망을 정비하였다. 우선 한성부, 공조, 예조에서는 옛 문헌을 조사하여 도읍지의 도로 제도를 연구하고, 각 지역의 특수성을 고려하여 가로망을 새로이 정비하였다.

『경국대전』에 의하면 서울의 가로 역시 대로, 중로, 소로로 나뉘었는데, 대로의 폭은 56척, 중로는 16척, 소로는 11척, 그리고 길 양쪽에는 2척의 도랑을 두어 배수에 편케 하였다.[30] 오늘의 미터법으로 환산해보면 대로는 약 17.5m, 중로는 5m, 소로는 3.5m, 그리고 도랑의 폭은 60㎝ 정도였다. 이러한 도로의 구조는 그 후에도 커다란 변함이 없었다.

가로망의 노선도 종로구 일대를 중심으로 설정되었다. 궁궐·종묘·사직·관아들이 모두 이 지역에 위치하였고, 동대문과 서대문이 이 지역에 있었기 때문이다. 당시의 노선은 주로 이들 시설을 연결함이 우선이었다. 조선 시대 서울의 대로에는 3개의 노선이 있었다.[31] 즉 오늘의 광화문 네거리인 황토마루에서 경복궁 광화문에 이르는 세종로, 황토마루를 중심으로 동쪽의 홍인문에서 서쪽의 돈의문에 이르는 종로, 신문로를 잇는 길, 그리고 오늘의 종로 네거리인 대광통교에서 숭례문에 이르는 남대문로가 있었다. 이들 대로는 광활하다는 표현과 같이 넓게 개통되어 있었다. 한편 중로 역시 종로구 지역을 중심으로 개설되었으니, 지금의 종로 3가에서 창덕궁 돈화문에 이르는 길, 사직단 입구에서 세종로를 건너 중학천을 지나 청진동에 이르는 길, 지금의 종로 4가에서 종묘를 끼고 북상하다가 다시 창경원을 끼고 나아가 혜화동을 지나 혜화문에 이르는 길 등이 중로였다. 그 밖에 당주동에서 야주개를 넘어 통의동을 지나 자하문으로 나가는 길, 대광통교에서 안국동 로터리를 지나 창덕궁 돈화문에 이르는 길, 종로 5가에서 이화동, 동숭동을 지나 성균관에 이르는 길도 비교적 많은 사람들이 왕래한 노선이었다.

　이 같은 노선의 개설은 사람과 물화의 통행을 편하게 해주었고, 따라서 왕래가 빈번해지면서 경제 활동이 보다 활성화 되었던 것이다. 요컨대 종로구 일대의 경제적 입지는 자연적 조건보다는 인위적 노력에 의해서 마련되었다고 하겠다. 따라서 산촌이라는 자연적 조건을 살릴 수 있는 농경과 같은 경제 활동보다는 수도라는 도회지가 갖는 입지, 특히 최대의 소비 지역이며 최대의 유통 기지라는 조건에 의해 상업과 같은 경제 활동이 주로 영위되었다. 조선 시대 이 지역의 산업 경제가 상업에 편향될 수 밖에 없었던 것은 원초적으로 입지 조건이 그렇게 만들었던 것이다.

2. 농경의 자취

(1) 농경의 기원

종로구 일대가 수도의 중심부가 되면서 도시로의 개발이 촉진되어 오늘날에는 거의 농경의 자취를 찾아볼 수 없다. 그러나 도시화되기 이전 이 지역의 자연적 입지는 농경지로서 매우 적합하였다. 동·서·남에는 비교적 높은 산악으로 둘러싸여 있고 남쪽에는 큰 개천이 흐르면서 분지를 이루고 있는 이 지역에 취락이 형성되고 농경 활동이 시작된 것은 오래 전부터였다. 한강 유역에 농경이 보급된 선사 시대부터 이 지역에서도 농경이 이루어졌다고 본다.

인간은 식생활을 해결하면서 삶을 시작했다. 처음에는 간단한 도구를 이용하여 동물을 사냥하거나 맨손으로 나무 열매나 뿌리를 채집하여 식생활을 하였다. 그 후 기술이 발달하면서 돌, 나무, 흙, 동물의 뼈 등을 다듬어 연모가 다양해졌고, 이 시기를 전후하여 사람들은 씨앗을 뿌려 낟알을 거두는 농경을 알게 되었다. 농경 생활이 시작되면서 식량은 주로 농경에 의해 해결되었다. 그리하여 여러 가지 농기구가 고안되고 다양한 작물이 재배되었으며 농사짓는 방법도 보다 생산성이 높은 방향으로 개선되었다. 처음에는 밭농사가 행해졌으나, 논농사도 점차 보급되어 갔다. 사람들의 입맛은 잡곡보다는 미곡을 선호하게 되었고, 그리하여 수리가 편한 강 유역에는 논농사도 점차 보급되어 갔다.

종로구 지역에서도 개천 유역의 습한 지대에서는 논농사가 행해졌다. 수리 기술이 발달하면서 나중에는 계곡의 물을 막아 보(洑)나 저수지를 만들어 벼농사를 짓기도 하였다. 그러나 일반적으로 이 지역에서는 분지라는 자연적 입지에 의해 벼농사보다는 밭농사가 더 행해졌다고 본다. 농업이 주산업으로 정착되면서 삼국 시대 이래 국가는 정책적으로 농업을 권장하고 농업 기술의 개발에 힘썼다. 신라 때 비로소 시행되었다고 하는 우경(牛耕), 즉 가축의 힘을 이용한 농경은 고려 때는 일반화되어 땅을 깊숙히 갈아 엎는 심경법을 보급시켰다. 심경법으로 인해 휴경 기간이 단축되고 생산력이 증대되었으며, 가축의 뒷거름이나 인분이 비료로 널리 쓰이면서 토지의 비옥도가 높아졌다.

이러한 농업 기술의 개발은 이 지역에도 소개되어, 그 수익성에 주목한 토호(土豪)들은 넓은 토지를 차지하려고 일반 백성들을 침탈하기도 하였다. 이 지역에서 세력을 편 토호에는 한양 조씨가 유명하였다. 낙원동의 한동 또는 한양골은 고려의 옛 남경 터라는 견해도 있으나, 한편 한양 조씨의 본고장이라는 일화도 있다. 즉 고려 중기 조원경(趙元卿)이 이 곳으로 옮겨 와 일가를 이루면서 한양 조씨를 이루었다는 것이다.[32] 한양 조씨는 조선 건국에 협조하여 조영무는 우의정, 조인옥은 호조판서를 지냈는데, 조선 중기 사림 정치를 시도한 조광조도 한양 조씨였다. 여하튼 이 지역은 취락의 조건이 양호하고 생산성이 높아 일찍부터 토호들의 근거지가 되었는데 그들의 경제 기반은 농토에 있었다.

(2) 권농(勸農)의 터전

생산성이 높아 옥토로 주목된 종로구 일대는 고려 중기 남경이 건설되고, 이어서 조선 왕조의 수도가 되면서 도시로 개발되었고, 그에 비례하여 농경지로서의 기능은 점차 상실되어 갔다. 조선 왕조의 위정자들은 이 지역에 도성을 쌓고 주거지로 구획하면서 원칙적으로 도성 안에서의 농경을 규제하였다. 이미 조선 초기에 집터가 부족할 만큼 사람들이 모여 들어 농경지가 자리잡을 틈이 없었다. 이 지역이 수도로 가꾸어지면서 궁궐·관아·시전들이 잇따라 세워지자 강요하지 않아도 이 지역에는 많은 사람들이 모여들었고, 인구가 늘어나면서 집터의 수요도 크게 늘어났다.

본래 도성 안의 모든 토지는 사유가 인정되지 않았다. 주민들이 집을 지으려면 한성부(漢城府)에 신청하여 빈 땅을 분양받았다. 집을 짓겠다고 땅을 분양받아 2년이 지나도록 집을 짓지 않으면 몰수되어 새로운 희망자에게 임대하였다.[33] 이 때 집터의 대여에는 신분적으로 차등이 있었는데, 처음에는 넓은 면적을 지급하였으나 점차 줄여서 정 1품은 35부로 하고 이하 품계에 따라 5부씩을 줄여 정 6품이 10부였으며, 서민들은 2부씩 할당받았다. 1부가 약 140㎡ 라고 할 때 결코 작은 면적이 아니었다. 더구나 당시 도성 안의 집터 면적은 모두 5백여 결에 불과하였다.[34] 그리하여 1424년(세종 6)에 벌써 집터를 둘러싸고 소송을 제기하며 다투는 사람이 많았다.[35] 이러한 상황 속에 도성 안에서 농경을 한다는 것은 고려될 수 없었다. 그리하여 정부는 법제적으로 도성 안에서의 곡물 재배를 금지하였다.[36]

그렇다고 하여도 이 곳에는 국왕이 거처하고 있었다. 처음부터 농업을 국가 경제의 기본 시책으로 삼고 있던 조선 왕조에서 국왕은 농정의 최고 책임자였다. 국왕은 왕도 사상에 의해 나라를 다스려야 했는데, 왕도 사상에서는 민생의 안정이 가장 중요하였고, 따라서 국왕은 민생을 안정시키기 위해서 국민의 대다수가 생업으로 하고 있는 농업의 진흥을 위해 전력을 다해야 했다. 농민들이 더 많은 소득을 올리도록 농업 기술을 개발하고, 세금을 감면하여 농민의 부담을 줄이며, 농사철에는 부역에 동원하지 못하도록 하여 농민들이 안심하고 농사를 짓게 하는 것이 국왕의 기본적 책임이었다. 나아가 국왕 스스로 농경에 참여하여 농사의 중요성을 일깨웠고, 농경의 성과가 자연 조건에 크게 좌우되는 상황 속에서 하늘의 신, 땅의 신에게 농사가 잘 되도록 기원하는 일에도 소홀해서는 안되었다.

조선 왕조는 새 도읍지에 궁궐을 지으면서 그 동쪽에는 조상신을 받드는 종묘를 세우고, 그 서쪽에는 농업신을 받드는 사직단을 설치하였다. 사직(社稷)의 설치는 일찌기 중국에서 비롯되었다. 사(社)는 국토를 주재하여 관리하는 신, 직(稷)은 농사가 잘되고 못되는 것을 맡은 신을 의미하는데, 농업을 주산업으로 하던 사회에서는 사직에 대한 제사는 무엇보다도 중요하였다.

우리 나라에서는 신라 선덕여왕 때 처음으로 사직단을 설치하였으며, 고려 때도 국가의 큰 일이 있으면 국왕이 사직단에 나가서 제사를 지냈다.[37] 조선 왕조에서도 이에 지극한 관심을 보였는데, 서부 인달방에 터를 잡고 건축 공사를 할 때 이성계가 직접 공사 현장을 살피고 지시하기도 했다.[38] 사직단에서는 봄, 가을에 정례적으로 행하는 제사, 정월에 풍년을 기원하는 제사 외에도 가뭄이 심하면 기우제 등을 지냈다.[39] 이 때 국왕이 직접 참여하는 것이 원칙이었으니, 이는 국왕이 농경에 관심이 많음을 알리고 따라서 농경을 권장하는 의미에서였다.

국왕은 사직단에서 농업신에게 제사 지내는 일에 참여할 뿐 아니라 직접 농경 현장에 나가서 시범을 보이고 농민들을 격려하기도 했으니, 동대문 밖 제기동에 있던 적전(籍田)에서의 친경이 그것이었다.[40] 국왕은 백관과 더불어 선농단에서 제사를 지내고 친히 밭을 갈아 농업을 중히 여기고 있음을 널리 알렸다. 농업을 특히 중하게 여긴 세종, 성종과 같은 임금은 궁궐 후원에 작은 규모의 밭을 만들어 직접 씨를 뿌리고 가꾸어 자라나는 모습을 보면서 농민의 삶을 잊지 않았으니, 이를 관가(觀稼)라 했다.[41] 창덕궁 후원 물이 흐르는 연변에 논을 풀어 벼를 심고, 그 옆에 관풍각, 경성각 등의 집을 지어 국왕이 수시로 나가서 농사짓는 일, 벼가 익어가는 모습 등을 관찰하기도 했다.

국왕 뿐만 아니라 왕비도 농경에 관심을 보이고 솔선수범해야 했다. 왕비는 양잠을 권장했다. 양잠도 농경의 하나로서, 궁궐 안에 친잠단(親蠶壇)을 설치하고 직접 누에를 돌보았으니,[42] 국왕과 왕비의 이 같은 일은 곧 농경이 무엇보다도 중요하고, 모두가 농사에 깊은 관심을 갖고 보살펴야 한다는 의미에서 비롯되었다. 한편 권농동에는 궁중에서 필요한 채소를 위해 내농포(內農圃)가 설치되어 있었다. 궁궐 문 밖에 있었으나 궁중의 내관들이 가꾸었는데, 신선한 채소를 얻기 위해서이기도 했지만, 궁중에 있는 사람들에게 농경의 실상을 알게 하고 또 일반 백성들에게도 농업을 권장하고 있음을 보여주기 위해서도 그 설치 이유가 있었다. 그리고 궁정동 청와대 옆에는 우리 나라 8도의 모양을 본딴 여덟배미의 논이 있었으니, 국왕이 직접 농사를 지어 권장하던 곳이었다. 이 일대를 팔도배미라 하였다. 이와 같이 종로구 지역에는 비록 생산성 있는 논과 밭은 없었어도, 농정을 총괄하는 국왕이 거처하는 곳이어서 농경의 시범 단지 또는 권농의 터전이 곳곳에 있었다. 농업의 측면에서도 이 지역은 매우 중요한 의미를 지닌 곳이었다.

(3) 채마전과 과수원

도성 안에서는 농경이 금지되었다고 하지만, 그것은 화곡, 즉 벼, 보리, 밀, 콩, 조 등 곡물의 경우였고, 채소의 경우는 예외였다. 운송 수단이 발달하지 않았던 당시에 있어서 배추, 무, 파, 미나리 등은 근교에서 조달되거나 성 안의 특정 지역에서 생산, 소비되었다. 그 재배가 용이하였기 때문에 일반 서민들은 집을 짓고 난 빈터에 채소를 가꾸어 자급 자족하였다.

　법제적으로 서민에게 지급된 집터는 2부 즉 287.7㎡로서, 약 85평에 이른다. 정 4품의 벼슬아치는 그 10배였다.[43) 따라서 신분에 따라 집의 크기가 달랐다고 하여도 집을 짓고 난 여분의 땅은 빈터였고, 부식을 스스로 해결해야 했던 각 가정에서는 이 곳을 채소밭으로 가꾸었다. 이 곳은 각 가정에서 생겨나는 분뇨를 자연적으로 처리할 수 있는 곳이기도 했다. 주로 계절에 따른 채소가 가꾸어졌다. 이를 텃밭이라고 한다.

　그리고 곳곳에 흐르는 냇가나 하천 부지에도 채소가 재배되었다. 이같은 채소밭은 비교적 규모가 큰 것이었다. 종로구 일대에 채마전으로서 이름이 있던 곳은 낙산 밑의 충신동 방아다리 배추밭이었다. 그 인근에 오늘날 대학천이라 불리는 시내가 성균관 부근에서 명륜동, 동숭동, 이화동을 거쳐 지나고 있어서 비교적 습지를 이루고 있었다. 그리하여 배추와 같은 채마가 잘 자랐다. 시내는 충신동과 효제동의 경계선을 지나 종로 6가쪽에서 종로를 건너 개천, 즉 청계천으로 합류되었다. 그리하여 이 시내에는 방아다리, 흙다리, 새다리, 안다리 등 많은 다리가 놓여 있었다. 다리 부근은 지표가 낮고 평평하여 농경지로 적합하였다. 이에 채마밭이 있었고 효제동 175번지 일대는 웃들이라 하여 논도 있었다. 성안이라고 하지만 조선 시대 이 일대는 중심지에서 멀리 떨어진 변두리였다.

　그리고 오늘의 종로구 지역은 도성 밖까지 포함하고 있는데, 조선 시대에도 동대문 밖의 숭신방, 즉 창신동, 숭인동, 서대문 밖의 반송방, 즉 무악동, 교남동, 교북동, 홍파동, 행촌동, 창의문 밖의 상평방, 즉 부암동, 평창동, 홍지동 등이 한성부의 관할이었다. 이들 지역에서의 농경은 법제적으로 구애되지 않았다. 채소뿐 아니라 벼농사도 널리 행해졌다. 숭신방에서는 청계천 연변, 반송방에서는 무악재에서 비롯된 개천이 비교적 큰 물을 이루는 교남동, 송월동 일대 그리고 상평방에서는 평창동의 논골 등이 그러한 곳이었다. 그러나 이들 지역 외에서는 벼농사보다는 밭농사가 널리 행해졌을 것이다. 지형 조건상 논을 풀기에는 그리 적합한 곳이 아니었기 때문이다. 더구나 도성과 인접해 있기 때문에 수요가 많고 수익성이 보다 높은 채소 재배가 성행하였다.

　동대문 밖의 미나릿골, 오늘의 서대문 네거리 주변의 미나리밭 등 저습 지대에서는 미나리 재배가 널리 행해졌고, 독립문 주변에서는 무우,

배추가 비교적 규모가 크게 재배되었다.[44] 특히 조선 후기에 이르러 상품 작물의 수요가 많아지고, 그 거래가 활발해지면서 이들 지역에서는 채마전이 전문적으로 경영되었다. 당시 도시 주변의 농민들은 무우, 배추, 미나리뿐만 아니라 오이, 가지, 마늘, 파, 부추, 토란, 호박, 수박 등 여러 가지 채소를 재배하여 해마다 많은 수익을 올렸다. 정약용(丁若鏞)에 의하면 이들 농사에서는 벼농사에서보다 10배나 수익이 있다고 하였고, 구체적으로 600평의 마늘밭에서도 수백 냥의 수익을 올린다고 하였다.[45]

성저십리(城底十里)에서의 농경에 대하여는 정부에서도 관원을 두고 보살폈다. 즉 조선 초기 한성부를 오부로 나누고 그 밑에 52방을 두었는데, 성저십리에는 도성 안과 달리 면을 두었고 그 밑에 다시 30가호를 단위로 리를 설치했다. 외방 고을과 같은 행정 구획을 한 것이다. 이들 각 면에는 권농(權農) 1인을 두었으니,[46] 이는 이들 지역이 농경 지대였음을 전제로 한 것이다. 권농 또는 권농관은 대개 지역민 중에서 선임되어 농경 활동을 감독하고 지도하였다. 권농의 임명은 수령과 더불어 국가의 농업 정책 방향에서 결정된 것이다. 조선 왕조 농업 정책의 기본 방향은 명분상 민생의 안정을 내세웠지만, 실제로는 농업 생산력을 높여 조세원을 확대시킴으로써 국가의 재정 기반을 확고히 함에 있었다. 이러한 의도에서 수령을 임명하면서 그 주된 임무로서 농업의 지도를 주지시켰고, 그 밑에 별도로 권농을 두기도 했던 것이다. 유능한 권농은 농경 현장에서 많은 역할을 하였다. 즉, 그들은 농작물의 재배, 수리 시설의 확충, 농업 기술의 보급 등 농민들이 당면한 문제를 지도하고 해결해 주었다.

한편 종로구 지역에서는 전술한 바와 같이 대궐에서 소요되는 채소를 재배하여 공급하였다. 조선 시대 대표적인 궁궐은 경복궁, 창덕궁, 창경궁, 경희궁이었다. 이들 궁궐에는 많은 식솔들이 살고 있었다. 이들이 소비하는 쌀, 보리, 콩 등은 외방에서 공급되었지만, 채소와 같은 부식은 자체로 조달해야 했다. 그리하여 각 궁궐 부근에는 소정의 채마전이 마련되어 있었고, 이를 관리하기 위해 관서까지 설치되어 있었다.[47] 즉 경복궁에서 소요되는 채소를 위해 오늘의 통의동에 사포서(司圃署)를 두었는데, 후에 수송동으로 옮겼다. 사포서에서는 제조, 별제 등이 책임을 맡고 이서, 노비 등을 지휘하여 무, 배추, 파, 마늘 등을 재배하여 궁중에 바쳤다. 이 곳의 농원을 외농포라 했다. 그리고 창덕궁, 창경궁에서 소요되는 채소는 돈화문 앞 속칭 농파니의 내농포에서 재배되었다. 이곳의 농원은 궁중의 내관들이 관리하였다. 한편 경희궁에서는 인근 신문로 2가에 있었던 농원에서 가꾼 채소를 공급받았다. 이 일대에 농포가 있었다고 하여서 농포안이라 불렸는데, 농파니에서와 같이 내관들이 관리하였다.

채마전과 관련하여 낙산 밑의 동숭동 북쪽에는 홍덕이밭이라는 전설이 있다. 병자호란 때 효종이 국왕으로 즉위하기 전이어서 봉림대군으로 청나라에 인질로 잡혀갔다. 이 때에 홍덕이라는 내시가 봉림대군을 모시고 있으면서 김치를 잘 담가 식욕을 북돋아 주었다. 귀국 후에 봉림대군은 효종으로 즉위하여 만날 수가 없었다. 이에 홍덕은 김치를 담가서 궁중의 내관을 통해 효종에게 바쳤다. 효종이 그 맛을 보고, 이는 홍덕이의 솜씨라 하고 그 실상을 조사하니, 과연 홍덕이가 바친 김치였다. 그리하여 홍덕을 불러 후한 상을 주고자 하였으나, 홍덕이 끝내 사양하자, 특명으로 낙산 아래의 배추밭을 하사하여 계속 김치 담그는 솜씨를 자랑하게 했다는 것이다.[48] 전설의 진위를 명확히 밝힐 수는 없지만, 조선 후기 동숭동 일대에서는 배추가 재배되고 있었음은 틀림없다.

한편 종로구 주변에서는 과수를 심어 소득을 올리기도 하였다. 원래 복숭아, 배, 자두 등 과일 나무는 자연적으로 또는 관상수로서 산기슭이나 울 안에 심어져 있었다. 그러나 조선 후기에는 과일 나무도 전문적으로 식재하여 시장에 내다 파는 사람들이 나타났다. 생활이 개선되면서 과일의 수요가 늘어났고, 공급이 달리게 되면서 값이 오르게 되었다. 과일은 간식, 또는 후식으로서 사람들이 즐겨 먹었다. 그리하여 과일 나무만 전문으로 재배하는 농가도 있었고, 과일만 파는 시전도 생겨났다. 인왕산 기슭 누각동에는 늙어 은퇴한 서리들이 많이 살고 있었는데, 그들은 과수 재배를 업으로 하여 생활하였다.[49] 이 밖에도 종로구 일대는 구릉이 많은 지형적 조건 때문에 과일 나무가 많았다. 즉, 이화동에는 배나무, 청운동, 궁정동에는 복숭아나무, 필운동에는 살구나무, 교북동에는 살구, 복숭아, 감나무, 창신동에는 복숭아, 앵두나무, 세검정에는 자두나무가 많아서 사람들은 봄이면 이 같은 곳을 찾아 꽃구경을 하고, 또 여름이면 과일을 즐기기도 하였다. 이화동, 세검정 등지는 계획적으로 과일 나무를 식재하였던 곳이다. 그 밖에 동숭동에는 잣나무가 많았던 잣골이 있었고, 세검정에는 종이의 원료인 닥나무가 조림되었으며, 옥인동에는 염색용 작물인 지치가 재배되어 지치바위란 이름이 전해지고 있다.

맛과 향기가 좋은 과일은 일반 백성들보다는 궁궐에서 수요가 많았다. 나라에서는 이를 위해 북부 관광방, 지금의 화동에 장원서(掌苑署)를 두고 과목을 키우고, 궁궐에서 소요되는 과일을 공급하게 했다. 화동 일대에는 과일 나무가 무성했다. 장원서는 강화, 개성 등에도 과수원을 설치, 운영하면서 각종 과일을 궁궐에 공급하였다. 과일은 제사에 필수여서 그 수요가 많았다. 장원서에서는 과일 나무의 재배뿐 아니라 닥나무도 재배, 관리하였고, 화초도 키워 궁궐과 관청에 진상하였다.

도성 안이 행정 지역, 주거 지역, 상가 지역이었다고 하여도 농업 국가였던 조선 왕조에서는 사포서, 장원서와 같은 농경을 관장하는 관아가 도성 안에 있었고, 그 구내에서 농작물, 과수, 화초 등이 재배되고, 또 변두리 지역에서는 자급 자족의 채마전이 경작되고 있었다. 이로써 볼 때 종로구 지역에 전적으로 농경이 금지되었다고 볼 수는 없다. 밭농사뿐 아니라 논농사도 극히 일부 지역에서는 행해지고 있었다. 그러나 조선 후기 이래 보다 도시화되면서 종로구 지역에서 농경의 공간이 점차 사라져 갔다. 텃밭에서 키우던 채소도 점차 근교에서 조달했으니, 그것은 상품 경제가 발달하면서 그 구입이 용이해졌기 때문이다.

3. 제조업의 기지

(1) 관영 수공업의 요람

조선 시대 종로구 지역에서는 제조업이 일정하게 발달하고 있었다. 이 지역에서의 제조업은 대체로 관영 체제로 이루어지고 있었다. 그것은 이 지역에 조선 왕조의 궁궐과 관아가 집중적으로 배치되면서, 필요한 물건을 신속히 조달해야 했기 때문이다. 물론 전근대 사회에서 궁궐, 관아가 필요한 물건은 공납(貢納)의 형태로 백성들에게서 수취되기도 하였다. 그러나 당시로서는 민간에서는 물건을 만드는 기술이 발달하지 못하여 제품의 품질이 좋지 못했고, 자급 자족적인 단계에서 생산량도 많지 못했다. 이에 정부는 전문적 수공업자인 공장(工匠)들을 중앙과 지방의 각 관청에 소속시켜 일정한 기간 동안 궁궐과 관아에서 필요로 하는 물품을 제조하게 하였다. 관청에 등록된 장인을 관장(官匠)이라 하였는데, 이들은 국가의 통제 아래 무상으로 노동력을 제공해야 하는 부역제(賦役制)에 토대하여 일정한 작업장에서 물건을 만들었다. 장인들이 제조하여 납품한 물건은 의복, 활자, 화약, 무기, 종이, 문방구, 그릇 등 궁궐과 관아에서 필요한 모든 종류의 물건들이었다.

수도가 확정되고 정치가 안정되어 지배층의 사회 생활, 문화 생활이 확장되면서, 그리고 통치 기구가 정비되면서 제조업의 수요는 날로 커졌다. 그리하여 관영 수공업은 그만큼 발달하였고, 작업장이 도처에 생겨 각 관아별로 운영되었다.

1392년(태조 1)에 편성된 관제에 의하면 작업장을 직접 경영하거나 관련이 있는 관아는 공조(工曹)를 비롯하여 상의원, 봉상시, 사복시, 예빈시, 사섬시, 선공감, 군기감, 교서감, 사온서, 도염서, 아악서, 공조서, 장흥고, 의영고, 제용고, 서적원 등 17개소에 지나지 않았으나,[50] 15세기 후반에 편찬된 『경국대전』에 의하면 30개소로 늘어나고 있다. 작업장뿐만 아니라 거기에서 일하는 장인의 수도 늘어났다. 예컨대 상의원에

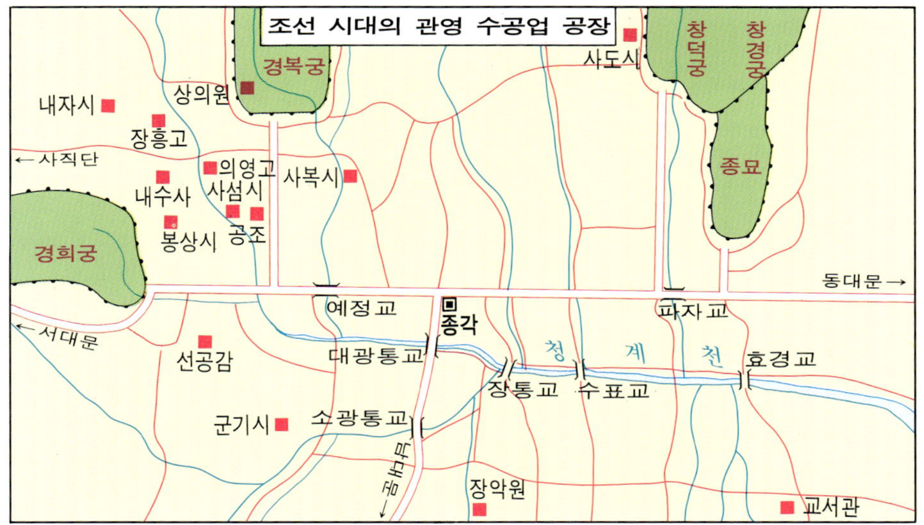

서 옷을 만드는 장인의 수는 원래 401명이었는데, 1493년(세종 21)에는 66명이 증가되어 467명으로 늘어났고,[51] 세종 이후 더 늘어나『경국대전』에는 정원수가 587명으로 되어있다.

관영 수공업장에 소속된 장인들은 관청이 소재한 위치에 따라서 중앙 관청에서 일하면 경공장(京工匠), 지방 관청에서 일하면 외공장(外工匠)이라 하였는데, 종로구 일대에서 활동하던 장인들은 물론 경공장의 수는 2800여 명으로, 30개 관아 작업장에서 129종의 일을 맡았다.[52] 여러 작업장 중에서도 장인을 많이 거느리고 생산량이 많았던 작업장은 공조, 군기시, 상의원, 사옹원, 선공감, 제용감, 조지서, 교서감, 내수사, 내자시 등에 소속된 작업장이었다. 이들 작업장의 대부분이 종로구 일대에 분포되어 있었다.

공조는 서부 적선방 6조 거리 서쪽, 오늘의 세종 문화 회관 자리에 있었는데, 영조사, 정치사, 산택사의 부서로 구성되어 260여 명의 장인이 소속되어 있었다. 제조업에 관한 일은 정치사에서 주로 맡았으니 초립, 망건, 모자, 가죽신, 신발, 금·은·옥 등의 세공품, 궁궐에서 소용되는 가구 등을 제조하였다. 군기시에서는 무기·화약 등을 제조하였는데, 오늘의 서울 특별 시청 자리에 있었다. 상의원은 경복궁·창덕궁·창경궁 안에 있어 왕실의 의복을 만들었으며, 때로는 궁중의 보물 등을 관리하였다. 상의원에는 587명의 장인들이 소속되어 있었는데, 작업 과정이 매우 세분화되어 능호장 등 68종의 전문 분야로 나뉘어 전문적, 분업적으로 옷을 만들었다. 사람이 의관을 갖추려면 머리에 쓰는 모자에서 발에 신는 신발에 이르기까지 갖춤새가 많다. 각 물건마다 만드는 사람이 다를 뿐 아니라 옷 한가지에서도 겉옷과 속옷 그리고 외투가 있다. 그리고 저고리, 바지 또는 치마의 구분이 있다. 이들을 만드는 사람이 각기 달랐다. 뿐만 아니라 옷의 기본 구조를 재단하고, 바느질하고, 다림질하고, 옷에 무늬를 놓는 과정에서 분화가 철저하여 장인들은 각각의 생산 공정을 맡았다.

사옹원(司饔院) 역시 경복궁 등 궁궐 안에 있었는데, 궁궐 안에서의 음식 만드는 일을 맡았다. 이 때문에 음식을 담는 그릇을 주관하였으니, 이를 위해 분원에 사기장 350명을 파견, 사기 그릇을 제조하였다. 선공감 역시 종로구 지역에 있었으니, 처음에는 북부 의통방에 두었다가, 뒤에 서부 여경방, 즉 오늘의 신문로 1가로 옮겼으며, 별도로 창덕궁 금호문 밖에도 분감을 설치했다. 선공감에서는 궁궐 안의 토목·건축을 맡아 보았는데, 346명의 기술자가 소속되어 있었다. 국왕이 신하들이나 외국 사신에게 사급하는 의복, 옷감의 염색과 직조를 맡았던 제용감은 중부 수진방, 즉 오늘의 수송동 종로구청 자리에 있었으며, 방직장·충염장·청염장·침선장 등 13개 분야의 108명의 장인이 소속되어 일했다.

　종이를 만드는 조지서(造紙署)는 창의문 밖 탕춘대, 즉 오늘의 신영동 세검정 초등학교 북쪽에 있었다. 1415년(태종 15) 조지소로 출발하여 1466년(세조 12) 조지서로 개편되었는데, 지장 81명, 염장 8명, 복장 2명 등 모두 91명의 장인들이 배치되어 종이를 만들었다. 이들이 작업하는 공정도 매우 분업적이었다. 종이의 생산 공정은 우선 닥나무를 가마에 쪄서 껍질을 벗겨 흑피를 만들고, 그것을 물에 불궈서 껍질을 제거하여 원료로서의 백피를 만든 다음, 끓는 잿물에 백피를 표백하고, 표백한 섬유를 방망이로 다듬질한다. 그리고 다듬질한 원료를 녹조에 넣고 거기에 풀을 가하여 종이 원료를 만든다. 이어서 그것을 대발 위에 옮겨 종이를 뜬다. 초조한 종이를 한 장씩 떼어내 건조판에 붙여 말려 완성한다. 이러한 복잡한 공정에서 공정마다 맡은 사람이 있어 분업적 협업으로 일을 했다. 탕춘대 일대는 당시 우리 나라에서 가장 규모가 크고 품질이 좋은 종이를 만드는 제지공업 단지였다.

　서적의 출판과 관인의 관리를 맡았던 교서관(校書館)은 내관과 외관으로 나뉘어 내관은 경복궁 안에 있다가 후에 창덕궁 돈화문 밖으로 옮겼고, 외관은 남부 훈도방에 있었다. 교서관에서도 활자를 만들고 책을 인쇄하는 모든 공정이 분화되고 있었으니, 이를 위해 102명의 장인이 소속되어 있었다. 오늘의 내수동에 있었던 내수사는 왕실에서 사적으로 필요한 물품을 공급하였는데, 대부분 외방에서 조달하였으나 특별한 잡물은 직접 만들기도 하였다. 이를 위해 목장, 옹장, 야장, 주장, 유장, 수철장 등의 장인 38명이 있었다.

　그리고 내자시(內資市)는 내자동에 있었는데, 대궐에서 소요되는 미곡·국수·술·간장·기름·꿀 등을 공급하였다. 때로는 옷감도 조달하였다. 그리하여 방직장 등의 기술자 42명이 소속되어 있었다. 이 밖에도 종로구 일대에는 당주동에 내섬시, 원서동에 사도시, 도렴동에 의영고,

명륜동에 양현고, 당주동에 봉상시, 원서동에 관상감, 적선동에 사온서, 견지동에 도화서, 적선동에 장흥고에 소속된 작업장이 있었다. 이들 작업장은 앞서 설명한 작업장에 비하면 규모가 작고, 장인의 수도 적었으나, 대개 궁궐에 납품하는 물건을 만들고 있었기 때문에 기술이 뛰어났고, 제품도 우수하였다.

조선 시대 종로구 일대는 한 마디로 당시 최대의 국립 공업 단지라 할 수 있다. 전국에서 기술이 가장 뛰어난 장인들이 집단적으로 모여 세분화된 공정을 통해 최고의 제품을 만들고 있던 곳이 세종로, 당주동, 적선동, 내자동, 도렴동, 내수동, 신문로 등 종로구 지역이었다. 종이, 그릇 등 공간이 많이 필요한 물건은 외곽 지대에서 제조되었지만, 음식, 의복, 장신구, 기구 등은 이들 작업장에서 제조되었다.

관영 수공업장에서의 제조 과정은 고도로 분업화되어 있었다. 분업화는 당시 장인들이 매우 전문화되어 있음을 전제로 한 것이며, 높은 전문성 때문에 제품의 질이 매우 우수하였다. 조선 시대 문방구 · 종이 · 자기 · 돗자리 등이 이웃 나라에서 크게 환영을 받았던 것은 높은 전문성으로 인한 품질의 우수성 때문이었다.

관영 수공업장에 소속되어 국가의 통제 아래 무보수로 노동력을 제공한 관장들이었지만, 완전히 정부에 예속된 것은 아니었다. 신분이 노비인 경우에는 관청에 전속되어 평생토록 그 요구에 응해 수공업에 종사했지만, 양인인 경우에는 장적(匠籍)에 등록되어 있다고 하여도 자유스럽게 제조 활동을 했다. 즉, 평상시에는 독자적으로 제조업에 종사하면서 1년에 몇 달 동안 교대로 관아에 나가서 관청에서 필요한 물건을 제조해 바쳤다. 고려 시대에는 향 · 소 등의 천민이나 노비들이 수공업을 주로 맡았으나, 조선 시대에는 천민들이 거의 해방되어 양인들이 수공업에 종사하는 경우가 많았다. 따라서 대부분의 관장들은 국역에 동원되지 않는 평상시에는 물건을 만들어 시전에 내다 팔아 생계를 꾸려 갔다.

15세기에 그들은 3교대로 나뉘어 한 교대에 두 달씩 복무하였다.[53] 그러나 봉건적 억압이 심하게 강요되고 있던 당시에 있어서 그들의 노동력 동원은 법제대로 행해지지 않았다. 특히 노비의 경우에는 3교대라고 하여도 2개월 관청에서 일하고, 1개월 집에서 일하게 했기 때문에 매우 고된 작업이었다. 부역 노동이 가혹하자 16세기를 전후하여 장인들은 가급적 등록을 기피하였고, 또한 정부의 재정 사정도 점차 악화되어 관영 수공업장을 운영하기가 어려울 정도였다.[54] 이러한 추세 속에서 정부는 장인을 부역 노동시키는 대신에 그들에게 일정액의 면포를 바치게 했다.[55] 그리하여 부역 노동을 무보수로 강요당하던 수많은 수공업자들은 이제 납포장(納布匠)이 되어 부역제의 질곡으로부터 벗어나 자유롭게 제품 생산을 할 수 있게 되었다.

(2) 관장(官匠)의 시장 생산

관영 수공업장에 소속되어 부역 노동에 동원되고 있던 때에도 장인들은 일정기간의 국역이 끝나면 자유롭게 생활 필수품을 제조하여 판매할 수 있었다. 납포장(納布匠)이 되면서 그들의 시장 판매를 위한 제조 활동은 자못 활성화되었다. 그러나 조선 초기에 있어 그들의 생산 시설은 보잘 것 없었다. 그들은 개인적으로 생산 도구를 소유하고 있었지만, 관영 작업장에서와 같이 생산 작업장을 구비하지 못하였고, 거의 혼자서 작업해야 했기 때문에 생산 규모도 그리 크지 못했다. 그들은 자본력에 있어서도 빈약하여 극히 한정된 범위안에서 소규모로 제품을 생산하고 판매하는 소상품 생산자들이었다. 더구나 관청에 나가 부역하면서 여가에 물건을 제조한다는 것은 시간적으로나 공간적으로 그들의 활동을 제약하고 있었다. 그러나 그렇다고 하여도 그러한 활동은 수공업 발달의 기틀이 되었다. 즉 고용 생산 단계에서 시장 생산 단계로의 전이가 가능해지게 된 것이다.

정부가 장인의 상품 생산을 허용한 것은 일정한 조건 하에서 장인들의 이탈을 방지하기 위한 조처였지만, 명분은 그들의 생계를 보장해 주기 위함이었다. 공조, 사옹원, 조지서, 상의원 등 각 관영 수공업장의 장인들이 시장에 내다 팔기 위한 제품을 생산하고 있었다. 공조에서 귀마개를 만들던 이엄장(耳掩匠)은 점포까지 설치하고서 귀마개를 제조, 판매하였으며,[56] 철을 제련하던 치장(冶匠)은 그 제품을 처분하기 위해 철물가게를 열고 있었다.[57] 그 밖에 공조의 수철장은 솥을, 선공감의 가칠장은 소반을, 상의원의 총장은 말총 제품을 상품으로 제조하여 판매하였다.[58] 장인들이 제품을 판매하기 위해 그들이 제품을 처분하는 곳은 시전이었다. 시전은 그들의 집에서 멀지 않은 곳에 있었다.

　　조선 왕조의 위정자들은 수도를 개경으로부터 한양으로 옮긴 뒤, 도시를 건설하기 위해 개경의 상인과 장인들을 새 수도로 강제 이주시키는 한편, 종로 연변에 긴 행랑을 건립하고 시전을 열게 했다. 시전은 관아에서 필요한 물건을 조달하는 곳이었지만, 이를 위해 시전에서는 그 물건을 어디에서건 구입해야 했다. 이에 시전 상인과 장인들은 자연적으로 결부될 수 있었다. 이리하여 한양, 특히 종로구 지역에서는 시전을 거점으로 하여 적지않은 수공업자들이 생산과 판매 활동을 벌였다. 시전은 관청뿐 아니라 일반인들도 상대하였기 때문에 물화의 유통이 활발하였다. 수요가 있으면 공급이 있어야 했다. 장인들이 공급자였던 것이다.

　　장인들의 상품 생산 활동은 16세기 이래 관영 수공업 체제가 여러 가지 요인에 의해 제대로 운영되지 못하면서 보다 활발해졌다. 첫째, 각 관아의 재정이 궁핍해지면서 관장에 대한 대우가 매우 소홀해지고 있었다. 본래 관장(官匠)은 국역의 일환으로 노동력을 제공하고 있었으나, 일하는 기간에는 일정한 료(料)를 식대로서 지급받고 있었고, 또 그들의 일을 도와주는 조역(助役)을 할당받고 있었다. 예컨대 공조 · 상의원 · 주자소의 장인들은 두 끼니 또는 세 끼니의 식대를 받고 있었으며, 옹장 · 석장 등은 동거하는 친척이나 고공들 가운데서 1명을 보인(保人)으로 급여받고 있었다.[59]

　　그러나 16세기 이래 국가의 재정이 어려워지면서 이 같은 최소한의 대우도 하지 못하게 되었다. 이에 생활난을 견디지 못한 장인들은 가급적 도망하고자 했으니, 기록에 의하면 종래에는 장인들이 료(料)로서 처자를 부양할 수 있었으므로 관아에서의 일에 모든 힘을 다했으나, 지금은 그것이 줄어들어 처자를 부양할 수 없으므로 도망할 궁리만 한다고 하였다.[60] 둘째, 양반 관료들의 침탈이 심해지고 있었다. 16세기 이래로 정치적 갈등이 심해지면서 행정 기강이 이완되어 양반 관료들이 개인적 필요에 의해서 관장을 자의로 사역시키는 행위가 빈발했다. 신분제 사회였기 때문에 관장들은 그들의 강요를 거부할 수 없었고, 그리하여 그들은 2중 · 3중의 중노동에 시달려야 했다. 그것은 장인들의 생산 의욕을 감퇴시킴과 더불어 기술을 배우고자 하는 분위기를 저하시켰다. 그리하여 기술의 계승이 어려워졌다. 이러한 사태는 결과적으로 관아에서 소요되는 물건도 제대로 공급할 수 없게 하였다.

  관장들은 노동 조건이 열악하고, 정부로부터도 보호되지 못하는 속에서 삶의 질을 스스로 찾아야 했다. 그리하여 가급적 작업장에서 이탈하고자 하였으니, 16세기 후반 이래로 각 관영 수공업장에는 관장들이 명목상으로만 있었을 뿐 실제로는 유명무실하였다.

  전술한 바와 같이 공조나 선공감의 장인들은 거의 다 없어져 무슨 일이 있으면 사장(私匠), 즉 민간 수공업자를 임용해 써야 했다. 이 같은 모습은 다른 작업장에서도 정도의 차이는 있으나 마찬가지였다. 17세기에 이르면 그 경향은 보다 심해지고 있었다. 기와를 만들던 와서(瓦署)의 작업장에는 본래 40명의 관장이 소속되어 작업을 하였으나, 17세기에는 관장은 한 사람도 없었고, 몇 사람의 사장(私匠)이 기와를 굽고 있었다.[61] 조선 후기에도 무기나 자기 제조 분야에서는 아직도 관영 수공업이 이루어지고 있었으나, 여기에서 일하고 있던 관장들도 모두 부역제가 아닌 임금제로 작업하고 있었다. 그러므로 17세기 이후 관영 수공업장에서 일하고 있던 장인들은 그 절대 다수가 관영 수공업 체제와는 사실상 아무런 관계도 없었다.

  이러한 상황 속에서 정부도 그 운영에 많은 비용이 드는 관영 수공업 체제를 유지하기 보다는 이를 포기하고 대신에 필요한 제품을 시장에서 공급받고자 했다. 즉, 관장을 직접 입역하기 보다는 양인에게서 군포를 받듯이 관청에 등록된 장인에게서 1년에 면포 2필 혹은 3필씩 가포(價布)로 바치게 하고, 그것으로 물건을 사들이거나 임용한 사장(私匠)에게 품삯을 지급하고자 했다.[62] 그리하여 관장이라 하여도 가포만 납부하면 자유롭게 사적으로 제조업에 종사하여 제품을 생산, 판매할 수 있게 되었다.

  장인들의 상품 생산은 17세기 이래 도시 인구의 증대로 인한 민수품의 증대, 대동법의 실시로 인한 관수품의 증대, 그리고 상품 화폐 경제의 발달로 보다 촉진되었다. 한양의 인구는 전술한 바와 같이 17세기 후반 종래의 10만명 미만에서 20만명 가까이 급증하고 있는데, 그들 대부분이 소비 인구였다. 그리고 관수품의 양은 막대한 것이었다. 또한 상업 인구의 증대, 금속 화폐의 유통, 교통 운수의 발달, 생산성의 증대 등으로 인해 상품 화폐 경제가 이 시기에는 두드러지게 발전하였다. 이로 인하여 양반들의 생활이 더욱 사치해지고 또한 부유한 상인들이 대두하면서 상품의 수요가 크게 늘어났다.

　국역에 동원되고 있던 장인들은 처음에는 자신의 여가에 사적으로 만든 제품을 직접 가지고 시전에 나가서 팔거나, 그렇지 않으면 그들의 가족이 민가를 찾아다니면서 팔았다. 그 대가로 받은 쌀이나 면포는 주로 식량을 마련하기 위한 것이었다. 즉, 이 시기 장인들의 상품 생산은 자신이 필요한 물건과 바꾸기 위한 단순 상품 생산에 지나지 않았다. 단순 상품 생산에서의 생산 목적은 다만 사용 가치를 바꾸는 데 있었으며, 따라서 이 시기에 행해진 상품 교환은 화폐의 매개 없이도 이루어졌고, 그 유통 과정도 판매로 시작하여 구매로 끝나는 경우가 일반적이었다. 이 때의 장인은 생산자인 동시에 상인이었으며, 생산량도 영세하였다. 그러나 조선 후기에 이르러 장인들의 상품 생산이 발전하면서 생산 관계도 변해 갔다. 즉, 장인과 같은 소상품 생산자들은 상인과의 관계에서 단순히 상품 거래에 그치는 경우도 있었지만 상인들로부터 자금을 먼저 받고 그들의 주문대로 제품을 생산하는 경향이 나타났다. 이른바 선대제(先貸制)가 행해진 것이다. 선대제는 18세기에 널리 보급되었다. 선대제에 의해 장인들은 상인에게 종속되어 상품을 헐값으로 넘겨주어야 했을 뿐 아니라 생산 과정까지도 그들에게 일정한 정도로 지배와 간섭을 받았다. 그리하여 장인들은 상업 자본에 의해 지배되거나 이에 의존하였으므로, 아직 독자적으로 제품을 생산, 판매하지는 못하고 있었다. 특히 종이, 화폐, 철물 등의 제조 분야에서 그러하였다.

　종이는 조지서(造紙署) 지장(紙匠)들이 제조하였다. 지장들은 각종의 종이를 만들어 일부는 국가에 납품하였지만, 그 나머지는 상인과 소비자들에게 공급하고 있었다. 지장들의 사적인 종이 제조는 일찍부터 허용되고 있었다.[63] 조선 후기에 이르면 관아에서보다 민간에서의 종이의 수요가 비할 데 없이 많았다. 그리하여 『한경지략(漢京智略)』에 의하면 세검정 탕춘대 옆에는 민가 수백 호가 제지업으로 살고 있다고 하였다. 이들은 전업적으로 종이를 생산하고 있었는데, 그것은 그만큼 종이의 수요가 많았기 때문이다.

　기록에 의하면 과거 시험의 답안지인 시지(試紙)의 수요가 특히 많았다. 당시 선비들은 당국의 금령(禁令)에도 불구하고 화려한 시험지를 선호하였다. 세력 있는 집안의 자제들은 조지서 지장에게 특별히 좋은 시

지를 주문 생산하여 사용하고 있었다. 즉, 최상품인 자문지(咨文紙)를
5·6량씩 사서 시지로 사용하였다.[64] 그러나 일반 시민들은 거의 지전에
서 종이를 구입하였다. 지전은 그 종이를 조지서 지장에게 주문하였다.
지전은 물량을 확보하기 위하여 원료와 공전의 값을 미리 지급하였다.
뿐만 아니라 일반 소비자들의 주문은 일시적인 것이었지만, 지전 상인들
의 주문은 계속적이고도 대량의 주문이었다. 이를테면 조지서의 종이 제
조는 거의 지전의 자본력에 의해 이루어졌던 것이다. 지장들이 지전의
자본력으로 종이를 생산한다는 것은 지전과 지장 사이에 지배와 예속의
관계를 성립시키는 전제였다. 즉, 상인에 의한 계속적이고 규칙적인 상
품 주문은 생산자를 단순히 공전(功錢)만 받는 처지로 만들었다. 지장들
에게 지전 상인들은 단순한 고객이 아니라 자본을 대는 물주(物主)로서
실질적으로 지장을 고용한 고용주나 다를 바 없었다. 따라서 지장의 종
이 생산은 지전 상인의 선대제 생산에 속하게 되었다. 1875년(고종 12)
1년 동안에 있었던 조지서와 지전 사이의 거래를 보면, 조지서는 전후 5
차에 걸쳐 지전에게서 도합 1,400냥의 자금과 원료인 체재지(體裁紙)를
받고 상하지·백면지·계목지·행초지·정초지 등을 지전에 주었다.[65]

⬆ 정선　세검정(洗劍亭)

이 같은 모습은 사옹원의 광주 사기 제조장에서도 마찬가지였다. 사옹원의 사기 제조는 원칙적으로 궁궐에서의 사용을 위한 것이었다. 그러나 여기에서도 조선 후기에는 사사로운 사기의 제조가 허용되고 있었다. 사옹원 사기장도 본래 관장이어서 관아에서 요미(料米)를 받고 관아의 통제 아래 사기를 구웠으나 그것만으로는 생계가 해결되지 못하였다. 그리하여 작업에 성의가 없었고, 가급적 작업장에서 도망치고자 하였다. 이에 그들로 하여금 안심하고 사기를 굽도록 하기 위하여 사번을 허용하였던 것이다. 조선 후기에 상품 화폐 경제가 발달하여 부상들이 대두하고, 사치풍조가 심해지면서 민간에서도 사기의 수요가 많아졌다. 사기 중에서도 화려한 청화 백자가 유행하였다. 청화 백자는 흰 바탕에 푸른 색깔로 그림을 그려 넣어서 청아한 한국적 정취를 자아냈다. 사기장의 솜씨는 생산량이 많아지면서 더욱 뛰어나게 되었다. 양반 관료나 부상대고들은 시전에서 구입해 쓰기도 했지만, 사기장에 주문하여 쓰는 경우도 있었다. 장례시 무덤에 파묻는 지석(誌石)의 경우는 내용을 써넣기 때문에 주문하지 않으면 안되었다. 더구나 수요가 많아지면서 상품을 독점하려고 부상대고들은 곧 상인물주가 되었다. 따라서 부유한 상인에게 자본을 빌리지 않을 수 없는 사기장들도 차츰 상인에게 예속되어 갔다.

선대제가 행해지는 속에서 장인들의 수익은 제한적일 수 밖에 없었다. 심한 경우에는 단순한 고용자로서 공전(功錢)만 받는 존재에 불과하였다. 이는 장인들의 발전에 장애를 주는 것으로서, 장인들이 보다 성장하기 위해서는 상인의 통제에서 벗어나야 했다. 이에 18세기 후반에는 상인과 장인의 대립이 심했고, 일부 장인들은 상인의 통제로부터 벗어나는 데 성공하였다. 장인들의 독립 현상은 놋그릇, 모자, 장도의 제조 분야에서 두드러졌다.

시전 상인들이 수공업자들로 하여금 제품을 직접 소비자 또는 다른 상인에게 팔지 못하도록 한 근거는, 장인은 상품을 제조할 뿐이고 판매하는 것은 상인이라는 논리에 있었다.[66] 이에 의하면 장인은 제품을 아무에게나 팔 수 없고, 반드시 시전 상인에게만 판매해야 했다. 만일 장인들이 점포를 열어 자기가 만든 물건을 판다면, 시전 상인들은 살아갈 방도가 없어지게 된다는 것이다.

그러나 장인이 시전 상인에게만 물건을 처분한다면 그것은 장인에게는 매우 불리한 조처였다. 왜냐 하면 시전 상인이 가격의 결정을 주도하기 때문이다. 시전 상인들은 장인들이 자기에게만 팔 수 있는 사정을 빌미로 하여 물건의 값을 싸게 하려 했다. 그것은 장인들로 하여금 생산·제조 단가도 보장받지 못하게 하는 경우를 초래하기도 하였다. 이는 상대적으로 시전 상인에게는 영리의 기회를 보장하는 것이기도 하였다. 이에 장인들은 약탈이나 다를 바 없는 최저 가격으로 시전 상인에게 제품을 처분하기보다는 많은 가격을 주는 잠상(潛商)에게 몰래 팔게 되었다. 시전 상인들은 이를 수소문하여 장인들을 난전으로 고발하여 나머지 물건을 몰수하거나 염가로 강매하였다. 상권 경쟁이 치열해지면서 장인과 상인의 관계는 날로 심각해졌다. 그러나 장인들은 시전 상인에 대항하여 종로, 이현 등지에서 상행위를 계속하고, 또 정부에 호소하여 합법적 상행위를 보장받기에 이르렀다. 즉, 정조 때 공조의 치장(冶匠)이, 상의원의 총장(總匠)이, 순조 때 공조의 모의장(毛衣匠)이 각기 그들의 생산물을 합법적, 독점적으로 처분할 수 있게 되었다.[67] 이는 상의원의 유장(柳匠)이나 도자장(刀子匠)의 경우에서도 볼 수 있는 현상이었다.

　장인들이 시전 상인의 통제에서 벗어나 그들의 생산품을 자유롭게 처분할 수 있게 된 배경에는 생산자를 일정하게 보호해야 하겠다는 정부의 의도도 있었지만, 그보다는 이 시기에 이르면 상품 화폐 경제가 매우 진전되어 시전 상인과 대립하던 사상들의 활동이 도처에서 전개되고, 소비자들의 수요도 보다 급증하여 생산 활동이 어느 정도 보장되었기 때문이다.

(3) 민영 수공업의 발달

　종로구 일대가 관영 수공업의 요람이었고, 관장들의 상품 생산이 점차 주목되고 있었지만, 조선 후기에 이 지역에서 생산 활동을 주도한 것은 민영 수공업자, 즉 사장(私匠)들이었다. 조선 초기에 발달하였던 관영 수공업이 16세기 이후 위축된 데에는 노동 조건의 구조적 모순, 정부의 재정적 어려움, 양반 관료의 사적인 침탈 등 여러 가지 원인이 있었지만, 가장 중요한 원인은 상대적으로 민영 수공업이 발달하였기 때문이었다. 민영 수공업이 어느 정도 발달했기 때문에 시장에서 관수품을 구입하는 대동법을 실시할 수 있었던 것이다. 또한 대동법이 실시되면서 민영 수공업, 특히 도시 수공업의 시장 생산이 보다 활발해졌다. 이에 상대적으로 무기나 도자기의 제조 분야를 제외하고는 관영 수공업은 그 운영이 어렵거나 거의 폐업되고 있었다.

『대전통편(大典通編)』에 의하면, 조선 전기에 활발히 제조업에 종사하던 30개의 관영 수공업장 가운데서 사섬시, 전함사, 소격서, 사온서, 귀후서 등이 18세기에는 관아 자체가 없어졌고, 또 내자시, 내섬시, 사도시, 예빈시, 제용감, 전설사, 장원서, 도화서, 사포서, 양현고 등 10개 관아에 속해있던 작업장에서는 거기에서 일하던 장인들이 하나도 없으며, 그 밖의 관청에서도 장인들이 명목상 존재했으나, 있으나마나 했다고 한다.[68] 이들 작업장은 거의 종로구 일대에 있었던 것으로, 내자동의 내자시, 당주동의 내섬시, 원서동의 사도시, 적선동의 사온서 등의 작업장은 이제 문을 닫거나 사장(私匠)을 임용하여 최소한의 수요품을 제조하고 있었다. 당주동, 적선동, 내자동을 중심으로 생산의 열기가 뜨겁던 당시 최대의 국립 공업 단지는 이제 조용히 휴식하기에 이른 것이다.

관영 수공업에서의 제조 활동이 거의 이루어지지 않고 관장(官匠)들이 사실상 존재하지 않는 속에서 장인의 등록제는 무의미했다. 이 시기 관아에서 장인을 등록시켜 장악하고자 한 까닭은 생산 활동보다는 그들에게서 징수하는 가포(價布) 때문이었다. 그것은 관영 수공업장의 운영과는 아무런 관계가 없는 조처였다. 당시 장적(匠籍)에 등록된 납포장(納布匠)은 중앙과 지방을 합쳐서 10만 명에 이른다고 하였으나, 그것은 관영 수공업의 발전과는 거의 인연이 없는 사실이었다.[69] 납포장은 명목은 관아에 속해 있었지만 실제로는 민영 수공업자였다. 그들은 가포만 내면 자유롭게 물건을 제조하고, 임의로 처분할 수 있었다. 따라서 제품 생산에 전념할 수 있었다.

조선 초기 관영 수공업이 발달했을 때도 민간, 특히 도시에서는 관영 수공업장에 동원되지 않은 민영 수공업자들이 있어서 민간의 주문 생산에 응하고 있었다. 종로구 지역에서도 시전 주변이나 변두리에는 그러한 민영 수공업자들이 있었다. 그러나 그들의 활동은 미약하였다. 수요도 많지 않았을 뿐만 아니라 관영 수공업자들이 상품을 생산하여 판매하고 있었기 때문이다. 이러한 사정은 조선 후기에 와서 달라져 갔다. 관영 수공업장이 제 기능을 하지 못하고, 또 관수품의 대부분이 시장에서 구입되면서 민영 수공업자들의 활동이 분주해졌다. 그리고 관영 수공업장에서 이탈한 관장들이 민영 수공업자로 변신했다.

　민영 수공업자의 활동은 16세기 초부터 주목되고 있었다. 민영 수공업자들이 관아의 작업에 동원되어 활동한 것이다. 당시 폭군으로 알려진 연산군(燕山君)은 자신의 사치스러운 수요를 충족시키기 위하여 민영 수공업자들을 궁궐 안에까지 동원하여, 각종 놋그릇, 은제품, 거울 등을 만들게 했다.[70] 관아에서 민영 수공업자를 임용하는 사례는 그 후 널리 보급되어 갔다. 그것은 관영 수공업이 제대로 운영되지 않았던 것에 기본적 원인이 있었다. 처음에는 우연적이고 일시적인 모습으로 행해진 민영 수공업자 임용은 조선 후기 임노동(賃勞動)이 보편화되면서 18세기에는 하나의 통례가 되었다. 실제로 이 시기에는 무기, 도자기 등 몇 가지 분야만을 제외하고는 전술한 바와 같이 관아의 작업장에는 일할 사람도 없었다. 따라서 민영 수공업자의 고용은 불가피하였다.

　민영 수공업자들은 일정한 임금을 받고 관아에 고용되어 일을 했다. 물론 이 때의 고용 노동은 근대적 의미의 고용 노동과는 성격이 다르며 노동 조건이나 노임 등에서 공정한 관계를 요구하는 자유로운 임금 노동자는 아니었다. 왜냐 하면 관영 수공업장에서 일하는 것이 그들의 자유 의사에 의해서가 아니라 국가 권력에 의해 강제로 징발된 때문이다. 따라서 그것은 종래의 부역 노동과 본질적으로 차이가 있는 것은 아니었다. 값싼 품삯과 불량한 노동 조건 그리고 관리들의 침탈이 계속되고 있었다. 그러나 종래의 부역 제도가 고용 노동으로 바뀌었다는 것은 경제사적으로 커다란 진보였다. 왜냐 하면 그것은 봉건적 질서에서 벗어나 근대적 질서로 이행되는 변화의 조짐이었기 때문이다. 18세기 이후에는 각 분야에서 고용 노동이 행해지고 있었다.

　민영 수공업의 발달은 관아에의 고용보다도 이 시기의 상업 발달과 인구 증가 등 일련의 경제적 변화에 의해 촉진되었다. 생활 수준이 향상되고 소비 인구가 급증했으며, 상업이 발달하여 거래가 원활해진 것이다. 종래 행정 도시적 성격에 머물러 있던 도시들이 점차 상업 도시로 변모해 갔다. 기존의 시전 상가 외에 종루, 이현 등지에 사설 시장이 번창해 갔다. 그리고 상평통보와 같은 금속 화폐가 보급되면서 거래가 용이해졌다. 사회가 변모하고 문화 수준이 높아지면서 주민의 소비 생활도 다양해졌다. 그리하여 가공 상품의 수요가 확대되고, 이에 따라서 제조업도 활기를 띠고, 작업장의 규모도 점차 커졌다.

대동법의 시행은 특히 민영 수공업자들을 바쁘게 했다. 정부는 대동법에 의해 공납의 대가로 매년 수십 만석의 미곡을 농민들에게서 수취하여, 그 대부분을 공인(貢人)에게 지급하여 궁궐과 관아에서 필요한 물건을 사들였다.[71] 이 때 궁궐과 관아에서 사들인 물건에는 농산물, 수산물도 있었으나 대부분 수공제품이었다.

민영 수공업자들이 제조한 물건은 사람이 몸에 걸치는 차림새에서 집안을 장식하는 살림살이, 그리고 여가나 유흥에 필요한 여러 가지 잡기 등 다양하였다. 이러한 물건은 궁궐에서도 필요하였고 민간에서도 필요하였는데, 생활이 향상되면서 보다 사치스러워졌다. 이들 물건은 예전에는 당주동, 내자동 일대에서 주로 만들어졌으나, 민영 수공업이 발달하여 판매를 전제로 제조되면서 시전이 개설되어 있던 종로 주변에서 생산되었다. 즉, 종로 주변에 민영 수공업장이 대거 형성되어 갔다. 특히 관철동을 중심으로 서린동, 공평동, 관수동 일대에는 서민들의 생활용품을 제조하는 작업장이 곳곳에 있어 사람들에게 직접 판매하거나 인근에 있는 시전에 제품을 처분하였다. 관철동 일대에서는 금·옥·뿔 등으로 망건의 당줄을 꿰는 관자를 만드는 사람이 많아 그 지역을 관자골이라 했고, 그 인근의 청계천 연변에는 칼·솥·문고리 등 철물을 다루는 곳이 많아 이곳에서 개천을 건너는 다리를 철물교 또는 철교라 했다. 관철동(貫鐵洞)의 이름도 이들 두 지역에서 비롯되었다. 그리고 관철동에서 관수동으로 이어지는 곳은 갓전골이라 하였는데, 갓을 만들어 팔았기 때문이다. 서린동에는 서민들의 감옥인 전옥서(典獄署)가 있었는데, 이 곳에 수감된 죄수들이 식량을 자급자족한다는 명분아래 짚신을 삼아 관철동의 혜전(鞋廛)에 내다팔았다. 관수동에서 장사동에 걸쳐있던 마을은 벙거짓골이라 했는데, 이 곳에서 서민들이 머리에 쓰는 벙거지를 주로 만들었기 때문이었다. 벙거지는 내자동 일대에서도 만들었다.

종로 2가와 공평동에 걸쳐 있던 마을은 바리동이라 했다. 이 곳에서 각종 놋그릇을 만들어 팔았다. 놋그릇은 조선 초기에만 하여도 극소수의 양반 관료만 사용하였다. 그러나 17세기 이후 상공업이 발달하여 부상대고들이 대두하고, 또 놋그릇의 사용이 널리 보급되어 갔다. 18세기 이후에는 일반 서민들도 서너 개의 놋바리나 놋대접 쯤은 일반적으로 쓰고 있었다. 그리하여 구례, 안성, 정주 등 각지에 유명한 놋그릇 생산지가 생겨났는데, 본래 놋그릇의 생산지는 서울, 개성 등 큰 도회지였다.[72] 서울에서 놋그릇을 만들고 있던 곳이 종로구 지역의 바리동이었던 것이다.

서린동의 영풍 빌딩 자리에는 금방, 은방, 옥방들이 집중되어 있었는데, 금·은·옥으로 가락지·비녀·팔찌 등의 세공품을 만들어 팔았다. 그 밖에 이 부근에서는 모자, 귀마개 등을 만들어 시전에 내다 팔기도 했고, 소반·문갑·연상 등 목가구를 제작하기도 했다. 부녀자들은 의전에서 옷감 쪼가리를 구해다가 쪽두리를 만들어 거리에서 팔다가 난전으로 제지되기도 했다.

한편, 당주동에서 신문로 1가에 걸쳐 메주가마골, 즉 훈조동(燻造洞)이 있었는데, 이곳은 장 담그는 원료로서의 메주를 전문적으로 쑤던 곳이다. 메주란 누런 콩을 깨끗이 씻은 후 푹 삶아 찧어서 뭉친 덩이로, 띄워 말려서 이것을 간장, 된장, 고추장을 담글 때 원료로 쓴다.

콩에는 영양소가 많고 간장, 된장, 고추장 등은 조미료로서 음식의 맛을 보태주기 때문에 사람들은 일찍부터 메주를 쑤었다. 그러나 메주를 띄어 말릴 때 냄새가 나기 때문에 각 가정에서 만들기가 쉽지 않았다. 특히 왕실이나 양반 가문에서는 이를 기피하였기 때문데 서울 부근에는 메주를 쑤는 곳이 많았다. 서울의 외곽 지대인 신영동, 부암동, 평창동 등에는 메주 가마가 도처

○ 담배 썰기

에 있어 왕실이나 일반 서민들에게 메주를 만들어 공급했다.

부암동에는 인왕산의 울창한 숲에서 나오는 재목들이 있어 숯을 만드는 숯가마도 있었다. 인왕산 기슭 누상동, 누하동은 예전에 누각동이라 했다. 이 곳 사람들은 옛부터 갓과 담배 쌈지를 만들어 팔아 생계를 꾸려 갔다. "누각골 색시는 쌈지 접는 곳으로 다 모인다"는 노래도 생겨날 만큼 이 곳의 담배 쌈지 만드는 것은 장안에 널리 알려지고 있었다. 통의동과 창성동에 걸쳐 띳골이라는 마을이 있었는데, 허리띠를 전문적으로 만드는 곳이었다.

조선 시대, 특히 초기에는 운송 수단이 그리 발달하지 않았고, 그 수요가 많지 않아서 소비지 부근에서 필요한 물건들이 주로 만들어졌다. 그러나 조선 후기 운송 수단이 발달하고, 상품 화폐 경제가 진전되면서 거래가 용이한 곳에서 제조업이 행해졌는데, 종로구 일대가 그러한 곳이었다.

4. 시전 상업의 발달

(1) 시전(市廛)의 형성과 발전

조선 시대 종로구 일대에 전국 최대의 유통 기지가 설치되었다는 것은 전술한 바이다. 조선 왕조의 통치자들은 수도를 건설하면서 행정 기능과 함께 유통 기능에 유의하여 관아와 관리 그리고 주민의 씀씀이를 뒷받침하기 위해 종루를 중심으로 종로·남대문로 주변에 시전을 설치했다. 본래 시전은 신라·고려 이래로 왕실 및 각 관아에서 필요한 물화를 조달하고, 그리고 도성 주민의 생활 필수품을 공급하기 위해 그 설치가 불가피한 것이었다. 고려 건국 당시에 있어서도 건국의 기반은 궁궐을 창건하고, 행정을 쇄신하고, 시전을 설치함에 있었다.[73] 고려의 시전은 당시 국제 무역이 융성하고 있어서 매우 번창했던 듯하다. 국가의 살림도 이에 의지하는 바 컸었다. 이러한 시전의 기능을 이해하고 있던 조선의 통치자들은 개경에서의 활동 못지않게 한양에서도 시전의 기능을 강화시키고자 하였다. 한양이 새 도읍지로 번성하기 위해서는 시전의 기능이

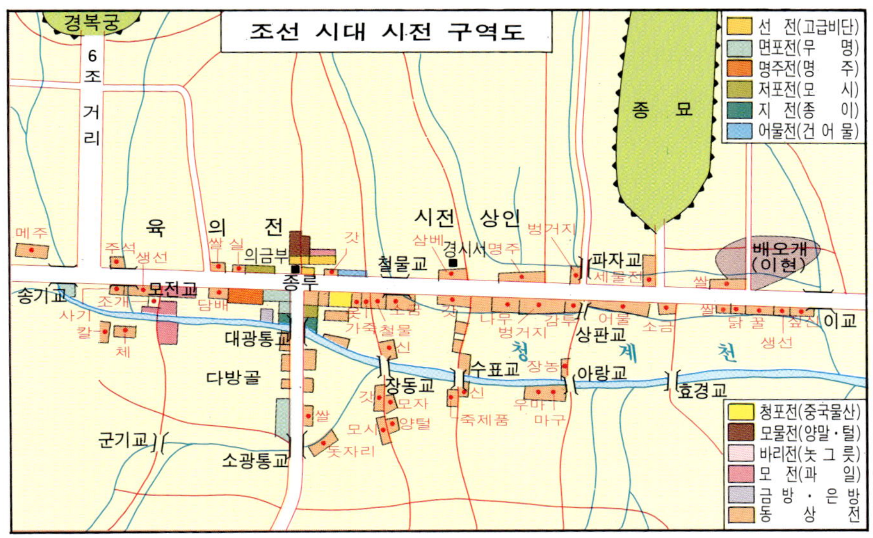

활성화되어야 한다고 본 것이다.

한양이 도읍지가 되기 전에도 어느 정도의 유통은 이루어지고 있었다. 고려 중기 이래로 남경(南京)이 건설되면서 그 주민들의 수요를 위해 거래처가 불가피했던 것이다. 그러나 그 규모는 왜소하였다. 남경 궁궐 앞에 장이 서 주민들의 생활 필수품을 공급해 주었는데, 행상들이 모였다가 흩어지는 정도로서 그 거래 규모가 크지 않았다.[74] 그러한 거래처로서는 인구가 급증하고 여러 관아가 설치된 새 도읍지의 수요를 감당할 수 없었다. 수요가 많아지면서 거래처는 자연히 늘어났고, 도처에서 거래가 이루어졌다. 이에 상거래의 공정한 관계가 요구되고, 특히 새 왕조로서는 국민의 삶과 직결되고 국가의 재정과도 깊이 관련되어 있는 유통 질서를 확립해야 할 필요성이 절실했다.

유통 구조의 정비는 궁궐과 관아가 어느 정도 건설되어 국가의 행정력이 발동될 즈음에 비롯되었다. 즉, 1399년(정종 1) 위정자들은 시전의 건설을 구상하고, 구체적으로 점포의 위치, 규모 등을 설계하였다.[75] 종로의 혜정교에서 파자교에 이르는 대로변에 800여 칸의 점포를 세우고자 한 것이 그것이었다. 매우 규모가 큰 상가(商街)의 설계였다. 그러나 공사가 완공되기도 전에 이른바 왕자의 난이 일어났고, 이를 계기로 정종은 개경으로 환도하니, 시전의 건립은 유보되었다. 시전이 형성되어 전국적 상업의 중심지가 된 것은 태종에 의해 한양으로 재천도하면서부터였다. 우선 정부는 1410년(태종 10) 시전의 영업 구역을 정했다. 즉 대시(大市)는 오늘의 관철동·장교동 지역인 장통방에, 미곡·잡화는 연화동 입구, 혜정교 부근, 훈도방, 안국방, 광교 부근에, 소나 말은 장통방 개천 연변에서 각각 매매하도록 하고, 소시(小市)는 각기 자기 집 문전에서 장사하도록 하였다.[76]

이와 같은 영업 구역을 기준으로 하여 1412년 2월부터 약 2년에 걸쳐 시전 상가의 건립 공사가 추진되었다.[77] 공사는 1만 7천여 명의 인부들에 의해 4차에 걸쳐 이루어졌다. 제1차 공사는 정종 때 계획했던 구간을 마무리했는데, 혜정교에서 창덕궁 동구밖의 파자교까지 800여 칸의 행랑이 완성되어 교역이 이루어짐으로써 수도의 상가로서 면목이 일신되었다. 곧이어 제2차로 창덕궁 돈화문에서 정선방 입구의 파자교까지 472칸의 행랑이 조성되고, 이듬해에는 종로 앞, 종루 북쪽, 광교 부근에, 그 다음 해에는 종루에서 남대문까지와 종묘 앞에서 동대문까지 행랑을 조성하여 거대한 연쇄 상가가 이루어졌다. 시전 상가는 종로·돈화문로·남대문로·우정국로 등 큰 길 양쪽에 행랑을 이어서 지은 것으로, 행인이 많은 큰 길가에 세운 것은 주민의 편의와 상거래의 진작을 도모하고자 함에서였다. 이 같은 시전 상가 중에서도 종루가 있던 종로와 남대문로가 만나는 곳이 가장 번화하였다. 행랑의 규모뿐만 아니라 점포도 많이 생겨나고, 취급 상품의 종류도 다양해졌으며, 거래 물량도 날로 증대되어 개경의 시전을 훨씬 능가하는 상가로 발전하였다.

국가는 이들 시전 행랑을 상인들에게 대여하여 한 점포에서는 한 가지 물품만을 독점적으로 팔게 하고, 한편 경시서(京市署)로 하여금 물가와 도량형을 감독하여 상거래 질서를 확립하고자 했다. 상인은 독점 판매권을 가진 대가로 행랑세를 국가에 납부하고, 국역의 형태로 궁궐과 관아, 혹은 조공에 필요한 물품을 수시로 조달할 의무가 있었다. 시전에서 취급하는 상품은 각지의 보부상이나, 전술한 바와 같이 인근에서 물건을 제조하고 있던 수공업자 등으로부터 공급받은 것이 대부분이며, 때로는 중국, 일본 등지의 사절을 통해 공급받은 수입품도 있었다.

시전의 종류는 취급하는 상품에 따라 명목이 다양했는데, 주로 먹는 것, 입는 것, 그리고 살림살이 등 생활용품에 따라서 전문화되었다. 즉 비단을 파는 선전이 처음 생긴 이래 무명·모시·어물·미곡·종이 등을 전문적으로 취급하는 시전들이 종로 일대에서 영업을 개시한 것이다. 행랑이 건설된 당초에는 비록 대규모의 행랑이 마련되었다고 하여도 아직 사회가 안정되지 못하고, 생산성이 뛰어나지 못하여 시전의 활동은 그리 두드러지지는 못하였다. 그것은 정부의 상업 정책과도 관련이 있었으니, 조선 왕조는 농본 정책을 취하여 자유로운 상업 활동을 통제하였다.

그러나 점차로 사회도 안정되고 농업 기술의 발달로 농업 생산력이 증대하고 또 16세기 이래로는 중국과의 교역도 진전되어 상공업이 발흥해 갔다. 이에 시전 상인들의 활동도 분주해져 갔다. 조선 후기에 이르면 시전의 명목은 모두 열거할 수 없을 정도로 크게 늘어났고, 상거래도 활발해졌다. 이에 『만기요람(萬機要覽)』에서는 규모가 큰 시전과 그렇지 않은 시전을 유분전(有分廛), 무분전(無分廛)으로 구분하여 규모가 큰 시전에게만 국역의 의무를 부담지웠다.[78] 규모가 큰 대표적인 유분전에 선

〈표〉 조선 후기 각 시전의 국역부담율

(단위 : %)

시전명칭	국역부담률	시전명칭	국역부담률
선 전	10	이 전	2
면 포 전	9	유 기 전	2
면 주 전	8	장 목 전	1
지 전	7	철 물 전	1
저 포 전	6	연 죽 전	1
포 전	5	시 저 전	1
청 포 전	5	우 전	1
내 어 물 전	5	마 전	1
외 어 물 전	4	화 피 전	1
생 선 전	3	인 석 전	1
연 초 전	3	진 사 전	1
잡 곡 전	3	청 밀 전	1
상 미 전	3	경 염 전	1
하 미 전	3	치 계 전	1
문 외 미 전	2	포 상 전	0
상 전	2	철 상 전	0
은 면 전	2	지 상 전	0
의 전	2	염 상 전	0
면 자 전	2		

전 이하 30여 개의 시전이 있어, 국역을 100이라 했을 때 이를 각기 부과된 할당 비율에 따라 부담했으니, 그 내용은 〈표〉와 같다.

　이 밖에 국역의 부담이 없는 무분전에는 채소전, 고초전, 도자전, 잡철전, 양태전, 세물전, 염전, 목기전, 초립전, 백립전, 흑립전, 좌반전, 침자전, 족두리전, 종자전 등 50여 개의 시전이 있었다. 이들 시전은 도성 안에만 있었던 것이 아니라 문외 시전이라 하여 남대문 밖에도 있었고, 소금이나 땔감 등은 용산, 마포, 서강 등 한강 연변에도 시전이 설치되어 있었다.

　시전의 행랑(行廊)은 각기 문간의 폭이 약 20척, 즉 600㎝＝6m인 점포를 한 칸으로 하여 천자문의 자호가 정해져 있었다.[79] 처음에 시전이 설립된 때에는 점포의 규모가 거의 비슷했다고 보이나, 그 후 상품의 수요, 경영 능력에 따라 시전의 규모가 크게 늘어난 것도 있었다. 특히 명주, 무명이 일반 서민의 옷감으로 널리 보급되면서 이들을 취급하는 면주전, 면포전은 시설을 확장하여 갔다. 그리하여 같은 물건을 거래하기 때문에 1방, 2방, 3방으로 구분하였고, 또 새로 생긴 가게는 신방이라 하며, 먼저부터 있던 가게를 본방(本房)이라 했다. 그리고 큰 시전에는 경영을 총괄하는 도가가 있었으니, 예컨대 선전도가, 백목전도가 등이 그러한 곳이었다. 각 도가에는 시전에서 취급하는 상품을 제조하는 작업장이 부설되어 있는 경우도 있고, 또 도중(都中)이라는 조합을 만들어 회원들이 모여 회의를 하기도 했다. 따라서 도가의 규모는 일반 시전보다 커서 65평에 이르는 경우도 있었다.[80] 규모가 큰 시전은 경영진도 세분화되어 관리직으로 대행수, 도령위, 수령위, 부령위, 차지영위, 별입영위 등이 계층적으로 있었고, 실무직으로 실임, 의임, 서기, 서사 등이 있었는데, 선출직인 관리요원들은 도중(都中)이란 조합을 통해 경영을 증진시키고 상호간에 친목을 도모하면서 정부에 대한 국역의 처리를 합리적으로 해결해 갔다. 도중에의 가입은 기본적으로 혈연 관계가 중시되었는데, 남계(男系)만이 아니라 여계(女系)도 우대되었다. 이 같은 경우에도 예은(禮銀)이라 하여 가입금을 내야 했는데, 각 점포의 경영은 대체로 각자의 자손에게 승계되었다. 이들 시전에서 판매하는 물건은 일물일전(一物一廛)의 원칙에 의해 한 점포에서는 하나의 물건만 거래하는 것이 일반적이었다. 그러나 옷감, 곡물, 어물 등 일반의 수요가 많은 것은 어쩔 수 없이 여러 방이 생겨났으며, 조선 후기에는 다양한 물건들이 여러 시전에서 거래되었다.

　종로 일대의 큰 시전에서 거래한 물건의 종류를 『한양가』를 통해서 살펴 보면 다음 〈표〉와 같다.

(2) 금난전권(禁亂廛權)의 발동

　시전이 형성되고 발전되면서 그들은 그들만의 상거래를 독점하기 위하여 정부로부터 난전을 금지할 수 있는 권한을 얻어냈다. 이른바 금난전권이 그것이었다. 원래 상거래 질서를 어지럽히는 난전을 금지할 수 있는 곳은 경시서였다. 난전이란 상행위를 공식적으로 인정하는 전안(廛案)에 등록되어 있지 않거나, 허가받은 상품 이외의 것을 판매하는 행위

〈표〉 조선 후기 시전의 거래 상품

시전 명칭	거 래 상 품 의 종 류
선　전 (線廛)	공단, 대단, 사단, 일광단, 월광단, 상사단, 금선단, 호론단, 만수단,우단, 아롱단, 궁초, 생초, 설한초, 쌍문초, 가계추, 용문갑사, 설사, 광월사, 흑저사, 남추라, 팔양주, 통해주, 장원주 등
면 포 전 (綿布廛)	당진목, 해남목, 고양목, 강나미, 상고목, 군포목, 공물목, 서양목, 무녀포, 천은, 정은 등
저 포 전 (苧布廛)	농포, 세포, 중산포, 안동포, 해남포, 북포, 왜포, 당포, 문포, 조포, 영춘포, 오승포, 계추리 등
청 포 전 (靑布廛)	중침, 세침, 다홍삼승, 청삼승, 추전, 홍전, 분홍전, 삼승고, 공단고, 감토모자, 회화포, 사탕, 오화당, 연환당, 목춘당 등
지　전 (紙廛)	백지, 장지, 대호지, 설화지, 죽청지, 상화지, 화문지, 초도지, 상소지, 분당지, 궁전지, 시축지, 능화지 등
도 자 전 (刀子廛)	용잠, 봉잠, 서복장, 간화잠, 호박, 순금지환, 산호지환, 장도 등
병 풍 전 (屛風廛)	행락도, 경직도, 소상팔경도, 십장생도, 백자도, 사군자도, 계견사호도 등
생 선 전 (生鮮廛)	민어, 석어, 석수어, 도미, 준치, 고도어, 낙지, 소라, 오적어, 조개, 새우, 전어 등
모　전 (毛廛)	청실뇌, 홍실뇌, 건시, 홍시, 조홍시, 밤, 대추, 잣, 호도, 포도, 경도, 오얏, 석류, 유자, 복숭아 등
상 미 전 (上米廛)	하미, 중미, 극상미, 찹쌀, 좁쌀, 기장, 녹두, 청태, 적두, 마태, 중태 등
약　전 (藥廛)	인삼, 사삼, 황련, 황금, 진피, 청피, 감초, 자초, 우황, 웅담, 사담, 침향, 정향, 용뇌, 소합환, 청심환, 포룡환, 운모고, 경옥고 등

를 말하는데, 이 같은 난전에 대한 규제는 조선 왕조 상업 정책의 하나로서 경시서(京市署)로 하여금 주관케 하였다.[81] 그런데 조선 후기 상권 경쟁이 치열해지면서 시전들은 정부에 대해 국역의 부담을 지는 대신에 반대 급부로서 금난전권을 요구, 이를 취득한 것이다. 조선 초기에도 종로 일대에는 시전 상인 외에 일반 사상인들이 있었다. 그러나, 이 때에는 상업 인구가 그렇게 많지 않았고 상거래도 그리 활발하지 않아서 심

한 경쟁을 벌일 정도는 아니었다. 이 같은 사정은 16세기 이래로 달라지기 시작했다. 농민층의 분화가 시작되면서 농토를 떠난 농촌 인구의 일부가 도시로 몰려 들었고, 특히 조선 후기에는 금속 화폐가 전국적으로 유통되며, 민간 수공업이 발달하고, 대동법이 실행되며, 대외 무역이 진전되면서 상업 인구가 크게 늘어났고, 상품의 수요가 증가하고 종류도 다양해졌다. 이러한 움직임 속에서 종로 5가 자리인 배오개, 남대문 밖 칠패에 사상인들의 시장이 생겨났고, 그들은 시전 상인들이 판매하는 물품을 보다 싼 값에 팔면서 시전 상인에 도전하였다. 이들 사상인들은 심지어 시전이 있는 종로 거리에도 나타나 시전의 전매품을 거래하였다.

한정된 지역에서 상인의 수가 많아지고 상업 활동이 활발해지면서 상인 사이의 경쟁은 불가피하였다. 이 때문에 종래 특권 상인으로서 이익을 독점했던 시전 상인들은 큰 위협을 받게 되었다. 시전 상인들은 이에 대처하기 위해 방도를 강구해야 했다. 법제적으로 그들을 제거하는 방법과 경영적으로 수요를 장악, 이윤을 극대화시키는 방법이 모색되었다. 도중(都中)을 조직하여 내부 결속을 다짐과 더불어 조직력, 자본력을 키우는 방법도 그 하나였다. 시전 상인들은 우선 정부와의 유착 관계를 이용, 법제적으로 사상인들을 규제, 독점 매매권을 강화시키고자 하였다. 그리하여 금난전권을 획득한 것이다. 처음에는 육의전이라 불리는 규모가 큰 여섯 시전이 정부로부터 특권적인 독점 매매권을 얻어 냈다. 그리하여 서울 일원에서는 육의전 이외의 상인은 육의전의 상품을 직접 매매할 수 없게 되었다. 정부가 육의전에 금난전권을 부여하게 된 배경에는 당시 정부의 재정 상태와 관계가 깊다. 왜란과 호란을 겪은 후 국가의 재정 상태는 거의 파탄 상태에 이르고 있었다. 그런데도 전란의 복구와 대외 관계로 씀씀이가 컸다. 이에 시전에 재정적 지원을 요청하게 되었고, 그 반대 급부로서 금난전권(禁亂廛權)을 부여한 것이다.[82] 이 시기 육의전은 정부의 재정을 지원할 정도로 경영 규모와 재정 기반이 확장되고 있었다. 물론 금난전권의 발동으로 육의전의 상행위는 보다 번창해갔다.

그런데 육의전은 기록에 따라서 포함되는 시전의 명칭이 달랐고, 때로는 여섯 시전이 아니라 일곱도 되고 여덟도 되었다. 『만기요람』에는 선전, 면포전, 면주전, 지전, 저포전(포전 포함), 내외어물전을, 『증보문헌비고』에는 선전, 면포전, 면주전, 어물전, 지전, 저포전을, 『육전조례』에

저포전기

는 입전(선전), 면주전, 백목전(면포전), 저포전, 지전, 포전, 내어물전, 외어물전을 육의전이라 했다. 이로써 볼 때 육의전은 특정 수효의 시전을 뜻하는 것이 아니고, 다만 여러 시전 중 국역의 부담이 큰 시전, 또는 관수품을 조달하면서 그 대가로 상업상의 특권을 부여받은 시전으로서, 다른 시전과 구별됨을 뜻할 뿐이다. 금난전권은 처음에는 이들 육의전에만 부여되었다.

그러나 상업이 발달하면서 다른 시전들도 매매를 독점함으로써 많은 이익을 남길 수 있는 이러한 권한을 가지기를 원했고, 정부로서도 금난전권을 가진 시전이 많아질수록 국역의 수입이 늘어나므로 계속 이를 허가해 주었다.[83] 뿐만 아니라 17세기 이후에는 수공업 기술이 발달하면서 종래 상품화되지 않았던 물품이 새로이 상품화되거나 형태가 바뀌고 또 가공된 상품이 새로 개발되었으며, 이에 따라 금난전권을 가진 시전도 늘어났다. 1745년에 일부 상인들이 도로의 보수 공사를 맡는 대신에 장 담그는 메주전을 새로 허가받은 경우는 새로운 시전이 생긴 예이며,[84] 1742년에 담배의 전매권을 가진 연초전이 있는데도 불구하고, 일부 사상들이 담배를 썰어서 파는 가초전(假草廛)을 내고 판매권을 얻은 것은 가공품으로 금난전권을 취득한 예이다.[85] 그리하여 18세기 후반에는 서울의 경우 시민들의 생활용품이 모두 금난전권의 대상이 되었다.

시전 상인들의 난전을 규제할 수 있는 특권이 강화되고 확대되면서, 시전 상인들의 성장은 보장되었지만, 반대로 도시 빈민층이나 소상인층과 소생산자층에게는 피해가 컸다. 첫째는 시전 상인들이 특권을 빌미로 하여 독점적으로 매매하였기 때문에 물가가 크게 올라서 도시 빈민층의 생계에 타격을 주었고, 둘째는 금난전권의 발동으로 도시 및 그 주변 농촌의 소생산자나 소농민의 자유로운 생산과 판매를 저해하여 이들의 삶에 큰 지장을 주었다. 그리하여 금난전권에 대한 반발과 저항이 예상되었다.

한편, 시전 상인들은 생산을 독점하여 경영적 측면에서 이윤을 극대화하고자 하였다. 이것은 17세기 이래 새로운 활동을 모색하고 있던 도시 수공업자들과의 경쟁을 불가피하게 했다. 전술한 바와 같이 이 시기에는 종래 당주동, 내자동 등 관영 수공업장에서 일하던 장인들이 판매를 위한 생산에 힘을 쓰게 되고, 그것을 자유롭게 처분하고자 하였다. 이에 대해서 시전 상인들은 가공 상품의 독점 매매권을 확보하기 위해 수공업자들을 지배하려 했고, 반대로 수공업자들은 독자적으로 시전을 개설하려 했다. 종래 행정 도시적 성격의 종로구 일대가 상업 도시적 성격의 모습을 띠고, 도시가 풍요로워지면서 도시민의 기초가 다양해졌고, 이에 따라서 가공 상품들이 다양하게 개발되어 갔다. 이러한 추세 속에서 도시 수공업자들은 관철동, 관수동, 공평동 일대에 자리를 잡고 자신들의 생산품을 직접 판매하기 위해 시전을 개설하려 했고, 기존의 시전 상인들은 이들 가공품을 상품으로 확보하기 위해 그들 물품의 금난전권을 정부에서 얻어내고자 하자, 양자 사이에는 치열한 상권 경쟁이 일어나게 되었다.

시전 상인들은 우선 금난전권을 이용하여 가공 상품의 원료를 매점하여 수공업자를 자신에 예속시키고자 하였다. 1781년(정조 5) 육의전의 하나인 입전, 즉 비단을 파는 선전이 모의장(毛衣匠)을 고발하고 있다.[86] 모의장은 털, 가죽을 이용하여 모자, 귀마개 등 방한 용구를 만들고 있었는데, 분쟁의 원인은 휘양의 제조·판매 때문이었다. 휘양은 모피로 안을 받치고, 비단으로 거죽을 만드는 것이 보통이었으나, 그것이 점차 보급되고 수요가 증대하면서 모피 대신에 비단만으로 만든 휘양이 새로 유행하였고, 가격이 그만큼 저렴하였으므로 널리 보급되었으며, 따라서 그만큼 그 생산량도 많았다. 그런데 털로 만든 휘양은 본래 모의장이 전매권을 가지고 있었으나, 비단으로 만든다면 비단은 입전의 전매품이기 때문에 모의장의 비단 휘양은 난전이라는 것이다. 즉, 비단의 전매권을 가진 입전이 휘양의 원료가 비단임을 기화로 하여 모의장의 원료 구입 통로를 봉쇄하기 위한 싸움이었는데, 통공 정책 실시 이전에 입전의 고발은 충분한 효력을 가지는 것이었다. 그리하여 정부는 모의장이 비단으로 휘양을 제조하는 일 자체를 위법으로 규정하였다.[87] 입전은 원료의 구입뿐 아니라 비단 휘양의 제조 자체도 규제하고자 하였다.

　시전 상인들은 더 나아가 수공업자의 생산품 자체에 대하여 전매권을 확보하고 그것을 매점하여 수공업자와 소비자를 격리시키고자 하였다. 즉, 시전 상인들은 장인은 물건을 만들고 전인은 장인에게 그 물건을 사서 상품으로 하는 것이 법칙인데, 만약 장인이 스스로 시전을 개설하면 장인은 판매하는 이익까지 누릴 수 있지만, 전인은 상품을 구할 수 없어 모두 파산하게 된다면서 판매권을 독점하고자 하였다. 그것은 가죽, 말총, 목기, 칠기, 철물 등 각종 제품에서 행해졌다.[88]

　조선 후기 시전 상인이 종로 일대에서 상권을 장악하고 상업 자본을 구축할 수 있었던 것은 이와 같이 금난전권이라는 특권을 이용하여 소생산자, 소상인들을 제압하고 소비자와 생산자를 격리시킴으로써 그 이윤을 극대화시킬 수 있었기 때문이다. 금난전권은 시전 상인의 성장을 법적으로 보장한 특권적 조처였던 것이다.

(3) 공계(貢契)의 조직

　시전 상인들이 성장할 수 있었던 또 하나의 바탕은 공계에의 참여였다. 정부는 대동법을 실시하면서 지금까지 농민에게서 직접 현물로 공급받던 것을 공인(貢人)을 통하여 조달케 하였다. 즉 공인은 관아의 수요 물자를 조달하도록 지정된 어용 조달 상인이었다. 대동법 실시 이전에도 각 지방에서 관아에 바치는 공물을 중간에서 방납하는 상인들이 있었지만, 그들은 합법적인 존재는 아니었다. 그러나 공인은 정부가 공식으로 인정한 상인이었다.[89] 정부가 필요로 하는 물자를 납품하는 공인에는 두 가지 유형이 있었다. 하나는 직접 물품을 제조하여 이를 납품하는 수공업자로서의 공인이고, 다른 하나는 물품을 구매하여 이를 정부에 납품하는 상인으로서의 공인이다. 전자에는 금계공인, 칠계공인, 수철계공인, 채색계공인이 속했는데 조선 전기 당주동 일대의 관영 수공업장에서 일하던 장인들이 주로 맡았다. 후자에는 지계공인, 마계공인, 삼계공인, 면화계공인 등이 속했는데, 시전 상인들이 주축이 되었다. 물론 장인이나 시전 상인 외에도 이전부터 각 관청에 공물을 조달하던 사주인, 경주인, 기인 등도 공인이 되었다. 그러나 여러 계통의 공인 중에서도 시전 상인들이 공인의 주류를 이루면서 각 관청의 수요 물자를 주도적으로 납품하였다.

공인은 납품하는 물품의 종류에 따라서, 또는 납품하는 기관에 따라서 그 종류가 번다하였다. 즉, 『증보문헌비고』에 의하면 세삼 공인(稅蔘貢人), 생랍계 공인(生蠟契貢人), 수리계 공인(修理契貢人) 등의 공인이 있었는가 하면, 장흥고 공인(長興庫貢人), 의영고 공인(義盈庫貢人), 군기시 공인(軍器寺貢人), 제용감 공인(濟用監貢人) 등의 공인이 있었다.[90] 공인들은 납품하는 물건이 많은 경우에는 같은 관청에 물품을 조달하는 상인들끼리 공동으로 출자하여 조합과 같은 계를 조직하였으니, 이른바 공계가 그것이었다. 예를 들면 장흥고 공인은 대궐이나 관아에서 쓰는 돗자리, 종이 등을 관장하는 장흥고를 상대로 하여 이들 물품을 조달하는 공인이었는데, 이들은 계조직을 통해 물품을 공동으로 조달하고 있었다.

조달하는 물품이 다양한 관청, 즉 공조와 같은 경우는 물품마다 따로 계를 조직하고 있었다. 예를 들면 공조 피물계 공인(工曹皮物契貢人)은 공조에서 필요한 물품 중 가죽만을 조달하는 공인이었는데, 가죽도 동물에 따라서 다양하여 다시 호피계(虎皮契), 표피계(豹皮契), 구피계(狗皮契) 등의 구분이 있었다. 공계의 종류는 납품하는 물품이 많아지면서 매우 다양했다. 예컨대 호조의 경우를 보면 판별방에 11종, 별례방에 5종, 전례방에 15종, 판적사에 3종, 세폐색에 5종 등 도합 39종의 공계 조직이 있었다. 이들 공계에 시전 상인들은 여러 방법에 의해 참여하고 있었다. 공인들은 관청의 막대한 수요품을 독점적으로 조달하였을 뿐 아니라 물품의 대금을 선급받고 있었다. 그리고 현실적으로는 잘 이행되지 않았지만, 각 관청에서 필요한 물품을 원활하게 공급받기 위하여 값을 후하게 지급하도록 법제적으로 조처하고 있었다.[91]

그러한 공가는 본래 미곡, 포목으로 지급되었다. 왜냐 하면 대동법은 현물로 수납하던 공납제를 미곡, 포목으로 납입케 한 제도였기 때문에 농민에게서 거둔 미곡, 포목으로 공인을 통하여 필요한 물품을 다시 구매해야 했다. 17세기 후반 금속 화폐가 보급되면서 나중에는 전화(錢貨)로 징수하는 경향이 많았고, 그리하여 공가의 지급도 전화로 지급하는 경우가 많았다. 공가의 지급은 대동세를 총괄하고 있던 선혜청에서 맡았다. 선혜청에서는 궁궐·관아에서 1년 간 쓸 물품의 값을 헤아려 각 도별로 확정해 주고 이를 거두어, 그것으로써 공가를 지급하였던 것이다.

공가의 규모는 매년 같지는 않았으나, 큰 변동은 없었다. 1769년(영조 45)의 공가 수입과 지출을 보면 다음 〈표〉와 같다.[92]

〈표〉 조선 후기 공가의 수입액과 지출액

내역 도별	수 입 액			지 출 액		
	미곡	포목	전화	미곡	포목	전화
경기	27,717	--	--	18,116	13,484	27,690
강원	1,120	7,400	16,000	4,971	6,550	34,254
호서	47,851	17,700	35,200	36,814	19,529	40,031
호남	69,300	38,500	77,000	36,543	30,285	62,879
영남	33,724	67,400	134,800	33,705	37,712	82,397
해서	4,450	--	12,250	507	263	2,427
계	184,162	131,000	275,250	130,656	97,823	249,688

　공인들이 관아에 독점적으로 물품을 조달하는 일 자체가 특권성을 지닌 것이었지만, 또한 그들은 독점 조달을 위한 독점 매입권도 행사했다. 공계인들은 관아에 조달할 물품을 매점하기 위하여 도고를 차리고 이 도고를 통해 관아에의 조달을 핑계로 상품 생산자로부터 헐값으로 강제 매입하기도 했고, 혹은 독점 매입하여 자유로운 상업 활동 및 생산의 발전을 저해하기도 했다. 공인들도 이 기회를 이용하여 수공업자들을 지배하기도 했는데, 예컨대 종이, 철물 등을 납품하는 공인들은 생산장을 가지고 기술자를 고용해서 그들에게 노임을 주어 물품을 제조하고, 이를 정부에 납품하였다. 공인은 여러 모로 정부에 의해 보호를 받았다. 그러나 공인은 정부로부터 보호를 받고 특권을 행사하여 상업 자본 축적에 성공하고 있었지만, 그 때문에 입는 피해도 적지 않았다. 그들은 정부에 대해 수시로 국가가 시행하는 각종 행사의 비용을 부담하였는데, 그 부담 역시 작은 것이 아니었다. 그리고 점차 조선 왕조의 재정이 약화되면서 조달품의 값을 받지 못하거나 받는다고 해도 시가보다 낮게 받는 경우도 많았다.

　그렇다고 하여도 공인은 국가 재정을 좌우할 정도로 거대한 물량을 거래하였고, 또 특권적 보호 조처에 의해서, 그리고 그들 자신이 도고라고 불리는 독점적 매점 활동을 통해 착실하게 자본을 축적, 거상으로 자라났다. 조선 후기 상품 유통이 활발해졌고, 화폐 경제가 발달했으며 상업 자본이 어느 정도 구축되었던 것은 거의 공인의 활동에 의해서였다. 이 때문에 사상인의 활동은 한때 위축되기도 했다.

시전 상인, 공인 등의 특권적 상업 활동 때문에 지장을 받고 타격을 입은 것은 특히 도시의 빈민층, 소상인층, 소생산자층이었다. 그들은 금난전권과 같은 특권에 강력히 반발하였다. 특권 상인의 금난전권을 앞세운 횡포가 심해짐에 따라서 도시에서의 경제 질서가 경직되고, 물가가 계속 상승하여 도시 빈민층과 소상인층, 소생산자층의 삶을 크게 압박했다. 1741년(영조 17) 한성부윤 이보혁(李普赫)에 의하면, 시전을 설립한 사람들이 5, 6년내에 대단히 많아졌는데, 이들은 상품을 판매하는 것보다 난전을 취체함에 힘써 심지어는 채소·기름·젓갈까지도 마음대로 사고 팔 수 없게 한다고 했다. 그리하여 지방에서 들어오는 사소한 물품을 받아 소매하며 살아가는 서울의 영세 상인들은 금난전권의 피해로 살 길을 잃을 지경이라는 것이다.[93]

(4) 사상인(私商人)의 활동

상행위의 자유화 추세는 국가 시책이나 특권적 조처로서 제어할 수 있는 것이 아니었다. 근대 사회로의 이행 과정에서 그것은 불가피한 형세였다. 그리고 시전 상인, 공인에게 금난전권을 부여해 보호해 주던 정부도 18세기 후반기에 와서는 금난전권의 폐해를 어느 정도 이해하게 되었다. 그것은 그만큼 폐해가 컸다는 증거이기도 했다.

그리하여 정부로서도 특권 상인을 일방적으로 보호하던 정책을 완화하여 도시 빈민층과 영세 상인 그리고 소생산자층의 상업 활동을 인정하기에 이르렀다. 잡다한 시전의 금난전권을 폐지하는 통공 정책을 실시한 것이다.

통공 발매(通共發賣)란 어떤 물건을 팔 때 특정한 사람만이 독점적으로 팔 수 있는 것이 아니라 누구나 자유로이 판매할 수 있다는 뜻이다. 조선 후기 시전 상인, 공인 등 특권 상인의 활동이 두드러졌다고 하지만, 그것은 이 시기의 전반적 상품 화폐 경제의 발전과 함께 보여진 현상이었다. 따라서 이 시기에는 특권 상업뿐 아니라 사상인의 활동도 주

목되고 삶의 역동성이 체감적으로 보여지고 있었다. 그것은 특히 밑으로
부터 제기되어 지금까지 그들을 구속하고 있던 봉건적 신분제에 고분고
분 순종하고 있던 일반 민중들은 양반 지배층이 그들의 편이 아니라는
것을 점차 깨닫기에 이르렀다. 왜란과 호란을 통해 지배층의 무능을 목
도하기도 했다. 그들은 정부에 대해 크게 기대할 수 없게 되면서 스스로
살아갈 길을 찾지 않으면 안되었다.

　민중들은 도시와 농촌을 막론하고 기술을 개발하고 경영을 합리화하
여 생산성을 높이면서 자신들이 처한 삶의 조건을 개선해 갔다. 그리하
여 산업 활동이 다양해지고 활발해지면서 누구나 자유롭게 생산 활동에
참여하기에 이르렀고, 그러한 속에서 부의 축적에 따른 신분의 상승도
꾀할 수 있었다. 지금까지 생산 활동을 기피해 오던 양반들도 생존을 위
해서는 장사라도 해야 한다는 생각을 하게 되었으며, 일부 양반들은 부
상대고(富商大賈)가 되기도 하였다. 이러한 추세 속에서 농업, 광업, 수
산업, 수공업 등에서 생산력이 증대되었고, 농촌에서 유리된 인구의 도
시 유입으로 상업 인구가 늘어났다. 이들 새로운 상업 인구는 정부의 배
려 없이도 이 시기의 활발한 상품 화폐 경제의 진전 속에서 상업 활동을
나름대로 구축해 갔다. 사상인들은 우선 상업의 본바닥인 서울, 그 중에
서도 시전 상가가 있었던 종로 부근에 기지를 마련했다. 배오개(梨峴)가
곧 그곳이었다. 이어서 그들은 남대문 밖 칠패에도 거점을 확보했다.

　그런데 상권 경쟁이 치열하지 않았을 때는 배오개, 칠패의 상인들과
시전 상인들의 대립이 거의 없었다. 오히려 양자는 도매상과 소매상이란
관계 속에서 나름대로 협조하고 있었다. 즉, 시전 상인들은 거래 물량이
많아 소매로 직접 처분하기가 어려운 경우, 그 물량의 일부를 배오개,
칠패 등의 상인에게 전매하였고, 배오개, 칠패 등의 상인은 시전에서 구
입할 물건을 소매하면서 관계를 유지하였다. 그리하여 사상인은 시전의
중도아인 경우도 많았다. 그러나 18세기 후반부터 사상인들의 활동이
활발해지고, 그리하여 그것이 시전 상인의 기득권을 위협하면서 양자는
필연적으로 대립하기에 이르렀다. 사상인들은 도시 근교의 소생산자 또
는 소상인들과 결탁하여 농산물, 수산물, 수공업 제품을 원가로 매입하
여 소비자들에게 직접 판매하거나 다른 지역에 전매함으로써 보다 많은
영리를 꾀하였다. 이는 시전 상인의 상업 활동을 침해하는 것이었다. 그

경향은 18세기 후반 세도가들이 사상인의 대열에 합류하면서 보다 심화
되었다. 이 시기 사상인, 즉 난전인들의 신분을 보면 세도가를 비롯하여
그들의 노복, 각 관아의 서리, 각 군영의 군병 등이 포함되고 있었는데,
그들은 세도가, 관아, 군영의 위세를 빙자하여 난전을 벌이고 있었다.
그리하여 시전 상인들은 파산에 이르게 되었다면서 정부에 대해서 상업
질서의 확립과 난전의 규제를 호소하였다.[94]

　이에 그들과 결탁하고 있던 봉건 정부는 금난전권을 발동해 시전 상인
의 상업 활동과 이익을 침해하는 상행위를 규제하였다. 그러나 사상인들
의 난전 행위는 쉽게 근절되지 않았다. 상공업의 자유화 추세 속에서 그
것은 자연 발생적이었기 때문이다. 사상인들은 정부의 규제와 시전 상인
의 억압에도 불구하고 상행위를 계속하였으니, 금난전권의 규제를 모면
하고자 용산, 마포, 서강, 송파, 누원 등 서울 외곽지대에 상업 기지를
설치하고 배오개나 칠패와 유기적 관계를 유지하면서 시전 상인의 활동
을 제압해 갔다. 이러한 사상인의 성장을 정부로서도 더 이상 막을 수는
없었다.

　더구나 시전 상인들은 그들에게 부여된 금난전권을 마구 자행하여 폐
해가 더 컸다. 그리하여 정부로서도 언제까지나 시전 상인을 보호하고
있을 수만 없었다. 즉 1719년 영의정 채제공(蔡濟恭)에 의하면, 금난전
권은 국역에 응하는 육의전으로 하여금 이익을 독점하게 하기 위해 둔
법이지만, 근래에는 무뢰배들이 함부로 시전을 만들어 생활용품을 독점
하지 않는 것이 없다. 그들은 금난전권을 구실로 물건을 헐값에 사서 두
배의 값으로 판다. 주민들이 그 시전 외에 딴 곳에서는 물건을 구할 수
없기 때문에 값이 날로 치솟아 폐단이 크다고 하였다.[95] 그리하여 채제
공은 30년 이내에 설치된 시전은 모두 철폐하고, 육의전 이외의 시전이
갖고 있던 금난전권도 폐지할 것을 주장하여 채택케 하였다. 이것이 이
른바 신해통공(辛亥通共)이었다.

　신해통공은 비록 육의전을 제외한 제약성이 있었지만, 시전 상인 전체
로 볼 때는 큰 타격이었다. 특권적 성장에서 배제된 것이다. 따라서 그
들의 반발도 대단하여 대궐에 출입하던 채제공의 길을 막고 거세게 항의
하였다. 그들은 신해통공으로 실업하게 되었다면서 끈질기게 통공 정책
의 폐지를 주장했다. 실제로 어물전, 면자전, 연초전, 의전, 혜전, 청밀

전, 장목전, 치계전, 채소전, 경염전 등은 그 영업이 부실해져 파산할 지경에 이르고 있었다.[96]

그러나 신해통공이 시전 상인의 활동에는 큰 타격을 주었지만, 사상인들에게는 활로를 보장해 주게 되어 그들의 성장에 있어 굳건한 디딤돌이 되었다. 사상인들은 서로 연결하여 자본을 합자해서 상품을 매점하고, 전국 각지의 상인과도 통하여 물량과 물가에 대한 정보를 교환하며 최대의 영리를 도모하였다. 그들은 관리들을 매수하고 있었기 때문에 상품을 매점하고, 값을 조종하여 폭리를 취하고 있어도 적발되지 않았다. 더구나 금난전권의 철폐로 시전 상인들이 그들의 활동을 규제할 수도 없었다. 그들은 전국 각지의 물가 시세를 잘 알고 있었고 또 자본금이 많기 때문에 다소 비싼 값으로 상품을 모조리 매점하여 창고에 보관하였다가 값이 폭등하면 비싼 값에 처분하여 폭리를 남겼다. 그들은 물량과 물가를 자유자재로 조종하였다.

이들 사상인의 본거지가 배오개, 칠패 등이었다. 배오개·칠패는 서울의 요충지에 자리잡고 있었다. 특히 배오개는 시전이 자리잡고 있던 종로에 위치하여 상권을 좌우하고 있었다. 즉, 골목 곳곳을 돌아다니는 행상들이 모두 배오개·칠패에서 물건을 구입하여 장사하고 있었으니, 배오개·칠패 등은 대규모의 도매 시장으로 성장해 가고 있었다. 이에 대하여 시전은 소상인들에게 거의 외면당하고 있었다. 사상인들이 배오개·칠패 등에서 거래하는 물량은 시전의 물량 10배나 된다고 하였다. 사상인들은 원산 등지의 건어물을 매점하려고 누원의 도고 상인들과 짜고서 서울로 반입되는 동북 지방의 상인을 중도에서 맞아 그 상품을 모두 매입하고 창고에 쌓아 두었다가 칠패·배오개의 중도아(中都兒)에게 보내서 산매시키고 있었다. 그리하여 남자는 지게를 여자는 바구니를 안고 도성 안에 들어와 길가에서 장사를 하고 있는데, 수각교·호현동·죽전동·주자동·어청동·어의동·배오개 등지에는 건어물이 산과 같이 쌓여 있었다고 한다.[97] 이 같은 사실은 다소 과장된 표현이기는 하겠지만, 이 시기 사상인들의 활동이 매우 왕성하였음은 분명하다. 그러나 도성 안에서는 아직 육의전이 금난전권을 행사하고 있어서 사상인의 활동은 다소 제약이 있었다. 그러므로 사상인의 활동은 서울의 외곽 지대에서 보다 활발하였다.

　서울의 외곽 지대에서 활동한 대표적인 사상인은 한강 연변에 기지를 갖고 있던 경강 상인(京江商人)들이었다. 일찍이 조선 초기부터 정부의 세곡 운송을 용역 맡으면서 활로를 모색하던 경강 상인들은 조선 후기에 이르러는 선상으로 그 지위를 구축하였다. 그들은 용산 · 마포 · 서강 · 노량진 · 동작진 · 서빙고 · 한강진 · 두모포 등의 포구를 중심으로 미곡 · 어염 · 시탄 등 서울 시민의 생활 필수품을 조달하면서 부를 축적해 갔다. 원래 나루터의 주막집 주인이나 소상인으로 출발한 그들은 점차 치부하는 과정에서 선박을 건조하기도 하고, 생활품을 매점매석하면서 이른바 오강 상인(五江商人)으로 불리우기도 했다. 경강 상인은 특히 곡물 도매상으로 활동했으니, 비교적 큰 규모의 자본으로 전라도, 황해도 등 쌀 생산지에 가서 쌀을 사모아 싣고 와서 서울의 쌀 소매상에 공급했다. 처음에는 상미전, 하미전 등 시전 상인의 금난전권에 시달림을 받았으나, 자본의 규모가 커지고 또 금난전권이 폐지되면서 오히려 시전 상인들을 지배해 갔고 한강변에 사설 창고를 보유하고서 쌀을 매점해 둠으로써 서울의 쌀값을 마음대로 조종하기에 이르렀다. 1933년(순조 33)에는 경강 상인들이 쌀값을 올리기 위해 매점매석함으로써 서울의 시전들이 팔 물건이 없어 문을 닫았고, 이 때문에 쌀을 구하지 못한 빈민들이 폭동을 일으키는 사태가 벌어지기도 했다.[98]

　경강 상인은 미곡만을 거래한 것이 아니었다. 마포 · 서강 · 동작진에 근거를 둔 경강 상인은 생선 · 건어물 · 소금 · 젓갈 등 수산물을 취급하여 많은 이득을 남겼고, 두모포 · 뚝섬 등지에서는 목재 · 고추 · 마늘 · 감자 · 고구마 등을 판매하여 재산을 쌓았다.

　사상인의 활동은 송파 · 누원 · 송우점 등에서도 돋보였다. 이들 지역은 교통의 요충지여서 외방에서 서울로 물화가 반입되는 길목이었다. 사상인들은 이들 길목을 장악하고서 서울로 반입되는 물품을 매점했다가 도성의 배오개 · 칠패 등의 사상인에게 넘김으로써 시전 상인들을 압박하는가 하면 상권을 보다 확장시켜 갔다. 그리하여 송파와 같은 곳은 처음에는 5일장으로 출발하였으나 상권이 확장되고 각처에서 상인들의 내왕이 빈번해지면서 날마다 장이 열리고 있었다. 상설 시장으로서의 송파에는 각종 상품을 마을 가운데 쌓아두고 매매하여 서울 시내 소비자들의 발걸음도 잦았다.

(5) 도고(都賈)상업의 전개

종로구 일대에서 비롯된 조선 후기 경제의 활성화는 새로운 경제 체제로의 발전을 지향하는 움직임이었다. 산업 활동이 다양해지고, 특히 상업에서 영리성이 제고되면서 풍부한 자본력과 전문적 경영 방식에 의해 자본주의적 모습이 나타났다. 이른바 상업 자본이 구축되어 간 것이다. 그것은 도고 상업에 의해 이루어졌다.

도고 상업은 시전 상인·공인·사상인 모두에 의해 추구되었다. 시전 상인과 공인이 정부의 보호하에 특권적 도고 상업을 전개했다면, 사상인은 자본력과 조직력을 통한 순수한 자본제적 도고 상업을 전개하였다. 전자를 관상 도고(官商都賈)라 한다면 후자는 사상 도고(私商都賈)라 할 수 있다.[99] 처음에는 관상 도고가 발달했으나, 나중에는 사상 도고의 위세가 보다 컸다.

기록에는 도고를 도고(都賈)·도고(都雇)·도고(都庫) 등 혼용하여 쓰고 있는데, 그 모두가 상품을 매점 혹은 독점하는 상행위 또는 상행위를 하는 조직을 뜻하고 있다. 이들 도고 상업은 18세기 중엽 이래 크게 발달하였는데, 그 발달의 배경은 17세기의 경제계에 있었다. 즉 이 시기에는 관개 시설이 복구되고 영농 기술이 향상되며 경작 면적이 확대되어 농업 생산력이 크게 늘었고, 또 대동법이 실시되고 민영 수공업이 발달하면서 제조업에서의 생산력도 크게 늘었다. 여기에 더하여 금속 화폐가 전국적으로 보급되어 상거래를 촉진하였으니, 채소 장수나 소금 장수까지도 거래에 있어서 곡식보다 금속 화폐, 즉 돈을 원했다. 그리고 이 시기에는 민간인에 의한 중국·일본 등과의 대외 무역이 발달하여 자본 집적을 가능케 했다. 특히 17세기에는 농촌 인구의 서울 유입 뿐 아니라 군인·아전·노복 등이 상행위에 가담하여 상업 인구가 크게 늘어났고, 이 때문에 치열한 상권 경쟁이 빚어졌다. 그리하여 일부 상인들은 관권과 결탁하거나 혹은 스스로 우세한 자본력을 이용하여 독점적 매점 상업을 전개, 자본을 집적하고자 하였다.

관상 도고로서 시전인의 활동은 금난전권을 바탕으로 하였다. 시전인들은 금난전권에 의해 특정의 상품을 독점적으로 매점할 수 있었다. 즉 종로구 지역에서 상권을 장악하고 있던 육의전을 비롯한 시전의 상인들은 전안(廛案)에 등록되지 아니한 자가 임의로 상행위를 하면, 이를 난전으로 규정하고 금단하면서, 자신들은 대량으로 물품을 매점하였다가 시세가 크게 오르면 이를 매각하여 일반 시민들의 가계에 많은 어려움을 주었다.[100] 시전 상인들은 사상인의 활동을 규제할 뿐 아니라 전술한 바와 같이 수공업자들의 제품 판매까지도 난전이라 하여 규제하고, 그 물품을 헐값에 매점하였다. 즉, 모의장이 휘양을 만들어 팔면 선전에서, 도자장이 장도를 만들어 팔면 도자전에서, 총장이 말총 제품을 만들어 팔면 상전에서, 가칠장이 소반을 만들어 팔면 칠목기전에서, 야장이 자물쇠 등 철물을 만들어 팔면 잡철전에서 난전이라 고발하고 그 물건들을 매점하여 폭리를 취했다.

그러나 관상 도고의 도고 행위는 근본적으로 자유 상업의 발전을 저해하는 것이었다. 따라서 그것이 본래 지니고 있던 특권성은 봉건 질서의 해체와 더불어 배제되어야 했다. 관상 도고에 대한 도전은 사상 도고 · 수공업자 · 소상인 · 소비자 등 여러 분야에서 제기되었다. 그 중에서도 사상 도고의 도전이 강력하였다. 사상 도고는 자본력과 조직망 등 경제적 조건과 경영 능력을 바탕으로 관상 도고의 특권을 극복하면서 차츰 그것을 무너뜨려 갔다. 1793년(정조 17) 외어물전의 고발에 의하면 오세만 등이 주동이 되어 강변의 무뢰배 70여명을 규합하여 한강 연안에 어물전을 만들고 각처에서 운반해 오는 생선, 건어물 등을 매점하여 어물전의 활동에 피해를 주고 있다는 것이다.[101] 이들은 행(行) 등을 두어 스스로의 조직도 갖추고 있었다. 다만 정부로부터 공식적으로 인정을 받지 못하고, 따라서 특권이 없었을 뿐 시전과 다를 바 없는 규모로 발달하고 있었다. 사상 도고의 활동 중심지는 사상인의 근거지였던 배오개 · 칠패와 서울의 외곽 지대인 강변 포구였다. 특히 배오개와 칠패는 동부채(東部菜), 칠패어(七牌魚)라 하여 채소 · 어물의 집산지였다. 칠패에는 각양 각색의 생선이 다 있었다.

일반적으로 시전 상인이 판매하는 상품은 지방의 생산자가 직접 서울로 와서 시전에 팔거나 행상이 개입하여 구입되었으나, 사상 도고들은 그들이 직접 현지에 가서 상품을 구입하고 가격을 조종하였다. 이같이 보다 적극적이고 조직적 상행위를 전개하였기 때문에 그들은 시전 상인을 압도할 수 있었다. 1816년(순조16)의 기록에 의하면 배오개 · 칠패에 사는 사상인들이 어획기인 늦가을 원산에 가서 북어를 매점하고, 가

격을 조종하여 판매하므로 어물전에서는 상품을 구하지 못하여 폐업 상태에 이르고 있다고 하였다.[102)

그러나 도성 안에서의 사상인의 도고 상업은 금난전권에 의해 일정한 규제를 받았기 때문에, 사상인들은 이를 피하기 위해 송파, 누원 등 외곽 지대에 상업 기지를 마련, 보다 규모가 크게 도고 활동을 벌였다. 사상 도고 중에서도 활동이 뛰어났던 손도강은 19세기 초엽 양주와 광주 등지의 부호들에게서 자금 수만냥을 조달하여, 직접 원산에서 어물선박 전부를 매점하고, 이어서 돌아오는 길에는 양주 등지에서 서울로 반입되는 어물을 모두 매점하였다. 그 후에도 그는 원산에서 어물 30여 바리를 서울로 반입시키고 있는데, 이를 어물전인들이 취체하려다가 오히려 그 일당에게 구타당하였다.[103) 그는 송파 등지에서 활동하였지만 실제는 서울의 큰 부자였으니, 배오개 또는 칠패가 그의 본거지였을 것이다. 사상 도고의 특징은 관상 도고가 소비권을 중심으로 하였음에 대해서 소비권과 생산권을 두루 장악하고 있음에 있다. 이 점이 관상 도고를 제압할 수 있는 바탕이기도 하였다.

요컨대 조선 후기, 특히 18세기 중엽 이후 상품 화폐 경제가 발달하면서 시전 상인·공인·사상인들에 의해 전국적 유통망이 형성되었다. 처음에는 종로구 지역을 중심으로 한 국지적 시장권이 서울 주민의 생활용품을 유통시켰지만, 점차 도고 상업이 행해지면서 각지의 상인들은 횡적·종적으로 거래망을 이루고서 규모가 큰 자본력을 바탕으로 각지의 물화를 전국적으로 유통시키면서 전국을 하나의 시장권으로 조성하였다.

이러한 속에서 각지의 장시나 포구 등도 상업의 기지로서 역할을 했지만, 가장 중심적 유통 기능을 담당했던 곳이 종루·배오개·칠패 등 서울의 상가였다. 종루의 시전 상가는 수도라는 지리적 입지와 관아와의 유착 관계에 의해 특권적 보호를 받았으며, 그리하여 도고 상업을 전개, 자본 집적에 성공하였다. 이에 대하여 배오개 등에 근거지를 두고, 시전 상인의 압제 하에서 그들과 끈질긴 대립 속에서 자본 집적에 성공한 사상인들은 순수한 경제적 관계에 의해 성장의 발판을 구축하였다. 이와 같이 종로구 지역은 관상 도고와 사상 도고 모두가 성장의 발판을 닦은 곳으로서, 역사적으로도 이 지역이 갖는 의미는 매우 크다고 하겠다.

【주】

1) 손정목,『조선시대 도시사회연구』(일지사, 1977), p.35
2) 최창조,『한국의 풍수사상』(민음사, 1984), p.74
3) 서울특별시사편찬위원회,『洞名沿革攷(Ⅰ)』(서울특별시, 1967), p.16
4) 高麗史 권 122, 열전 35, 김위제
5) 이병도,『고려시대의 연구』(을유문화사, 1954) p.280
6) 高麗史 권 11, 세가 11, 숙종 7년 3월, 동 9년 5월
7) 유선호,『고려 우역제 연구』(단국대 박사학위논문, 1992) p.197
8) 高麗史 권 56, 지리지 남경유수관
9) 高麗史 권 39, 세가 39, 공민왕 5년 6,7월
10) 高麗史 권 134, 열전 47, 신우 8년 9월
11) 太祖實錄 권 1, 태조1년 8월 임술·갑자
12) 太祖實錄 권 2, 태조1년 9월 신사
13) 太祖實錄 권 6, 태조 3년 8월 신묘
14) 太祖實錄 권 6, 태조 3년 10월 신묘·갑오
15) 太祖實錄 권 1, 태조 1년 7월 정미
16) 東國輿地備攷 권 2, 한성부 저택
17) 東國輿地備攷 권 2, 한성부 호구
18) 東國輿地備攷 권 2, 한성부 호구
19) 太祖實錄 권 9, 태조 5년 4월 병오
20) 손정목, 앞의 책, p.206
21) 承政院日記 1540책, 정조 9년 9월 9일
22) 최완기,『조선시대사의 이해』, (느티나무, 1992) p.96
23) 增補文獻備考 권 163, 시적고
24) 萬機要覽 재용편 5, 각전
25) 續大典 권 5, 형전 금제
26) 최영준,『嶺南大路』고려대 민족문화연구소, 1990, p.164
27) 增補文獻備考 권 24, 여지고 20 도리
28) 續大典 권 4, 병전 역로
29) 太宗實錄 권 13, 태종 7년 4월 갑진
30) 經國大典 권 6, 공전 교로
31) 손정목, 앞의 책, p.337
32) 서울특별시사편찬위원회,『洞名沿革攷(Ⅰ)』(서울특별시, 1967) p.459
33) 經國大典 권 2, 호전 급조가지
34) 太祖實錄 권 7, 태조 4년 1월 기유
35) 世宗實錄 권 26, 세종 6년 4월 계해

36) 六典條例 권 2, 호전 한성부 가사전토

37) 三國史記 권 32, 잡지 1 제사
    高麗史 권 7, 세가 7, 문종 6년 2월

38) 太祖實錄 권 7, 태조 4년 2월 신묘

39) 東國輿地備攷 권 1, 경도 단묘

40) 成宗實錄 권 51, 성종 6년 1월 을해

41) 世宗實錄 권 85, 세종 21년 6월 경자

42) 度支志 외편 권 3, 판적사 친잠

43) 太祖實錄 권 7, 태조 4년 1월 기유

44) 이춘녕,「서울의 농업지대소고」(『향토서울』 47호, 1989) p.21

45) 經世遺表 권 8, 지관수제 전제 정전의

46) 世宗實錄 권 40, 세종 10년 윤4월 기축

47) 이춘녕, 앞의 글 p.19

48) 한글학회,『한국지명총람』서울편(한글학회, 1966) p.209

49) 東國輿地備攷 권 2, 한성부 누각동

50) 太祖實錄 권 1, 태조 1년 7월 정미

51) 世宗實錄 권 84 , 세종 21년 1월 신축

52) 經國大典 권 6, 공전 경공장

53) 太宗實錄 권 30 , 태종 15년 9월 정유

54) 中宗實錄 권 84 , 중종 32년 4월 계유

55) 홍희유,『조선중세 수공업사연구』(지양사, 1989) p.252

56) 備邊司謄錄 34책, 숙종 4년 9월 27일

57) 承政院日記 414책, 숙종 29년 9월 15일

58) 송찬식,『이조후기 수공업에 관한 연구』(서울대 출판부, 1973) p.13

59) 홍희유, 앞의 책, p.243

60) 中宗實錄 권 84 , 중종 32년 4월 계유

61) 承政院日記 152책, 효종 9년 9월 25일

62) 備邊司謄錄 1책, 인조 12년 5월 15일

63) 송찬식, 앞의 책 p.124

64) 承政院日記 440책, 숙종 34년 2월 6일

65) 송찬식, 앞의 책 p.133

66) 承政院日記 531책, 경종 1년 윤 6월 19일

67) 송찬식, 앞의 책 p.33-46

68) 大典通編 권 6, 공전 경공장

69) 홍희유, 앞의 책 p.255

70) 燕山君日記 권 1, 연산군 10년 5월 기해 · 계묘

71) 유원동,『한국근대 경제사 연구』(일지사, 1988) p.88
72) 林園經濟表 등용지
73) 高麗史 권 1, 세가 1, 태조 2년 1월
74) 萬機要覽 재용편 5, 각전 육의전
75) 增補文獻備考 권 163, 시적고
76) 太宗實錄 권 15, 태종 10년 2월 갑진
77) 유원동, 앞의 책 p.140
78) 萬機要覽 재용편 5, 각전 유분각전
79) 문정창,『조선의 시장』(일본평론사, 1941), p.16
80) 유원동, 앞의 책, p.151
81) 續大典 권 5, 형전 금제
82) 강만길,『조선후기 상업자본의 발달』(고려대출판부, 1973), p.24
83) 備邊司謄錄 178책, 정조 15년 1월 28일
84) 承政院日記 784책, 영조10년 8월 10일
85) 承政院日記 724책, 영조 7년 6월 10일
86) 備邊司謄錄 163책, 정조 5년 11월 12일
87) 備邊司謄錄 173책, 정조 12년 11월 7일
88) 강만길, 앞의 책, p.141-150
89) 유원동, 앞의 책, p.75
90) 增補文獻備考 전부 11, 공물·금단
91) 續大典 권 2, 호전 세공
92) 增補文獻備考 권 153, 전부고
93) 備邊司謄錄 108책, 영조 17년 6월 10일
94) 備邊司謄錄 163책, 정조 5년 11월 16일
95) 正祖實錄 권 32, 정조 15년 1월 경자
96) 備邊司謄錄 200책, 순조 10년 1월 10일
97) 유원동, 앞의 책, p.351-358
98) 備邊司謄錄 221책, 순조 33년 3월 9일
99) 강만길, 앞의 책, p.169
100) 備邊司謄錄 161책, 정조 4년 12월 27일
101) 各廛記事 지권, 계축 2월　일
102) 各廛記事 인권, 가경 21년 9월
103) 강만길, 앞의 책, p.183

2. 중구의 칠패장

1. 경제 활동의 입지

(1) 자연적 입지

중구(中區)란 이름은 서울에서도 중심이 되고, 중앙에 위치한 구역이란 데에서 비롯되었다. 1943년 6월 처음으로 이름을 얻은 중구(中區)는 조선 시대에는 한성부(漢城府)의 남부 전역과 서부 지역의 일부가 있던 곳이었다. 조선 왕조가 1394년 10월 개경에서 한양으로 도읍을 옮기고 성곽을 쌓아 새 서울 한성부의 구역을 확정하면서 중구 지역은 새 서울의 터가 되었다. 이로부터 이 지역은 조선 왕조의 심장부로서 그 발전이 기대되었다. 그러나 실제로 조선 시대에는 한성부의 핵심 기지가 되지 못하고 변두리에 지나지 않았다. 종로구 지역과 함께 도성으로 둘러쌓인 문안이었음에도 불구하고 청계천을 경계로 하여 남쪽에 위치하였던 이 지역은 궁궐, 관아, 주택 등 중요한 시설물의 대부분이 북쪽 종로구 지역에 설치되고 도로 등이 북쪽을 중심으로 개발되면서 상대적으로 낙후해졌다. 그것은 이 지역이 갖는 자연적 입지와 전통적 관습에 기인하였다.

중구의 남쪽에는 해발 265m의 남산(南山)이 우뚝 솟아 있다. 조선 시대에 남산은 목멱으로 불리웠는데,[1] 한양이 명당이라고 하는 풍수 지리설에 의하면 백악이 주산이고, 낙산의 능선이 좌청룡을, 인왕산의 산허리가 우백호를 이루며 관악산이 조산에 해당되고, 남산이 안산을 이룬다고 하였다.[2] 그리하여 명산으로 일찍부터 주목되었을 뿐 아니라, 지형이나 지세에 있어서도 서울 주변의 여러 산악들이 경사가 급하고 바위산이어서 당시 사람들, 특히 양반들에게는 주목을 받지 않았으나, 남산은 수목이 울창하였고 계곡이 깊어 풍류를 즐기기에 매우 적합하였다. 그리고 등반하는 길도 그리 가파르지 않아서 정상에 쉽게 오를 수 있었고, 정상에 오르면 서울의 전경은 물론 원근의 크고 작은 산들과 남산을 휘감아 흐르는 발 아래의 한강이 서로 어우러져 한 폭의 그림을 이루고 있어 오늘날에도 많은 사람들의 탄성을 자아내고 있다.

조선 시대에는 충무로, 퇴계로에서 을지로 일부 지역까지도 거의 개발되지 않았기 때문에, 더욱 자연 경관이 뛰어났다. 그리하여 남산 일대는 곳곳이 숲으로 무성하였으니, 봄이면 진달래, 철쭉이 산등성이마다 만개하고, 여름이면 골짜기마다 맑은 샘물이 철철 넘쳐 흐르며, 가을이면 백설이 신비의 정취를 느끼게 하였다. 특히 필동 막바지의 골짜기에 위치하였던 청학동(靑鶴洞)은 한양에서 그 어느 곳과도 견줄 수 없는 가경(佳景)이라고『용재총화』의 저자인 성현(成俔)은 극찬하였다.[3]

이러한 남산이었던만큼 도성 안의 많은 사람들이 때를 가리지 않고 남산으로 발길을 재촉하였는데, 조선 초기의 유명한 시인 정이오(鄭以吾)는 남산의 그림같은 풍경을 다음과 같이 노래하였다.[4]

북악아래 안개구름 속에 궁궐이 보이도다
멀리 유유히 흐르는 한강물 더욱 볼만하네
봄이 다 지났건만 아직 피어있는 꽃 한송이
산마루에 우뚝 선 낙낙장송 의젓하구나
춘삼월 답청놀이 중양절 산오르기 예서 즐기고
초여름 계곡에서 발 담그는 멋 또한 재미있어라.

남산은 한양으로 도읍이 옮겨지기 전에는 그리 알려져 있지 않았다. 암석이 층계를 이루고 여기저기에 계곡이 깊고 그윽하였지만, 14세기 이전에는 작고 평범한 뫼에 지나지 않았다. 그러한 남산이 조선 왕조의 건국과 함께 역사의 무대 위에 올려졌다. 남산이 처음으로 조명된 것은 전술한 바와 같이 풍수 지리학자들에 의해서였다. 명당의 조건으로서 남산은 빼놓을 수 없는 입지였다. 또 궁궐에서 볼 때 눈 앞에 가로 놓인 남산은 명맥의 바탕이었다. 그리하여 조선 왕조는 천도 직후 남산의 산신령인 목멱대왕을 받들어 모시기 위해 이 곳에 국사당을 세우고 제사를 지냈다.[5]

오늘날 남산은 죽어가고 있다. 나무와 산짐승, 산새들이 자취를 감춰가고 있다. 병충해로 입은 해는 어쩔 수 없다고 하겠으나, 그보다는 개발이라는 명목으로 사람들에 의해 남산은 심장이 터지고 손발이 갈기갈기 찢겨지고 있다. 물론 조선 시대에도 사람의 손을 타지 않은 것은 아니었다. 나무로 밥을 짓고, 구들을 덥혀야 했기 때문에 남산의 나무들이 짤리고, 꺾이고, 뽑혀 땔감이 되기도 했다.[6] 이를 예방하기 위하여 조선 왕조의 위정자들은 일찍부터 남산의 보호를 법으로써 규제하였다. 즉 산을 헐어 개간하거나 집을 짓는 행위를 엄하게 금하고, 산에서 나무를 베거나 흙과 돌을 파가는 경우에는 엄벌에 처하였다.[7] 1832년(순조 32) 오위장을 지낸 장제급(張濟汲)이 지관의 말을 좇아 명당이라고 하는 남산 기슭에 자기 어머니의 시신을 몰래 묻은 바 있었다. 그런데 이 일이 탄로나 장제급과 지관은 외딴 섬으로 귀양을 갔고, 그 가족들은 노비가 되었다.[8]

이처럼 조선 왕조에서는 남산을 잘 가꾸어 숲이 매우 무성하였는데, 당시 중구 지역의 상당 부분은 남산의 산자락이 뻗은 구릉과 계곡에서 비롯된 개천이 곳곳에서 청계천으로 이어져 농경지는 물론 주거지로도 적합하지 않았다. 조선 왕조가 처음 도읍의 구역으로 정한 중구와 종로구 지역은 북쪽의 백악산, 동쪽의 낙타산, 서쪽의 인왕산, 그리고 남쪽의 목멱산으로 둘러싸여 지형적으로 분지를 이루고 있었다. 이러한 분지는 사람들이 취락을 형성하기에 적합한 입지이다. 더구나 그 가운데로 큰 개천이 흐르고 있어 농경이나 음료수에 있어서 더할 나위 없이 적합하였다.

그러나 당시에 있어서 그것은 개천 북쪽인 오늘의 종로구 지역에 한정되는 조건이었다. 현재의 종로를 중심으로 청진동, 수송동, 견지동, 관훈동, 낙원동, 훈정동 일대는 넓고 평평한 분지(盆地)를 이루고 있어 도시 건설에 있어서 매우 유리한 지역이었다. 이에 대하여 개천 남쪽인 오늘의 중구 지역은 현재의 을지로와 청계천 사이만이 평탄하였고, 대부분의 지역이 남산에서 뻗은 구릉이 높은 언덕바지를 이루고 그 사이에는 개천이 흘러 지형의 기복이 매우 심하였다. 즉, 조선 시대 서울의 지형을 밝혀주는 옛 지도에 의하면, 예장동에서 북쪽으로 뻗은 남산의 줄기는 남산동, 명동을 지나 을지로 2가까지 이르렀고, 또 남산 1호 터널에서 남학동, 충무로 3가, 초동을 지나는 구릉은 을지로 3가에 이르렀으며, 장충동 2가에서 필동, 인현동 쪽으로 뻗은 산자락은 산림동 연변에서 없어졌다. 한편 회현동에서 남창동, 서소문동 쪽으로 뻗은 한 가지는 인왕산에서 남쪽으로 뻗은 산자락과 이어져 하나의 작은 산맥을 이루었다. 이를 남대문구릉(南大門丘陵)이라 하는데, 그리 높지 않은 구릉이었지만, 이 때문에 청계천이 남쪽으로 직류하여 용산 방면을 거쳐 한강으로 들어가지 못하고, 동쪽으로 흘러 답십리, 장안동을 지나 남쪽으로 휘어져 한강에 이어지고 있다.

크고 작은 구릉이 중구 지역을 여기저기에서 관통하고 있었을 뿐 아니라 울창한 남산숲에서 발원한 창동천, 남산동천, 주자아천, 필동천, 묵사동천, 쌍림동천 등의 개천은 경사가 급해 침식작용 및 퇴적작용이 심해 인근의 구릉과 함께 이 지역의 지형을 기복이 상당히 두드러진 모습으로 만들었다.[9] 지형의 기복이 심하면 취락의 형성이 쉽지 않고, 사람들의 왕래도 불편하다. 사람들은 일반적으로 오르락 내리락 하는 것을 좋아하지 않는다. 그리하여 선사 시대 이래 서울 일원에서 위례성, 한산주, 남경, 한양부 등이 거점 도시로 성장하였음에도 이 지역과는 직접적인 연관이 없었다.

다음으로 지역의 위치도 이 지역의 개발을 더디게 하였다. 전통적으로 우리 민족은 햇볕이 잘 드는 남향집을 선호했다. 북고남저(北高南底)라 하여 북쪽이 높고 남쪽이 낮아 북풍을 막아주며 햇볕이 따사로운 위치가 집터로서 좋다는 것이다.[10] 그러나 중구 지역은 남산이 너무 우뚝하게 솟아 바로 앞을 가리는 형국이었다. 이러한 곳은 해가 높이 떠도 서늘한 한기가 있어 오래 머물기가 좋지 않다. 그리고 북고남저가 아니라 남고북저(南高北底)의 역처였고, 남향으로 집자리를 설정한다고 했을 때 풍수 지리학의 배산임수(背山臨水)와도 정면으로 어긋나는 지대였다. 이 때문에 권세와 지위가 높은 양반들은 이 지역에 거주하기를 꺼려했다. 그들은 북악산 또는 인왕산 기슭에 터를 잡았다. 그 반면에 벼슬을 하지 못한 가난한 선비들은 어쩔 수 없이 남산 기슭에 모여 남촌(南村)을 이루었다. 비교적 평지였던 청계천 연변은 잦은 홍수로 수해가 심했을 뿐 아니라 시전이 설치되어 있어서 장사치들과 사귀기를 꺼려하는 양반들은 이 곳 역시 그들의 터전으로 삼지 않았다. 선비들이 공부하기에는 조용한 남산 골짜기가 보다 적당하였다. 그리하여 남산골, 삼아동, 청학동, 타락골, 먹절골, 찬샘골, 피란골 등의 취락이 생겨났다. 그러한 취락은 십여 호 내외의 작은 마을이었다고 추정된다.

여러 가지 입지 조건에서 볼 때 중구 지역은 거주 지역으로 그리 적합한 곳이 아니었다. 그런데 다행스러운 점은 이 지역의 용수 조건(用水條件)이 매우 양호하다는 것이다. 사람이 살아가는 데 있어서 물은 절대적으로 필요하다. 사람은 식수가 없으면 안될 뿐 아니라 빨래, 청소, 세면, 목욕 등에서 물을 많이 사용한다. 물은 사람의 삶을 좌우한다. 물에 있어서도 빨래나 청소에는 개천물이나 빗물을 사용할 수도 있으나, 식수는 그럴 수 없었다. 식수는 깨끗해야 했다. 조선 시대에 식수는 지하수 또는 계곡물로 공급되었다.

우리 나라는 연례적으로 해마다 봄이 되면 가뭄이 심해 식수가 부족했다. 이 때문에 조선 왕조는 백성들로 하여금 의무적으로 우물을 파게 했다. 즉 1415년(태종 15) 정부는 한양의 도성민들에게 다섯 집마다 하나씩의 공동 우물을 파도록 명하여, 곳곳에 우물이 생겨났다.[11] 그러나 큰 가뭄에는 그러한 우물도 모두 말랐다. 이에 먼 거리에 있는 계곡에서 물을 길어와야 했다. 서울의 한 복판을 동서로 가로질러 흐르는 큰 개천, 즉 청계천은 조선 초기에 이미 오염이 심하여 빨래도 할 수 없을 정도였다.[12] 물이 귀해지면서 물값이 비싸져 생계에 지장을 주게 되었다. 오늘날처럼 대량으로 물을 저장하고 관리할 수 없는 상황에서 물의 수요는 물값과 물장사라는 말을 만들어 냈다. 1629년(인조 7)의 기록에 의하면 무명 한 필로 겨우 물 다섯 사발을 살 수 있다고 하였다.[13]

그런데 중구 지역에는 큰 가뭄에도 마르지 않는 샘과 우물이 풍부하였다. 그것은 이 지역의 지하수가 산림이 무성하여 아무리 큰 가뭄에도 끊기지 않는 남산의 수맥과 연결되어 있었기 때문이다. 남산동의 남산골, 필동의 찬샘골에는 남산등성이에서부터 깨끗한 물이 흘

○ 우물가

러 항시 갈증을 풀어주었고, 청학동의 어정, 삼아동의 허정, 진고개의 굴정, 훈련도감 안의 통정, 주자소 뒤의 팔송정 등은 어느 때나 샘이 마르지 않을 뿐 아니라 물맛이 좋아 장안에서 널리 알려진 우물이었다. 그 밖에도 중구 지역에는 찬우물, 실우물, 널우물, 독우물, 돌우물, 관우물 등이 있어 주민들이 식수를 걱정하지 않았다. 그리하여 샘과 우물 주위에는 취락이 형성되어 갔으나, 전반적으로 볼 때 중구 지역의 자연적 입지는 도시 건설에 그리 양호한 조건이 아니었다. 더구나 조선 초기에는 입지 조건이 양호한 종로구 지역이 아직 여유가 많았었다.

(2) 인문적 입지

중구 지역의 개발은 자연적 입지보다는 인문적 입지에 의해 촉진되었다. 종로구 지역이 자연적 입지가 양호하여 궁궐, 사직, 종묘, 관아 그리고 양반들의 주거지로 선택되었다고 하여도 도성의 모든 인구를 수렴할 수는 없었고, 더구나 시간이 흐르면서 서울의 인구가 크게 늘어나자 도성 안의 주거 공간 자체가 부족하게 되었다. 따라서 한성부의 구역으로 설정되어 도성으로 감싸인 중구 지역의 주거지화는 시간 문제였다. 조선 왕조도 종로구 지역을 핵심 지역으로 개발하면서도 중구 지역 역시 처음부터 개발을 서둘렀다. 도시 계획은 도로의 개설과 주거지의 설정에서 비롯되었다. 한양은 처음부터 계획된 도시였다. 그 이전에 이 곳에 남경이 설치되었었다고 하지만, 한양은 거의 황무지나 다를 바 없었다. 한양을 새 도읍지로 결정한 조선 왕조는 한양 땅에 궁궐, 관아, 주거지 등을 계획적으로 조성하였다. 한양의 도시 계획은 조선 왕조가 나가야 할 기본 방향을 제시한 정도전(鄭道傳)에 의해 주도되었다. 그는 신도궁궐조성도감(新都宮闕造成都監)의 심덕부, 김주, 이염, 이직, 권중화 등과 함께 현장을 수차에 걸쳐 답사하고, 풍수 지리설·전통적 도시 계획을 참조하여 궁궐, 종묘, 사직의 터를 정했다. 그리고 백악산, 낙타산, 목멱산, 인왕산을 잇는 도성을 쌓도록 했다. 도성의 동서남북에는 4개의 대문과 4개의 소문을 설치하고, 성문과 성문 사이를 잇는 간선 도로를 구획하였다.[14] 이 같은 도시 계획에 의해 한양의 도로는 일찍부터 대로, 중로, 소로가 정연하게 개설되었다. 성중의 도로는 조종(祖宗)이 도읍을 세울 때 이미 정하였다. 이는 성내의 대로와 소로를 평탄하고 곧게 하여 인마와 수레의 출입이 편하였다고 한 초기의 기록에서 입증되고 있다.

그러나 초기의 도시 계획은 그 후 제대로 확정되고 발전되지 못했다. 그것은 1399년(정종 1) 개경으로 잠시 환도하면서 관리가 소홀했기 때문이다. 1405년(태종 5) 다시 한양으로 재천도하였지만, 정국이 혼란스럽고, 기강이 문란해지면서 사람들이 거처를 넓히기 위해 길을 침범하여 울타리를 쳤고, 그리하여 길이 좁아지고 굴곡이 생겼다.[15] 이에 한성부에서는 도로를 다시 정비하고자 옛 도로 제도를 본따 도로를 고르게 하고 노폭도 넓히고자 하였으나, 많은 인가를 철거해야 할 상황이었고, 더구나 권세가의 집도 포함되어 있어서 쉽지 않았다. 그리하여 도로의 정비가 논의된 1407년 이후 20년이 지난 1428년(세종 10)에야 어느 정도 도로가 정비되었다.[16]

경국대전(經國大典)에 의하면 한양 성내의 가로는 대로, 중로, 소로의 세 등급으로 구분되어 있었다.[17] 도성의 가로망을 세밀하게 작성한 수선전도(首善全圖)에 의하면 노폭이 17.5m인 대로(大路)에는 경복궁 앞에서 황토마루(오늘의 광화문 네거리)까지의 길, 황토마루를 중심으로 동대문에서 경희궁에 이르는 길, 대광통교(오늘의 종로 네거리)에서 남대문에 이르는 길의 세 길이 있었다. 중구 지역의 발전은 대광통교에서 남대문에 이르는 오늘의 남대문로에 의해 조장되었다. 그리고 중구 지역에 건설된 중로(中路)에는 을지로 입구에서 광희문에 이르는 구리재길, 충무로 입구에서 광희문에 이르는 진고개길, 소공동 입구에서 서소문에 이르는 길 등이 있었다. 그 밖에 소로(小路)가 가로 세로로 얽혀서 개설되어 주민의 통행을 편케 하였다. 청계천에는 송기교, 모전교, 광통교, 장통교, 수표교, 하랑교, 효경교 등 많은 교량이 건설되었는데, 이 다리를 지나는 도로가 거미줄같이 동서남북으로 뻗어 있었다. 길은 즉, 통로(通路)로서 통치 정복에서 뿐 아니라 경제에 있어서도 혈맥이었다. 경제 생활이 활성화되려면 교류가 촉진되어야 하고, 교류가 촉진되려면 길이 발달해야 한다. 중구 지역이 중심권에서 벗어났다고 하지만, 위정자들은 한성부의 도시 계획을 구상하면서 이 지역에도 정연한 도로를 건설토록 하였던 것이다.

그러나 대로는 외국인들이 와서 보고 감탄할 정도로 넓고 반듯하였지만,[18] 소로는 소방 도로로도 여의치 않을 정도로 좁고 꼬불꼬불하였다.

한양에 모여든 사람은 그들의 편의에 따라 길을 냈으므로 큰 길을 빼놓고는 직선 도로가 거의 없었고, 노폭도 어느 곳은 아주 넓었는가하면 어느 곳은 한 사람이 겨우 빠져나갈 수 있을 정도의 비좁은 골목이었다. 이는 큰 길을 제외하고는 대부분의 도로가 집을 짓고 난 뒤에 생겼기 때문이다. 즉, 수도를 정하고서 주거지를 설정할 때 정부는 대지를 신분에 따라서 차등있게 분배했다. 그리하여 대군이나 공주는 30부, 곧 1200평쯤을, 일반 서민들은 2부, 곧 85평쯤의 집터를 차지하였다.[19] 집을 짓는 순서에 있어서도 높은 신분이 먼저 명당을 찾아 집을 짓고, 자기 집에서 큰 길까지만 길을 냈다. 그리하여 좁은 길에 가서는 모두 막다른 골목을 이루었다.

조선 왕조는 이 지역에 도로를 개설하면서 주거지를 나름대로 설정했다. 취락의 형성에는 자연적 입지가 그리 양호하지는 않았지만, 이 지역 역시 도시 구역으로 편성되어 있었기 때문에 곧 개발되어 갔다. 한성부의 행정 구역은 처음에는 5부 52방으로 구획되었다.[20] 이 같은 구획은 대체로 먼저 개설된 가로망을 기준으로 이루어졌다. 5부는 방향에 의해 동부, 서부, 남부, 북부, 중부로 구분되었는데, 중구 지역은 남부의 전역과 서부의 일부 지역을 포함하였다. 52방은 세종 때 49방, 영조 때 46방, 고종 때 47방으로 다소 변천되었다.[21] 조선 후기 46방을 중심으로 볼 때 중구 지역은 남부의 광통방, 호현방, 명례방, 대평방, 훈도방, 성명방, 낙선방, 명철방의 8방과 서부의 여경방, 황화방, 양생방의 3방, 그리고 성저십리의 두모방, 반석방으로 그 범주를 구성하고 있었다.

당시 성내의 모든 토지는 사유가 인정되지 않았다. 주민들의 집터는 한성부에서 신청을 받아 분양하였다. 집터 이외에 농경지로의 전용은 금지되었다.[22] 집을 짓고 난 빈터에 채소를 가꾸는 것은 묵인되었다. 그러나 대지의 수요가 늘어나 이 같은 빈터에도 집을 짓겠다고 희망하는 요청이 있으면 한성부는 이를 허가해 주었다. 그런데 서울로 인구의 집중이 급속화되면서 조선 초기에 벌써 도성 안에 사람은 많은데 땅은 협소해서 집터를 둘러싸고 소송하며 다투는 사람이 많았다.[23] 그리하여 정부에서는 동대문 수구문 밖에 거주지로서 적합한 땅을 집터로 지급하기에 이르렀다. 특히 임진왜란 이후 농촌 경제가 크게 파탄되면서 농촌에서 살 수 없게 된 농민들이 대거 도시로 몰려들었다. 그러나 한양 성 안에는 주거지의 여유가 전혀 없었고, 그리하여 그들은 주로 청계천 연변, 성저십리 등에 흩어져 살아야 했다.[24] 한양 5부 중에서도 서부의 성저십리인 반석방, 반송방, 용산방, 서강방 등에 인구가 집중하였다.

이러한 상황 속에서 중구 지역에도 인구가 밀집되어 갔으니, 조선 후기 중구 지역의 인구는 약 6만 8천명 정도였다. 이 같은 인구수는 조선 전기에 비하면 크게 늘어난 상황이었다. 조선 전기에는 5부와 성저십리를 포함하여 서울 전체의 인구수가 11만 명이 되지 않았다.[25] 1789년에 정리된 호구 총수에 의한 중구 지역 각 방의 호수와 인구수는 다음과 같다.[26] 공간의 확보와 마찬가지로 인구 역시 그 지역의 중요한 경제 기반으로 역할을 수행한다.

〈표〉 조선 후기 중구 지역의 인구 분포

부	방명	호수	인구수
남	광통방	372	2176
	대평방	343	2343
	회현방	989	6550
	훈도방	1027	6095
	명례방	571	3821
부	낙선방	1168	6021
	성명방	814	5189
	명철방	1614	5371
서	황화방	950	5975
	여경방	706	3402
부	양생방	687	3394
소계		9241	50337
성	두모방	1425	4484
저	반석방	2965	13882
소계		4390	18366
계		13631	68703

* 두모방 지역은 현재의 성동구 지역의 인구까지 포함되어 있음.

그런데 중구 지역은 상인, 기술자, 군인 등 신분이 높지 않은 사람들의

거주지로 편성되었다. 이는 의도적으로 행한 조처는 아니었지만, 궁궐과
관아가 종로구 지역에 주로 설치되고, 지형도 좋아서 양반 관료들이 그
곳에 거처함에 대하여 이 지역에는 상가와 하급 관청들이 설치되었기 때
문이다. 사람들은 생업으로 인해 근무지 부근에 주거지를 마련했다. 오
늘날과 달리 교통 수단이 발달하지 않아 보행으로 출퇴근해야 했던 시기
에 있어서는 근무지 가까이에 집터를 마련하는 것이 편리했다.

조선 왕조는 도시 계획을 하면서 종로 일대에 운종가(雲從街)라고 하
는 시전을 주로 설치했지만, 광통교에서 남대문에 이르는 남대문로 주변
에도 시전 행랑을 조성하였고, 청계천 연변의 광통방, 대평방, 훈도방에
도 장시를 개설토록 하였다. 그리하여 이들 상가 · 장시에서 장사하던 싸
전 상인, 백목전 상인, 소금전 상인, 모시전 상인, 갓전 상인, 기름전 상
인, 자리전 상인 등이 인근에 주로 거주하였다. 예컨대 수하동의 자리전
골은 각종 자리를 팔고 사는 자리전이 있었기 때문에 불리워진 동리인
데, 이 곳에서는 강화도에서 만든 화문석 뿐만 아니라 광희문 밖에서 만
든 짚방석까지도 취급하였다. 앉아서 생활하던 우리 나라에서는 자리방
석의 비중이 컸으므로 이 곳 자리전 상인들의 세력은 운종가의 상인 못
지않게 컸다. 그리고 지금도 동명으로 남아있는 저동은 모시전골로서,
모시를 취급하던 모시전을 중심으로 형성된 마을이었다.

한편, 주요 관아의 건물이 주로 종로구 지역에 건설되었지만, 공간이
제한되어 있어 넓은 공간 또는 조용한 곳이 필요한 관아는 비교적 한산
했던 중구 지역에 건설되었다. 즉 예관동에 있었던 교서관, 을지로 2가
의 장악원, 을지로 6가의 훈련원, 태평로 1가의 군기시, 주자동의 주자
소, 장충동 2가의 남소영, 북창동의 사축서, 수하동의 도화서, 을지로 2
가의 혜민서, 북창동의 예빈시 등은 직급이 높은 관청이 아니었다. 이들
관아에 종사하던 사람들은 하급 관리나 군인들이었으니, 관청 주변에는
그들의 주거지가 형성되었다. 그리고 태평로 1가의 쳇골에는 체를 만드
는 사람들이, 묵정동의 풀무골에는 쇠를 가공하던 사람들이 터를 잡고
살았다. 그 밖에도 이 지역에는 선혜청, 균역청, 양향청, 장흥고 등의 창
고가 다수 설치되어 있어서 창고를 간수하는 고지기나 군인들이 주변에
거주하였다.

중구 지역의 주거지화는 도성 안에서 뿐만 아니라 도성 밖에서도 전개

되었다. 성저십리가 한성부의 관할 구역이었다고 하여도 초기에는 일반적으로 자연 지형이 그대로 지켜졌고, 평지는 농지로 개간되어 농경지 사이에 인가가 띄엄띄엄 있었을 뿐이었다. 성저십리가 개발되는 것은 인구가 집중되고 산업이 활성화되는 조선 후기에 이르러서였다. 조선 후기에 성저의 각 면(面)이 방(坊)으로 개편되고 있음은 이를 말해준다.[27] 그런데 남대문 밖의 반석방은 한양에서 개성, 평양, 의주 방면으로 출발하는 지점이었고, 또 염천교 부근에는 일찍부터 장시가 열려 처음부터 인가가 조밀했다.

도로가 개설되어 물화의 교류가 용이했고, 주거지화되면서 많은 소비 인구가 형성되었다. 이러한 조건은 이 지역의 경제 발전을 예견해 주는 것이었는데, 여기에 더하여 조선 후기에 상품 화폐 경제가 발달하면서 이 지역에는 상업 인구가 밀집되어 점차 상업 지역으로 변모해 갔다. 조선 후기에는 이 지역에 주로 거주하던 군인들도 상업 활동에 참여하여 이 지역의 상업성을 높여 주었다.

조선 왕조의 위정자들은 원래 상업은 올바른 생업이 아니고 사람을 기만하는 짓이라는 관념에서 장려하기 보다는 통제하는 방향으로 정책을 시행하였다. 그러나 물화의 유통은 불가피하였다. 더구나 서울 시민의 대다수는 소비 인구였다. 그들이 소비하는 물화는 외방에서 공급되어야 했는데, 그것을 중개하는 사람이 상인이었다. 16세기 초의 기록에 의하면 본래 서울에 시전이 설치된 곳은 종루에서 종묘에 이르는 큰 길 주변이었는데, 지금은 각지에 저자가 서지 않은 곳이 없다고 하였다. 같은 시기의 기록에 의하면 백성들이 농사를 포기하고 상공업으로 전업하는 경우가 많으며, 그러한 사람들은 거의 서울로 모여든다고 하였다.[28] 인구가 새로이 유입되어 상업 인구가 늘어난 경우도 있지만, 본래 있었던 주민들이 상업으로 활로를 찾는 경우도 있었다. 1753년(영조 29)의 기록에 의하면, 약 10년 전부터 남산의 봉수군들이 작은 배를 마련하여 소금을 운반하여 판매하였는데, 이 때에는 그 규모가 커져서 큰 배 10여 척을 가지고 소금 생산지로 돌아다니면서 소금을 구입, 판매한다고 하였다.[29] 중구 지역의 상업성이 증대될 수 있었던 것은 이 지역에 상업 기지가 형성되어 있었기 때문이다. 대규모의 상업 기지인 칠패 외에도 칠패와 긴밀히 연결되고 있던 수각다리, 회현동, 죽전동, 주자동 등지는 당시 널리 알려진 사상인들의 기지였다.

　요컨대 중구 지역은 지형적 여건뿐 아니라 도성 안이라는 입지 때문에 농경이 거의 불가능했다. 그리하여 이 지역에서의 경제는 상공업 중심으로 영위되었으나, 그것도 종로구 지역에 비하면 그 위상이 약했다. 그것은 조선 왕조의 위정자들이 이 지역을 한성부로 포함시키면서도 주변 지구로 개발하고자 했기 때문이다. 중구 지역이 도심으로 개발되기 시작한 것은 조선 왕조가 무너지면서부터였다.

2. 농경의 흔적

　조선 왕조는 일찍부터 서울에서의 농경을 원칙적으로 금하였다. 이 때의 서울이란 도성만의 지역을 의미하는 것으로서, 도성 밖의 성저십리에서는 물론 농경이 가능했다. 성 안에서의 농경의 금지는 도로 부지, 공공 건물, 개인 주택의 집터를 위해 예비하기 위함과 도시 미관을 유지하기 위함에서였다. 다시 말하면 수도의 설정과 더불어 도시화를 추진하면서 공간 이용의 극대화를 위해 넓은 공간을 필요로 하는 농경의 행위를 제약하고자 한 조치였다. 특히 남산의 경우는 비록 토지 대장에 사유지로 등록된 땅이라도 경작하는 것을 허용하지 않았다.[30]

　그런데 농경이라고 해서 모든 작물의 재배가 엄격히 규제된 것은 아니었다. 미곡(米穀), 즉 벼농사의 경우만 금지된 것이다. 채소와 같은 밭작물의 재배는 묵인되었다. 성 안의 주민은 신분에 따라서 차등있게 집터를 분양받았다. 따라서 대지는 집터 이상으로 많을 수 있었다. 물론 그가 집터를 다른 용도로 변경하는 것은 용납되지 않았다. 집을 짓겠다고 땅을 비어놓고 2년이 경과하도록 집을 짓지 않는 토지는 이를 회수하여 새로운 희망자에게 나누어 주었다.[31] 신분에 따라서 차등있게 분배되었다고 하지만, 법전에 정해진 집터의 크기는 그리 적은 편이 아니었다. 서민의 경우만 하여도 약 85평 정도였고, 높은 벼슬아치의 경우는 그 몇 배에 이르렀다. 따라서 성 안의 주민들은 집을 짓고 난 빈터에 채소를 가꿀 수 있었다. 규모가 큰 집에서는 집 밖에는 물론 뒷뜰, 그리고 중간 뜰에도 밭이 있었다. 이러한 밭을 텃밭이라고 하였다.

　텃밭에서는 마늘, 파, 상추, 쑥갓, 무우, 배추 등이 재배되었다. 조선 후기에는 고추, 오이, 호박, 토마토 등도 재배되었다. 주로 찬거리와 양념류의 채소가 재배되었는데, 이들 채소는 운송 수단과 저장 수단이 발달하지 못했던 조선 시대에는 원격지에서의 공급이 쉽지 않았다. 조선 후기에는 근교 농업으로 채소의 재배가 활발했지만, 조선 전기에는 그것도 용이하지 않았다. 대궐에서 소용되는 채소도 수송동, 권농동에 있던 왕실 전용의 채소밭에서 공급하였다. 따라서 일반 서민들이나 양반 관료들도 채소는 자급 자족해야 했다. 양곡의 경우는 정부에서 녹봉으로 받거나 외방에 소유한 농장의 소작미를 갖다 먹을 수 있고, 또 미전(米廛)이 초기부터 곳곳에 개설되어 있어서 쉽게 조달되었다.[32]

텃밭은 채소의 취득이라는 현실적 이득 외에도 화재가 일어났을 때 옆집과의 사이가 떨어져 파급되는 피해를 방지해 주기도 했다. 조선 시대에는 가옥이 모두 초가이고 민가가 조밀하였을 뿐 아니라 초목을 태워 난방과 취사를 했기 때문에 화재가 유난히 심했다. 1619년(광해군 11)의 예를 보면 중심가에서 불이 나서 민가 수천 채가 타고, 그 불이 종각과 소공동에 있던 남별궁까지 옮겨 붙었다고 한다.[33] 이에 정부에서는 관아, 상가에 인접한 민가를 철거하여 공간을 확보, 이웃으로 불이 번지는 것을 막게 했다.

한편 텃밭은 분뇨의 처리장으로도 이용되었다. 성 안에서의 분뇨 처리 시설은 별도로 없었다. 그런데 인구가 집중되면서 그들이 배설하는 분뇨의 양은 매우 많았다. 변기통의 분뇨는 수시로 제거해야 했다. 양반집에서는 노비를 시켜 교외에 갖다 버렸다. 그러나 일반 서민들은 그것도 여의치 않았다. 이에 근교의 농부들이 분뇨 수거를 위해 장군통을 지고 가 가호호를 방문할 때 그에게 처리를 부탁했다.[34] 그러나 농촌의 일손이 부족한 농번기에는 적기에 분뇨를 처리할 수 없게 되는 경우도 있는데, 이 때에 자가 처리하는 곳이 텃밭이었다.

중구 지역에는 각 가정의 텃밭 이외에도 보다 규모가 큰 농경의 흔적이 몇 군데 있다. 주거 지역으로 한정되어 있던 중구 지역이었지만, 옛 지명을 살펴보면, 미나릿골, 뽕나무골, 약고개, 복숭아밭 등이 전해오는데,[35] 이들 지역에서는 채소, 과수, 약초 등이 비교적 규모가 크게 재배되었다고 본다. 중구 지역의 미나릿골은 세 곳에 있었으니, 하나는 현재의 을지로 5가와 오장동 사이에 있었고, 또 하나는 태평로 1가 서울특별시 의회 자리에 있었으며, 그리고 다른 하나는 의주로 1가와 미근동에 걸쳐 있었다. 그 중에서도 의주로 1가 일대에 있었던 미나리밭이 제일 컸고, 이 곳의 미나리는 그 품질도 연하고 깨끗하여 대궐에도 진상될만큼 최상품이었다.

조선 후기에 이르면 산업이 다양해지고 생산물의 유통이 활발해지면서 식생활도 그 수준이 향상되어 갔다. 특히 부식품의 종류가 다양해졌으니, 재료가 많았을 뿐 아니라 가공 기술, 새로운 양념류의 등장으로 맛있고 영양가 높은 식생활을 즐기게 되었다. 채소도 다양하게 재배되었는데, 미나리도 많은 사람들이 즐겨먹는 채소의 하나였다. 미나리는 습지대에서 생산되었다. 앞에서 밝힌 미나릿골은 크고 작은 개천 연변의 습지대에 있었다. 일반적으로 채소는 농촌에서는 자급 자족하였으나, 도시에서는 이를 사서 먹어야 했다. 텃밭에서는 물논에서 자라는 미나리를 재배할 수 없었다. 그리하여 습지대의 사람들은 이를 상품 작물로 개발하였다.

18세기 이래 도시가 발달하면서 도시 근교에서는 도시 주민들에게 채소를 공급하기 위한 채소 재배가 성행하였다. 기록에 의하면 벼 두 마지기 땅에 미나리를 심으면 벼 열 마지기의 수확에 해당하는 이익을 얻을 수 있다고 하였다.[36] 그리하여 근년이래로 미나리 등의 채소를 싣고 판매하러 다니는 자가 도로에 이어지고 있다고 하였다. 나아가 10여 마지기의 논에 벼를 심어도 4,5인의 식구를 먹여 살리기가 힘들지만, 3,4마지기의 논이라도 미나리를 심으면 5,6인의 식구를 먹여 살릴 수 있다고 하였다. 그 밖에 도시 근교에서는 무우, 배추, 오이, 호박, 파, 마늘도 상품 작물로 재배하여 도성 안에 공급하였는데, 중구 지역에서는 그 흔적이 두드러지지 못하였다. 성저의 반석방이나 두모방에서는 채소가 상품으로서 재배되었으리라 본다.

조선 후기에는 채소와 더불어 과일도 상품으로 출하되었으니, 광통방에 있었던 모전에는 복숭아, 자두, 능금, 배 등 토산 과일들이 전시 판매되고 있었다. 이들 과일도 처음에는 가가호호에 심은 과수에서 따먹거나 이웃끼리 교환해 먹었으나, 점차 전문적으로 과수를 재배하는 농가가 생겨났다. 중구 지역에서는 만리동 일대에 복숭아밭이 많았다.

한편 중림동에는 약현 또는 약고개라는 고개마루가 있는데, 이 부근에서 약초가 재배되어 성 안으로 공급되었다. 조선 후기에 널리 재배된 약초는 지황, 홍화, 천궁, 자초, 대청, 인삼 등이었는데, 이들을 재배한 수익은 논농사에 비해 10배나 된다고 하였다.[37] 그러나, 중구 지역에 농경의 흔적이 있었다고 하여도 그것은 극히 부분적이었으며, 그나마도 도시 개발이 촉진되면서 사라져 갔다.

3. 제조업의 발달

(1) 관영 수공업장의 설치

중구 지역에는 종로구 지역에 못하지 않은 관영 수공업장이 설치되어 국가에서 필요한 각종의 물품을 제조하고 있었다. 전통 사회에서는 왕실이나 관아에서 필요한 물품이 있으면, 이를 공납(貢納)이라 하여 백성들에게서 강제로, 무상으로 징수하여 썼다.[38] 그리하여 농산물, 수산물, 광산물, 임산물뿐 아니라 각종의 수공업 제품이 공납되었다. 그러나 그러한 수공업 제품은 품질과 물량면에서 한계가 있었다. 이에 보다 정교한 물품을 만들기 위해 기술이 뛰어난 사람들을 공장(工匠)이라 하여 중앙과 지방의 각 관청에 소속시켜, 일정한 기간 동안 국가가 필요로 하는 양의 물품을 제조하게 하였다. 공장은 부역제에 의해 무상으로 관영 제조업장에서 일해야 했다. 그들은 주로 무기, 의복, 활자, 문방구, 그릇 등을 제조하여 납품하였다.

중앙 관청에 소속되어 서울에 위치한 작업장에서 물품을 제조하던 공장을 경공장(京工匠)이라 하였는데, 이들은 공조를 비롯하여 상의원, 군기시 등 30개 중앙 관아의 작업장에 분산 소속되어 있었다.[39] 조선 시대 중구 지역에는 군기시, 교서관, 예빈시, 장악원, 장흥고, 주전도감 등의 관영 작업장이 있었다. 이들 작업장에서 일하던 공장의 업종과 인원수를 『경국대전』에 의해 살펴 보면 〈표〉와 같다. 주전도감은 조선 후기 상평통보(常平通寶)의 주조를 관리하던 곳이어서 〈표〉에는 나타나지 않았다.

〈표〉에 의하면 그 인원 구성으로 보아서 군기시와 교서관의 작업장은 매우 규모가 컸으며, 각 기술자들의 업무도 전문적으로 분화되었음을 알 수 있다. 특히 644명의 공장(工匠)이 등록되어 있던 군기시 작업장은 전국에서 제일 큰 작업장이었다. 군기시는 지금의 태평로 1가 일대인 서울 특별 시청과 서울 신문사 자리에 있었다. 이 일대의 입지는 현재는 교통

〈표〉 조선 전기 중구 지역 각 관청의 정원수

관 청	정 원 수	계
군기시	칠장(12) 마조장(12) 궁현장(6) 유칠장(2) 주장(20) 생피장(4) 갑장(35) 궁인(90) 시인(150) 쟁장(11) 목장(4) 야장(130) 연장(160) 아교장(2) 고장(4) 연사장(2)	644
교서관	야장(6) 균자장(40) 인출장(20) 각자장(14) 주장(8) 조각장(8) 목장(2) 지장(4) 수장(44)	146
예빈시	옹장(8) 화장(6)	14
장악원	풍물장(4) 황엽장(2)	6
장흥고	인장(8) 도배장(8)	16

의 중심지이지만 조선 시대에는 북쪽으로 황토마루, 서학고개 등이 솟아 있어 외부와 차단되었고, 개발이 덜 되어 비교적 조용한 곳이었다. 현재 의 서울 특별시 시의회 의사당 자리인 군기시 서쪽에는 조선 초기에 정 릉(貞陵)과 흥천사(興天寺)라는 절이 있었는데, 태종 때 지금의 정릉동으 로 옮기면서 폐허화되고, 일부는 미나리꽝으로 변했다.[40] 따라서 국가 기밀에 속하는 무기의 제작 장소로서는 비교적 적합한 곳이었다. 군기시 에서는 창, 칼, 검, 활, 화살, 화포, 군기 등을 제작하였다. 군기시는 태 조 때 고려의 제도를 본받아 군기감(軍器監)으로 설치했다가 1466년(세 조 12)에 군기시로 고쳤다. 군기시의 최초 책임자는 고려말 왜구 소탕에 공이 많았던 최무선(崔茂宣)이었고, 이어서 그 아들 최해산(崔海山)이 계 승하여 82칸의 청사를 건립하고 무기를 본격적으로 제작하였다.[41] 나라 에서 필요한 일반적 물품은 공납을 통해 받을 수도 있고, 시전이나 공인 을 통해 구입할 수도 있으나, 무기는 일반인의 제작이나 사용이 허용되 는 것이 아니어서 예로부터 국가가 직영하는 관영 수공업장에서 제작하 였다. 더구나 제품이 정교해야 했기 때문에 기술이 뛰어나야 했다. 그리

하여 자연히 분업화가 철저하게 이루어져 군기시 작업장은 조선 시대 수
공업계 전반을 선도하였다. 민영 수공업이 발달한 조선 후기에 이르러서
도 군기 제작은 여전히 관영 수공업의 중심을 이루었고 그 품질도 우수
하였다. 군기시 작업장에서는 매우 세분된 분업과 순차적 공정에 의해
무기를 제작하였다. 예컨대 화살의 제작 과정을 보면, 목장이 화살대를
만들면 각장은 화살대에 깃이나 촉을 붙일 자리를 파고, 생피장은 화살
깃을, 주장은 화살촉을 붙였다. 그리고 칠장이 칠을 하고 연장이 최종적
으로 가공하여 완성했다. 이처럼 한 개의 화살이 완성되기까지에는 여러
명의 기술자가 각기 하나씩의 공정을 맡아 분업적으로 일을 진행하였다.
군기시 작업장에서는 이 밖에도 여러 가지 무기를 만들었는데, 갑장, 중
인, 시인, 쟁장, 고장 등은 각기의 세분된 공정을 거쳐 만들어진 갑옷,
활, 화살, 쟁, 북 등을 하나의 완제품으로 만드는 부문별 책임자였다.

　중구 지역에는 군기시 작업장보다는 작았지만 국영 인쇄소라 할 수 있
는 교서관(校書館) 작업장도 있었다. 조선 왕조는 유교 국가를 지향하여
학문을 숭상하였고, 이를 뒷받침하기 위해 서책의 출판에 힘을 기울였
다. 국가적으로 유교의 경전, 사서, 지리지, 법전, 윤리서, 병서, 농서,
의약 서적 등의 편찬 사업이 주도되면서 이를 담당할 기관이 필요했고,
편찬 작업을 할 작업장이 필요했
다. 그리하여 교서관의 본청은
궁궐 안에 두면서 그 작업장을
처음에는 남부 훈도방에 두었다
가 후에 낙선방, 즉 오늘의 예관
동으로 옮겨 설치했다. 그리하여
이 일대를 교서관동이라 했는데,
교서관을 흔히 예관(藝館)이라고
도 하여 후에는 예관동이라 불리
웠다.[42]

　교서관은 처음에는 교서감, 비
서감, 전교서 등으로도 불리웠는
데,[43] 서적의 출판과 축문, 외교
문서의 인쇄, 관인의 제조 등도

● 활쏘기

맡았다. 『경국대전』에 의하면 교서관 작업장에는 목장 2명, 각자장 14 명, 야장 6명, 주장 8명, 조각장 8명, 수장 44명, 균자장 40명, 지장 4 명, 인출장 20명 등 146명의 기술자가 배속되어 있었다.[44) 이들은 활자 의 주조에서 서책의 인쇄에 이르기까지 유기적 연관 속에서 작업하였는 데, 공정이 매우 분업화되어 있었다. 즉, 목장이 화양목을 다듬어 도장 목같이 몸통을 만들어 놓으면 거기에 각자장이 글자를 새겨 목활자를 만 든다. 이어서 보드라운 개흙을 인판에 편 다음 목활자를 거기에 찍었다 가 떼면 오목하게 주형이 생긴다. 이 때 주장이 녹인 구리를 야장이 부 어 금속 활자를 만드는데, 주조된 활자는 조각장에 의해 곱게 다듬어져 완성된다. 활자의 주조 공정이 끝나면 인쇄 공정에 들어가는데 창준이 원고의 글자를 큰소리로 읽으면 식자공인 수장이 글자를 골라 초고 위에 배열하고, 이어서 균자장이 동판 위에 그것을 올려놓고 조판하면, 지장 이 적당하게 재단한 종이에 인출장이 인쇄를 해서 서책이 만들어진다.[45)

이러한 생산 공정에서의 분업은 13세기 초 금속 활자의 발명 이후 시 작되었다고 보이는데, 조선 시대에 이르러는 정연한 체계를 가지고 규모 가 크게 작업이 이루어졌다. 당시로서는 세계적 수준의 인쇄술과 다량의 서책 출판이 중구 지역에서 이루어졌던 것이다. 『조선왕조실록』, 『경국 대전』, 『팔도지리지』, 『동국여지승람』, 『병장도설』, 『동국문헌비고』 등 주요한 서책들이 이 곳에서 간행되었던 것이다.

교서관 작업장에서는 활자를 직접 만들어 책을 펴냈으나, 처음에는 활 자만을 전문적으로 만든 곳이 있었으니, 현재의 주자동에 있었던 주자소 (鑄字所)가 그 곳이었다. 즉, 1403년(태조 3) 활자가 적기 때문에 서적 의 출판이 활발하지 못하다고 하여서 개경 환도지에서 왕명으로 주자소 를 설치하고 임금이 하사한 구리와 관료들이 희사한 구리로 활자 10만 개를 주조하였다.[46) 이것이 조선 최초의 활자인 계미자(癸未字)로서, 자 체의 크기는 1.4㎠였으며, 글자의 본은 송나라에서 출판한 시경, 서경, 좌전의 서체를 이용하였다. 2년 후 한양으로 재천도하면서 주자소도 옮 겨 현재의 주자동에 설치하였다. 태종의 뒤를 이은 세종도 서책의 편찬 에 힘써 활자의 개량을 적극적으로 지원하였는데, 계미자의 뒤끝이 송곳 같아서 판짜기에 불편하고, 능률이 오르지 않자, 활자 모양을 고쳐 만들 게 하여 2년간의 연구 끝에 1422년(세종 4) 경자자(庚子字)를 만들었다.[47] 경자자의 모양은 매우 정밀하였고, 인쇄에 편리하여 하루에 20권 이상을 인쇄하였다. 그 후 세종 16년에는 갑인자(甲寅字)를 만들었는데 이 활자로 가장 많은 책을 찍어냈다.[48] 활자의 수는 처음에 20만개를 만들었는데, 그 후 계속 8차례나 개량하면서 대량으로 만들었다. 1435년에는 활자의 개량에 관심이 큰 세종 때문에 주자소를 경복궁 안에 옮겼다가 궁중에서의 활자 주조에는 제약이 많았으므로 1460년(세조 6)에는 교서관에 병합시켰다. 그리하여 이후 활자의 주조는 교서관에서 오랫동안 전담하다가 1794년(정조 18) 다시 분리하여 활자를 전문으로 주조하였다. 조선 후기 주자소에서 만든 활자로는 정리자(整理字)가 대표적이었는데, 큰 활자 19만개와 작은 활자 14만여 개가 주조되어 조선 후기 서적 편찬에 크게 이바지하였다.[49]

이와 같은 관영 수공업장에 있어서의 물품의 제작은 원칙적으로 상품성을 가진 것은 아니었다. 그러나 관영 수공업장에서의 기술적 발달과 분업화의 공정은 장차 민영 수공업의 발달에 영향을 주었으며, 그러한 과정에서 제품의 상품화가 추진되었다. 관영 수공업장에 소속된 기술자들도 일정한 기간 동안에만 부역동원되었다. 예컨대 군기시 작업장의 기술자들은 3개 번으로 나뉘어서 1개월 복무하고 2개월 쉬도록 하여 1년에 4개월을 복무하였다.[50] 물론 이것이 원칙적으로 잘 지켜지는 것은 아니었다. 때로는 한 달씩 교대로 근무하여 1년에 6개월을 복무하는 경우도 있었다. 작업장에 동원되지 않는 기간에 기술자들은 자기 집에서 물건을 만들어, 이것을 처분하여 수입을 올릴 수 있었다.

조선 정부는 노동력을 징발하는 댓가로서 노임을 주는 대신에 최소한의 기회를 주어서 스스로 생계를 영위하도록 하였던 것이다. 그리하여 수공업자들은 고된 피로 속에서도 물건을 제작하여 지금의 종로, 남대문로 연변에 설치되었던 시전에 내다 팔거나, 직접 가가호호를 찾아다니며 팔았다. 물론 이 시기의 상품 생산은 호구지책을 위한 단순 생산에 불과하였지만, 점차 수요가 늘면서 유통 상품화의 가능성이 높아갔다. 수공업자들은 모자, 의복, 신발, 가구 등을 비롯하여 환도와 같은 무기까지 제작하여 시장에 내다놓고 파는 경우가 있었는데,[51] 특히 금, 은, 주석 등 귀금속 세공업에 종사하던 기술자들은 재산을 상당히 모으기도 하였다.

(2) 민영 수공업의 활성화

관영 수공업장은 15세기에는 나름대로 비교적 잘 운영되었으나, 16세기에 이르러 문제가 노출되었다.[52] 첫째로 이 시기를 전후하여 정치 기강이 해이해지면서 정부가 정한 법제가 제대로 지켜지지 않았다. 즉, 번차제(番次制)가 원칙대로 지켜지지 않아 계속 작업장에 동원됨으로써 쉴 틈이 없었고, 그리하여 수공업자들은 생계를 위한 생산 활동을 할 수 없었다. 그리고 작업하는 동안에 지급되던 요미나 식대도 제대로 급여되지 않아 수공업자들을 곤경에 빠뜨렸다. 그리고 군기시 작업장과 같이 중요한 생산 분야에 동원되던 기술자들에게는 군인들에게 지급하던 급보제(給保制)가 적용되었었는데, 16세기에 와서는 그것도 유명무실해졌다.

둘째로 양반 관료들의 자의적인 횡포가 심해졌다. 통치 질서가 문란해지면서 소속 관청의 관리들은 기술자들에게 제품의 생산 외에도 온갖 고역을 강요하였다. 원래 양반에게는 심부름이나 시중을 위해 구사(丘史)라는 노비가 딸려 있었는데, 그 일까지 기술자들에게 시켰다. 그리고 숙련된 기술자에게는 공적으로 정해진 제품의 생산 외에 사적으로 제품을 생산케 하여 그것을 차지하기도 하였다. 따라서 그들은 기술의 개발에 전력으로 힘쓸 수 없을 뿐 아니라 고역으로 생존이 위협받았다. 양반 관료들의 요구를 듣지 않게 되면 생산 결과에 대해 지나친 감독과 까다로운 검열을 받고, 수시로 퇴짜를 맞아야 했다. 그리하여 수공업자들은 가능한 한 작업장에 나가고자 하지 않았다. 부역을 피하고자 하는 도피 현상 그 자체는 물론 소극적인 투쟁에 지나지 않았으나, 점차 그것은 관영 수공업의 운영에 타격을 크게 주었다. 이에 정부는 법제적으로 기술자들의 도피 현상을 막아보고자 하였지만 근본적인 대책이 제시되지 않는 한 그것은 의미가 없는 조처였다.[53]

기술자들의 도피 현상이 심해지면서 각 관청의 작업장에서는 생산 활동에 차질이 생겼다. 필요한 물품을 만들고자 하여도 만들 사람이 없게 된 것이다. 어느 한 공정의 사람만 없어도 제품 생산은 제대로 이루어지지 못한다. 이에 정부에서는 민간 수공업자를 일시로 고용해서라도 생산 활동에 있어서의 차질을 막아야 했다. 그리하여 민간 수공업자들이 품삯을 받고 관영 수공업장에 고용되어 물건을 제작하기에 이르렀다.[54] 이 같은 현상은 16세기 중엽에 이르러는 거의 일반적인 현상으로 나타났다. 그러나 민간 수공업자들의 기술은 아직 매우 낮은 수준이었다. 따라서 미봉적으로 제품이 생산되었다고 하여도 그것은 국가의 수요를 제대로 충족시키는 것이 아니었다. 즉 관영 수공업은 점차 동요되어 갔다.

왜란과 호란을 겪은 조선 후기에 이르면 더더욱 관영 수공업장은 부실해져 갔다. 재정 사정이 악화되면서 국가는 더 이상 관영 수공업장을 운영하기가 어렵게 되었다. 또 대동법이 실시되고 상품 화폐 경제가 발달하면서 국가는 필요한 물품을 공인이나 시전에서 쉽게 조달받을 수 있게 되었다. 이에 그다지 필요하지 않은 물건을 제조하기 위해 필요 이상의 시설과 경비가 소요되는 관영 수공업장을 운영한다는 것이 비경제적이고 비생산적이라는 인식이 제고되었다.[55] 그리하여, 군역제에서와 같이 관영 수공업장에 소속된 공장(工匠)들에게 부역 동원을 하지 않는 대신에 장인세를 부담시켰다. 그리하여 일정한 양의 면포를 바치면 기술자들은 관아의 통제에서 벗어나 비교적 자유롭게 생산 활동에 종사할 수 있게 되었다.

물론 조선 후기에 수공업자들이 관아의 통제에서 벗어나 자유롭게 생산 활동을 할 수 있게 되었다고 하여도 그들의 생활이 여유로운 것은 아니었다. 수공업자들에게서 받아내는 가포(價布)를 재정의 일부로 여긴 정부나 이를 빌미로 탐학을 일삼는 관료들에 의해 가포가 임의로 징수되었기 때문이다. 17세기의 기록에는 한 사람에게서 징수되는 면포가 16필에 이르는 경우도 있었다.[56] 그렇다고 하여도 그들은 자유로운 생산 활동을 추구하였다. 봉건 국가와의 신분적 예속 관계에서 벗어날 수 있었기 때문이다.

관영 수공업장에서 소속된 공장들이 떠나갔다고 하지만, 작업장 자체는 계속 존재하였다. 따라서 작업장을 지속적으로 운영하여 제품을 생산하기 위해서는 민간 수공업자를 고용해야 했다. 실제로 18세기에는 사섬시, 전함사, 사온서 등과 같이 작업장 자체가 없어진 곳도 많았고, 작업장이 있다고 하여도 내자시, 내섬시, 사도시, 예빈시, 제용감 등에는 소속의 공장이 한 사람도 없었다.[57]

그리하여 장인의 등록제 자체가 무의미해져 마침내 장적법을 폐기하고, 나라에서 직영하는 관영 작업장에서도 이후에는 모두 기술자를 고용하여 운영하기에 이르렀다. 물론 부역노동에서 벗어난 공장들이 노임을 받고 관영 작업장에서 다시 일하는 경우도 있었다. 처음에는 우연적이고 일시적으로 행하던 기술자의 고용이 18세기에는 하나의 통례로 되어갔다. 그리하여 관영 작업장에서 어떤 물건을 만들어야 할 필요가 있으면 반드시 노임을 주고 민간에서 수공업자를 고용해서 썼다.[58] 민간 수공업자를 고용해서 물건을 만든 관영 작업장의 실태를 주전도감(鑄錢都監)에서 살펴 볼 수 있다. 조선 후기 동전의 주조를 총괄하던 주전도감은 태평로 2가에 있었는데 그 이웃에 개천이 흐르고 다리가 있어 전도감교(錢都監橋) 또는 전교라 하였다. 19세기 후반에는 도성 밖의 신당동으로 작업장을 옮겼다.

　본래 주전청이라고도 한 주전도감은 1678년(숙종 4)에 설치되었는데, 이에 앞서 조선 왕조의 위정자들은 양 난으로 인해 파산의 위기에 빠진 국가 재정을 재건하기 위해 동전의 발행과 그 보급을 수차에 걸쳐 시도했다.[59] 처음에는 동전에 대한 인식이 부족하여 그리 잘 보급되지 않았는데, 대동법이 실시되고 상품 경제가 발달하면서 동전의 이로움이 널리 이해되고, 그리하여 대량의 동전을 주조해야 했다. 동전의 주조는 국가 경제와 긴밀히 연관되어 개인에게 임의로 맡길 수 없는 것이어서, 국가가 주관해야 했다. 그리하여 주전도감이 설치되고, 업무량이 많아지면서 각 관청 또는 지방의 감영에게도 그 일을 위임하였으나, 주전도감이 총괄하였다. 동전의 수요가 늘어나면서 18세기 초에는 5년마다 또는 10년마다 4·5만냥의 동전, 즉 상평통보(常平通寶)를 주조하였다. 이 돈은 중앙에 네모가 난 구멍이 뚫린 둥근 모양으로 되었는데, 앞에는 상평통보의 네 글자를 상하좌우에 한 자씩 쓰고, 뒤에는 주조 관청의 명칭과 값을 표시하였다. 이들 동전의 주조가 관영 작업장에서 이루어졌지만, 기술자나 인부는 모두 노임을 주고 고용했다.

　1770년대의 기록에 의하면 주전 작업장인 주전소(鑄錢所)에 50대의 작업틀이 설치되는 경우 기술자와 잡역부를 합해서 1천여 명의 인원이 동원되었다.[60] 이들에게는 노역의 대가로 면포를 지급하는 것이 원칙이었으나, 점차 화폐화하여 19세기 중엽에는 거의 동전으로 지급되었다. 주전의 과정도 역시 세분화되어 각 부문별 전문기술자가 분업으로 작업을 하였다. 그들의 명색과 노임을 살펴 보면 〈표〉와 같다.[61] 이 때의 노임은 주전 1만냥에 대한 공전이었다. 즉 월급제가 아니라 도급제였던 것

〈표〉 조선 후기 주전소의 노임 현황

명색	정원	노 임	명색	정원	노 임
전장	2	105냥	차장	1	13냥
우본	2	90	조역	3	9
좌본	2	75	적전	2	10
취야	2	75	흑골	1	11
마련	1	75	철권	1	15
세철	1	75	화방조역	4	15
방정	3	35	탄조역	1	12
주장	3	35	기송군	1	15
마광장	3	20	거취	1	20
식전군	2	15	서사	1	20
작관	3	10	가하인	1	15

이다. 주전 사업이 시작되면 5년 정도 계속적으로 작업을 하였는데 대개는 1개월을 단위로 한 달에 10여 일씩 계속 발주하였다. 매 작업틀에서 1회에 주전하는 양은 대개 1만냥에서 2만 5천냥에 이르렀다.

　조선 전기에도 민간 수공업자가 전혀 없었던 것은 아니었다. 그러나 조선 왕조가 정책적으로 상공업을 철저하게 억압하였기 때문에 민영 수공업이 발달할 여지가 없었다. 그러나 조선 후기에 이르러서는 전술한 바와 같이 관영 수공업이 부실해져 갔고 정책도 점차 완화되어 갔으며, 또 상품 화폐 경제가 진전되면서 도시인의 기호가 늘어나서 수공업품의 민간 수요가 증대되었다. 더구나 장인의 입역이 가포제로 바뀌면서 수공업자들의 상품 생산이 촉진되었다.

　이들 수공업자들은 대개 공인이나 상인들로부터 주문을 받아 물건을 생산했는데, 때로는 직접 시전(市廛)을 개설하고서 상품으로서 생산했다. 예컨대 겨울에 추위를 방지하기 위해 사람들이 쓰는 귀마개를 만들던 장인들은 물건을 시장에 내다 팔면서 스스로 시전을 개설하였는데[62] 이러한 경우에는 판매장과 작업장이 함께 붙어 있었다고 보인다. 상인의 활동이 두드러지면서 수공업자들은 자본과 원료를 상인에게서 선대받아 상인에게 지배되거나 의존하였으나, 18세기 후반에 이르러는 수공업자

가운데서도 점차 독자적으로 생산하고, 이를 직접 판매하는 사람도 있었다. 수공업자들의 독립 현상은 철물, 놋그릇, 모자, 신발, 자리 제조 분야에서 두드러졌다.[63]

　중구 지역에서 민간 수공업자들의 활동 기지는 주로 시전이 있는 광통방, 대평방, 훈도방 주변과 칠패장이 열리고 있는 남대문 밖이었다. 무교동의 도자동(刀子洞)은 인근에 도자전이 있어 장도, 식도 등을 만드는 사람들이 거주하였고, 태평로 1가의 쳇골에는 체를 만드는 집이 많았다. 장교동의 청계천변에서는 자리, 모자, 신 등을 만들었고, 입정동 일대에서는 장농, 마구 등을 제작하였다. 그리고 의주로 2가와 쌍림동, 묵정동 풀뭇골에서는 철물을 제작하였는데, 주로 농기구를 생산했다. 풀무골이란 풀무를 쓰는 대장간이 많아서 불리워진 동리 이름이었다. 의주로 2가에서는 서소문 밖에서 사용하는 농기구를, 쌍림동에서는 광희문 밖에서 사용하는 농기구를 만들었다.

◆ 대장간　　　　　　　　　　　◆ 자리짜기

4. 칠패 상인의 난전 활동

(1) 시전의 설치

오늘날 중구 지역은 서울에서도 특히 핵심적인 상업 지구이다. 조선 후기 이래로 서울이란 도시는 행정 도시에서 상업 도시로 모습이 달라져 갔다. 지역별로 살펴보면 처음에는 종로구 지역에서 그 경향이 강했으나, 19세기 말 이래로는 중구 지역의 상업화가 종로구 지역의 그것을 능가하였다. 즉, 개항과 더불어 문호가 개방되자, 청나라와 일본의 상인들이 우리 나라에 진출하여 각기 소공동과 충무로 지역을 거점으로 상권(商圈)을 확장하면서, 이 지역은 지금까지 비교적 조용하던 상태에서 깨어나 활기찬 상업 중심지로 뻗어나게 된 것이다. 현재 이 지역은 거의 순수하다고 할 수 있을 정도로 상업화가 되어 있다. 전국적으로 이름난 시장과 백화점이 곳곳에 도사리고 있고, 크고 작은 금융 기관이 숱하게 집결되어 있으며, 그 밖에도 대로, 소로를 막론하고 길이 있는 연변에는 거의 상가로 뒤덮여 있다.

중구 지역의 상업화는 근대에 이르러 본격화되었지만, 그 역사적 배경은 일찌기 이 지역에 설치되었던 시전(市廛)과 난전(亂廛)에 있었다. 조선 왕조는 한양으로의 천도를 결정하고, 도시 계획을 새로이 꾸미면서 관청의 물자 수급과 주민의 생활용품을 거래할 수 있게 궁궐·관아의 조성과 함께 시전의 개설을 꾀하였다. 그리하여 우선 혜정교에서 창덕궁 입구까지의 대로 연변에 8백여 칸의 행랑을 건설하였다. 이 공사는 정종 1년에 계획되었으나, 정국이 어수선하고 개경으로 환도하는 일이 생겨 태종 12년에야 착공되었다.[64] 중구 지역에 시전이 설치된 것은 태종 14년 7월 제 4차 공사 때로서, 종루(鐘樓)에서 남대문(南大門)까지의 도로 양편에 행랑을 건설한 것이다.[65] 이 때 소요된 재목은 충청·강원도 산지에서 한강을 통해 운반해 왔으며, 공사는 경기·황해도의 수군과 평안·함경도의 승려들이 징발되어 작업하였다. 시전 행랑은 상설 상가와 같은 것이었다. 광교에서 남대문에 이르는 남대문로 연변에 상설 상가가 건설된 것이다. 이 같은 상가 시설은 그 후 이전·치폐 등으로 온전히 유지된 것 같지는 않다. 조선 후기의 자료들을 검토해 보면, 오늘의 남대문로1가 연변만이 상업 지역으로서 왕성한 모습을 보여주고 있다.

　본래 시전은 관청의 물자 수급을 주된 목적으로 설치된 상가였다. 그런데 조선 전기에는 관영 수공업장이 있어 각 관청은 자체적으로 물자를 조달하였기 때문에 정부의 시전에 대한 의존도는 그리 크지 않았다. 정부는 주로 옷감, 종이 등 원료를 시전에서 조달받았으며 이들도 공납이나 관영 작업장에서 조달하는 경우가 많았다. 따라서 이 시기에 있어서는 시전 상인에 대해 행랑을 임대한 댓가로 그 사용료에 해당하는 상세(商稅)만을 정부가 징수하였다. 시전의 역할이 크지 않았기 때문에 그들의 활동 영역도 넓지 않았고, 그리하여 그들의 활동 무대는 운종가(雲從街)를 중심으로 한 오늘의 종로 일대에 국한되었다고 보여진다. 행랑이 건설되었다고 해서 그것이 곧 상가로 운영되었다고 보는 데에는 다소 재고의 여지가 있다고 하겠다.

　시전의 활동 구역이 넓어지는 것은 조선 후기에 이르러서였다. 상품 화폐 경제의 진전과 더불어 새로운 시전이 개설되면서 시전의 활동 구역이 본바닥인 종로 지역을 벗어나 다른 지역으로 확장되어 간 것이다. 그러한 배경에는 시전의 성격 변화와 더불어 새로운 상인층이 나타났다는 사실이 작용하였다. 17세기에 이르면 농업과 수공업에서 생산력이 증대하고, 토지 겸병 · 질병 · 재해 등으로 농민층의 도시에로의 유입 현상이 심화되고 있다. 이 같은 현상은 서울에서의 상품의 수요량을 증대시켰고, 그것은 금속 화폐의 유통과 더불어 상품의 유통을 활발하게 하였다. 이러한 속에서 장사는 이익이 많다는 것이 널리 인식되어갔다. 이에 유랑하는 농민, 관청의 서리, 군영의 군인, 세도가의 노비 등이 상인의 대열에 합류하였다. 이들은 새로이 시전을 설립하여 시전 상인의 이익을 저해하면서 주로 중구 지역에 자리잡아 갔다.

　한편, 왜란과 호란을 겪으면서 정부는 심각한 재정난에 봉착하게 되었고, 청나라에 항복하면서 해마다 막대한 방물을 상납해야 했는데, 농촌이 파탄된 상황 속에서 그 비용을 염출할 방도가 막연하였다. 이에 그 비용을 시전 상인에게 국역(國役)이라는 명목으로 부담시켰다. 정부는 무리한 부담의 댓가로 시전 상인에게 독점판매의 특권을 부여하였다.[66] 이 시기에 정부와의 거래에서 별로 이익이 없을 뿐 아니라 과중한 부담으로 손해를 보자, 시전 상인들은 종래 부수적으로 행하던 주민과의 거래에 보다 치중하게 되었는데, 이 때 유민, 서리, 노비, 군인 등이 새로운 상인층으로 등장, 자신들의 영업 행위를 침해하고 있는 상황에서 독점 판매의 특권은 커다란 무기가 되었다.[67] 이로부터 종로 지역의 시전 상인들은 주민을 대상으로 한 소매상으로 그 성격이 바뀌어져 갔다.

그러나 18세기에 이르러 상품의 유통이 보다 활발해지는 속에서 새로운 상인층의 활동은 보다 적극화되었고, 그들은 시전 상인의 제지를 피하기 위하여 시전의 중도아(中都兒)가 되면서 결탁하거나, 나아가 재산을 모아 시전을 새로이 설립하고자 하였다.[68] 새로운 시전의 설립이 가능했던 것은 이 시기에 이르면 농산물, 수산물, 공산품 등의 종류가 많아지고 그 물량이 크게 늘어났으며, 아울러 도시 인구의 급증으로 이에 대한 소비가 늘어나 종래의 시전으로서는 그 역할을 모두 감당하기에는 한계가 있었고, 또 정부도 신전에게 역(役)을 부담시켜 재정의 보조를 받고자 하였기 때문이다.

그리하여 정부로부터 인정을 받은 새로운 시전이 급격히 늘어났다.[69] 이들 신전(新廛)은 종로 지역에도 설치되어 있었으나, 도성 안에서는 대광통교 이남의 청계천 연변에 집중적으로 설치되고 있었다. 이 지역은 당시 전국 각지에서 일반 서민들이 몰려들어 밀집해 있을 뿐 아니라 기존의 시전 상가와도 인접해 있어 상거래가 편리했기 때문이다. 그리고 도성 밖에는 서소문 밖 의주로 일대에 신전이 대거 설치되고 있었다.[70] 그리하여 18세기 중엽 이 지역의 상업계는 시전으로 충만되어 같은 물종에 대해서 2, 3종의 시전이 동시에 병존하고 있었다. 또한 새로운 물품을 취급하는 시전도 많아졌다.

이 지역에 집중적으로 시전이 설립된 시기를 분명히 밝힐 수는 없지만, 『동국여지비고』에 의해 중구 지역에서 활동한 시전의 분포를 구체적으로 살펴 보면 주로 광통방, 대평방의 전역과 명례방, 회현방, 훈도방 일부 지역에 집중되어 있다.[71]

이를 다시 현재의 위치로 살펴 보면, 무교동에 모전, 도자전, 수하동에 자리전, 삼각동에 병풍전, 장교동에 모시전, 청포전, 관자전, 소금전, 신전, 수표동에 죽전, 마전, 입정동에 연초전, 장전, 을지로 1가에 기름전, 휴지전, 을지로 2가에 약전, 죽전, 상전, 모시전, 을지로 3가에 신전, 을지로 4가에 은방, 남대문로 1가에 자리전, 백목전, 소공동에 우전, 정동에 우전, 상전, 저동에 모시전, 초동에 초물전, 남대문로 4가에 잡곡전, 소금전 등이 있었다. 그리고 서소문 밖 성저(城底)에는 순화동에 싸전, 우전, 시저전, 초물전, 의주로에 싸전, 포전, 조개전, 양태전, 남대문로에 상전, 죽물전, 소금전, 동이전, 봉래동에 어물전, 지전, 중림동에 연죽전 등이 있었다. 이들 시전이 모두 정부로부터 인정된 시전인지의 여부는 확인해 봐야 하겠지만, 기존 종로 지역 시전의 전매물종과 중복된 경우가 많음을 알 수 있다. 청계천 연변에서는 주로 생활용품이, 서소문 밖에서는 식품이 주로 거래되고 있었다.

(2) 칠패 난전(七牌亂廛)의 성황

18세기에 이르면 도시화가 급속도로 전개되어 지금까지 비교적 자연스러운 지형을 유지시켜 왔던 중구 지역의 상당 부분이 개발되어 훈도방, 낙선방, 명철방 등에도 많은 인구가 집중되고 있었다. 그리하여 그들을 배후의 소비권으로 하는 상권이 확대되어 중구 지역에도 비약적으로 많은 시전이 신설되고 활약하였다. 그리하여 일부 무뢰배들까지도 수단과 방법을 다하여 시전을 설치하였는데, 그들은 상품을 판매하는 것보다는 시전이 갖는 금난전권(禁亂廛權)의 특권을 빙자하여 난전을 규제하는 것을 일삼아서, 심지어는 채소와 기름 그리고 젓갈 같은 것도 그 전매권을 가진 시전이 생겨 소상인, 소생산자들이 입는 피해가 컸을 뿐 아니라 거래가 끊겨 물가가 날로 폭등하는 현상이 나타났다.[72] 이에 정부로서도 그 폐해를 방치하고만 있을 수는 없게 되었다. 기존의 시전 상인들도 새로운 시전의 증가는 자신들의 이익을 침해하는 것이어서 여러 모로 새로운 시전의 설립을 제지하였다. 그리하여 18세기 중엽에 이르면 신전(新廛)의 설립은 상당히 규제된다.

시전을 설립하면 상행위가 합법화되어 정부로부터 보호를 받아 유리했다.[73] 그리하여 사상인들은 어느 정도 재산만 모으면 시전을 설립하고자 했던 것이다. 그러나 신전의 설립이 규제되면서 시전 체계가 고정되자, 시전화(市廛化)에 실패한 사상인들이 증가하였다. 이제 그들은 그 활로를 금난전권의 규제 범위 밖에서 구하던가, 아니면 시전 상인과 투쟁하면서 살길을 찾던가 하는 외에는 다른 방도가 없었다. 18세기 후반은 시전 상인과 사상인이 격렬하게 항쟁하는 시기였다.[74] 그러한 과정에서 칠패(七

牌)와 같은 난전의 거점이 생겨 상업계의 구조가 크게 변화되고 있었다.

칠패(七牌)의 난전과 같이 대규모의 상거래를 통해 시전 상인을 압박하는 경우도 있지만, 본래 난전(亂廛)은 소상품 생산자 또는 소상인에 의해 생겼다.[75] 품목별로 보면 공산품과 농산물을 소규모로 거래한 경우였다. 전술한 바와 같이 관영 수공업장에 징발되는 기술자라고 하여도 일정한 기간 외에는 집에서 물건을 만들어 내다 팔아 그것으로 생계를 영위하였다. 그러나 시전 체제 아래에서 그들은 만든 물건을 함부로 아무에게나 팔지 못하고 해당 시전에게만 전매해야 했다. 이는 민간 수공업자에 있어서도 예외가 아니었다. 수공업자는 물건만 만들고, 파는 것은 상인의 역할이었기 때문이다. 그러나 이렇게 되면 시전의 간섭이 많았고 값을 제대로 받을 수가 없었다. 이에 수공업자들은 은밀히 영업하여 시전에 팔지 않고 직접 길거리에서나 가가(假家)에서 판매하였다.

농산물의 거래에서도 마찬가지였다. 17세기 후반 이래 도시 근교에서는 채소와 같은 상품 작물의 재배가 발달하였다. 도시 인구가 늘어나면서 그 수요가 많아졌고, 그리하여 이익이 많았기 때문이다. 소농민들은 채소 등의 농산물을 머리에 이고 손에 들고서 도성 안으로 진출하여 골목골목으로 돌아다니거나 거리에 늘어놓고 판매하였다. 때로는 소상인들이 이들 물건을 받아서 되팔기도 했다. 이 시기 서울에 유입된 농촌의 유랑민들은 임노동에 종사하지 않으면 이 같은 소상인으로서 생활을 영위하는 것이 일반적이었다.

이후 18세기 중엽에 이르면 상품 화폐 경제가 보다 진전되었다. 그리하여 소상품 생산자나 소상인의 활동도 매우 활발해졌고, 그들의 상품 거래량도 많아졌다. 이러한 속에서 소상품 생산자·소상인의 상품을 중간에서 선매(先買)하여 서울에서 독점적으로 판매하는 보다 규모가 큰 난전이 생겨났다. 상품을 생산자로부터 선매하는 행위를 도집(都執)이라 하였는데, 주로 군영의 군졸과 관청, 세도가의 노복들이 그 행위를 자행하였다.[76] 그들은 일정한 장소에 커다란 상점을 차려놓고 예컨대 박물전(博物廛)이란 상호까지 내걸고 난전 활동을 하였다.[77] 처음에는 장시(場市)의 형태로 새벽에 주로 상행위를 하였다.

기록에 의하면 아현동에 거주하는 군졸들은 교동이나 강화에서 서울로 들어오는 길목을 차지하고서 서울로 반입되는 돗자리 등의 상품을 선매하여 소의문 안밖에 쌓아두고 장시가 열리면 자의로 난매(亂賣)하고 있었다.[78] 그들이 상품을 난매하던 곳이 칠패(七牌)였던 것이다. 칠패에는 이 때에 곳곳의 물화가 집하되고 있었는데, 특히 어물(魚物)이 대량으로 집하되고 있었다. 칠패는 배오개〈梨峴〉와 더불어 조선 후기 사상도고의 대표적 근거지였다.[79] 칠패는 남대문과 서소문 사이에 있어 많은 사람들의 출입이 용이했고, 용산, 마포와 가까워 어물의 반입이 쉬웠다. 그리하여 많은 사상인들이 칠패로 집결하였다.

시전 상인들의 금난전권을 통한 규제가 있었음에도 불구하고 사상인들이 왕성하게 활동할 수 있었던 데는 두 가지 요인을 생각해 볼 수 있다. 첫째, 이 시기에 이르면 사상인들은 자본과 조직이 시전 상인의 그것에 뒤지지 않는 내재적 역량을 갖추고 있었다. 사상인들이 오히려 시전 상인을 자본면에 있어서 지배하고 있는 경우도 있었다. 예를 들면 일찌기 한강변에서 도성 안의 시전에 예속되어 과도한 세금을 물며 장사를 하고 있던 경강 상인(京江商人)들은 우세한 자본력으로 상품을 매점해두고 시전에 넘기지 않아 시전 상인에게 피해를 주었는가 하면, 가격을 자의로 조종하기도 했다.[80]

둘째, 사상인들은 인근에 있었던 외어물전(外魚物廛)과 결탁하여 그 비호하에 자유로이 상행위를 전개하였다. 원래 어물전은 종로에만 있었다. 그런데 어느 때인가 관청의 노복과 송사가 생겨 어물전이 철시하자, 이 기회를 틈타 세도가의 노복들이 서소문 밖에 외어물전을 별도로 개설, 운영하였다.[81] 이에 내어물전에서 이를 항의하여 정부로서도 여러 차례 폐지를 검토하였으나, 18세기에 이르러 어물의 수요가 크게 늘어 내어물전만으로서는 그 거래를 감당하기에는 한계가 있었고, 또 내어물전의 자의적 상행위도 문제가 있었으며, 정부도 시전을 늘려 세수입을 보다 늘리는 것이 유리하다고 생각하여 외어물전이 공적으로 인정되었다. 그러나 그 영업에 있어서는 내어물전의 기득권을 인정하여 거래의 양을 3대 1의 비율로 분배토록 하였다. 이에 외어물전은 그 불리함을 극복하고자 사상인들과 결탁하여 어물의 상권 확장을 시도하게 되니, 칠패의 사상인들은 이를 계기로 그 비호를 받아 성장할 수 있었던 것이다.[82]

이 시기에 이르면 칠패의 사상인들의 활동은 매우 극성스러움을 보이고 있다. 1746년(영조 22)의 한 기록에 의하면 무뢰배들이 칠패에 난전을 차려놓고 하루 종일 상품을 판매하는데, 물건을 사고 파는 사람과 물건을 실어나르는 말이 길거리를 꽉 메웠다. 그들은 북쪽으로는 누원, 송우점에, 그리고 남쪽으로는 동작진, 서강, 마포 등지에 사람을 보내어 남쪽·북쪽 지방에서 오는 어물을 몇 백 바리, 몇 천 바리를 막론하고 모두 매점해서 칠패로 집하시켰다. 그리고 도성 안의 중개업자인 중도아(中都兒)를 끌어들여 각지로 도산매하였으니, 수각교, 회현동, 죽전동, 주자동, 어청동, 어의동, 이현, 병문 등지에는 칠패에서 흘러나온 어물들이 산과 같이 쌓였다고 한다.[83] 조선 후기에 작성되었다고 보이는 한양가(漢陽歌)에서는 칠패 생선전에 대해 자세히 소개하고 있다.

> 칠패의 생선전에
> 각색 생선 다 있구나
> 민어·석어·석수어며
> 도미·준치·고도어며
> 낙지·소라·오적어며
> 조개·새우·전어로다.

칠패의 주요 상품은 어물로서, 이를테면 이 곳은 생선 도매 시장이었다. 칠패 상인들의 상거래는 어물전의 거래에 비해 그 매매량이 10배나 되었다.[84] 그리하여 어물전, 특히 내어물전의 운영은 점차 위축되어 갔다. 어물전 등 시전 상인들이 판매하는 상품은 각 지방의 생산자가 직접 서울에 가져와서 시전에 팔거나, 혹은 행상(行商)들이 사이에 들어서 생산자와 시전 상인을 연결하였다. 그러나 칠패 상인들은 각 지방의 상인들이 서울로 들어오는 길목을 지켜 매점하거나, 더 나아가서 생산지에 가서 상품을 사왔고, 이것을 쌓아두고 가격을 마음대로 조종하였다. 예컨대 칠패에서 장사하던 김평심(金平心) 등은 배오개 상인들과 함께 북어의 생산지인 원산에까지 직접 가거나 송우점, 누원 등지에서 어물을 매점하여 값을 마음대로 조종하여 팔았으므로, 어물전에서는 어물이 없어 팔지 못하고 폐업할 지경에 이르고 있었다.[85]

　칠패 난전의 활약이 비약적으로 확대되면서, 일찌기 내어물전이 칠패를 폐지하고자 했을 때 그것은 내어물전이 이익을 독점하여 도고(都賈)

하고자 하기 때문이라고 반론을 펴면서 칠패 난전을 비호하였던 외어물전도 점차 피해를 입기에 이르렀다. 칠패의 사상인들이 비교적 합법적으로 상행위를 할 수 있었던 것은 외어물전의 중도아(中都兒)를 자처하였기 때문이었다.[86]

중도아는 중간 상인으로서 시전 체계 하에서 생겨난 존재였다. 즉 시전 체계에서는 서울에 반입되는 상품은 반드시 시전을 거쳐 소비자에게 전달되어야 했다. 그러나 서울에서 유통되는 상품량이 증가하고, 서울의 상권이 확대됨에 따라 시전 상인이 상품을 매집하고 분산하는 기능을 모두 감당할 수는 없었다. 특히 어물과 같은 상품은 부패성이 크기 때문에 단기간에 유통시키지 않으면 상품 가치가 크게 떨어진다. 그리하여 어물전의 경우에는 여러 가지 원인이 있었지만 일물일전(一物一廛)의 원칙에 구애받지 않고 내전과 외전의 분화가 일찍부터 있었다.

그러나 상품 경제가 보다 진전되면서 그것만으로는 문제가 해결되지 않았다. 그리하여 어물전은 일정한 부담을 전제로 하여 비시전계 상인으로 하여금 시전의 기능 중 일부를 담당하도록 하였으니, 그리하여 나타난 중간 상인이 중도아와 여객 주인이었다.[87] 18세기 중엽 이후에는 여타의 시전에도 중도아와 여객 주인의 존재가 나타났다. 중도아는 서울에 상품을 가지고 들어오는 외방 상인과 시전 상인 사이의 거래를 주선하거나 시전이 매집한 상품을 소비자나 소매상에게 전매하는 역할을 하였다.

이들은 그 자본 규모에 따라 두 부류로 나뉘어졌다. 즉 자본 규모가 영세하여 소량의 상품을 행상을 통해 소비자에게 전매하는 경우와 어느 정도 많은 자본을 가지고 시전 부근이나 교통의 요지에 임시 점포를 차려 소매상이나 소비자에게 상품을 판매하는 경우가 그것이었다. 중구 지역에는 전자의 경우에 해당되는 객주나 여객이 곳곳에 있었는데, 서소문 밖, 남대문 밖, 광희문 안팎에 그들이 집단적으로 거주하며 객주골, 여객촌을 이루고 있었다. 후자의 경우에 해당되는 존재가 칠패의 사상인들이었다.

칠패 중도아는 칠패 객주로도 표현되었는데, 주로 인근 서소문 밖의 외어물전에 소속된 중도아로 출발하고 있다. 이들 중도아들은 시전에 세금을 바쳐야 하고, 그들이 거래하는 상품은 반드시 시전에서 매입한 것이어야 하는 등 시전에 종속되어 상업 활동을 전개하여야 했고, 그러한 한도에서 그들의 상업 활동은 그 합법성을 인정받았다.[88) 그러나 시전에 예속되고 그 간섭을 받는다는 것은 그들의 성장을 제약하는 조치였다. 이에 상품 화폐 경제가 발전하고 사상인의 활동이 활발해지면서 이들은 사상인들과 결탁하여 사상인들이 매집한 상품을 시중에 판매하기도 하였다.

일부 사상인들은 중도아를 자처하여 그 합법성을 인정받고 상행위를 자유로이 전개하였다. 칠패의 사상인들이 대표적 실례이었다. 즉, 18세기 후반 칠패·배오개의 사상인들은 중도아임을 빌미로 어물전으로부터 소량의 물품을 구입하여 자기들이 다른 곳에서 대량으로 구입한 물품과 섞어서 발매하고 있는데,[89) 이는 자본 집적에 성공한 일부 사상인들이 유통 구조에서 시전을 배제하면서 도고 상인(都賈商人)으로 성장해 가고 있는 모습을 보여주는 자료라 하겠다. 이에 어물전에서는 이후 중도아에게는 일체 어물을 매각하려 하지 않았다.

이들 중도아에 대하여 시전은 처음부터 그 존재를 인정한 것은 아니었다. 그들은 시전이 인정한 존재가 아니면서도 스스로 중도아를 자처하여 시전에 반입되는 물품을 중간에서 매점하였다. 그러나 난전에 대한 규제가 강화되면서 사상인들의 일부는 서울에 남아 그들의 도고 행위를 합법화하기 위해 특정한 시전의 중도아로 변신하였고, 또 다른 일부는 서울 외곽에 장시가 발달하면서 송파·누원 등 외곽의 장시로 근거지를 옮겨 금난전권의 규제를 받지 않고 자유로이 서울에 반입되는 물품을 매점하면서 도고 상인으로 성장해 갔다.

서울 안에서 가장 활발하게 난전 행위를 하였던 칠패의 사상인들에 대해서 18세기 중엽 이전에는 정부나 시전 모두 난전으로 파악하고 규제하고자 하였다. 그러나 18세기 중엽을 지나면서 칠패 사상인들은 그들의 난매(亂賣)행위가 심각함에도 불구하고 모두 중도아로 파악되고 있다. 칠패의 사상인들은 보다 많은 이윤을 추구하기 위해 여러 방법을 통해 도고 활동을 폈다. 어물전은 전술한 바와 같이 일찍부터 내어물전과 외어물전이 양립하고 있었다. 어물을 주로 취급한 칠패 사상인들은 그 상업적 이익과 중도아라는 관계 속에서 주로 외어물전과 결탁하고 있었지만, 때로는 내어물전과도 결탁하기도 하는 등 시전 간의 주도권 경쟁을 이용하면서 도고 상업을 전개하기도 했다.

사상인들은 이른바 난전이라 하여 처음에는 자본이 적은 영세 소상인이 중심이었지만, 18세기 중엽 이후에는 자본을 많이 모은 사상인들도 나타났다. 즉, 어물전 상인들이 뚝섬, 용산, 왕십리 등에 사는 사상인들의 거래 장부를 조사해 보았던 바, 한 달의 상품 판매액이 4,5천 냥이나 되고, 1년 간의 판매고는 수만 냥에 이르렀다고 하였다.[90] 이 시기에 이르면 사상인들은 자본 규모의 면에서 시전 상인을 압도하고 있었다. 그들이 막대한 물품을 매점해 두고 가격을 마음대로 조종하는 등 도고 활동을 할 수 있었던 것은 그만큼 자본금이 풍부했기 때문이었다. 한편 사상인들은 조직과 정보의 면에서도 시전 상인의 그것에 뒤지지 않았다. 특히 칠패 사상인들은 서울 외곽의 사상인들과 긴밀한 유대 관계를 맺고 정보를 신속히 교환하며 경제 변동에 능동적으로 대응하였다.

조선 후기 서울로 반입되는 어물의 유통 경로는 크게 두 갈래가 있었다. 하나는 수로인 한강을 통해 마포, 서강, 동작진 등을 통해 어물이 반입되는 경로인데, 이 곳에서는 경강 선상(京江船商)이 상권을 장악하고 있었다.[91] 칠패 사상인들은 이들과 연계하고 있었다. 그리하여 전술한 자료에서 살핀 바와 같이 경강 상인에게서 몇 백 바리, 몇 천 바리의 어물이라도 넘겨 받아 각지의 중도아를 불러서 도산매하면서 도고 활동을 했다.

이 시기 경강에는 세곡 운반을 통해 자본을 집적한 선인들이 곡물과 어염을 중심으로 선상 활동을 펴고 있었다. 그들은 선박이라는 운송 수단을 이용하여 지방의 생산지로 직접 가서 상품을 구입해 수요가 가장 많은 경강 연변으로 운반해 처분했는데, 이들도 처음에는 시전 상인에게 모두 매도해야 했으나, 그것은 선상들에게는 매우 불리한 처사였다. 즉 시전 상인들은 그러한 처사를 기화로 선상의 상품을 반값으로 깎아 강매하고, 설혹 이에 응하지 않으면 매입을 거부하여 어물과 같은 경우에는 결국 부식하게 되어 선상들이 파산하기에 이르렀다.

이에 정부는 규정을 바꾸어 선상으로 하여금 시전 상인에게 일정한 세금만 납부하고 자유롭게 상품을 처분하게 하였다.[92] 물론 상품의 물량이 많으면 그 일부는 시전에 판매해야 했다. 여하튼 경강 선상들의 상품 판매가 자유롭게 행해지면서 일부는 경강 연변에 판매처를 마련하기도 했지만, 대부분의 선상들은 칠패, 배오개 등 도성의 규모가 큰 도고 상인과 연계하여 그들의 물품을 전매하였다. 선상들이 많은 물품을 직접 판매함에는 한계가 있었다. 이 과정에서 많은 자본을 소유한 칠패 사상인들이 그 물건을 매점하는 것이 일반적이었다. 판로에 있어서도 칠패 사상인들은 나름대로 조직을 갖추고 있었다.

한편, 육로를 통해서도 어물이 서울로 반입되었다. 수로를 통해서 생선과 젓갈류가 반입되었다면, 육로를 통해서는 함경도 일원에서 생산된 북어 등 건어물이 반입되고 있었다. 본래 건어물은 초기부터 함경도 지방의 북상(北商)들이 원산, 회양, 포천 등지를 거쳐 서울로 와서 어물전에 파는 것이 상례였다. 그런데 사상인들의 활동이 활발해지면서 사상인들은 북상들이 내왕하는 길목을 차지하고서 그들의 물건을 매점하여 다시 서울에 난매하기 시작했다. 그리하여 누원, 송우점 등이 새로운 상업 기지로 주목받게 되었다.[93] 누원이나 송우점은 서울의 외곽 지대이어서 금난전권의 규제를 받지 않았다. 이 곳의 상권은 처음에는 이 곳에 정착한 객주들이 장악하고 있었으나, 그 판로망으로 인해 칠패나 배오개의 사상들과 연계하면서 점차 칠패 사상인의 지배 하에 예속되어 갔다. 즉, 칠패 사상인들은 누원에 건방(乾房)이라는 일종의 지점을 설치하여 동북 지방에서 서울로 반입되는 상품을 매점하여 쌓아 두었다가 서서히 서울에 반입시켰다.[94] 그들은 값이 맞지 않으면 송파나 외방으로 상품을 유출시키며 이윤을 추구하였다.[95] 나아가 칠패 사상인들은 어물의 생산지인 원산까지 진출하여 상품을 매점하기도 했다. 이와 같이 육로에서의 상품의 유통 과정을 보면, 함경도, 강원도 등 동북 지방에서 생산되는 어물은 원산의 북상에 의해 수집되어 송우점, 누원을 거쳐 서울의 칠패 상인에게 넘겨지고 있었던 것이 일반적이었다. 칠패 사상인들은 유통로를 장악했을 뿐 아니라 생산지 및 중간 요충지의 상인들과도 연계하며 시전 상인을 압박하는 조직망을 구축해 가고 있었던 것이다. 칠패 상인의 활동은 그 후 통공 정책이 추진되고, 마침내 1794년(정조 18) 갑인통공(甲寅通共)에서 어물전의 금난전권이 폐지되면서 그 어떠한 제약도 없이 자유롭게 전개되었다.

(3) 객주골과 여객촌

중구 지역에서 상업화가 촉진되고, 그리하여 시전이 도처에 생겨나고 칠패와 같은 사상인의 근거지가 형성되면서, 오가는 사람들의 숙식을 제

공하고 혹은 그들의 상품을 위탁 판매하는 객주, 여각들의 존재가 부각
되었다. 그들은 상품이 운반되고 상인들이 내왕하는 길목이나 상가 부근
에 자리잡았다. 상인들이 분주하게 내왕한 칠패나 서소문, 광희문 주변
에는 객주골과 여객촌이 생겨나기도 했다. 특히 칠패는 당시 전국적으로
이름난 사상 도고의 근거지였는데, 현재 남대문과 염천교 사이의 길을
칠패길이라 부르고 있다. 칠패의 중심지는 길 남쪽이었다. 칠패길 북쪽
의 동리를 자암동이라 하였으니, 조선 시대 객주(客主)가 많이 모여 살
던 곳이다. 객주는 여객 주인(旅客主人), 여주인(旅主人), 여객(旅客), 여
각(旅閣) 등으로도 불리우면서 여각과 뚜렷한 구별없이 혼용되었다.

　지방에서 상인들이 물품을 갖고 오면 일단 객주나 여각을 거쳐 성 안
의 도매상, 소매상에게 공급된다. 조선 시대에는 지방 상인이 서울 상인
과 직접 거래하는 것이 금지되었으므로 객주, 여각에 들러 자기의 상품
을 판매해 줄 것과 거래자인 거간(居間)을 소개해 줄 것을 의뢰하며, 그
집에서 숙박하면서 거래처가 나타날 때까지 상품을 객주, 여각에 딸린
창고에 보관시켰다. 자암동의 객주가 취급했던 물품은 비교적 다양하였
는데, 주로 건어물, 생선, 젓갈 등을 취급하였다. 그리고 광희문 밖의 여
각에서는 도시 근교의 채소와 광주, 이천, 용인 등지에서 운송되어 온
곡물 등을 거래하여 종로의 배오개장으로 보냈다. 서소문 밖의 객주는
파주, 문산 등에서 육로로 운송되어 오는 어물과 곡물, 과일 등을 취급
하였다. 객주나 여각은 상품이 유통되는 곳에는 거의 존재하였는데, 서
울 일원에서는 마포에 처음으로 여객 주인이 나타났다.[96] 물론 숙박업을
하는 주인이란 존재는 조선 전기부터 있었다. 예컨대 경주인(京主人), 사
주인(私主人)이 그러한 존재였는데, 조선 후기에는 이들의 역할이 약화
되고 상업이 활발했던 한강 연변의 선주인(船主人), 강주인(江主人), 여
주인(旅主人) 등이 숙박과 음료를 선인이나 상인들에게 접대하면서, 점
차 거래를 주관하고 상품을 판매하며 그 역할을 증대시켰다.

　초기에는 그 역할이 한정되어 있었다. 즉 선주인, 강주인으로 등장한
16세기 전반에는 외방에서 온 선인이나 상인들에게 안주와 술을 접대하
고 잠을 재워주는 것이 그 역할이었다. 이 때는 상선의 선인보다는 조선
(漕船)의 선인들을 주로 접대하였다고 보는데, 그 값은 매 선박에 쌀로
2석에서 5석까지였다.[97] 이 때 거래를 주선하는 것은 거간이었다.

그런데 17세기 후반 상품 화폐 경제가 진전되고, 그리하여 한강 연안이 종래의 세곡 운송이나 고기잡이의 기지에서 벗어나 명실상부하게 상업 중심지로 발돋움하면서 이 곳에는 상선들의 내왕이 분주해졌다. 특히 마포 일대는 상선들의 기지로 토대가 굳어가고 있었다. 그리하여 선주인, 강주인 등은 여객 주인으로 변모하면서 여러 사람의 거간을 고용, 상거래를 주선하는 일도 맡아 했다. 상거래를 주선하기 위해 상품의 확보를 도모해야 했고, 그리하여 여객 주인들은 상인들에게 자금을 제공함으로써 주인권(主人權)을 획득하였다. 상인들도 자금이 부족하거나 또는 부채를 갚기 위해 자신을 여객 주인에게 방매함으로써, 이후 양자 사이에는 주인(主人)과 객상(客商)이라는 관계가 성립되었다.[98]

그리하여 객상들은 전적으로 여객 주인층에 의지하여 상품을 거래하였고, 주인이 없으면 거래가 불가능하게 되었다. 여객 주인이 상품 거래를 하면서 그들은 접대비 외에 상인들에게서 구문(口文)을 받았다. 이들 여객 주인의 영업 구역은 엄격히 그 범위가 정해져 있었는데, 이를 기지(基址)라 하였다. 이 기지 안에서는 여객 주인이 독점적으로 상품의 거래를 주관하였다. 그리하여 18세기 이후 상품 거래에서는 여객 주인의 존재가 필수적이었다. 이러한 여객 주인은 한강 연안에서 확산되어 상품의 유통이 있는 곳이면 어느 곳에서도 그 활동상을 보여 주었다. 그리고 그 이름도 흔히 객주라고 불리우게 되었다. 어떠한 물건이라도 상인들이 외방에서 갖고 오는 물품은 모두 객주의 관할하에 유통되었고, 모든 물건은 객주를 통하여 시장에 유통되었다. 그들이 받는 구문의 금액도 적지 않았으니, 지역마다 차이가 있었지만 대체로 판매 가격의 10%~20%가 보통이었다.[99]

객주의 역할이 증대되면서 상품의 유통 체계에도 변화가 일어났다. 본래 시전 상인이 상품 유통을 주관할 때는 일반적으로 생산자-수집상-여객 주인-시전 상인-중도아-판매상-소비자로 그 유통 체계가 이루어지고 있었다. 그러나 18세기 후반 사상 도고의 활동이 두드러지고 객주나 중도아 역시 시전 체계에 반발하면서 시전을 배제한 유통 체계를 구성하여 갔다. 특히 1794년 갑인통공(甲寅通共)에 의해 내어물전이 육의전에서 제외되어 금난전권을 행사하지 못하게 되면서는 전적으로 어물의 유통은 객주나 중도아에 의해 좌우되었다. 칠패의 상거래에 있어서도 사상

도고들이 상품의 유통권을 장악하였으나, 구체적 거래에 있어서는 객주
나 중도아의 역할이 중요하였다. 이 때 사상 도고들이 객주나 중도아를
거느린 경우도 있었을 것이나 객주나 중도아가 독자적으로 영업을 하면
서 도고 상업을 전개한 경우도 적지 않았다.

　그리고 시장에서 멀리 떨어진 곳의 객주는 숙박업만 하는 경우도 있었
다. 현재 중림동 한가운데는 만리동 입구에서 충정로 3가로 넘어가는 구
부러진 작은 길이 있는데, 길 위에 고개가 있다. 이 고개를 약고개 또는
약현이라 한다. 이 고개에 아현동 쪽에서 서울로 오는 사람들이 묵는 객
주가 있었다. 조선 중기에 호조판서, 형조판서를 지낸 서성(徐省)과 관
련된 일화가 이 객주집에 얽혀 있다. 아직 젊었는데도 청상과부가 된 서
성의 어머니는 아들을 데리고 시골에서 서울로 올라왔으나 아는 사람은
없고, 가지고 있던 돈도 다 떨어져서 막연하던 차에 객주에 머무르게 되
었다. 평소 음식 솜씨가 뛰어났던 그 어머니는 객주집 주인이 손님을 접
대하느라고 혼자서 애쓰는 것을 보고 도와줄 요량으로 부엌으로 들어가
즉석에서 주먹밥을 만들어 과거를 보러가는 사람들에게 주었는데, 모두
가 맛이 뛰어나다는 찬사를 보내주어 그 곳에서 계속 머물면서 주먹밥을
만들었다. 사람들은 이 주먹밥을 약밥이라 하였고, 이 고개마루를 약고
개라 하였다고 한다.[100]

5. 창고의 설치

　조선 시대 중구 지역의 여러 시설 중에서도 특이한 것은 이 지역에 창
고가 유난히도 많이 설치되었다는 점이다. 그러한 창고는 조선 후기에 집
중적으로 설치되고 있었다. 조선 전기에도 정부의 물자를 보관하기 위하
여 군기시의 무기 창고, 군자감의 군수품 창고, 궁궐의 돗자리 등을 보관
하던 장흥고 등이 태평로 1가, 정동, 남대문로 3가 일대에 설치된 바 있
었다. 창고는 물품을 보관하는 공간으로서 넓은 자리를 필요로 한다. 조
선 후기에 여러 가지 제도가 개편되면서, 특히 세제가 개편되면서 선혜
청, 균역청, 양향청 등의 새로운 창고가 필요하였는데, 이 시기 종로구 지
역은 거의 주택지로 변하여 그 공간이 없었다. 그러나 중구 지역에는 아
직 여유가 있었다. 그리하여 중구 지역에 창고가 집중적으로 건설되었다.

조선 후기 대표적 창고는 대동법이 시행되면서 공물 대신 미곡으로 징수한 대동세를 보관하던 선혜청(宣惠廳)의 창고였다. 선혜청에서는 각 지방별로 대동미를 수납하여 보관하였는데, 따라서 창고도 지방별로 별도로 세워졌다. 즉 경기청(8문), 강원청(8문), 호서청(11문), 호남청(36문), 영남청(8문), 해서청(8문) 등의 창고가 있었으니, 창고의 위치는 남대문 안의 현재 남창동 언덕바지였다. 1759년(영조 35)의 경우 선혜청에서는 쌀·콩 210,631석과 포목 2,786동, 전화 288,433냥을 수납했는데, 그 대부분이 이 곳에 보관되어 있었다.[101] 그 후 창고 시설이 부족하여 정조 때 현재의 서소문동에 별창(別倉)을 세웠는데 그 넓이는 67문에 이르렀다. 인근에는 진휼청 창고도 있었다.

한편 1750년(영조 26) 균역법이 실시되면서 군포의 보관을 위해 예전 수어청 자리인 현재의 주자동에 35문의 남창(南倉)을 건립하였다. 그리고 만리동 고개 위에도 진휼에 대비하여 곡물을 비축하고자 신창(新倉)을 세웠다. 창고의 크기는 58문이었다. 경제부처의 물자뿐 아니라 군수 물자를 보관하던 창고도 이 지역에 많이 건립되어 있었다. 조선 후기에는 훈련도감, 어영청, 총융청, 수어청, 금위영 등의 군영이 새로이 설치되었다. 이들 군영에는 많은 군대가 있었을 뿐 아니라 그 운영을 위해 군수 물자를 공급해야 했다. 그리하여 각 군영마다 창고가 있었으니, 훈련도감군의 급료와 군복을 보관하던 양향청(9문)의 창고가 저동에 있었다. 그리고 을지로 6가 동대문 운동장 자리에는 조총, 활, 화약 등을 보관하던 37문의 하도감고(下都監庫)가 있었다. 그 밖에도 금위영, 어영청 등의 창고들이 남산 기슭 곳곳에 있었다.

관청의 창고뿐 아니라 개인 창고도 조선 후기에는 많이 생겨났다. 상품 화폐 경제가 진전되면서 막대한 물량의 상품들이 서울로 집하되었다. 물화의 가치는 장소적 제약을 받기도 하지만 시간적 제약을 받는다. 물화를 일정기간 보관하여 수요가 부족하게 되면 값이 오른다. 물화의 가치를 시간적으로 조절해 주는 역할을 하는 것이 창고이다. 조선 후기에 상인들이 갖고 있던 창고는 단순한 보관의 기능이 아니라 값의 등귀를 조장하는 도고(都賈) 행위의 수단이기도 했다. 경강 상인들이 미곡을, 개경의 송상이 포목을, 그리고 칠패의 사상인들이 어물을 매점하여 가격을 조작하고자 했을 때 그들은 물건을 쌓아 둘 곳이 필요하였다. 기록에 의하면 칠패의 사상인들은 수백, 수천 바리의 어물을 매점하여 본바닥인 칠패에 모두 보관하지 못하고, 수각교, 회현동, 죽전동, 주자동 등지에 분산해서 보관하고 있었다.[102] 어물이 각지에 산같이 쌓여 있었는데, 때로는 이들을 시장에 풀지 않고 값이 오르기를 기다려 판매하기 때문에 폭리를 취한다고 하였다.

물론 창고의 기본적 기능은 물화의 보관에 있다. 보관이란 단순히 저장한다는 뜻이 있지만, 유통의 시간적 조절을 도모하게 되는 것이 불가피하다. 운송이 재화의 장소적 이전에 의해 가치를 증대하는 것임에 대하여 보관은 생산과 소비를 시간적으로 조절함으로써 재화의 가치를 증대시킨다. 예컨대 농산물과 같이 수확하는 것은 일정한 기간이고 소비가 1년 동안 계속되는 것은 반드시 보관이 필요하게 된다. 즉 수요가 부족할 때 창고의 보관물은 그 수요를 충족시켜 준다. 일찌기 고구려에서도 필요한 물자를 일정한 기간 보관하기 위해 부경(浮京)이란 창고가 집집마다 있었다고 한다.

한편 물화가 과잉 생산되었을 때 가격을 유지하기 위해서도 창고는 긍정적 기능을 갖는다. 그런데 조선 후기 사상 도고들이 운영한 창고는 영리적이었다는 데에 그 의미가 있다. 객주·여각 등이 외방에서 올라 온 상품을 팔릴 때까지 일시적으로 보관해 주기도 했지만, 이 때에는 특별히 보관료를 받지는 않았다. 상품의 소유주가 객주·여각에서 상품이 처분될 때까지 머물게 되면서 숙식에 소용되는 비용만 받았고, 물품의 보관은 덤으로 해주었다. 그런데 객주·여각에 드는 손님은 대개 상인이었다. 따라서 그들의 물품을 보관하기 위해 거의 필수적으로 창고가 부설되어 있었다고 할 때 칠패, 서소문 밖, 광희문 주변 객주골이나 여객촌에는 창고가 다수 있었으리라고 본다. 특히 한강 연안에는 많은 사설 창고들이 있었다.

이들 창고에 비해서 사상 도고 또는 시전 상인들이 보유한 창고는 보관 기능 이상의 의미를 지니고 있었다. 전술한 바와 같이 칠패 사상인들은 창고를 매점의 수단으로 적절히 이용하였다. 칠패 사상인의 매점은 부식하기 쉬운 생선류가 아니라 건어물이었다고 본다. 매점매석에 특히 뛰어난 활약을 보인 상인들이 경강 상인들이었다. 경강 상인들은 주민의 생활필수품인 미곡을 매점해 두고 쌀값이 오르기를 기다려 창고에 비축

되었던 곡물을 풀어 10배의 이익을 추구하고 있다.[103]

　상인들은 흉년이 아닌 때도 미곡을 매점해 두고 가격을 마음대로 조종하였는데, 그들의 매점 물량이 어느 정도였겠는가는 서울 시내의 쌀값이 그들에 의해 좌우됨에서 쉽게 알 수 있다. 그리하여 일반 소비자들은 1833년(순조 33) 상인들의 매점 행위에 크게 반발, 미전, 잡곡전 그리고 한강 연변의 15개 쌀 창고를 습격하여 모두 불태우는 쌀 소동을 일으켰다.[104] 왜냐 하면 상인들이 매점을 통하여 쌀을 창고에 가득 쌓아두고 공급원을 장악함으로써 일정한 수준까지 가격을 올린 후 조금씩 쌀을 방출하여 크게 이익을 취하고자 했기 때문이다. 이러한 사상 도고의 매점 행위는 칠패, 한강변, 누원, 송파 등 도처에서 행해졌는데, 그 토대는 곧 창고에 있었고, 창고는 결과적으로 물가 변동의 중요한 변수가 되었다고 하겠다.

【주】

1) 新增東國輿地勝覽 권 3, 한성부 산천
2) 최창조, 『한국의 풍수사상』 (민음사, 1984) p.225
3) 慵齋叢話 권 1, 한성도중가경
4) 新增東國輿地勝覽 권 3, 한성부 제영
5) 太祖實錄 권 8, 태조 4년 12월 무오
6) 世祖實錄 권 41, 세조 13년 1월 신미
7) 經國大典 권 6, 공전 재식
   續大典 권 5, 형전 금제
8) 純祖實錄 권 32, 순조 32년 11월 을미 · 병신
9) 東國輿地備攷 권 2, 한성부 산천
10) 강영환, 『집의 사회사』 (웅진출판사, 1992년) p.164
11) 太宗實錄 권 29, 태종 15년 3월 임오
12) 世宗實錄 권 106, 세종 26년 11월 갑오
13) 增補文獻備考 권 11, 상위고 11 물이 3 한황
14) 太祖實錄 권 6, 태조 3년 9월 병오
15) 太宗實錄 권 13, 태종 7년 4월 갑진
16) 손정목, 『조선시대 도시 사회 연구』 (일지사, 1977) p.334
17) 經國大典 권 6, 공전 교로
18) 新增東國輿地勝覽 권 1, 경도 상 국도
19) 經國大典 권 2, 호전 급조가지
20) 太祖實錄 권 9, 태조 5년 4월 병오
21) 손정목, 앞의 책, p.34
22) 六典條例 권 2, 호전 한성부 가사전토
23) 世宗實錄 권 24, 세종 6년 4월 계해
24) 고동환, 『18 · 19세기 서울 경강 지역의 상업발달』 (서울대 박사학위논문
    1993, 8) p.17
25) 世宗實錄 권 40, 세종 10년 윤4월 무자
26) 戶口總數 1, 한성부 5부
27) 고동환, 앞의 책 p.33
28) 中宗實錄 권 31, 중종 13년 1월 임자
    中宗實錄 권 25, 중종 11년 5월 신묘
29) 市牌 3, 마포 염전
30) 六典條例 권 2, 호전 한성부 가사전토
31) 經國大典 권 2, 호전 조가급지
32) 太宗實錄 권 19, 태종 10년 2월 갑진
33) 光海君日記 권 139, 광해군 11년 4월 갑술
34) 손정목, 앞의 책 p.380
35) 서울특별시사편찬위원회, 『동명연혁고 (Ⅱ)』 (서울특별시, 1968)

36) 觀水漫錄 팔왈 경세권농지책
37) 經世遺表 지관수제 전제 11 정전의
38) 太祖實錄 권 2, 태조 1년 10월 경신
39) 經國大典 권 6, 공전 공장
40) 서울특별시사편찬위원회,『동명연혁고 (Ⅱ)』p.100
41) 新增東國輿地勝覽 권 2, 경도 하 문직공서
42) 漢京識略 권 2, 각동
43) 太宗實錄 권 2, 태종 1년 7월 경자
44) 經國大典 권 6, 공전 경공장 교서관
45) 홍희유,『조선중세 수공업사 연구』(지양사, 1989) p.208
46) 太宗實錄 권 5, 태종 3년 2월 경신
47) 世宗實錄 권 18, 세종 4년 10월 계축
48) 世宗實錄 권 65, 세종 16년 7월 정축
49) 正祖實錄 권 44, 정조 20년 3월 계해
50) 太宗實錄 권 30 , 태종 15년 9월 정유
51) 世宗實錄 권 83, 세종 20년 11월 을사
52) 홍희유, 앞의 책 pp.242-245
53) 大典續錄 권 6, 공전 공장
54) 燕山君日記 권 53, 연산군 10년 5월 기해
55) 유원동,『한국근대 경제사연구』(일지사, 1977) p.271
56) 仁祖實錄 권 3, 인조1년 9월 정유
57) 大典通篇 권 6, 공전 경공장
58) 大典通篇 권 6, 공전 외공장
59) 원유한,『조선후기 화폐사 연구』(한국연구원, 1975) p.84-90
60) 원유한, 앞의 책 p.54-60
61) 유원동, 앞의 책 p.277
62) 備邊司謄錄 34책, 숙종4년 9월 27일
63) 강만길,『조선후기 상업 자본의 발달』(고려대 출판부, 1973) p.141
64) 太宗實錄 권 23, 태종 12년 2월 경오
65) 太宗實錄 권 28, 태종 14년 7월 임진
66) 萬機要覽 재용편 5, 각전 유분각전
67) 유원동, 앞의 책 p.169-172
68) 各廛記事 지권, 건륭 11년 11월 일
　　 正祖實錄 권 32, 정조 15년 1월 경자
69) 오미일,「상품경제의 발전과 자본주의적 관계의 발전」(『한국사』9, 한길사,
　　 1994) p.189
70) 고동환, 앞의 책 p.18-29
71) 東國輿地備攷 권 2, 한성부 시전

72) 備邊司謄錄 108책, 영조 17년 6월 10일
73) 오미일, 앞의 글 p.188
74) 河原林靜美, 「18・9세기에 있어서 廛人과 私商人에 대하여」(『봉건사회 해체기의 사회경제적 구조』청아출판사, 1992) p. 127
75) 김영호, 「조선후기에 있어서의 도시상업의 새로운 전개」(『한국사연구』 2, 1968) p. 41
76) 市弊 3, 채소전여인
　　備邊司謄錄 176책, 정조 14년 2월 15일
77) 市弊 2, 문외신상전・은자전・도자전
78) 市弊 2, 묘석전
79) 京都雜誌 권 1, 시포
80) 各廛記事 인권, 건륭 54년 12월　일
81) 各廛記事 지권, 강희 35년 9월　일
82) 유원동, 앞의 책 p.358
83) 各廛記事 지권, 건륭 11년 11월　일
84) 正祖實錄 권 12, 정조 5년 11월 기해
85) 各廛記事 인권, 가경 21년 9월　일
86) 河原林靜美, 앞의 글 p.137
87) 고동환, 「18세기 서울에서의 어물유통구조」(『한국사론』28, 1992) p.194
88) 各廛記事 지권, 건륭 11년 11월　일
89) 各廛記事 지권, 건륭 46년 4월　일
90) 各廛記事 인권, 가경 11년 9월　일
91) 손정목, 앞의 책 p.246
92) 備邊司謄錄 127책, 영조 30년 8월 27일
93) 강만길, 앞의 책 p.179
94) 各廛記事 인권, 건륭 46년 1월　일
95) 備邊司謄錄 166책, 정조 8년 2월 29일
96) 備邊司謄錄 175책, 정조13년 12월 12일
97) 磻溪隨錄 권 3, 전제후록 상
98) 고동환, 『18・19세기 서울 경강 지역의 상업 발달』(서울대 박사학위 논문, 1993, 8) p. 221
99) 고동환, 앞의 책 p.229
100) 서울특별시사편찬위원회, 『동명연혁고 (Ⅱ)』(서울특별시, 1968) p.692
101) 萬機要覽 재용편 4, 선혜청 1년 경용
102) 各廛記事 지권, 건륭 11년 11월　일
103) 備邊司謄錄 160책, 정조 3년 1월 10일
104) 純祖實錄 권 33, 순조 33년 3월 임오

3. 용산·마포의 유통 기지

1. 경제 활동의 입지

(1) 자연 환경

용산(龍山)이란 명칭은 그 일대의 지형 조건 때문에 붙여진 이름이다. 현재 용산구와 마포구의 경계를 이루고 있는 구릉은 그 줄기가 인왕산에서 시작하여 만리동 고개를 거쳐 효창공원 등성이를 지나 뻗어 온 산맥의 한 능선으로서, 그 형세가 용의 모습과 같다고 한다. 따라서 옛부터 용산에는 일화가 얽혀 있었으니, 『증보문헌비고(增補文獻備考)』에 의하면 백제의 제3대 임금인 기루왕 때 한강에서 갑자기 두 마리의 용이 나타났으며, 이로부터 사람들은 이 일대를 용산이라 불렀다고 한다.[1]

용산 앞을 흐르는 한강의 일부분을 용산강이라고 하는데, 구릉이 뻗어 나가다가 한강과 마주치는 곳에 석벽 단애가 있고, 그 앞으로 한강의 강물이 완만하게 흘러 그 주변의 풍경이 매우 아름다웠으므로 옛날부터 명승지로서 널리 알려져 있었다. 『택리지(擇里志)』에 의하면 옛날에는 한강의 원줄기가 남쪽 언덕 아래를 따라 흘러가고, 또 한줄기는 북쪽 언덕 아래로 흘러가 머물면서 10리의 긴 호수를 이루었다. 더구나 서쪽은 모래언덕으로 막혀서 물이 빠져나가지 않아 그 안에서 연꽃이 자랐다고 한다.[2] 그리하여 사람들은 이 곳을 용산호(龍山湖)라고도 하였는데, 고려 때에는 용산 호반에 임금의 어가가 자주 들려 연꽃을 구경하면서 유숙했으며, 제15대 임금인 숙종 때에는 새로이 남경(南京)을 건설하고자 하여 최사취, 윤관 등의 중신들이 왕명을 받아 이 곳을 답사한 일도 있었다.[3]

용산은 이와 같이 자연 경관적으로나 풍수 지리학적으로 일찌기 주목을 받고 있었는데, 보다 유의할 것은 이 곳이 교통·운수의 중심지였다는 사실이다. 앞의 『택리지』에 의하면, 조선이 건국되고 한양으로 도읍이 정해진 뒤 용산호의 서쪽을 막고 있던 모래언덕이 어느날 갑자기 조수

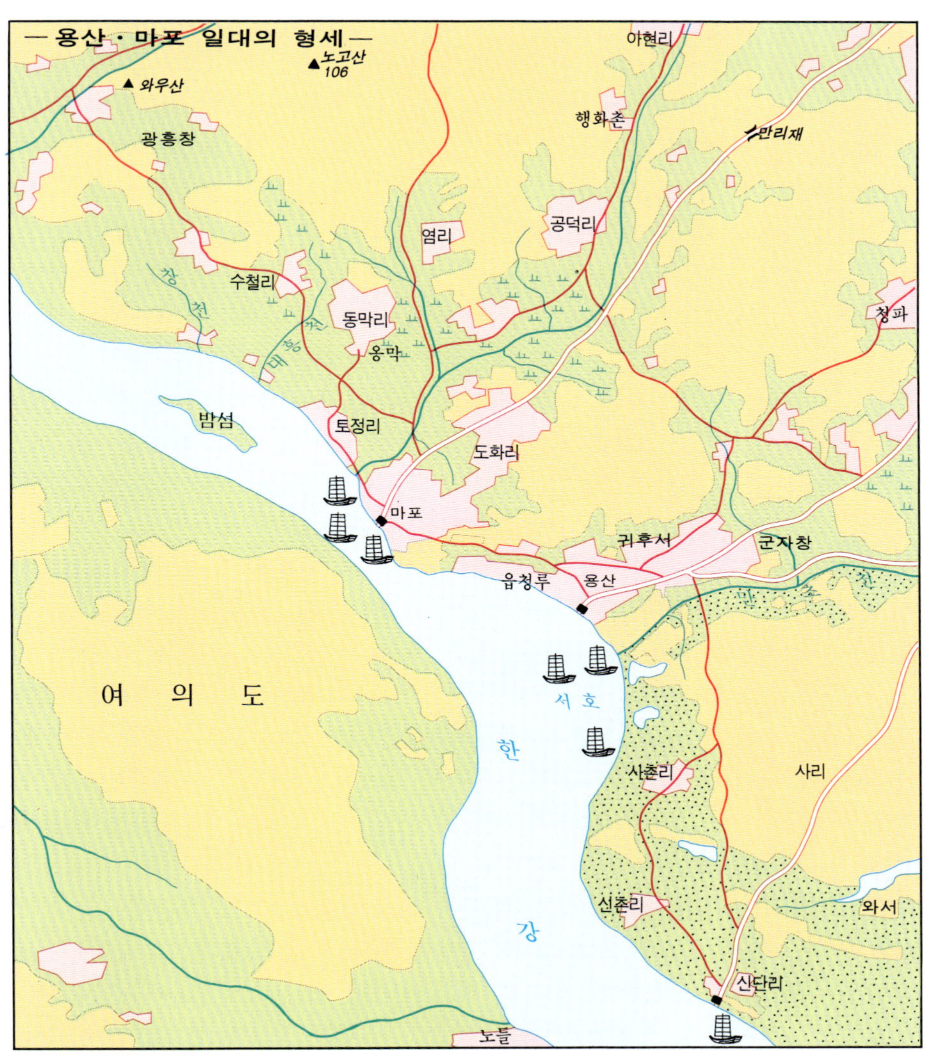
─ 용산 · 마포 일대의 형세 ─
아현리
노고산
106
▲ 와우산
행화촌
만리재
광흥창
공덕리
염리
창
천
청파
수철리
동막리
옹막
밤섬
토정리
도화리
마포
귀후서
군자창
읍청루
용산
여 의 도
서호
한
사촌리
사리
강
신촌리
와서
신담리
노들

의 충격을 받아 무너지면서 물길이 용산 강변에까지 밀려왔고, 이후 8도의 세곡(稅穀)을 실어나르는 조운선(漕運船)이 이 곳에 정박하게 되면서 용산 강변은 교통·운수의 중심지로서 크게 번창하게 되었다는 것이다.

한편 마포(麻浦)는 삼개라고도 하였는데 『신증동국여지승람』에 의하면 도성 서쪽 10리 지점에 있으니, 곧 용산강의 하류라고 했다. 마포 외에도 인근에는 서강, 양화진 등의 포구가 있어 조선 시대에는 전국 각지에서 찾아오는 배들로 붐볐었다. 특히 서강에는 조선 초기부터 그 역할이 컸던 세곡 운송 기지가 있었다. 서강 북쪽에는 표고 105m의 와우산이 솟아 있다. 와우산 동남쪽 기슭인 오늘의 창전동에 조선 왕조는 광흥창(廣興倉)을 설치하였다. 광흥창은 충청·전라·황해도에서 거둔 세곡을 운반해다가 보관하고서 벼슬아치들의 녹봉을 지급하던 창고였다. 그리고 서강에는 조선 왕조의 조선소였던 전함사(典艦司)의 외사가 있었다. 한편 서강에 멀지 않은 한강 하류, 즉 오늘의 합정동 절두산 천주교 성지 부근에는 양화 나루가 있었다. 양화 나루는 한양에서 김포·강화 방면으로 가려면 반드시 건너야 하는 나루였다.

이와 같이 마포, 서강, 양화 등은 포구로서의 양호한 입지를 갖고 있어서 일찍부터 선인들의 근거지였고, 선촌(船村)이 형성되어 있었다. 그 중에서도 마포는 조선 후기 한강 연안에서 가장 번성하였던 포구였다. 마포 새우젓 장수라면 근래에도 그 이름이 널리 알려져 있다. 마포는 주로 생선과 같은 어물을 실은 상선들의 출입이 빈번하였다. 조선 초기에는 용산강이 으뜸가는 포구였다. 그러나 조선 후기 한강의 수위가 낮아지면서 조수가 용산강까지 들어오지 않게 되자, 그 이후부터는 세곡선과 상선들이 마포, 서강에 주로 정박하였다.

용산·마포 일대는 한강에 인접하여 포구로서 양호한 입지를 갖추고 있었을 뿐 아니라 그 배후에 넓은 평야를 아우르고 있었다. 그리하여 농경지로서도 개간이 충분히 가능한 지역이었다. 용산구 일대에는 지금의 원효로를 따라 인왕산에서 발원한 만초천이 흐르고 그 양 옆에 비교적 넓은 저습 지대가 마련되어 있었다. 마포 일대에는 노고산·와우산 등의 크지 않은 구릉이 지역의 곳곳에 솟아 있지만 봉원천, 대흥천, 연희천, 홍제천 등의 개천이 북쪽에서 남으로 흘러 연변에 비옥한 평야를 만들어냈다. 다만 오늘의 상수동, 하수동, 신수동, 구수동, 하중동 등 강변에

연한 지역은 한강물이 범람하면 침수가 예상되는 저지대여서 마을이 형성되기에 적합하지 않았다.

　용산과 마포 강변은 전반적으로 보아서 그 자연 환경이 취락의 입지 조건을 갖추고 있었다. 취락이 인간의 생활 무대라고 할때, 생활하기에 적합한 지형·기후·토질·음료수 등의 생태는 어떠한 입지 조건보다도 중요하다. 그 가운데서도 용수 조건(用水條件)은 가장 중요시되고 있는데, 용수 조건은 사람들에게 뿐 아니라 인간의 식생활을 해결해주는 동·식물의 양육에도 필수적이다. 그리하여 용수 사정이 좋은 강변에는 일찍부터 마을이 생겨나고 농경지가 발달하였다. 용산과 마포 강변은 바로 음료수에 적합한 한강에 인접해 있고, 또한 저습한 들판을 형성하고 있어서 농경지로서의 이용도가 높았으며 특히 수전 농업(水田農業)에 유리한 곳이었다. 그리고 한강에 살고 있는 어패류를 채집하기에도 좋은 지역이었다.『택리지』의 저자인 이중환(李重煥)은 사람들이 살만한 입지 조건의 기준으로 지리(地理)·생리(生利)·인심(人心)·산수(山水) 등의 네 가지를 꼽고 있으며, 구체적으로 계거(溪居)를 제일로 쳤고 강거(江居)를 그 다음으로 높이 평가하였다.[4] 강변은 용수가 풍부하여 관개가 용이하므로 사람이 살기에 적합하다는 것이다. 요컨대 용산·마포 일대는 여러 가지 면에서 취락의 입지 조건이 제공되고 있었으며, 특히 경제 활동의 중심으로서 기대되는 곳이었다.

(2) 교통(交通)·운수(運輸)

1) 육상 교통

　사람이 모여 생활하기에 좋은 입지 조건은 자연 지리적 조건과 아울러 사회·경제적 조건의 측면에서 고려되고 있다. 때로는 음료수·토질 등의 자연 지리적 조건보다도 사회·경제적 조건이 취락의 입지를 결정함에 있어서 더 큰 영향을 준다. 그 가운데서도 교통 조건은 사람과 사람 사이에, 마을과 마을 사이에 빈번한 교류가 이루어지면서 그 중요성이 강조되고 있다. 조선을 건국한 이성계도 풍수 지리설에 의거하여 계룡산(鷄龍山)에 도읍을 정하려고 몸소 순시까지 하였으나 이를 그만두고 한양으로 도읍을 정한 것은 교통·운수가 편리하였기 때문이다.[5] 한양 중에서도 배가 다닐 수 있는 용산 · 마포 등의 한강변의 강촌(江村)들은 한강의 상류를 통해 충청 북도와 강원도와 통하고, 한강의 하류를 통해 충청 남도 · 전라도 · 황해도 · 평안도 등 서해안 지방과 교류하기에 좋은 곳이었다. 그리하여 전국의 물화가 이 곳에 집산되었다가 도성 안으로 공급되었다. 이에 일찍부터 용산 · 마포 강변에는 여기저기에 취락이 생겨났다.

용산 · 마포 일대가 조선 시대에 유통 기지로서 굳건한 위치를 구축할 수 있었던 것은 곧 교통 · 운수의 조건이 양호했기 때문이다. 중앙 집권적 사회에서의 교통 문제는 국가 정책과 밀접한 관련을 갖는다. 전근대 사회인 조선 사회에서는 더욱 그러하였다. 조선 왕조는 고려 후기의 누적된 대내외 문제를 시정하여 밖으로 국가 역량을 키우고, 안으로 국민 총화를 강화하려는 이념 밑에서 개창되었다. 그것은 고려 후기에 권문 세족이 발호하는 가운데 중앙 집권 체제가 약화되고 왕권이 쇠약해진 데 대한 반작용이기도 하였다. 이에 새로운 집권층인 사대부들은 중앙 집권의 강화와 관료 정치의 정비를 추구하게 되니, 왕조 개창을 전후하여 추진된 일련의 개혁은 15세기에는 국력이 크게 신장되었고, 백성에 대한 국가의 지배력이 커지게 되었다. 중앙 집권화 정책이 강화됨에 따라서 통치 체제를 효과적으로 운영하기 위하여 교통과 통신 그리고 운수 조직이 정비되어 갔다. 보다 강력한 지방 통치를 위해서도 교통망의 정비는 불가피한 것이었다.

조선 왕조를 창건한 태조 이성계(李成桂)가 도읍지를 새로이 정하고자 할 때 교통이 통하지 않으면 도읍지가 될 수 없다고 한 바와 같이 도읍지의 입지적 조건으로는 교통 기능이 매우 중요시되었다. 이 같은 입장은 당시 정치가들의 공통된 견해였으니 좌정승 조준(趙浚)과 우정승 김사형(金士衡)도 한양은 안과 밖으로 산과 하천이 겹겹이 둘러싸여 그 형세가 우수함은 물론 동 · 서 · 남 · 북 4방으로 거리가 균등하고 수륙 교통이 편리한 곳이기 때문에 수도로 정해야 한다고 주장하였다.[6]

교통로라고 하면 흔히 육로를 생각케 된다. 현재 우리 나라에서는 서울을 중심으로 동 · 서 · 남의 방향으로 고속도로가 시원스럽게 개통되어 있고, 아울러 국도와 지방도가 사면팔방으로 뚫려있어 교통이 매우 편리하다. 그러나 근대화 이전의 사회에 있어서는 구릉과 하천이 많은 지형 관계로 인하여 도로 사정이 불량하였고, 이를 극복할 수 있는 토목 기술이나 교통 수단 역시 발달하지 못하였기 때문에 육로는 크게 이용되지 못하였다. 다만, 역로(驛路)와 파발(擺撥)이 정비되어 행정 통신망으로서 그 기능을 다하였다. 조선 왕조의 주요 행정 통신망은 우선 수도인 한양과 지방 행정의 중심지인 감영(監營)을 연결하는 방향으로 정비되었는데, 즉, 한양을 결절점(結節點)으로 하는 X자형 간선도로가 완성되었다.[7] 이 역로의 서북쪽에는 평양과 의주, 동북쪽에는 함흥과 경성, 서남쪽에는 공주, 전주, 나주, 그리고 동남쪽에는 충주, 상주, 동래 등의 주요 도시가 분포하였다. 한양에서 서북 지방으로 뻗은 도로를 서로(西路)라 하고, 동북 지방으로 향하던 도로는 북로(北路)라 했으며, 서남 지방으로 뻗은 길은 삼남로(三南路), 동남 지방으로 향한 도로는 영남로(嶺南路)라고 하였다. 이 밖에도 여러 도로가 한양을 기점으로 하여 외곽으로 거미줄같이 개설되었다.

『증보문헌비고』에 의하면 전국의 간선도로는 9개로서, 제1로는 서울에서 의주, 제2로는 서울에서 서수라, 제3로는 서울에서 평해, 제4로는 서울에서 부산, 제5로는 서울에서 통영, 제6로는 서울에서 통영(노선이 다름), 제7로는 서울에서 제주, 제8로는 서울에서 보령, 제9로는 서울에서 강화로 이어지고 있다. 이들 간선도로 중에서 제4로·제5로·제6로·제7로·제8로의 5개 도로가 용산 땅을 경유하였다. 즉, 제4로·제5로는 남대문을 나서서 청파역에서 잠시 쉬고 이태원을 거쳐 한강진을 건너는 길이고, 제6로·제7로·제8로는 청파역에서 곧바로 남쪽으로 달려 노량진을 건너는 길이다. 한편 국왕의 능행길도 한강을 건너야 했으니, 선릉(宣陵)·정릉(靖陵)·장릉(章陵)·건릉(建陵)·현릉원(顯隆園)은 노량진, 헌릉(獻陵)·인릉(仁陵)·영릉(英陵)·영릉(寧陵)은 광진을 경유해야 했다. 그런데 한강을 건넌다는 것은 당시의 육상 교통으로서는 큰 장애였다. 예로부터 하천과 산악은 교통의 기능을 저해하는 가장 큰 요인의 하나였다.

그러나 사람들은 교통의 장애를 극복하며 새로운 문화를 창조하여 왔으니, 하천의 장애를 극복한 것이 교량이요, 산악의 장애를 극복한 것이 터널이다. 사람이 물 위에 다리를 놓게 되기까지 자연은 두 가지의 지혜를 제공하였다. 그 중 하나는 계곡의 물이 돌을 굴려 내려가다가 물길의 중간 중간에 하나씩 남겨 둔 것이고, 또 하나는 바람이 나무를 쓰러뜨려 계곡을 가로질러 걸쳐 준 것이었다. 사람들은 전자의 암시에서 징검다리를 놓게 되었고 후자의 암시에서 외나무다리를 놓게 되었다. 그러나 한강은 계곡도 아니고 얕은 개천도 아니었다. 수심이 매우 깊고 강폭도 매우 넓었다. 그리하여 일찍부터 배를 이용할 줄 안 사람들은 배를 통하여 강을 가로 건너거나, 배와 배를 이어서 배다리를 놓았다. 강을 건너는 양쪽에는 나루터가 있어 나룻배와 뱃사공이 대기하고 있었다.

한강에 나루터가 생긴 것은 매우 일찍부터였다. 고기잡이를 하던 신석기인들은 한강 이남에 터전을 잡기 위하여 한강을 건너야 했고, 삼국 시대에 고구려 · 백제 · 신라는 서로 힘을 겨루는 과정에서 대규모의 군대를 이동시켜야 했기 때문에 당시의 한강에는 나룻배가 붐비었을 것이다. 고려 시대에는 정식으로 나루터의 이름이 붙여졌으니, 지금의 한남대교 자리에 사평도(沙平渡)가 개설되고 있다. 그 밖에도 한강에는 양화도(楊花渡), 사리진(沙里津) 등의 나루가 있었다.

고려의 체제를 거의 이어받은 조선 왕조는 진도제(津渡制)도 거의 그대로 운영하였다. 즉, 서울을 개경에서 한양으로 옮겨 한강의 중요성이 크게 증대되었음에도 국초에는 고려를 계승하여 사평도를 이름 바꿔서 한강도(漢江渡)라고 한 것 외에는 큰 변화가 없었다.

그러나 통치 체제가 정비되고 사회가 안정되면서 국가뿐 아니라 서민의 교통 시설로서, 필요에 따라 곳곳에 진도가 확장 설치되어 갔다. 그 후 태종이 즉위하여 중앙 집권 체제를 강화하고자 호패법을 실시, 전국의 인구 동태를 파악하고 아울러 그 이동을 살피기 위하여 중요 진도에 별감(別監)을 파견하게 되니, 이제 진도는 국가적 관리 체계로 전환되어 갔다. 특히 국초에는 변란이 자주 일어났으므로 위정자들은 반역자 · 범죄자 등 위험 인물의 단속에 주의를 기울이지 않으면 안되었다. 그리하여 태종 14년(1414)에 정부는 경기 관찰사의 건의에 따라서 종래의 한강도 외에도 민간인이 그동안 임의로 통행하던 한강 일대의 노량진(露梁津), 광진(廣津), 용진(龍津) 등의 나루를 정부가 관장하여 관방(關防)의 요지로 삼았다. 그리고 범죄인 · 유랑민의 출입을 기찰하였으며, 노량진과 광진을 도(渡)로 승격시켜 한강도에서와 같이 별감을 두고 업무를 주관케 하였다.[8] 그 후 세종 때에는 송파에 삼전도(三田渡)를 신설하고 도선(渡船) 3척을 분급하였다. 나루의 책임자 별감은 세종 때를 전후하여 도승(渡丞)으로 지위가 바뀌었는데, 세도가의 자제들이 이를 장악하고 횡포를 부리고 있어 대간에 의해 비판을 받기도 하였다. 즉 대사헌 안완경(安完慶)의 보고에 의하면 도승은 인사 규정에 의해 제수함이 전례이건만, 현재 양화도·한강도·삼전도의 도승을 모두 대신의 자제들이 차지하고 있다면서 그 부당함을 논박하였다.[9]

한편 각 진도에는 교통의 매체로써 소정의 나룻배를 보유하고 있었는데, 『속대전』에 의하면 한강도에 15척, 노량진에 15척, 양화도에 9척, 송파진에 9척, 광진에 4척, 삼전도에 3척, 신천진에 2척을 배정하였고, 후에 민간인이 주로 건너던 서빙고진과 동작진에도 통행량이 늘어나면서 각 5척의 관진선(官津船)을 배치하고 있다. 이들 나룻배를 실제로 부리는 사람을 진척(津尺) 또는 진부(津夫)라고 하는데, 그들은 도승의 지휘 하에 역(役)의 일환으로 도강(渡江) 작업에 동원되었다. 그러나 일은 많고 사회적·경제적 대우는 매우 불리하였기 때문에 가급적 역을 피하여 도망하는 경우가 많았다. 심지어 제주도까지 도망하는 예도 있었다. 위정자들은 진부의 관리와 아울러 도강도 매우 유의하였다. 즉, 도강 중의 침몰사고를 방지하기 위하여 승선규정을 엄격히 지키도록 하였으니, 배가 짐을 많이 실어서 침몰하거나, 승선인원을 초과하였을 때는 진부는 곤장 1백에 처형되고, 도승은 중죄로서 논하게 하였다. 그렇다고 하여서 사고가 일어나지 않는 것은 아니었다. 예컨대 태종 13년 한강도에서 나룻배가 전복하여 30여 명의 승객이 익사한 적도 있었다.

사고 예방을 위하여 국가에서는 선박 관리에도 유의하여, 선박의 규격뿐 아니라 그 수리에도 관심을 두었으니, 5년마다 수리하고 10년마다 대체하도록 하였다. 아울러 왕래하는 통로도 일정하여 소속 진도 밖으로 나갈 수 없도록 하였다. 진선(津船)이 임의로 나루터를 벗어나 왕래하면 진부는 물론 승객도 신분의 높고 낮음을 막론하고 정배율(定配律)로 다스리게 하였다. 이 같은 규정은 관선뿐 아니라 사선에도 적용되었다.

한편 관선이 배치된 나루에서는 선가(船價)를 받지 않았다. 이는 민유방본(民惟邦本)을 내세운 조선 왕조로선 서민의 편의 시설은 국가가 주관하고 지원해주어야 한다는 시혜적 입장 때문이었다. 그러나 그렇다고 하여도 전국 각처에 산재하고 있는 크고 작은 나루터에 모두 관선을 배치하고 진부를 배속시킬 수는 없었다. 한강에 있어서도 마찬가지였다. 국가적 관리 체계하에 있던 한강도, 노량도, 양화도 등에 있어서도 관선과 아울러 사선이 일찍부터 운행되고 있었다. 당초에는 사선을 갖고 있던 사람들이 고기잡이나 나무 채취 등으로 생업을 영위하면서 경우에 따라 도강(渡江)에도 참여하였으나, 도강에서의 활동이 보다 유리함을 깨닫고 도선업(渡船業)으로서 자리를 잡아 뱃사공이 되기도 하였으며, 관선을 부리는 진척들이 관선을 숨겨놓고 사선으로 영업을 하는 경우도 있었다.[10]

　　조선 시대에는 원칙적으로 관선 중심으로 나루를 운영하였는데, 특히 중로(中路) 이상에는 관선만이 운행토록 하였고, 소로(小路)에 한하여 사선을 허용하였다. 사선에서는 선가(船價)를 받았다. 사선은 관선에 비하여 선체가 작고 날렵하여 쉽고 빠르게 강을 건네주었다. 더구나 관선은 기찰을 내세운 진부들의 횡포가 적지 않았기 때문에 사람들은 비록 선가를 내더라도 사선을 이용하고자 하였다. 사선의 활동은 초기부터 활발하였고, 세종 때는 관선을 압도하여 나룻터를 횡행하였다 그리하여 조선 후기에는 모든 진도에서 사선의 활동을 합법화하고, 진무사(鎭撫使)로 하여금 이를 관장케하여 선세(船稅)를 받는 방향으로 전환하였다. 즉, 모든 선박은 대ㆍ중ㆍ소로 구분되어 소정의 선세를 1년마다 납부해야 했다. 그리하여 한양에로 인구가 집중되고 상공업이 발달하면서 한강에는 여기저기에 나루가 개설되어 갔다.

　　남으로 향하는 주요 간선도로는 반드시 한강을 건너야 했고, 그 대부분은 용산 땅을 경유해야 했다. 즉, 한강에는 일찍부터 광나루(광진), 삼밭나루(삼전도), 서빙고나루(서빙고진), 동재기나루(동작진), 노들나루(노량진), 한강나루(한강도), 삼개나루(마포진), 서강나루(서강진), 양화나루(양화도) 등이 개설되고 있었는데, 이 중 서빙고나루, 동재기나루, 노들나루, 한강나루를 건너려면 용산 땅을 밟아야 했다. 그리고 삼개나루, 서강나루, 양화나루를 건너려면 아현동에서 마포 땅으로 발길을 돌려야 했다. 용산ㆍ마포 지역과 직접, 간접으로 깊은 관계가 있는 주요 진도의 연혁을 살펴 보면 다음과 같다.

　　〈한강도(漢江渡)〉　　조선 시대의 제1의 도선장으로서, 옛날에는 한강하(漢江河)라고 하였으며, 신라 때는 북독(北瀆)이라 하였다. 고려 시대에는 사평도라고 하여 중요한 나루터로 지목되고 있었다. 북쪽에서 용산ㆍ충주로 통하는 대로의 요충지였다. 지금은 한강하면 대개 그 원류에서 황해로 들어가는 조강(祖江)까지를 통틀어 일컫지만, 예전에는 서울의 남산 남쪽 기슭인 지금의 한남동 앞의 강을 한강이라 하였고, 이 곳의 나루를 한강도라 하였다. 한남동 곧 한강 마을은 도성에서 남소문을 나서면 이르는 곳으로 도심에서 가장 가까운 나루였다. 이 곳은 당초에 한성부 남부 한강방의 한강계(漢江契)에 속했는데, 1894년 상동 · 중동 · 하동으로 나뉘어졌다가 1911년 한성부 한지면(漢芝面) 한강리(漢江里)가 되었다. 1943년 용산구가 설치되면서 이에 소속되었고, 1946년 이래 한남동의 관할이 되었다. 한강도에는 국초부터 별감(후에 도승)이 파견되어 인마의 통행을 기찰하고 통행의 편의를 도모하였다. 관진선 10척이 있었는데, 후에 통행량이 많아지면서 15척으로 늘렸다. 조선 후기에는 군사상으로도 중요한 지점이어서 이 곳에 진(鎭)을 설치하여 훈련도감으로 하여금 관리하게 했다. 인근에 한남대교가 가설되었다.

〈노량진(露梁津)〉 조선 시대 9개의 간선도로 중 제6로, 제7로, 제8로가 노량진을 경유한다. 『동국여지비고』에 의하면 노량진은 숭례문에서 남으로 10리쯤에 있었는데, 나룻배가 닿는 한강 남쪽을 흔히 노량진이라고 하지만, 북쪽의 나루도 노량진이었다. 충청도 · 전라도로 통하는 대로의 길목으로서, 처음에는 도승을 배치하여 출입하는 사람을 살폈는데, 후에 금위영의 관할로 하여서 별장(別將)을 배치하였다. 진선은 본래 15척이 있었으나 후에 5척을 동작진에 이관시켜 10척으로서 도강 임무를 담당하였다. 이 곳은 노도(路渡), 노도(露渡), 노량도(鷺梁渡)라고도 불리었는데, 연산군 때는 이 곳을 제외한 모든 진도의 통행을 금하여 사람들의 왕래가 매우 불편했다고 한다.[11] 지금 동작구 본동 노량진 수원지 옆에는 옛 나루터를 알려주는 표석이 있는데, 인근에 한강대교와 한강철교가 가설되었다.

〈마포진(麻浦津)〉 삼개나루라고도 하는데, 도성 서쪽 10리에 있었다고 한다. 현재의 마포구 토정동 용강 APT앞 고수부지에 해당되는데, 나루라기 보다는 황해 연안에서 서울로 들어오던 물화(物貨)의 집산지였다. 사도선(私渡船)이 있어 건너편 금천의 방학호 나루쪽과 내왕했을 것으로 보인다. 인근에 양반들의 별장이 많아 지방에서 소작료를 운송해 오는 사조선(私漕船)이 다수 이 곳에 집결되었다. 마포진은 조선 시대에는 공덕리, 토정리, 도화동 등과 더불어 용산방에 소속되었으며, 1944년 용산구와 서대문구의 일부 지역을 분할하여 마포구를 신설할 때까지는 용산 땅이었다. 『동국여지승람』에도 마포진은 용산강 하류에 있다고 하였다. 옛 나루터 자리에는 지금 마포대교가 놓여있다.

〈용산강(龍山江)〉　용산은 고려 시대부터 교통이 편리하고 경관이 좋아 개경의 귀족들은 여기에 별장을 마련하는 경우가 많았다. 『택리지(擇里志)』에 의하면 옛날에는 한강의 원 물줄기가 남쪽 언덕을 따라 내려가고, 한 물줄기는 용산 쪽의 북쪽 언덕 아래로 흘러서 10리에 이른 긴 호수를 이루었다고 한다. 지금의 서울역에서 한강철교에 이르는 일대는 넓은 모래밭이어서 사촌리(沙村里) 또는 사리(沙里)라고 불리었다. 큰 홍수가 나면 남대문 근처까지 물이 들어 왔다. 조선 시대의 용산은 지금의 원효로 서북쪽 일대로서, 용산강의 지류인 욱천 동쪽은 거의 황무지였다. 용산 나루는 조선 초기부터 수상교통의 중심지여서 수로전운소(水路轉運所)가 설치되었고, 또 군자감(軍資監)의 강창(江倉)이 여기에 자리하고 있었다. 그리하여 한강 상류지역의 물화가 거의 이 곳으로 반입되었다. 한양에 도읍을 정하고 새 서울의 궁궐·관아를 지을 때 쓰인 목재도 이 곳으로 운반되어 왔다. 용산강은 나루라기보다는 물화 운송의 포구(浦口)였다. 지금은 그 자리에 원효대교가 가설되어 있다.

〈서빙고진(西氷庫津)〉　도성의 정남쪽에 있었으니, 강 건너편의 동작

나루와 통했다. 현재의 용산구 서빙고동 잠수교 북쪽 입구에 해당된다. 본래 이 곳은 동빙고와 더불어 궁중과 관아에서 소용되던 얼음을 보관하던 곳이었다. 조선 후기 인마의 내왕이 빈번해지면서 이 곳도 나루터로서 주목되었다. 그리하여 정부에서는 훈련도감의 관할 하에 한강도에서 진선 6척을 이속시켜 강남 지방과의 내왕에 편의를 도모케 하였다.

　한편, 한강은 서민들의 교통에 장애를 주었을 뿐 아니라 국왕을 비롯한 귀인들의 행차에도 커다란 불편을 주었다. 특히 국왕은 지체가 존귀하였으므로 터럭만큼도 위험 요소가 없어야 했다. 그러나 강을 건넌다는 것은 뜻하지 않는 사고의 위험이 항시 도사리고 있었다. 그럼에도 불구하고 국왕들은 한강을 건너 여러 고을을 편력하였으니, 세종과 세조는 신병을 치료하기 위해서 온양 온천에 들르기도 하였고 불공을 드리기 위해서 속리산 법주사를 탐방하기도 하였다. 게다가 태종의 헌릉(獻陵), 세종의 영릉(英陵) 등이 강남에 위치하여 역대 제왕이 산릉에 행차하기 위하여는 한강을 건너야 했다. 뿐만 아니라 연산군은 수렵과 풍류를 즐기기 위하여 강남으로 자주 행차하였다.

　한강을 건너기 위해서는 배를 타야했는데 나룻배는 사고가 종종 일어나고 있었다. 이에 고안된 것이 배다리, 즉 부교(浮橋)였다. 부교는 주교(舟橋)라고도 했다. 한강에 부교가 가설된 것은 문헌에 의하면 연산군 때가 처음이었다. 강남의 청계산 밑에서 수렵하기를 즐긴 연산군은 거동에 있어 나룻배로는 전복의 위험이 있다고 하여 부교를 만들도록 하였다. 이를 위해 노량진만 남기고 한강 연안의 모든 나루를 폐쇄시키고, 진선을 비롯한 모든 선박을 징발하였다. 8백여 척의 선박이 동원된 배다리 위에는 널판지를 깔아 5~6필의 말이 자유로이 왕래할 수 있었다고 한다. 연산군은 배다리를 만들어 사용한 후에도 철거를 못하게

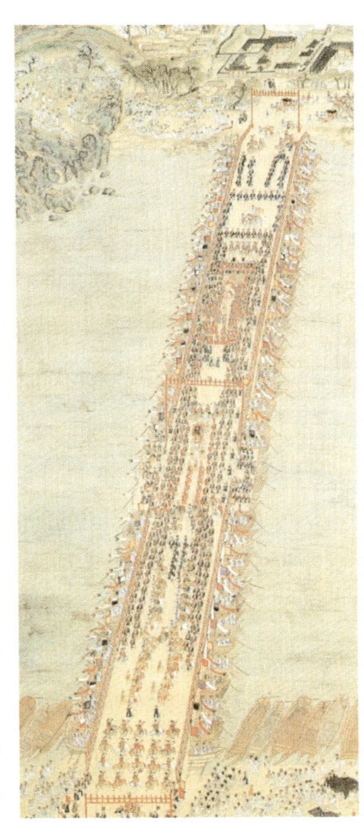

⬆ 부교(배다리)

하였는데 말하자면 상설 부교가 가설된 것이었다.

그러나 배다리를 놓게 되면 뱃길이 끊기고, 그렇게 되면 배를 갖고 나루를 건네주거나 물건을 운반해 주면서 사는 사람들, 그리고 강변에서 뱃사람들을 상대하여 사는 사람들이 생업을 잃게 되었기 때문에 이에 따른 원한도 컸다.

강원도 뗏목장수 뗏목 뺏기고 울고
전라도 알곡장수 통배 뺏기고 울고가면
마포 객주는 발 뻗고 운다네
나루의 색주가 여인은 머리 잘라 파는구나

부교가 놓이는 곳은 한강도 아니면 노량진이었다. 정조 때는 부교의 가설 업무를 효과적으로 수행하기 위하여 주교사(舟橋司)라는 전담 관청을 설치하고 배다리 가설의 규정이라고 할 수 있는 주교절목(舟橋節目)을 제정하기도 하였다.

『한경지략(漢京識略)』에 의하면 배다리의 규모와 형태가 밝혀지고 있는데, 노량진은 도성 남쪽 10리 지점에 있다. 강을 건너면 과천현인데, 정조가 수원의 현륭원으로 행차할 때 여기에 배다리를 설치하였다. 전국 8도의 큰 배는 모두 모아서 강물에 가로 띄우고, 배 위에 긴 목판을 펴고 좌우에 난간을 설치하고 기치를 죽 늘어놓았다. 또 양쪽 나루머리에는 홍전문(紅箭門)을 세워 출입문 표시를 하였다고 한다.[12]

2) 수상 운수

한강은 육상 교통에 있어서는 큰 장애였으나, 수상 운수에 있어서는 매우 편리하였다. 조선 왕조가 한양으로 도읍을 정한 것도 한강에 의한 수상 운수의 이로움 때문이었다. 근대 사회에 있어서 대량의 화물을 운송하기 위하여는 육상 교통보다는 수상 운수가 중요시 되었다. 조선 후기의 실학자 이중환(李重煥)도 『택리지』에서 우리 나라는 산이 많고 평야가 적어 수레의 통행이 불편하여 상인들은 모두 말에다 물건을 싣고 다니는데, 말보다는 수레가 낫고, 수레보다는 배가 낫다고 하였다. 실제로 용산을 비롯한 한강변은 조선 시대에 있어서는 수로 교통의 요충지였다. 서해안과 한강 하류를 통하여 호남·호서의 양호 지방(兩湖地方)과 황해도·평안도의 양서 지방(兩西地方)의 물화가, 그리고 한강의 상류인 남한강·북한강을 통하여 충청 북도와 강원도의 물화가 선박에 실려 용산·마포·서강 등지로 운송되었으니, 용산·마포·서강 등지는 전국 물산의 집산지였다. 뿐만 아니라 용산과 서강은 전국 각지에서 수납한 세곡의 집산지였다. 농업을 국가 경제의 근본으로 삼았던 전근대 사회에 있어서 세곡은 가장 비중이 큰 운송 물량이었다. 육운(陸運)이 곤란하였던 조선 시대에는 세곡의 운반을 위하여 조운을 그 대책으로 강구하였다. 조운(漕運)이란 조전(漕轉), 해운(海運), 수운(水運), 참운(站運), 선운(船運)이라고도 하는데, 국가가 조세로 징수한 미곡, 포목 등을 선박으로 운송하는 제도를 말한다. 당시 국가에서는 세곡의 수송을 위하여 각 군현에서 거두어 들인 세곡을 그 인근의 수로 연변 또는 해안 지대에 설치한 창고에 집적하였다가 일정한 시기에 조선(漕船)에 실어 중앙의 경창(京倉)으로 수송하였다. 조선 시대에 경창이 있던 곳이 바로 용산과 서강이었다.

　우리 나라의 조운 제도는 이미 고려 시대부터 마련되어 있었다. 즉, 고려 왕조는 초기부터 남방 연해안과 한강 수로변에 12개의 조창을 두고서 인근 지역에서 수납한 세곡을 예성강 입구의 경창으로 운송하였다. 특히 충주의 덕흥창(德興倉)에는 21척, 원주의 흥원창(興元倉)에는 23척의 조선이 비치되어 운송 임무를 맡고 있었는데, 이들 조선은 개경으로 향하는 중 한강 연안의 용산, 서강 등에 기항했을 것이다. 조운이 통하지 않으면

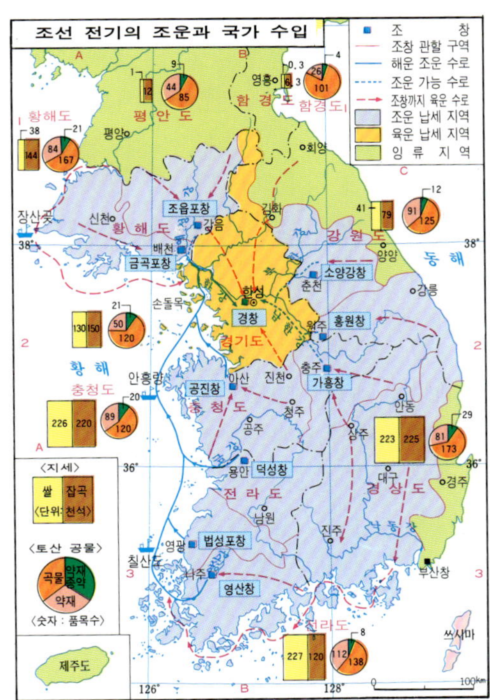

어찌 도회지라 할 수 있겠느냐면서 한양에 도읍을 정한 조선 왕조의 태조 이성계는 건국 직후 고려 말의 황폐되었던 조창을 복구하고 조선을 건조하면서 조운의 조기 정상화를 꾀하였다.

『경국대전』에 의하면 조선 시대의 조창은 9개로서, 서해 연안에 4개소, 예성강 연안에 2개소, 한강 연안에 3개소가 설치되어 있었다. 서해 연안에 설치된 조창이 아산의 공진창(貢津倉), 용안의 덕성창(德成倉), 영광의 법성창(法聖倉), 나주의 영산창(榮山倉)이었고, 예성강 연안에 있던 조창이 배천의 금곡포창(金谷浦倉)과 강음의 조읍포창(助邑浦倉)이다. 그리고 한강 연안에 있던 조창이 충주의 가흥창(可興倉), 원주의 흥원창(興原倉), 춘천의 소양강창(昭陽江倉)이었다.[13] 이 가운데서 서해 연안과 예성강변의 조창에서 한강 하류를 거슬러 온 충청·전라·황해도의 세곡은 서강에 있던 광흥창(廣興倉)과 풍저창(豊儲倉)에 집적되었고, 한강 연안의 조창에서 한강 상류를 흘러온 경상·강원·충북의 세곡은 용산에 있던 군자창(軍資倉)과 풍저창에 수납되었다. 이들 중앙 정부의 창고는 모두 태조 때 설치된 이래 조선 왕조의 재정을 담당하였으니, 광흥창의 세곡은 정부 관료의 녹봉으로, 풍저창의 세곡은 왕실의 비용으로, 군자창의 세곡은 군량미와 진휼미로 각기 충당되었다. 본래 이들 창고는 재정을 맡은 관서였지만, 이들은 세곡을 보관하기 위하여 용산, 서강 등지에 강창을 마련하고 있었다

조선 시대에 있어서 세곡 운송은 국가 재정과 직결되어 있었고, 또한 당시로서는 이를 담당할 능력있는 민간 운수업자의 출현을 기대할 수 없는 상황이었기 때문에 국가가 주관하는 관선 조운 체제(官船漕運體制)에 의하였다. 관선 조운 체제에 있어서 핵심은 조창의 관리와 아울러 조선(漕船)과 조군(漕軍)의 확보에 있었다. 즉, 개개 농민 혹은 각 고을을 단위로 하여 조창에 수납된 세곡을 다시 한강 연안의 경창으로 조운하기 위해서는 조선과 이를 부리는 조군이 필요하였다. 특히 운송의 매체인 조선은 필수불가결한 조건이었다. 더구나 연례 행사와 같이 일어나는 조난사고로 인한 조선의 손실은 그 문제를 더욱 중요하게 하였다. 다시 말하면 조선의 확보가 원활할 때에 있어서는 관선 조운의 운영이 원활하였고, 조선의 확보가 여의치 않을 때에 있어서는 관선 조운의 운영도 침체의 길을 면치 못하였다. 그리하여 정부에서는 조선 작업에 지극한 관심

을 보였고, 사후의 선박 관리에도 신중을 기하였으며, 나아가 조선 작업이 여의치 않을 때에는 병선(兵船)을 동원하기도 하였다.

한편, 정부는 조선의 확보와 함께 조군의 확보에도 깊은 관심을 보였다. 조선이 조운의 객체라고 하면 그 주체라 할 수 있는 조군의 확보 역시 관선 조운을 운영함에 있어서 불가피하게 중요하였다. 조군은 조졸(漕卒)이라고도 불리웠는데, 사공(沙工)과 격군(格軍)으로 구분되어 그 업무가 규정되기도 하였다. 이들 조군은 세곡의 운송을 전담하는 전문 집단으로서 세습직이었다. 그 신분은 사공은 물론 격군도 양인(良人)이었으나, 조군이란 천역(賤役)에 종사해야 하는 이른바 신양역천(身良役賤)에 속한 계층이었다. 따라서 현실적으로는 거의 불가능한 일이었지만 법제상으로는 상직(賞職)도 받을 수 있고 과거에도 응시할 수 있었다. 그러나 실제로는 혹독한 노동력의 착취로 그들에겐 교육의 기회가 전혀 부여되지 않았으니, 매년 계속되는 세곡의 운송, 허다한 잡역, 위험 부담율이 큰 해상 활동 등은 그들의 자유로운 생존을 결코 허용하지 않았다. 따라서 피역(避役)의 길만 모색하는 상황 속에서 정부는 조군의 확보를 위해 여러 가지 조처를 강구하며 고심치 않을 수 없었다.[14]

조선의 건조가 여의치 않고, 조군의 유망이 심해지면서 16세기 이래로 관선 조운제는 점차 해이해져 갔다. 이를 틈타 사선인들은 세곡 운송에 참여하여 활로를 구축하고자 하였다. 일찌기 고려 시대에도 민간 선운업자들이 세곡 운송에 참여하여 나름대로의 항로를 개척한 바 있는데, 조선 시대에 이르러서 관선 조운제가 강화되면서 잠시 그 활동이 주춤하였으나, 관선 조운의 기능이 약화되면서 점차 역량을 발휘하였다. 조선 시대 전반을 통하여 한양은 가장 번화한 도시였고, 한양의 경제적·정치적 위치 때문에 이 곳을 관통하는 한강 유역은 그 어느 하천 유역보다도 경제성이 높은 곳이었다. 특히 한양 남쪽의 용산, 마포, 서강, 송파 등지에는 전국에서 각종의 물화가 선박에 의해 이 지역으로 운송됨으로써 조선 초기 이래로 운수업은 물론 선박으로 상업 활동을 하는 선상업(船商業)이 발달하였으니, 강상(江商) 또는 경강 상인(京江商人)이라 부르는 상인들이 용산, 서강, 마포 등지를 중심으로 활발히 활동을 폈다.

민간 선운업자의 활동은 조선 후기에 이르면 보다 활발해진다. 관선 조운제는 이제 더 이상 유지되기 힘들 정도로 그 기능이 약화되어 있었고, 이에 대하여 사선인들은 운수업을 하나의 영업 분야로 분화시켜 가고 있었다. 경강 상인 뿐 아니라 지토선인(地土船人) 또는 도감선인(都監船人)까지 운송업에 참여하여 서로 각축을 벌이기도 하였다. 더구나 조선 후기에는 지금까지 현물로 징수하던 공납제가 개혁되어 대동법이 시행되면서 운송해야 할 물량은 배로 증가되었다. 대동법에 의해 일부 지방에서 면포(綿布), 마포(麻布), 전화(錢貨)로 징수되기도 하였지만, 대체로 미곡으로 징수되었는데, 그것은 선운(船運)에 의하지 않으면 안되었다. 더구나 대동미는 처음부터 조운에 의뢰하고자 하지 않았다.

세곡의 임운 활동(賃運活動)이 널리 보급되고, 그 운송 용역이 하나의 이권으로 인식되면서 사선인의 활동이 활발히 전개되었다. 세곡 운송 용역은 17세기에는 지토선(地土船), 18세기에는 경강선(京江船), 18세기 말 이래로는 주교선(舟橋船)이 주도하였다. 선운업이 발달하면서 지토선, 경강선 등은 그 선형(船型)과 선종(船種)에 있어서 다양성을 나타냈다. 뿐만 아니라 선박의 구조 역시 세분화되고 전문화되었다. 이들 선박은 운송선으로서 그 용도가 중시되면서 적재 능력과 운항 능력이 크게 제고되었고 활동 범위를 전국적으로 확장시켜 갔다. 특히 용산·서강 등지에 거점을 마련하고 있던 경강 선인들은 세곡 운송에서 영리성, 전문성을 추구하여 자본 집적에 성공하고 있었다. 그들은 합법적인 선가(船價) 외에 고패(故敗)·투식(偸食)·화수(和水) 등 부정 행위를 자행하면서 영리를 추구하였다. 아울러 선인(船人)들은 이권의 합법적 보장을 위한 운동을 전개하였으니, 그 성과가 이른바 작대법(作隊法)이었다.[15] 작대법 하에서 세곡 운송을 맡은 선박이 주교선으로서, 그들의 실체는 곧 경강선이었다.

한편 선운업의 성장은 선인들이 일찍부터 맡아 온 지주의 소작료 운송에도 그 기반이 마련되고 있었다. 조선 시대 무분별하게 증대된 전국 각지의 농장에서는 엄청난 양의 소작료가 수취되고 있었으니, 중종 13년(1518)의 기록에 의하면, 전라도 순천 등지의 지주들은 1년에 대체로 5,6천석 내지는 1만석까지 소작료를 수취하고 있었다.[16] 이들 소작료의 대부분은 현지에서 처분되기도 하였지만, 상당량은 (특히 부재지주의 경우) 서울로 운송되었다. 그런데 지주들이 소작료를 운반하기 위하여 필요한 선박을 독자적으로 확보하기는 쉽지 않았다. 따라서 그들은 국가의 조선을 은밀히 이용하거나, 또는 사선을 세내어 운송해야 했다. 그리하여 지주의 소작료는 대부분 용산·마포·서강 등지에 거점을 두고 있던 경강 선인들이 운송하였다. 뿐만 아니라 한강변에는 양반들의 별장이 고려 이래로 많이 설치되어 있었는데, 그들 별장은 지방의 농장에서 운송되어 온 소작료의 집결지였던 것이다. 운송 기지로서 입지 조건이 양호하였기 때문이다.

　용산·마포가 한강을 이용한 수상 운수의 중심지가 된 것은 포구가 구릉을 따라 굽어진 골짜기에 위치해 있고, 그 앞의 강줄기는 호수를 닮아 배가 정박하기가 편하였기 때문이다. 그리고 도성에의 왕래도 편한 곳이었다. 남대문을 나서 청파역을 지나면 용산이었고, 만리재·아현을 넘어 공덕리를 지나면 마포였다. 더구나 용산 땅을 남으로 관통하는 개천은 조선 시대에 도성을 지나는 개천으로 오늘의 청계천 다음으로 큰 물줄기였다. 인왕산에서 청파동을 지나 오늘의 원효로로 흘렀던 욱천(旭川)(조선 시대에는 만초천(蔓草川)이라 하였다)은 남산에서 이태원을 경유하여 흘러 온 지류가 오늘의 삼각지 부근에서 합류하여 제법 큰 물줄기를 이루었는데, 이로 인하여 인근 지역은 저습지를 형성하거나 적막한 모래벌판이었다. 따라서 큰 홍수가 나면 거의 남대문 근처까지 물이 들어찼는데, 때문에 당시 용산의 취락은 이른바 구용산(舊龍山)으로서 오늘의 원효로 서북쪽 지역에 형성되었다.[17]

　조선 왕조의 위정자들은 이 같은 용산의 자연적 입지 조건을 충분히 활용하여 수상 운수의 기능을 보다 활성화하고자 시도하기도 하였다. 즉, 태종 13년(1413) 일부 중신들 사이에서 용산까지 들어 온 크고 작은 선박을 숭례문 앞까지 끌어들일 수 있게끔 물길을 연장하면 편리할 것이라는 의견이 제시되었다. 이른바 용산 운하 계획이 제시된 것이다. 좌의정 하륜(河崙)에 의해 제안된 이 계획을 시행하기 위해서는 1만여 명의 군병이 동원되어야 했다. 이에 태종은 이를 중신 회의에 상정하였는데, 찬성 유량(柳亮)만이 민폐를 염려하여 반대하고 지의금부사 박자청(朴子靑) 등은 적극적으로 찬성하여 시행될 것 같이 보였으나, 태종(太宗)이 그 시행을 보류하여 성사되지 못하였다.[18] 비록 용산 운하 계획이 성사되지 못하였지만, 용산이 수상 운수에서 매우 중요한 위치에 있었음을 밝혀주는 논의였다.

　　교통·운수의 중심지였기 때문에 용산·마포에는 창고 시설도 옛부터 마련되고 있었다. 용산에는 조선 초기부터 세곡의 보관을 위한 풍저창과 군자감의 강창이 설치되어 운영되었다. 풍저창이 있던 곳은 분명치 않으나, 군자감의 강창은 오늘의 원효로 3가에 해당되는 용산강 북쪽에 있었다. 84칸의 건축물에 평상시 30만석의 군량미가 보관되어 있었다고 한다. 그리고 원효로 4가 성심 여자 고등 학교 뒤편 언덕에는 진휼청(賑恤廳)의 별고(別庫)가 있어서 빈민들에게 구휼하는 양곡을 저장하고 있었고, 지금의 청암동 산기슭에는 훈련도감 군인들의 급료를 보관하던 별영창(別營倉)이 있었다. 한편 지금의 효창공원 서북쪽에는 구휼미와 대동미를 보관하던 신창(新倉), 즉 만리창(萬里倉)이 있었다. 그리고 와우산 기슭인 지금의 창전동에는 광흥창이 있어서 관료들의 녹봉을 보관하고 있었다.

2. 농경 생활

(1) 선사 시대의 농경

　　용산·마포 일대의 지역은 한강이라는 큰 강에 인접해 있어 하천이 범람하면 수해를 입는 불리한 때도 있지만, 강변의 저습지대는 토지 이용에 있어서 생산성이 높아 농경이 일찍부터 발달하였다. 고려 말 충절로 이름높던 이숭인(李崇仁)은 용산 강변에 있는 정자 추흥정(秋興亭)을 돌아보고 견문기를 남겼는데, 그 글에서 이 곳은 토지가 비옥하여 오곡이 잘 된다면서, 그리하여 고려의 귀족들이 여기에 농장을 마련한 이가 많았다고 밝히고 있다.[19)]

　　강원도 오대산에서 발원하여 남과 북에서 큰 물줄기를 이루어 남한강, 북한강의 수계(水系)를 형성한 한강은 경기도 중부인 광주에서 합류하여 북서 방향으로 흘러 서울을 지나 서해로 들어가는 큰 강이다. 한반도의 중심부를 관통하는 한강은 그 유역 면적이 26,219㎢, 길이가 514㎞이다. 한강 유역의 연평균 강수량은 1,200㎜로서, 토지의 생산성을 높여주고 있다. 즉, 한강물의 농업 용수로서의 가치는 한강 유역을 단위 면적당 소출량이 가장 많으면서 식량 작물로서 특히 가치가 있는 답작지대(畓作地帶)로 그 지위를 굳히게 하였다. 그리하여 한강 유역은 일찍부터

경지로서, 생산의 장으로 기능이 주목된 곳이었다. 한 연구에 의하면 15세기 전국 각 고을의 평균 결수가 4,931결이었는데, 용산이 위치한 고양, 양주, 광주 등 한강 유역의 고을은 경작지가 15,000결 이상이나 되는 최대 분포지였다. 더우기 논의 비율이 경지의 50%를 넘는 생산의 장(場)이었다.[20]

그리하여 선사 시대부터 한강 유역은 우리 민족의 삶의 터전으로서 곳곳에 유물과 유적이 남아있다. 신석기 시대의 토기인 빗살무늬 토기가 한강 유역의 곳곳에서 출토되고 있는데, 그 연대 추정은 약 7천년 이전으로 거슬러 올라가고 있다. 특히 서울 부근의 양주군, 광주군, 고양군 등지에서 출토되고 있는 괭이, 보습 등은 원시적인 농경의 존재를 확인시켜 주고 있다. 한강 유역에서 농경다운 농경이 행해진 것은 민무늬 토기가 널리 쓰인 청동기 시대부터였다. 용산에서 가까운 고양군 원당리, 송파구 가락동, 하남시 미사동, 여주군 흔암리, 파주군 교하리 등지에서는 움집터와 여러 가지 민무늬 토기, 가락바퀴, 그물추, 괭이 토기, 숫돌, 돌칼 등이 출토되었고, 조, 수수, 보리, 쌀 등의 낟알 흔적도 발견되었다.

청동기 시대에도 초기에는 조, 기장, 수수 등 잡곡 농사가 행해졌으며, 중기 이후 괭이 토기 문화인들과 접촉하면서 벼농사 기술이 보급되고, 그리하여 농경이 더욱 발달해갔다.[21] 1977년에 발굴된 여주군 흔암리의 움집터에서는 이삭을 자르는 데 쓰였다고 보이는 반달형 돌칼과 벼농사의 흔적인 탄화미가 출토되었다. 이들을 방사성 탄소 연대 측정법에 의해 분석해 본 결과 약 3천년 전의 것으로 밝혀졌다. 그리고 1972년 팔당 수몰 지구를 조사하던 중 양평군 양근리에서는 콩, 팥의 자국이 있는 무늬없는 토기의 파편을 발견하였다. 즉, 이 때를 전후해서는 조, 기장, 수수, 콩, 팥, 벼 등 오늘날 식생활에 이용되고 있는 곡식의 모든 종류가 한강 유역에서 재배되고 있었는데, 이들 출토지에서 멀지 않은 용산 일대에서도 그러한 곡물들이 재배되었으리라는 것은 충분히 예상된다. 당시의 농기구로는 신석기 시대부터 쓰던 괭이와 보습은 물론 갈판, 가락바퀴, 반달형 돌칼, 돌삽, 돌따비가 사용되고, 쇠붙이로 괭이, 삽, 따비 등이 개발되면서 생산력이 매우 증대되었다.

(2) 고대 사회의 농경

한강 유역에 처음으로 터전을 마련한 정치적 집단은 진(辰)이었다. 요동 반도와 한반도 북부에서 큰 세력을 누렸던 우리 나라 최초의 국가였던 고조선이 멸망하자, 고조선의 지배자들은 무리를 거느리고 남쪽으로 이동하여 한강 유역에 진을 세웠다. 진왕은 남쪽의 마한과 진한을 아울렀는데, 이 때의 농경 모습은 중국의 고전인 『삼국지(三國志) 위지(魏誌)』, 『한서(漢書)』 등에 밝혀지고 있다. 즉, 곡식의 파종기와 추수기에는 성대한 제사가 행해졌으며, 벼농사가 널리 행해졌고, 양잠법도 알아서 비단 옷감을 짰다고 한다. 그리고 농사를 지을 때는 두레라고 하여서 여러 성인 남자들이 함께 노동에 참여했다고 한다.

한강 유역에서의 농경의 전통은 그대로 이어져 백제의 농경으로 정착되어 갔다. 백제는 일찍부터 대륙 문화를 받아 들였으며, 비교적 넓은 평야와 비옥한 토양, 하천이 많아 수리 시설이 적합하여 농업 국가의 면모를 나타냈다. 이 같은 사실은 『삼국사기』 등의 문헌뿐 아니라 여러 곳에서 출토되는 백제 때의 철제 농기구 등에서 입증되고 있다.

백제는 제1대 임금인 온조왕(溫祚王) 때부터 국가에서 정책적으로 농경에 관심을 기울이고 있었다. 즉, 한강 유역에 나라를 세운 온조왕은 기원전 5년 직접 각 부락을 돌면서 농사에 힘쓸 것을 권했다. 다음 다루왕(多婁王) 때는 여러 고을에 명하여 벼농사를 장려하였다.[22] 농경이 집중적으로 이루어지고, 특히 벼농사가 발달하면서 생산력이 증대되었고, 이는 초기 백제 사회를 풍요하게 하여 인구의 증가를 가져왔다. 인구의 자연 증가 및 외부로부터의 유입으로 많은 인구를 수용한 백제는 그만큼 국력이 막강해졌고, 그리하여 그 세력은 한강 유역을 완전히 장악하기에 이르렀다.

백제가 다스리던 한강 유역은 5세기에 이르러 고구려가 지배하였는데, 6세기 후반에는 다시 신라가 차지하였다. 신라는 이 땅에 신주(新州), 후에 한산주(漢山州)를 설치하여 경영하였는데, 특히 한강 유역의 경제적 입지 조건에 유의하여 수리 시설을 확장하고, 권농 정책을 강력히 추진하여 경제력의 기반으로 삼았다. 지금도 한강 유역 곳곳에서는 당시 쓰던 낫, 가래, 쇠스랑, 쟁기 등의 철제 농기구가 출토되고 있다.

(3) 중세 사회의 농경

신라에 이어서 한강 유역을 장악한 고려 왕조도 농업 국가로서의 면모를 분명히 하였다. 당시의 국가 경제는 농업에 토대하고 있었다. 농민 경제의 안정 문제는 국가 경제와 밀접하게 관련되어 왔기 때문에 위정자들은 적극적인 권농 정책을 폈다. 농번기에는 농민을 잡역에 동원하지 못하게 하고, 흉년이 들어 전답(田畓)의 재해가 심하면 조세를 감면해 주었으며, 임금이 적전(藉田)을 갈아 농사의 모범을 보이기도 하였다. 곡물의 증산을 위하여 진전(陳田)의 개간을 장려하였다. 특히 벼농사의 보급을 위해 수리 시설의 개선을 위한 노력이 시도되었다. 인종 때 고려에 왔던 송(宋)나라 사신 서긍(徐肯)이 보고 듣고 하여 쓴 『고려도경(高麗圖經)』에 의하면, 창고에는 미곡이 가득히 쌓였고, 산간 오지까지도 계단을 이루며 전답이 개간되고 있었다. 그리고 도처에 수리 시설이 마련되고, 농기구의 제조도 활발했으며, 특용 작물의 재배도 왕성하여 직물과 종이는 그 제품이 우수하였다고 한다.

고려 시대의 농경 기술은 우경에 의한 심경법이 일반적으로 행해지고 2년 3작의 윤작법이 확립되었다. 그리하여 전술한 바와 같이 용산·마포 일대에서는 오곡이 풍성하게 재배되고 있었다. 토지가 비옥하고 산물이 풍부하여 용산·마포 등 한강 유역에는 귀족들의 농장이 도처에 설치되고 있었는데, 한양 조씨(漢陽趙氏), 파평 윤씨(坡平尹氏), 금천 강씨(衿川姜氏), 양천 허씨(陽川許氏), 행주 기씨(幸州奇氏), 양주 송씨(楊州宋氏) 등의 문벌이 유명하였다. 고려 후기에 이르러는 신진 사대부들이 중국의 강남 농법에 관심을 가지면서 새로운 농법의 보급이 시도되어 벼농사에의 관심이 보다 제고되었다. 이 때에는 지력의 회복을 위해 비료에도 관심이 기울여져서 점차 농업 생산력이 증대되었는데, 그 중심지가 한강 유역이었던 것이다.

고려를 계승한 조선은 수도를 송악(松岳)에서 한강 유역의 한양으로 옮기고 그 이름을 한성부라 하였다. 그리고 주위에 성곽을 쌓아 성내의 경중 5부를 관할 구역으로 하면서, 성중 5부 뿐 아니라 성외 주변 약 10리 구역까지 다스렸다. 남대문 밖에 있던 용산·마포 지역은 성외에 속하였으니 이른바 성저십리(城底十里)의 구역이었다. 성저십리에도 경중 5부와 같이 방(坊)이라는 보다 세분된 행정 구역이 있는 곳도 있지만,

대체로 성저십리의 행정 구역은 지방에서와 같이 면(面)으로 세분되어 있었다. 즉, 용산면, 한강면, 서강면과 같이 명명되었던 것이다.[23]

성저십리의 행정 구역은 조선 후기에 이르러 한강 연안이 경제적으로 중요한 위치를 차지하여 이른바 경강 상인(京江商人)들의 부가 축적되면서 용산, 마포, 서강, 서빙고, 두모포 등을 중심으로 인구가 집중되자, 정부는 이를 재조정하였다. 즉, 정조 13년(1789)의 『호구총수(戶口總數)』에 보여지는 바와 같이 종래의 성저 각면이 폐지되고 방(坊)과 계(契)가 설치되어 5부의 관할 구역으로 편입되었다. 용산면은 이 때 용산방으로, 서강면은 서강방으로 승격하여 서부에 소속되었다. 한편, 오늘의 한남동 일대였던 한강면 역시 한강방으로 승격하여 남부에 소속되었다.

『동국여지비고』에 의하면 용산방에는 마포, 공덕리, 토정리, 옹리, 신촌리, 사촌리, 청파리, 형제정, 탄항, 곽계, 도화동 등의 지역이, 서강방에는 흑석리(오늘의 현석동), 밤섬, 신정리, 신수철리, 구수철리, 창전리, 하중리, 수일리, 당인리 등의 지역이 속해 있었다. 그리고 한강방에는 몽뢰정, 한강리, 주성리 등의 지역이 속해 있었다. 오늘의 행정 구역으로 보면 용산구는 한강방과 용산방의 일부로 구성되어 있었다. 그리고 마포구는 용산방의 일부를 중심으로 서부 반석방과 북부 연희방의 일부까지 포함하고 있었다. 즉 오늘의 반포로를 경계로 동쪽 지역은 한강방의 구역이었고, 반포로에서 마포구의 대흥로(예전에는 개천이 있었으나 복개되었다)까지의 지역이 용산방의 구역이었다. 그리고 대흥로 서쪽에서 양화로까지의 지역은 서강방의 구역이었다. 양화로 서쪽의 합정동, 망원동, 동교동, 서교동, 성산동 등은 연희방의 구역이었다.

그런데 용산·마포 일대의 지역에서는 조선 시대에 들어와서도, 강변에서 어로 활동, 상업 활동이 전개되었다고 하더라도 특히 그 초기에는 농업이 주로 발달하였다. 조선 왕조는 고려보다도 더 중농 정책을 강화하여 산업 활동을 거의 농업 위주로 편제하였다.[24] 그리하여 정부와 농민은 농업 생산력을 높이기 위하여 토지의 개간, 수리 시설의 확충, 종자의 개량, 시비법(施肥法)의 개선 등 농업 기술의 혁신에 힘썼다. 토지의 개간은 내부의 황무지는 물론 변경 지방과 해안 지방에까지 이루어짐으로써 건국 초에 100만결 정도에 지나지 않던 농지가 15세기 중엽에는 160만결로 늘어났다. 저수지 또한 수천 개 소로 늘어났으며, 농작물의 품종도 다양하게 개발되었다. 농업 기술도 크게 발달하여 시비법, 이앙법, 그리고 목화 재배, 과수 재배가 보급되어 갔다.

한성부에서도 권농 정책에 힘썼으니, 성중 5부의 식량 기지였던 성저 각 면에서의 농경을 감독하고 관리하기 위하여 30가(家)를 1리(里)로 편제하고 권농관 1인을 임명하였다.[25] 따라서 용산면에도 소정의 권농관이 임명되어 이 지역 농민들의 농경 활동을 감독하고 관리하였다. 그런데 권농관의 임명은 국가 농업 정책의 방향에서 결정된 것이다. 조선 전기 농업 정책의 기본 목표는 새로운 국가 건설에 따라 농업 생산력을 높여 조세원(租稅源)을 확대시킴으로써 신왕조의 재정적 기반을 확고히 하는 데 있었다. 이러한 기본적인 정책 방향에 따라 이 시대에는 농지 개간 정책, 농업 생산력 증진 정책, 그리고 농업 기술 보급 정책 등의 하부 정책 목표들이 설정되었다.[26] 그리고 이러한 정책 목표를 수행할 수 있도록 호조에서는 사농(司農)을, 일선의 지방 행정 기관에서는 권농(勸農)을 담당토록 하였다. 그 중에서도 권농은 지방 행정 기관 중에서도 말단 행정 기관인 군현의 주요 임무였으니, 수령의 여러 임무 중에서도 제1위를 차지하였다. 특히 군현의 하부 조직인 면에서 재력있고 유능한 인물을 가려 선발한 권농관은 실제 농정 현장에서 많은 역할을 담당하였다. 예컨대 농작물의 재배, 수리 시설의 확충, 농업 기술의 보급 등 농민들이 당면한 문제를 권농관은 지도하고 해결해 주어야 했다. 이를테면 15세기 권농 정책 중에서 가장 큰 과제가 되고 있었던, 수전(水田)을 개발하여 수도작(水稻作)을 보급시키는 일에 있어서도, 권농관은 지방 수령과 협의하여 제언(堤堰)과 천방(川防)을 확충하고, 해택지(海澤地), 진황지(陳荒地) 등을 개간하여 수전으로 개발하는 데 힘썼다. 그리고 농업 생산력을 증진시키기 위해서 농촌을 두루 순력하며 새로운 농작물이나 농업기술을 소개하고 지도하여 널리 보급시켰다. 이를 위해 그들 자신도 농업 기술 교육을 받았으니, 정부에서는 국가적으로 우리 농업의 실정에 맞는 농서를 펴내고, 이를 권농관에게 교육시켰다. 당시 권농관들에게 널리 알려진 농서로는 『농상집요』, 『사시찬요』, 『농사직설』 등이 있었다.

용산면, 한강면의 권농관들도 지방의 권농관과 마찬가지로 해당 지역의 농민들을 상대로 농업 기술의 보급에 힘썼으리라고 보는데, 특히 용산면 일대는 저습지대로서 수전 농업에 유리하였으므로 수전 개발에 힘썼을 것이다.[27] 당시 이 지역에서 재배된 농작물은 이숭인이 밝힌 바와 같이 5곡이 중심이었다. 5곡은 기장, 피, 콩, 보리, 벼의 다섯 작물을 가르키는데, 『세종실록지리지』에 의하면 이들 5곡은 거의 전국에서 재배되고 있었다. 그 중에서도 수전에서 재배된 벼는 평안도·함경도·강원도의 일부 산간 지역을 제외하고는 거의 전국에서 널리 재배되고 있었다. 벼의 품종으로는 수도(水稻), 육도(陸稻), 만도(晩稻) 등이 있었는데, 용산면에서 재배된 것은 수도였을 것이다.

한편 이 시기에는 고려 말 이래로 심경법이 보급되면서 쟁기를 이용하는 이경이 널리 행해졌는데, 이 밖에도 삽, 가래, 호미, 쇠스랑, 낫, 써레 등 다양한 농기구가 사용되고 있었다. 그리고 한강을 경계로 하여 용산면과 접하고 있는 금양현에서 재배되고 있던 채소·과수 등의 원예 작물도 이 지역에서 역시 재배되었을 것이다. 특히 배추·파·마늘·미나리 등은 부식(副食)으로서 식생활에서 매우 중요하였을 뿐 아니라, 도성과 인접하여 있었기 때문에 많이 재배되어 공급되었을 것이다. 고려 말의 학자 이색(李穡)의 시에 의하면 이 곳에는 뽕나무가 무성하였는데,[28] 따라서 양잠도 발달하였을 것이다.

용산·마포 지역의 경제 활동은 조선 후기에 이르러 큰 변모를 보였다. 산업이 농업 중심에서 상업 중심으로 바뀌어갔다. 이는 조선 후기 사회 경제적 구조의 전반적 변동과 관련이 깊었다. 조선 후기의 사회는 실로 정치, 경제, 사회, 문화의 모든 부문에서 커다란 변동이 일어나고 있었다. 조선 후기 사회의 변동을 가능하게 한 움직임은 임기 응변적으로 제도를 개편하고 정치 체제를 재정비하려 한 국가적 노력에서가 아니라, 산업 활동의 진전에 따른 경제 변동이 봉건적 신분제 사회를 분해시켜 간 데 있다. 보다 주목되는 것은 경제 활동의 활성화가 서민 사회에서 주도적으로 이루어졌다는 점이다. 정부의 정책적 배려를 크게 기대할 수 없다고 본 민중들은 스스로 삶의 길을 찾지 않으면 안되었으니, 그들은 당면한 전쟁의 피해를 우선 극복하고, 이어서 침체한 생산력을 높이기 위해 노력하였다. 농민들은 황폐된 농토를 다시 개간하고 수리 시설을 복구했으며, 생산력을 높이기 위해 이앙법, 이모작, 시비법 등 영농 방법을 개선하고, 소득을 높이기 위해 담배, 고추, 호박, 인삼, 채소, 과일, 약재 등을 재배하였다. 이 시기에 전국적으로 보급된 이앙법(移秧法)

은 풀뽑기 등에 있어서의 노동력을 절감했을 뿐 아니라, 생산물의 대부분이 생산자 자신의 자가 소비에 충당된 곡물의 생산과는 달리 시장화되는 비율이 매우 높았으므로 농업에서의 상품 생산 발전에 큰 영향을 주었다.

　당시 농업에서 상품 생산적 성격이 가장 뚜렷한 것은 인삼 · 담배와 함께 도시 주변의 채소 재배였다. 18세기 이후의 인구의 도시 집중이 심화되고, 그리고 그들 도시가 상업 도시화되면서 도시 주민들에게 부식으로서 빼놓을 수 없는 채소를 생산 공급하기 위한 상업적 채소 재배가 성행하였다. 한양에 있어서도 오늘의 용산구 일대인 이태원, 청파동을 비롯하여 왕십리, 연희동, 석교동 일대의 농민들은 무우, 배추, 오이, 가지, 마늘, 파, 부추, 고추, 미나리, 토란, 호박, 수박 등 여러 가지 채소를 재배하여 해마다 많은 수익을 올리곤 했다. 『경세유표(經世遺表)』에 의하면, 18세기 말 큰 도시 주변에서는 6백 내지 8백평의 파밭, 마늘밭, 오이밭에서도 수백 냥의 수익을 얻고 있었다고 한다.[29]

3. 어로 활동

용산구 · 마포구의 남쪽을 지나고 있는 한강은 전근대 사회에 있어서는 어패류의 보고(寶庫)였다. 어패류는 단백질이 풍부하여 곡물과 채소에서의 부족한 영양분을 보완함에 크게 기여한다. 우리 조상들은 선사시대 이래 어패류를 채집하여 식생활을 조화있게 이끌었다. 한강 연안에서 발견되는 신석기 시대의 여러 가지 유물은 이 때에는 분명히 한강 연안이 우리 조상들의 삶의 터전이었음을 입증시키는 것이다. 암사동, 미사동 등지에서 출토된 낚시, 작살, 그물추 등은 당시 사람들이 농사짓기에 앞서 물고기잡이로 생활하였음을 알 수 있다. 사람들은 물가에서 낚시, 작살, 그물 등을 사용하여 물고기를 잡고, 조개를 채집하여 이를 식량으로 삼았던 것이다.

한남동에서 난지도에 이르는 옛 용산 · 마포 지역 사람들의 어로 구역에는 여러 종류의 담수어(淡水魚)와 조개가 살고 있었다. 당시의 한강물은 오염되지 않았고, 자연 생태계에 대한 인간의 압력이 거의 없었기 때문에 물고기나 조개가 풍부했을 것이다. 더구나 이 지역의 한강은 조수(潮水)와 담수(淡水)가 교차하는 곳이어서 어종도 다양했다고 본다. 기록에 의하면 잉어 · 붕어 · 숭어 · 웅어 · 뱅어 · 은어 · 누치 · 게 · 쏘가리 · 뱀장어 · 끄치 · 바가사리 · 모래무지 · 피라미 · 메기 · 동자개 등의 물고기가 많았고, 우렁이 · 다슬기 · 달팽이 · 말조개 · 칼조개 · 대칭이 · 펄조개 · 재첩 등의 조개류가 널리 서식하고 있었다.[30]

고기잡이 방법도 시대가 흐름에 따라서 점차 발달하였다. 낚시와 그물의 모양도 달라졌으며, 발을 쳐서 물의 흐름을 이용하여 고기를 잡기도 하였다. 겨울에는 한강물이 얼기 때문에 얼음판 위로 다니면서 떡매로 두들겨서 잉어같은 것을 잡기도 하였다. 조선 후기에는 상업이 발달하면서 먹기 위한 고기잡이에서 팔기 위한 고기잡이로 바뀌어 갔다.

조선 시대의 문인들은 강변에서의 삶의 모습을 즐겨 시로써 읊었다.

〈최숙정(崔淑精)의 시〉[31]
강물이 깊어 동굴을 이루었으니

고기잡이 노래소리 탁영곡과 어우러지네
해가 멈추니 고기비늘 유난히 번쩍인다
바람이 스쳐가자 가는 물결 이는구나
배는 끊어졌건만 쪽빛 물소리 아득하고
조수가 밀어드니 거울처럼 맑고 환하도다
늙어가는 내 인생
작은 배 얻어타고
흰 갈매기 벗삼아 한 평생 살고 싶네

〈어세겸(魚世謙)의 시〉[32]
동쪽에서 오는 붉은 기운 강가에 머물건만
도성이 지척이어도 처소가 희미하네
버들꽃 날아가고 푸른 실만 늘어졌도다
안개 속에 비내리고
어부들 배 저어 가는구나
햇발이 구름 틈바구니에서 새니
붉은 빛 줄줄 흐르고
바닷물 휘몰아 언덕을 휘감으니
넓은 뜰 어디에 있는가
나루터 아이들이 물결치며 뛰놀고 노래하네
강변 집 딸은 언덕 위에서 그물 말리누나
푸른 창문 붉은 난간이
누구네 집인가
오는 소 가는 말이 끝간 데 없구나
돛단 배 총총하고 장사꾼 나그네 분주하도다
한 곡조 뱃노래 어디서 들려오는가

한편 용산에는 조선 초기부터 빙고(氷庫)가 설치되어 궁중이나 양반들에게 얼음을 공급해 주었다. 얼음은 음식물의 부패를 막고, 여름에 더위를 가시게 해주는 역할을 한다. 이를 안 우리 조상들은 일찍부터 얼음을 이용하였는데, 경주에는 신라 때의 석빙고(石氷庫) 유적이 지금도 남아 있다. 조선 시대의 빙고(氷庫)는 두 곳에 있었으니, 한강변 두뭇개, 즉 지금의 성동구 옥수동에 동빙고(東氷庫)를, 그리고 지금의 서빙고동 파출소 부근 둔지산 기슭에 서빙고(西氷庫)를 두어 해마다 한강에 얼음이 얼면 그것을 떠다가 저장하였다. 동빙고의 얼음은 나라의 제사를 지낼 때 쓰고, 서빙고의 얼음은 궁궐과 양반들이 이용하였다.

『용재총화』에 의하면 얼음의 채취와 보관이 쉽지 않음을 보여준다. 서빙고는 한강 아래 둔지산 기슭에 있는데 얼음창고는 무릇 여덟 채나 된다. 얼음은 궁중과 여러 관공서 및 높은 벼슬아치들에게 제공되었는데, 군기시(軍器寺), 군자감(軍資監), 내자시(內資寺), 내첨시(內瞻寺), 사첨시(司瞻寺), 사제감(司宰監), 제용감(濟用監)이 일을 맡아 보았으며, 서빙고의 책임자인 별제(別提) 두 사람이 더불어 함께 살피었다.

얼음은 네 치 두께로 얼어야만 비로소 얼음 뜨기를 시작하였다. 얼음 뜨기에 앞서 8월에 이 곳 빙고에 수많은 군인들이 파견되는데, 고원(庫員)들은 그 군인들을 거느리고 지붕이 상한 곳을 갈아내고 벽이 부서진 곳을 수리해야 했다. 그리고 압도(鴨島), 즉 지금의 난지도에 가서 갈대를 베어다가 빙고의 위·아래·사방에 두껍게 덮고 둘러쳤는데, 이는 얼음이 녹지않게 하기 위해서였다. 그런 다음에 얼음 뜨기를 하는데, 군인들은 그 일이 서툴렀기 때문에 마을 사람들이 얼음을 떠서 할당량을 채우지 못하는 군인들에게 팔기도 하였다. 얼음 뜨기 작업 중에는 칡으로 꼰 새끼줄을 얼음 위에 깔아놓고 사람들이 미끄러지는 것을 막았으며, 또 강변에 장작불을 피워놓고 동상(凍傷)에 대비하였다.[33]

서빙고에 저장되는 얼음은 13만정(丁) 정도로서, 1만정(丁)을 저장하던 동빙고에 비하여 월등히 많은 얼음을 저장하고 있었다. 얼음을 빙고에서 처음으로 꺼내는 음력 2월 춘분에는 개빙제(開氷祭)를 지냈다. 얼음은 먼저 3월부터 궁궐에, 5월부터는 각 궁방(宮房)에, 그리고 6월에는 종친(宗親), 의정(議政), 승지(承旨) 등 벼슬아치들에게 차례차례로 공급되었다. 서빙고는 19세기 말까지 존속되었고 옥수동에 있던 동빙고는 연산군 때 서빙고 이웃으로 옮긴 때도 있다.

4. 제조업

　　용산 · 마포 지역에서는 제조업도 영위되고 있었다. 그 물종이나 생산량이 어느 정도였는지는 분명치 않다. 조선 시대 용산 지역에 해당하는 주성리(鑄成里), 수철리(水鐵里), 옹리(甕里) 등의 지명은 그 곳에서 제조업이 행해졌음을 엿보게 하고, 또 지금의 용산 공업 고등 학교 터에는 일찍이 조선 초기부터 기와를 굽던 와서(瓦署)가 자리하고 있었다. 조선 왕조는 중농 정책을 폈기 때문에 농업이 중시되고 발달한 반면 상공업은 그리 발달하지 못하였다. 제조업의 경우도 마찬가지였다. 일반 서민들이 필요한 물건은 대개 자급자족으로 이루어졌고, 비교적 수요가 많았던 궁실이나 관아에서는 관영 수공업자 즉, 관장(官匠)들이 필요한 물품을 국역의 일환으로서 의무적으로 제조하고 있었다.

　　『신증동국여지승람』에 의하면 와서(瓦署)는 용산 동편에 있는데 기와 굽기를 맡아 보았다. 거기에는 별제(別提) 3인이 있어 관리하고 있었고, 또 따로이 별서(別署)가 있어서 별제 1인의 관리 하에 기와를 구어 일반인에게 팔았다고 한다.[34] 기와는 옛부터 기본적인 건축 자재였고, 신라의 수도 경주는 온 시내가 기와집만으로 이어졌다. 고려 때에도 개경의 건축물은 원칙적으로 기와집이었을 것이다.

　　이를 이어받아 조선 왕조를 창건한 이성계도 새 수도로서 한양을 조성함에 있어서 기와집으로 꾸미고자 하였으니, 즉, 동 · 서요(東 · 西窯)를 설치하여 기와굽는 일에 전념케 하였다. 그러나 새 수도를 건설하면서 종묘 · 궁궐 · 관아 등의 공공 건물을 일시에 기공하였기 때문에 민간에까지 기와가 공급될 수 없어 사가(私家)들은 거의 모두가 초가일 수 밖에 없었다. 이는

○ 기와이기

수도로서의 체면 유지상 좋은 모습이 아니었다. 이에 태종 6년(1406) 승려 해선(海宣)이 관에서 대량으로 기와를 제조하여 사람들이 헐값으로 이를 사서 쓸 수 있도록 하면 10년 안에 도성의 모든 민가가 기와집으로 바뀔 것이라고 하면서 와요(瓦窯)의 설치를 건의하자, 곧 별와요(別瓦窯)라는 기관을 설치하여 해선을 화주(化主)로 임명하고 충청ㆍ전라ㆍ경상ㆍ경기ㆍ강원ㆍ풍해의 각 도에서 승려 270명과 와장(瓦匠) 40명을 징발하여 대대적인 기와굽기를 하였다.[35]

그런데 이 같은 별와요(別瓦窯)에서의 기와굽기는 흉년이 계속되고, 사치 풍조에 대한 비판이 일면서 태종 9년 중단되고 말았다. 그 후 해선은 태종 16년 다시 별요(別窯)를 세우기를 건의하여 기와굽기가 다시 시작되었으나, 경비가 많이 소요되면서 일의 진척이 부진하였다. 이에 세종 6년에는 면포 3천필을 지급하여 그 경비로 쓰게 하면서 계속 기와를 구워내도록 하였다.[36] 이 밖에도 사요(私窯)가 몇 곳에 있어 민간에 기와를 공급해 주었지만, 그 설립에는 관아의 인가를 받아야 했고, 관아의 인가없이 제조된 기와는 몰수되었기 때문에 기와의 생산은 활발하지 못하였다.

궁궐이나 관아에서 필요한 기와를 굽던 동요(東窯)와 서요(西窯)는 별요(別窯)의 혁파를 전후해서 와서로 통합되어 기와와 벽돌을 구워내면서, 고종 19년(1882)년 폐지될 때까지 존속되었다. 관장제가 무너지면서 조선 후기에는 와서에서도 일반인들에게 기와ㆍ벽돌을 팔기도 했다. 개화기에 뾰족당으로 널리 알려졌던 명동 천주교회당의 벽돌도 여기에서 구웠다고 한다. 그리하여 지금도 노인들은 한강로 3가 65번지 일대를 「왜새」라고 하는데, 이는 「와서」가 변음된 것이다.

한편, 용산구 동빙고동은 예전에 주성리라고 하여 남부 한강방에 속해 있었는데, 조선 시대 주물(鑄物), 즉 솥을 만들던 마을이었고, 마포구의 신수동, 구수동도 본래는 수철리라 하여 쇠붙이로 여러 가지 연모를 만들던 곳이다. 도원동의 산기슭은 메주막이라 하여 메주를 쑤어서 성내 주민들에게 공급하던 곳이다.

그리고 한강에 연하여 용산구와 마포구와 접경 지대인 청암동 산기슭에는 예전에 훈련도감 군인들의 급료를 지급하던 별영창이 있었는데, 인근에 있던 읍청루(揖淸樓)는 명승지로 이름났다. 정조가 유람차 이 곳에 들렀다가 산기슭에 있는 마을 이름을 물으니, 곽계(槨契)라고 하였다. 곽계란 죽은 사람을 위하여 관곽을 만들던 귀후서(歸厚署)란 관아가 있었기 때문에 붙여진 이름이었다. 이에 정조는 산 사람이 사는데, 어찌 관곽으로 이름하겠느냐면서 곧 도화동 외계(外契)로 고치게 했다. 그리하여 도화동이 마포에 속하였기 때문에 이 곳이 마포의 관할로 알려지기도 했다. 한편, 예전 적십자사 보육원이 있던 후암동 307번지 일대에는 전생서(典牲署)가 있던 곳이다. 전생서는 나라에서 주관하는 제사에 필요한 소·돼지·양 등을 사육하고 도살하던 관아이다. 처음에는 전구서(典廐署)라 하였는데, 세조 때 전생서로 개칭하였고, 1894년 폐지되었다. 그리고 용산 강변에는 강원도 등지에서 한강의 수운을 통해 들어오는 시목을 매매하는 시목전이 있었는데, 나무는 연료로써 주로 쓰였지만, 건축 자재로도 쓰였기 때문에 제재소가 여기저기에 있었을 것이다.

한편 마포구 용강동 일대는 예전에 옹리(甕里)라고 했는데, 이 곳에 집하되고 있는 젓갈류와 소금 등의 보관에 필요한 옹기를 굽던 곳이었다.[37] 옹막, 독막, 동막으로도 불리웠다. 그리고 이 곳에서는 인근의 공덕동과 함께 소주의 일종인 삼해주(三亥酒)를 해마다 백여 항아리나 빚어내어 조선 후기 이래 명성이 자자했다.

전함사가 자리했던 서강, 즉 지금의 하중동 강변에서는 병선, 조선 등 국가에서 필요한 선박을 건조하였다. 전함사는 사재감, 사수감으로도 불리웠는데, 조선 시대 전국의 선박을 관리하던 관청이었다.[38] 전함사는 크게 행정 사무를 보던 내사(內司)와 선박의 건조를 맡던 외사(外司)로 구분되었는데, 내사는 도성 안의 징청방에 있었고, 외사는 이 곳 서강에 있었다. 조선 작업은 수시로 이루어졌다. 최초의 대규모 조선 작업은 1401년(태종 1)에 이루어졌는데, 세곡을 운송하기 위해 251척의 조선을 건조하였다. 그 후 1410년(태종 10)에는 병선 185척을, 1413년에는 평저선 80척을, 1460년(세조 6)에는 조선 100여 척을 건조하였다. 1465년에는 세곡 운송과 외적 방어에 아울러 쓸 수 있는 병조선(兵漕船)을 이 곳에서 처음으로 만들기도 했다.[39] 이 때 건조된 선박의 규모와 형태는 1척에 큰 소나무 17·18조가 소용되는 큰 배로서, 매우 경쾌하게 생겼고, 전투에도 편하게 되었다. 서강 일대는 조선 시대 최대의 조선 작업장으로서, 그 위용을 자랑하던 곳이었던 것이다.

5. 경강 상인과 선상 활동

(1) 한강변의 유통 기지

　조선 후기에 이르면 용산·마포·서강은 운송 기지로서 뿐 아니라 유통 기지로서 지위가 강화되었다. 종래에는 소금이나 어물 외에는 거의 모든 물자가 자급자족으로 충족되었기 때문에 지역 상호간에 물화가 유통되지 않아도 크게 불편하지는 않았다. 봉건적인 조선 왕조도 중농 정책을 내세워 상업 활동을 통제하였다. 즉 도시의 상업은 시전 상업(市廛商業)에 국한시켰고, 지방에서의 생산 활동 역시 행상제(行商制)에 의해 규제하였다. 뿐만 아니라 민간인에 의한 외국 무역도 거의 이루어지지 않았다. 그러나 이 같은 상황은 16세기 말 이래 바뀌어 갔다. 농업 생산력이 증대되고, 수공업 생산이 활기를 띠면서 상업의 발달이 촉진되었다. 서울을 비롯한 각지에서 사상(私商)인의 활동이 전개되었다. 사상인들은 각 지방에 널리 생겨나고 있던 장시를 연결하면서 물화를 교역하고 각지에 지점을 두면서 상권을 확장하였다. 용산·마포·송파 등지의 한강변은 그러한 경제적 분위기 속에서 유통 기지로서 발돋움해 갔다. 특히 선상들의 근거지로서 정착해 갔다.

　용산·마포·서강 등의 한강변이 유통 기지로서 발돋움해 간 데는 나름대로 조건이 구비되어 있었기 때문이다. 첫째, 한강 유역은 일찍기 고대 사회 때부터 삶의 터전으로 주목되었을 뿐 아니라 한양이 한 나라의 서울이 되면서 정치·경제적으로 중심지가 되었는데, 이 때문에 전국의 물화가 한양으로 집중되었다. 그러한 물화는 한강을 통해 주로 운송되었고, 그 하역처가 용산·마포·송파 등지였다. 그런데 당시 용산·마포 일대는 저지대였고 만초천·대홍천·봉원천·홍제천 등이 인근에 흐르고 있었기에 홍수가 날 때는 범람의 위험성이 있었다. 그리하여 상인들은 만리동에서 서계동·청파동·효창동·용산동에 이르는 구릉 지대에 상가나 가옥을 지었다. 마포에서는 공덕동·도화동·마포동·토정동·용강동의 언덕배기에 터전을 잡았다.

　둘째, 용산·마포 등지는 당시 가장 큰 소비 시장인 한양에 인접해 있었다. 전술한 바와 같이 용산은 숭례문을 나서 청파역을 거치면 곧 이르는 곳이었고, 마포는 만리재를 넘어 공덕리를 지나면 바로 닿는 곳이다. 위정자들은 용산에 이른 선박을 보다 가까이 끌어들이려고 숭례문까지 운하를 건설할 계획까지도 시도하였다. 더구나 용산은 인근 청파동 북쪽에 칠패(七牌) 장터가 있어 사상인들과 물화를 교역하기가 매우 용이하였다.

한강변에 유통 기지가 구축되면서 인구가 집중되어 갔다. 한강변의 인구 증가는 조선 후기 농촌 사회의 분해 현상과 관련이 깊다. 양 난 후 관료 기강이 문란해진 속에서 도적이 창궐하고 기근이 계속되면서 농촌 사회는 문자 그대로 황폐화되어 갔다. 거기에 겹쳐 탐관오리와 토호 지주의 수탈로 농민들의 생활은 빈곤과 처참, 그 자체였다. 또한 영농 방법이 발달하고 광작(廣作)이 유행하면서 농촌에서 배제된 농민들은 자연히 도시로 몰려들게 되었고, 그들이 찾은 삶의 길은 상공업이나 임노동(賃勞動)이었다. 따라서 용산이나 마포 등지에는 나날이 인구가 늘어났으니, 이농민들은 이 곳에서 선박의 화물을 하역하는 임노동에 참여하거나, 상업 활동에 참여하였던 것이다.

정조 13년(1789)의 『호구총수』에 의하면, 용산방은 대구보다도 많은 인구를 보유하고 있었다.[40] 당시 용산방의 행정 구역은 현재의 용산구 청파동·원효로·신창동·용산동·서계동·효창동·산천동·청암동에다 중구의 만리동과 마포구의 도화동·공덕동·마포동·토정동·용강동 지역을 그 관할 구역으로 하고 있었다. 이 같은 용산방의 인구는 남자 7,259명, 여자 7,386명, 도합 14,645명이었으며, 호수(戶數)는 4,617호였다. 당시 개성이 27,769명, 평양이 21,869명, 상주가 18,296명, 전주가 16,694명이었는데, 그 다음으로 많은 인구였다. 더구나 대구가 13,734명, 충주가 11,905명이었음을 볼 때 용산방은 매우 번창한 상업 지구였다. 용산방보다는 적었지만, 서강방에도 남자 3,060명, 여자 3,179명으로 도합 인구 6,239명, 호수 2,186호가 살고 있어 안동·경주와 비슷한 규모였다. 한편, 빙고와 나루가 있었던 서빙고·동빙고 일대에도 많은 인구가 집중되어 유통 기지화되고 있었다. 당시 남부 한강방에 속한 이 일대의 인구는 1789년 당시 1,145명이었으며, 호수는 406호였다. 실로 용산·마포 일대는 유통 기지로서 상당한 상업 자본이 축적될 조건이 구비되어 있었다.

(2) 경강 상인(京江商人)의 활동

한강변 유통 기지를 근거로 하여 상업 활동을 전개한 상인을 경강 상인(京江商人)이라고 한다. 경강 상인(京江商人)의 근거지인 5강은 정확히 명시되어 있지 않지만, 상업적 시가지로서 두드러지게 커가고 있던 용산·마포·서강·양화진·한강진으로 유추된다.[41] 이 밖에도 한강변에는 노량진·동작진·서빙고·두모포·뚝섬·송파진·삼전도 등도 유통 기지로서 주목되고 있다. 그리하여 후에는 8강, 12강이라고도 했다.

경강 상인은 원래 나룻배 주인으로서 출발하여 주막을 경영하면서 점차 장사에 손을 댔다. 나루터 주변에는 술청거리가 형성되고 있었으니, 노량나루, 서빙고나루 부근의 술청거리는 유명하였다. 나루터에 각지의 물산이 집결되면서 나룻배 주인은 그 물화를 처분함에서 거간 역할을 하기도 하고, 물화의 일부를 구입하여 이익을 붙여 다시 처분하는 등 소상인(小商人)으로 활약하기도 하였다. 그리하여 부자가 된 선인(船人)들 중에는 커다란 선박을 여러 척 소유하게 된 경우도 나타났다.

한강변을 중심으로 하는 경강 상인들의 활동이 두드러지기 시작한 것은 18세기 후반이었다. 이 시기에 이르면 지금까지 유통업을 주도하던 봉건적 경제 체제가 무너지고 이른바 도고 상업(都賈商業)인 매점 상업(買占商業)이 대두하는데, 경강 상인들도 자신들의 근거지가 전국의 물화가 집결되는 곳임을 인식하고 이를 최대한 이용하여 물화들을 손쉽고 재빠르게 매점하는 한편, 교통이 편리하다는 점을 이용하여 상품이 운송되는 도성 가까이까지 상권을 확장시켜 갔다. 그리하여 비교적 규모가 큰 사상 도고(私商都賈)로 성장해 갔다.

경강 상인의 자본 축적 방법에는 두 가지가 있었다. 첫째는 정부의 세곡이나 재경 지주(在京地主)의 소작료를 지방에서 서울까지 운반해주고 받는 대가에 의한 것이었고, 둘째는 전국의 포구 및 내륙 강변을 연결하면서 전개한 선상 활동(船商活動)에 의한 것이었다.

본래 정부의 세곡은 조선이 운반하였지만, 관선이 부족한 상태에서 정부는 사선을 징발하였다. 일찌기 태종 12년(1412)에도 전라도 세곡 7만석 중 2만석이 사선으로 운반되었다. 더구나 사선이 관선보다도 효율적이었다.[42] 그리하여 16세기 이래로는 거의 사선이 세곡 운송을 담당하여 갔는데, 정부에서는 운송 용역의 대가로 선가(船價)를 지불하였다. 선인들이 받는 선가는 비교적 큰 비중을 차지하는 것이었으며 그들은 고패(故敗), 화수(和水), 투식(偸食) 등 부정한 방법까지 강구하며 치부(致富)에 힘썼다. 영조 1년(1725)의 기록에 의하면, 당시 삼남 지방의 세곡은 대부분 경강 상인에 의해 운반되었는데, 그들은 세곡의 대부분을 미리 횡령하고 난 후 약간의 남은 곡식을 실은 선박을 얕은 물에서 고의로 침몰시킴으로써 횡령을 은폐하였다고 한다.[43]

한편 경강 상인의 선상 활동은 곡물(穀物)과 어염(魚鹽)을 중심으로 전개되었다. 즉, 경강 상인들은 우선 그들이 직접 선박을 갖고 지방의 생산지로 가서 상품을 구입하고, 그것을 용산·마포 등 한강 연변에 운반하여 시전 상인에게 매도하거나 혹은 직접 수요자에게 판매하였던 것이다. 숙종 45년(1719)의 기록에 의하면, 서강에 근거를 두고 있던 경강 상인 김세만이 100여석의 미곡을 구입해 오다가 황해도 용모진에서 풍랑을 만나 침몰하였으나, 다행히 지방민의 구조로 자신도 살아났고 미곡도 구할 수 있었는데, 마침 그 지방이 흉년으로 식량의 곤란을 받고 있음을 보고 미곡을 희사하였다고 한다.[44] 또 숙종 36년(1710)에는 용산에 거주하던 경강 상인 한금(汗金)과 구가금(九加金)이 소금 구입차 평안도 지방으로 가던 중 황해도 장산곶에서 태풍을 만나 중국까지 표류한 일이 있었다.[45]

선박을 이용하여 상품의 생산지로 다니면서 물화를 구입한 경강 상인들은 그 물화를 다른 곳에서 처분하는 경우도 있지만 대부분 용산·마포·서강 등 한강 연변에서 처분하였다. 원래 한강 연변에는 조선 전기부터 미전(米廛), 염전(鹽廛), 어물전(魚物廛), 시목전(柴木廛) 등이 생겨나고 있었는데, 이들은 독자적으로 설립된 경우도 있었고, 또는 성내의 시전과 깊은 관계를 가진 분전(分廛)과 같은 경우도 있었다. 그런데 봉건적 경제 구조에서는 선상들은 강상 시전(江上市廛) 이외에는 상품을 거래하지 못하게 하고 있었다. 따라서 경강 상인들은 생산지에서 상품을 구입해 한강에 돌아오면 그 곳 시전에게 상품을 전매해야 했으며, 수요자에게 독자적으로 직매할 수 없었다.

이 같은 조치는 경강 상인에게는 불리한 것이었다. 왜냐 하면 강상 시전은 이를 기화로 경강 상인의 상품을 헐값으로 강매하고, 혹 이에 응하

지 않으면 매입을 거부하여 결국 상품이 부식하게 하였으므로 경강 상인
들은 실업하지 않을 수 없었다. 이에 경강 상인들은 그들의 활동과 권익
을 개선하기 위해 꾸준히 노력하였다. 그리하여 18세기 중엽에는 시전
에 납세만 하면, 그 화물의 양이 많지 않을 경우에는 자유로이 판매할
수 있게 되었다. 이제 경강 상인들은 한강 연변에 판매처를 갖는 정착
상인이 될 수 있었다. 영조 29년(1753)의 기록에 의하면 남산의 봉수군
(烽燧軍)들이 선상을 하기 위하여 큰 배 10여 척을 만들어 그것을 가지
고 소금 생산지로 다니면서 많은 양의 소금을 구입하여 한강 연변에서
직매하고 있다고 하였다.[46] 또, 정조 13년(1789)에는 한강 연안 율도
(栗島)에 거주하는 어염선상 한광태 등이 그들이 구입해온 물건 중 극히
일부분만 어물전에 넘기고, 대부분은 임의로 처분하고 있어 시전 상인과
마찰을 빚고 있다고 하였다.[47]

　그런데 10여 척에 싣고 온 상품을 한강 연안에서 임의로 처분한다고
하지만 그것을 모두 직매할 수는 없었다. 그 물건을 보관하고 처분할 수
있는 판매처를 보유한다는 것은 쉽지 않았다. 이 때 한강 연안에는 세곡
임운에 관여하여 재산을 모으고 있던 선주인(船主人), 강주인(江主人),
여주인(旅主人) 등도 상업에 종사하여 사상으로서 지위를 굳히며 상업적
위치를 확보해 가고 있었다. 이들 역시 5강 상인의 범주에 포함되었다.
선상은 많은 물건을 이들에게 처분하였던 것이다.

　경강 상인들의 상품은 미곡·소금·생선·건어물·목재·시탄·직물
등 다양하였다. 이들의 상업 활동은 지역적으로 다소 전문화되고 있는데,
용산과 서강은 본래 세곡의 집산지였다. 따라서 미곡의 거래가 활발하였
다. 용산은 미곡뿐 아니라 조선 초기부터 목재의 집산지였고, 시목전이
유독 용산에만 있음을 볼 때 목재와 시탄의 거래도 성했으리라 본다. 그
리고 목재를 이용하여 조선에 종사하는 경강 상인도 있었을 것이다.

　다음 마포의 경우에는 새우젓장사의 후예라는 구전(口傳)이 있는 것을
보아 젓갈, 소금, 생선, 건어물 등 해산물의 집산지로 유명했다. 그리고
뚝섬·두모포 등지에는 목재와 시탄이 주로 집산되었다. 정조 17년
(1793)의 기록에 의하면, 마포에 사는 오세만 등 7명의 사상들은 한강
변에서 장사하는 70여 명의 경강 상인들을 규합, 한강변에 어물전을 만
들어 놓고 지방에서 서울로 들어오는 어물을 매점하고 있었다. 또 순조

6년(1806)에는 용산에 사는 경명심, 공덕리와 뚝섬에 사는 정대삼, 홍여심은 막대한 자금을 가지고서 어물을 미리 매점해 두고 가격을 조종함으로써 한양 성내에서는 어물을 구할 수가 없었다고 한다.[48]

시전 상인들도 그들이 갖고 있던 특권을 바탕으로 한강 연변에 시전을 개설하고, 사상들과 대립하면서 상행위를 벌였는데, 한강 변에는 조선 초기부터 용산에 잡곡전, 시목전, 염전이, 마포에 미전과 염전이, 서강에 미전이 있어 소비자들을 상대로 상업 활동을 해왔다. 그러나 그들은 정조 15년(1791) 이후 신해통공(辛亥通共)에 의해 특권이 해지되면서 그 활동이 점차 약화되어 갔다. 이에 비하여 오강 상인을 비롯한 사상들의 활동이 활성화되었는데 더구나 용산의 경강 상인들은 인근에 칠패(七牌)라는 사상들의 근거지가 새로이 생기면서 그들과 밀접히 관계를 가지면서 전통적 상거래 질서에 도전하며 상권을 확장하고 부를 축적하여 사상 도고(私商都賈)로서 성장해 갔다. 그들은 이제 성내에도 점포를 설치하며 상행위를 벌였다.

(3) 도고 상업의 실태

경강 상인의 자본 축적은 사상 도고의 성장과 관련이 깊다. 원래 모든 물품의 생산자나 지방에서부터 물품을 운반해 온 자가 한양에서 그것을 판매하고자 할 때는 관아에서 인가된 시전에 가서만 팔 수 있고, 다른 데서는 팔 수 없었다. 다른 데 가서 처분하면 이를 난전이라 하여 처벌하였는데,[49] 이른바 금난전권을 행사한 것이다. 그러나 도시 인구가 증가하고 전국적인 시장망이 형성되는 조선 후기에 이르러는 상품의 수요가 증대되고, 소비자의 다양한 취향에 맞추어 상품의 종류도 다양해지면서 사상인들이 나타났다. 더구나 17세기에는 금속 화폐가 전국적으로 보급되어 갔고, 대외무역이 발달하였으며, 농촌을 떠나 도시로 몰려든 상업 인구가 현저히 증가하였다. 따라서 상업이 발달할 소지가 마련되어 있어 사상인들이 자연스럽게 나타났다. 그들의 활동 중심지는 성내에서는 칠패, 이현 등지였고, 서울 주변에서는 용산·서강·마포를 비롯한 한강 연변과 송파·누원점·송우점 등지였다. 이처럼 서울 주변에서 사상인들이 발달했던 원인은 첫째, 이 곳이 바로 지방의 상품이 서울로 운반되는 길목이었다는 점이고, 둘째, 이 곳은 시전의 금난전권이 적용되는 범위에서 벗어나 있었다는 점이다. 그리하여 사상인들은 시전 상업의 외곽에서 상권을 장악하고 재화를 축적해 가면서 시전 상인들을 위협해 갔으며, 반면에 시전 상인들은 나날이 확대해 가기만 하는 사상인들의 위세 때문에 자신들의 상권이 침해받는 것에 우려를 갖게 되었다. 그리하여 양자 사이에는 치열한 경쟁이 일어났다. 시전 상인들은 사상인들과 대항하며 끊임없이 상권 분쟁을 일으켰으며, 한편으로 정부에 대하여 종전과 같이 금난전권(禁亂廛權)을 강화시켜 줄 것을 강력히 요구하였다. 그러나 금난전권 자체가 불합리했으며, 더구나 18세기에 이르러는 난전이 상권을 지배하고 있었고, 권세가나 군영에서도 공공연히 난전을 펴고 있었다. 따라서 정부도 시전을 계속 후원해 줄 수 만은 없었다.

　더구나 이 때에는 사상인들이 시전 상인들의 저항을 극복할 수 있는 경제적 여건을 갖추고 있었다. 우선 자본면에서 그들은 시전 상인들보다 우세하였다. 특히 경강 상인들은 그동안 세곡 운송, 소작료 운반, 그리고 선상 활동을 통해서 축적한 자본을 최대한 이용하였으며, 나중에는 몇몇 상인들이 자본을 함께 출자하여 더욱 큰 자본을 마련하였다. 따라서 막대한 자본을 기반으로 서울 주변의 장시라든가, 혹은 상품의 생산자와 긴밀히 연결될 수 있는 조직을 구성하였다.[50] 더군다나 경강 상인들이 근거지로 하고 있는 곳은 바로 각지의 물화가 집산되는 한강변이었기에 경강 상인들은 각처의 물가를 빨리 그리고 정확히 파악할 수 있었으며, 이에 따라 많은 자본금을 이용하여 물가를 조작하거나 상품을 매점하였던 것이다. 즉, 경강 상인들은 여타의 사상들과 긴밀히 연계하면서 막대한 자본력을 바탕으로 점차 도고로 자리를 굳혀 갔던 것이다.

　한강변에 근거를 둔 경강 상인들이 특히 도고 상업의 대상으로 삼

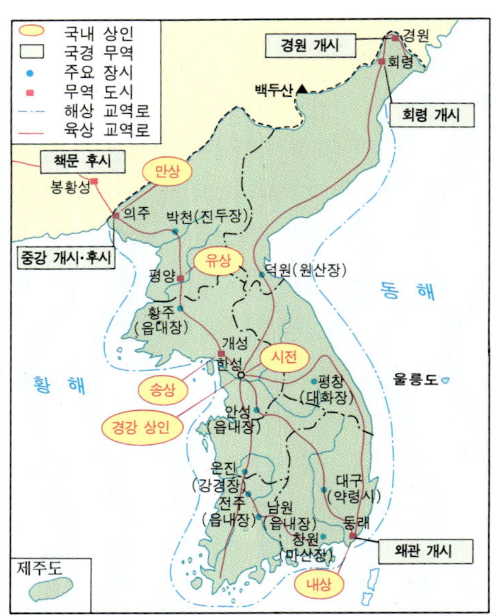

⬆ 조선 후기 상업과 무역 활동

왔던 것은 미곡(米穀)·어염(魚鹽)·목재(木材)·시탄(柴炭) 등이었다. 그 중에서도 미곡이 주요 상품이었다. 지방에 농장을 가지고 소작료를 현물로 받는 일부 양반 지주를 제외한 대다수 서울 시민의 양곡은, 한양 인근의 농촌에서 유입되는 미곡도 있지만, 그 대부분은 정부가 공인에게 지급하는 공미(貢米)와 5강 상인이 지방에서 구입해 온 이른바 강상미(江上米)였다. 이 가운데 공미는 공인(貢人)을 거쳐서 미전으로 들어갔다가 일반 수요자에게 판매되었고, 강상미 역시 선상과 강상의 미곡상을 거쳐서 미전으로, 그 곳에서 다시 수요자에게 공급되었다.

경강 상인들이 벌인 도고 활동의 일반적인 양상은 선상을 통하여 각 지방에서 운반해 온 미곡을 한강 연안에서 매점함으로써 서울의 미가를 조종하는 것이었다. 그런데 서울시민의 양곡 중 강상미가 차지하는 비중이 무엇보다도 컸기 때문에 경강 상인들이 그것을 매점해 두고 판매하지 않으면 곧 서울 시내의 미가(米價)는 급등하였다. 정조 3년(1779)의 기록에 의하면 경강의 부상(富商)들이 미곡을 매점하여 감추어 두었다가 미곡이 극히 귀해지기를 기다려 10배의 이익을 얻고 있다고 하였다. 정조 18년(1794)에도 경강 상인들이 미곡을 매점해 두고 가격을 마음대로 조정하기 때문에, 작황이 보기 드문 풍년이었음에도 불구하고 미가(米價)가 등귀하고 있었다.

이와 같이 경강 상인들은 서울 시내 양곡의 가장 중요한 공급원인 강상미를 매점해 두고 가격을 조종함으로서 폭리를 남겼는데, 경우에 따라서는 지방에 흉년이 들어 미곡이 귀하게 되면, 그들은 비축해 두었던 미곡을 지방으로 운반 판매하여 이익을 남기기도 하였다. 즉, 그들은 다량의 미곡을 장기간 매점할 수 있을 만큼 자금면에서 규모가 커졌고, 또 각 지방 사이의 미가(米價) 차이를 신속히 그리고 광범위하게 파악할 수 있을만큼 상업망이 확대되어 있었기 때문에 서울뿐만 아니라 전국 어디라도 이익이 생길 수 있는 곳은 모두 진출하여 도고 활동을 벌였던 것이다. 영조 28년(1726)의 기록에 의하면, 1천여 석을 매점해 둔 상인이 있었다. 조선 후기 한양은 전국 최대의 미곡 소비시장이었고, 따라서 그 집산지인 한강 연변은 전국을 통하여 가장 선상 활동이 활발하였던 곳이다. 따라서 이 곳에 근거를 둔 경강 상인의 도고 상업은 국내의 최대 규모였다. 실제로 전국 각지의 미곡은 여러 가지 길을 통하여 한강 연변으로 집중되고 있었다.

정조 9년(1785)의 기록에 의하면, 18세기 후반의 서울 인구는 대략 20만명이었다. 그런데 서울 시민 한사람 당 하루에 소비하는 양곡을 2승(升)씩 잡으면 서울 시내의 연간 소비양곡은 100만석이다. 이를 위해 정부 소관의 각종 창고에서 방출되는 미곡이 모두 20만석 가량이고, 서울에 거주하는 양반 지주들이 지방 농장에서 거두어 오는 추수곡이 역시 20만석 가량이다. 그 나머지 60만석 가량의 양곡이 강상미로서, 경강 상인에 의해 공급되고 있었던 것이다.[51]

위정자들도 이를 인정하고 있었으니, 이조참의 조임, 대사간 이기경의 보고에 의하면, 서울 시민의 식량은 공미(貢米)보다도 삼남 지방에서 운반되어 오는 강상미에 의존하는데, 흉년을 당하여 양곡이 몹시 품귀하건만 강상모리배(江上謀利輩)들이 미곡을 매점해 두고 내놓지 않을 뿐 아니라 다른 곳으로 운반해 팔고 있었다. 경강 상인의 도고 활동은 서울 시민의 생계에 아랑곳하지 않고 폭리를 남기는 데만 급급하였다.

경강 상인은 미곡뿐 아니라 시탄과 목재 및 제빙업(製氷業)에 있어서도 비교적 대규모의 도고 활동을 펴고 있었다.[52] 서울 시내에서 소비되는 가정용 시탄과 건축용 재목은 모두 한강 상류인 강원도 산악 지방에서 벌채되어 선박 혹은 뗏목으로 뚝섬·용산 등 한강에까지 운반, 판매되었는데, 경강 상인들이 이를 매점 취리(取利)하였다. 특히 시탄은 미곡과 함께 도회지인으로서는 자급할 수 없는 생활 필수품이었으므로 그것의 공급로를 독점하다시피 한 경강 상인의 도고 상업은 서울 시민의 생활과 직결되어 있었던 것이다.

시탄은 용산과 뚝섬에서 주로 거래되었는데, 용산은 조선 초기부터 목재의 집산지였고 유일한 시목전이 있던 곳이며, 뚝섬의 신탄 도고(薪炭都賈)는 옛부터 유명하여 1933년에 발행된 문헌에도 당시 강원도 삼림 지대에서 배로 운반되어 온 신탄(薪炭), 즉 숯이 여기에서 양육되고 있다고 기술되고 있다. 한편 원래 동빙고가 있던 오늘의 성동구 옥수동 강가의 두모포 역시 경강 상인의 터전이었는데, 한강 상류 지방에서 오는 각종 물자 특히 고추·마늘·감자·고구마 등과 목재·시탄의 집산지였다. 이 곳에 근거지를 둔 경강 상인들은 그러한 시탄과 목재를 매점하여, 정조 15년(1791)에는 서울 시내의 시목이 3일간이나 품절된 때도

있었다.[53]

　사상인들은 한강 연변에서 뿐 아니라 한강 상류의 목재 산지에까지 진출하여 수단과 방법을 가리지 않고 벌목에도 참여하여 다량의 목재를 매점하기도 하였다. 목재는 가재(家材), 판재(板材), 관재(棺材), 선재(船材) 등으로 매각되었는데, 무절제한 벌목으로 송전(松田)이 황폐화되기도 하였다. 목재를 매점하는 경강 상인 가운데 선재(船材)만을 도고하는 상인들도 있었는데, 이들을 선재 도고(船材都賈)라 하였다. 선재 도고는 정부의 병선(兵船), 진선(津船), 조선(漕船)에 소용되는 선재까지 조달하였다. 이들은 조선 시대 최대의 선재 생산지였던 안면도의 목재까지도 거의 장악하고 도고 활동을 폈다. 나아가 그들은 선박을 직접 건조하여 관아에 납품함으로서 더 많은 이득을 추구하기도 하였다. 즉 자본 축적에 성공한 경강 상인들은 선재를 매점하면서 이를 바로 처분하기도 하였지만, 선장(船匠)을 고용하여 선박을 건조하는 조선 도고로까지 성장해 갔던 것이다.

　다음 동빙고, 서빙고가 있던 곳을 중심으로 일부 5강 상인들은 겨울동안 한강에서 얼음을 떠서 보관해 두었다가 어물용(魚物用)이나 냉장용(冷藏用)으로 판매하면서 이익을 추구하기도 하였다. 한편, 경강 상인들이 도고 활동을 펴고 있던 또 하나의 중요한 상품이 소금이었다. 소금도 미곡·시탄과 같이 빼놓을 수 없는 민간의 생활 필수품으로서, 어물의 보관이라든지 가공에도 쓰였다. 또 구황(救荒)에도 이용되어 나라에서도 국가적 차원에서 비축해 두어야 하는 품목이었다. 따라서 염리(鹽利)에 대한 기대와 욕구가 컸다. 소금 역시 선박으로 운반되었기 때문에 경강 상인들이 결코 도외시 할 수 없는 상품이었다.

　17세기에는 그 이권때문에 궁방(宮房)·오문(衙門)에서 염분(鹽盆)을 절수받아 염리를 독점하고 있었는데, 18세기 균역법이 시행되면서 이를 철폐시키고 국가가 관리하였다. 전국 각지의 소금 산지에 염세를 부과하고 자유로이 생산케 하였던 것이다. 이에 경강 상인들은 소금을 생산지 또는 한강 연안에서 매점하여 놓고 가격을 조정하면서 이익을 추구하였다. 전술한 바와 같이 숙종 36년 용산에 근거지를 두고 있던 경강 상인 한금 등은 평안도까지 가서 소금을 구입하고 있으며, 영조 29년 경의 남산의 봉수군(烽燧軍)들은 큰 배 10여 척으로 소금 생산지를 순력하며 다량의 소금을 매점함으로써 마포에 있던 염전에 큰 위협을 안겨 주기도 하였다.

어물(魚物)도 경강 상인의 주요 상품이었다. 어물의 도고 활동은 18세기 후반부터 두드러지고 있는데, 정조 6년(1782) 어물전의 고발에 의하면 송파의 사상들이 양주의 누원 상인(樓院商人)들과 결탁하고서 서울로 반입되는 어물을 중간에서 매점하여 많은 이득을 보고 있다고 하였으며, 정조 17년에도 마포에 사는 오세만 등 경강 상인들이 한강변에 사사로이 판매처를 만들어 놓고 서울로 들어오는 어물을 매점하고 있었다고 한다. 또 순조 3년(1803)에는 삼전도에 거주하는 손도강이란 부상(富商)이 많은 자본을 동원하여 원산 등 어물 생산지에 사람을 보내거나 직접 가서 아예 어선채로 전부 사는 방법으로 매점하여 난매(亂賣)를 한 바 있다. 순조 6년에는 전술한 바와 같이 용산의 와서(瓦署) 근처에 사는 경명심 등이 뚝섬에 사는 정대삼 등과 함께 막대한 자금을 가지고 가서 어물을 미리 매점해두고 가격을 조종함으로써 서울 시내에서는 어물을 구할 수가 없었다. 그들의 한달 판매고는 4~5천 냥으로서 시전 상인들의 그것보다 훨씬 많았다고 한다.

요컨대 한강 연변에서 도고 상업을 벌인 경강 상인들은 특히 한강이 지니는 경제적 조건을 충분히 활용하여 최고 1천석을 실을 수 있는 선박을 수십 척 보유하고서 선상 활동(船商活動), 매점 활동(買占活動)을 전개하였는데, 그들은 서로 자금을 모으거나 정보를 교환하면서 시전 상인의 특권에 의한 압박을 배제하여 점차로 경강 거부(京江巨富), 경강 부상(京江富商)으로 성장하였고, 마침내는 서울 시내의 미전 등 시전을 조종하여 대규모의 매점 활동을 벌임으로써 소비자들의 폭동을 일으키기에 이르렀다. 이른바 1833년 서울에서 일어난 '쌀소동'은 경강 상인의 도고 활동에 대한 반발로 나타난 반(反)도고 현상이라 하겠다.

순조 33년(1833) 춘궁기인 음력 3월 서울안의 무뢰배들이 쌀값이 급격히 앙등하는 것은 미전 상인들이 그 값을 조종하기 때문이라면서 폭동을 일으켜 미전과 잡곡전을 모두 불지르고, 이어서 한강변으로 달려가서 쌀을 매점해 쌓아둔 창고 15채를 불지른 사건이 일어났다.[54] 폭동은 매우 과격하여 각 군영의 군졸들만으로는 도저히 진압할 수 없어 좌포청(左捕廳)·우포청(右捕廳)의 포졸을 모두 동원하여 주동자 여부를 가리지 않고 모두 체포하여 당일로 효수하게 하고서야 겨우 진압되었다.

　정부가 폭동의 원인을 조사한 결과, 이 해에는 예년보다 더 많은 쌀이 한강변에 반입되어서 2월 중순경에는 쌀값이 떨어졌는데, 경강 상인들이 매점해 둔 쌀의 가격이 오르지 않을 것을 염려하여 여객(旅客) · 객주(客主) 등으로 하여금 쌀을 쌓아두고서 처분치 못하게 하고, 미전 상인들로 하여금 쌀값을 올리게 하였다. 이 때문에 2월 하순경부터 서울 시내에는 쌀이 귀해지면서 값이 올라가기 시작했고, 10여 개처의 여객 · 객주들은 윤번으로 한 곳에서만 쌀을 팔고, 다른 곳은 문을 닫았다. 따라서 소비자들은 돈을 가지고서도 쌀을 살 수가 없었다. 더구나 3월 초순에는 미전들이 모두 문을 닫았기 때문에, 결국 가난한 소비자들이 폭동을 일으킨 것이다. 정부는 처음에는 폭동의 주모자를 가려내어 사형에 처하고 미전 상인 몇 사람을 귀양보내는데서 그쳤으나, 결국 쌀을 매점하고 가격을 조종한 장본인이 한강변의 경강 상인임을 밝혀냈다. 그리하여 경강 상인 중 쌀을 가장 많이 매점한 김재순(金在純)을 사형에 처하고, 경강 상인의 미곡 매점 행위를 엄격히 규제하였다. 이상에서 볼 때, 경강 상인은 그 상업 조직이나 자본 규모에서 볼 때 시전 상인들 보다 훨씬 우세하여 오히려 그들을 조종하고 있었음을 알 수가 있다.

　용산을 비롯한 한강 연안은 실로 전국 각지에서 온갖 물화가 집산되는 곳으로서, 특히 미곡 · 시탄 · 어염 등 생활 필수품은 거의 이 곳으로 집중되었다. 이 같은 유통 기지를 발판으로 경강 상인들은 수단과 방법을 가리지 않고 이윤 추구에 몰두하여 자본 축적에 성공하고, 마침내는 도고 상인으로서 자본과 조직을 바탕으로 대규모의 매점 행위를 자행하였던 것이다.

【주】

1) 增補文獻備考 권 12, 상위고 12
2) 擇里志, 복거총론 생리
3) 高麗史 권 11, 世家 11 숙종 6년 9월
4) 擇里志, 복거총론 산수
5) 太祖實錄 권 6, 태조 3년 8월 경진
6) 太祖實錄 권 6, 태조 3년 8월 신묘
7) 최영준, 『영남대로』(고대민족문화연구소, 1990) p.130
8) 太宗實錄 권 28, 태종 14년 9월 임신
9) 文宗實錄 권 4, 문종 즉위년 10월 무술
10) 최완기, 「수상교통」(『한강사』 서울특별시사편찬위원회, 1985) p.410
11) 中宗實錄 권 1, 중종 1년 9월 무인
12) 漢京識略 권 2, 산천
13) 經國大典 권 2, 호전 조전
14) 최완기, 「조선전기 조운시고」(『백산학보』 20호, 1976) p.422
15) 최완기, 『조선후기 선운업사 연구』(일조각, 1989) p.248
16) 中宗實錄 권 33, 중종 13년 5월 을축
17) 손정목, 「한강변의 제방축조」(『한강사』 서울특별시사편찬위원회, 1985)
　　p.847
18) 太宗實錄 권 26, 태종 13년 7월 정유
19) 東文選 권 76, 추흥정기
20) 노도양, 「15세기 조선의 산업에 대한 지리적 고찰」(『명지대논문집』 3, 1969)
　　p.102-106
21) 이백규, 「청동기시대의 한강유역」(『한강사』 서울특별시사편찬위원회, 1985)
　　p.271
22) 三國史記 권 23, 백제본기 제1 온조왕 14년
　　三國史記 권 23, 백제본기 제1 다루왕 6년
23) 손정목, 『조선시대 도시 사회 연구』(일지사, 1977) p.36
24) 정부는 권농정책의 일환으로 동대문 밖 전농동 일대에 적전을 설치하여 임금이
　　농경의 시범을 보였고, 또 남대문 밖 청파동 일대에도 국왕이 자주 행차하여
　　농사짓는 것을 권장하였다. 이를 기념하여 청파동 남쪽에 성경대(省耕臺)란
　　단을 쌓았다. (東國輿地備攷 제2권 한성부 전야)
25) 世宗實錄 권 40, 세종 10년 윤4월 기축
26) 김용섭, 「조선초기의 권농정책」(『동방학지』 42, 1984. 6) p.97-98
27) 太宗實錄 권 26, 태종 13년 7월 20일
28) 牧隱集 권 10, 시고 용산음

29) 經世遺表 권 8, 지관수제 전제 11 정전의
30) 최기철 「한강의 기후와 생태;어류」(『한강사』 서울특별시사편찬위원회, 1985)
　　 p.75
31) 新增東國輿地勝覽 권 3, 한성부 산천
32) 앞의 책
33) 慵齋叢話 권 8, 동빙고
34) 東國輿地備攷 권 1, 경도 문직공서
　　 新增東國輿地勝覽 권 2, 경도 하 문직공서
35) 太宗實錄 권 11, 태종 6년 1월 기미
36) 손정목, 『조선시대 도시 사회 연구』(일지사, 1977) p.517-519
37) 慵齋叢話 권 10, 옹리
38) 강만길, 「이조 조선사」(『한국문화사대계』 Ⅲ, 1970) p.8
39) 太宗實錄 권 2, 태종 1년 12월 임신, 권 15, 태종 10년 4월 경오, 권 26
　　 태종 13년 11월 무술
　　 世祖實錄 권 21, 세조 6년 7월 을해
40) 손정목, 『조선시대 도시 사회 연구』(일지사, 1977) p.256
41) 한강진 대신 뚝섬을, 용산 대신 동작진을 포함시키기도 하였다.
42) 太宗實錄 권 24, 태종12년 11월 갑신
43) 承政院日記 588책, 영조 1년 3월 11일
44) 肅宗實錄 권 64, 숙종 45년 7월 임자
45) 備邊司謄錄 60책, 숙종 36년 9월 1일
46) 市牌 권 3, 마포염전
47) 各廛記事 인권, 건륭 54년 12월　일
48) 各廛記事 지권, 계축 2월
　　 各廛記事 인권, 가경 11년
49) 萬機要覽 재용편 5, 각전 난전
50) 강만길, 『조선후기 상업자본의 발달』(고려대출판부, 1973) p.69
51) 承政院日記 1540책, 정조 9년 9월 9일
52) 강만길, 앞의 책 p.81
53) 日省錄, 정조 15년 6월 20일
54) 備邊司謄錄 221책, 순조 33년 3월 9일
　　 純祖實錄 권 33, 순조 33년 3월 임오·신사·계미

4. 동대문 밖의 적전

1. 경제 활동의 입지

동대문구의 명칭은 그 지역이 도성의 4대 관문의 하나인 동대문에 인접한 데서 비롯되었다. 이 지역은 한 때 경기도 고양군에 편입된 바도 있었지만, 조선 시대에는 서울의 영역으로 관리되었다. 그리하여 동대문구 지역에는 동부 12방 중에서 성 안의 연희방, 숭교방, 천달방, 창선방, 건덕방, 덕성방, 서운방, 연화방, 관덕방, 홍성방의 10방과 달리 성 밖의 숭신방, 인창방의 2방이 설정되었다. 동대문구 지역은 그 중에서도 대부분 인창방에 속했다. 인창방에 속한 동리 이름을 보면 인창동계, 제기리계, 전농리계, 답십리계, 청량리계, 중랑리계 등 오늘의 동대문구 일대와 왕십리계, 마장리계 등 오늘의 성동구 일대가 인창방의 관할 구역이었다. 다만 신설동 일부가 숭신방에 속하고 있었다. 대부분 인창방에 속했던 조선 시대 동대문구 지역은 문자 그대로 성저십리에 속해 있어 다른 성저십리 지역과 마찬가지로 초기에는 인가가 드물었고, 동대문에 인접하여 약간의 취락이 형성되고 있었다.

한양이 도읍지가 되었다고는 하지만 초창기에는 도성 안에만 거주지로 인정하여 취락이 조성되고, 도성 밖의 지역은 도성의 보호막으로서 사산금표(四山禁標) 등을 세워 자연 훼손을 엄금하였기 때문에 취락의 발달이 어려웠다. 그러나 동대문구 지역에도 점차 취락이 형성되고 인구가 증가해 갔다. 초기에는 도성 주위의 자연 보호를 목적으로 성 밖의 전답까지 임야로 전환하는 경우도 있었으나 후기에는 도성의 인구가 급증함에 따라 채소·연료의 수요가 그에 비례하여 증가하였으며, 따라서 동대문구 지역도 개간이 가능한 땅은 채소밭으로 바뀌어가는 경우가 많았다. 조선 초기 한양의 인구는 약 10만 명이었으나, 조선 후기에는 20만 명 이상으로 늘어났다. 이 많은 인구가 소비하는 식량과 부식, 그리

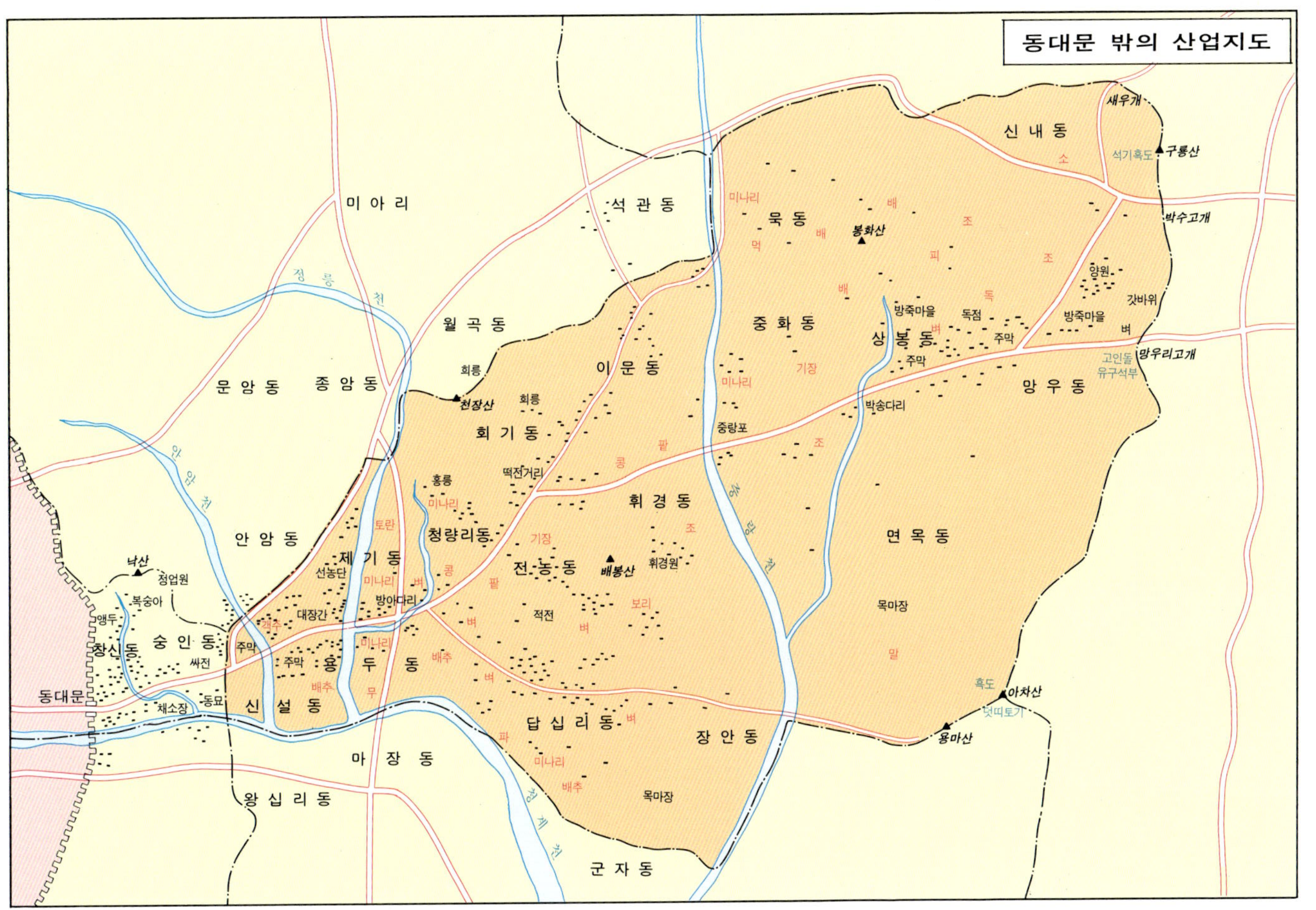
동대문 밖의 산업지도
새우개
신 내 동
석기흑도 구룡산
소
박수고개
미 아 리
석 관 동
미나리
묵 동
배
봉화산
조
먹
배
피
조
독
향원
갓바위
정릉천
월 곡 동
중 화 동
방죽마을
독점
독
방죽마을
벼
상 봉 동
주막
주막
벼
운 암 동
종 암 동
이 문 동
미나리
기장
고인돌 망우리고개
유구석부
회릉
박송다리
망 우 동
천장산
회릉
중랑포
회 기 동
콩
팥
조
안 암 천
홍릉
떡전거리
휘 경 동
안 암 동
미나리
토란
청량리동
기장
조
면 목 동
콩
낙산
제 기 동
전 농 동
배봉산
휘경원
청업원
선농단
미나리
벼
팥
목마장
복숭아
미나리
방아다리
적전
벼
보리
밀
앵두
대장간
배추
창 신 동
숭 인 동
주막
벼
주막 용 두 동
배추
흑도 아차산
싸전
미나리
벼
닛띠토기
동대문
배추
무
용마산
채소장 동묘
신 설 동
답 십 리 동
벼
파
장 안 동
마 장 동
미나리
배추
왕 십 리 동
목마장
군 자 동

고 연료는 막대하였다. 기본적 식량인 쌀 · 콩 등 곡물은 외방에서 운반되어 오는 세곡과 지주들의 농장에서 거둔 소작료로 충당되었으나, 채소 · 과일 · 수산물 · 화물 등은 주로 원거리 수송이 불편하여 대개 근교에서 조달되었다.

한강의 지류인 청계천 · 중랑천 등은 북한산 · 수락산 · 불암산에서 발원하여 연변에 비옥하고 넓은 충적 지대를 형성해주고 있다. 특히 전농동 · 답십리 · 장안동 · 중화동 · 묵동 지역은 비교적 넓은 평야를 갖춘 비옥한 지대로서 농경에 적합하였다. 그 중에서도 제기동 · 용두동 · 중화동의 저습지대는 미나리, 배추 등 야채 재배가 용이한 곳이었다. 그 밖의 지역도 그리 높지않은 구릉 지대를 이루고 있어 개간만 허용된다면 취락이 쉽게 이루어질 가능성이 많은 곳이었다.

오늘의 취락 입지는 일반적으로 사회 · 경제적 조건이 우선적으로 고려되지만, 전근대 사회에 있어서는 자연 조건이 어떠한 입지 조건보다도 중시되었다. 자연 경제에 의존하고 있던 사람들은 그 지형이 갖는 성질, 즉 토지의 이용이 용이하고, 용수 사정이 좋은 곳을 찾아 생활 무대를 마련했다. 동대문구 지역은 전술한 바와 같이 농경지로서 적합한 곳이었다. 조선 시대 이 곳에 적전이 설정되고 선농단이 설치된 것은 그 단적인 사례였다. 농경지는 생산의 장이었기 때문에 인간의 삶의 과정에서 필수적이다. 자급자족이던 자연경제하에서는 더욱 그러하였다. 일찌기 이중환도 『택리지(擇里志)』에서 취락 · 거주의 입지 조건으로 생리를 내세웠는데[1] 이는 바로 토지에서의 생산성을 염두에 둔 주장이었다. 토지에서의 생산성이 높아야 가거지(可居地)라 할 수 있는 것이다.

동대문구 지역은 지형과 지질, 기후와 용수 모든 면에서 생산성이 높은 곳이었다. 이 지역의 지형은 동쪽에선 구룡산에서 아차산으로 이어지는 300m 이내의 나지막한 산줄기가 바람막이를 해주고 있고, 서쪽에선 도봉산 · 북한산에서 낙타산으로 뻗은 구릉이 담장 노릇을 해주면서 북한산에서 중랑천이 남으로 흐르면서 저평한 평야를 넓게 이루어주고 있다. 그리고 중랑천에 연해 회기동의 고황산에서 휘경동의 배봉산으로 이어지는 100m 내외의 낮은 구릉이 현재의 동대문구 지역을 감싸면서 안담장 역할을 하고 있다. 한편 남쪽에는 도성에서 흘러온 청계천이 성동구 지역과 경계를 이루며 방파제를 구축하고 있다. 그리하여 홍수 때에는 연변 저지대가 범람하여 피해를 입기도 하지만, 그러한 현상이 오래 계속되면서 비교적 넓은 범람원을 이루고 있다.

이 지역의 토질 역시 비교적 두터운 충적층을 이루고 있어 식물이 성장하기에 좋은 토양의 품질을 보여주고 있다. 게다가 이 지역은 연평균 기온이 11.1℃로서 생물이 살아가는 데 적합한 기후를 나타내고 있고, 연평균 강우량도 1,249㎜로서 비록 여름에 집중성을 보이기는 하지만 농작물 생육에는 더없이 좋은 기후 조건이다.[2] 이러한 조건 때문에 예전에는 이 곳의 농토를 대체로 상답으로 평가하였는데, 현재 경동 시장에서 오스카극장에 걸친 방아다리 일대는 특히 비옥한 곳으로 이름나서 볍씨를 모종하는 채종답(採種畓)으로 이용되었다. 이 지역은 용수 사정도 다른 지역에 비해 매우 양호하였다. 농업 용수로는 청계천 · 중랑천 · 정릉천 등이 젖줄이 되고 있었고, 용두동 · 청량리 일대는 정릉천 · 홍릉천에서 흘러내린 물줄기가 지나가고 있어 음료수도 풍부하였는데, 용두동의 찬 우물은 물맛이 이가 시릴 정도로 차고 꿀맛처럼 달아서 도성 안으로 들어가는 길손은 물론 성안 사람들도 동대문을 나와서 이 물을 마셨다고 한다. 한말의 물장수들은 주로 이 곳에서 물을 길어다가 팔았다.

동대문구 지역은 비록 성저십리(城底十里)라고는 하지만 자연 조건이 취락이 발달할 수 있는 입지 조건을 갖추고 있어 일찍부터 용두동 · 제기동 · 전농동 · 이문동 등지에는 마을이 형성되고 있었다. 전원 촌락의 모습을 벗어나지는 않았지만 비교적 규모가 큰 마을이 형성되고 있었다. 용두동의 안말, 제기동의 북제기 · 방아다리, 전농동의 창마을 · 텃골 · 샛말, 답십리동의 원마을, 망우동의 양원리, 신내동의 안골 등이 그러한 마을들이었다.

조선 후기에 이르러 이 지역도 다른 성저십리와 마찬가지로 인구가 늘어나기 시작하였는데, 그것은 이 지역에서 도성에 공급하는 야채의 생산이 증대되었기 때문이기도 하지만, 전반적으로 사회 · 경제적 변동이 이는 가운데 이 지역을 관통하는 도로가 교통의 발달을 촉진했고, 교통의 편리함은 인구의 집중을 유발했다. 이 곳은 본래 태조의 능이 있는 동구릉으로 왕래하는 능행로가 지역을 관통하고 있어 국왕의 행차가 가끔 지나는 곳일 뿐이었다. 능행로도 당초에는 동대문을 나와 신설동에서 안암로를 따라 동북으로 향하다가 종암동 입구에서 월곡동길을 거쳐 화랑로를 지나다가 묵동교에서 신내동으로 빠져 양원리를 거쳐 망우리 기차 터널이 있는 옛 망우고개를 넘어가는 코스가 일반적이었다.[3] 물론 때로는 왕산로, 망우로로 이어지는 길을 택해 동대문구 지역을 관통해서 망우고개를 넘기도 했다.

그런데 조선 후기 상품 화폐 경제가 발달하면서는 후자의 도로가 보다 널리 이용되었다. 이 길은 조선 후기 전국 9대 간선도로 중에서 제3로에 해당되는데, 중랑교·망우리를 지나 평구역·봉안역을 거쳐 강원도 평해에 이르는 연장거리 880리의 길이다.[4] 경기도 내륙의 양평·포천, 강원도 여러 고을, 충청 북도 등지에서 물화를 갖고 오는 사람들이 지나는 길목이 되면서 왕산로·망우로 연변에는 상업 취락이 형성되어 갔다. 이른바 주막거리가 생겨난 것이다. 특히 망우리 고개를 넘어 가쁜 숨을 잠시 쉬어야 하는 상봉동과 하룻밤을 유숙하면서 동대문이 열리기를 기다리는 용두동 일대에는 주막거리가 번창하여 주막이 다수 생겨났고, 중간에서 물화를 매매하는 객주·거간들이 자리를 잡아갔다. 또한 짐을 싣고 온 소나 말을 쉬게 하면서 말발굽에 징을 박아주는 대장간도 곳곳에 생겨났다.

그리하여 지금까지 잠자는 듯 하던 동대문구 지역은 생기가 도는 모습을 보여주었는데, 그러한 변화는 곧 이 지역의 입지 조건이 갖는 특성 때문이었다. 그러나 이 지역은 평탄한 지대에 도로 사정이 너무나 양호하여, 다른 성저십리 지역의 누원·뚝섬·두모포·용산·마포 등지와 같이 부도심으로 성장하지 못하는 한계를 지니기도 하였다. 한 두 시간이면 도성 안으로 출입할 수 있었기 때문에 별도로 산업 또는 교통의 거점이 형성될 수 없었다. 이 점이 이 지역의 급속한 발전을 저해하는 요인이 되기도 했다.

🔵 편자박기

2. 농경의 본바닥

(1) 농업(農業)의 기원

동대문구 지역에 사람들이 터를 잡은 것은 선사 시대부터였고, 농경은 곧 그때부터 행해졌다. 이 지역은 전술한 바와 같이 생활의 현장으로서 자연 조건이 특히 양호하였다. 기후가 온난하였고 토지가 비옥하여 일찍부터 삶의 터전이 되고 있었으니, 망우동 · 신내동 · 면목동 등지에서는 선사 시대의 유물 · 유적들이 간헐적으로 출토되고 있다. 중랑천 안쪽 지역도 선사 시대 문화의 흔적이 있었으리라고 보지만, 일찍부터 개발되어 그 자취를 엿볼 수 없을 뿐이다.

선사 시대의 문화 흔적 중에서 현재 채집된 것으로는 망우동 일대에서 출토된 빗살무늬 토기가 가장 오랜 유물이다.[5] 빗살무늬 토기는 신석기 시대의 대표적 삶의 흔적으로서, 이 때부터 사람들은 돌 연모에서 더 나아가 진흙을 빚어 불에 구워서 그릇을 사용하게 되었는데, 토기는 음식물을 조리하거나 저장하는 데 편하였다. 토기의 사용은 농경으로 식량을 생산하고, 저장하게 되었음을 보여주는 것이다. 이 지역에서 신석기 문화가 꽃피웠을 가능성은 강동구의 암사동 · 풍납동 · 남양주군의 수석리 · 동막동 · 하남시의 미사동 등지에서 대규모 신석기 시대 유적이 발견됨으로써 충분히 시사된다. 신석기 시대에는 토기 외에 돌괭이 · 돌보습 · 돌삽 등의 농기구로 피 · 조 등의 잡곡류를 경작하였다. 봉화산 남쪽 신내동의 피골은 피를 많이 심었기 때문에 불리워진 이름인데, 그 기원은 신석기 시대에까지 거슬러 올라간다고 볼 수도 있다.

동대문구 지역의 농경 문화는 신석기 문화를 이어받은 청동기 시대에 이르러 보다 다양하게 전개되었다. 청동기 문화의 흔적은 이 지역뿐 아니라 구의동 · 가락동 · 역삼동 등 주변 지역에서 광범위하게 밝혀지고 있다. 망우동에서 처음 출토된 공열 토기 · 구연 토기 · 흑도 · 유구석부 · 점토대 토기 등은 인근의 구룡산 · 면목동 · 전농동 · 아차산 등지에서도 발견되고 있는데, 지형적 조건에서 볼 때 동대문구 지역 전역에 걸쳐 청동기 문화가 발달했다고 본다.[6]

신석기 문화가 하천 · 해안 연변에서 꽃피웠음에 비하여 청동기 문화는 내륙 구릉지대에서 조성되고 있었다. 이 지역 사람들은 농경을 더욱

발전시켜, 돌도끼나 홈자귀·괭이로 땅을 개간하여 곡식을 심고, 가을에는 반달돌칼로 이삭을 잘라 추수를 하였다. 농업은 조·피·콩·보리 등 밭농사가 중심이었지만 저습지에서 벼농사도 행해졌다. 석기 시대 이래의 사냥이나 물고기잡이도 여전히 행해졌으나, 농경의 발달로 그 비중이 점차 낮아지고, 돼지·소·말 등 가축의 사육이 이전보다 늘어났다.

집자리의 형태는 장방형의 움집에서 점차 지상가옥으로 바뀌어져 갔다. 움집 중앙에 있던 화덕은 한쪽 벽으로 옮겨지고, 저장 구덩도 따로 설치하거나, 한쪽 벽면을 밖으로 돌출시켜 만들어 놓았으며, 움집을 세우는 데 초석을 이용하기도 하였다. 집자리는 넓은 지역에 많은 수가 밀집되어 있어 취락 형태를 이루고 있었다. 이 지역에서는 아직 집자리가 발견되지는 않았지만, 한강 이남 역삼동에서 발견된 집자리의 모습과 거의 유사하였을 것이다.

농경 문화가 발달하면서 여성은 주로 집안에서 집안일을 담당하게 되었고, 남성은 농경·전쟁과 같은 바깥 일에 종사하게 되었다. 따라서 경제 활동의 중심이 남성에게로 옮아지고, 생산의 증가에 따른 잉여 생산물의 축적과 사적 소유로 인해 빈부의 차이와 계급이 발생하게 되었다. 계급의 분화는 사후에까지 영향을 끼쳐, 무덤의 크기와 부장품의 내용이 달라졌다. 당시의 무덤으로 대표적인 것이 고인돌이었다. 고인돌은 경제력이 있거나 정치적 권력을 가진 지배층의 무덤으로, 수십 톤 이상의 덮개돌을 채석하여 운반하고 무덤에 설치하기까지에는 많은 인력이 필요하였는데, 그 많은 인력을 동원할 수 있는 사람만이 그 축조가 가능하였다. 이 지역에도 다수의 고인돌이 존재했으리라고 보는데, 현재의 망우리 고갯길을 개설하면서 발견된 고인돌이 당시의 상황을 입증해주고 있을 뿐이다.

이와 같이 이 지역에서는 비옥한 충적평야와 완만한 구릉지대를 배경으로 농경 문화를 일찍부터 발달시켰으며, 동시에 풍부한 경제 여건은 서북 지방의 각형 토기와 동북 지방의 공열 토기를 동시에 수용하였으며, 이를 융합·변형시켜 점토대 토기와 같은 새로운 토기 문화를 남쪽으로 전파시키는 역할도 하였다.[7] 이러한 자연 환경과 역사적 배경을 지닌 동대문구 지역은 그 후 철기 문화까지 수용하여 국가 발생의 유리한 바탕을 마련하였다. 먼저 마한의 소국이 이 지역을 중심으로 자리를 잡은 바 있고, 이어서 B.C. 1세기 전후에는 북방으로부터 유이민 집단이 남하하여 백제를 세우고, 이 지역의 기존 문화를 흡수·동화하면서 마한을 대신하여 정치적 구심점의 역할을 맡기에 이른 것이다.

(2) 농경(農耕)의 보급

동대문구 지역에서의 농경 활동은 백제의 건국으로 본격화되고 있다. 국가의 정책적 과제로서 농정(農政)이 제시되고 있다. 백제의 건국 주체는 고구려로부터 남하한 온조 집단이라고 한다. 그런데 온조 집단이 남하하여 터전을 잡은 곳이 한강 유역의 하북 위례성이었다. 하북 위례성의 구체적 위치에 대하여는 여러 가지 견해가 있는데, 종래에는 서울의 동소문 밖 10리 지점의 삼각산 기슭이라는 설과 세검정 일대로 보는 설이 있었으나, 근래에는 중랑천 부근이라는 주장이 보다 설득력있게 인식되고 있다.[8] 즉, 온조 집단이 처음 정착한 곳이 바로 동대문구 지역이었다는 것이다. 이로써 볼 때 동대문구 지역은 백제의 출발과 인연이 깊었다.

중랑천 부근에 정착한 온조 집단은 이미 이 곳에 먼저 거주하고 있던 토착 세력을 흡수·병합하면서 작은 정치 집단을 구축하였다. 건국설화에 나오는 십제(十濟)가 성립된 것이다. 십제는 온조 집단보다 먼저 남하한 10개의 선주 집단을 중심으로 건국되었는데, 즉 10개의 읍락(邑落)이 주요 구성체를 이루고 있었다. 당시 각 읍락은 신지, 견지, 읍차, 부례 등의 군장이 지배하고 있었다. 이 시기에 이르면 철제 농기구의 사용으로 농경이 보다 발달하였고, 벼농사가 널리 행해지고 있었다.

벼농사가 널리 행해지면서 수리를 위한 저수지, 보, 방죽 등이 많이 만들어졌다. 동대문구 지역에도 곳곳에 보·방죽이 만들어졌다고 본다. 신지, 견지 등의 읍락 지배자들은 수리 시설을 장악하여 물의 관리권을 행사하면서 읍락에 살고 있던 일반 사람들을 지배하였다. 따라서 십제의 지배 영역도 중화동, 면목동, 상봉동, 전농동, 장안동, 이문동 등 동대문구 지역의 농경 읍락들이었다고 본다. 즉 농경 문화를 토대로 온조 집단은 국가를 세웠던 것이다.

나아가 온조 집단은 이 지역의 생산성을 바탕으로 정치력을 향상시켜 지배 기반을 강화하고, 지배 영역을 확장시켜 갔다. 한동안 동대문구 지역에서 세력을 떨치던 십제는 2세기 중엽, 초고왕(肖古王) 때 하남 위례성, 즉 오늘의 송파구 몽촌 토성쪽으로 도읍지를 옮기면서 보다 정치력을 강화시켰다. 이를 전후하여 나라 이름도 백제라 칭하였다. 백제가 한강 이남으로 거점을 옮겼지만, 그렇다고 하여도 결코 동대문구 지역을 포기한 것은 아니었다. 물론 이 시기에는 고구려가 점차 세력을 강화하여 백제에 압력을 가하고 있었다. 이에 대항하여 백제는 아차성, 사성 등의 성책을 수축하고 농경을 장려하여 국가의 기반을 굳힘에 힘썼다.[9]

백제는 한강 유역을 거점으로 하였기 때문에 비교적 넓은 평야와 비옥한 토양과 수리에 적합한 지류가 많아 일찍부터 농업 국가의 면모를 보여 주었다. 이 같은 사실은 『삼국사기』 등의 문헌뿐 아니라 여러 곳에서 출토되는 백제 때의 것으로 보이는 철제 농기구 등에서 입증되고 있다. 백제는 건국 시조인 온조왕 때부터 국가가 정책적으로 농경에 관심을 기울이고 있다. 즉 중랑천 일대에 자리를 잡고 나라를 세운 온조왕은 기원전 5년 직접 각 읍락을 돌면서 농사에 힘쓸 것을 권했다. 다음 다루왕 때는 왕명으로 여러 읍락에 벼농사의 실시를 권장하였다.[10] 노중국씨의 주장에 의하면, 이 시기까지도 백제의 중심지는 동대문구 지역이었으니, 그렇다고 하면 다루왕이 벼농사를 권장하여 시행된 곳은 아마 중랑천과 청계천 사이의 저습지대였을 것이다. 이 지역은 조선 시대에도 벼농사 중심지였다.

농경이 집중적으로 이루어지고, 특히 벼농사가 발달하면서 생산력이 크게 증대되었고, 이는 초기 백제 사회를 풍요하게 하였다. 그리하여 백제는 그만큼 국력이 강대해져 십제의 단계에서 마침내 백제의 단계로 발전하고, 나아가 그 세력은 한강 유역 곳곳에 미쳐 3세기 중엽 고이왕 때는 확대된 영토를 바탕으로 중앙 집권 국가로 발돋움하였다. 백제가 다스리던 한강 유역은 5세기에 이르러 고구려가 지배하였고, 6세기 후반에는 다시 신라가 차지하였다. 신라는 이 땅에 신주, 후에 한산주를 설치하여 경영하였는데, 특히 한강 유역의 경제적 입지 조건에 유의하여 수리 시설을 확장하고 권농 정책을 강력히 추진하여 경제력의 기반으로 삼았다. 지금도 한강 유역 곳곳에서는 당시 쓰던 낫·가래·쇠스랑·쟁기 등의 철제 농기구가 출토되고 있다.

　신라에 이어서 한강 유역을 장악한 고려 왕조도 농업 국가로서의 면모를 분명히 하였다. 당시의 국가 경제는 전적으로 농업에 토대하고 있었다. 농민 경제의 안정 문제는 국가 경제와 밀접하게 관련되어 있었기 때문에 위정자들은 적극적인 권농 정책을 폈다. 농번기에는 농민을 일체의 잡역에 동원하지 못하게 하고, 흉년이 들어 농사에 재해가 심하면 조세를 감면해 주었으며, 임금이 적전(藉田)을 갈아 농사짓기의 모범을 보이기도 했다.

　곡물의 증산을 위해 진전의 개간을 장려하고, 특히 벼농사의 보급을 위해 수리 시설의 개선을 위한 노력이 시도되었다. 고려 시대의 농경 기술은 우경에 의한 심경법(深耕法)이 일반적으로 행해졌는데, 기름진 땅에서는 오곡이 풍성하게 재배되고 있었다. 토지가 비옥하고 산물이 풍부한 한강 유역 일대에는, 그 때문에 귀족들의 농장이 도처에 설치되고 있었다. 동대문구 지역을 포함한 한강 유역에 뿌리를 내린 문벌로는 한양 조씨, 금천 강씨, 양주 송씨, 양천 허씨 등이 유명하였다. 고려 후기에 이르러는 신진 사대부들이 중국의 강남 농법에 관심을 가지면서 새로운 농법의 보급이 시도되어 그러한 움직임이 『농사직설』로 반영되었다.

(3) 적전(藉田)의 설치

　고려에 이어 조선 왕조가 성립되었다. 동대문구 지역의 농경 문화는 조선 왕조의 성립으로 그 본바닥임이 입증되고 있다. 정부는 권농 정책의 일환으로 전농동 일대에 적전을 설치하여 국왕이 직접 농경의 시범을 보였고, 제기동에 선농단(先農壇)을 세우고 농사가 잘되기를 하늘에 빌었다. 고려 후기에는 정치·사회적 혼란과 이민족의 침입이 계속되는 가운데 국가 재정이 파탄되고 민생이 극도로 피폐해지고 있었다. 새 사회를 지향한 조선 왕조는 이러한 어려움을 속히 극복하고자 국초부터 국력을 증진시키고 민생을 안정시키는 방향으로 경제 구조를 대폭 개편하고자 하였다. 그리하여 농본주의를 기본적인 산업 시책으로 삼아 산업 경영을 농업 위주로 추진하였다. 당시의 지배자들은 농업의 진흥만이 민생을 안정시키고 국가를 튼튼히 할 수 있다고 여겼던 것이다.

이 같은 움직임은 조선 초기, 특히 15세기에 보다 적극적으로 추진되었다. 왜냐 하면 새로운 국가 건설에는 많은 재정 수입이 필요했고, 그것은 당시로서는 주로 조세 수입에 의존하는 수 밖에 없었기 때문이었다. 재정 수입을 늘리기 위해 토지 제도·전세 제도 등에 대한 조정과 개혁을 시행하기도 했지만, 국가의 재정 수입을 늘리는 문제는 그러한 조치만으로서는 충분하지 못했다. 문제를 해결하기 위해서는 보다 근원적인 대책이 강구되어야 했다. 그것은 농업의 생산성을 향상시켜 조세원(租稅源)을 확대시키는 일이었다.[11] 이러한 시책은 농업국가에 있어서 항상 요청되는 것이지만, 새로운 국가를 건설하려는 조선 초기에 있어서는 더욱 절실한 문제가 아닐 수 없었다.

조선 왕조는 이 같은 목적을 달성하기 위하여 일련의 농업 정책을 추진하였다. 농업을 개발하고 권장하는 권농 정책이 그것이었다. 조선 왕조는 농업 생산력을 증대시키기 위해 권농 정책의 실천 방안으로서 국초부터 안으로는 이를 관장하는 관사를 두고, 밖으로는 이를 효율적으로 수행하기 위한 권농 기구를 설치하였다. 농업을 관장하는 중앙의 관청이 호조의 판적사(版籍司)라면, 권농하는 기구는 지방 행정기구였다. 그리고 권농의 모범을 보이기 위해서 적전을 설치하고 운영했다. 당시 적전은 권농의 본보기로 여겨지고 있었다. 이를 관장하는 것은 전농시(典農寺)였다. 권농을 위한 지방 행정기구는 군현 중심으로 편제되고 있었다. 이 시기에는 지방 통치를 위해서 도·군현·면·리의 행정 체계가 조직되고 있었지만 국가가 지방 행정의 기본 단위로 삼고 있던 것은 군현이었다. 즉 군현의 수령은 모두 권농관의 지위를 갖고서 그 무엇보다도 권농에 힘써야 했다.[12] 그러나 이 일은 수령의 힘만으로는 제대로 수행하기가 어려웠으므로 이를 전담하는 관원이 수령 휘하에 별도로 임명되기도 했다. 각 면에서 권농을 담당하는 권농관(勸農官)이 임명된 것이다. 각 지방에서의 권농은 형식적으로는 수령에게 책임이 있지만, 실제로는 권농관에 의존하는 수 밖에 없었다. 권농관은 외방 각 고을에만 둔 것이 아니었다. 한성부에도 두어졌다. 한성부가 성 안만이 아니라 성 밖 10리까지 그 영역으로 관할하고 있었기 때문에 당시에 있어서 동대문구 지역과 같은 성저십리 일대는 거의 농경지로 구성되어 있었고, 따라서 이 지역 농경의 문제는 한성부 소관이었다. 그리하여 한성부에도 외방과 같이 권농관이 있었으니, 그들은 성저십리 각 면에서 권농의 책임을 맡고 농사를 지도하였다. 특히 한성부의 권농관은 적전이 있고 농토가 비교적 많은 동대문구 지역에서 그 활동이 두드러졌다.

권농관의 권농 활동은 크게 두 가지였다. 첫째는 농작물의 재배를 지도하는 것이고, 둘째는 수리 문제를 해결해 주는 것이다.[13] 농작물 재배 지도에서는 씨뿌리기에서 수확에 이르기까지 농경 활동의 모든 과정이 대상이 되었지만, 그 중에서도 특히 중심이 되는 것은 씨뿌리기와 김매기였다. 농경의 과정은 절기와 관련하여 그 때가 있기 때문에 때를 놓치면 안되었다. 곡물의 품종에도 조생종이 있고, 만생종이 있다. 그리하여 농사를 잘 짓기 위해서는 때를 맞추도록 정부에서는 특히 유의하였고, 농민들이 게으름을 펴지 않도록 독촉하였다. 그리고 농번기에는 농민을 요역에 동원하지 못하게 했다.[14] 농번기에 농민들이 궁핍해도 농사짓기에 방해가 되기 때문에 적절한 대책을 세워야했다. 권농관은 각 농촌을 돌아다니며 이 같은 사정을 확인하고, 대책을 강구하여 농민들이 전심전력으로 농사에 종사하도록 지도해야 했다. 선농단이 있고, 적전이 있을 뿐 아니라 동구능으로 가는 국왕의 능행로가 지역을 관통하고 있어 동대문구 지역의 권농관은 특히 농사 지도에 분주했으리라고 본다.

다음 수리 문제에 있어서는 보, 천방, 방죽, 저수지 등의 수축과 관리가 권농관의 주된 임무였다. 농사에 있어서는 수리의 문제가 절대적이었다. 한발이 계속되면 농사는 거의 망치게 된다. 그리하여 당시의 위정자들은 권농의 요체는 저수지를 쌓는 데 있다고 하였다.[15] 그리하여 정부에서는 한때 저수지와 보만을 전담하는 제언사를 설치하기도 했다. 권농관은 추수가 끝난 가을에서 겨울에 걸쳐 농한기를 이용, 농민들과 함께 저수지나 보를 수축하였다. 동대문구 지역에는 큰 저수지가 있었다는 기록은 없다. 그러나 논이 비교적 많았고, 또 중랑천·정릉천·홍릉천 등의 개천이 지역 내를 지나고 있었기 때문에 이를 이용한 보·천방·방죽 등이 곳곳에 있었다. 지금도 답십리·상봉동·망우리 등지에는 방죽마을의 이름이 전해오고 있으며, 용두동·이문동·중화동·면목동 등 개천 연변에는 옛 제방의 흔적들이 남아있다.

　　조선 왕조가 권농 정책을 추진하기 위해 설치한 권농 기구의 다른 하나는 앞서 언급한 바와 같이 적전을 관리하던 전농시였다. 전농시는 적전이 있던 동대문구 지역과 매우 깊은 관계를 갖고 있다. 이 기구는 본래 고려의 사농시를 개편, 계승한 것으로, 그 업무는 적전을 경영해서 권농의 모범을 보이고, 아울러 제수를 마련해서 선농단 같은 곳에서 제례를 지내게 하는 데 있다. 즉, 전농시의 적전 경영은 두 가지 점에서 권농의 의미가 있었다.

　　그 하나는 국왕이 적전을 친히 경작함으로써 농업을 중히 여기고, 농업을 권장한다는 이념적 의미였다. 국왕의 친경(親耕)은 성종·중종·영조 등에 의해 행해졌는데, 물론 이는 의례적으로 국왕이 밭에 나와 쟁기를 잡고 밭을 몇 이랑 갈아 볼 뿐이지, 국왕이 농사를 짓는다는 것은 아니었다. 적전을 실제로 경작하는 것은 전농시 주관 하에 소속의 노비와 요역으로 동원되는 인근 농민이었다.[16] 그 뿐 아니라 국왕의 친경이 늘 있는 것도 아니었다. 그것은 상징적 의미에 불과했다. 이와 유사한 행사로 조선 시대에는 관가(觀稼)라는 것이 있었다. 관가는 국왕이 농작물의 성장 과정을 관찰하는 것으로, 교외에 나가서 하기도 하고, 후원에서 하기도 했다. 세종은 후원에다 작은 규모의 전답을 일구어 곡물의 씨를 뿌리고 그것이 성장하는 모습을 수시로 관찰하였다.[17] 이는 농민들이 국왕의 뜻에 감격해서 농사에 열중할 것을 기대하는 데서였다. 그리고 이를 통해서 수령들에게 간접적으로 권농을 자극했다.

　　다음 전농시는 적전에서 농사를 시험적으로 지으면서 농작물의 품종을 개량하고 농사 기술을 개선하고자 했다. 조선 시대에는 곡물의 품종 중에서 우수한 것이 있으면 나라에 바치게 했다. 이를 받아 전농시에서는 적전에서 시험 재배하고, 다시 전국에다 보급했다.[18] 이러한 노력은 특히 세종 때에 경주되었는데, 시험 재배는 토양이 특히 비옥한 곳이어야 했다. 선농단이 있던 곳에서 동쪽 정릉천 건너편으로 1km 정도에는 현재 경동시장과 오스카극장이 자리하고 있는데, 조선 시대에는 이 일대를 방아다리라고 하였다.[19] 방아다리는 특히 비옥하기로 이름난 농토였는데, 채종답(採種畓)으로 오랫동안 이용되었다. 일제 강점 하에서도 종묘장이 있었던 곳이다. 전농시에서 농작물의 품종을 개량하던 곳도 이 일대였으리라고 추정된다.

　　조선 왕조가 무엇보다도 농정을 중시하고, 농업 생산력을 증대시키기 위해 온갖 노력을 기울였던 조선 초기는 우리 나라 농업 기술사에 있어서 매우 중요한 변화를 겪는 시기였다. 농업 기술 개발에 대한 국가적 차원의 관심이 고조되면서, 지금까지 농토 이용에서 문제가 되던 휴한법(休閑法)이 극복되어 갔다. 비료를 주는 방법이 그리 발달하지 않았었기 때문에 그 때까지는 지력의 회복을 위해 농토를 격년 또는 윤년에 의해 휴경해야 했다. 그러나 이 시기에 이르러 시비법이 다양하게 강구되어 연작이 가능하게 되었다.

　　종자의 개량에도 힘써 볍씨도 수십 가지 종자를 찾아냈다. 이 같은 농업 기술의 개발은 국왕 스스로가 앞장섰다. 전농시의 적전 운영도 그러한 면에서 또 하나의 의미가 있었다. 세종은 몸소 대궐 안 후원에 2홉의 조를 1무의 땅에 갈아 농서를 연구하면서 키워 한 섬의 소출을 올리는 시험을 해 볼 정도로 농업 기술 개발에 관심이 컸다.[20] 이 시기 농업 기술 개발을 위한 노력은 비료의 개선, 종자의 개량, 농기구의 개량, 수리 시설의 확충 등 여러 부문에 걸쳤다. 그러나 그것들은 대체로 집약 농법의 추구라는 방향으로 귀결되고 있었다. 집약 농법(集約農法)이야말로 농업 생산력을 높이는 첩경이었기 때문이다. 농법의 개선에는 신진 사대부를 비롯한 지식인의 역할이 컸다. 물론 농사 기술은 농사를 짓는 농민의 경험적 처방에 의한 것이 큰 비중을 차지하지만, 새로운 기술의 도입에는 일정한 지식이 요청되므로 지식인의 역할은 결코 배제할 수 없었다.[21]

　　신진 사대부들의 농업 기술에 대한 관심은 그들 자신이 중소 지주였었기 때문만이 아니라 삶이 건강해야 사회가 바로 잡히는데 그것은 넉넉한 삶 속에서 이루어진다고 믿고 있었기 때문이다. 그들은 기본적으로 지금까지의 농경 습속에 대해 비판적이었다. 즉 당시 농사짓는 사람들은 스스로 돌봄이 매우 소홀하여 귀한 사람, 천한 사람, 늙은이, 어린이를 막론하고 채소·어포 밖에 먹는 것이 없으며, 메벼만을 중시하고 기장·피를 경시하여 생산이 적었다. 그리고 하늘만 우러러보기 때문에 수재·한재에 대비하지 못하고 있다는 것이다. 바로 이러한 현실을 타개하여 생활을 개선시켜 나가야 한다는 것이 그들이 갖는 관심의 출발점이었다. 고려 말 이암이 원에서 『농상집요』를 구해 와 간행하고, 문익점이 목면을 전래하며, 백문보·우희열 등이 수리 문제에 관심을 가진 것은 그러한 사실을 잘 설명해 주는 것이다.

농업 기술에 대한 관심이 고조되어 이루어진 큰 성과가 『농사직설(農事直說)』의 간행이었다. 이 책은 우리 나라 풍토에 맞는 농사 기술과 토질의 개량법, 모내기법 등 농부들의 실제 경험을 토대로 한 것이다. 이같은 농업 기술 진흥 정책은 14세기 이래 부분적으로 달성된 기술상의 성과를 공간적으로 확산시키고 일반화시켜 갔지만, 그 과정에는 적전과 같은 시험 묘포장에서의 꾸준한 연구와 실험의 결과가 검증되고 종합되는 일면이 있었다. 적전이 세종·성종 때 중시된 것 역시 당시의 농업 기술 진흥 정책과 무관하다고 할 수 없는 것이다.

확실히 조선 왕조는 농정을 제1의 목표로 삼고 있었다. 그리고 이를 구체적으로 실현하기 위해 판적사·전농시 등의 관청을 두고, 권농관을 임명하였는데, 현재 그 흔적을 볼 수 있는 것은 제기동의 선농단 터와 적전이 있었던 전농동의 동리 명칭 뿐이다. 전농동의 명칭은 조선 시대 이 지역이 농경의 온실이었음을 확실히 보여주고 있는데, 적전이 있었던 자리는 전농동 중에서도 가장 먼저 마을이 들어섰다고 여겨지는 텃골이다. 그 이름은 적전의 터가 있던 곳이라는 데서 연유한다. 이 지역은 구릉과 저습지가 어우러져 논농사와 밭농사가 모두 가능한 지형 조건일 뿐 아니라 비교적 넓게 개활지가 형성되어 농토와 취락 입지로서도 좋은 환경을 이루고 있었다. 배봉산 기슭에서는 선사 시대에도 취락이 형성되고 있었으리라 본다. 이 지역에 적전을 설치한 것은 조선 왕조의 위정자들이 여러 모로 숙의한 결과라고 보는데, 특히 이 곳은 도성과도 가까와 국왕이 쉽게 행차할 수 있는 지점이었다. 또 인근의 양주·광주와도 연계되어 국왕의 농경 시범 사실이 농민들에게 쉽게 전파되어 국가에서 적전을 설정한 의도를 잘 성취할 수 있으리라고 보았기 때문이기도 하였다.

적전이란 국왕이 농사짓기를 장려하는 뜻에서 몸소 밭갈이를 하는 토지로서 여기에서 생산된 곡물은 소출이 많은 것이 아니었다. 그 생산물은 대개 제사용으로 쓰였다. 따라서 국가의 재정 수입이나 토지 정책에 큰 영향을 미칠만큼 계량적으로 중요한 위치를 차지하는 것은 아니었다. 토지의 규모, 생산량 등에서는 매우 작은 범주에 속하였다. 그러나 봉건 사회에서 지배적인 생산업은 농업이었고, 그 백성의 대부분이 농민이었다는 점에서, 그것이 권농을 위한 시범적 토지라는 상징적 의미에서는 매우 그 의미가 컸다.[22] 적전의 경영은 일찌기 중국에서 비롯되었다. 우리 나라에서는 신라 때 이와 비슷한 형태로서 입춘에 선농, 입하에 중농, 입추에 후농이라 하여 제사지내는 것이 있었으나, 적전의 본격적 모습은 고려 때에 이르러서 보이고 있다. 983년(성종 2) 선농단(先農壇)을 설치하고 국왕이 적전에서 친경하였다.[23] 그 뒤 인종 때도 이를 실시한 기록이 보인다. 그러나 고려 후기에 정치 기강이 문란해지면서 권문 세족들이 토지를 마구 점탈하면서 농정이 파탄되고, 그리하여 적전과 친경의 행사도 제대로 지켜지지 못했다.

　적전의 경영은 조선의 건국과 더불어 정상화되고 있다. 전술한 바와 같이 조선 왕조는 중농 정책을 국가의 기본 방략으로 내세우게 되는데, 조선을 건국한 주체 세력인 신진 사대부들은 성리학자들로서 중농주의자들이었다. 그리하여 그들은 모두 공통적으로 권농을 내세웠다. 예컨대 정도전은 『조선경국전』에서 적전의 중요성을 강조하면서, 종묘의 제사와 국가의 재정은 모두 농업에 토대하고, 만물은 이로써 번창하는데, 따라서 군왕이 적전에서 몸소 밭을 갈면서 모범을 보이면 백성들은 모두 이를 본받아 밭에 나아가 열심히 일하게 되고, 그리하여 농사가 흥성하게 되니, 때문에 적전은 권농의 기본이라고 설명하고 있다.[24] 이에 1392년(태조 1) 적전이 설치되었다.

　조선 왕조의 적전은 두 곳에 있었다. 즉 동적전(東藉田)은 현재의 동대문구 전농동인 동교에 약 100결로 이루어져 있었고, 서적전(西藉田)은 옛 서울인 개성의 보정문 밖 풍덕현에 약 300결로 이루어져 있었다. 동적전은 국왕의 친경을 위해 조선 왕조에 들어와 처음 설치된 것이나, 서적전은 고려 적전의 전통을 계승하기 위한 것으로서, 권신 임견미 · 염흥방의 토지를 몰수하여 설정한 것이다. 서적전은 조정의 여러 제향에 소요되는 곡물을 생산해 내기 위한 공급원이었다고 볼 때, 적전의 기본적 의미인 친경과는 거리가 있었다. 따라서 전농동에 있었던 동적전이 적전의 기본적 의미를 보여주었다고 하겠다. 실제로 조선 후기에 이르러 서적전은 다른 토지로 전용되어 적전의 명목을 상실하였다.

　적전은 전술한 바와 같이 전농시가 관리하는 공전이었다. 그리하여 초기에는 전농시 소속의 노비가 실제 경작을 하고 있었는데, 세종 이후에는 적전 부근의 농민을 동원하여 부역의 일환으로 경작하였다. 즉, 동적전은 양주, 서적전은 풍덕의 농민 각각 100명, 200명을 농군으로 삼아 경작지 10결당 1명을 차출하도록 하고, 그들에게는 공부 외의 일체의 잡역을 면제하여 적전 경작에 전념케 하였다.[25] 그 뒤 동원되는 농민들의 부역이 문제되어 다시 양주·풍덕 지역의 농민을 윤번으로 동원하도록 했다. 대체로 그 경영 방식은 주변 농민의 노동력을 동원하여 국가 직속의 농토를 경작하는 정전법 원리를 취했다고 본다.

적전에서 생산해 내는 곡물은 일반 논이나 밭에서 생산이 가능한 곡물류는 모두 심었다고 보이는데, 벼·피·기장·조 등이 주로 재배되었다. 이로써 볼 때 동적전이 있던 전농동을 중심으로 동대문구 일대에서는 벼·피·기장·조 등이 주로 경작되었고, 그 밖에 콩·팥·보리·밀 그리고 미나리·파 등 채소가 재배되고 있었다. 농경의 시범 단지였기 때문에 이 지역의 농경지는 비교적 정지가 잘 되어 있었고, 농경 기술이나 농경 도구 등도 다른 지역보다 선구적이었다고 본다. 그 밖에 다른 지역에서 희귀한 품종이 있을 때는 그것을 배양하기 위해 이 곳에서 여러 가지로 시험 경작되었으니, 전농동은 그야말로 우리 나라 농경의 온상이고 본바닥이었던 곳이다. 이 곳에서 생산된 곡물은 매우 우량하였기 때문에 전국 각지 농토에 종자곡(種子穀)으로 분급되기도 했다.[26]

그러나 적전의 제1차적 의미는 국왕이 친경하여 농사를 권장한다는 상징성에 있기 때문에 그 의례가 보다 중요하였다. 적전에서의 의례는 먼저 농사가 잘되기를 신농신(神農神)과 후직신(后稷神)에게 기원하는 선농단에서의 적전제가 있고, 이어서 제향이 끝나면 국왕이 몸소 밭갈이를 시범하는 친경의가 행해지는 것이 순서였다. 국왕이 중심이 되어 국가의 기본적 과업인 농정을 위한 의례였기 때문에 그 절차는 매우 엄격하고 장엄하였다.

먼저 적전제(藉田祭)는 예전 서울대학교 사범대학이 있던 제기동의 선농단에서 행해졌다. 적전이 설치된 것은 태조 때였지만, 적전에서 처음으로 친경한 것은 성종 때였다. 집권 체제가 정비되면서 한층 농경에 관심을 보인 성종은 세종·세조가 행한 관가에서 더 나아가 적전에 행차하여 직접 밭갈이를 해보고자 하였다. 그리하여 1475년(성종 6) 정월 먼저 선농단에 나아가 적전제를 올렸다.[27] 적전제는 선농제(先農祭)라고도 하는데, 적전 의례 중에서 가장 핵심을 이루고 있었다. 이 때의 적전제는 친경하는 것이었기 때문에 해당 관서인 예조에서는 사전에 당·송·고려의 의례를 면밀히 검토하고 예행 연습도 수차에 걸쳐 행하면서 준비에 만전을 기하였다. 아울러 적전에서의 친경은 농사를 중히 여기고 권장한다는 이념적 의미가 본질이었기 때문에 한성부에 명하여 근방 촌민들에게 두루 알려 그 의례를 구경하게 했다.

　제사를 지내고 친경하는 날은 길일이어야 하기 때문에 경칩이 지난 길한 해일(亥日)을 택했는데, 그리하여 을해일(乙亥日), 즉 음력 정월 23일을 친경일로 하였다. 그 행사는 매우 신성한 것이어서 당사자인 국왕은 행사 전에 몸가짐을 단정히 하고 마음을 깨끗이 해야 했다. 그리하여 그 전에 칠일계, 삼일계를 지켜야 했다. 을해일 새벽에 성종은 선농단과 적전이 있는 제기동·전농동을 향하여 동대문을 나선다. 선농단은 옛날 서울대학교 사범대학이 있던 제기동 274번지 자그마한 언덕에 위치하고 있다. 그 터는 약 1500평에 이르는데, 선농단 주춧돌에서 약 50미터 떨어진 지점에는 조선 건국 당시 심어졌으리라고 보이는 향나무가 한 그루 서 있다. 태조 때는 선농단에서 기우제를 지내고, 향나무 아래에서 시회(詩會)를 열기도 했다고 한다. 그러나 적전제는 어디까지나 농업신에게 풍요를 비는 제사였다. 따라서 선농단에 모셔진 신좌는 3황 5제 가운데 농업신으로 알려져 있는 신농씨와 주나라 때 농업을 크게 일으켰다고 하는 후직씨였다. 그리고 제사에 참여하는 제관은 초헌관인 국왕을 비롯하여 아헌관·종헌관 등이 있어 순서에 따라 해 뜨기 전에 제향을 마쳤다. 당시의 축문 내용은 다음과 같다.

　　신께서는
　　처음으로 농사를 일으키어
　　우리 백성의 양식을 풍족케 하셨네
　　이 제사를 받으시고
　　풍년을 이루게 하소서

◐ 선농단

　이윽고 해가 뜨면서 친경의(親耕儀)에 들어간다. 친경이란 적전을 임금이 몸소 경작하는 것으로, 때로는 해당 관원에게 대신 밭갈이를 하게 하는 대경(代耕)도 있으나, 원칙적으로 백성들에게 모범을 보이는 것이기 때문에 친경해야 했다. 친경이던, 대경이던 적전을 경작한다고 하여서 경적(耕藉)이라고도 하였다. 경적하던 곳은 선농단에서 동남쪽으로 500m 정도 떨어진 현재의 오스카극장 부근이었는데, 그 면적은 100이랑이었다. 친경함에 있어서는 경적사, 적전령, 사복시정, 봉상시정, 경기 각 고을의 현령 등이 쟁기질을 도왔다. 즉 왕이 쟁기를 잡으면 사복시정이 소의 고삐를 잡아 밭을 가는데, 다섯 발자국을 밀고 나면 근시가 쟁기를 이어 받고, 왕은 인근에 설치한 관경대(觀耕臺)로 가서 쉰다. 이어서 종친과 재상이 일곱 발자국, 그리고 판서와 대간들이 아홉 발자국을 밀고서 물러나면 봉상시판관이 서민들을 거느리고 나머지 100이랑의 밭을 간다. 이윽고 의례를 끝내고 수레를 돌리면 노인·유생·기생들이 풍년가를 부르며, 그 동안 봉상시정이 곡물의 씨앗을 파종하고, 판관·주부들이 흙을 덮어 뒷마무리를 한다. 이 때 파종하는 씨앗도 아무 것이나 택하는 것이 아니라 9곡이라 하여 벼·피·기장·수수·귀리·밀·

🔵 경　작

보리·콩·팥 등을 고루 갖추게 했다. 이렇게 하여 친경을 끝내고 환궁하면, 왕은 주연을 베풀어 참여했던 사람들의 노고를 치하하고 상을 준다. 때로는 특별 사면을 하여 죄인을 풀어 주기도 하였다.

이와 같이 친경은 형식적이고 상징적이었을 뿐 실제로 경작에 보탬이 되는 밭갈이는 아니었다. 몸소 국왕이 밭갈이를 한다는 것을 백성들에게 보여줌으로써 국왕이 농업을 매우 중히 여기고 있으니, 백성들 역시 힘을 다하여 농경에 종사하도록 권장하려는 이념적 행사였다.

그렇다고 하여도 적전 자체의 소출이 결코 적은 것은 아니었다. 친경전은 100이랑에 지나지 않았지만, 동적전만 하여도 100결이었고, 서적전까지 합하면 모두 400결에 이르렀으니, 당시의 1결이 5,000평이었다면, 약 2,000,000평이었다. 동적전만 하여도 50만평으로서 오늘의 전농동·답십리의 상당 지역이 적전의 터였다. 따라서 그 소출 역시 적지 않았으니, 과전법에 의하면 1결에서 30석을 수확한다고 했으니, 동적전에서의 소출은 대체로 3,000석 정도였다고 본다. 더구나 적전은 왕실 직속의 농토로서 세금이 없었기 때문에 소출 자체가 순수익이었다. 적전에서 거둔 소출은 국가 왕실의 제사에 쓰이는 등 모두가 국용으로 지출되었다. 물론 이 곳에서는 품종을 개량하기 위해 시험 재배하고 있었기 때문에 종자곡으로 쓰이기도 했다. 그리고 그것도 적전에 파종하기 위한 것만이 아니라 경기·충청·경상·전라·황해 등 각 고을의 종자곡으로 분급되기도 했다.

적전의 소출은 우선 현재 전농4동에 있었던 창마을 창고에 저장되었다. 본래 적전을 관리하기 위하여 적전령·적전사·적정승 등의 관리가 임명되었고, 그들이 주로 일을 맡아보던 필분각이 현재 전농3동에 있었던 텃골에 있었다. 이와 같이 동대문구 제기동·전농동·답십리동 일대는 토질이 양호하여 적전의 터전으로 조선 시대 수백 년 동안 자리잡았으니, 적전이 국왕의 시범 농장이었다고 할 때 이 지역은 조선 시대 농경의 본바닥이었던 것이다.

농업 국가를 지향한 조선 왕조가 농경의 시범 지구로 선정한 동대문구 전농동 일대는 어찌보면 국가의 정책 지역이기도 했는데, 오늘에 있어서는 전혀 그 흔적을 찾아 볼 수 없게끔 주택 지구로 변하여 있음은 문자 그대로 상전벽해라 하겠다. 국왕의 친경은 성종에 의해 시작된 후, 중

○ 점 심

종·명종·선조·광해군이 그 전통을 이었고, 조선 후기 영조는 특히 친경에 관심이 많아 80세에도 몸소 밭을 갈았다.[28]

　한편 선농단과 관련하여 이 지역에는 설렁탕의 일화가 전해오고 있다. 즉 적전에서 밭갈이가 끝나면, 선농제의 제물로 쓴 소를 갈라 큰 가마솥에 푹 끓여 만든 곰국에 밥을 넣어 밭갈이에 참여한 관원과 농부들에게 먹였는데, 그릇은 이웃 동리에서 빌려온 뚝배기를 썼다. 이때 깍두기와 다진 파를 곁들이는데, 무·파 등도 이 지역에서 풍성하게 생산되었다. 이 음식을 처음에는 선농제에서 유래하여 선농탕이라 하였는데, 후에 음이 변하여 설렁탕이라 불리웠다는 것이다.[29]

　동대문구 지역은 적전이 있어 국왕의 친경으로서 유명하였지만, 조선 후기에 이르러는 채전(菜田)으로서도 주목되고 있다. 조선 시대 소비 도시인 한양 사람들의 부식인 채소류는 거의 근교에서 조달되었다. 도성 안에도 집집마다 텃밭이 있는 경우가 있으나, 그 규모는 크지 않았기 때문에 무·배추·파·마늘·미나리 등의 야채는 거의 도성 주변 성저십리에서 공급되었다. 특히 지형 조건이 개천에 인접하면서 평평한 저습지에서는 채소의 재배가 용이하였다. 연희동의 배추밭, 영은문(현재의 독립문) 주변의 무밭, 왕십리의 배추밭, 양재역 부근의 호박밭, 제기동의 토란밭, 청파동의 미나리밭 등은 당시 이름난 채전이었다. 이 밖에도 『동국여지비고』에 의하면 동대문 밖에서는 무·배추·미나리가, 서대문 밖에서는 가지·오이·파·마늘·고추·호박이, 남대문 밖에서는 호박·수박·토란이, 그리고 한강 남쪽 송파·탄천·양재 일대에서는 오이·호박·무·배추·파·가지 등이, 구파발 부근에서는 시금치·쑥갓·상치 등이 재배되고 있었다.[30]

　동대문구 지역 역시 조선 시대에는 여러 가지 채소를 생산하였으니,

청계천, 중랑천, 정릉천, 홍릉천 등에 연한 답십리, 중화동, 제기동, 청량리동 등 저습지대는 채전으로 유명하였다. 즉 답십리 일대에서는 미나리·배추, 중화동 일대에서는 미나리, 제기동 일대에서는 토란·배추, 청량리동 일대에서는 미나리가 주로 생산되었다. 조선 후기의 문인 유득공(柳得恭)도 도성 안에서 제일 많이 소비되는 것은 동부 지역의 채소와 칠패의 생선이라고 하였다.[31] 전반적으로 이 지역에서 생산된 것은 미나리가 중심이었는데, 논에 미나리를 재배한 경우에는 벼농사보다 5배의 수익을 올릴 수 있었다.[32]

　이 지역에서 미나리 등 채소 재배가 성행할 수 있었던 것은 입지 조건이 충분했기 때문이었다. 첫째, 지형 조건이 전술한 바와 같이 비교적 양호하였고, 둘째, 토양 조건에서는 이 지역 토지의 대부분이 충적토로서 매우 비옥했다. 세째, 바로 이웃에 소비 시장을 갖고 있었다. 20만 명 인구가 소비하는 부식의 양은 적지 않았는데, 공급이 용이하였다. 네째, 인근에 풍부한 비료 시장이 있었다. 즉, 한양은 많은 인구가 있었기 때문에 그에 비례하여 거름을 많이 제공하였고 채소 재배에는 인분이 좋은 비료가 되었다. 더구나 한양과 동대문구 지역은 인접하여 있었기 때문에 그 운반이 용이했다. 60년대까지만 하여도 답십리·면목동 일대에는 도성 안에서 운반해 온 분뇨를 저장해 두는 거름 구덩이가 곳곳에 있었다. 조선 시대에는 이 지역에서 흔히 볼 수 있는 모습이었을 것이다.

　채소와 더불어 이 지역에는 한때 과일, 특히 배의 산출이 유명하였다. 이 지역은 답십리 등 저습지대를 제외하면 그리 높지 않은 구릉이 발달하고 있다. 특히 중랑천 밖에는 봉화산을 중심으로 완만한 경사지가 형성되고 있었다. 그리하여 얼마전까지만 하여도 묵동, 상봉동, 신내동, 중화동 일대에는 배밭이 무성하여 배밭을 찾는 사람들의 발길이 끊이지 않았다. 이 곳의 배는 ‘먹골배’라고 하여 물이 많고 달아서 좋은 배의 대명사처럼 알려져 왔다. 그러나 이 곳에서의 배나무 재배는 약 5,60년 전부터로서, 그 역사가 오래지는 않다. 그 이전에는 울창한 삼림으로 이루어져 있었다. 현재 번화하기로 이름난 청량리 일대도 조선 시대에는 고황산을 중심으로 수목이 울창하여 청량한 기운이 더위를 잊게 했다고 한다. 과일의 산출은 낙산 밑의 홍수골이 보다 알려지고 있었다. 산비탈인 이 일대에 복숭아나무와 앵두나무가 많아 복숭아·앵두의 붉은 빛이

온 동리를 물들였다고 하여서 홍수골, 즉 홍수동이라 불렀다. 지금도 창신2동 입구에는 '홍수동(紅樹洞)'이라고 바위에 글자가 새긴 것이 남아 있어 옛모습을 증거해주고 있다.

3. 교통의 발달과 상공업

동대문구 지역은 낮은 구릉지대와 넓은 평야를 지형 조건으로 하면서 한강과 같은 큰 장애물이 없기 때문에 일찍부터 교통이 발달할 수 있는 소지가 있었다. 그리하여 조선 왕조도 도성을 쌓으면서 이 지역으로의 왕래를 위해 출입문으로서 흥인지문(興仁之門), 즉 동대문을 세웠다. 그러나 교통이란 서로 왕래하는 두 지점이 번성해야 발달하는 기본적 특성이 있다. 그런데 이 지역의 입지를 보면, 비록 도성 안에는 사람이 많이 거주하고 문물이 번성하였다고 하여도 그 반대편에는 강원도의 산악 지대가 놓여 있어 당시에 있어서는 동대문을 나와 이 지역을 지나는 사람들의 왕래가 그리 많지 않았다. 도성에서 동대문을 빠져나온 사람들은 대개 숭인동과 왕십리를 이어주는 청계천의 영미다리를 건너 왕십리를 경유, 살고지다리·송파로 행차하는 경우가 일반적이었다. 따라서 이 지역의 도로는 초기에는 지역 주민들이 왕래하는 길, 또는 국왕이 동구릉에 참배하기 위한 능행로로 주로 이용되었다. 간혹 양근·지평·가평 등지로 왕래하는 경우도 있었으나, 분주하지는 않았다.

이 지역의 교통이 분주해진 것은 조선 후기에 이르러서였다. 농본주의를 표방한 조선 사회에서는 모든 산업 시책을 농업 위주로 추진하였다. 따라서 초기의 상공업은 국가의 통제가 심하여 크게 발달하지 못하였다. 그러나 조선 후기에 이르러 그러한 산업 시책은 지켜지지 못하였고, 사람들은 보다 나은 삶을 추구하여 여러모로 노력하니, 경제가 활성화되기 시작하였다. 비교적 자유로운 활동에 의해 수공업·광업이 이루어졌고, 그러한 속에서 상업이 발달하여 전국이 하나의 상권으로 변모되어 갔다. 각지에서 생산된 물화가 최대의 소비 도시인 한양으로 집중되었다. 이를 거래하는 사람들의 발걸음이 바빠졌고, 교통·운송 수단·객주·주막 등이 다양화되고 번잡화되어 갔다. 서울의 문턱인 동대문구 지역도 강원도·충청도 등에서 운반되어 오는 화물, 그것을 갖고 오는 사람들로 붐비기 시작했다.

　그런데 이러한 움직임은 16세기부터 두드러지게 나타나고 있었다. 지금까지 자급자족적 단계에서 조용하게 전개되던 농촌 경제가 먼저 꿈틀거리기 시작했다. 즉, 정부의 지속적인 중농 정책과 지식인들의 농학 연구에 의해 농업에서는 연작(連作)이 가능해졌고, 관개 시설의 개선으로 수전 농업이 확대되었는가 하면 개간 기술의 발달에 의해 저습지 개간이 널리 이루어지면서 생산력이 점진적으로 발전하고, 생산 관계가 변화함에 따라 농민층도 어느 정도의 잉여를 축적할 수 있게 되었다.[33] 농업 생산력의 발전과 더불어 농촌 사회의 사회적 분업도 어느 정도 진전되었으니, 지금까지 부역 체계에 의해 운영되던 수공업·광업·어업·염업 등 여러 산업 분야에서 소비를 겨냥한 생산과 판매를 하는 상품 생산자로서의 모습을 보이기 시작했다.

　자가 소비를 위해 생산하던 농촌의 가내 수공업에서도 그러한 변화가 주목되었다. 마포·면포·모시·종이·돗자리·방석 등이 이제는 상품으로서 보다 주목되었다. 생산자들은 정부에 일정한 세만 부담하면 생산품을 처분할 수 있게 되었는데, 이러한 배경 하에서 농업 이외의 다른 산업 부문에 전업적으로 종사하는 인구가 점차 늘어났다.

　상품의 매개지로서 장시(場市)가 생겨난 것도 이 때였다. 물론 장시가 형성되기 이전에도 농민들은 행상을 통해 또는 농민 상호간에 교역을 하였지만, 장시가 도처에 생기면서 보다 활발히 교역하였다. 16세기의 이러한 움직임은 조선 후기에 이르러는 본격화되고 있었다. 장시를 돌아다니는 행상들은 한양 주변의 상업 근거지를 그들이 진출할 수 있는 최종의 종착지로 여기고 있었다. 왜냐 하면 한양과 그 주변에는 전국 각지의 다양한 물화가 집산되고 있었고, 또 이를 소비하는 인구도 전국에서 가장 많았기 때문이다. 당시 한양 주변에는 칠패·용산·누원·송파·뚝섬 등의 상업 기지가 형성되어 전국 각지에서 모여든 상인들로 인해 붐볐다. 행상들은 도성 안의 이현·종루까지 진출하였는데, 이들이 빈번히 왕래하자 왕래하는 길목이나 상업 기지 주변에는 상인들의 숙식을 위한 장소로서 주막이 곳곳에 생겨났다. 뿐만 아니라 물건을 매개하는 객주나 여각도 생겨났고, 중개자로서 거간의 활동도 돋보였다.

　한산하던 동대문구 관내 도로가 활기를 띠게 된 것은 이러한 배경 하에서였다. 경제가 활성화되고 물화와 인마의 왕래가 분주해지면서 도로의 중심 노선도 바뀌어졌다. 종래에도 현재의 왕산로·망우로의 길로 사람들이 왕래하지 않은 것은 아니었지만, 한양에서 동쪽 방면으로 통하는 주도로는 정철의 『관동별곡』에서 알 수 있듯이 동대문 – 동묘 – 보제원 – 안암동 – 종암동으로 진행하다가 한 갈래는 안락현(安樂峴), 즉 지금의 석관동에서 이문동에 있었던 송계교 또는 봉화산 뒷길로 하여 신내동·망우동을 거쳐 박수고개 즉 망우리 기차터널 위로 넘어 왕산탄·평구역으로 해서 양수리로 빠졌다.[34]

그러나 조선 후기 행상들의 활동이 바빠지고, 강원도 쪽의 물산이 한양으로 집하되면서 그 운송 노선으로서 왕산로·망우로로 이어지는 도로가 상인들에 의해 각광을 받게 되었다. 상인들은 우회하는 종래의 도로보다 보다 직선적인 노선을 선호하였다. 그리하여 강원도 또는 경기도 내륙 지방에서 한양을 향해 왕래하던 상인들 또는 과객들은 숨가쁘게 망우리 고개를 넘어 망우동·상봉동 일대에 생겨난 주막에서 잠시 쉬다가, 길을 재촉하여 중랑포를 건너 회기동 떡전거리에서 잠시 요기를 한 후, 다시 길을 재촉하여 현재 용두2동에 있었던 주막·객주집에서 하룻밤을 유숙하며 동대문이 열리기를 기다리는 것이 통상의 노정이었다. 그리하여 망우동·상봉동·회기동·용두동 등지에는 주막거리 즉 노변 취락이 형성되었다.

본래 교통의 편의를 위해 원(院)이 정부에 의해 세워졌으나, 원은 주로 공무로 여행하는 사람들이 이용하였고, 또 정부의 무관심으로 원의 기능이 쇠퇴하면서 주막을 개인이 사사로이 설립하였기 때문에 소정의 대금만 지불하면 누구에게나 침실은 물론 음식물을 비롯한 여러 가지 편의 시설을 제공하였다. 조선 후기 상공업이 발달하면서 여행자의 수가 급증하였는데, 그 대부분은 민간인이었다. 따라서 주막을 이용하는 사람이 많아지게 되면서 한 지역에도 여러 주막이 생겨나 주막촌이 형성되었다.[35] 주막에 드는 사람들 가운데는 상인들이 많았다. 그리하여 주막거리에는 반드시 객주가 있었고, 거간이 있었다. 또 소·말의 발굽에 징을 박아주는 대장간 등도 생겨났다. 더구나 조선 후기에는 상평통보와 같은 금속 화폐가 널리 보급되면서 여행자는 중량이 나가는 곡물이나 부피가 큰 포목을 휴대할 필요없이 돈으로 여비를 지불하게 되어 여행이 보다

편해졌다. 왕산로·망우로 주변의 주막거리는 이러한 배경 속에서 보다 번성해 갔다.

4. 목마장의 부지

면목동·장안동 일대는 장안평·전관평이라 하여 조선 시대 목마장으로 유명했던 곳이다. 이 일대는 자양동·화양동·성수동·송정동·마장동에 이어지는 넓은 평야로서 지대가 평탄하고 광활하였는가 하면 목초가 풍부하였다. 그리하여 조선 시대에는 평원 주변에 목책 또는 돌담을 두르고 말을 기르는 목장을 설치했다. 이 곳에서 길러진 말은 군마 또는 국왕의 행차에 쓰이는 국마였는데, 따라서 전국에서 우수한 말이 집합하는 곳이기도 하였다.

동대문구 지역이 목마장 부지였음은 지명에서 쉽게 알 수 있는데, 면목이란 지명은 말목장 또는 목문의 소재지를 의미하고 있다. 이 동리 들판을 예전에는 구문계(舊門契)·고문계(古門契)라고 하였다. 이는 옛날 말을 먹이던 울타리 문이 있었음으로 인하여 구문계·고문계라 했고, 다시 변하여 곰계·문계라고도 했다.[36] 그리고 장안평은 흔히 장안벌로 불리웠는데 본래 마장 안벌이란 이름이 변하여 장안벌이 된 것이다. 이 일대가 목마장이 된 것은 조선 초기부터였다. 이 곳의 풍경을 보고 정인지는 다음과 같은 글을 남겼다.

'동교(東郊)는 그 토질이 기름지고 물과 풀이 넉넉하여 마필을 놓아 기르는 데 매우 적합하다. 고개를 들어 쳐다보니 좋은 말이 만여 마리나 되는 듯 싶은데, 마치 구름떼가 몰린 것 같다. 그 들판 가운데 높은 언덕이 있어 그 형상이 가마솥을 엎어 놓은 것과 같다.[37]

그런데 이 곳은 말을 기르는 곳이라기 보다는 군마를 훈련시키는 곳이었다. 용마산과 중랑천 등 천연의 지형지물을 이용하여 군마를 단련시키기에 좋은 곳이 이 일대였다. 용마산의 이름 역시 군마 훈련과 관련있다고 본다. 인근 성동구 행당동 한양대학교가 자리한 산 기슭에는 말의 조상인 천마를 제사하는 터가 있었다. 해마다 봄에 제사를 지냈는데, 말이 잘 자라서 용마가 되도록 기원하던 곳이다. 요컨대 전근대 사회에 있어 동대문구 지역의 산업은 그 입지 조건에 의해 농업의 요람이라 할 정도

로 농경이 주로 이루어졌고 18세기 이후에 일부 지역에 주막촌이 형성
되고 있었다. 동교란 이름 그대로 도성 동쪽의 너른 들판이 오랜동안 이
지역의 경제를 좌우하고 있었던 것이다.

【주】

1) 擇里志, 복거총론 산수

2) 노도양,『서울의 자연환경』,(서울六百年史 제1권, 1977) p.58

3) 서울특별시사편찬위원회,『동명연혁고』(Ⅶ)(서울특별시,1982), p.120

4) 增補文獻備考 권 24, 여지고 20 도리

5) 임효재,「신석기시대의 한강유역」,(『한강사』, 서울특별시, 1985), p.213

6) 김원룡,「선사시대의 서울」, (『서울六百年史』 제1권, 1977), p.73-77

7) 노중국,『백제정치사연구』, (일조각, 1988), p.33

8) 노중국, 앞의 책, p.51

9) 三國史記 권 24, 백제본기 2 책계왕 즉위년

10) 신형식,『백제사』, (이화여대출판부, 1992), p.52

11) 김용섭,「조선초기의 권농 정책」,『동방학지』 43집 , 1983, p.97

12) 經國大典 권 2, 호전 무농

13) 김용섭, 앞의 글, p.101

14) 世宗實錄 권 45, 세종 11년 8월 무인

15) 太祖實錄 권 8, 태조 4년 7월 신유

16) 成宗實錄 권 51, 6년 1월 갑자 · 기사

17) 世宗實錄 권 85, 세종 21년 6월 경자

18) 김용섭, 앞의 글, p.107

19) 서울특별시사편찬위원회,『동명연혁고(Ⅶ)』, (서울특별시, 1982), p.42

20) 世宗實錄 권 78, 세종 19년 9월 을미

21) 이태진,『조선유교사회사론』, 지식산업사, 1989, p.34

22) 박정자,「이조초기의 적전고」, (『숙대사론』5, 1970), p.71

23) 高麗史 권 3, 세가 3 성종 2년 1월 신미

24) 朝鮮經國典 상 적전

25) 經國大典 권 2, 호전 적전

26) 世宗實錄 권 27, 세종 7년 2월 기사

27) 成宗實錄 권 51, 성종 6년 1월 을해

28) 이재곤,「선농단 · 선잠단」, (『서울六百年史(문화사적편)』, 서울특별시,
    1987), p.218

29) 김기빈, 『한국의 지명유래』, 1986, p.115
30) 東國輿地備攷 권 2, 한성부 전야
31) 京都雜誌 권 1, 한성시
32) 千一錄 권 4, 관수만록
33) 남원우, 「15세기 유통경제와 농민」, (『역사와 현실』 5호, 1991), p.71
34) 최완기, 「조선사회의 길」, (『한국도로사』, 한국도로공사, 1981), p.124
35) 최영준, 『영남대로』, (고대민족문화연구소, 1990), p.283.
36) 한글학회, 『한국지명총람(1) 서울편』, 1966, p.31
37) 東國輿地備攷 권 2, 한성부 산천

5. 서대문 밖의 채전

1. 경제 활동의 입지

(1) 구릉(丘陵)의 점철

서대문구라는 행정 구역은 서대문에서 그 이름이 비롯되었다. 조선 시대에 서대문 밖의 지역은 경중오부(京中五部)에는 속하지 않았지만, 성저십리(城底十里)라고 하여 한성부의 반송방(盤松坊)이 설치되어 있었다.[1] 이 구역은 당시 지방 도시로서는 매우 큰 곳이었던 개성·평양과 통하는 교통의 길목이었고, 조선 왕조와 긴밀한 관계에 있던 중국으로 내왕하기 위해 출발하던 지점이었기 때문에 일찍부터 다른 성저십리 지역과 달리 인가가 조밀했고, 사람들의 왕래가 분주하였다. 이러한 이 지역이 서대문구의 이름을 얻은 것은 1943년 6월 구제(區制)가 실시되면서부터였다.

조선 시대 서대문구 지역은 은평구의 불광동·대조동·역촌동에서 모래내를 따라 마포구의 성산동·망원동에 이르는 도성 서부의 광활한 면적을 아우르고 있었다. 따라서 오늘의 의주로(義州路) 연변을 제외하고는 전지역이 거의 개발되지 않고 자연 그대로 방치되어 있었다. 산악과 구릉으로 점철되어 있었고, 불광천·모래내(沙川)·봉원천·만초천 등이 구릉 사이를 흐르고 있어 그 연변에 부분적으로 농경지가 형성되고 있었을 뿐이다. 서울 자체가 크고 작은 산으로 둘러싸인 분지였으며, 그 가운데서도 서대문구 지역은 북한산·도봉산에서 뻗어온 산맥의 능선이 서남쪽으로 갈라지면서 안산을 중심으로 인왕산·백련산 등 세 개의 봉우리가 잔구(殘丘)의 형태로 솟아 있다. 특히 일찍이 이 지역의 중심 지구로 발달한 현저동 골짜기는 인왕산과 안산에 의해 협곡 지대를 이루고 있는데, 인왕산은 화강암으로 구성되어 가파른 절벽이 많다. 그리고 편마암으로 구성되어 비교적 완만한 경사 지대를 이루고 있는 안산과 백련

― 서대문 밖의 형세 ―
주막촌
삼송리
오부자골
싸리골
큰골
능모퉁이
탑골
구파발
폭포등
문수봉
715
서오릉
박석고개
비석거리
새터
응봉
235
향로봉
536
비봉
560
용머리
떡전거리
불광리
벌고개
연서열
봉산
210
양철리
평창리
거북리
세검정
화전리
샘골
대추골
녹번리
유곽골
녹번고개
한북문
수생리
홍제원
주막촌
호박굴
대덕산
127
백련산
216
논골
인왕산
338
덕은리
증산리
음월리
무악재
망봉산
91
가좌리
밤고개
청치마골
권
안산
295
봉원사
행촌리
무이동
밤나무
주막촌
뽕나무
잠실
연희리
천연리
난지도
성산리
성산
71
마근동
모화관
세교리
떡전거리
큰고개
애고개
와우산
101
주막촌
노고산
106
공덕리
만리재
망원정
잠두봉
양화진
서강
마포

산 기슭도 능선이 곳곳에서 돌출하여 취락의 입지로서는 그리 적합하지
않았다.

물론 조선 시대 이 지역의 취락은 농경 취락(農耕聚落)이었다. 제한적
이나마 농경 취락이 가능했던 곳은 능선과 능선으로 감싸인 분지 또는
하천 연변이었다. 이 지역의 외곽으로 흐르고 있는 불광천은 북한산 비
봉에서 발원하여 은평구의 대조동 · 역촌동 · 신사동을 끼고 남쪽으로 흐
르다가 서대문구 북가좌동과 은평구 수색동의 경계를 이룬다. 모래내는
홍제천이라고도 하는데, 종로구 평창동 · 신영동 · 홍지동을 지나 구부러
져 백련산 동쪽을 감싸 돌면서 연희동과 홍은동 · 남가좌동 사이를 통과
해서 마포구 성산동에서 한강에 합류한다. 그리고 봉원천은 안산에서 발
원한 물길이 남서쪽으로 흘러 신촌동 · 창천동 · 동교동 일대에 분지를
형성하였다. 개천 연변이나 분지에는 하천이 범람하여 충적토 또는 퇴적

○ 경기감영도의 부분 영은문(迎恩門) 근처

토의 토양이 자질 구조를 이루고 있어 비교적 토양의 비옥도가 높다.

그러나 대부분 구릉으로 이루어져 배수는 매우 양호한 편이어서 주택지구로 개발될 가능성이 충분한 곳이었다. 다만 기온 분포에 있어서는 북서풍에서 사면 하강 기류에 의한 냉기가 유입되어, 이 지역은 다른 지역에 비해 비교적 온도가 낮은 저온 지대를 형성하고 있다.[2] 이 때문에 전근대 사회에서는 이 지역이 취락의 적합 지대로서 선호되지 않았다. 그러한 때문이었는지 한강 유역에 선사 시대부터 문화의 보금자리가 곳곳에 형성되었건만, 이 지역에서는 선사 시대의 유물·유적이 발굴 보고된 예가 아직은 없다.

(2) 교통의 길목

서대문구 지역은 고대 국가가 각지에 건설되면서 사람들의 발길이 잦았다. 특히 고구려·백제·신라의 3국이 서로 자웅을 겨루면서 전투가 빈번하게 일어났는데, 한강 유역은 전략적 요충지였을 뿐 아니라 이 시기에는 생산의 장으로서 그리고 문화의 요람으로서 주목되고 있었다. 그리하여 처음에는 백제의 활동 무대로서 한강 유역이 개발되었고, 백제가 북쪽으로 진출하기 위해서는 서대문구 지역을 경유해야 했다. 그 후 4세기 말 고구려의 국력이 팽창하면서 광개토왕은 백제를 제압하고 서대문구 지역을 장악했다. 고구려는 이 지역의 지배를 확실히 하기 위하여 한산주(漢山州)를 설치하고 남진 정책의 발진기지로 삼았다. 이어서 6세기 중엽에는 신라가 진흥왕의 주도 하에 한강 유역에 진출, 고구려를 물리치고 이 지역을 차지하여 북한산주(北漢山州)를 설치했다.

이러한 과정에서 이 지역은 남에서 북으로, 또는 북에서 남으로 오가는 군인·학자·승려·관리·상인 등 많은 사람들의 발길로 붐볐다. 당시 남과 북을 연결해 주는 길은 거의 이 지역을 통과하는 길 뿐이었다. 대륙의 문물이 한반도에 전해진다고 할 때, 그것은 주로 서북쪽에서 압록강을 건너 청천강·대동강 하류를 지나 한강 유역에 이르는 것이 일반적 경로였다. 한반도 동북쪽은 산악 지대였을 뿐 아니라 문화적·경제적으로 낙후된 지역이었다. 따라서 사람의 거주도 많지 않았고, 그들의 왕래도 많지 않았다. 압록강 유역에서 한강 유역으로 왕래함에 있어서도 의정부·동두천 방면으로 해서 서울의 동쪽 지역으로 진출할 수 있지만,

거리가 멀 뿐 아니라 지형 조건으로 보아도 통행에 불편하였다. 따라서 평양·개성에서 서울로 오자면 장단·파주를 거쳐 일산 방면 또는 벽제 방면으로 나뉘어 서대문구 지역으로 진출하였다. 그리하여 서대문구 지역은 일찍부터 교통의 길목으로 중요시되었다.

고려 시대에도 수도는 개경(開京)이었지만, 오늘의 서울을 남경, 그리고 신라의 서울이었던 경주를 동경으로 하여 도회지로 육성하면서 개경에서 남경·동경으로 이어지는 도로가 발달하였다. 행정 체계가 정비되면서 역로가 이 길을 중심으로 건설되었다.[3] 즉, 개경으로부터 장단·파주·교하·고양·서울 사이를 잇는 청교도(靑郊道)라는 역로망이 분포되어 있었는데, 그 길은 벽지·영서·평리·상림·단조·청파에 이르고 있어 오늘의 의주로의 원형을 이루고 있다. 그리고 청교도에서 가평·춘천으로 이어지는 춘주도(春州道), 양평·원주로 빠지는 평구도(平丘道), 광주·이천·충주로 이어지는 광주도(廣州道), 수원·천안·공주로 나가는 충청주도(忠淸州道) 등이 갈라져 개경에서 남쪽 방면으로 가고자 하는 사람은 거의 청교도를 경유해야 했고, 그렇게 하는 경우 서대문구 지역을 지나지 않을 수 없었다.

교통의 길목으로서 서대문구 지역의 중요성은 조선 시대에 이르러 확연히 드러났다. 정치·군사적 의미에서 의주로를 지나는 도로의 위상이 크게 부각되었다. 조선 왕조는 중앙 집권 체제를 강력히 추구하여 전국에 대한 지배력을 서울을 중심으로 획일적으로 구사하고자 하였다. 그러한 집권 체제의 수립을 위한 하나의 방편으로 도로 정책이 특별히 요구되었다. 그것은 역참(驛站)의 구축으로 집약되었고, 전국의 도로망은 역참에 의해 형성되었다. 조선 시대, 특히 그 전기에 있어서의 역참은 사회·경제적 의미보다는 정치·군사적 측면에서 운영되었다.[4] 즉, 역로(驛路)는 국가의 신경 조직에 비유되는 바, 국왕을 정점으로 하는 통치 집단이 지방에 명령을 하달하고, 지방관이 중앙에 조세와 공물을 상납하며 또 변방에서의 불상사를 보고하는 정치·군사적 의미에서 존재하였던 것이다.

조선 시대 한양에서 외방으로 통하는 도로는 간선도로만 하여도 여럿 있었다. 『증보문헌비고』에서는 9개 노선을, 『도로고』에서는 6개 노선을, 『대동지지』에서는 10개 노선을 주요 간선도로로 꼽고 있다.[5] 그 어느 책에서든지 제1로 꼽히는 도로가 한양에서 의주에 이르는 의주로(義州路)였다. 의주로 중에서도 한양에서 개성에 이르는 구간은 도로의 폭이 매우 넓고 노면이 잘 닦여진 중추적 간선도로였다. 의주로는 일반적 도로와 같이 정치·군사적으로 중요하였을 뿐 아니라 외교적으로도, 나아가 경제·문화적으로도 그 의미가 매우 컸는데[6] 이 도로는 사행로(使行路)로 개발되었던 것이다.

조선 왕조로서는 왕조의 기반을 굳히기 위해서도 대륙을 장악한 중국과의 안정적 관계가 절실했다. 물론 중국과의 교류는 조선으로 하여금 경제·문화적 욕구를 충족시키는 창으로서도 중요하였다. 그리하여 조선 왕조에서는 처음부터 구실만 있으면 중국에 사신을 보냈고, 중국에서 사절이 오면 융숭하게 접대하였다. 고려 때도 중국과의 관계가 긴밀했지만, 당시 송(宋)나라의 중심지가 강남에 있었기 때문에 해로를 이용하였다. 고려 후기에 원이 중국을 지배하면서 개경에서 평양을 거쳐 의주에서 압록강을 건너는 길이 활성화되었다. 조선 왕조가 사귄 중국의 명(明)과 청(淸)은 줄곧 북경을 근거지로 하였기 때문에 처음부터 육로가 이용되었고, 그리하여 한양에서 의주까지 가는 도로는 우리 나라 외방도로 중에서 가장 발달하였다.

우리 나라에서는 1년에 정기적 사행만 해도 4회, 그 밖에 수시로 임시 사행이 파견되었으며, 중국에서도 그에 대응하여 사절을 보내왔다. 사행의 구성을 보면 정사·부사·서장관을 비롯하여 이에 딸린 인원이 300명 정도였으며, 이들이 타고가는 역마와 중국에 보내는 예물을 실은 짐바리 말, 여행 중에 필요한 식량 및 물품 등을 싣고 가는 말을 합하여 대략 200여 필이 동원되었다.[7] 즉, 거의 달마다 한 번씩 이 같은 대규모의 사행이 통과했다고 할 때, 의주로의 번성함은 쉽게 예견되며, 실제로도 가장 정비된 도로였었다. 도로의 중요성이 제고되면서 도로의 관리를 위해, 또는 교통의 편의를 위해 의주로 일대에도 역로망이 구축되고 역(驛)과 원(院)의 시설이 정비되었다. 즉 한양에서 개성에 이르는 의주로 연변에는 연서역, 벽제역, 마산역, 동파역, 청교역 등의 역과 홍제원, 덕수원, 광탄원 등의 원이 설치되어 있었으니,[8] 역에서는 교통 수단을 제공하였고, 원에서는 여행자에게 숙식의 편의를 제공하였다.

서대문구 지역에는 의주로 외에도 중요한 간선도로가 하나 더 있었으니, 한양에서 강화로 오가는 길이 그것이었다. 이 도로는 『증보문헌비고』에서는 제9로라 하였고, 『도로고』, 『대동지지』에서는 제6로로 꼽혔다. 강화는 섬으로서 북방 민족의 침략이 있을 때 병란을 피하기가 좋은 전략적 요충지였다. 고려 시대에도 몽고와 싸우면서 이 곳에 천도한 바 있고, 조선 시대에도 청군의 침략을 피하기 위해 위정자들이 이 곳에 피신한 적이 있다. 그리하여 피난로(避亂路)로서 개발되고, 만일에 대비하여 항시 그 관리에 유의하였다. 그 노선은 『홍길동전(洪吉童傳)』에도 밝혀져 있지만, 남대문을 나서 약고개, 즉 약현을 넘고, 다시 아현을 넘어 노고산 북쪽으로 해서 창천(倉川)을 건너 와우산 북쪽을 돌아 양화진 나루터에 이르고, 여기에서 배를 타고 한강을 건너 양천에서 가양동, 김포, 통진을 경유하여 강화에 이른다. 따라서 노선 주변에는 주막이 생겼고, 촌락이 형성되기도 했지만, 의주로 일대와 같이 번성하지는 않았다. 거의 삼림과 전답으로 주변이 어우러져 있었다.

　그런데 이 길은 특이하게도 조선 시대 대표적 관광 도로로 개발되고

⬆ 양화진

⬆ 선유봉

있었다. 한강변 중에서도 양화진 일대는 당시 마포·서강에서 흘러오는 물이 맑고 잔잔하여 뱃놀이에도 좋았고, 강변에 우뚝 솟은 잠두봉, 즉 절두산에 오르면 강물이 절벽 아래를 스치고 지나며, 북한산에서 안산, 노고산, 와우산으로 이어지는 능선과 망원동·성산동에 펼쳐있는 평원이 어우러져 평화로운 정경을 연출하고 있을 뿐 아니라 강건너 맞은 편에는 선유봉이 자리하고 있어 강과 산, 그리고 평야가 잘 조화를 이룬 명승지였다.[9] 그리하여 누각과 정자가 곳곳에 세워졌고, 양반들의 발걸음이 수시로 이 곳으로 향하였으며, 중국에서 사절이 오면 의례히 안내되는 곳이 이 일대였다. 여러 정자 중에서도 효령 대군의 망원정, 양령 대군의 영복정, 안평 대군의 담담정, 박필성의 창랑정, 박세채의 소동루, 흥선 대원군의 복파정 등이 특히 이름났었다.[10] 특히 망원정에는 세종·중종 등의 국왕도 자주 거동하였는데,[11] 따라서 이 곳으로 향하는 도로는 일찍부터 관광 도로로 개발되고 있었던 것이다. 그리하여 노면은 비교적 잘 닦여 있었으리라 여겨진다.

(3) 지역의 차별적 개발

서대문구 지역이 지형적으로 구릉으로 점철되었다고 하여도, 전술한 바와 같이 교통의 중요한 길목으로서 의주로 향하는 길과 강화에 이르는 길이 이들 지역을 관통하고 있었기 때문에 일부 지역은 조선 시대에 이미 택지화되고 인구가 밀집되고 있었다. 특히 조선 후기에 서울에로의 인구 집중이 심화되면서, 도성 안으로 진입할 수 없었던 유민들은 서대문 밖에 근거지를 마련하고 정착하여 갔다. 그리하여 점차 이 지역의 취락 공간도 확대되어 갔다.

조선 초기 이 지역에 한성부의 성저십리로 설치되었던 반송방(盤松坊)의 범위는 그리 넓지 않았던 것 같다. 정확한 구역을 확인할 수는 없지만, 무악재와 아현을 경계로 그 이내 지역이 관할 구역이었다고 본다. 그 밖의 지역에는 지방의 경우와 같이 면(面)을 두었는데,[12] 연희면·연은면이 이 지역에 설치되었다고 추정된다. 조선 시대 이들 면(面) 지역은 한성부 구역에 속하면서도 사산 금표제(四山禁標制)를 실시하여 처음부터 개발이 제한되고 있었다. 즉, 조선 왕조는 한양을 둘러싼 거의 모든 산에 출입을 금지하는 금표(禁標)를 세워 이들 구역에서의 건축, 경작, 벌목을 금했을 뿐 아니라 나무뿌리나 흙과 돌의 채취도 엄금하였다.[13] 이를테면 자연 보호를 위해 그린벨트를 설정한 것이다. 그리하여 이 지역에는 숲이 무성했고, 사람들이 거의 거주하지 않았다.

그러나 이와 같은 현상은 조선 후기에 이르러 크게 달라졌다. 사산 금표제의 원칙이 잘 지켜지지 않았다. 17세기 후반이래 흉년이 계속되고 농촌 사회가 분해되면서 전국의 유민들이 서울로 몰려드는 것이 연례 행사처럼 되었다.[14] 정부의 귀향 조처에도 불구하고 유민들의 서울 집중 현상은 19세기에도 계속되었고, 이들은 고향에 돌아가지 않고 대부분 서울에서 정착하고자 하였다. 그러나 조선 초기에 벌써 도성 앞에는 인구가 조밀하여 택지의 여유가 없었다. 그리하여 반송방, 반석방 등지에 택지를 마련해 주고 있었다.[15] 조선 후기에는 이들 반송방과 같은 성저십리의 주거지도 한계에 이르고 있었다. 그리하여 유민들은 금표 지역 안의 면(面) 지역까지도 침입하여 벌목하고 집을 지었다. 그리하여 1746년(영조 22)에는 만리재, 서빙고를 비롯한 성저(城底)의 여러 산들이 개간되고 있었는데,[16] 18세기 후반에는 산허리 이상의 개간이 보편화되고 있었다.

그렇다면 이 지역에 거주하고 있던 인구수는 어느 정도였을까? 한성부에서는 수시로 인구 동태를 파악하였다. 그러나 유동 인구도 적지 않았고, 호적에서 고의로 누락한 사람도 많았다. 따라서 『실록』, 『증보문헌비고』, 『호구총수』 등 관청의 공식 기록에는 18세기의 한성부 인구를 20만 명 이내로 파악하고 있지만, 실제는 30만 명 정도 살았을 것으로 추정된다.[17] 그리고 부방(部坊)별로 조사된 인구수에 의하면 서대문구 지역에 해당하는 반송방에는 호수가 2,791호, 인구수 12,971명, 반석방에는 호수가 2,965호, 인구수가 13,882명이 있었다.[18] 그런데 반석방 지역은 그 일부가 중구 지역에 속했고, 또 실제 인구수는 보다 많았으리라고 보여 가감이 조화를 보인다면 1만 5천 명 정도로 추정된다. 이 같은 인구수는 당시 도성의 중심인 서린방이 1,216명, 수진방이 2,271명, 광통방이 2,176명이었음에 비하면 그 비율은 매우 높은 것이다.

인구가 증대하면서 지역의 공간도 확대되어 갔다. 그리하여 1727년(영조 3)에는 백련산의 능선이 연희동을 감싸는 선으로 정해졌던 종래의 성저십리 구역을 주민들의 요청으로 모래내에까지 확장시켰다.[19] 그

〈표〉 조선후기 서대문구 지역의 행정편제

방 명	해당 구역 (현재의 행정동명)
반송방	충정로동, 천연동, 냉천동, 현저동, 옥천동, 무악동, 행촌동, 홍파동, 송월동, 평동, 교남동, 교북동
연희방	북아현동, 대현동, 대신동, 봉원동, 신촌동, 창천동, 연희동, 북가좌동, 남가좌동, 성산동, 중동, 수색동, 노고산동, 망원동, 증산동, 합정동, 동교동, 서교동, 상암동
연은방	홍제동, 홍은동, 녹번동, 응암동, 신사동, 구산동, 역촌동, 대조동, 갈현동, 불광동, 진관동, 구파발동

리고 이 지역을 정식으로 한성부로 하여금 관할케 하기 위하여 연희방, 연은방, 상평방을 설치했다.[20] 이 지역의 가호와 인구는 그 이전부터 한성부가 면(面)으로서 관장하고 있었지만, 이제 행정 편제인 방(坊)을 신설하여 이 지역에 대한 행정 관리를 강화한 것이다. 행정 편제가 정비된 당시 서대문구 지역의 범주는 오늘의 서대문구 전역과 은평구 전역이 포함되어 있는데, 이를 방별(坊別)로 구분해서 촌락의 편제를 살펴보면 위의 〈표〉와 같다.

현재 이들 지역 중에서 반송방의 일부는 종로구로, 연희방의 일부는 은평구·마포구 구역으로, 그리고 연은방은 전 지역이 은평구 구역으로 편입되어, 서대문구 구역은 크게 감축되었다. 그러나 조선 시대에는 현재의 구역이 경제 활동의 중심 지역이었고, 또 활성화 지역이기도 했다.

2. 근교 농업의 온상

(1) 농경의 역사

서대문구 지역에서의 농경은 서울이 도시화되기 이전에는 분명히 그 활동이 있었으리라고 추정된다. 그것은 이 지역이 구릉지대라고 하지만, 경사가 완만하였고, 그리고 그 사이로 개천이 흐르고 있었으며, 특히 봉원천·모래내 하류에는 퇴적층이 발달하여 토양이 비옥했기 때문에 그러한 추정이 타당하다고 여겨진다. 실제로 조선 시대에는 이 지역이 농경지로 주목되고, 일부 근면한 사람들은 도시 근교라는 특성을 이용하여 근교 농업을 발전시키고 있었다.

그러나 이 지역에서의 농경 기록이 거의 없어 그 구체적 실상을 파악할 수 없다. 물론 이 지역에서 멀지 않은 연천군 전곡리에서 구석기인의 삶의 흔적이 발견되었고, 최근 일산 신도시를 개발하는 과정에서 신석기인의 대규모 유적이 발굴되고 있는 점에서 볼 때 이 지역도 일찍부터 선사인의 삶의 터전이었을 가능성이 크고, 삼국 시대에는 때때로 삼국의 각축장이 된 곳이지만, 정국이 평온하였을 때는 개발이 촉진된 곳이기도 하다. 특히 백제는 곡창 지대인 한강 유역의 확보가 국가 존망의 관건을 이루었기 때문에 한강 유역의 수호에 전력을 다하였고, 이 지역의 개발에 거국적으로 힘을 기울였다. 한강 유역의 여러 곳에서 발견된 낫, 가래, 따비, 쇠스랑, 쟁기 등은 당시의 농업 상태를 짐작케 한다. 한강 유역에서 농업이 활성화되었다고 할 때 한강 북안의 서대문구 지역 역시 충분히 농경지로 개발되었으리라고 본다.

봉원천, 모래내, 불광천 등의 유역이 농경지로서 본격적으로 개발되는 것은 고려 시대였다. 고려 왕조는 중농 정책을 국가의 기본적 경제 정책으로 삼아 농업 국가로의 지향을 분명히 했다. 그리하여 국왕이 적전(籍田)을 갈아 농사의 모범을 보였고, 농번기에는 가급적 농민을 잡역에 동원하지 못하게 하였으며, 곡물의 증산을 위해 진황지(陳荒地)의 개간을 장려하였다.[21]

서대문구 지역도 그러한 중농 정책에 힘입어 널리 개간되어 갔고, 생산력이 높은 지대로 주목되어 갔다. 더구나 이 지역은 마포구와 이웃해 한강 연안에 위치하고 있었기 때문에 한강의 수로를 이용하면 개경으로의 수확물의 운송도 매우 용이한 편이었다. 그것은 인근 지역 곳곳에 세곡 운송의 포구가 설치되어 있음에서 쉽게 입증된다.[22]

○ 벼 타작

이들 포구에서는 정부의 세곡뿐 아니라 이 지역에 다수 있었으리라고 보는 귀족들의 농장에서 거둔 소작료도 운송되었다. 이 지역을 근거로 한 대표적 세도 가문은 행주 기씨(幸州奇氏)로서, 막대한 농장을 보유하고 있었다.

그러한 농장에서는 벼농사가 주로 행해졌다고 보지만, 그 외에 보리, 콩, 조, 밀 등 밭농사도 행해졌다. 구릉이 많았던 서대문구 지역에서는 밭농사가 보다 유리하였다. 『고려도경(高麗圖經)』에 의하면 고려에서는 산간 오지에도 계단을 이루며 전답이 개간되고 있다고 하였고, 특용 작물의 재배도 성행하여 옷감과 종이는 그 품질이 우수하다고 하였다.[23] 특용 작물로는 뽕나무, 닥나무, 옻나무, 대마, 저마 등이 재배되었는데, 조선 시대에는 이 곳에 뽕나무 재배 단지가 국가적으로 조성되고 있었다. 이 곳의 토양이 뽕나무와 같은 특용 작물의 재배에 매우 적합했기 때문이다.

고려에 이어서 조선이 성립하였다. 조선은 한양을 새 도읍지로 정하고 천도했다. 한양이 도읍지가 되면서 주변 지역에서의 농경도 새로운 전기를 맞았다. 조선 왕조는 고려 왕조보다도 더 중농 정책을 강화하여 농업을 여러 모로 장려하고 육성하였으나, 상업이나 공업, 광업 등은 가급적 억제하고 통제하였다. 그리하여 국초부터 농토가 적극적으로 개간되었고 수리 시설이 확충되었으며, 시비법(施肥法)이 개선되었다. 특히 연희동 일대의 개간이 촉진되어 국왕이 이 곳에서 모내는 것을 둘러보기도 하였다.[24]

물론 성저십리에서의 농경지 개간은 제한되고 있었다. 한성부에서는 성저십리에 사산금표(四山禁標)를 세우고, 그 안에서는 입산 금지는 물론 일체의 농경을 금지시켰다.[25] 그러나 그것은 법적인 규제였을뿐 현실에 있어서는 그렇지 않았다. 농촌에서 서울로 무작정 상경한 유민들 가운데 도성 안으로 진입하지 못하고 뚜렷한 생업도 갖고 있지 못한 사람들은 주로 성저십리에 거처하였다. 그들은 우선 생계를 위해서도 그들이 본래 하고 있었으며 또 할 수 있는 일인 농경에 다시 손을 대기에 이르렀고, 그러한 속에서 성저십리 일대는 무단으로 개간되어 갔다. 이러한 현상이 심화되자 조선 후기에는 그들의 토지 개간을 인정해 주지 않을 수 없었다.[26] 실제로 이 시기에 이르면 성저십리 일대는 구릉지대의 언덕배기까지 거의 개간되어 농경이 이루어지고 있었다. 서대문구 지역도 이 때에 거의 개간되어 농경지가 도처에 형성되었고, 생산력도 비약적으로 증대되고 있었다.

이 지역에서 농경지가 발달한 곳은 퇴적토가 많은 연희동, 홍은동 일대로서, 논골이라는 옛 지명이 전하고 있다. 연희 2동의 청치맛골에는 옛날에 권세가의 양녀가 살았는데, 항상 푸른 치마를 입고서 횡포를 부려 근처에 있는 농토를 빼앗고 농민들의 살림살이를 좌우했다고 한다.[27] 그리고 신촌동 연세대학교 자리는 큰 뜰이라고 불리웠었는데, 전답이 넓게 펼쳐져 있었다. 그 밖의 지역에서는 논농사보다는 밭농사가 보다 많이 행해졌다. 밭농사에서는 콩이 많이 경작되었던 것 같다. 이는 메주가맛골이라는 지명에서 알 수 있는데, 메주를 쑤기 위해서는 콩이 필요했다.

조선 후기에는 배추, 미나리 등 상품 작물이 집중적으로 재배되었다. 『농사직설』에 의하면 조선 초기에 이미 비료가 다양하였고, 곡물의 품종도 새로운 것이 많이 개량되었다. 농기구도 쇠스랑, 끌개, 밀개, 번지, 호미 등이 널리 사용되었다. 작물의 품종에는 오곡 외에 모밀, 귀리, 완두 등 수십 가지가 있었다. 특이한 것은 목화의 재배였다. 고려 말 전래된 목화, 즉 면화는 조선 초기에 의복의 재료로 널리 인식되면서 재배 기술이 연구되고 직조 기술이 개발되자, 전국적으로 재배되었는데, 이 지역의 토양과 지형으로 보아서 면화의 재배도 이 지역에서 성행했으리라고 여겨진다.

대부분의 지역이 농경 지대로 바뀌면서 조선 후기에 이 지역에는 농경과 관계가 깊은 민요나 민속 놀이가 유행했다. 민요에는 열소리, 모내기 소리, 김매기 소리 등이 전하고 있다. 열소리는 모판에서 모를 찌면서 부르는 소리로, 농군들이 하나 둘 셋하고 열까지 소리를 일제히 부르고 또 끝나면 다시 반복한다.[28]

하나로구나 하나아　　둘이로구나 세엣
세엣에에에　　넷이로구나아아 다섯
다섯어어　　여섯이로다아아아 일곱
일곱이로다아아　　여덟이가서 어어어 아홉
아홉이로다아아아　　열이로구나 다시

　민속 놀이에는 호미걸이가 주목된다. 호미걸이는 김매기를 마치고 하루를 잡아 음식을 장만해 놓고 농부들이 음식을 먹으며 농악으로 즐기는 놀이였다. 놀이판의 모습은 먼저 가래를 들고 가래질하는 시늉을 하며, 논두렁을 고치고 나면 덕석을 뒤집어 쓴 농부들이 쟁기 맨 소의 시늉을 하며 논을 간다. 다음에는 써레질하는 시늉을 한다. 써레질이 끝나면 일꾼들이 들어서서 씨뿌리는 시늉을 하고 나서 소리를 하며 모찌기, 김매기 시늉을 한다.[29] 민요와 민속 놀이에서 보듯이 이 지역에서는 농경 활동이 비교적 활발하게 이루어지고 있었다. 산업이 다양해진 20세기에 이르러서도 이 지역에서는 농업의 비중이 매우 높았다. 즉 1931년의 자료에 의하면 연희면, 즉 조선 시대 연희방에는 전체 인구 13,918명 가운데 39.2%에 해당하는 5,457명이 농업에 종사하고 있었고, 은평면, 즉 조선 시대 연은방에는 전체 인구 6,407명 가운데 63.9%인 4,095명이 농업에 종사하고 있었다.[30] 이로써 볼 때 조선 시대에는 거의 농업 인구로 구성되어 있었고, 따라서 전지역의 농지화가 이루어지고 있었다.

(2) 서잠실(西蠶室)의 설치

　서대문구 연희동은 양잠의 고장이기도 했다. 조선 왕조는 양잠을 장려하고 궁궐에서 소용되는 옷감을 짜기 위해 국가적으로 성동구 자양동에 동잠실(東蠶室)을, 그리고 연희동에 서잠실(西蠶室)을 설치했다. 잠실에서는 뽕나무를 기르고, 그 잎으로 누에를 키워 누에고치를 생산하는 것이 그 업무였다. 누에고치에서 비단실을 뽑아 비단을 짰다.

　양잠, 즉 누에를 길러 고치를 생산하는 일은 고조선 시대부터였는데, 삼국 시대에는 매우 성행하여 중국에까지 우리 나라 비단의 우수함이 알려졌다. 이는 기후가 대륙성이고 봄과 가을에 비교적 건조한 날씨가 계속되어 누에치기에 적합하였고, 또 양잠에 절대로 필요한 뽕나무가 전국에서 자생하고 있었기 때문이다. 신라의 박혁거세(朴赫居世)는 왕비와 함께 관할 구역을 순찰하면서 농업과 더불어 양잠을 권장한 바 있다.[31] 통일 신라 때는 양잠과 직조 기술이 더욱 발달하였는데, 촌락 문서(村落文書)에는 뽕나무의 관리가 철저히 이루어지고 있음이 기록되어 있고, 또 신라의 비단이 중국에까지 수출되고 있었다. 양잠에 의해 만들어지는 비단은 고급 옷감으로서 귀족들이 선호하였기 때문에 그 후에도 정책적으로 양잠이 장려되었다.

『고려사(高麗史)』에 의하면 양잠을 널리 보급하기 위해 정부는 각 고을에 명을 내려, 밭머리에 의무적으로 뽕나무를 심게 했다.[32] 그러나 이때까지의 양잠은 그리 뛰어난 수준은 아니었다.[33] 누에의 품종이 개량되지 못하여 봄에만 양잠이 가능했고, 고치의 생산성도 높지 못하였다. 누에는 비단실을 얻고자 뽕을 먹여 길러 고치를 만드는 곤충이다. 알에서 갓 나온 누에는 개미와 같이 새까맣기 때문에 개미 누에라고 하는데, 뽕잎을 먹으며 네 번 잠을 잔다. 그 후 뽕먹기를 중단하고 고치를 짓는데, 2~3일에 걸쳐서 자루 모양의 집을 완성한다. 이 누에의 집이 고치이다. 누에고치가 생사(生絲), 즉 비단실의 원료로서 1개의 고치에서 1,200~1,500m 내외의 실을 뽑는데, 이를 장기간 보존하기 위해 건조시켜 비단실을 만든다. 좋은 누에고치를 생산하려면 누에를 잘 키워야 하고, 누에를 잘 키우려면 방에 가마니를 깔고 선반을 설치하여 잠실(蠶室)을 만들어야 한다.

조선 왕조는 양잠을 권장하기 위해 중국의 예에 따라 대궐 안에 잠실을 설치했다. 이를 친잠실(親蠶室)이라 한다. 대궐 안에 잠실을 설치한 것은 왕비와 궁녀들이 직접 뽕나무잎을 따서 누에를 치게 함으로써 백성들에게 본보기를 보여주기 위함이었다.[34] 이와 아울러 뽕나무가 잘 자라는 전국 각지에 잠실을 설치하여 백성들로 하여금 양잠하는 것을 보고 배워 양잠에 힘쓰도록 하기 위함이었다.[35] 즉, 경기도 가평, 충청도 청풍, 경상도 의성, 황해도 수안, 전라도 태인 등 다섯 곳에 잠실을 설치하고 양잠에 대해 식견과 재능이 있던 중앙의 관리들을 파견하여 기술을 지도하였으니, 이를테면 이들 정부가 설치한 잠실은 국영 양잠 기술 양성소라 하겠다.

조선 왕조의 위정자들은 농업과 양잠을 매우 중히 여겼는데, 특히 세조(世祖)가 양잠에 관심이 컸다. 그는 양잠 조건(養蠶條件)이란 규정(規程)까지 규정(規定)하여 각 지방관에게 뽕나무 심기와 누에치기를 강력히 권장, 그 실적을 가지고 수령의 포폄에서 기준을 삼기도 했다. 각 민가에는 가호의 크기에 따라서 대호(大戶)는 300주, 중호(中戶)는 200주, 소호(小戶)는 100주씩의 뽕나무를 심도록 하였다.[36] 이에 따라서 잠실이 전국 각 고을에 모두 설치되기에 이르렀다.

　연희동에 잠실이 설치된 것은 이보다 조금 앞선 때였다. 즉 세종 초 대궐 안에 잠실을 설치하고 뽕나무를 키운 바 있었는데, 그리하여 경복궁, 창덕궁 안에는 뽕나무가 무성하였고, 거기에서 딴 뽕나무잎은 궁궐의 잠실에서 소비하기에는 과다하였다. 당시 경복궁에는 3,590주, 창덕궁에는 1,000여 주의 뽕나무가 자라고 있었다.[37] 그리하여 잉여 뽕잎을 위해서 도성 주변 한적한 곳을 택해 잠실을 설치하였으니, 동잠실과 서잠실이 그것이었다. 그 후 아차산 아래 즉 오늘의 송파구 잠실동에도 잠실을 설치하였고, 서초구 잠원동에도 잠실을 설치하였다.

　이들 잠실은 국가가 직접 운영하여 민간에 양잠 기술을 보급하는 것이 근본 의도였는데, 각 관아에서 누에고치의 공납에 치중하여 관아에서 심은 뽕나무뿐 아니라 민간에서 심은 뽕나무의 뽕잎까지도 채취하면서 민원을 야기하기도 했다.[38] 그리고 민간에서도 양잠 기술을 습득, 농한기에 부업으로 양잠을 하는 경우가 많아졌으며, 더구나 누에고치의 값이 비싸지면서 서울에서는 거의 모든 여염집에서도 누에를 치기에 이르렀다.[39]

　16세기에 이르러 양잠이 널리 보급된 데에는 국가의 정책적 권장과 배려도 원인이 되었지만, 이 시기에는 사회적으로 사치 풍조가 성행하여 견직물의 수요가 크게 늘었기 때문이다. 그리고 직조 공업도 이 시기에는 어느 수준에 이르러 비단의 생산력이 증대되었고, 그리하여 누에고치의 수요는 공급을 초과하기에 이르렀다. 그리하여 민간에서도 양잠은 농가의 경제를 윤택하게 하는 소득 사업으로 널리 인식되어 갔다. 이러한 분위기 속에서 연희동 일대는 양잠의 고장으로 자리잡혀 갔다.[40] 연희동 일대에 뽕나무가 무성하게 된 것은 성종(成宗)이 상목배양절목(桑木培養節目)을 반포하여 뽕나무 심기에 힘을 기울인 이후였다. 특히 동잠실이 있던 자양동의 낙천정 부근과 서잠실이 있던 연희궁 주변에는 뽕나무를 많이 심도록 하였으니, 그리하여 연희궁 뒷편 대궐재 너머에 있는 경톳벌에는 뽕나무가 무성했다고 한다.[41]

　서대문구 지역에는 뽕나무 외에도 온갖 나무들로 무성했다. 연희동에서 남가좌동으로 넘어가는 고개를 밤고개라 했는데, 부근에 밤나무가 많았기 때문에 그 이름이 비롯되었다.[42] 대조동은 대추나무가 많으므로 대추말이라 하여 한자로 대조동(大棗洞)이라 했다. 조선 시대에는 사산금표에 의해 도성 주변의 산악에의 출입을 금지하고 수목의 벌채를 엄히 규제하였기 때문에 나무가 무성했다. 그리하여 현저동에서 통일로를 따라 홍제동으로 넘어가는 무악재 주변은 밤나무, 참나무, 소나무 등과 커다란 바위들이 얽혀 험준한 곳으로 알려졌고, 실제로도 호랑이가 자주 출몰하여 통행이 쉽지 않았다. 홍은동 사거리에서 녹번동으로 넘어가는 녹번 고개 주변에도 숲이 우거져 소름이 끼칠만큼 무서운 곳으로 알려졌던 곳이다. 그 밖에도 인왕산, 안산, 백련산 기슭은 지금은 거의 황폐화되어 있지만, 조선 시대에는 숲으로 무성했는데, 밤나무가 주로 있었다고 하지만, 인공적으로 재식되었는지는 알 수 없다. 과수 작물의 재배는 대개 자연적인 것을 관리·유지하는 선에서 이루어졌을 것이다. 따라서 토양에 따라 특정한 수목이 자랐다.

(3) 상품 작물의 재배

서대문구 지역의 농경 활동 중에서 특이한 것은 조선 후기에 이르러 상품 작물이 널리 재배되고 있었다는 점이다. 조선 초기에는 이 지역의 지형이 대부분 구릉으로 이루어져 농경이 부분적으로 행해졌다고 하지만, 그리 활발한 모습은 아니었다. 그러나 조선 후기에 이르러 한양으로의 인구 집중이 심화되고, 마침내 도성의 주변 지대에까지 인구가 조밀하게 되었는데, 그들 대부분은 소비 인구였다. 즉 농경과 거리가 먼 상업이나 임노동 또는 관청과 양반집의 하인 노릇을 하는 사람들이 대부분이어서 식량과 부식이 별도로 공급되어야 했다. 특히 부식으로서의 채소는 일상적으로 공급되어야 했다. 별다른 부식이 없던 당시에 채소는 매우 긴요한 반찬거리였다. 생선과 같은 수산물도 이 시기에는 중요한 부식으로 이용되고 있었지만, 그것은 물량과 가격 때문에 한정적이었다.

채소의 재배는 어렵지 않았기 때문에 땅이 조금만 있어도 재배가 가능하였다. 그리하여 도성 안의 큰 집에서는 집 밖에 또는 뒷뜰에 텃밭을 만들어 채소를 심어 자기 가족들의 부식으로 해결하기도 하였다. 그러나 그러한 공급은 제한적이었다. 대부분의 사람들은 구입해서 먹어야 했다. 이에 일부 농가에서는 채소·양념류를 재배하여 생산의 다각화와 전문화를 추구하고, 이를 통해 이익을 얻고자 했다. 채소·양념류를 재배하여 시장에서 처분하는 상품 작물의 재배는 적은 면적에서 많은 이익을 얻을 수 있어 영리성이 높았다. 더구나 수요자가 많고, 근거리에서 쉽게 공급할 수 있는 도시 근교에서는 상품 작물의 재배가 매우 용이하였다.

　서대문구 지역은 동대문 밖과 함께 상품 작물 공급에 있어서 매우 유리한 입지 조건을 갖추고 있었다. 특히 서대문구 지역은 남대문 밖에 칠패(七牌)라는 큰 장터가 열려 있었고, 서소문 밖에도 시전이 설치되어 있어 생산물을 쉽게 처분할 수 있었다. 그리하여 이 지역에는 규모가 큰 채소밭들이 있었다. 즉, 연희동의 배추밭, 충정로 일대의 미나리밭, 홍은동의 호박밭 등은 당시 이름난 채마밭이었다.[43] 그 밖에도 이 지역에서는 오이, 수박, 가지, 마늘, 파, 부추, 고추, 토란 등의 채소와 양념류가 재배되었다. 조선 후기 연희동의 배추밭은 낙산 아래 방아다리 배추밭과 함께 장안에서 널리 알려진 곳이었다. 그리고 충정로 남쪽 지역은 미나릿골이라 하여 현재도 미근동이란 이름이 전하고 있다. 이 곳은 안산, 인왕산에서 흘러온 개천물이 번지면서 저습 지대를 형성하고 있어 미나리가 자라기에 좋은 입지였다. 그리하여 이 일대에 미나리밭이 굉장히 넓게 퍼져 있었다. 미근동이란 미나리가 물결치는 동리라는 데서 연유하였다. 그리고 홍은동의 호박밭은 호박넝쿨이 매우 무성하여 사람들은 이 일대를 호박굴이라 부르기도 했다.

　조선 후기에 인삼·담배와 더불어 농업에서의 상품성이 뚜렷했던 것이 채소 재배이었음은 그 수익성에 토대하였다. 18세기 말 서대문구 지역과 같은 큰 도시 주변에서는 10무(畝)의 배추밭, 오이밭, 파밭, 마늘밭에서도 수백 냥의 이익을 남길 수 있다고 하였다.[44] 또 미나리 2마지기를 심으면 벼 10마지기를 심어 수확하는 것과 같은 이익을 올릴 수 있고, 채소 2마지기를 심으면 보리 10마지기를 심어 수확하는 것과 같은 이익을 올릴 수 있어, 근년에 도성 주변의 농민들은 채소를 재배하여 그 생산물을 갖고 시내를 돌아다니면서 판매하는데, 그들의 무리가 길을 메웠다고 하는 기록이 있다.[45] 이 기록에서는 부연하여 채소 재배로는 10마지기만 있어도 5,6인의 생계를 충분히 유지하고도 남는데, 벼농사는 10마지기 가지고서는 4,5인의 생계를 충분히 꾸려가기가 어렵다고 하였다.

　이러한 기록을 통해서 보면 이 시기에는 채소를 재배하면 가족의 생계는 물론 재산도 축적할 수 있었다. 물론 이 같은 기록은 그 표현에 다소 과장이 있는 것이다. 그렇다고 하여도 조선 후기 이 지역에서는 상업적 채소 재배가 매우 진전되고 있었음을 말해 주고 있다. 이 지역에서는 채소 재배와 더불어 홍화, 자초와 같은 약초도 재배되었다. 홍화(紅花)는 독립문 주변에서 재배되었는데, 이 일대를 홍화동이라고 했다. 그리고 충정로에서 만리동으로 넘어가는 약고개는 부근에 약초밭이 있어서 불리워진 이름으로, 본래는 약전현(藥田峴)이라 했다. 조선 후기 농서에서는 홍화, 자초, 지황, 천궁, 인삼, 대청 등의 이름이 제시되고 그 재배의 유리함을 지적하고 있다. 이러한 약초의 재배도 채소의 재배와 함께 수익성이 많아 상품 작물로 널리 재배되었다. 특히 홍화나 천궁 등은 이익이 매우 많아 오곡의 재배보다 이익이 배나 된다고 하였다. 그리하여 홍화는 이화(利花)로 불리워지기도 했다.

　상품 작물은 주로 경영형 부농(經營型富農)에 의해 재배되었다. 자작농은 물론 소작농도 수익을 올리기 위해 이 같은 상품 작물을 재배하면서 경영을 합리화했다.[46] 즉 상품 작물의 재배를 통해 높은 수익성을 추구함에는 바로 곁에 방대한 소비 시장을 끼고 있다는 시장 관계도 작용하였지만, 그와 아울러 농민들의 높은 토지 이용률과 집약성이 그 바탕이 되고 있었다. 최소의 노력과 비용으로서 최대의 수익을 올리는 것이 상품 작물 재배의 원리였다. 따라서 비교적 작은 면적의 땅에서 많은 이익을 얻기 위해서는 땅을 놀리지 않고 철에 맞추어 이것저것 유리한 작물을 번갈아 심어서 잘 가꾸어야 한다. 그렇게 하자면 작물의 선택, 비료의 개선, 영농 방법의 전환 등 농법이 여러모로 연구되어야 했다.

　조선 후기 농민들은 이를 위해 다각도로 시험했고, 농학자들도 이를 적극적으로 뒷받침했다. 농민들은 상품 작물의 재배에서 영농 방법의 연구와 더불어 토지 이용에도 관심을 기울여야 했다. 전술한 바와 같이 상품 작물은 대개 규모가 작은 땅에서 재배된다. 그리고 작물을 가꾸는 데는 많은 품이 필요하다. 그런데 도시 주변의 토지 가격과 지대(地代)는 농촌의 그것에 비해 엄청나게 높다. 따라서 토지 이용률을 높여 수익성을 보장하는 문제는 상품 작물을 재배하는 농가로서는 사활(死活)에 관계된 것으로 지극한 관심과 많은 노력이 요구되었다. 비용을 적게 투자하여 생산해야 할 뿐 아니라 시세 변동에 유의하여 시장에 출하해야 했다. 시장에 물량이 과다하면 시세가 폭락하여 아무리 양호하게 생산했다고 하여도 손해를 보아야 했다. 더구나 채소와 같은 것은 신선도와 관계가 있어 오래 보관해 둘 수도 없었다. 상하게 되면 값도 없었다.

　상품 작물을 재배한 경영형 부농들은 임노동(賃勞動)을 통해 노동력을 절감하고 생산력을 증대시켰다. 작물을 수시로 가꾸어야 하는 채소 재배에는 많은 노동력이 요구되는데, 자기 가족의 노동력만으로는 해결할 수 없었다. 이에 노동력을 고용하여 해결하고자 했다. 조선 후기에는 농민층이 분화되면서 농토가 없는 임노동자가 많이 생겨났다. 그들은 자신의 삶을 영위하기 위해서는 자신의 노동력을 상품화(商品化)하지 않으면 안 되었다. 이 시기에는 신분제의 해체와 수반하여 부역제가 거의 운영되지 못하고 있어 관아의 작업장에서도 노동력을 고용하는 추세였다. 농촌에서 유리된 농민들이 도시 주변으로 몰려들면서 도시 주변에는 임노동자들이 상당수 존재하였다. 이들이 채소와 같은 상품 작물의 재배에서 임노동자로 고용되었다.

　기본적으로 조선 후기 이 지역에서 상업적 농업이 발달하게 된 데에는 지리적으로 도성 주변에 위치했다는 점이 크게 작용하였으며, 아울러 이 시기의 사회·경제적 변동이 토대가 되고 있었다. 조선 후기, 즉 18세기에는 파종법, 시비법, 농기구 등 농업 생산력을 구성하는 각 요소들이 발전하면서 농업 생산력이 급격히 발전하였다. 농업 생산력의 발전에 따른 잉여 생산물의 출현은 그것의 유통을 원활히 하는 상품 화폐 경제의 진전을 촉진하는 것이었지만, 반대로 상품 화폐 경제의 진전은 새로운 농업 경영의 형태를 유발하였다. 그리하여 농민들 중의 일부는 시장 판매를 목적으로 한 상업적 농업을 행하게 되었다.[47]

　농민층의 분화 현상도 상업적 농업의 발달을 촉진하였다. 농민층이 분화되면서 소수의 부농층이 토지를 많이 소유하면서 재산을 축적해 간 반면에 다수의 빈농층은 토지에서 쫓겨나야 했다. 빈농층의 대부분은 농촌에 그대로 머물러 임노동자가 되었고, 일부는 도시나 포구로 가서 품팔이꾼이 되거나 광산을 찾아 임노동자가 되어야 했다. 이러한 임노동자나 비농업 인구의 증가는 곡물의 시장 판매뿐 아니라 채소의 시장 판매도 촉진하였다. 이 시기에 실시된 대동법(大同法)과 화폐의 유통, 그리고 장시의 증가도 농산물의 시장 판매를 원활하게 하는 요인이 되었다. 그리하여 경영형 부농과 같은 농민들은 자가 소비를 위해서가 아니라 시장 판매를 염두에 두면서 농사를 짓기에 이르렀다.

　도시 주변에서의 채소 및 약초의 재배도 그러한 분위기 속에서 널리 보급되어 갔다. 더구나 상품 작물의 재배는 생산의 지역별 및 부문별 전문화를 촉진하였다. 대체로 초기에는 도시 주변과 교통 운수 조건이 편리한 지역, 그리고 자연적 조건이 특정한 작물의 재배에 적합한 지역에서 상품 작물의 재배가 두드러졌으나, 점차 전국적으로 파급되어 갔다. 부분별로는 채소나 약초의 재배가 상업적 농업의 전형적 형태였으나, 점차 곡물이나 면화도 상품으로 재배되어 갔다. 이와 같이 조선 후기 서울과 같은 대도시 주변에서는 상업적 농업이 활성화되고 있었는데, 특히 서대문구 지역은 근교 농업(近郊農業)의 온상이었다. 조선 후기에 이르러 서울의 모습은 조선 초기와는 판연히 다른 양상을 띠고 있었으니, 이 지역은 농경의 측면에서도 서울이 상품 화폐 경제에 편입되어 가고 있는 실상을 구체적으로 보여주었던 것이다.

3. 제조업의 현황

(1) 아현동의 놋그릇 작업장

북아현동 큰 고개에 오르기 전 아현동 일대에는 놋그릇을 제조하는 작업장이 곳곳에 있었다. 아현(阿峴)은 애오개로 흔히 불리웠는데, 그 입구에 여러 가지 놋그릇을 파는 유기전, 즉 바리전이 있었다. 따라서 그 주변에는 놋그릇을 제조하는 사람들이 많이 모여 살았다. 이 일대에서 놋그릇의 제조가 성행한 것은 조선 후기에 이르러서였다.

조선 왕조의 경제 정책은 중농 정책이 기본이어서 상공업의 발달은 초기에는 미약하였으며, 관영 수공업장에서 제조하여 조달하였고, 민간에서는 거의 자급자족하였다. 그러나 조선 후기에 이르러 소비 인구가 늘고 상품 화폐 경제가 진전되면서 수공업 제품의 수요도 늘었다. 더구나 관영 수공업장에서 일하던 기술자들도 점차 부역제(賦役制)에서 벗어나 상품 생산을 모색하였다. 특히 대동법의 실시로 종래 관영 수공업장에서 조달하던 물품을 공인(貢人)들이 시장에서 구입하여 납품하게 되자 관영 수공업은 결정적으로 쇠퇴하게 되었고, 이에 상대적으로 기술자들의 상품 생산이 활기를 띠게 되었다.

수공업 제품의 상품 생산에서 특히 주목된 것이 놋그릇의 제조였다. 놋그릇은 처음에는 생산량이 적어 극소수의 부유한 양반들만이 사용했으나, 18세기 이후 동광(銅鑛)의 개발이 촉진되어 원료가 충분해지고, 또 제조 기술도 개선되었을 뿐 아니라 놋그릇에 대한 시장이 확대되면서 서민층도 이를 즐겨 사용하여 놋그릇 제조업은 현저한 발달을 보게 되었다. 그리하여 이 시기에는 농가에서도 보통 서너 개의 놋바리나 놋대접쯤은 쓰고 있는 형편이었다. 그러므로 놋그릇 제조업자들은 곳곳에 놋점을 설치하고 제품을 생산하고 있었다. 초기에는 한양, 개성 등 큰 도시 주변에서 놋그릇이 제조되어, 곧바로 시장에 출하되었는데, 18세기 말 이래로는 구례, 안성, 정주를 비롯한 각지에 새로운 놋그릇 작업장이 생겨났다. 그 가운데서도 안성과 정주는 전국적 생산지로 유명해졌다. 안성에서는 붓배기를, 정주에서는 방짜를 제조하여 지역별로도 기술의 전문화가 이루어지고 있었다.

놋그릇의 제조에서는 공정이 분업화되어 기술자들은 자기가 맡은 공정만 부분적으로 계속해서 작업하기만 하면 되었다. 이 같은 제조업은 흔히 3, 4명이 작업하기도 하였지만, 10명 이상이 한 조가 되는 작업장을 49개나 갖고 있던 큰 공장도 있었다.[48] 아현동의 놋그릇 제조업장은 그와 같이 큰 규모는 아니었겠지만, 수요가 풍부한 시장을 인근에 가지고 있어서 물품의 제조가 매우 활발했으리라고 본다.

(2) 마근동의 망건집

지하철 이대역과 경의선 신촌역 사이의 대현동에는 망건, 당줄, 감투를 만드는 집이 많았다. 이 때문에 마을 이름을 망건당굴이라 했고, 한자로 마근동(麻根洞)이라 표기하였다.[49] 조선 사회는 신분제 사회였고, 유교 사회였다. 그리하여 옷매무새는 그 사람의 신분을 나타냈고, 예절을 보여주는 것이었다. 남자는 모자를 쓰는데, 망건은 조선 후기에 일반화되어 선비들이 필수적으로 머리에 썼다. 망건의 받침으로 감투가 있었다. 그리고 외출할 때는 풀잎, 말총 등으로 만든 갓을 썼다. 높은 벼슬아치는 비단으로 된 사모를 썼다. 따라서 사람의 수가 늘어나면서 망건이나 감투의 수요도 많아졌다. 그 밖에 서대문구 지역에서는 죽세공품의 제조도 이루어졌고, 주변 야산에 칡이나 등나무가 많아 그 줄기를 이용한 가공품도 제조되고 있었다.

그러나 전반적으로 보아서 이 지역에서의 수공업은 그리 두드러지지 않았다. 다만 오늘의 통일로는 예전에도 개성, 평양에 이르는 큰 도로였고, 사람들의 내왕이 많았기 때문에 주막이 많았다. 주막과 더불어 요식업이 나름대로 이루어지고 있었으니, 홍제동의 주막촌, 불광동의 떡전거리 등에서는 음식을 만들어 팔았다. 특히 홍제원 인절미라는 말에서 보듯이 홍제원(弘濟院) 부근에서는 떡 중에서도 인절미를 잘 만들었다. 주막촌은 통일로의 기점인 영천동, 현저동 일대에도 형성되어 있었고, 창천동 남쪽 신촌 로터리 부근도 강화 방면으로 가는 여행객들이 쉬어가는 주막이 있어 주막거리라 하였다.

4. 상품의 유통

(1) 돈의문 밖의 시전

조선 시대에는 당초 상품의 유통도 정책적으로 제약되고 있었다. 궁궐과 관아의 수요를 위해 시전(市廛)이 개설되어 있었을 뿐 민간인의 상품 유통은 매우 부진하였다. 자급자족 경제 체제여서 상품의 유통 자체가 의미가 없었다. 주민들이 특별히 물건을 구입해야 하면 시전에 나가야 했다. 그런데 시전은 정부가 필요로 하는 물품을 주로 조달하는 상점이어서 중심가에 위치하였다. 정부는 시전의 설치 구역을 종루(鍾樓) 부근으로 한정하였다. 따라서 서대문구 지역과 같은 외곽지대에서는 상품의 유통은 거의 이루어지지 않았다.

그러나 조선 후기에 인구가 늘어나고 생산력이 증대됨에 따라 상품 화폐 경제가 진전되면서 종루의 시전만으로는 상품의 유통이 불가능했다. 공급이 증대되고 소비가 크게 늘어나는 속에서 종래의 유통 구조는 변화가 불가피했다. 그리하여 정

⬆ 주 막

부로서도 사람들의 내왕이 많은 곳에 시전을 증설했다. 사상인들도 시전의 중도아(中都兒)를 자처하면서 곳곳에 분점을 냈다. 조선 후기 시전의 분점이 많이 설치되었던 곳은 서소문 밖이었다. 여기에 설치된 큰 시전은 미전, 외어물전, 망건전, 초물전, 시저전 등이었다. 이 밖에도 남대문 밖과 서대문 밖에도 시전이 설치되었다.

서대문 밖의 반송방에 있던 대표적 시전은 갓을 파는 양대전(凉臺廛)이었다.[50] 그리고 충정로에 유기전이 있었음을 말해주듯이 동리 이름이 유기전골이라고 하는 곳이 있었다. 그러나 서대문 밖은 중국으로 떠나는 사신 또는 중국에서 오는 사신을 맞는 곳이어서 시전의 설치가 제한된 듯 하다. 인접한 소의문 밖은 매우 번성하여 상인들의 일부가 재산을 모으고 도고(都賈) 상업을 전개하기도 했으나, 이 일대는 상대적으로 조용했던 곳이었다. 주막 부근에서 일정하게 상거래가 이루어졌다고 본다.

(2) 난전의 상행위

어용 상점으로서 정부의 특별한 보호를 받던 시전은 조선 후기 상품 화폐 경제가 진전되면서 사상인의 도전을 받았다. 사상인들은 정부와 시전의 통제에도 불구하고 상거래를 활발히 하여 시전 상인을 압박하였다. 시전 상인은 이들을 난전(亂廛)이라 하여 제지하고자 하였다. 그러나 조선 후기 사상인의 대두는 상권의 확대와 더불어 이루어진 자연적 현상이었다. 농촌에서 이탈한 비농업 인구가 상업 인구로 전화되고 있었으며, 군영의 군인, 관청의 하인들이 상업계에 진출하여 이 시기의 생산과 소비의 증대를 토대로 상품의 유통을 활성화시켰다.

18세기 후반에는 서울 주변의 소상품 생산에 기초한 지역적 상품 유통이 전국적 상품 유통으로 발돋움하고 있었다. 그리하여 곳곳에 난전이 설립되었는데, 그들의 활동은 도성 주변에서 보다 활발하였다. 남대문 밖의 칠패(七牌)는 그러한 난전의 대표적 근거지였다. 서대문구 지역에도 곳곳에 난전이 생겨났다. 이들 난전에서는 고양, 김포, 강화 등지의 산물을 거래하거나 한강을 통해 운반되어 온 어물을 거래하였다.

이 지역의 난전으로 알려진 곳은 천연동의 다리께 장터였다. 지금의 영천시장과도 이어지는 이 곳은 천연동과 교남동을 잇는 돌다리가 있었던 곳이다. 주로 무악재 너머 홍제동·홍은동 사람들이 직접 가꾼 채소 등을 다리께에 펼쳐 놓고 장사를 하였다. 그리고 아현동 고개에서는 이 곳을 지키는 군인들이 강화 등지에서 오는 자리 등을 매점하였다가 난매 하였다. 충정로 일대는 합동·봉래동과 인접하여 생선·조개 등을 취급 하는 난전이 상행위를 하였다. 이 지역에서는 파주·문산 방면에서의 건 어물 상인이 내왕하는 길목이어서 이를 손쉽게 장악할 수도 있었다. 물 론 어물의 거래는 소의문 밖에 있던 외어물전(外魚物廛)이 주도권을 장 악하고 있었다. 따라서 이 곳의 난전 상인들은 그들과의 협조 하에서 어 물을 유통시켰는데, 후에는 외어물전을 무시하고 독자적으로 상거래를 하며 도고(都賈)로 성장한 상인들도 있었다.

【주】
1) 太祖實錄 권 9, 태조 5년 4월 병오
2) 김주환, 「자연환경」 『서대문구지』(서울특별시 서대문구, 1992) p.49
3) 高麗史 권 82, 병지 1 참역
4) 최완기, 「조선사회의 길」 (『한국도로사』 한국도로공사, 1981) p.92
5) 增補文獻備考 권 24, 여지고 20 도리
　　旅菴全書 Ⅱ, 도로고 팔도육대로
　　大東地志 십대로
6) 朝鮮經國典 하 역전
7) 전해종, 『한중관계사연구』(일조각, 1974) p.64
8) 新增東國輿地勝覽 권 6, 경기 역참
9) 新增東國輿地勝覽 권 3, 한성부 산천
10) 문영빈, 「누정」(『서울 六百年史-문화사적편』 1987) p.719-751
11) 世宗實錄 권 28, 세종 7년 5월 임오
　　中宗實錄 권 57, 중종 21년 9월 신묘
12) 世宗實錄 권 40, 세종10년 윤4월 기축
13) 經國大典 권 6, 공전 재식
　　續大典 권 5, 형전 금제
14) 김갑주, 「18세기 서울의 도시생활의 일양상」 (『동국대 논문집』23집, 1984)
　　　p.218
15) 世宗實錄 권 24, 세종 6년 4월 계해
16) 度支志 권 2, 판적사 판도부 사산금표사실
17) 토니 미쉘, 「조선후기 경제와 무역개방」 (『동방학지』 40집, 1983) p.106
18) 戶口總數 1책, 한성부 5부

19) 英祖實錄 권 11, 영조 3년 5월 경진
20) 正祖實錄 권 26, 정조 12년 10월 갑진
21) 김기섭,「고려전기 농민의 토지소유와 전시과의 성격」(『한국사론』17, 1987)
　　박경안,「고려후기의 진전개간과 사전」(『학림』7, 1985)
22) 최완기,「조운과 조창」(『한국사』14, 국사편찬위원회, 1993) p.400
23) 高麗圖經 권 23, 잡속 2 종예 토산
24) 이춘녕,「서울의 농업지대소고」(『향토서울』47, 1989) p.19
25) 經國大典 권 6, 공전 재식
26) 英祖實錄 권 68, 영조 24년 11월 갑인
　　度支志 권 2, 판적사 판도부 사산금표사실
27) 박경룡,「각동의 발자취와 현황」(『서대문구지』1992) p.721
28) 이보형,「민속예술」(『한국민속종합조사보고서(서울편)』1979) p.338
29) 임동권,「집단놀이」(『한국민속종합조사보고서(서울편)』1979) p.425
30) 경성부,『경성도시계획자료조사서』1932 p.12
31) 三國史記 권 1, 신라본기 시조혁거세거서간 17년
32) 박경룡,「잠실고」(『향토서울』43, 1985) p.53
33) 高麗史 권 79, 志 食貨 農桑
34) 世祖實錄 권 3, 세조 2년 4월 갑진
35) 太宗實錄 권 33, 태종 17년 1월 무술
36) 世祖實錄 권 16, 세조 5년 6월 무인
37) 世宗實錄 권 19, 세종 5년 2월 정묘
　　世宗實錄 권 52, 세종 13년 4월 정미
38) 中宗實錄 권 28, 중종 12년 7월 경자
39) 慵齋叢話 권 10, 강남 율도
40) 박경룡, 앞의 글 p.84
41) 成宗實錄 권 15, 성종 3년 2월 무인
42) 한글학회,『한글지명총람』(서울편) 1966, p.69
43) 서대문구,『西大門區誌』(1992) p.384
44) 經世遺表 권 8, 지관수제 전제 11 정전의
45) 觀水漫錄 경세권농지책
46) 김용섭,『조선후기 농업사연구Ⅱ』(일조각, 1971) p.171
47) 이영학,「농업생산력의 발달과 지주제의 변동」(『한국사』9, 1994) p.250
48) 김영호,「조선후기 수공업의 발전과 새로운 경영형태」(『19세기의 한국사회』
　　1972) p.99
49) 한글학회,『한국지명총람(서울편)』1966, p.61
50) 東國輿地備攷 권 2, 한성부 시전

6. 성동 일원의 마장

1. 경제 활동의 입지

(1) 자연적 입지

조선 시대의 성동 일원은 동쪽 성저십리에 속하여 흔히 동교(東郊) 곧 동쪽의 들판으로 불리워졌다. 이 지역은 동쪽에 용마산, 서쪽에 남산을 끼고 멀리 불암산·수락산에서 발원한 중랑천과 인왕산·북악산에서 시작하여 도성을 관통하여 온 청계천이 합류하면서 만들어 놓은 퇴적 평야이다. 그리고 남쪽에는 태백산과 오대산에서 굽이굽이 먼 길을 흘러온 한강이 이 지역의 특성인 강우의 집중성과 호우성으로 인해 수시로 유로를 변화시켜 왔을 뿐 아니라 범람원과 하중도를 이루어 놓았다. 특히 뚝섬 일대는 수 천 년 동안 퇴적이 이루어져 형성된 곳으로서, 본래 섬이 아니었다.[1]

옛 성동구의 관할이었던 잠실 지역도 본래 한강물이 현재의 하도(河道)가 아닌 남쪽 송파 쪽으로 우회하였으며, 자양동 쪽에 인접해 있었다. 유로가 변경된 대표적 예이다. 지금은 자취를 거의 감추고 있는 응봉동 앞의 저자도도 청계천과 중랑천에서 흘러 온 모래가 이루어 놓은 모래섬이었다. 이와 같이 성동구 일대는 대부분 범람원으로 이루어진 저습지대로서 옛부터 홍수의 피해가 컸다. 그 중에서도 뚝섬, 왕십리, 마장동 일대는 인가가 전부 유실된 때도 있었고, 왕십리에서 뚝섬으로 가는 도로가 토사층으로 퇴적되어 그 흔적을 알 수가 없던 때도 있었다. 그러나 퇴적층이기 때문에 무우, 배추와 같은 채소가 잘 되어 얼마 전까지만 하여도 넓은 채소밭이 도처에 있었다.

(2) 상업 기지로서의 입지

현재의 성동구 옥수동의 옛이름인 두모포와 성수동의 옛이름인 뚝섬은 조선 후기에 상공업이 발달하면서 성장한 위성 도시였다. 이들은 보다 일찍 상업 기지가 되고 있던 용산, 마포, 서강 등과 더불어 한강의 경제적 위치를 바탕으로 인구가 급증하면서 도성 안과 지방 사이에 경제적·사회적 활동을 매개시켜 주는 위성 도시로서 역할을 하였다. 본래 이들 지역은 한가한 어촌 또는 저습지로서 사람이 많이 살지 않았다. 그런데 도성으로 확정한 성내 오부(五部)의 행정 구역은 협소하여 여러 관아가 설치되고 인구가 늘어나면서 거주지가 한계에 이르게 되었다. 비록 성저십리라 하여 성 밖까지 부분적으로 연장되기도 하였으나, 동대문 밖

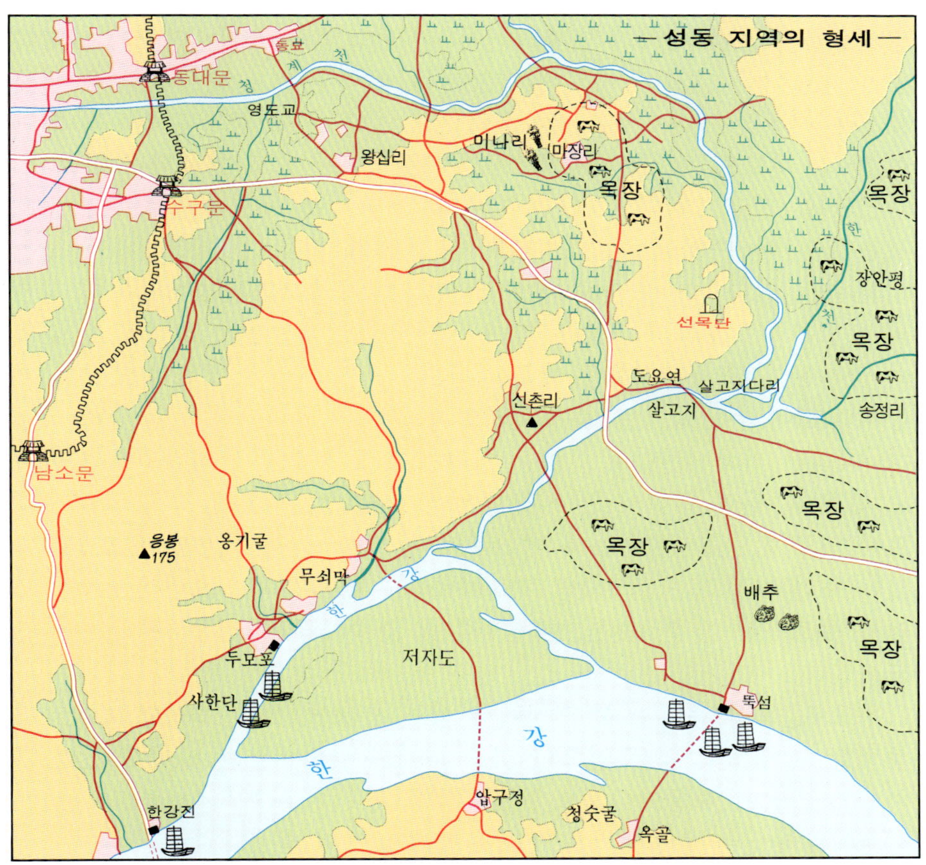

에는 창신동, 왕십리, 신설동 등에 이르는 정도였다. 이와 같은 상황은 왜란과 호란을 겪으면서 크게 바뀌어 갔다. 파탄된 농촌에 살 수 없게 된 이농민이 대거 도시로 몰려들었고, 특히 한양으로 집결되었다. 따라서 그 이전부터 성내가 비좁아 성외에 거주지를 마련해야 했던 조선 정부는 그들을 대개 성외에 살게 했다. 더구나 맨몸으로 한양에 찾아 온 그들의 살 길은 장사, 품팔이 또는 하인 노릇하는 것 뿐이었다. 이에 상공업이 발달하면서 그 기지로 주목받은 한강 연안 위성 도시에는 사람들이 집중되어 갔다.

1592년 임진왜란 전의 한양의 인구는 대체로 10만 여를 보이고 있었다. 이는 왕조 초기와 비교할 때 큰 차이가 있는 것이 아니었다. 그러나 병자호란이 끝나 사회가 안정되면서 17세기 후반부터는 인구의 급격한 증가가 일어나 18세기 이후에는 20만 가까이 이르게 되어 한양은 당시로서는 세계적인 대도시로 발돋움하고 있었다. 이들 증가된 인구의 태반이 뚝섬, 두모포, 용산, 마포 등 상업 도시를 중심으로 분포되어 있었다.

1789년(정조 13)의 『호구총수』에 의하면 남부 두모방에 속했던 두모포는 인근의 수철리, 살고지벌까지 합하여 가호 1,425호에 인구는 4,484명이었다. 그 중 남자가 2,543명, 여자가 1,941명이었는데 당시의 수철리, 즉 오늘의 금호동 일대는 암석으로 뒤덮인 산골이었고, 오늘의 군자동, 사근동, 송정동 일대인 살고지벌은 주거에 적합하지 못한 저습지대로서 말을 기르는 데 적합하였기 때문에 정착민의 수는 극히 적었다. 따라서 거의 4천명에 가까운 인구는 주로 두모포에 집중되어 있었다고 하겠다. 한편 뚝섬의 인구 규모는 두모포보다는 훨씬 작아 가호 657호에 인구 1,985명이었는데 여기에는 잠실의 인구 약간 명이 포함되어 있어 뚝섬 자체로는 1,500명 수준이었다고 여겨진다.[2] 그렇다고 하여도 당시 두모포는 원주, 춘천, 제천, 김제, 정주, 영천, 성주, 원산보다 큰 도시였다.

두모포, 뚝섬 등이 조선 후기에 위성 도시로서, 그리고 상업 기지로서 성장할 수 있었던 것은 인구의 집중 외에도 나름대로의 입지 조건이 구비되고 있었기 때문이다. 그것은 무엇보다도 이들 지역이 한강에 연해 서울에의 관문 역할을 할 수 있는 위치에 있었던 점이다.

두모포는 현재 성동구 옥수동의 옛이름이다. 예나 지금이나 동리 앞에는 한강이 호수같이 자리하고 있다. 그리하여 앞의 강을 동호(東湖)라고 하였다. 용산강을 남호, 마포강 일대를 서호라 부르던 것과 같이 도성에서 볼 때, 동·서·남 세 곳에 위치하였다고 해서 불려진 칭호이다. 당시 동호에는 저자도라는 섬이 있어서 한강의 급한 물줄기를 가로막아 안쪽으로는 물결이 잔잔하며 주위의 산악과 어우러져 풍경이 아름다왔다고 한다. 두모포는 강가에 있었다고 하여 두뭇개라 하기도 하였다. 조선왕조 내내 두모포라 불리우다가 1911년 경기도로 편입되어서 고양군 두모면 두모리라 했다. 그 후 1914년에는 한지면에 이속되었다가 1936년 경성부에 편입되어 옥수동으로 된 후 오늘에 이르고 있다.

이 마을은 남산에서 뻗은 능선의 한 갈래가 동남으로 뻗어 175m의 응봉을 이루고, 그 응봉이 남으로 향하여 두 갈래로 갈라지면서 동쪽 줄기는 옥수동과 금호동을 가르고 서쪽 줄기는 옥수동과 한남동을 가르고 있는 지형적 조건 아래에서 오목한 삼태기 안에 들어앉은 터전이다. 따라서 이 곳은 천연의 포구로서 일찍부터 항구로서 역할하고 있었다. 동편으로 중랑천, 청계천의 물이 한강과 합류하여 수량이 풍부했을 뿐 아니라 지금은 그 자취를 찾을 수조차 없지만 예전에는 저자도(楮子島)라는 큰 모래섬이 있어 방풍뿐 아니라 유속도 조절해 주어 두모포는 포구로서는 이상적 조건을 갖추고 있었다. 그리하여 일찍부터 선인들의 본거지가 되고 있었다.

저자도는 1960년대만 하더라도 그 형색을 보여주고 있었다. 1936년 뚝섬 일대의 홍수를 예방하기 위하여 제방을 쌓을 때 이 곳의 모래를 파다가 쓰면서 원래의 모양새가 크게 손상되더니, 1970년대 강남구 압구정동 일대에 고층 아파트를 지으면서 이 섬의 흙과 모래를 마구 파다가 써서 이제는 섬 바닥마저 물 속에 잠기고 말았다. 본래 이 섬은 중랑천이 한강으로 흘러드는 입구에 생겨난 삼각주로서 1930년경의 면적은 동서의 길이 200m, 남북의 길이 885m로서 118만㎡의 면적을 이루고 있었다. 조선 시대에는 이 곳에 넓은 밭과 집들도 있었다고 한다.

한편 뚝섬은 한강의 본류가 북서쪽으로 흐르다가 남서쪽으로 방향을 틀면서 북쪽에서는 청계천과 중랑천이, 남쪽에서는 탄천이 유입하는 합류점에 발달한 범람원으로서 하적호(河跡湖)가 둘러싸고 있었다. 그러나 1925년의 이른바 을축년 대홍수로 인하여 뚝섬, 장안평 일대가 크게 피해를 입자, 그에 대한 대비책으로서 방수 공사를 하면서 현재의 성수대교 북단에서 한강 연안을 따라 동서로 뚝섬 수원지에 이르기까지 제방을 쌓았다. 그리고 침수지에는 저자도에서 모래와 흙을 파다가 부어 지표를 높였다. 이 곳에 최근에는 공장·주택지가 조성되어 하적호가 점차 사라져 가고 있다.

　원래 뚝섬은 자마장(雌馬場) 즉 자양동에 연속된 반도로서 아차산에서 중곡동·능동을 지나 중랑천으로 유입되는 하나의 지류가 있었는데, 이 때문에 섬 모양을 이루었다고 하여서 뚝섬이라 부른 것 같다. 이 지역의 토질은 불암산·수락산에서 중랑천을 경유하여 흘러 온 모래·흙으로 이루어진 퇴적층이어서 홍수 때마다 하도가 바뀌어 곳곳에 하적호가 형성되고 있었다. 그리고 예전에는 잠실 남쪽으로 한강의 유로가 형성되어 그 물길이 뚝섬을 치받는 상황이어서 방패막이가 없는 조건이었다. 그리고 그 배후에는 살고지벌이라는 넓은 저습지가 있을 뿐 기댈 수 있는 구릉이 없어 홍수를 만나면 포구로서의 역할을 할 수 없는 결점을 갖고 있었다. 그리하여 강 건너의 송파나 서쪽의 두모포와 비교할 때 항구로서는 부적합하여 그만큼 융성하지 못하였다. 그러나 목재는 장기간 보관을 해도 좋고, 일시적으로 침수된다고 하여도 크게 염려가 없었다. 더구나 목재, 시탄 등을 더 이상 시내로 진입시킬 필요도 없었다. 오히려 넓은 들판이 물길 따라 내려온 뗏목을 말리고, 켜기도 좋았던 것이다. 그리하여 일찍부터 뚝섬 일대에서는 목재와 시탄의 거래가 활발하였다.

2. 농경과 양잠

(1) 농경의 역사

　성동 일원에서의 농경은 선사 시대부터 비롯되고 있다. 한강을 끼고 있어서 수량이 풍부하고, 저습지대여서 토지 이용상에서 볼 때 생산성이 높기 때문에 이 지역에는 일찍부터 취락이 발달할 소지가 있었다. 더구나 도성과 인접하고 있어서 취락 입지의 사회적 요인도 마련되고 있었다. 그러한 이유 때문에 한강 유역 곳곳에는 선사 시대의 유적들이 많이 남아있다. 한강 유역에 사람이 살기 시작한 것은 구석기 시대부터였지만, 성동구 일대에서 그 유적이 발견된 것은 신석기 유물이 처음이었다.

구의동 · 자양동 · 왕십리 · 잠실 지구에서 신석기 시대의 여러 가지 삶의 흔적이 나타났다.[3]

이들 지역은 신석기인들이 생활하기에는 아주 적합한 장소였다. 신석기인들은 강가에서 물고기를 잡고 채집 생활을 하면서 살았다. 그들은 먹이를 구하기 위해서 돌을 갈아서 더 정교하게 만든 마제 석기를 사용하였다. 그들은 또 토기를 사용하였다. 토기의 사용은 인간의 식생활에 큰 변화를 가져왔다. 다양한 방법으로 음식물을 조리하거나 운반하며, 먹고 남은 음식물을 저장하는 데 토기를 사용하였다. 구의동 · 화양동 · 잠실 등에서는 마제 석기의 일부와 빗살무늬 토기의 파편 등이 수습되었다.

신석기인들은 시간이 흐름에 따라 지혜를 짜내어 농경을 시작하였다. 농경은 인간이 노동을 통해 이룬 최초의 생산 활동이었다. 이전에는 단순히 주어져 있는 자연물을 얻는 데 그쳤으나, 이후로는 인간은 의지대로 필요한 물자를 생산할 수 있게 되었다. 농경을 시작함으로써 인간의 사회 생활도 달라져 갔다. 생활이 안정되면서 자연히 인구가 증가하였다. 사람들이 한곳에 정착하여 살면서 점차 마을을 이루게 되어 사회의 규모는 이전보다 훨씬 커졌다.

그러나 농경다운 농경은 청동기 시대에 이르러서였다. 청동기의 예리한 면을 이용하여 보다 다양한 목제 농기구를 제작하게 되었으며, 개량된 목제 농기구는 그전부터 써오던 돌이나 뿔로 만든 농기구와 함께 농업 생산력의 발달에 커다란 구실을 하였다. 그리고 이를 계기로 남성의 역할이 증대됨에 따라 남성이 가족 관계의 중심되는 위치를 차지하였다. 이 시기의 유물은 민무늬 토기, 홍도, 돌도끼, 반월형 석도, 청동검, 청동 거울 등인데, 성동구 구의동을 비롯하여 강남구의 논현동, 역삼동, 반포동, 강동구의 암사동 등 한강 연안 곳곳에서 발견되었다. 특히 여주군 흔암리에서는 여러 가지 유물과 함께 16기의 집자리가 발견되었고, 집자리에서는 탄화미와 함께 보리, 수수 등의 곡물류가 발견되어 한강 유역에서는 이 때 이미 벼농사가 행해졌음을 알려주고 있다.[4]

그 후 기원후 1~3세기에는 철기가 보급되어 철제 농기구가 사용되었는데, 성동구, 강동구, 강남구를 중심으로 한 한강 하류 일대에서는 신석기 시대부터 주거지를 이루면서 살던 흔적들이 발견되었고 김해 토기들이 상당수 출토되었다. 이중에는 곡식을 찌는 시루도 발견되었다. 이 시기를 전후하여 이 지역 일대에 백제국이 세워져 마한과 각축을 거듭하면서 경기도 일대에 세력을 펼쳐 나갔다. 북방 유이민으로서 한강 유역에 남하해 온 부여 일족에 의해 세워진 백제는 마침내 전 한강 유역의 부족 사회를 통일하고, 통일 왕국으로서의 백제를 건국하였다. 백제는 비교적 넓은 평야와 비옥한 토양과 수리에 적합한 하천이 많아 농업 국가의 면모를 나타냈다.

백제의 요람이었던 위례성은 성동구 인근에 있었다. 즉, 위치 배정에 아직 이견이 있지만, 백제가 처음 자리잡았다고 하는 하북 위례성이 미아리 또는 장안평(혹자는 세검정)에 있었다고 하고, 하남 위례성이 강 건너 몽촌 토성 또는 춘궁리에 있었다고 하면, 성동구 일대는 그 관할이었음이 틀림없다. 온조가 하북 위례성에서 하남 위례성으로 도읍을 옮기려 할 때 그는 이 지역을 경유해야 했다. 실제로 성동구 동편 끝머리에 있는 광장동의 아차산에는 산기슭에 산성의 흔적이 남아있는데, 온조가 하남 위례성에 도읍할 때 쌓은 성이라고 한다. 이 성은 한강을 사이에 둔 풍납동 토성과 함께 백제의 도성 수비에 그 역할이 컸다.

백제에 이어서 이 지역을 장악한 고구려, 그리고 신라는 서로 세력을 확대하고자 다투었는데, 그 쟁탈전의 터전이 성동구 일대였다. 따라서 통일기에 있어서는 농경이 제대로 이루어지지 못했다. 그러나 신라가 삼국을 통일한 이후 이 지역은 안정기를 맞아 농경이 다시금 발달하였다. 당시의 지명에 제방과 저수지를 뜻하는 이름이 많았으며, 인근의 고분에서는 낫, 가래, 쇠스랑, 쟁기 등 철제 농기구가 다수 출토되고 있어서 농경이 자못 성행하고 있음을 알 수 있다. 대체로 밭작물이 재배되었다고 보지만, 저습지대여서 벼농사도 곳곳에서 행해졌을 것이다.

(2) 곡물과 채소의 재배

한강 유역의 개발은 조선 왕조가 1394년 한양으로 도읍을 정하면서였다. 조선 왕조는 한양으로 천도함과 더불어 수도의 행정 구역을 한성부로 승격, 특별시로 삼고, 구역을 다시 동·서·남·북·중의 5부 52방으로 나누어 도시 규모를 갖추고 그 둘레에 성곽을 쌓았다. 그러나 인구가 증대하면서 5부 구역은 사람들이 도성 안에만 모여 살기에는 비좁았다. 그리하여 벌써 세종 때 도성 주변까지도 거주지로 설정, 이를 성저십리라고 하여 한성부의 관할 구역으로 하였다.[5] 그런데 성저십리에 거주하는 사람들은 도성 안의 사람들과 달리 주로 농업에 종사하였다. 국가에서는 이들 농민들의 농경을 지도하기 위하여 권농관(勸農官)을 임명하기도 하였다. 즉, 정부는 한양부의 건의에 따라서 성저 각 마을을 재편, 30가(家)를 1리(里)로 하여, 1리마다 권농관 1인을 임명하였다.[6] 권농관의 임명은 농업 기술을 보급하여 생산력을 증대시킴에 그 의도가 있었다.

조선 왕조는 새 왕조로서의 면모를 일신하기 위하여 국가를 부강하게 하고 민생을 안정시키는 데 주력하였다. 그리하여 농업을 기간 산업으로 삼고, 농업 생산력을 높이기 위하여 적전(藉田)을 두어 국왕이 농사일에 모범을 보이는가 하면, 농업 서적을 간행하고, 수리 시설을 확충했으며, 농업 기술을 혁신하였다. 왕십리 북쪽 청계천 건너 용두동에는 국왕이 그 해의 농사가 잘 되기를 기원하며 제사지내던 선농단(先農壇)이 지금도 그 흔적을 남기고 있고, 선농단이 있던 자리 남쪽으로 용두동, 전농동 일대에는 적전이 있었다.[7]

조선 왕조가 추진한 강력한 농업 정책에 의해서 건국 초에 100만 결 정도였던 농토가 15세기 중엽에는 160만 결로 늘어났다. 저수지 또한 수천 개소로 늘어났으며 바람과 가뭄에 강하고 일찍 수확되는 벼의 품종이 개발되었다. 농업 기술도 크게 발달하여 일반적으로 조, 보리, 콩의 2년 3작이 널리 행해졌는데, 밑거름과 덧거름을 주는 시비법의 발달로 해를 건너서 휴경하지 않고, 매년 토지를 경작할 수 있게 되었다. 그리하여 성동구 일대에서도 왕십리, 마장동, 송정동, 뚝섬 등 너른 평야에는 보와 저습지가 곳곳에 쌓여지고, 논과 밭이 일구어져 벼, 보리, 밀, 조 등 여러 가지 작물이 재배되었다. 인근에 적전이 있었기 때문에 성동구 지역에 임명되었던 권농관은 농업 생산력 증대에 보다 유의하였고, 수리 시설과 농법 개량

◎ 논갈이

에 보다 힘을 기울였다.

　그러나 이 지역은 식량 작물보다는 근교 농업의 특색을 살려 예로부터 채소 등 부식품에 쓰이는 작물 재배가 성행하였다. 채소의 재배는 목화, 담배, 약재 등과 함께 상품 작물로 주목되었으니, 조선 후기에 이르면 여러 가지의 사회적 배경을 토대로 농산물의 상품화가 촉진되었고, 그것은 농업 경영상의 중요한 변화상이었다. 15세기 이래 강력히 추진된 농업 정책과 농민들의 자활 의지가 결합되어 조선 후기의 농업 생산력은 이전 시기보다 빠른 속도로 증대되었다. 생산력의 면에서 가장 두드러진 것은 이앙법(移秧法), 즉 모내기의 보급이었다. 이전까지는 논에 직접 볍씨를 뿌리는 직파법이 일반적이었으나, 이제는 모판에서 모를 가꾸어 본논에 옮겨심는 모내기가 전국적으로 보급되었다. 이로써 단위 면적당 수확량이 훨씬 증가하고 김매는 품도 절감되었으며, 또한 벼와 보리의 이모작을 할 수 있게 되었다.[8]

　이러한 생산력 발전을 바탕으로 농업 경영상에도 뚜렷한 변화가 일어났다. 사회 변화를 잘 감지한 농민들은 농업 기술의 발전으로 절감된 노동력을 경영 규모의 확대에 사용하였다. 그들은 경작지를 확대하기 위해 토지를 개간하거나 매입하기도 하고, 차경지를 확대하거나 소작권을 사들이기도 하였다. 한편 생산력이 증대되는 가운데 잉여 생산물이 늘어나 상품 화폐 경제가 급속히 발달하면서, 16세기 이후 도처에 생겨난 장시와 농촌 경제가 연결되었다. 이에 따라 농산물의 상품화가 널리 이루어져 거의 모든 농산물을 장시에 내다 팔기 위해 재배하였다. 상품화를 위한 농작물의 재배는 도시 주변에서 성행하였으며, 특히 서울인 한양의 외곽에서 유행하였다.

　물론 17세기 경에도 한양 성내에는 아직 텃밭이 군데군데 있어서 일부 주민들은 채소의 일부를 직접 재배하여 수요에 응하고 있었다. 그리고 관청에서는 주변의 빈터에 채소밭을 마련, 관청의 하인들에게 가꾸게 하였다. 18세기 이후에도 그러한 모습이 일부 남아 있었으나, 그것은 부분적인 현상에 지나지 않았다. 18세기에 이르면 채소를 상품화하기 위하여 지역별 및 부문별 전문화가 촉진되고 있었다. 예컨대 왕십리, 뚝섬 일대의 농민들은 배추, 오이, 미나리 등의 채소를 심어 해마다 많은 수익을 올리곤 하였다. 특히 왕십리에서는 미나리, 뚝섬에서는 배추가 집단적으로 재배되고 있었다. 왕십리에서는 미나리를 한 이랑만 심어도 잘 가꾸면 서너해의 식량을 얻을 수 있다고 하였다.[9]

상품화를 위한 작물의 재배, 즉 상업적 농업은 농업 그 자체의 발전과 함께 한편으로는 농업 생산물을 위한 시장의 확대가 요구된다. 시장이 확대되지 않고서는 상품 생산이 발전할 수 없기 때문이다. 농업 생산물을 위한 시장의 확대는 무엇보다도 먼저 그 수요를 위한 소비 인구의 증대와 관련이 있다.

18세기 이후 농업 경영상의 변화로 광작(廣作)이 행해지고 한편으로 지배층의 수탈로 다수의 농민들이 농촌을 떠나 도시로 모여들었다. 그들은 상공업에 종사하거나 임노동자가 되었다. 특히 왜란과 호란을 겪으면서 농촌 사회가 파탄에 이르자 농민들은 거의 도시로 몰려들었는데, 그 중에서도 한양으로 집중되었다.[10] 그런데 한양 성내에는 이미 주거지가 더 이상 마련될 수 없어 그들은 성저각면에 흩어져 살았다. 『증보문헌비고』에 의하면 1657년(효종 8) 80,572명이던 한양의 인구가 1726년(영조 2) 188,596명으로 급증하고 있다. 도시로의 농촌 인구의 이동은 18세기의 시대적 추세였다. 도시로의 농촌 인구의 이동에 따르는 상공업 인구와 도시 빈민의 증대는 상품 곡물의 수요를 현저히 증대시켰을 뿐 아니라 각종 채소를 위한 시장을 확대시켜 도시 주변에서의 채소 재배업의 발전을 촉진하였다.

우선 한양 주변에서는 전술한 바와 같이 왕십리, 뚝섬 외에도 살고지 등 성동구 일대의 저습지대와 서쪽의 연희동 일대, 남쪽의 이태원, 청파동 등지가 채소 집단 재배지로 유명하였다. 이들 지역에서는 부식에 필요한 온갖 채소가 재배되었으니, 무우, 배추, 파, 부추, 고추, 오이, 가지, 미나리, 토란, 호박 등 그 종류도 다양하였다.[11]

그런데, 이것은 한양 주변에만 국한된 현상이 아니었다. 18세기 말에 큰 도시나 고을을 끼고 있는 파밭, 마늘밭, 오이밭은 6백에서 8백평의 작은 땅에서도 수백량의 수익을 얻을 수 있었다고 하는데, 비록 그 표현에는 과장이 있으나 이 시기 우리 나라 도시 주변에서 상업적 채소 재배가 매우 성행하고 있었음을 알 수 있다. 특히 평양의 능라도는 수박으로 유명하였으며, 개성 주변에서는 채소 이외에 과실 재배도 성행하였다.

왕십리, 뚝섬, 살고지 등 도시 주변의 채소 재배업에서 특징적인 것은

그 순수한 상품 생산적 성격과 그것의 높은 수익성이다. 채소 재배에서
의 높은 수익성은 바로 곁에 한양이라는 광대한 소비지를 끼고 있다는
시장 관계의 유리성에 기인하고 있지만, 그것은 또한 높은 토지 이용률
과 집약성에도 관계가 있었다. 비교적 작은 면적의 땅에서 많은 수익을
올리기 위해서는 땅을 놀리지 않고 철에 맞추어 이것저것 유리한 작물을
번갈아 심어서 잘 가꾸어야 하는데, 그러자면 땅을 잘 거루어야 하며,
작물을 가꾸는 데 많은 품을 들여야 한다. 그런데 이 시기에 이르면 농
서가 많이 보급되어 농작물의 특성이 알려지고 있었고, 시비법도 발달하
였다. 그리고 많은 품을 쉽게 이용할 수 있게끔 도시 주변에는 임노동자
들이 항시 대기하고 있었던 것이다.

(3) 양잠의 고향

　조선 후기의 상업적 농업은 채소 재배뿐 아니라 목화, 담배, 모시, 닥나
무, 뽕나무 등 공계 작물을 전문적으로 재배하는 데서도 주목되었다. 농
업 생산에서의 지역별 및 부문별 전문화는 본래 그 생산물의 상품화를 예
견한 것이었고, 그리하여 시장을 대상으로 하는 상업적 농업을 경영하는
현상은 날로 증대되었다.『택리지』에 의하면 충청도 옥천군의 양산 농민
들은 논이 적기 때문에 전적으로 목화 재배를 생업으로 하고 있는데, 목
화를 팔아서 얻는 소득이 기름진 논에서의 소득과 맞먹는다고 하였다. 한
편 이 시기에는 여유가 생기면서 모시에 대한 수요가 늘어나고 모시 생산
을 전업으로 하는 지역들이 늘어났다. 실학자 박지원(朴趾源)에 의하면
충청도 한산에는 수 천 이랑의 모시밭이 펼쳐져 있었으며, 그 곳 주민들
은 모시 재배를 통해서 막대한 이득을 얻고 있다고 지적하였다.
　목화, 모시와 더불어 수요가 큰 옷감의 하나가 비단이었다. 비단은 고
급의 옷감일 뿐 아니라 대외 수출품으로서도 이름나서 그 수요가 컸다.
그런데 비단은 명주실로 짜며, 명주실은 누에고치에서 뽑는다. 누에는
뽕나무잎을 먹고 산다. 따라서 비단을 제조하기 위하여는 뽕나무 재배가
잘 되어야 했다. 누에를 키우며 뽕나무 재배 단지로 유명했던 곳이 잠실
이다.『경국대전』에 의하면 조선 왕조는 동·서 두 곳에 잠실을 설치하
고 있었으니, 동잠실은 자양동 일대에 있었고, 서잠실은 연희동 일대에
있었다. 자양동에 있었던 동잠실은 본래 낙천정(樂天亭) 잠실이라고도

했는데, 잠실 부근에 낙천정이 있었기 때문이다.

한편 이와 별도로 성종 때부터는 아차산(蛾嵯山) 잠실을 운영하고 있었는데, 그 위치는 현재의 성동구 잠실동이라고 추정된다. 원래 이 지역은 성동구 자양동(옛 이름은 자마장리(雌馬場里)이다)에 연속된 반도였으나, 홍수로 인하여 지금의 유로에 지류가 생겨 섬이 되고 말았다. 그 중에서도 북쪽을 신천리, 남쪽을 잠실리라 하였는데, 1971년 서울 특별시의 한강개발공사의 일환으로 이 곳의 유로가 바뀌게 되어 강동구에 속하게 되었다. 낙천정 잠실에 대신하여 이 곳에 잠실이 설치된 것은 뽕나무의 재배와 관계가 깊다고 보인다.

국가적으로 양잠을 장려하기 위하여는 잠실을 설치해야 했지만, 이에 앞서 뽕나무가 잘 가꾸어져야 양잠이 성사될 수 있다는 것은 상식적인 일이다. 그러나 선초에는 국가에서 심은 뽕나무가 자라나기도 전에 잠실을 서둘러 설치하였기 때문에 부득이 잠실에서는 민간의 뽕나무에서 뽕잎을 채취하였기 때문에 민원의 소지가 있었다.[12] 이에 국가에서는 뽕나무 재배에 힘을 기울였다. 조선 왕조의 역대 국왕들은 농상(農桑)은 의식의 근원이라고 하여 이를 국정의 주요 지표로 삼았다. 농경을 통해 식량의 문제를 해결하려 하였고 잠실을 통해 의복의 문제를 해결하려 하였다. (물론 이는 거의 양반의 경우에 국한되었다) 그리하여 초기부터 뽕나무 재배를 위해 여러 가지 조처를 강구하였는데, 태조 때에는 법으로써 가가호호마다 그 가족 수에 따라 대호, 중호, 소호로 구분하고, 그에 비례하여 심어야 할 뽕나무 숫자를 정해 놓았다. 태종 때에는 뽕나무를 심지 않는 농가에는 벌과금을 부과시키기도 하였다. 문종 때에는 서울의 율도(栗島), 즉 밤섬에 일반 작물의 재배를 금하고 오직 뽕나무 묘목만 심도록 조치하였다. 마침내 『경국대전』에서는 대호에 300주, 중호에 200주, 소호에

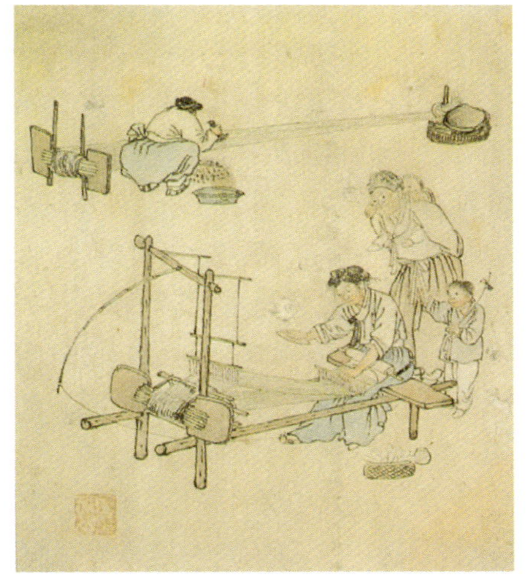

⬆ 길 쌈

100주를 의무적으로 심게 하고 이를 각 수령들이 엄히 살피도록 하였다.[13]
성동구 자양동 일대에 설치된 잠실 도회 주변에도 이 시기를 전후하여 뽕나무 재배 단지가 조성되었다. 한편 국가적으로 잠실을 전국 곳곳에 설치하고 양잠 운동이 거세게 일자 민간에서도 뽕나무를 기르는 사람들이 많아졌다. 오늘날 지명으로 정착된 잠실은 본래 누에치는 곳이다. 이 같은 잠실은 국가가 운영하기도 하지만 민간에서 운영할 수도 있다. 당초 국가가 잠실을 설치한 것은 민간에 양잠을 보급하기 위한 데서 비롯되었다. 이를테면 성동구 자양동 일대에 있었던 낙천정 잠실, 아차산 잠실 등은 국가가 설치한 잠업 시범 단지였다고 하겠다. 양잠을 국가가 주도하여 보급해야 했던 까닭은 양잠이 다른 분야와 달리 양잠 기술의 축적과 뽕나무의 재식이 오랜 기간을 소요하는 특수한 조건을 갖추어야 했기 때문이다. 결과적으로 이후 양잠은 전국적으로 민간에 널리 보급되어 갔다. 그 발원지가 성동구 자양동 일대였다.

3. 목축업의 본산지

성 동쪽의 들이라는 의미에서 동교라고 불리웠던 성동구 일대의 넓은 평야 특히 살고지벌로 알려진 송정동, 성수동, 화양동, 자양동 등의 지역은 지대가 평탄하고 광활하였는가 하면 목초가 풍부하였다. 그리하여 조선 시대에는 이 곳 주위를 목책 또는 돌담으로 두르고 말을 기르는 목장을 설치하였다. 이 곳에서 길러진 말은 군마 또는 국왕의 행차 등에 쓰이는 국마(國馬)였는데, 따라서 전국에서 우수한 말들이 집합하는 곳이기도 하였다. 지금도 말과 관련된 이름이 남아 있으니 마장동, 경마장 등이 그것이다. 즉, 살고지벌 일대는 조선 시대 목축업의 본산지였다.
소·말·돼지·개·닭 등 가축을 기른 것은 선사 시대부터 비롯되었다고 보이는데, 그것은 가축이 식품으로서 주요한 재료였을 뿐 아니라 뿔이나 뼈로 연모를 만들기도 하고, 가축을 농경에 이용하기도 하였기 때문이다. 삼국 시대에는 이미 목장이 설치되어 소·말·돼지 등을 사육했다고 하는 기록이 있는데 그 후 통일 신라 시대에는 기마전의 보급과 농경의 발전으로 소·말의 생산이 크게 행해져 한때 목장의 수가 170여 개소를 헤아린 적도 있었다.[14]

　　고려 시대에 이르러 목축업은 보다 발달하였다. 목장에 대한 체계적 관리가 강화되고, 과학적인 목축 사육 방법이 채택되고 있었다. 고려 후기 몽고와의 관계가 원활해지면서 충렬왕 이후에는 유목 민족인 몽고족으로부터 목축 기술과 그들의 소·말·양 등의 가축이 전해져서 품종 개량이 이루어지고 제천 말목장과 같은 대규모의 목장이 세워져 목축 명산지로서 중국에까지 이름을 떨쳐, 이로 인해 수많은 가축과 사료용 건초를 공물로서 몽고에 징발당하기도 했다. 그런데 성동구의 살고지벌이 목마장으로 자리잡은 것은 조선 시대에 이르러서였다. 조선 시대의 목축업은 고려의 것을 답습하였다. 그러나 차츰 목축의 수가 증가하자 목축을 정책적으로 관리하고자 하였다.

　　조선 시대에 국가적으로 사육하고자 한 주요한 가축은 6축, 또는 8축이라 하였다. 『농사직설』, 『사시찬요』 등에 의하면 6축은 소, 말, 양, 돼지, 닭, 개를 꼽고 있다. 그 밖에 염소, 오리 등이 중요시되었다. 그 중에

❂ 진헌마정색도(進獻馬正色圖) 〈목장지도(牧場地圖)〉

서도 소와 말이 중요시되었고, 그 밖의 것은 잡축이라 했다. 이들 가축은 대체로 식용에 쓰였으나 소와 말은 용도가 특이하였다. 즉 소는 농경과 운반용에, 말은 군사적 교통 수단으로 주로 쓰였다. 약용, 가공품, 비료 등에도 쓰였으나 부수적이었다.

가축의 용도가 다양하고 그 이용 가치가 높자, 국가에서나 개인적으로 이를 사육하기 위한 노력이 다각도로 시도되었다. 즉, 도처에 마(馬)목장, 우(牛)목장, 양(羊)목장, 저(猪)장, 고(羔)장 등이 생겨났는데 그 중 집단적으로, 체계적으로 관리된 것이 마목장이다. 조선 초기의 마목장의 수를 살펴보면 국가에서 운영하는 것이 157개소, 개인이 운영한 것이 52개소로서 도합 209개소였다.[15] 가가호호에 한두 마리씩 키운 것은 포함되지 않았다고 본다. 말의 사육은 그 용도가 국가적이어서 관리 체계도 국가가 주로 주관하였다. 즉 군사적 교통 수단으로 말이 중요시되었기 때문에 병조(兵曹)와 그 속아문인 사복시(司僕寺)에서 총관리를 맡았고, 각지의 목장은 관찰사의 책임 하에 각 고을에 수령이 감목관직을 겸임하여 목축의 사육 실태를 살폈다.

목장을 설치하고 관리 체계를 엄히 한 것은 사육을 잘하여 생산을 늘이는 데 그 의도가 있었다. 생산을 늘이기 위하여 각 목장에는 암말 100필에 숫말 15필로써 한 울타리에 넣게 하고, 소정의 목자(牧子)를 배치하여 수종에 힘쓰게 하였다. 그리고 수의(獸醫)와 약재도 비치케하여 말의 건강 관리에 유의하였으며, 종자 개량을 위한 연구 서적도 보급시켰다. 그리하여 조선 전기에는 전국 목장에서 항상 4~5만 필의 말이 사육되고 있었다. 그 중에서 우수한 말이 가려져 한양으로 보내졌는데, 암말은 지금의 자양동 부근의 목장으로(때문에 예전에는 이 곳을 자마장으로 불렀다), 숫말은 지금의 마장동 부근으로 배치, 용도에 따라 사용하였다.

화양동, 성수동, 송정동, 능동 일대의 동교는 목장터로서는 매우 이상적인 지역이었다. 그리 높지도 않은 구릉이 이곳 저곳에 자리하고 있으면서 풀이 가없이 무성해서 소·말들이 지내기에 적합하였다. 넓은 비단 요를 깔아놓은 것과 같은 평원에 온갖 기화요초가 피어났고, 말들이 뛰노는 모습이 어우러졌다면 그림같은 장면이었을 것이다. 그리하여 한양 성내의 시민들은 생활의 여유가 생기면서 화전놀이, 답청놀이를 즐기고자 이 곳 살고지벌로 찾아왔다.

　동교는 목마장이었을 뿐 아니라 군마를 훈련하는 곳이기도 하였다. 또 넓은 들판과 곳곳의 구릉은 사냥하기에도 좋아서 옛부터 양반들이 사냥에 나섰다. 서울이 조선 왕조의 수도로서 채 궁궐을 이룩하기 전부터 이 곳 살고지벌은 사냥터로 지목되었는데, 특히 태조 이성계는 말 달리기와 사냥을 좋아하여 1395년(태조 4)에는 지금의 성동구 응봉동 산기슭에 매사냥을 관장하는 응방을 설치하기까지 하였다.[16] 그 뒤에도 역대 국왕들은 이 곳에서 아차산까지 말을 달리며 사냥을 즐겼으니 태조에서 성종 때까지 1백년 사이에 150여 회의 수렵이 있었다. 그리하여 『동교수렵(東郊狩獵)』이라는 말까지 생겨났다.

　국왕들은 사냥을 하다가 잠시 휴식하면서 호종한 병사들과 군마를 훈련시키고 이를 사열하기도 하였다. 이것이 예가 되어 이 곳은 군대 훈련장이 되기도 하였다. 지금 성동구 성수동 일대에 진터마루란 마을이 있는데, 곧 군대의 무예를 수련하던 곳이고, 이 곳에 있었던 성덕정(聖德亭)은 바로 국왕이 사열하던 정자였다. 당시의 사열 광경은 매우 장관이어서 정도전은 이를 시로서 읊어 감탄하였다.[17]

　　징과 북소리 꽝꽝 땅을 울리고
　　깃발 펄럭펄럭 하늘을 메우네
　　일만 마리의 뗏말이 하나같이 빙빙돈다
　　이를 몰아가면 전쟁에도 이길 수 있으리

　자양동의 낙천정 역시 군대를 사열하던 곳이었는데, 특히 태종이 쓰시마를 정벌할 때 출정군을 환송한 곳이기도 하였다. 태종은 이 지역의 정취를 좋아해서 이궁(離宮)을 설치하였는데, 그 곳이 낙천정이 있던 자리였다. 정인지의 기문에는 다음과 같이 기록하고 있다.

　『동교는 그 토질이 기름지고 물과 풀이 넉넉하여 마필을 놓아 기르는데 알맞다. 좋은 말이 만여 마리나 되는듯 싶어 바라보니 마치 구름떼가 몰린 것 같다. 그 들판 가운데 높은 언덕이 있어 그 형상이 가마솥을 엎어 놓은 것 같다. 그 위에 낙천정이 자리하고 있다. 태종 대왕이 임금의 자리를 물러난 후 편히 쉬던 곳이다. 남쪽으로 큰 강에 임하였는데 물 가운데 섬이 있어 물길이 이를 감아돌아 흘러가고, 강변의 흰 모래와 갈

대숲이 어우러져 경치 또한 색다르다.』[18]

　동교, 즉 살고지벌 일대는 목마장이 있었기 때문이기도 하겠지만 유난히 말과 관련된 지명이 많다. 앞에서 살펴 본 낙천정이 있던 자양동은 본래 자마장 또는 자마장리라고 하여 조선 태조 때부터 암말을 길렀던 곳이다. 1949년 이 지역이 서울시로 편입되면서 구전되던 이름을 한자로 표기하면서 자양동으로 바뀌었다. 그리고 오늘의 화양동의 연원이 된 화양정은 화양동에 지금도 그 흔적이 남아있는데 『신증동국여지승람』에 의하면 세종이 이 곳에 정자를 짓게 하고 이름을 짓게 하였던 바, 말은 화산 양지에 돌려보낸다는 주서(周書)의 글귀를 따라 『화양정』이라 이름 하였다고 한다. 화양동에는 속칭 『말문께』라는 마을이 아직 남아있는데, 말을 기르고자 울타리를 치고 그 출입을 위해 만든 문이 있었던 데서 유래하였다.

　다음 동대문구 장안동도 본래는 성동구의 관할이었는데 예전에는 장안벌이라 하였다. 이 곳에서 말을 길렀으므로 마장안벌이라 하였는데 변하여 장안벌이 되었다. 그리고 송정동 일대의 넓은 들은 소나무가 곳곳에 있었는데, 역시 말을 길렀으므로 솔마장벌 또는 양마장이라 하였다. 그 지역이 오늘의 마장동 일대까지 미치고 있어서 현재도 그 이름을 간직하고 있다. 한편, 성수동 일대에는 속칭 이문께, 내박배로 불리는 곳이 있는데 뚝섬 일대에서 기르던 말을 이 울타리 문으로 몰아 넣었던 데서 유래하였다.[19]

　성동구 일대가 예전에는 목축업의 본산지였기 때문에 특히 말과 관련된 제단이 여러 곳에 있었다. 지금의 행당동 한양 대학교가 자리한 산기슭에는 말의 조상인 천마를 제사지내던 터가 있었다. 해마다 봄에 말이 잘 자라서 용마가 되도록 기원한 곳이다. 이밖에 선목단(先牧壇)이라 하여 처음 말을 기른 사람을 제사지내던 곳도 있고, 또 마사단(馬社壇)이라 하여 처음 말을 탄 사람을 제사지내던 곳도 있었

🔵 정황　동교행락(東郊行樂)

다. 그리고 마보단(馬步壇)을 만들어 말을 해치는 귀신을 제사지내기도 하였는데, 선목단은 여름에, 마사단은 가을에, 마보단은 겨울에 각기 제사를 지냈다. 목마에 대한 국가적 관심도를 보여주는 징표였다.

한편 성동구 일대는 남으로 한강에 연해 있기 때문에 활발하지는 않았지만 어로가 이루어지고 있었다. 신석기 시대에 한강 유역에 삶의 터전이 마련되었던 것은 농경보다도 어로가 가능했기 때문이다. 신석기인들은 어로를 통해 식량을 해결하였던 것이다. 이웃한 강동구의 암사동에서는 신석기 시대의 어망추가 발견되었는데, 흙을 구워서 만든 것도 있고 돌을 깎아서 만든 것도 있다. 그물을 이용하여 물고기를 잡았지만 때로는 작살이나 창을 이용하여 물고기를 잡기도 하였을 것이다. 이들이 사용한 빗살무늬 토기에는 고기뼈를 형상화한 어골문이 새겨져 있었는데, 어로 생활이 생업에서 큰 비중을 차지하고 있음을 알게 해준다. 그 후 청동기 시대, 철기 시대를 지내면서 어로 생활도 다양해졌으리라고 보는데, 농경이 발달하면서 그 비중은 약해져 갔다.

한강에 살고 있는 어류는 담수어이다. 옛 기록에 의하면 조선 시대에 주로 채집한 물고기는 붕어, 잉어, 눈치, 숭어, 쏘가리, 웅어, 뱅어, 게 등이었다. 이들 물고기를 주로 잡던 곳은 광나루에서 신천, 뚝섬, 저자도, 입석포, 두모포에 이르는 포구였다.

　　광나루의 가을 빛이 긴 강에 닿았는데
　　사립문 밖에 두 그루 고목이 서있다.
　　뱃사람들 제각기 고기잡았다 자랑하네
　　마을 아이는 달려와서 항아리에 술 가득 익었다네.[20]

4. 제조업의 연원

오늘날 서울의 공장 지대라고 하면 영등포와 구로동 일대를 손꼽을 수 있다. 그 다음으로 공장이 많이 들어선 곳이 성동구 성수동 일대이다. 따라서 이 곳은 흔히 서울의 '제 2 공업 지역'으로 불린다.

그러나 산업화가 이루어지기 이전, 특히 근대 사회 이전에 있어서 성동구 일대에서는 농경과 목축이 성하였을 뿐 제조업은 그리 성하지 않았다. 제조업이라 하여도 공장제 공업은 물론 아니었다. 미숙한 수공업에 의한 제조 활동이 있었을 뿐이다. 즉, 무쇠막 또는 수철리로 일컬어진 금호동 일대에는 수철장(水鐵匠)이 있어 무쇠를 다루어 솥, 칼, 낫 등을 만들었고, 인근에서는 무쇠솥을 걸고 메주를 쑤어서 파는 곳도 있었다. 그리고 뚝섬에는 속칭 숯광골 또는 탄동이란 마을이 있었는데, 이 곳에서는 강원도 등지에서 뗏목으로 내려온 나무를 숯으로 만들거나, 강원도에서 만든 숯을 옮겨다 보관하였다고 한다.[21]

　조선 시대에는 이 곳뿐 아니라 다른 곳에서도 관영 수공업과 민영 수공업으로 나뉘어 제조업이 행해졌다. 조선 시대에도 초기에는 고려 시대를 이어서 관영 수공업이 중심이었다. 즉, 국가에서는 전국의 전문적 수공업자인 공장들을 중앙과 지방의 각 관청에 소속시켜, 일정한 기간동안 국가가 필요로 하는 물품을 제조하게 하였다. 관청에 등록된 장인을 관장(官匠)이라 하였는데 이들은 의무적으로 무기 · 화약 · 문방구 · 그릇 · 의류 등을 제조하여 납품하였다. 장인들은 일정한 기간의 근무가 끝나면 자유롭게 물건을 판매할 수 있었다. 당시 서울에는 수철장을 비롯한 장인들이 129개의 직종에 3,400여 명 있었다.[22]

　한편 민영 수공업은 수공업을 기본 생업으로 하는 장인 수공업과 농민들의 가내 수공업으로 구분되는데, 조선 초기에는 이들은 관영 수공업에 비하여 그 발전이 매우 미약하였다. 당시에는 상품 화폐 경제가 발달하지 않아서 민간에서의 제조업은 거의 자급자족이었다.

　그러나 조선 후기에는 수공업 분야에서도 변화가 일어나 종래의 관영 수공업은 쇠퇴하고 민영 수공업이 성장하여 갔다. 무기나 도자기의 제조 분야에서는 여전히 관영 수공업이 중심을 이루었고, 그 품질도 우수하였지만 이들도 점차 민영 수공업으로 전환되어 가고 있었다.

　관영 수공업의 쇠퇴는 부역제의 변동과 상품 화폐 경제의 진전에서 비롯된 것이었다. 본래 관영 수공업은 부역제에 토대하여 운영되었다. 즉 관장은 모두 각 관아에 등록되어 일정 기간 노동력을 징발당하

🔹 광　진(廣津)

었던 것이다. 그러나 16세기를 전후하여 장인(匠人)들은 가급적 등록을 기피하였고, 또한 정부의 재정 사정이 악화되면서 관영 수공업을 운영하기가 어렵게 되었다.[23] 여기에 민영 수공업이 대두하기에 이르렀다.

관영 수공업이 쇠퇴하고 민영 수공업이 발달해 간 것은 역시 왜란과 호란을 겪으면서 각지의 농촌을 떠난 인구가 도시로, 특히 한양으로 몰려들어 상공업 인구가 증가하면서부터였다. 한양으로 몰려든 이농민들은 더 이상 거주지화 될 수 없는 도성 안으로는 진입할 수 없게 되었다. 그리하여 그들은 앞에서 지적한 대로 성저각면에 흩어져 살았는데, 동쪽에서는 왕십리, 두모포, 뚝섬 등이 그들의 밀집 지역이었다. 즉, 지금의 금호동, 옥수동, 성수동, 왕십리 일대로 몰려든 이농민들은 대개 장사에 참여하거나 품팔이에 나서는가 하면, 일부는 제조업에 종사하였다. 그릇과 벽돌을 굽는가 하면, 메주를 쑤어서 팔기도 하고, 수철장이 되기도 하였던 것이다.

금호동의 수철장, 뚝섬의 숯쟁이들이 이들 지역에서 터전을 잡을 수 있었던 것은 입지 조건이 가능했기 때문이다. 즉, 원료 또는 연료를 한강이란 뱃길을 통해 쉽게 공급받을 수 있었고, 또 만든 제품을 인접 도성 안 사람들에게 처분하기가 용이한 지리적 이점이 있었던 것이다. 그러나 그들의 제조업은 자본 규모가 큰 것이 아니었고, 소자본을 갖고 영위된 영세업자들이었다고 본다.

한편 18세기 이후부터는 농민들의 가내 수공업에도 일정한 변화가 일어나기 시작하였다. 상품 화폐 경제의 농촌 침투, 농민들의 소상품 생산자로의 전환과 함께 가내 수공업은 점차 시장을 위한 소생산, 즉 수공업에 있어서의 상품 생산으로 변화되어 갔다. 명주나 모시와 같은 사치품은 물론이고 무명이나 베같은 것도 이제는 자가 소비를 위해서만이 아니라 많든 적든 판매를 위해서 생산하게 되었다. 이 같은 움직임은 도시 근교 또는 원료 생산지 주변에서 주로 전개되고 있었는데, 잠실(蠶室)이 있었던 오늘의 성동구 자양동 일대의 농민들이 명주를 제조하였으리라는 것은 충분히 예상된다. 물론 이들 제조품도 판매를 위한 것들이었다. 18세기 이후 도시의 발달과 부유층의 대두, 옷에 대한 신분적 제약의 약화 등으로 견직물에 대한 수요가 현저히 증대하였다. 그리하여 견직업은 국내 각지에서 자못 활기를 띠게 되었는데 누에가 많이 생산되는 지역에

서 크게 발달하였다. 누에가 생산되는 지역은 전국적이었는데 서울 주변
에서는 앞에서 살핀 바와 같이 성동구 자양동, 광장동 일대, 송파구 잠
실동, 신천동 일대를 비롯하여 서초구 잠원동 일대, 서대문구 연희동 일
대, 지금은 없어졌지만 마포의 한강 가운데인 밤섬 등지가 유명하였다.

　한편 직조업과 더불어 서민 생활과 밀접한 관련을 갖고 있던 식료품도
점차 상품 생산이 활발해져 갔다. 제조업 중에서도 식료품 공업은 아주
미약하게 발달하였다. 간장, 된장, 고추장은 모두 집에서 만들어 먹었으
며, 기타 식료품들도 가공품을 사먹는 일은 거의 없었다. 그러한 속에서
도 간장, 된장, 고추장의 원료인 메주는 점차 판매를 위해 제조되기도
하였는데, 금호동의 속칭 무쇠막 마을에서는 무쇠솥을 걸고 전문적으로
메주를 쑤어 이를 판매하던 곳이었다. 메주는 그것을 띄울 때 냄새가 나
서 도성 안에서는 이를 잘 만들지 않았기 때문에 도성 주변에는 무쇠막
같이 메주를 전문적으로 제조하는 곳들이 있었다. 용산구 도원동의 메주
막, 마포구 신수동의 메주 무수막 등이 그러한 곳들이었다.

　식료품 공업에서 다소나마 볼만한 것은 양조업이었다. 18세기 말엽에
이르러 상업 도시들이 흥성하고, 생활이 향상되면서 술에 대한 수요가
날로 늘어났다. 18세기 말의 기록에, 한양에는 양조업자가 동리 마다
2~3호 있었는데 큰 양조업자는 하루에 쌀 한 섬 이상을 쓰고, 작은 술
집도 하루에 몇 말을 소비한다고 쓰여있는 것을 보면, 일부 도시에서는
양조업이 매우 번창하였음을 알 수 있다. 19세기 중엽에 편찬된『동국세
시기』에 의하면 지금의 마포구 공덕동 일대에서는 소주의 일종인 삼해주
(三亥酒)를 달여서 파는데, 술독이 천여 개나 된다고 하였다. 이는 물론
과장된 표현이지만 마포뿐 아니라 용산, 서빙고, 두모포, 뚝섬, 송파 등
상업 도시가 형성되고 있던 곳에서는 술집이 도처에 생겨났고 따라서 술
을 빚는 곳도 많았다. 물론 술파는 곳에서 술을 빚기도 하지만 수요가
많을 때에는 술만 전문으로 빚는 술도가에서 공급을 받아야 했다.

　한편 곡물을 저장하고 음식을 담아 보관하기 위하여 그릇이 필요하였
는데 처음에는 목기나 소쿠리 등을 사용하였지만 점차 흙으로 그릇을 빚
어 불에서 단단하게 구워내는 방법을 안 뒤부터는 토기, 도기, 자기 등
이 우리 생활에서 없어서는 안될 존재가 되었다. 세심한 기술과 오랜 시
간을 요하는 자기가 고급품으로서 상류층이 선호하였다면 일반 서민들

은 보다 쉽게 만들 수 있는 오지그릇과 질그릇을 즐겨 썼다. 간장, 된장, 고추장, 김장은 뛰어난 발효 식품으로 우리의 양식이며 생활 바탕이다. 그런데 지방마다 집집마다 맛있고 특색있는 음식 맛은 장독에 있다고 여겼다. 그리하여 옛 가정에서는 장독대를 소중하게 생각하고 정갈하게 관리하였다. 나아가 장을 담가두는 독이 좋아야 장맛이 좋다고 하여 좋은 장독을 고르고자 애썼다. 그 이름도 다양하였다. 대독, 중두리, 방구리, 항아리, 알방구리, 동이, 중단지, 옴박지, 방퉁이, 단지 등 용도에 따라 종류도 가지가지이고 고을마다 이용도 달랐다.

이와 같은 옹기는 그 만드는 수법이 그리 복잡하지 않아서 흙과 물과 햇볕이 좋은 곳이면 어디서나 제작되었다. 서울 주변에서도 강동구 암사동의 점말, 동작구 노량진의 동이점·독막, 영등포의 옹기말 등이 옹기 굽는 곳으로 유명하였는데, 옥수동이나 광장동 부근에서도 옹기장이들이 옹기를 제조 판매하고 있었다. 그러나 성동구 일대에서의 근대 이전의 제조업은 그 규모가 영세하였기 때문에 대체로 적은 자본으로 운영되었고, 생산량도 대량 생산에까지는 이르지 못하였다. 부분적으로 고용 노동이 행해지는 경우에도 생산 체제는 주문 생산이 중심이었고, 시장을 위한 생산은 활발하지 않았다.

5. 상가의 흔적

(1) 교통의 요충지

두모포와 뚝섬 등지가 강원도나 충청도 내륙 지방의 산물을 한강을 통해 운반하여 집하하는 관문이었음은, 포구로서의 조건에서 더 나아가 한강이라는 운송로·교통로를 끼고 있다는 장점 때문이었다. 한강은 한반도를 서북으로 관통하고 있다. 태백 산맥이 등뼈라면 한강은 기본적 혈맥이다. 조선 태조가 새 도읍지로 계룡산을 생각하고 몸소 순시하다가 이를 그만두고 한양으로 도읍을 정한 것은 순전히 한강 때문이었다. 육로 교통이 발달하지 못했던 당시로서 한강은 도읍의 젖줄이었다.

한강 유역은 고대로부터 그 중요성이 인식되어 왔으며, 특히 삼국 시대에는 3국이 서로 차지하려고 각축을 벌이던 곳이다. 성동구 동편의 기둥이 되고 있는 용마산, 즉 아차산 일대에는 지금도 그 흔적을 볼 수 있다. 이 곳은 그 후 조선 왕조가 도읍을 정하면서 더욱 주목을 받게 되었고, 한양이 정치, 경제 등 모든 면에 있어서 중심지 역할을 하는 데 큰 몫을 담당하였다.

그러나 두모포, 뚝섬 등 한강 연안 일대가 본격적으로 주목된 것은 한강을 중심으로 한 선상(船商)들의 활동이 두드러진 조선 후기에 이르러서였다. 조선 후기의 한강은 음료수 또는 농업 용수로서보다는 물길이라는 운송·교통의 측면에서 보다 중요시되었다. 교통로라고 하면 오늘날에는 흔히 육로를 생각하게 된다. 현재 우리 나라에서는 서울을 중심으로 하여 동·서·남의 방향으로 시원한 고속도로가 개통되어 있고, 아울러 국도·지방도가 사면팔방으로 뚫려 있어 교통하면 육상 교통을 상정한다. 그러나 근대화 이전에 있어서는 이 같은 도로의 발달을 생각할 수 없었으니, 구릉과 하천이 많은 지형 관계로 인하여 도로 사정이 불량하였고, 교통 수단 역시 발달하지 못하였기 때문에 육상 교통은 그리 발달하지 못하였다. 특히 물자 운송에서는 육상 교통보다는 수상 교통이 중심이었다.

두모포, 뚝섬, 용산, 마포 등은 한강변에 위치한 수상 교통의 요충지였다. 이 곳으로 전국의 물화가 한강을 경유하여 운송되었다. 특히 두모포, 뚝섬 등지는 한강의 상류와 그에 이어지는 낙동강을 통해서 풍부한 영남 지방의 물화가 집중되고 있었다. 영남 지방과 충청 북도 일대의 세곡 역시 한강의 조운로를 통해서 서울로 집결되었는데 두모포, 뚝섬을 경유하였다. 뿐만 아니라 한강 유역에는 광주·여주·충주·원주·춘천 등 대도회지가 발달하고 있어 사람들의 왕래도 한강의 수로를 이용하는 경우가 많았다. 조선 후기의 사례이지만 이벽이 한강의 수로를 이용하여 마재에서 한양으로 배를 타고 가며 같이 가던 정약용(丁若鏞)을 비롯한 여러 사람에게 천주교를 전도했다는 이야기에서도 한강에서의 수상 교통의 일면을 엿볼 수 있다.[24]

한편 1419년(세종 1) 5월 세종은 부왕인 태종과 함께 이 곳 두뭇개 백사장에 나와 대마도 정벌차 떠나는 이종무(李從茂) 등을 전송하였다. 이것과 관계가 있는지는 알 수 없으나 그 후 두모포는 일본으로 떠나는 사신 일행의 출발 지점이 되고 있다. 당시 일본과의 교통로는 4개 노선이 있었다. 그 가운데 3개 노선은 육로였고, 1개 노선이 수로였다. 그 수로의 출발 지점이 두모포였으니, 사신 일행은 이 곳을 출발하여 배를 타고 강을 거슬러 내려가 충주 사천 나루터에 이르러 육지로 올라가 충청·경상도의 경계인 새재를 넘어 상주까지 도보로 가서 그 곳에서 다시 낙동강 수로를 이용, 부산에 이르러 잠시 쉬었다가 대마도를 거쳐 일본에 이르렀다. 이 노선은 육로를 보행하는 괴로움이 적었고, 많은 물자를 운반할 수도 있었다. 일본의 사행도 물론 이 노선을 경유하여 우리 나라에 왔다.

한강은 인마의 교통로로서 그 역할이 요청되기도 하였지만, 그보다는 운송로로서의 기능이 보다 강조되었다. 자급자족적인 경제 체제하에서 지방 간의 교통이나 원거리 교통이 발달되지 않은 상황이었지만, 중앙 집권적 국가였던 조선 왕조였기에 국가의 재정을 유지하기 위하여 각 지방의 농민에게서 징수한 현물 지대인 세곡은 한양으로 운송되어야 했고, 그것은 대규모의 운송 작업이었다. 여기에 조운(漕運)이 그 대책으로서 제시되었다. 조운이란 조세로 징수한 미곡·포목 등을 선박으로 운송하는 제도를 말하는데 국가에서는 각 고을에서 거둔 세곡을 우선 그 인근의 수로 연변 또는 연해안에 설치한 창고에 집적하였다가 일정한 시기에 조선에 실어 용산 또는 서강에 있는 경창으로 운송하였다.

『경국대전』에 의하면 조선 초기 각 지방에 설치한 조창은 9개소로서, 그 중 3개소가 한강 연안에 위치하고 있었으니, 충주의 가흥창, 원주의 흥원창, 춘천의 소양강창이 그것이었다. 이들 조창에서는 일부 지방을 제외하고는 충청도와 강원도, 그리고 경상도의 세곡을 수납하여 참선으로서 한강을 경유하여 서울의 경창에 수송하였다.[25] 조창을 설치하고 조선을 구비하여 조운의 활성화를 기한 위정자들은 조선이 왕래하는 조운 항로에 대해서도 세심한 관리를 기울였다. 매년 연례 행사와 같이 빈번히 일어나는 조난 사고, 즉 조선의 침몰은 국가 재정에 있어서의 손실은 말할 것도 없고, 민간에 준 폐해도 적지 않았다. 이에 조난 사고를 사전에 예방하기 위하여 여러 가지 운항 지침이 강화되고 아울러 한강에서의 수로 관리, 연해안에서의 해로 관리에 유의하였다.

한강에서의 수로 관리를 위하여 이미 15세기부터 한강 연안 곳곳에는 수참(水站)을 설치하여 세곡선이 경유할 때 그 사고 관리에 대비하였다. 뚝섬, 두모포 등도 한강을 경유하는 참선의 경유지였다. 곳곳에 설치된 수참은 세곡선인 참선이 상류의 조창을 출발하여 항해할 때 연변에서 그 안내와 경호를 맡았고, 선박이 운항치 않을 때는 하천 관리에도 유의하였으니, 특히 뚝섬 앞의 강바닥에는 사토의 퇴적이 심하여 수심이 얕아지고, 수중의 암석이 수상으로 노출하기 때문에 이를 제거하여 수로가 막히는 일이 없도록 해야 했다.

뚝섬, 두모포를 경유하는 참선의 수로는 충주의 가흥창(可興倉)에까지 거슬러 올라간다. 가흥창 참선의 수로는 조선 후기까지 계속 이용되었다. 가흥창을 떠난 참선은 한강의 물결을 따라서 흘러 내려오다가 원주의 섬강 입구에서 흥원창의 참선과 합류하고, 다시 여주, 양근을 거쳐 양수리에 이르러서는 춘천에서 가평을 경유, 북한강을 흘러 온 소양강창의 조선과 합류하여 광주의 두미진, 양주의 미음진, 광나루, 송파를 지나 뚝섬, 두모포에 이르고, 더 나아가 용산에 있는 경창에 도달하여 화물을 하적하였다. 이 같은 뱃길은 260리에 이르렀다. 세곡뿐 아니라 충주, 여주 일대에 있던 한양의 양반 지주들이 소유하고 있던 농장의 소작료도 또한 선편으로 운반되었으니 그 운송로도 역시 세곡선의 운항로와 같았다.

한강이 한양의 젖줄로 돋보이기 시작한 것은 조선 후기에 이르러서였다. 조선 후기에 이르면 서울에 인구가 집중하고, 따라서 서울은 최대의 소비 시장이 되고 또한 상공업이 발달하면서 전국의 물자들이 서울로 집중되었는데 미곡, 시탄, 어염 등 일상 생활의 필수품이 거의 모두 한강을 통해서 공급되었다. 뚝섬, 두모포 등이 용산, 서강, 마포 등지와 함께 이에 큰 역할을 하였음은 당연한 일이었다. 그리하여 이들 지역에서는 일찍부터 운수업은 물론 선박으로 상업 활동을 하는 선상업(船商業)이 발달하였으니 그 주역은 강상 또는 경강 상인, 오강 상인이라 불리는 상인들이었다.

세곡 운송을 통해 뱃길을 익힌 선상들은 세곡 또는 소작료를 운반해 주고 그 대가를 받는 운송업으로서도 성공하였지만 조선 후기에는 보다 이득이 많은 상업 활동에 직접 참여하게 되는데 한강은 어찌보면 그들의 생명원이었다. 조선 후기에는 경강선(京江船) 뿐 아니라 각 지방의 지토선(地土船)들도 현지의 물자를 싣고 소비지를 찾아 나서기도 했으니 상업 활동이 왕성할 때는 한강 연안에 온갖 선박들이 모여들었다. 특히 뚝

섬 일대는 강원도 등지에서 내려 온 뗏목들이 포구 앞을 가득 메울 정도
로 성시를 이루기도 하였다.

　한강이 수상 교통에 있어서 차지하는 역할은 매우 컸다. 그러나 한강
은 한양과 삼남 지방을 연결하는 육상 교통에 있어서는 큰 장애물이 되
었다. 예로부터 하천은 산악과 더불어 교통의 기능을 저해하는 가장 큰
요인의 하나였다. 조선 시대 전국의 9개 간선도로 중 6개가 한강을 건
너야 했기 때문에 한강은 교통로로서 많은 지장을 주었다. 그러나 사람
들은 교통의 장애를 극복하며 새로운 문화를 창조하여 왔으니, 하천의
장애를 극복한 것이 교량이요, 산악의 장애를 극복한 것이 터널이었다.
현재 한양 대학교 앞에 그 자취가 남아있는 전관교(箭串橋), 즉 살곶이다
리는 조선 성종 때 승려들을 동원하여 만든 다리로서 왕십리 쪽에서 뚝
섬으로 나가는 길목에 위치하였는데 조선 시대에는 서울에서 가장 긴 돌
다리였다. 일명 제반교라고도 했는데 길이는 75m, 폭은 6m였다. 다리
아래로는 중랑천이 흘러가다가 여울을 만들었으니 도요연이라 해서 다
리가 없었다면 건너기가 용이치 않았다.

　그러나 토목 기술이 그렇게 발달하지 않은 상황 속에서 계곡이나 시내
가 아니라 한강과 같이 깊고 넓은 강에는 다리놓기가 여의치 않았다. 그
리하여 일찍부터 배를 이용할 줄 안 사람들은 배를 통하여 강을 가로 건
너가거나 배다리를 놓았다. 이를 위해 강을 건너는 양쪽 지점에는 나루
터가 있었다. 한강에 연해 있는 성동구 일대는 예전부터 곳곳에 나루터
가 있어 교통의 편의를 제공하였다. 즉 아차산 기슭에 있는 광나루를 비
롯하여 송파나루·삼밭나루·
뚝섬나루 등이 있었고, 입석
포·두모포 등지에서도 강을 건
네주었다. 이들 나루에 배치된
선박은 주로 사람의 왕래에 이
용되었지만 때로는 봇짐·등짐
장수의 화물도 운반해 주었다.
따라서 나룻터 부근에는 여러
가지 물건이 집결되어 거래가
이루어졌고 주막이 생겨났다.

🔵 살곶이다리

　　조선 시대 서울에서 강원도·충청도나 경상도를 가는 길은 셋이었다. 하나는 살곶이다리를 지나 동쪽으로 살고지벌을 경유, 광나루를 건너 강원도 또는 충청도로 가는 길이고, 둘째는 살곶이다리에서 동남으로 방향을 잡아 자마장, 즉 자양동에서 신천을 지나 잠실에서 삼밭나루 또는 송파나루를 건너 광주에 이르는 길이다. 세째는 살곶이다리에서 정남으로 향하여 뚝섬에서 강을 건너 청숫굴, 즉 청담동에 이르고, 여기에서 다시 판교, 용인으로 가는 길이다. 이 같은 길목에 위치한 나루는 사람의 왕래가 빈번하였는데 특히 송파나루나 뚝섬나루 부근에는 문물의 집산이 두드러졌다. 나루로서의 비중으로 볼때 뚝섬은 두모포보다 우위에 있었고, 강상들의 본거지가 될 충분한 요인이 있었다. 송파나루 부근에는 조선 후기 전국적으로 유명했던 송파장이 있어 객주, 거간, 선주들이 모여들었다.

　　두모포·뚝섬·송파 등 한강변은 인구가 집중하고 포구 조건을 갖추었으며 수상 교통에 편리하게끔 한강을 끼고 있었고, 게다가 나루가 개설되어 전국의 물화가 집결되는 입지 조건을 갖추고 있었을 뿐 아니라 가장 큰 소비 시장인 한양을 이웃하고 있다는 이점때문에 보다 활발하게 상업 기지로 성장할 수 있었다. 이 시기의 한양 인구는 20만 명 내외로서 그 대부분이 소비 인구였다. 관원·이서·노비·상인·수공업자 등 모두가 자급자족하던 농촌의 농민과 달리 생활 필수품을 구매해서 생활하는 인구였다. 한양은 최대의 시장이었다. 그런데 여기에서 성장한 상인들은 경강 상인을 비롯한 사상인이었다.

　　조선 후기에 이르면 점차 봉건적 경제 체제가 무너지면서 사상인들의 활동이 활발해지는데 그들의 근거지는 칠패·이현·용산·송파·누원·두모포 등지였다. 그들은 매점 상업인 도고 활동을 통해 성장해 갔다. 특히 한강변의 상인들은 세곡·소작료의 운송과 선상업을 통해 자본을 축적, 이를 이용해서 전국 각지의 물품을 매점매석하는 사상 도고로 성장하였다. 그들은 전국 각지에서 들어오는 물화의 집산지임을 최대한 이용하여 풍부한 자본으로 이를 매점하였다가 물건이 귀하여 값이 폭등하기를 기다려 처분하기 때문에 막대한 이득을 취할 수 있었다.

　　한강 연변 사상 도고의 이러한 상업 활동은 18세기 말 통공 정책에 의해 상업의 활동이 자율화된 이후 가뜩이나 고전을 면치 못하던 도성 안

상인들, 즉 시전 상인들에게 커다란 타격을 주어 양자 사이에는 수시로 분쟁이 일어났다. 그러나 이미 민영 수공업이 크게 발달하고 있었고, 정부도 대동법의 실시를 통해 필요한 물품을 시장에서 구매하고 있었으며 이러한 분위기 속에서 자유로운 상업 활동이 전개되고 있던 당시 조선 사회의 실정으로서 아직도 봉건적 요소를 가지고 있던 시전들은 더 이상 명맥을 유지할 수 없었다. 이에 봉건적 경제 구조와 붕괴라는 역사적 흐름과 더불어 시전 상인들의 압력을 경제적으로 극복한 사상인들, 특히 한강변의 상인들은 이제 '경강부상', '경강거상', '경강거부' 등으로 지칭되는 거상층으로 성장해 갔다.

(2) 상업 중심지로서의 성장

조선 후기에는 사회 변동이 급격히 추진되고 있었다. 사회 변동의 원동력은 봉건 정부가 제도를 개편하고 정치 구조를 재정비하려는 노력에 있었다기보다는 자신들이 당면한 어려운 생활 조건을 스스로 개선해 나갔던 백성들의 역량에 있었다. 농민들은 양난으로 황폐된 농토를 개간하고 수리 시설을 복구했으며 생산력을 높이기 위하여 영농 방법을 개선하고, 소득을 높이기 위하여 새로운 작물을 재배하였다. 왕십리·뚝섬 등지에서 배추·무우·미나리가 재배되어 상품 작물로 각광을 받았던 것도 이 때였다. 한편 농촌을 떠난 농민의 일부는 도시로 모여들었는데 한양 주변의 두모포·뚝섬·용산·서빙고 등지가 그 대표적인 곳으로 이로 인하여 도시의 상권이 확대되고 자유로운 상공업 활동이 추구되었다. 이러한 경제의 활성화는 새로운 경제 체제로의 발전을 지향하는 움직임이었다. 그런데, 그것은 봉건적 경제 체제를 분해시키는 움직임이기도 하였다. 지금까지 봉건 정부의 비호를 받아오던 시전 상인들은 우선 그들의 구역 내에서 도전을 받았으니 예컨대 칠패와 이현에 나타난 사상인들의 활동이 그것이었다.

1746년(영조 22)의 한 기록에 의하면 이른바 무뢰배들이 칠패에 난전(亂廛)을 차려놓고 하루종일 상품을 팔고 있었는데, 물건을 사고파는 사람과 상품을 실어나르는 말이 골목에 빽빽히 들어서 있었다. 사상 도고들은 동쪽으로는 누원 주막에서, 남쪽으로는 동작 나루터에까지 사람을 보내어 북도와 남도에서 서울로 오는 상품을 그 물량을 헤아리지 않고 모두 매점하여 칠패로 싣고 갔다. 칠패에 쌓아 둔 상품은 거간꾼들의 소개로 여러 곳으로 팔려나갔는데, 회현동·주자동·어청동·이현 등 여러 곳에는 칠패에서 나온 상품이 산과 같이 쌓여 있었다고 한다. 본래 상거래는 각 지방의 생산자가 직접 서울에 가져와서 시전에 팔거나 혹은 행상꾼이 사이에 들어서서 생산자와 시전 상인을 연결하는 것이 원칙이었다. 그러나 사상 도고들은 칠패에서와 같이 지방의 상인들이 서울로 들어오는 길목을 지켜 매점하거나, 더 나아가서 직접 생산지에 가서 상품을 사왔고 이것을 쌓아두고 가격을 마음대로 조종하는 것이었다.[26]

시전 상인들에게 보다 큰 타격을 준 것은 금난전권의 적용을 받지 않고 있던 도성 주변, 즉 한강 연변 송파·누원 등지의 상인들이었다. 칠패와 이현 등의 상인은 때로는 시전 상인과 타협하기도 하였지만 도성 주변의 상인들은 타협의 필요성을 느끼지 않았기 때문에 매우 적극적으로 상품을 매점하여 시전 상인을 괴롭혔다. 그러한 상업 중심지의 하나가 뚝섬이었다.

1806년(순조 6) 뚝섬에 사는 정대빈·홍명심 등은 용산의 경명심·손덕원 그리고 왕십리의 김성진 등과 함께 막대한 자금을 가지고 원산에 가서 상품을 매점해 두고 값을 조종함으로써 서울 시내에는 상품, 즉 생선이 전혀 들어오지 않았다고 한다. 이에 어물전 상인들이 그들의 거래 장부를 살펴보니 상품의 한 달 판매액이 4,5천 냥이나 되고 1년 간의 판매액은 수만 냥이 되었다고 한다.[27]

뚝섬에서는 생선뿐 아니라 목재·시탄 등도 도고(都賈)의 주요 대상이었다. 강원도·충청도 등 내륙 지방에서 뗏목 등으로 운반되어 온 목재는 거의 뚝섬에서 양육되거나 두모포에서 거래되었다. 뚝섬의 사상인들은 이 같은 상품도 매점하여 폭리를 남기고 있었다. 목재는 건축 자재, 가구 재료 또는 선재 등 여러모로 이용도가 많았다. 더구나 서울 근교에서는 산림 정책으로 목재를 구할 수가 없어 자연히 수요가 컸다. 이에 한강 상류로부터 경강으로 목재가 운반되는 길목인 뚝섬에서는 이른바 유전자(有錢者)들이 이를 모두 매점하여 그 판매권을 가진 장목전에 오히려 전매하고 있었다.[28] 이 경우의 '유전자'는 물론 시전 상인이 아닌 사상인으로서 목재를 경강으로 운반해 오는 선상과 그 독점 판매권을 가진 장목전을 격리시키고 중간 상인으로 위치를 확보해 가고 있음을 보여

준다. 그들은 점차 경제적으로 성장, 경강에 운반되어 오는 목재를 모두 매점하여 오히려 장목전을 자금면에서 견제 혹은 압박하기에 이르렀던 것이다. 뚝섬에서의 이 같은 모습은 조선 후기에 흔한 현상이었다.

뚝섬의 목재 도고(木材都賈)들은 흘러내려 오는 목재를 기다려 매점할 뿐 아니라 보다 적극적으로 생산지에 가서 직접 벌목하여 상품을 확보하기도 하였다. 벌목을 위해서는 관문(關文)이라는 벌채 허가증이 필요하였다. 그러나 사상인들에게는 관문이 합법적으로 발급되지 않았다. 이에 목재의 공납을 담당하던 목물 공인의 차인(差人)으로 지정되거나 각 아문·궁방의 차인과 결탁하였다. 또는 현지 고을의 관리나 토호와 결탁하여 벌목에 나서고 있었다. 그들이 벌목한 목재의 양은 수만 혹은 수천 조에 이르렀는데 직접 판매해도 많은 이윤을 남겼지만 그들은 이를 가공하여 더 많은 이윤을 취하였다. 즉, 선재, 가재로 팔기도 하였지만 직접 선박을 건조하여 처분하기도 하였다.

당시 선박의 수요는 매우 컸다. 생산력이 증대되고 물화의 유통이 활발해지면서 그 운송 수단으로서 선박이 절대적으로 필요하였다. 뚝섬·두모포·용산 등 한강 연변의 사상인들은 본래 운송업에 종사하면서 성장한 경강 선인들이었기에 배의 구조를 잘 알았고, 그 제작 방법도 알고 있었다. 이에 정부에서도 그들에게 선박의 개수를 의뢰하고 있으니, 1719년(숙종 45)의 기록에 의하면 공조에서는 사용 기한이 지난 신천진, 삼전도, 한강진 등의 진선 25척을 선인들에게 의뢰 새로이 건조케 하였는데, 그들은 한강 상류에서 운반되어 오는 선재를 구입하여 진선을 새로이 건조하거나 개수하여 납품했다고 한다.[29] 목재의 판매 또는 선박의 제조 판매는 목물(木物)에 대한 수세소가 있던 두모포에서도 활발하였으리라고 본다.

한편 뚝섬에서는 연료로서의 시탄, 즉 숯의 거래도 활발하였다. 당시 고급의 연료인 시탄은 수요가 많았다. 뚝섬의 상인들은 시탄의 공급로를 독점하고서 그 가격을 마음대로 조종하였다. 시탄 역시 목재와 마찬가지로 강원도·충청도 등 산간 지방에서 제조되어 한강을 경유하여 경강으로 운반되어 왔는데 뚝섬은 그 길목이었다. 1791년(정조 15) 신해통공(辛亥通共)을 강행하여 일반 시전의 도고권을 박탈한 채제공은 사상인들의 시탄 도고를 규탄하면서 그들의 도고 활동 때문에 서울 시내의 시탄

이 3일 간이나 품절되었다고 한탄하였다.[30]

한편 제빙업에서도 도고 활동이 전개되고 있었다. 겨울 동안 한강에서 얼음을 떠서 보관해 두었다가 어물 냉장용으로 판매하는 이른바 빙도고(氷都賈) 역시 한강 연변에서 발달한 도고 상업 중 중요한 하나였다. 빙도고에서의 도고 활동은 동빙고가 있던 현재의 옥수동과 서빙고가 있던 현재의 서빙고동에서 주로 전개되었다. 현재의 옥수동, 즉 두모포에는 한양 천도 이래로 빙고(氷庫)가 설치되어 종묘와 사직단 등의 제사 때 얼음을 쓰도록 하였다. 한강이 얼지 않는 때는 깊은 산골에서 얼음을 떠다가 대치해야 했다. 그리하여 동빙고 옆에는 사한단(司寒壇)이란 제단이 있어서 해마다 12월이면 날씨가 추워지길 빌었다고 한다.

나라에서 설치한 빙고가 있지만 점차 얼음의 수요가 늘어나면서 공급이 부족하였을 뿐 아니라 일반인들도 얼음을 애용하기 시작하였다. 그리하여 사사로이 빙고를 만들어 얼음을 파는 사람들이 나타났으니 18세기에는 한강 연변에 30여 개소의 빙고가 있었다. 그러나 1786년(정조 10) 이들 빙고를 모두 없애고 8개소만 남겼는데 이에 얼음값이 앙등하고 이로 인하여 어육을 다루는 상인들이 생업을 잃을 지경에 이르렀다. 심지어는 서울 시민들이 앞으로는 물고기맛을 못보게 되었다고 하여 소동을 일으키기도 하였다.[31] 그런데 30개소에서 8개소로 줄어 든 것은 난립을 조종하고자 한 의도도 있지만 소규모의 빙도고를 제거하고, 일부 대규모의 업자들이 독점해 가고 있음을 의미하는 것이기도 했다. 즉, 빙고가 많았어도 얼음의 수요를 충족시키지 못하고 있었는데, 경제적 또는 경제외적 강제로 스스로 생산 원천을 감축, 값을 올려 얼음까지도 도고 활동을 전개한 사상인들이었다. 얼음 가격이 폭등함에 따라서 사상인들은 그 만큼의 폭리를 취하였던 것이다.

뚝섬·두모포 등지의 상인들이 금난전권의 범주 밖에서 어물·목재·시탄·얼음 등을 대상으로 도고 활동을 활발히 폈는데 이 곳에서는 그 밖에 한강 상류 지방에서 오는 고추·마늘·감자 등이 상거래의 대상이 되었고, 또 용산·서강 등지에서 주로 거래된 곡물의 도고도 이루어졌다. 비록 기록을 찾아 볼 수 없지만, 한강 상류 특히 남한강 유역의 여주·이천·광주 등지는 품질이 좋은 미곡의 생산이 풍부하였고, 내륙 지방에서는 잡곡의 생산이 많았는데, 이들도 점차 거래의 대상이 되었다고 본다. 식량으로서의 곡물은 매우 중요한 상품의 하나였다.

　서울에서 소비되는 대부분의 곡물 수요는 거의 상인에 의해 조달되었다. 비록 정부의 세곡이 분배되어 식량곡이 되거나 지방에 농장을 가지고 소작료를 현물로 받는 일부 양반 관료를 제외하고는 서울 시민의 양곡은 거의 상인들이 공급하는 강상미(江上米)였다. 미곡의 수요가 날로 증대되면서 한강 연변에서의 미곡의 도고 활동도 번창하였는데 그 중심지의 하나가 뚝섬이었다. 뚝섬은 용산·마포·노량진·양화도와 더불어 오강의 하나였다. 그런데 도고 활동으로 이름을 떨친 오강부상을 꼽을 때의 오강은 그 밖에 서강, 동작, 두모포를 지칭하기도 한다. 여하튼 뚝섬, 두모포 등이 경강 상인의 근거지였음은 틀림없다.

【주】

1) 김주환, 「한강의 유로변천」(『한강사』 1985) p.121

2) 손정목, 『조선시대 도시 사회 연구』(일지사, 1977) p.261

3) 김원룡, 『화양지구 유적발굴조사보고』, 1977

4) 최몽룡, 「문화유적으로 본 한강 유역」(『향토서울』 44호, 1987),p.121

5) 손정목, 앞의 책 p.35

6) 世宗實錄 권 40, 세종 10년 윤 4월 기축

7) 이춘녕, 「서울의 농업지대소고」(『향토서울』 47호, 1989) p.16

8) 김용섭, 『조선후기 농업사연구(Ⅱ)』(일조각, 1971) p.63

9) 觀水漫錄, 경세권농지책

10) 備邊司謄錄 162책, 정조 5년 2월 16일

11) 전석담, 『조선에서의 자본주의적 관계의 발생』(이성과 현실,1989) p.39

12) 박경룡, 「잠실고」(『향토서울』 43호, 1985), p.73

13) 經國大典 권 6, 공전 재식

14) 남도영, 「삼국시대의 마정」(『동국사학』 7집, 1961) p.81

15) 남도영, 「조선시대의 목축업」(『동양학』 9집, 1979), p.386

16) 太祖實錄 권 7, 태조 4년 3월 4일

17) 新增東國輿地勝覽 권 3, 한성부 제영

18) 東國輿地備攷 권 2, 한성부 산천

19) 이재곤, 「서울지역의 전래동명고」(『향토서울』 47호, 1989) p.43, p.53
　　　김영상, 「한강본류의 사적」(『한강사』,1985) p.608

20) 四佳亭集 권 14, 시 광진촌야

21) 이재곤, 앞의 글 p.65

22) 經國大典 권 6, 공전 경공장
23) 강만길,「조선전기 공장고」(『사학연구』12호, 1961) p.64
24) S.달레,『한국천주교회사』(분도출판사, 1982) p.302
25) 최완기,「조선전기 조운시고」(『백산학보』20호, 1976) p.395-399
26) 各廛記事 지권, 건륭 11년 11월
27) 各廛記事 인권, 가경 11년 9월
28) 市弊 2, 문외장목전
29) 承政院日記 513책, 숙종 45년 2월 3일
　　承政院日記 907책, 영조 16년 2월 26일
30) 日省錄 정조 15년 6월 20일
31) 日省錄 정조 10년 1월 22일

7. 성북 지역의 상가

1. 경제 활동의 입지

(1) 자연적 입지

성북구는 대한 민국이 수립되면서 설치된 행정 구역이다. 서울의 구제 (區制)는 1943년부터 실시되었지만, 당시의 성북구 지역은 동대문구 관내와 경기도 고양군 관내에 포함되어 있었다. 즉 이 지역은 근대에 이르러 서울에 편입된 곳으로서, 전근대 사회에서는 성외 또는 교외 지역이었다. 조선 시대에는 서울의 대부분이 경기도에 속하였다. 다만 성북동ㆍ정릉동ㆍ미아동ㆍ수유동ㆍ장위동ㆍ안암동ㆍ종암동ㆍ석관동ㆍ돈암동ㆍ삼선동ㆍ월곡동 등은 비록 성 밖에 있었다고 하여도 초기부터 한성부에 속하였었다.

초기의 성저십리에는 인가가 드물었고, 다만 동대문 밖과 서대문 밖에 약간의 취락이 있었을 뿐이다. 특히 성북구 일대는 서울의 진산인 북한산의 줄기가 동남쪽으로 뻗치면서 곳곳에 석가봉ㆍ형제봉ㆍ성덕봉ㆍ화룡봉ㆍ잠룡봉ㆍ거수봉ㆍ옥녀봉ㆍ일출봉ㆍ천장산 등 크고 작은 봉우리가 형성되어 있었다. 그러한 자연 조건 때문에 경치가 수려하여 옛부터 도성민들이 이 곳을 자주 찾아 소풍하는 명소로 손꼽혔다.

산간 지대가 대부분인 성북구에 평야라고 할 수 있는 곳은 성북천 가의 삼선평, 안암천ㆍ중랑천ㆍ우이천 일대로서 이들 지역에 농경지가 일구어지고 있었다. 평야가 일부 있었다고 하지만, 농경 생활이 본격적으로 이루어진 것은 아니었다. 지형적 조건을 살려 양잠이나 과수가 보다 널리 행해졌다. 현재 성북동 성북 초등 학교 옆 길가에 세워진 선잠단 (先蠶壇)터를 나타내는 비석은 이 일대에 뽕나무가 많아 양잠이 발달했음을 증거해 주는 것이고, 먹골배의 이름에서 알 수 있듯이 배ㆍ복숭아ㆍ앵두ㆍ자두 등이 풍성했던 곳이다. 특히 성북동 일대에는 복숭아 나

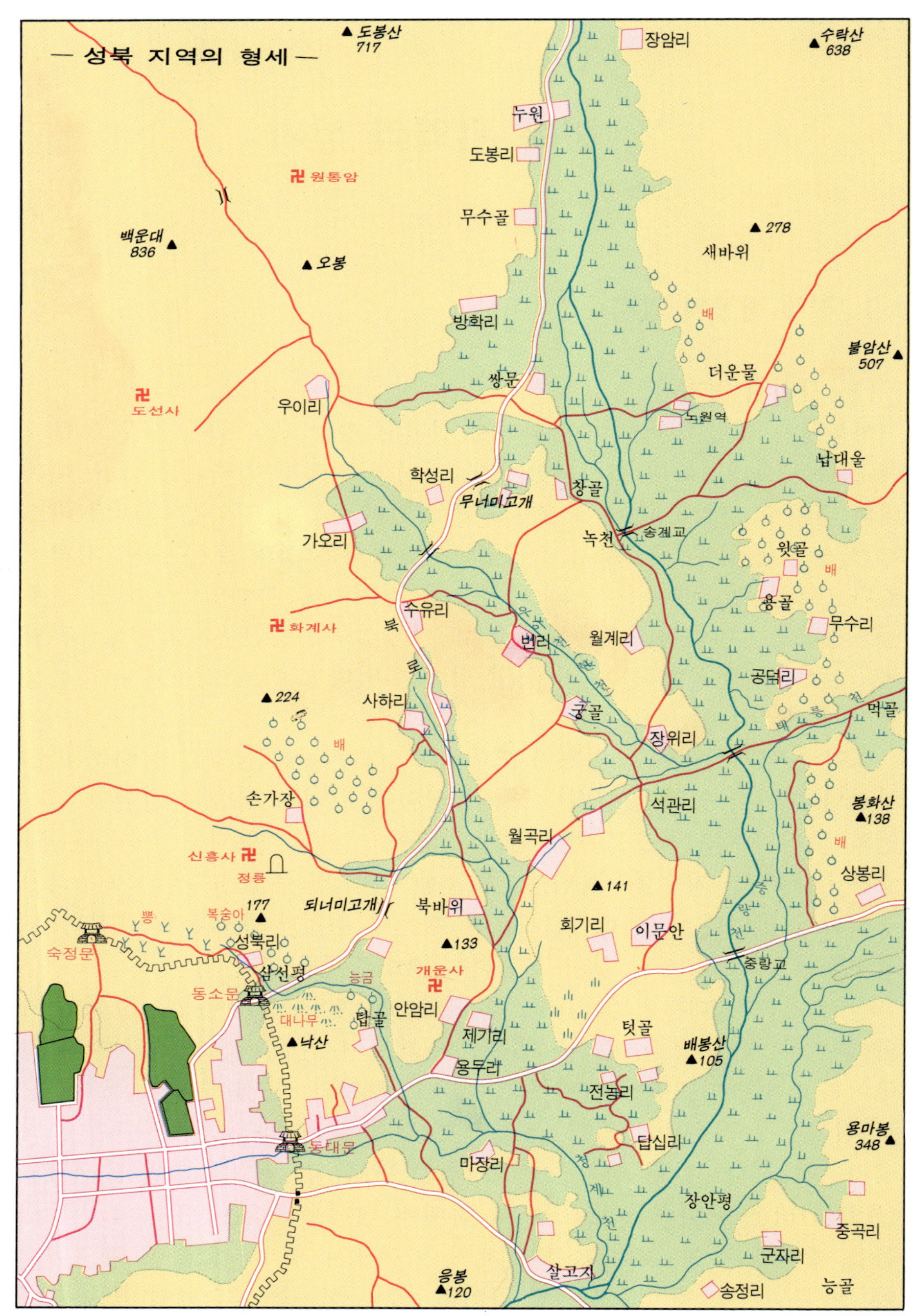
－ 성북 지역의 형세 －
도봉산
717
장암리
수락산
638
원통암
누원
도봉리
무수골
278
새바위
백운대
836
오봉
방학리
배
더운물
불암산
507
쌍문
도선사
우이리
녹원역
납대울
학성리
창골
무너미고개
녹천
송계교
윗골
배
가오리
용골
무수리
수유리
북
화계사
번리
월계리
공덕리
로
224
사하리
궁골
먹골
배
장위리
태
릉
손가장
석관리
봉화산
138
신흥사
월곡리
배
정릉
141
상봉리
복숭아
177
되너미고개
북바위
회기리
이문안
뽕
숙정문
성북리
133
중랑교
동소문
삼선평
능금
개운사
안암리
대나무
탑골
제기리
텃골
배봉산
105
낙산
용두리
전농리
용마봉
348
답십리
동대문
마장리
장안평
중곡리
군자리
응봉
120
살고지
송정리
능골

무가 무성하여 북저동(北渚洞)이라고 불리우기도 했다.

　『한경식략』에 의하면, 성북동 일대에는 맑은 계곡과 얕은 언덕을 끼고 사람들이 모여 사는데, 복숭아를 심어 생업을 삼고 있다고 했다. 그리하여 매년 봄이면 놀이를 나온 사람들이 계곡 사이를 메워 복숭아꽃을 즐기고, 또 여름이면 복숭아를 맛있게 먹었다고 하였다. 『동국여지비고』에 의하면, 그 때문에 사람들은 이 곳을 도화동(桃花洞)이라고 했는데, 지금도 도화동·홍도동·복사동이란 자연 부락의 이름이 남아있다. 조선 후기의 실학자 박제가(朴齊家)도 이 곳의 복숭아 나무를 주제로 시를 읊었는데, 그는 그 재배를 실학적 관점에서 권장하였다.

　성북동 계곡 막바지에는 본래 도성의 4대문 가운데 하나인 숙정문(肅靖門)이 있었다. 속칭 북대문이라고 하는 숙정문은 건립된 후 곧 폐쇄되는데, 그 이유는 풍수 지리상으로 좋지않기 때문이라고 하지만,[1] 보다 근본적 이유는 도성으로의 출입문으로서 적합하지 않았기 때문이라고 본다. 도성에서 의정부, 포천, 원산 등으로 가는, 혹은 반대로 경원가도에서 도성으로 들어가는 길로서 숙정문을 통과하려면 성북동 골짜기로 한참 돌아가야 한다. 그런데 혜화동과 삼선동을 잇는 동소문을 이용하면 보다 빠르고 편하다. 이 때문에 사람들은 동소문을 주로 이용하였고, 숙정문을 이용하는 경우는 거의 없었으니, 이로 인하여 숙정문이 폐쇄되었다고 보는 것이 옳다.

　숙정문이 폐쇄되면서 동소문의 역할이 커졌으니, 동북 지방에서 도성으로 출입하는 길목으로서 중요시된 것이다. 동소문이란 혜화문(惠化門)의 속칭으로 19세기에도 동소문 외계라는 동리 이름이 있었다. 지금의 동소문동·동선동·삼선동·돈암동 일대를 일컫는데, 그 가운데로 성북천 또는 안암천이란 개천이 성북동 골짜기에서 흘러 청계천으로 유입되고 있다. 개천이 구비구비 흘러가는 곳의 남·북에는 노송이 울창해 산자수려하였고, 그 부근의 저지대는 평평하고 모래사장이 넓게 펼쳐있어 조선 시대에는 이 곳을 군대의 연병장으로 사용하기도 하였다.[2]

　조선 말기의 문인 이제구(李齊九)는 늦은 가을날 이 일대를 지나면서 주변 경치를 시로서 읊었다.

　소청문 밖 나서니 성시 티끌 볼 수 없고,

나귀 등에선 붉은 석양이 이글거린다.
들판의 국화 시냇가의 단풍이
서로 어울려 한 폭의 그림을 이루었구나.

　동소문동에서 조금 더 밖으로 나가면 삼선동에 이른다. 삼선동에는 성
북천이 이 곳에 이르러 평평한 들판을 만들어 예로부터 삼선평(三仙坪)
이라 하였는데, 원래 그 이름은 하늘에서 내려온 세 신선이 동리 남쪽
옥녀봉 봉우리에서 옥녀와 놀았다는 전설에서 비롯되었다. 그러나 역사
적으로 살펴보면 경개가 수려한 지역이었기 때문에 신라 때 화랑들이 심
신을 단련한 곳이어서 붙여진 이름으로 보는 것이 보다 합당하다. 화랑
도는 국선도(國仙徒)라고도 불리웠다. 이 일대는 평평하고 넓어서 조선
시대에도 전관평과 더불어 군사 훈련장으로 쓰였다.
　삼선동 동쪽으로 산비탈에 위치한 동리가 돈암동인데, 이 곳 역시 조
선 시대 숭신방에 속한 성저십리 지역이었다. 돈암동 명칭의 유래가 된
미아리고개는 본래 되너미고개로 불리웠는데, 병자호란 때 오랑캐, 즉
뙤놈이 서울에 침입할 때 이 고개를 넘어왔기 때문이라 한다. 되너미고개 이름을 한자로 돈암현(敦岩峴) 또는 적유령이라 하였으며, 그리하여 동리 이름도 돈암동이라 하였다.[3] 이 고개는 여러 차례 깎여 낮아지고 그 폭도 넓어졌지만 본래 몹시 가파르고 험준한 고개였었다. 지형적으로 볼 때 도성의 범위가 이 곳까지임을 분명히 느끼게 하는데, 도성에서 의정부 방면으로 가자면 이 고개가 마지막 힘든 장애물이었고, 그 다음부터는 평탄하여

◆ 정선　동소문(東小門)

끝에 이른 고개, 마지막 고개라는 뜻으로 또는 경사가 몹시 심하여 밥을 되먹는 고개라 하여 되너미고개라고 불렀다고도 한다.[4] 그러나 이 고개를 넘는 길은 도성과 경원가도를 잇는 가까운 길이어서, 사람들은 비교적 평탄한 종암동 쪽보다는 이 길을 잘 이용하였다.

돈암동 남쪽의 보문동도 지형적 조건이 취락 형성에 적합하지 않았다. 동쪽의 안암동 산자락, 서쪽의 삼선동 산자락 사이에 있어서 지형이 긴 골짜기로 되어 있어 예로부터 절이나 신당이 자리잡는 곳이었다. 본래 동대문구 신설동에 속해 있었는데, 신설동 역시 조선 말기에 그 명칭이 보이는 새로이 설치된 동리였다.

조선 시대 성북구에 취락이 형성되었던 곳은 비교적 평탄한 안암동·종암동 일대였다. 안암동은 문헌상 나타나는 서울의 동명 중 가장 오래된 것의 하나이다. 이성계(李成桂)는 한양으로 천도한 이듬해인 태조 4년(1395) 자신의 만년 유택을 찾아 과천·광주 등을 돌아보고 그 해 9월 28일에는 안암동에 거동하였다. 그 이듬해 여름에도 왕비 신덕왕후(神德王后) 강씨가 세상을 떠나자 그 능지를 찾아 안암동에 내왕하였다.[5] 그 지세가 풍수 지리상으로 좋았기 때문인데, 그 후 이 곳은 세종의 다섯째 아들인 광평대군(廣平大君)의 세거지가 되었으니 명당으로 알려졌음에서였다. 실제로 광평대군의 자손은 그 후 번창하여 이씨 왕족 중에서도 후손이 많기로 유명하였다. 이 일대의 농토가 비옥하였음은 태종 때의 재상 박은의 일화에서도 입증되고 있다. 인근의 전농동·제기동·용두동 일대에는 조선 시대 국왕이 솔선수범하여 농사짓는 모습을 보여주던 적전(藉田)과 농사가 잘 되기를 국가적으로 기원하던 선농단(先農壇)이 있었다.

종암동은 그 서편 산자락에 북처럼 생긴 커다란 바위가 있는 마을이라고 하여 한자로 종암(鍾岩) 또는 고암(鼓岩)이라 부른 데서 연유하였다. 서쪽은 산으로 되어 있어 옛날에는 산림이 울창하였으나, 동쪽 일대는 정릉천 연변으로 비옥한 농경지가 형성되어 예로부터 소출이 많기로 유명한 곳이었다. 『동국여지비고』에 의하면, 북바위 부근에 있는 논과 밭은 소출이 많기로 유명하여, 농부의 자격을 결정하는 의미로도 쓰여 "북바위 전답을 아느냐?"고 물어서 대답을 못하면 "농군으로서 그것도 모르는 것을 보니 가짜 농군임에 틀림없다"고 하여 동리에서 쫓겨났다는 이야기도 있다.[6] 조선 시대에 이 곳에는 경주 김씨와 경주 정씨가 집단

적으로 집성촌(集姓村)을 이루고 있었다. 농경지는 석관동 · 장위동 일대
에 비교적 넓게 펼쳐 있었는데, 벼농사가 주로 행해졌다고 한다.

(2) 인문적 입지

　사람이 모여 생활하기 좋은 입지 조건은 식생활을 쉽게 해결할 수 있
고, 음료수가 풍부해야 하는데, 전근대 사회에서는 농업의 가능성이 높
은 지형 조건이 우선되었다. 그러나 점차 사회가 발전하면서 사회 · 경제
적 조건이 취락의 입지를 결정함에 있어서 더 큰 영향을 준다. 그 가운
데서도 교통의 편리함은 사람과 사람 사이에, 마을과 마을 사이에 교류
를 촉진시키고, 인구의 집중을 유발한다. 따라서 교통 조건은 유통 경제
발달의 전제 조건이었다.

　조선 시대 성북구 지역에 있었던 누원(樓院), 즉 다락원은 본래 서울
외곽의 한적한 원촌(院村)이었다. 이 곳은 본래 한양에서 강원도나 함경
도로 오가는 길손이 잠시 쉬어가는 곳이었으나, 조선 후기 상품 화폐 경
제가 발달하면서 최대의 소비 도시인 한양으로 많은 물화가 공급되면서
그 길목에 위치하였기 때문에 매우 번창한 위성 도시로 성장해 갔다. 더
구나 이 지역은 도성에서 비교적 멀리 떨어져 있어 시전 상인들이 특권
으로 행사하던 금난전권(禁亂廛權)에서 벗어날 수 있어서 사상인들의 자
유로운 상거래가 이루어졌다. 사상인들은 이 곳의 입지 조건을 최대한으
로 활용하였던 것이다.

　조선을 건국한 이성계가 풍수 지리설에 의거하여 계룡산에 도읍을 정
하려고 몸소 순행까지 하였다가 이를 그만두고 한양으로 도읍을 정한 것
도 교통 운수가 편리하였기 때문이었다.[7] 한양은 한반도의 중심에 위치
하였을 뿐 아니라 한강을 끼고 있어서 전국 각지에서 육로 · 수로가 모두
용이한 지점이었다. 그리하여 교통 운수 조직이 모두 한양을 중심으로
편성되었는데 역원제(驛院制)와 조운제(漕運制)가 그것이었다. 북에서는
평안도 · 함경도에서, 남에서는 전라도 · 경상도에서 출발하는 파발 · 조
선 등이 모두 서울인 한양으로 집결되었다. 더구나 한양은 당시 최대의
소비 도시로서 전국의 물화가 이 곳으로 공급되었다. 이 시기의 한양 인
구는 20만 명 내외로서 그 대부분이 소비 인구였고 함경도의 북어, 제주
도의 말총 등이 모두 한양으로 공급되어야 했다. 이를 매개하는 상업은

본래 도성 안의 시전 상인(市廛商人)들이 독점하고 있었다.

　그러나 조선 후기에 이르러 그 수요와 공급 물량이 크게 증대하면서 시전 상인들이 이를 감당하기에는 벅찼고, 이를 기화로 사상인들이 상거래에 참여하였다. 사상인들은 처음에는 칠패·이현·용산 등지를 근거지로 하였으나, 점차 그 영역을 확대하여 송파·누원 등 교통의 길목에서 전국 각지에서 들어오는 물화를 매점매석하면서 막대한 이득을 취하였다.

　조선 후기에는 어물, 특히 북어의 수요가 증대하였는데, 그 공급로는 경원가도(京元街道)였다. 함경도 원산장에서 수합된 북어는 말 잔등에 바리바리로 실려 철령을 넘어 서남쪽으로 길을 재촉하다가 서울 가까이에 위치한 누원에 이른다. 이에 사상인들은 누원으로 모여들어 이를 매점하니, 누원은 장사치들과 이에 어울려 사는 사람들로 북적였다. 칠패·이현뿐 아니라 송파의 상인들도 이 곳으로 모여 들었다. 누원이 이렇게 성시를 이룬 것은 교통의 길목이었기 때문이다. 누원에서 조금 남쪽으로 내려오면 미아리 삼거리에 이르고, 여기에서 돈암동이나 종암동 두 갈래로 나뉘어 도성에 들어가는데, 상인들은 시전의 간섭을 피하기 위하여 종암동쪽으로 가서 동대문의 이현 상인과 접촉하거나, 계속 남으로 향하여 뚝섬, 송파 상인과 연결하기도 하고, 한강을 경유하여 용산으로 나가기도 하였다.

　한편 『택리지』에서도 사람이 살 수 있는 입지 조건으로 지리·생리·인심·산수의 네 가지를 꼽고 있는데, 특히 교통의 중요성을 강조하였다.[8] 그 조건을 갖춘 곳은 그리 흔하지 않으나, 한강변의 용산, 마포, 송파 그리고 누원은 그러한 곳들이었다.

　서울 서북쪽 성저십리였던 성북구 일대는 북한산 기슭에 위치한 계곡 지대로서 논과 밭이 많은 편은 아니나, 지리·산수 등 취락의 입지 조건을 갖추고 있어서 서울이 조선의 수도로 정해지기 이전부터 취락이 형성되고 있었다. 더구나 경원가도의 길목에 위치하여 교통이 편리하였기 때문에 조선 후기 상품 화폐 경제가 발달하면서는 그 위치의 중요성이 제고되어 위성 도시화할 가능성을 갖추고 있었다. 그리고 한천·중랑천·정릉천 주변에는 개활지가 형성되어 농경이 영위되었고, 성북동·정릉동·장위동 등 구릉지대에는 과수 재배의 입지 조건도 양호하여 대규모 과수 재배 단지의 가능성도 지니고 있었다.

2. 농경 생활

(1) 농업의 역사

성북구 지역은 지형적으로 구릉과 계곡이 많아 기본적으로는 농업에 적합하지 않았다. 그러나 도성에서 좀 떨어진 지역, 예컨대 정릉천, 한천 연변에는 크지는 않지만 퇴적 평야가 형성되어 일찍부터 농경이 행해졌는데, 북바위 전설에 의하면 곳에 따라서는 비옥한 농토도 있었다.

성북구 지역을 포함한 서울 주변에 사람이 살기 시작한 것은 선사 시대(先史時代)부터였다. 뗀석기를 이용하여 동물을 사냥하거나 나무 열매를 채집하며 식생활을 해결한 구석기인들도 이 지역에 거주하였을 가능성은 충분히 있지만, 그 증거는 분명치 않다. 이 지역에 사람들의 삶의 터전이 마련된 것은 신석기 시대에 이르러 본격화되고 있다. 그것이 분명한 것은 이 곳에서 멀지않은 주변 지역, 예컨대 동대문구 전농동, 성동구의 왕십리, 서대문구의 신촌, 그리고 강동구의 암사동, 하남시 미사동, 양주군의 동막동, 고양시 일산 등지에서 당시의 주거지가 집중적으로 발견되었고, 농기구로 쓰였을 돌괭이, 돌보습 등이 다수 출토되었기 때문이다.[9] 그러나 농경다운 농경은 청동기 시대에 이르러서였다. 신석기 시대에는 농경이라고는 하지만 원시적 농경이었는데, 청동기 시대에는 농경을 더욱 발전시켜 돌도끼나 홈자귀, 괭이로 땅을 개간하여 곡식을 심고, 가을에는 반달 모양의 돌칼로 이삭을 잘라 추수를 하였다. 농업은 종래의 피, 조와 아울러 콩, 보리 등 밭농사가 중심이었지만, 저습지에서는 벼농사도 행해졌다.

이 시기의 출토물들은 토기를 비롯하여 도끼, 반달 돌칼 등이 중심이었는데, 성북구 일대에서도 출토되었다. 즉 정릉천 주변에서는 고인돌과 더불어 청동기 유물들이 다수 수집되었다. 서울을 비롯한 한강 유역 일대는 확실히 선사 시대부터 삶의 터전으로 자리잡고 있었다. 이 지역은 북한산의 정기와 한강의 힘이 합쳐진 천혜의 분지로서 지형, 기후상으로도 사람들이 살기 좋은 땅이었다. 한강 하류의 하상은 해발 고도가 낮고 토사가 과도하게 퇴적하여 항상 홍수의 위험이 도사리고 있었다.

그러나 넓은 충적 평야는 생활터전으로서 그 토질이 양호하여 농업에 적합하였고, 그리하여 선사 시대 이래로 취락이 발달하였다. 더구나 고대 도시의 입지 조건인 방어와 교통이 두루 조화된 곳으로서, 북한산, 수락산, 불암산, 도봉산 등 북쪽의 산악들이 방어벽이 되어 주었고, 한강은 내륙과 바다를 연결시켜 주었다. 1977년에 발굴된 여주군 흔암리의 취락지에서는 반달 모양의 돌칼과 무문토기 등의 유물과 함께 탄화미가 출토되어 벼농사가 시작되고 있음을 말해주었다. 물론 이 시기에 이르면 조·수수·보리 등의 밭농사는 보다 널리 보급되어 갔다.

그 후 철기 시대에 이르면 농경이 보다 본격적으로 발달하여 철제의 농기구가 다양하게 개량되었고, 작물의 종류도 다양화되어 갔는데, 그것은 강남구 역삼동의 주거지나, 송파구 풍납동, 양평군 대심리의 야철지 출토의 유물에서 입증되고 있다. 철기 문화가 보급되면서 한강 유역에서는 백제(百濟)라는 새로운 세력이 기존의 마한(馬韓) 세력과 각축을 벌이면서 영역을 확장해 갔다. 북방 유이민으로서 한강 유역에로 남하한 백제는 마침내 전 한강 유역의 부족 사회를 통일하고, 고대 왕국으로서의 백제를 건국하였다. 한강 하류의 비옥한 평야 지대는 백제 사회 발전에 있어서 경제적 기반이 된 것이다. 한강 유역의 개발도 백제 사회의 발전과 어깨를 나란히 하였다. 백제는 이 곳을 정치적·사회적 중심지로 삼으면서 토지의 개간과 수리 시설의 확충에 힘써 당시 그 수확량은 다른 어느 지역보다도 훨씬 다대하였다. 이는『삼국사기』,『일본서기』 등 문헌이나, 부근에서 발굴된 유물·유적에서의 출토품이 입증하고 있다.

그런데 백제가 한강 유역에 나라의 터를 잡은 것은 분명하지만, B.C. 1세기 전후 온조 집단(溫祚集團)이 처음으로 정착한 곳에 대해서는 아직 뚜렷하지 않다. 기록에 의하면 후일의 백제 도읍이었던 하남 위례성(河南慰禮城)에 앞서 한강 북쪽에 잠시 정착했다고 한다.[10] 혹자는 세검정 일대를 비정하고도 있지만, 또다른 의견은 미아리 또는 장안평이라고 한다. 후자의 견해가 근래에는 보다 설득력을 보이고 있는데, 하북 위례성(河北慰禮城)의 위치가 미아리 일대라고 하면, 성북구 일대는 그 관할이었음이 틀림없다. 지형적 여건이나 교통의 입지에서 볼 때 그것은 충분히 예상된다.

백제는 한강 유역의 비옥한 토지에 있었기 때문에 일찍부터 권농 정책에 유의하였다. 온조왕 이래 역대 국왕은 직접 순행하며 농토를 개간하고 농업 기술을 보급하며 농업 생산력 증대에 힘썼다. 7세기에 이르러 신라가 삼국을 통일하면서 이 지역은 신라의 관할에 속하였는데, 신라 역시 농업을 중시한 나라였다. 당시의 지명에 제방과 저수지를 뜻하는 이름이 많았으며, 인근의 고분에서는 가래, 쇠스랑, 쟁기 등 철제 농기구가 다수 출토되고 있어서 농경이 자못 성행하고 있었음을 알 수 있다. 고려 시대에는 서울에 남경(南京)이 설치되니, 성북구 일대는 남경의 관할에 들었다. 이 때에는 우경(牛耕)에 의한 심경법이 일반적으로 행해져, 이 지역에서도 우경이 널리 행해졌고, 그 결과 생산력이 보다 증대되고 있었다.

(2) 농경(農耕)의 본격화

농경이 본격화되는 것은 조선 왕조가 1394년 한양(漢陽)으로 도읍을 정하면서였다. 한양이 수도가 되면서 성북구 일대도 그 관할에 속하였지만, 이 지역은 도시적 성격보다는 농촌적 성격을 계속 유지하였다. 조선 왕조는 한양으로 천도함과 더불어 수도의 행정 구역을 한성부(漢城府)로 승격, 특별시로 삼고, 그 구역을 다시 동·서·남·북·중의 5부 52방으로 나누어 도시 규모를 갖추고 그 둘레에 성곽을 쌓았다. 이를 도성(都城)이라 한다.

그러나 인구가 늘어나면서 사람들이 도성 안에만 모여 살기에는 비좁았다. 그리하여 벌써 세종 때 도성 주변까지도 한성부의 관할로 설정, 이를 성저십리라 하였다. 성북구 일대는 동부 숭신방에 속하였다. 그런데 성저십리에 거주하는 사람들은 도성 안의 사람들과 달리 주로 농업에 종사하였다. 어찌보면 성저십리는 경중오부의 식량·채소의 기지였다. 그리하여 한성부에서는 성저십리에서의 농경을 권장하고 지도하기 위하여 권농관(勸農官)을 파견하였다. 즉 세종 10년 국가는 한성부의 건의에 따라서 성저 각 마을을 재편, 30가를 1리로 하여, 1리마다 권농관 1인을 임명하였다.[11] 권농관의 임명은 농업 기술을 보급하여 생산력을 증대시킴에 그 의도가 있었다.

본래 수도 서울을 비롯한 대도시 주위에는 도시적 요소와 농촌적 요소가 복합되어 있는 중간 지대가 나타나는데, 이를 일반적으로 교(郊)라고 한다. 조선 시대에는 교를 성저십리라고 했던 것이다. 근대화 이전까지 교 지역은 고유의 지역 구조와 기능, 그리고 특색 있는 경관을 가지고 있었으며, 도시의 보호막과 같은 역할을 해왔다. 성북구 일대는 그러한 특성을 특히 잘 보여주고 있었다.

　일반적으로 전근대 사회에서 도성의 공간 구조는 성 안의 시가지 대 성 밖의 전야, 또는 문화 경관 대 자연 경관으로 대비되며, 성곽은 양자의 경계선 역할을 한다.[12] 그런데 조선 시대의 서울은 지형 조건과 위치상의 특성으로 인하여 성 안과 성 밖이 결합되어 조화를 이룬 독특한 구조를 이루고 있었다. 즉, 서울이라 하면 흔히 성 안 오부 지역을 일컫지만, 행정 구역상으로는 성 밖의 성저십리까지 포함시키고 있었다.

　성저십리라고 하여도 엄밀히 10리까지가 아니고, 지형상 때로는 5리까지 일 수도 있고, 때로는 20리까지 일 수도 있었다. 『대동지지』에 의하면, 동쪽으로는 양주의 경계까지 15리, 동남으로 광주의 경계까지 20리, 남쪽으로 한강까지 5리, 서남으로 시흥의 경계까지 15리, 서쪽으로 양천의 경계까지 15리, 서북으로 고양의 경계까지 20리, 북쪽으로 양주의 경계까지 20리에 이르렀다.[13] 이로써 보면 그 면적은 성내보다는 성외의 지역, 즉 성저십리가 더 넓었다. 그런데 성저십리의 사방 경계에는 각각 사산금표(四山禁標)를 세워 이 지역의 자연 환경 보존을 위해 법으로 규제하고 있었다. 첫째, 이 지역에 묘를 만들 수 없고, 둘째, 소나무를 도벌하면 엄벌에 처하고, 세째, 나무 뿌리나 토석을 채취할 수 없다고 하였다.[14] 이와 같은 규제 조처로 인하여 성저십리에는 큰 취락이 발달할 수 없었다. 따라서 농경도 그리 발달하지는 않았다.

　그러나 조선 후기에 이르러 한양의 인구가 20만 명을 넘게 되면서 그들을 위한 식량과 연료가 비례적으로 막대하게 공급되어야 했다. 당시 기본적인 식량이었던 쌀·콩 등 곡물은 정부가 농민들에게서 징수한 세곡과 재경지주의 농장에서 올라오는 소작료로 충당하였으나, 그것으로는 부족하였다. 그리하여 일부 양곡은 근교 지방에서 공급되었으니, 광주·양주·김포·고양 등지는 그러한 곳이었다. 성북구의 종암동·안암동·장위동·석관동·월곡동 등지에는 비옥한 전답이 분포되어 있었다. 『동국여지비고』, 『한경식략』 등에는 종암동의 북바위 전설을 수록하고 있는데, 농토가 매우 비옥함을 이야기해 주고 있다.

　　조선 초기 태종(太宗) 때에 박은이라는 명신이 있었다. 그는 고려 말의 고관이었던 판전교시사 박상충의 아들이요, 목은 이색의 사위로서 학문과 덕행이 높아 유명하였다. 일찌기 태종과 뜻이 맞아 친근하게 지냈으며, 그리하여 벼슬길이 순탄하여 호조 · 예조 · 병조 판서를 지내고 우의정에 올랐다. 그러나 그는 평소 검소한 생활을 하고 가산을 돌보지 않아 가난하였는데, 스스로도 조밥과 베옷을 즐겨하였다.

　　하루는 태종이 미행을 나섰다가 박은이 사는 곳까지 오게 되었다. 박은은 마침 퇴청하여 늦은 저녁상을 받고 있었는데, 조밥 한 사발과 간장 한 종지가 전부였다. 이 때 태종을 수행했던 도승지가 들어와서 태종이 행차하였음을 알렸다. 박은이 황송해 하면서 곧 임금을 맞아들이려 했으나, 너무 급하여 씹지도 않고 삼킨 조밥 덩어리가 속에 걸려 재채기를 하는 바람에 이를 진정시키느라고 태종이 문 밖에서 기다리는 시간이 좀 지체되었다. 이에 임금은 노하여 박은을 꾸짖자 그는 사실대로 아뢰었으나, 태종은 "한나라의 재상이 조밥을 먹을 정도로 가난한가?"라고 의심하며 사람을 시켜 들어가 보게 하니 사실이었다. 이에 태종은 그의 청빈함에 놀라고 감탄하여 특별히 명하여 동대문 밖 북바위 전답을 하사하였다. 당시 북바위 부근에 있는 논과 밭은 소출이 많기로 유명하였다.[15]

　　한편 설렁탕의 유래가 북바위 전답에서부터 시작되었다고도 하는데, 임금이 친경(親耕)을 하기 위해 직접 행차하여 농부에게 "북바위 전답을 아느냐?"고 물어서 안다고 하면 "진정 그대는 농부이구나" 하면서 곧 북바위 아래서 잡은 소로 끓인 설렁탕을 수행한 대신은 물론 인근 마을의 모든 농부들에게 나누어 주도록 했다는 이야기도 있다.[16]

　　또한 안암동에는 학더미라는 옛 지명이 있는데, 옛날 이 곳의 논이 매우 비옥하여 세 마지기에서 나는 쌀로 10여 식구가 충분히 살아 갔다고 한다. 그런데 어느 날 욕심 많은 주인이 곡식을 더 많이 거두려고 논 가운데 있는 큰 더미를 파내기 시작하였다. 그러자 그 더미 속에서 학이 나와 날아가고 그 후로는 비옥하던 땅이 박토로 변했다고 한다.

　　농토가 비옥하고 인근에는 산천경개가 수려한 북한산 · 도봉산 · 수락산 등이 있어 성북구 일대에는 조선 초기부터 양반들이 정착하였다. 특히 사대부들은 복잡한 도시보다는 한적한 변두리에서 시문을 익히며 산수를 즐겼다. 그러나 벼슬을 단념할 수는 없었기 때문에 상당수의 양반들이 서울 주변에 모여 살았다. 『성종실록』에 의하면, 근교에 농장을 가지고 있는 양반이 많았다고 한다.[17] 『택리지』에 의하면 양주 · 포천 · 가평 · 양평 등을 포함하는 동교와 고양 · 적성 · 파주 · 교하 등을 포함하는 서교에 사대부가 많이 거주하였다고 한다. 한양 조씨, 광주 이씨, 양천 허씨, 여흥 민씨, 이천 서씨, 안산 김씨 등이 그들이었다.

그 가운데서도 종암동 안말에는 경주 김씨와 경주 정씨가 집단적으로 모여 살았고, 안암동의 궁말에는 광평대군의 후손들이 세거하였다. 그리고 성북동 골짜기에도 논골이라 하여 전답이 있었는데, 그 부근에는 조선 후기 이조 판서를 지낸 심상응의 별장이 있었다. 또 월곡동에는 여흥 민씨가 큰 마을을 이루고 살았다. 이웃에 있는 석관동 · 장위동에는 넓은 벌판에서 벼농사가 잘 되었는데, 특히 장위동에서는 대규모의 농장을 갖고 있던 해평 윤씨가 세도를 부리고 있었다.

그런데 성북구를 비롯한 성저십리의 근교에서는 쌀 · 보리 · 콩 등의 주곡 보다는 채소 · 과일 등 원예 농업이 더 발달하였다. 최대의 소비 도시 한양에서 대량으로 소비되는 채소 · 과일 등은 원거리 수송이 불가능하였으므로 땔감과 함께 주로 근교 지방에서 공급되었다. 특히 조선 후기에 이르러 인구가 급증함에 따라 채소 · 과일의 수요가 증가하였으며, 이에 따라 개간이 가능한 근교의 토지는 거의 채전(菜田)으로 바뀌어져 갔고, 성북구 일대에는 과수 재배 단지가 조성되어 갔다.

채소 · 과일은 그 수요가 증대하면서 목화, 담배, 약재 등과 함께 상품 작물로 주목되었으니, 조선 후기에 이르면 여러 가지의 사회적 배경을 토대로 농산물의 상품화가 촉진되었고, 그것은 농업 경영에 있어서 중요한 변화상이었다. 16세기 이후 도처에 생겨난 장시가 농촌 경제와 연결되면서 농산물의 상품화가 널리 이루어져 갔다. 농민들은 소득을 보다 높이려고 경영을 다각도로 모색하여 생산성이 높고 상품성이 높은 작물을 재배하여 그 잉여 생산물을 장시에 내다 팔았다. 상품화를 위한 농작물의 재배는 주로 도시 주변에서 성행하였으며 특히 한양의 교외에서 유행하였다. 기록에 의하면 전주 부근의 생강밭, 평양 부근의 담배밭, 황주 부근의 지황밭, 개성 부근의 인삼밭 등에서는 그 수익이 논농사에 비하여 10배 이상이 된다고 하였다.[18] 18세기 이후에는 상품 작물의 재배가 지역별로 전문화되고 있었다.

한양의 근교에 원예 농업이 발달할 수 있었던 배경은 소비 시장이 가깝고, 한강과 그에 이어지는 크고 작은 하천 연변에 넓은 충적지가 많으며 교통이 편하고 인근에 풍부한 비료 공급원이 있으며, 특히 조선 후기에는 밭농사에 대한 농업 기술이 수리 기술과 함께 발달하였기 때문이다.[19] 즉, 시장 조건으로서 한양은 전술한 바와 같이 20만 명 이상의 인구를 가진 조선 시대 제1의 소비 도시였으며, 한양 주민의 대부분은 식량, 과일, 채소, 연료 등을 성 밖에서 공급받아야만 생활이 가능한 비농민들이었다. 물론 17세기경에도 한양 성 안에는 아직 텃밭이 군데군데 있어서 일부 주민들은 채소의 일부를 직접 재배하여 수요에 응하고 있었다. 그리고 관청에서는 주변의 빈터에 채소밭을 마련하여 관청의 하인들에게 가꾸게 하였는데, 18세기 이후에도 그러한 현상이 일부 남아 있었으나, 그것은 부분적인 현상이었다.

한양 부근의 전답은 대부분 한강과 그 지류에 발달한 충적토로서 토양이 비옥하였다. 이 토지의 대부분은 대부분 채소밭으로 이용되었는데, 뚝섬·송파·면목동·연희동 등의 채소밭이 특히 유명하였다. 성북구에는 중랑천·한천·정릉천·안암천 등에 넓은 충적토가 형성되어 채소가 대규모로 재배되고 있었다. 한편 원예 농업에서 유의할 것은 지력의 유지였다. 여름철 상례적으로 생기는 홍수로 인하여 상류에서 운반되는 비옥한 토양이 하천 연변에 퇴적하였으나, 연작(連作)으로 인한 지력의 감퇴를 방지할 수 있는 보다 적극적인 대책이 요구되었다. 한양은 근교의 농민들이 필요로 하는 비료가 산적해 있었다. 원예 농업에 쓰이는 주된 비료는 분뇨였으며, 그 공급처는 인구가 조밀한 도시였다. 그러므로 근대화 이전에 있어서의 원예 농업 지역은 분뇨의 수송권과 그 범위가 일치하였다. 채전이 많았던 왕십리·뚝섬 뿐 아니라 면목동·수유동·장위동·석관동 등지에는 도성에서 운반해 온 거름 구덩이가 도처에 분포되어 있었다.

한양의 외곽 지대, 즉 성저십리가 원예 농업 지대라고 하지만, 지역마다 토지 이용상 서로 다른 특징을 가지고 있었다. 채소밭은 동교와 서교에 많았는데, 그 중에서도 수유리·장위동·석관동 등에서는 무·배추·미나리 등이 재배되었다. 특히 석관동 천장산 밑의 동리는 호박의 산지로 유명하였다.

　성북구 일대에서는 채소보다도 과일이 더 많이 생산되고, 과수 단지로 유명하였다. 성북동 골짜기에서는 복숭아, 앵두 등이 많이 생산되었는데, 전문적으로 이를 재배하는 사람도 적지 않았다. 『한경식략』에 의하면, 맑은 계곡과 높은 언덕을 끼고 사람들이 모여 사는데, 복숭아를 심어 생업을 삼고 있다고 하였다. 그리하여 동리 이름도 홍도동·도화동·복사동이란 곳이 곳곳에 있었다. 성북동 복숭아꽃 꽃구경은 ‘한양십경(漢陽十景)’ 중의 하나였다. 그리고 길음동의 큰 돌산 앞에는 앵두나무·배나무가 많아 앵두나무골 또는 뱃골(梨洞)이라 했었다. 하월곡동에는 율곡 시장과 율곡 파출소의 이름이 전하는데, 이는 이 골짜기에 밤나무가 많았던 데서 연유한 것이다. 그리고 삼선교 일대에는 능금, 오얏이 많이 재배되었다.

　한편 성북동에는 뽕나무도 많이 있었다. 이는 이 곳에 설치되었던 선잠단(先蠶壇)과 관계가 깊다. 현재 성북 초등 학교 옆 길가에는 선잠 단지라는 표지석이 있다. 사적 제 83호로 지정된 선잠 단지는 현재 빈터만 남아 보존되고 있지만, 일찍이 조선 초기에 국가에서 누에치기를 장려하기 위하여 단을 쌓고 누에신인 서릉씨(西陵氏)를 제사지내던 곳이다. 『용재총화』에 의하면, ‘선잠단은 동소문 밖에 있으며 3월에 풍악을 울리며 제사를 지낸다’고 하였고, 『동국여지비고』에는 ‘선잠단은 동쪽 교외 혜화문 밖에 있는데, 제도가 남단(南壇)과 같고 서릉씨를 제사지낸다. 신좌가 북에 있어 남향이다. 매년 늦은 봄 길한 날에 제사를 지낸다’고 하였다.

　조선 시대에는 누에를 잘 키우기 위해 잠실을 설치했다. 그런데 뽕나무가 잘 가꾸어져야 양잠이 성사될 수 있다. 그러나 선초에는 국가에서 심은 뽕나무가 자라나기도 전에 잠실을 서둘러 설치하였기 때문에 부득이 민간의 뽕나무에서 뽕잎을 채취하여 민원의 소지가 있었다.[20] 이에 국가에서는 뽕나무 재배에 힘을 기울였다. 조선 왕조의 역대 국왕들은 농상(農桑)은 의식의 근원이라고 하여 이를 국정의 주요 지표로 삼았다. 농경을 통해 식량의 문제를 해결하려 하였고 양잠을 통해 의복의 문제를 해결하려 하였다.

　국가에서 누에치기를 장려하고, 뽕나무 재배를 권장한 것은 매우 오래 전부터 행해진 일이다. 어떠한 일을 장려하고 권장하기 위하여 전근대 사회에서는 먼저 모범을 보여야 했다. 그것이 적전(藉田)과 친잠(親蠶) 등의 형태로 나타났다. 신라 때의 길쌈놀이도 그러한 것 중의 하나였다. 『삼국사기』에 의하면 신라 유리왕 때 6부의 여자들을 두 편으로 나누어 각기 왕녀가 우두머리가 되어 7월 보름부터 날마다 길쌈을 하여 8월 보름에 그 성과가 많고 적음을 심사하여 진 편은 이긴 편에게 술과 음식 그리고 노래를 선사하게 하였다.

그러나 공식적인 친잠의 의식은 고려 시대부터 시작되고 있었다. 조선 초기 정종 3년(1400)에는 선잠단을 만들어 신의 도움을 기원하였다. 전근대 사회에서는 인간의 모든 행동을 신이 좌우한다고 믿어 농사를 지을 때나, 가축을 기를 때나, 심지어 자손을 원할 때는 신에게 보살펴 주기를 기원하였다. 특히 동양 사회의 지배층은 그들의 특권을 보호해 주는 수호신을 믿고, 그들 신에게 제사를 지냈다. 동양 사회에서 가장 중요시된 제사는 하늘과 땅에 대한 제사였다. 하늘과 땅은 농경의 바탕이었기 때문에 이에 대한 제사는 왕실에서 국가적으로 행하였다.

선잠단도 그러한 의도에서 누에가 잘 자라고 누에고치가 많이 생산되고 나가서 뽕나무가 잘 자라도록 기원하기 위해 세운 제단이었다. 여기에서의 제사 주관은 왕실에서 하는데, 그것은 모범을 보이는 동시에 양잠을 권장하기 위해서였다.

조선 시대에는 특히 세종·성종·중종·영조 때에 양잠이 성행하였다. 그것은 국가가 이 시기 양잠을 적극적으로 장려하였기 때문이다. 그 중에서도 성종 때는 중농 정책이 국가의 기간 산업 시책으로 정착되었던 때로서, 성종 9년(1478) 양잠을 국가적으로 권장하기 위해 창덕궁 후원에 제단을 쌓고 왕비가 친히 봉작을 받은 부인들을 거느리고 제사를 지내고, 이어서 친잠의 예를 행하였다. 이 때 궁궐 후원에 쌓은 제단의 모습은 사방에 섬돌을 놓고 둘레 2장 3척, 높이 2척 7촌이었다. 그러나 궁중에 설치한 제단과 궁중에서의 친잠례(親蠶禮)는 민간 사회에 그리 영향을 줄 수 없었다.

이에 왕실에서는 성 밖인 성북동에 선잠단을 설치하고 주변에 뽕나무 밭을 일구어 왕비가 행차하여 선잠례(先蠶禮)를 거행토록 하였다. 선잠단 남쪽에는 한 단 낮은 댓돌이 있고, 그 앞쪽 뜰에는 상징적인 뽕나무를 심어 궁중의 잠실에서 키우는 누에에게 그 뽕잎을 따다가 먹이게 하였다. 선잠단에서의 선잠례는 어찌보면 뽕나무에서 뽕잎을 정성스럽게 따는 예식이며, 궁중에서의 친잠례는 뽕잎을 누에에게 먹이는 예식이라 하겠다. 뽕잎을 따거나 그것을 누에에게 먹이는 일은 주로 아녀자들이 하는 것이었고, 따라서 선잠례나 친잠례는 왕비가 주관하여 시범을 보이는 것이 원칙이었다.[21]

　물론 잠실을 계속 관리하기 위하여는 소정의 관원이 있었다. 잠실은 그 격에 따라 내잠실과 외잠실로 구분되는데, 외잠실이 누에고치 생산을 위해 설치된 실제적 시설임에 비하여 내잠실은 친잠례를 위한 상징적인 시설이었다. 외잠실에는 상의원에서 별좌가 파견되었는데, 이에 대하여 내잠실에는 환관이 배치되어 누에를 직접 관리하는 잠모(蠶母)를 감독하였다. 잠모는 대개 노비들이었다.[22] 친잠례는 양잠에 대한 위정자들의 관심이 많았던 때 주로 이루어지고 있었으니, 성종·중종·영조 때에는 이에 관계된 기록이 많다.

3. 제조업

　성북구를 중심으로 서울의 동북 지역 외곽에서는 예나 지금이나 그리 제조업이 발달하지 않았다. 전근대 사회에 있어서 이 지역은 구릉이 많고 계곡이 깊어 놀이터, 유원지로서 보다 주목되었고, 비교적 평야가 있던 한천·중랑천 등의 지역이 농경지로 이용되고 있었을 뿐이다.

　현재 성북구 지역은 주요 도로에 연하여 상가가 발달하고, 주민 생활과 직결되는 시장이나 서비스 산업이 존재할 뿐 공업은 매우 부진하다. 규모가 큰 공장은 거의 없다. 안암동·종암동에서는 얼마 전까지만 하여도 석재 공업이 활발하였으나, 지금은 모습을 볼 수 없다. 도봉구·노원구 쪽으로 나가면 한천 연변에 미원, 삼양 식품, 샘표 간장 등의 식품 공업 공장과 삼풍 제지, 삼양 펄프 등 제지 공장, 그리고 쌍용 시멘트, 동아 콘크리트, 삼화 페인트 등 화학 공장들이 있어 준공업 지대를 이루고 있는 정도이다. 또 노동력이 풍부한 미아동, 상계동 일대에서는 주업 또는 부업으로 잡화, 의류, 가발 등 다양한 제품을 생산하는 가내 수공업이 이루어지고 있다. 그러나 전근대 사회에서는 그러한 공업 활동이 이루어지지 않았고, 따라서 성북구 지역에서는 그 흔적을 찾아 볼 수가 없다.

성북구 지역에서 이루어지고 있었던 제조업은 포목의 표백과 메주 쑤는 일, 채석과 그 가공 등이었다. 포목의 표백과 메주 쑤는 일은 성북동 골짜기에서 이루어졌다. 성북동은 그 위치가 서울의 북동쪽에 있기 때문에 조선 시대에는 북서쪽, 창의문 밖 탕춘대와 함께 북방에서 한양으로 통하는 길목 중에서도 길목이었다. 특히 이 곳은 계곡이 깊고 지형이 험하여 도둑이 은거하기가 용이하였다.

북방에서의 외적의 침입을 몇 차례 겪은 우리 나라에서는 이 곳을 중요시하지 않을 수 없었다. 실제로 조선 후기에는 이 곳에 어영청(御營廳) 군대의 일부를 주둔시켰다.[23] 그리고 조정에서는 이 곳에 백성을 이주시켜 살게 함으로써 외곽 경비선을 강화하고자 하였다. 그러나 성북동 골짜기는 워낙 산 속이어서 농토가 적고 인가가 거의 없어서 사람들이 살기에 불편하였고, 그리하여 속속 떠나갔다. 이에 정부에서는 그들을 안주시킬 대책을 강구하지 않으면 안 되었다.

영조 41년(1965) 영의정 홍봉한(洪鳳漢)은 왕에게 건의하여 서울 각 시장에서 파는 포목의 표백, 즉 마전하는 권리를 이 곳 주민들에게 주었다. 성북동 양쪽 골짜기의 물이 합류하는 부근의 냇가를 속칭 마전터라 하는 것은 여기에서 연유한 것이다. 서울에서 소비되는 대다수의 포목을 이 곳에서 마전하였다면 그 작업량은 적지 않은 것이었고, 따라서 그 이권도 적지 않은 것이었다. 특히 이 곳에서 마전할 수 있었던 것은 항상 물이 맑고 수량이 풍부했기 때문이기도 하였다.

영조 44년(1768)에는 이와 더불어 창의문 밖에 사는 사람들에게 주었던 궁중 수요의 메주 공급권의 일부를 나누어 이 곳 주민들에게 주었다. 이 역시 성북동 주민의 안주를 위한 것이었다. 일반적으로

빨래터

지금까지도 간장, 된장, 고추장은 모두 각기 집에서 만들어 먹는다. 그 밖의 식료품들도 가공품을 사 먹는 일은 거의 없었다. 그러나 간장, 된장, 고추장의 원료인 메주는 만드는 과정에서 절차가 복잡하고 냄새가 나기 때문에 조선 후기 이래로는 점차 판매를 위해 제조되기도 하였다. 도성 주변에 옛이름으로 남아있는 무쇠막이란 곳은 대개가 무쇠솥을 걸고 전문적으로 메주를 쑤어 이를 판매하던 곳이다. 더구나 궁중에서 소용되던 모든 물품은 공납(貢納)이라 하여서 백성들이 생산하여 공급해야 했다. 이 곳에서 제조되는 메주는 궁중에서 소용되었기 때문에 잘 만들어야 했다.

한편, 삼선동·종암동·길음동·노원동 등지에서는 석물을 채취하여 이를 가공하여 수요에 응하고 있었다. 삼선동이나 노원동 등지의 석재는 주로 북한산성을 축성할 때 쓰였다. 도성을 수축할 때도 이 곳에서 돌을 채취하여 사용하였다고 본다. 도성은 처음에는 흙으로 쌓은 토성이었으므로 당초에 여름 장마로 무너진 곳이 많아 곧 석성으로 다시 쌓았다. 북한산성은 조선 후기에 쌓은 석성으로, 본래는 성이 없었다. 이에 숙종 28년(1700) 우의정 신완(申琓)이 다음과 같이 주장하여 북한산성을 수축하게 되었다.

병자호란 때 우리가 패한 것은 서북의 국경을 지키지 못하고 도성을 버린 탓이며, 지금도 사람들은 변란이 일어나면 남한산성이나 강화성으로 피난할 것만 생각하는데, 그러한 곳은 급할 때 믿을 곳이 못된다. 창의문 밖 북한산은 석벽이 솟아있어 그 곳의 산세를 이용하여 성을 쌓고 곡식과 무기를 비치하여 도성과 안팎이 되어 서로 힘을 다하여 굳게 지키면 비상시를 당하여 왕이 피난할 필요도 없다.[24]

도성, 북한산성을 쌓으면서 돌을 떠서 갖고 오는 것이 큰 일이었다. 그리하여 처음에는 노원동 등지에서 채석하였으나, 민폐가 심하여 삼선동, 정릉동 등에서 채석하였다. 이 같은 작업은 관아의 일이라서 제조업이라 할 수는 없지만, 석재 채취도 점차 민간인의 수요에 응해서 전문적 직업으로 자리잡아 갔다. 부역제(賦役制)가 무너지면서 양반들이라고 하여서 강제로 백성을 사역할 수는 없었다. 일을 시키거나 필요한 물품을 구입하려면 그 댓가를 지불해야 했다. 일부 양반들은 주택을 호화롭게 짓고자 하였다. 건축 자재로 나무를 쓰기보다는 석재를 원하였다. 안암동의 진석산이나, 길음동의 큰 돌산은 양질의 돌로 이루어진 바위산이었다. 돌의 질이나 빛깔이 매우 좋아 세도 양반이나 돈이 많은 부자들은 이 곳의 돌을 이용하여 집을 짓고자 하였다. 특히 진석산의 돌은 일제가 조선 총독부를 지을 때에도 사용하였다.

그 밖에 성북구 일대에서는 조선 시대 전국 각지에서 생산되던 옹기 같은 것이 제조되었을 것이다. 옹기는 그 만드는 수법이 쉬워서 흙과 물과 햇볕이 좋은 곳이면 어디서나 제작되었다. 수유리, 가오리, 상계동 등은 그러한 곳이었다고 보인다. 그러나 일반적으로 조선 시대 성북구 일대에서의 제조업은 그 규모가 영성하였고, 그 생산도 많지 않았다.

4. 누원의 사상 도고

○ 강희언 석 공(石工)

(1) 교통·운수의 길목

동소문(東小門), 즉 혜화문은 도성에서 동북 지방으로, 동북 지방에서 도성으로 오가는 주된 출입문이었다. 물론 동대문을 통하여 왕래하기도 하였다. 따라서 동소문 밖의 성북구·노원구 지역은 동북 지방과 도성을 연결하는 교통로의 연변에 있어 예나 지금이나 매우 중요한 길목으로 여겨지고 있다. 도성을 나서서 우선 쉬어가야 하는 곳이 이 곳이었고, 함경도·강원도 등 동북 지방에서 바쁜 걸음으로 오다가 마지막으로 쉬어가는 곳이 이 곳이었다. 따라서 일찍부터 위성 도시화할 가능성을 내포한 곳이었다. 조선 후기 인마의 왕래가 빈번해지면서 누원(樓院)이 상업 도시로 성장하였던 것은 당연한 결과였다.

유통 · 경제의 활성화는 교통 · 운수의 입지가 그 첫째 조건이다. 즉 상공업이 발달하기 위하여는 교통 수단이나 교통로 등이 편해야 한다. 그런데 중앙 집권적 사회에서의 교통 문제는 국가 정책과 밀접한 관련을 갖는다. 조선 사회에서는 더욱 그러하였다. 조선 왕조는 고려 후기의 누적된 대외 · 대내적 문제를 시정하여 밖으로 국가 역량을 키우고, 안으로 국민 총화를 강화하려는 이념 밑에서 개창되었다. 그것은 고려 후기에 권문 세족이 발호하는 가운데 중앙 집권 체제가 약화되고 왕권이 쇠약해진 데 대한 반작용이기도 하였다. 이에 새로운 집권층인 사대부(士大夫)들은 중앙 집권의 강화와 관료 정치의 정비를 추구하게 되니, 왕조 개창을 전후하여 추진된 일련의 개혁은 부국 강병과 민생 안정을 목표로 하여 중앙 집권 체제를 강화하려는 운동이었다.

그리하여 15세기에는 국력이 크게 신장되었고, 백성에 대한 국가의 지배력이 커지게 되었다. 중앙 집권화 정책이 강화됨에 따라서 통치 체제를 효과적으로 운영하기 위하여 교통과 통신 그리고 운수 조직이 정비되어 갔다. 보다 강력한 지방 통치를 위해서도 교통망의 정비, 운송망의 정비는 불가피한 것이었다.

또한 사회가 발달하면서 교통 문제는 경제적으로도 중요한 문제의 하나였다. 생산력이 증대되고, 그 잉여 생산물이 처분되면서 상공업 활동이 활발해졌다면, 그것을 매개하는 기본적 역할은 교통 · 운수 체계이다. 교통 · 운수 체계란 그 의미에서 볼 때 물화의 지역 간 이동을 내용으로 하고 있는데, 특히 생산력(生産力)이 증대되고 있는 사회에서 주목되고 있다.

교통 문제는 생산 능력에서 뿐만 아니라 물화의 가치에 있어서도 그 효과를 증대시켜 주고 있다. 왜냐 하면 물화의 가치는 장소적 제약을 받는다. 물화로 하여금 이와 같은 제약을 벗어나 그 가치 또는 효용을 가능한 한 크게 발휘토록 하는 것이 교통 · 운수 체계인 것이다. 이와 유사하게 물화는 시간적 제약에 의해서도 가치를 제약받는다. 일정 시기에 물화를 매입하여 보관하였다가 그 물화의 수요가 증대될 때 처분하면 물화의 가치는 증대된다. 창고업이 그러한 기능을 토대로 하고 있다. 운송

업 · 창고업은 크게 보면 교통의 범주에 속하는데, 조선 후기 상공업이
발달하면서 상인들은 그러한 운송 · 보관의 기능을 잘 활용하여 자본을
집적하였다.

　현재 서울의 지리적 위치를 보면, 남쪽으로는 부산까지 약 450㎞, 목
포까지 약 440㎞, 북쪽으로 신의주까지 약 500㎞, 회령까지 약 620㎞
로 되어 있어 대체로 한반도의 중심부에 위치하고 있다. 그리하여 고려
시대에도 이 곳은 중요시 되어 남경(南京)이 설치된 바 있었는데, 조선 시
대에는 전국의 교통망이 한양을 중심으로 본격적으로 발달하게 되었다.

　조선 시대의 교통망(交通網)은 우선 수도인 한양과 지방 행정 중심지
인 감영을 연결하는 방향으로 정비되었는데, 즉 한양을 결절점으로 하는
X자형 간선 도로가 형성되고 있었다.[25] 이 도로의 동북쪽에는 함흥, 길
주, 경성, 회령, 서북쪽에는 평양, 의주, 안주, 서남쪽에는 공주, 전주,
나주, 동남쪽에는 충주, 상주, 동래 등의 주요 도시가 분포하였다. 한양
에서 동북쪽으로 뻗은 도로를 북로라 하고, 서북쪽으로 향한 도로를 서
로라 했으며, 서남쪽으로 뻗은 도로를 삼남로, 동남쪽으로 향한 도로를
영남로라고 하였다.

　『증보문헌비고』에 의하면 조선 시대에는 위와 같은 간선 도로를 중심
으로 전국에 9개의 간선 도로가 있었다. 이들 간선 도로 중에서 성북구
를 지나는 길이 제 2로로서, 이른바 북로(北路)이다. 이 길은 다른 길과
달리 행정, 외교적 통로라기 보다는 군사적 도로였다. 북방 여진족의 동
태가 심상치 않으면 서울로 파발마 · 역마가 정신 없이 달리는 길이었다.
그러나 이 길에는 장애물이 많았으니, 태백 산맥의 능선을 가로질러 넘
어야 했고, 그 중간에도 추가령 협곡 지대를 지나야 했다. 따라서 가장
험준한 철령 고개를 넘어 벼슬살이를 가거나 귀양살이를 가는 사람은 다
시 돌아오지 못할 것을 염려하여 눈물을 흘리지 않는 사람이 거의 없었
다고 한다. 도로 사정이 좋지 않았기 때문에 조선 시대 한양에서의 일정
도 제일 오래 걸렸다. 즉, 남으로 나주까지 8일정, 동래까지 10일정, 북
으로 의주까지 10일정임에 대하여 회령까지 21일정이었고, 경흥 서수라
까지는 25일정이었으며, 중간의 함흥까지도 10일정이었다.

　인마의 왕래도 이와 같이 불편하였기 때문에 물화의 운송은 거의 이루
어지지 못하였다. 본래 정부가 백성들에게서 징수하는 조세도 함경도 ·

평안도에 한하여는 잉류하고 있었기 때문에 동북 지방에서 한양으로 운송되는 물화는 거의 없었다. 그런데 함경도 지방은 산악 지대여서 식량 사정이 좋지 않았고, 그리하여 흉년 등으로 기근이 잦았는데, 이 때에도 중앙에서 진휼을 위한 곡물을 보내기가 쉽지 않아, 정부에서는 경상도 동해안 지방에 비축된 곡물을 해안 도로, 또는 연해 해로를 통해 이송토록 조치하여 문제를 해결하고자 하였다.

그러나 조선 후기에 이르러 상품 화폐 경제가 발달하고 도시가 발달하여 상품의 수요가 증대하면서, 특히 북도 지방의 삼베와 어물이 한양을 비롯한 남부 지방민에 선호되어 물화의 운송이 촉구되었다. 수요·공급의 원리에 의해서 수요가 증대하자, 이를 계기로 상인들은 수요를 충족시키고자 종래 큰 장애물로 여겼던 험준한 산악도 극복해 나갔다. 그것은 함경도 지방의 북상(北商)과 서울 지방의 사상(私商) 모두에 의해 추진되었다.

동북쪽 지방의 물화가 서울로 반입되기 위하여는 제 2간선 도로, 즉 북로를 이용해야 했다. 그러나 그 길은 전술한 바와 같이 험준하였기 때문에 중간중간에 휴식을 취해야 했다. 본래 정부에서는 이 때문에 역원제(驛院制)를 운영하였는데, 대체로 30리마다 역 또는 원을 설치하여 교통의 편의를 제공하였다. 그런데 평지의 도로와 달리 북로에서는 20리 내외에 역·원을 설치하였다. 북로에 설치된 주요 역·원은 누원·파발막·양문역·풍전역·창도역·신안역·고산역·용지원·남산역·덕원참·고원역·금파원·초원역·함원역 등으로서 철령 이전에만 10개의 역·원 또는 참이 있었다.

그 중에서도 성북구 지역에 있었던 누원은 함경도와 포천 지역에서 비지땀을 흘리고 찾아 온 사람들의 마지막 쉼터로서, 상인들은 여기에서 물품의 거래를 이모저모로 계산하게 되니, 자연 오랫동안 지체하게 되었다. 상인들은 이 곳에 머물면서 한양에서의 가격 동향을 여러 정보를 통해 탐지하기도 하였다. 서울에서도 물건을 미리 받기 위하여 이 곳에 모여 들었다. 사람들이 모여 들면서, 노변 취락이 형성되었고, 특히 상거래 활동이 빈번해지면서 상업 도시로 모습을 드러내기 시작하였다.

누원이 발달하자 인근 송우리에도 그 여파로 취락이 발달하기 시작하였다. 두 도시는 한때 서로 상권 경쟁을 벌이기도 하였다. 누원에서 서

울로 진입하기 위하여는 미아리까지 와서 두 갈래로 나뉘어지는데, 하나
는 미아리고개를 넘어 돈암동·삼선평을 경유하여 동소문으로 들어가는
방법이 있고, 다른 하나는 종암동·안암동·숭인동을 통해 동대문으로
들어가는 방법인데, 화물의 운송은 주로 후자의 길이 이용되었다.

(2) 누원 상인(樓院商人)의 활동

누원은 본래 먼 길을 오가는 여행객 또는 공무로 출장가는 관원을 위
해 원(院)이 설치되어 있던 곳이다. 누원은 다락원이라고도 했다. 이 곳
은 함경도에서 한양으로 가는 길목일 뿐 아니라 포천·김화·화천 등지
로 빠지는 사잇길로도 이어지고 있어 교통의 요충지였다. 원은 조선 초
기에 많이 설치되고 그 이용이 잘 되었으나, 조선 후기에는 국가가 설치
한 원보다는 민간에서 사사로이 설치한 주막이 그 기능을 대신하면서 그
역할이 약화되었다.

도봉산 기슭 누원에 사람이 모여들기 시작한 것은 조선 후기에 이르러
서였다. 상품 화폐 경제가 발달하면서 교통의 요충지인 이 곳이 상인들
에게 주목되고, 북도의 물화가 이 곳에 집산되면서 누원은 점차 상업 도
시로 성장하여 갔다. 본래 누원을 비롯한 성북구의 외곽 지역은 한가한

○ 김석신　　도봉도(道峯圖)

농촌으로서 사람들이 그리 많지 않았다. 이 일대는 한성부의 행정 구역에 포함되었다고 하여도 사람들이 거주하던 지역은 동소문 밖의 성북동, 돈암동, 그리고 동대문 밖의 숭인동, 안암동, 종암동 등에 이르는 정도였다.

　성북구의 외곽 지역, 즉 지금의 노원구 일대는 전형적인 농촌으로서 농가가 곳곳에 산재하여 있었을 뿐이었다. 원이라 하여도 주변에는 거의 인가가 없었다. 당시에 있어서는 거의 모든 물자가 자급자족으로 충족되었기 때문에 지역 상호간에 물화가 유통되지 않아도 크게 불편하지 않았고, 그리하여 사람들의 왕래도 빈번하지 않았다. 봉건적인 조선 왕조는 중농 정책을 내세워 오히려 상업 활동을 통제하였다. 즉, 도시의 상업은 시전(市廛)에 한하여 국한시켰고, 지방에서의 행상 활동도 가급적 규제하였다.

　그러나 이와 같은 상황은 16세기 말 이래로 바뀌어 갔다. 농업 생산력이 증대되고, 수공업 생산이 활기를 띠며, 그리고 정부의 통제 정책이 이완되면서 상업의 발달이 촉진되었다. 서울을 비롯한 각지에서 사상(私商)들의 활동이 두드러져갔다. 사상의 대두는 한 때 견제를 받기도 하였다. 즉 일찍부터 상업을 독점해 왔던 시전 상인들은 정부로부터 금난전권을 얻어 내어 사상들의 활동을 억압하려 하였다. 금난전권(禁亂廛權)은 시전 상인들이 가지고 있던 일종의 독점적 전매 특권으로서, 그들의 상업 활동과 이익을 침해하는 상행위를 규제할 수 있었다. 예컨대 그들이 판매하는 물품을 일반 상인들이 팔면 난전(亂廛)이 되었다.

　그러나 사상들은 서로 연계하여 신속한 정보망과 풍부한 자금을 토대로 이에 대항하여 상행위를 계속하였으니, 초기에는 종루·이현·칠패 등이 사상 활동의 근거지였다. 18세기 말 이래로는 정부로서도 더 이상 사상의 성장을 막을 수 없게 되었고, 그리하여 결국 육의전(六矣廛)을 제외한 나머지 시전의 금난전권을 철폐하였다. 이로써 사상들의 자유로운 상업 활동은 이후 어느 정도 보장되었으며, 그들 중의 일부는 도고(都賈)로 성장해 갔다.

　사상들은 각 지방의 장시를 연결하면서 물화를 교역하고, 각지에 지점을 두거나 다른 지역의 상인들과 밀접한 관계를 맺으면서 상권을 확장하여 갔다. 그리하여 사상들의 활동 범위는 점차 넓어져 당초의 종루·이현·칠패 등에서 벗어나 한양의 외곽 지대로 그 영역을 확장하고 새로운 상업 기지를 설립하여 갔으니, 한강 연안, 말죽거리, 송파, 과천, 그리고 누원 등지가 새로운 유통 기지로서 대두하였다. 이들 지역은 시전 상인의 금난전권 규제 지역에서 벗어나 있을 뿐 아니라 도성 안과 밖을 매개시켜 주는 교외 지역으로서 위성 도시의 가능성이 충분히 있었던 곳으로 비농업 인구가 모여들 수 있는 지역이었던 것이다.

왜란과 호란을 겪으면서 파탄된 농촌에 살 수 없게 된 이농민들이 대거 도시로 몰려 들었고, 특히 한양으로 집결되었다. 그러나 그 이전부터 도성 안은 비좁아 거주 공간이 보장될 수 없었고, 자연히 그들은 성 밖에 거처를 마련해야 했다. 더구나 맨몸으로 한양에 온 그들의 살 길은 장사하거나 품팔이를 하거나 또는 하인 노릇 하는 것 뿐이었다. 이에 상공업이 발달하면서 그 기지로 주목받은 서울 주변의 유통 기지에는 사람들이 집중되어 갔다.

1592년(선조 25) 임진왜란 직전의 한양의 인구는 대체로 10만여 명에 이르고 있었다. 이는 왕조 초기와 비교할 때 큰 차이가 있는 것이 아니었다. 그러나 17세기 후반 이래 사회가 안정되면서 인구의 급격한 증가 현상이 나타나 18세기 초에 이미 20만명 가까이에 이르게 되어, 한양은 당시로서는 세계적인 대도시로 발돋움하고 있었다. 이들 증가된 인구의 태반이 한양의 교외, 즉 용산, 마포, 뚝섬, 두모포 그리고 누원 등 위성 도시를 중심으로 분포되어 있었다.

정조 13년(1789)의 『호구총수』에 의하면 마포, 용산의 인구가 약 1만 5천 명, 서빙고가 약 3천여 명, 두모포가 약 4천 5백 명, 뚝섬이 약 2천 명이었다고 하며, 누원이 말죽거리와 비슷하게 약 3천 명이었다고 한다. 이는 종래의 행정 중심지들보다 많은 인구가 집중되었음을 증거하는데, 실제로 당시 감영이 있었던 원주, 춘천, 성주, 해주보다 큰 도시였다. 한낱 원의 소재지였던 누원이 교통의 중심지였다는 조건 때문에 상업 도시로 성장하여 주목되는 유통 기지가 되고 있었던 것이다.

조선 후기에는 흉년과 재난이 특히 심하였다. 여러 차례 가뭄과 홍수 등에 의한 흉년이 계속되면서 유민이 많이 생겨났다. 게다가 탐관오리의 학정과 양반 지주의 착취로 농민들은 견디기가 어려웠고, 여기에 경영 방법의 혁신으로 광작과 임노동의 도입이 확산되면서 부지런한 일부 농

민들은 농가 소득을 올렸지만, 대다수의 농민들은 소작지조차 얻기가 힘
들게 되어 본의아니게 농촌을 떠나야 했다. 정치를 비교적 잘했다는 영
조 때의 문서에는 수시로 각도의 유민이 한양으로 모여들었다고 기록하
고 있다.[26]

　한편 상업의 발달도 농촌 인구의 이농을 촉진시켰다. 농업이 1년 내내
힘든 노동을 해도 소득이 별로 없었던 데 비하여 상업은 물건을 단순히
중개만 하면 손쉽게 많은 이득을 취하였다. 이를 인지한 농민의 상인으
로의 전화는 자연 발생적이었고, 자율적이었다. 이농민이 상공업에 종사
하게 되자 상공업이 발달하였고, 상공업의 발달이 또한 더 많은 농촌 인
구를 도시로 흡인하였으니, 조선 후기에는 도처에 상업 도시가 생겨났
다. 특히 한양 주위에는 그 경향이 보다 두드러졌다. 행정 도시였던 한
양, 평양, 전주 등은 이제 상업 도시로 변모하여 갔다.

　조선 후기의 일부 상업 도시들은 장시(場市)를 토대로 성장하기도 하
였다. 누원이나 송우리 역시 그러한 상업 도시들이었다. 장시는 18세기
중엽에 이르러서는 전국에 1천여 개소가 개설되었다. 장시는 보통 5일
마다 열려서, 인근의 주민들이 농산물과 수공업 제품을 교환하였는데,
일부의 장시는 점차 상설 시장으로 되어 갔다. 누원장은 18세기 후반 하
나의 상설 시장이었다.

　또 본래 국지적 시장권을 형성하고 있던 장시는 포구(浦口) 등과 연결
되면서 전국적 시장권을 형성, 원격지 교역에도 참여하였다. 여기에서의
상행위의 주체는 특권 상인으로서의 공인(貢人)도 부분적으로 참여하고
있었지만, 거의 사상인들이었다. 누원의 사상인들은 관북 지방의 건어물
을 주로 취급하였지만, 전국적 시장권에 편입되기도 하였다. 누원 주변
에는 마석우장, 동두천장, 신천장, 송우장, 차탄장 등이 있었고, 이들은
철원, 원산과 연결되었는가 하면, 송파, 용산, 뚝섬 등과 연결되기도 하
였다. 주변의 장시에서는 미곡 · 약재 · 건과 · 면포 등을, 원산에서는 삼
베 · 북어가 누원으로 집하되었다.

　그런데 장시가 형성되기 이전에도 농민들은 여러 가지 형태로 교역을
하고 있었다. 농민 상호간에 교역이 이루어지기도 하고, 지역간을 이동
하면서 상업을 하는 행상에 의해 이루어지기도 했다. 때로는 관부와 결
탁된 상인에 의해 강제적으로 이루어지기도 하였다. 농업 경영에서 자가

소비 이외에 잉여 생산을 할 수 있는 계층은 지주들이었다. 따라서 농업 중심 사회에서는 지주들의 잉여 생산물이 주로 교역되고 있었다. 15·16세기에는 더욱 그러하였다. 그렇다고 하여도 이 시기에는 생산력이 점진적으로 증대하고 생산 관계가 변화함에 따라 일부 농민층은 어느 정도의 잉여를 축적할 수 있었다. 조선 후기에 이르면 농업 기술의 보급과 농민 의식의 성장을 바탕으로 소생산자인 일반 농민층에서도 시장성(市場性)을 고려한 이른바 상업적 농업이 영위되고 있었다.

농업 생산력의 발전과 더불어 농촌 사회의 사회적 분업도 어느 정도 진전되고 있었다.[27] 원래 중세 사회에서는 물품의 교환이 통제되고, 국가가 필요로 하는 물품은 공물, 진상, 부역 등의 방법으로 징발하였다. 따라서 생산 판매를 위한 수공업의 성장을 기대할 수 없었다. 그러나 도시 인구가 늘어나고 그들의 물품 수요가 증대하면서 판매를 위한 생산이 이루어져 갔고, 그러한 경향은 조선 후기에 한층 두드러졌다.

도시에서는 사치적 수요를 위한 금·은 세공품, 철물 가공업, 문방구 생산을 비롯하여 민간의 일상 생활용품들이 생산되었고, 농촌에서는 농민들이 가내 부업으로 해결할 수 없는 도자기, 농기구 등의 생산 비중이 높아져 갔다. 농민들의 가내 수공업도 본래는 자가 소비를 위한 것이 일반적이었으나, 잉여 생산이 가능해지고 유통이 원활해지면서 특히 장시가 발달하면서 마포, 면포, 모시, 명주 등의 직조업과 종이를 만드는 제

● 장터길

지업 등에서는 판매를 위한 가내 수공업이 전개되어 갔다.

농민들은 국가의 부세 제도 운영, 계속된 흉년 등에 의해서도 유통 경제에 참여하였다. 일반 농민들은 각종의 전세·공납·군포 등을 납부하기 위하여 자신의 식량곡을 처분해야 하는 경우도 적지 않았다. 특히 생산되지 않는 공물을 납부하기 위하여는 자신이 갖고 있는 물화를 가지고 생산지로 가서 구입하여 납부해야 했다. 심지어는 전답과 소·말 등을 팔아서 마련하는 경우도 있었다. 농민 간의 이러한 교역은 개인 사이에서 필요에 따라 수시로 아무데서나 이루어지기도 하였으나, 교역이 증대됨에 따라 점차 특정한 장소에 모여서 행하였다. 예컨대 장시가 그러한 곳이었다. 한편 이 지역의 농민들은 그들이 가진 물품을 보다 유리한 조건에서 판매하기 위하여 보다 수요가 많은 서울 등의 대도회를 이용하기도 하였다.

농민들이 행하는 또 하나의 교역 형태는 지역권을 넘어서 여러 지역을 돌아다니며 상업을 하는 행상(行商)과의 교역이었다. 행상들은 농촌 사회에서 공급이 부족한 물품 또는 구하기 어려운 여러 가지 수공업 제품, 그리고 소금·생선 등의 수산물을 농민에게 제공하였다. 그리하여 농민들은 그 지역에서 구하기 힘든 물품의 대가로 주로 그들의 기본적인 생활 자료인 곡식이나 옷감으로 지불하고 있었는데, 때로는 구입한 물품의 지불 능력이 없으면 나중에 추수할 때의 곡물로 지급하기로 하는 외상 거래도 행해지고 있었다.[28] 행상들의 왕래가 빈번해지자 이들의 숙식을 위한 장소로서 원 또는 주막이 설치되었는데, 누원이나 송우점이 그러한 곳이었다. 특히 누원은 교통의 길목이어서 상인들이 많이 모여들었다.

누원에는 본래 장시(場市)가 없었다. 시전을 중심으로 특권적 경제 질서를 유지하고자 한 조선 왕조는 시전의 활동을 원활하게 하기 위하여, 다른 곳의 장시는 인정하면서도 서울 근처에 장시가 설립되는 것을 규제하였다. 그런데 누원은 함경도 지방에서 생산되는 어물과 포목이 서울로 반입되는 주요한 길목이었기 때문에 상인들은 이 곳에 장시를 설립하고자 하였다. 즉 숙종 40년(1714) 이 곳의 상인 정광재 등이 장시를 설치하려 하였고, 이어서 영조 45년(1769)에도 역시 이 곳 상인들이 장시를 설치하려 하였다.[29] 그러나 두 차례의 노력은 서울 시내 시전 상인들의 반대로 뜻을 이루지 못하였다.

　　그럼에도 불구하고 누원의 상인들은 지속적으로 노력하여 결국 18세기 후반에는 송파, 한강변과 더불어 상업 중심지로 역할하였다. 특히 누원은 도봉산 기슭에 위치하여 서울 중심부와 가까워서 서울 시전 상인들의 상거래에 큰 타격을 주었다. 정조 5년(1781) 서울 종로에서 어물을 팔던 내어물전인의 고발에 의하면 동북 지방에서 서울로 들어오는 각종 어물을 누원에 사는 최경윤·엄차기·이성로 등이 매점해 두었다가 조금씩 칠패와 이현의 난전인들에게 보내면 그들은 값을 올려 팔았고, 이리하여 서울 시내의 어물 값이 오를 뿐 아니라 이 때문에 어물전은 실업 상태에 빠지게 되었다고 하였다.

　　기록에 나타나는 것을 보면 누원에서 상행위를 하는 자들은 중도아(中都兒)의 모습으로 나타나고 있다. 중도아는 본래 시전이 매집한 상품을 소매상이나 소비자에게 전매하는 역할을 하고 있었다. 최소한 신해통공(辛亥通共)이 시행되기 이전까지는 서울에서 유통되는 상품 거래는 시전을 중심으로 행해지도록 법적으로 규정되어 있었다. 즉, 서울에 반입되는 상품은 반드시 시전의 중개를 통해 소비자에게 전매되어야 했다.

　　그런데 서울에서 유통되는 상품량은 시간이 지남에 따라 증가하였고, 이에 따라 상품을 매집하고 분산하는 기능을 시전 상인이 모두 담당할 수는 없었다. 특히 어염과 같은 것은 부패하기 쉽기 때문에 단기간에 유통시키지 않으면 상품 가치가 떨어지므로 더욱 그러하였다. 따라서 이와 같은 상품을 갖고 있던 상인들은 새로운 시전, 즉 공급처를 마련하고자 하였으나, 기존의 시전들은 이를 반대하고 그들이 지정한 비시전계 상인들로 하여금 그 일을 맡게 하였으니, 중도아가 그러한 상인이었다. 이를테면 중도아는 당초에는 시전에 예속된 하청업체와 같은 존재였다. 그들은 자본 규모가 영세하여 소량의 상품을 행상을 통해 소비자에게 전매하거나, 시전 부근 등에 임시 점포를 차려 소매상이나 소비자에게 상품을 판매하였다. 그들은 시전에 세금을 바쳐야 하고, 그들이 거래하는 상품은 반드시 시전에서 매입한 것이어야 했다.

　　그러나 상품 경제가 발달하고 난전(亂廛)의 활동이 활발해지면서 이들은 난전과 결탁하여 난전이 매집한 물건을 시전에 판매하기도 하였다. 말하자면 시전이 난전을 제어하고 서울의 상권을 장악하기 위해 그 상업 활동을 인정한 중도아가 이제는 도리어 난전의 활동을 조장하고, 나아가 시전의 활동에 제약을 주는 존재가 되어가고 있었다. 18세기 말에 이르러는 중도아는 본격적으로 난전 활동을 폈다.

이에 난전에 대한 시전과 정부의 규제가 강화되자 일부 중도아는 시전의 금난전권을 피해 누원·송파와 같은 외곽 지역으로 근거지를 바꿔 그곳에서 서울에 반입되는 상품을 매집하였고, 일부는 서울에 남아 외곽 지역의 중도아가 공급하는 상품을 서울의 소비자에게 유통시켰다. 그들은 이제 시전을 거의 배제하고 상업 활동을 폈는데, 정조 15년(1791) 신해통공이 시행되면서는 합법적으로 자유로이 상행위를 전개하였다. 누원의 상인들은 송파 등지의 상인들과 자금을 합자하기도 하고, 정보를 교환하기도 하면서 대규모로 매점 활동을 폈으니, 19세기에 이르면 누원 상인들은 전국적으로 손꼽히는 상인 중의 하나로 성장해 가고 있었다.

(3) 도고 상업(都賈商業)의 전개

누원 상인(樓院商人)들이 대규모로 상품을 매점하고 있었다고 하면, 그것은 이른바 도고(都賈) 행위였다. 도고 행위는 18세기에 누원 상인뿐만 아니라 시전 상인, 경강 상인, 공인, 송상 등이 영리의 극대화를 위해 벌인 행위였다.

17세기 후반에 나타난 상업계의 몇 가지 변화는 이후 각 개별 상업 자본의 가치액 증대를 가능하게 하였다. 국내에 있어서의 상업 인구의 증가는 상인들 사이에 심한 경쟁을 불러 일으킴으로써 일부 상인들은 관권과 결탁하거나 혹은 스스로의 우세한 자본력을 이용하여 독점적 매점 상업을 영위하여 상업 자본의 집적에 성공하였고, 대외 무역이 발전함에 따라 그것에 종사한 의주의 만상(灣商), 동래의 내상(萊商), 개성의 송상(松商) 등 역시 자본 집적에 성공하였다. 이어서 그들은 금속 화폐의 전국적 유통을 계기로 하여 도회지 빈민과 농촌 사회를 배경으로 고리대 자본을 증대시키는 경우도 있었다. 18세기 이래 상업계에 만연하였던 각종 도고 행위는 이와 같은 독점적 매점 상업이 심화되면서 빚어진 현상이었다.

조선 후기에 크게 발달하였던 도고 상업은 그 성격에 따라 두 가지로 나뉘어진다. 첫째는 다른 상인과의 경쟁을 배제하기 위하여 관권과 결탁하고 그것을 배경으로 특권적 매점 상업을 영위한 경우로, 주로 시전 상인과 공인의 도고 상업이 그것이다. 둘째는 민간 상인 가운데 큰 자본을 가진 자들이 스스로의 경제적 실력과 정확한 정보망, 신속한 유통망을 바탕으로 독점적 매점 상업을 영위하는 경우이니, 난전 상인, 경강 상인, 송상 등의 활동이 그것이다. 누원 상인은 후자에 속한다고 하겠다.

관권과 결탁하여 특권적 매점 상업을 하는 경우에는 수도로서의 한양과 감영 소재지로서의 영저(營底) 등 관아 도시를 배경으로 하지만, 교통의 요지를 거점으로 하는 사상인들은 자본력, 정보망, 유통 조직 등 경제적 환경을 배경으로 하기 때문에 보다 순수한 상품의 유통 과정이라 할 수 있다. 사상 도고의 활동은 우선 서울에서 가장 현저한 모습을 보이지만, 이에 못지않게 도시 주변의 상업 중심지 또는 새 상품의 반입로에서 발달하였다. 예컨대 누원이나 송우점이 그러한 곳이었다. 그리고 상품의 생산지 또는 생산지 주변의 상품 집산지도 사상 도고의 활동 근거지였는데, 예컨대 원산과 같은 곳이다.

특히 서울 주변, 즉 누원 등지에 사상 도고의 거점이 마련된 까닭은 첫째, 이 곳이 지방 생산품, 예컨대 함경도의 어물 등이 서울로 운반되는 길목이라는 점과, 둘째 이 곳은 금난전권(禁亂廛權)이 행사되는 권역 밖이면서도 비교적 서울과 가까와서 서울 시내의 사상 도고, 예컨대 칠패, 이현 상인들과 연결이 쉬웠고, 또 서울 시내 사상 도고가 직접 이 곳에 나와서 상품을 매점할 수 있었기 때문이다.[30]

서울 근교 사상 도고의 근거지 가운데 서울 중심부와 가까와서 시전 상인에 제일 큰 타격을 준 곳이 누원이라 함은 전술하였지만, 이와 더불어 주목되는 곳이 용산·마포 등 한강 연변이었다. 한강변이 유통 기지로 발돋움해 간 데는 나름대로 조건이 구비되어 있었기 때문이다. 즉 한강변은 전국의 물화가 선박으로 한양에 집중될 때 그 하역처였고, 용산·마포 등지는 당시 가장 큰 소비 시장인 한양과 바로 인접해 있었고, 더구나 청파동 북쪽에 칠패 장터가 있어 사상들과 물화를 교역하기가 매우 용이하였다.

한강변 유통 기지를 근거로 하여 상업 활동을 전개한 상인들을 경강 상인이라 하는데, 누원 상인들은 이들과도 유대 관계를 맺고 있었다. 왜냐 하면 누원 상인들의 주된 상품인 어물을 경강 상인들도 취급하고 있었기 때문이다. 경강 상인들의 활동이 두드러지기 시작한 시기도 18세기 후반으로서 누원 상인의 대두 시기와 거의 같은 때였다. 경강 상인들은 선박이라는 운송 수단을 갖고 있어서 선상 활동을 주로 하였는데, 때문에 대규모로 도고 활동을 펼 수 있었다.

그러나 한강변에는 일찍부터 어물전·염전·미전 등 시전의 분전(分廛)들이 있어서 그 간섭을 받아야 했기 때문에 경강 상인들은 일정한 제약을 받았다. 이에 비하여 한양과 다소 떨어진 누원은 서울에로의 길목이지만, 시전들이 분전을 설치할 수 있는 위치가 아니었다. 그리하여 중도아(中都兒)에게 상행위의 일부를 위임하였더니, 그들은 누원을 근거지로 오히려 시전 상인의 활동을 잠식하고, 독자적 상권을 구축하여 갔다.

앞서 살핀 바와 같이 누원 상인들은 누원에 독자적인 장시를 설치하고자 했고, 일부 중도아들은 동북 지방에서 서울로 유입되는 각종 어물을 이 곳에 매점해 두었다가 칠패·이현의 사상인들과 연계하여 도고 행위를 폈다. 그것은 서울의 시전 상인들을 매우 곤경에 빠지게 하였다. 또 칠패에 난전을 차려놓은 무리들이 누원에 사람을 보내어 어물 수천 바리를 통틀어 매점하기도 하였으니, 확실히 이 곳은 금난전권의 권역 밖이었음을 알 수 있고, 칠패·이현 상인들과 누원 상인들이 지속적으로 긴밀한 관계를 맺고 있었음을 헤아릴 수 있다.

시전 상인들은 누원 등의 난전 상인들에 의해 큰 타격을 받자, 그들은 이 곳까지 금난전권을 확장시키고자 시도하기도 하였다. 누원은 특히 동북 지방, 즉 원산 등지에서 오는 어물과 포목을 매점하는 중심지였다. 이 때문에 시전 중에서도 어물전과 포전인들이 주로 누원을 금난전권 권역 안으로 편입시키고자 하였다. 그 근거로 그들은 이른바 근기백리지내(近畿百里之內)가 모두 금난전권 권역 안이라는 것을 내세웠다.[31] 이와 같은 시전 상인의 주장은 곧 특권적 상업권을 넓힘으로써 사상인들의 도전을 배제하려는 노력이었지만, 이 시기의 정치·사회적 분위기는 그것을 무의미하게 하였다.

누원 못지않게 광주의 송파, 삼전도 일원도 각 지역에서 서울로 반입되는 상품의 유통로였으므로 일찍부터 장시(場市)가 발달하였고, 이 장시를 근거지로 하여 사상인들의 도고 활동이 전개되고 있었다. 송파 장시에서의 사상인의 매점 활동이 시내 시전 상인에게 큰 타격을 주기 시작한 것은 18세기 중엽부터였다. 영조 30년(1754)의 기록에 의하면,

서울의 사상인과 송파의 사상인이 서로 결탁하여 삼남 지방과 동북 지방에서 오는 상인을 유인함으로써 대규모의 장시를 펴고 있었다. 이 때문에 정부 당국자도 이는 금난전권을 피하여 시전 상인의 본업을 빼앗는 것으로서, 서울의 시전 상인들이 실업하고 있다고 염려하였다.[32]

당시 송파 장시는 5일장이 아닌 상설 시장으로 변모하고 있었다. 그런데 송파 장시의 상권을 장악하고 있었던 것은 누원과도 연결되고 있던 칠패(七牌) 등지의 사상 도고였다. 19세기 초 대규모 사상 중의 하나였던 손도강(孫道康)은 양주·광주 등지의 부호들에게서 자금 수만 냥을 조달하여 직접 원산에 가서 어물 선박 전부를 매점하거나, 혹은 어물이 서울로 반입되는 길목인 누원·송우점 등지를 지켰다가 그것을 모두 매점하는 도고 중의 도고였다. 순조 4년(1804)에도 그는 어물 30여 바리를 매점, 운반하였는데, 이를 안 서울 시내 어물전인들이 취체하려다가 오히려 그 일당에게 구타당하는 사건이 벌어졌다.[33]

이 시기 누원·송우점·송파 등 서울을 둘러싼 몇 개의 장시를 연결하는 사상 도고의 조직은 비교적 규모가 컸다. 앞서의 손도강은 순조 5년에도 많은 자금을 가지고 원산에 가서 각종 어물을 매점함으로써 시전 상인들에게 크게 해를 입혔으며, 같은 해에 시전 상인들이 퇴계원에서 삼전도의 상인 20여 명이 북어, 대구 등 50여 바리를 싣고 오는 것을 시전에 넘길 것을 요구하였다가 오히려 구타당하기도 하였다.

서울을 둘러싼 사상 도고의 활동권의 또 하나의 요지는 포천의 송우점(松隅店)이었다. 이 곳은 동북 지방의 상품이 서울로 운반되는 경우, 누원에 앞서 머무는 곳으로서, 이 곳도 18세기 후반에는 사상 도고의 근거지였다. 정조 12년(1788) 내어물전(內魚物廛)의 보고에 의하면, 송우점 역시 당시 사상인들이 많이 모이는 곳으로서, 시전인들이 조사한 이 곳의 사상인들은 크게 두 계통으로 구성되어 있었다.[34] 즉, 하나는 원산에 사는 상인들이고, 다른 하나는 송우점에 거처를 마련한 상인들이었다.

이들은 통천 등 수산물 생산지의 상인들과 서로 관계를 맺고서 어물을 거래하고 있었다. 즉 누원의 사상인들이 주로 서울 시내의 사상 도고와 연결되어 있었던 데 비하여 송우점의 상인들은 주로 생산지의 상인들과 연결되어 있었다. 이로써 볼 때 동북 지방에서 생산되는 어물 등은 대체로 원산 지역의 사상인들에 의해 수집되어서 송우점 상인들에게 넘겨지고, 다시 누원 상인들을 통하여 서울 시내의 칠패 등 사상인에게 전매되고 있었던 것이다.

시전 상인들이 서울에 앉아서 지방의 행상들이 가져오는 상품을 받아 팔았던 것과 비교하면, 누원 등지 상인의 이 같은 도고 활동은 한층 더 적극적이고 조직적인 것이었다. 시전 상인들이 관부와 결탁하여 금난전권을 행사하고자 하였지만, 18세기 후반 이래로는 사상인들의 포위망이 더욱 압축되어 시전 상인들의 활동을 제약하였다. 사상인들은 누원과 한강변, 칠패 등지를 연결하는 제1선과 송우점, 송파, 말죽거리를 연결하는 제 2선으로 포위망을 구축하여 시전 상인을 압박하였으니, 이로 인하여 시전 상인들은 때로는 실업하는 사태에 이르기도 하였다. 그리하여 17세기까지 그 위세를 부리던 시전 상인들은 차차 경제적 역량이 약화되어 갔고, 그에 대신하여 자본력과 조직력이 우세한 사상인들이 전국적 범위로 대규모의 도고 행위를 전개하였던 것이다.

누원 · 송파 등의 지역이 상업 중심지로 발돋움하게 된 것은 시전의 특권적 상업 활동에 대항하여 사상인들이 상권을 나름대로 확보하기 위하여 생산지에서 서울에 반입되는 상품을 이 곳에서 매점하는 도고 행위를 전개하였기 때문이었다. 이들 지역은 사상인들의 활동을 최대한 보장해 준 곳이었다. 따라서 도고 상업, 특히 사상인들의 도고 상업은 이들 지역에서 중점적으로 이루어졌다.

그러나 시전의 금난전권이 강화되고 사상에 대한 정부의 규제가 심화되자 그들은 도고 행위를 합법화하기 위해 특정 시전의 중도아(中都兒)가 되기도 하였다. 즉 그들은 시전으로부터 약간의 물건을 구입하거나 시전에 물품의 일부를 공급해 주기도 하고, 일정한 세금을 납부하기도 하였다. 물론 중도아는 처음부터 합법적인 존재는 아니었다. 그들은 시전이 인정하지 않았어도 스스로 중도아를 자처하여 시전에 반입되는 물품을 중간에서 매점하였고, 그 과정에서 시전은 물론 소상인을 침해하였기 때문에 중도아는 곧 산적(山賊)이라고 불리워지기도 하였다.

여하튼 누원 등지를 거점으로 삼은 중도아들은 초기에는 시전과 일정한 관계를 갖고서 성장의 발판을 마련하였으나, 도고 상업이 발달함에 따라 점차 시전을 배제하고, 드디어는 시전을 압박하기에 이르렀다. 이와 같이 중도아로 변신한 사상인들이 도고 상인으로 성장하게 된 것은 시전과 달리 그들은 금난전권을 소유할 수 없고 시전의 구속을 받아야 했기 때문에, 그러한 상황에서 벗어나려는 욕구가 더욱 컸고, 그렇기 때문에 서울 외곽 장시의 성숙이라는 상업적 환경에 보다 유연하게 대응할 수 있었다고 하겠다.

당시 서울에 상품이 반입되는 길목은 육로로는 누원과 송파, 수로로는 한강변의 용산·마포 등지였는데, 어물을 많이 취급하던 칠패 등의 사상인들은 특히 누원에 주목하고, 직접 이 곳에 건방(乾房)이라는 지점을 설치하여 동북 지방에서 서울에 반입되는 어물을 매점하여 쌓아 두었다가 서서히 서울에 반입시켰다. 칠패의 상인들은 심지어 어물의 생산지인 원산까지 진출하여 상품을 매점하기도 하였는데, 이때에 칠패 상인들은 누원이나 송우점 상인들과 정보망이나 자금면에서 연계가 있었을 것이다. 즉 초기의 사상인들은 그들이 매입한 상품을 직접 시전과 관계를 갖고서 시전의 금난전권이 행사되는 서울 도성 안으로 가지고 들어와서 판매하였으나, 도고 상업 단계가 되면 도고 상인의 일부는 시전의 금난전권이 행사되는 영역 밖에서, 예컨대 누원이나 송파 등지에서 상품을 매입하여 그 곳에 보관하였다가 일정한 시기에 도성 안으로 반입하여 판매하였던 것이다. 그리고 이들은 매점한 상품을 반드시 서울에로만 반입하는 것이 아니라 값을 고려하여 지방으로 다시 유출시키기도 하였다.

그리하여 정부에서는 해당 지역의 관원에게 도고 행위를 엄히 규제하게끔 지시하였으나 그들은 조금도 두려움없이 도고 행위를 계속하였다. 중앙 정부의 지시를 받은 지방관원들도 그들과 결탁하고서 규제하기는 커녕 그들을 보호해 주고 있었다. 마침내 정부는 정조 6년 누원 건방을 혁파하는 강력한 조치를 취하였으며, 서울 시내 사상인들의 도고 행위도 엄금시켰다.[35)]

이 시기의 누원 상인은 일종의 정주 상인(定住商人)으로서 자리잡고 있었다. 정부가 누원 상인에 대하여 특별히 규제 조치를 발동한 것은 누원 상인들이 시전 중에서도 어물전(魚物廛)의 활동을 압박하였기 때문이다. 시전 중 대표적 육의전 가운데서 유일한 식료품 상점이 어물전이었다. 더구나 어물전은 그 설립의 역사가 다른 시전에 비해 가장 오랠뿐더러 봉건 정부에 대한 국역(國役)의 부담이 다른 시전에 비해 번다하였으므로 특별한 관심을 갖지 않을 수 없었다. 그리고 정조 6년경에는 수산

물의 생산이 흉작이어서
공적이건 사적이건 수요
에 응할 어물들이 품귀
상태였는데, 이 때문에 봉
건 정부의 수요를 위해서
도 어물을 갖고 도고 활동
을 하는 불법에 대해서 불
가불 관권(官權)을 발동하
지 않을 수 없었다.

　그런데 시전 상인의 활
동이 위축된 것은 봉건적
특권 상인이 갖고 있던
본래적 모순 구조에 기인
한다고 하겠다. 시전 상
인들은 지나칠 정도로 사
상인에 대하여 특권을 행
사하였고, 또 수세권(收稅
權)을 남용하여 일반 상

○ **양주지도**(楊州地圖)

인들을 억압하였던 것이다.[36] 예컨대 서울의 내어물전 · 외어물전에서 취
급하는 물화는 주로 말린 생선과 저린 생선이었는데, 저린 생선배가 한
강변에 정박하면, 그들 시전 상인들이 가서 매입, 시중에 전매하였다.
이 때에 내어물전 · 외어물전 상인들은 수세 명목으로 가령 100동에서
2 · 30동을 남징할 뿐 아니라 헐값으로 억매하는 등 폐단이 많았던 것이
다. 이와 같은 폐단을 정부가 시정해 주어야 하건만, 오히려 정부는 시
전의 편만 들어 주었다. 이에 사상인들은 불법임을 알고도 그들의 생존
을 위해 시전과의 관계를 기피하게 되고, 나중에는 보다 많은 이익을 추
구하기 위하여 사상인들끼리 연대하여 자금을 합자하고 정보를 교환하
면서 시전을 배제하고 도고 행위를 자행하였던 것이다.

　원래 누원 상인들은 서울과 동북 지방을 잇는 요충지에 거처하면서 서
울로 반입되는 동해안 생산의 어물을 매점, 독점적으로 이익을 챙긴 신
흥 도고로서, 일명 향민 도고(鄕民都賈)라고도 하였다. 이들은 시전 상인

에 비하여 각지의 물가 시세를 정확히 파악하고 있었고, 자본금도 많아서 물가의 조종도 자유자재로 할 수 있었다. 더구나 인근에 송우점(松隅店)이라는 장시가 있어 어물의 매점이 매우 용이하였다.

정조 12년(1788) 내어물전·외어물전·포전 등 3개 시전이 경기 감영에 낸 소장에 의하면, 함경도 지방의 산물은 송우점을 경유하여 서울에 이르는데, 누원에는 도고 상인들이 많아서 이들이 3개 시전에서 취급하는 북포(北布) 또는 어물을 거의 매점하기 때문에 시전에는 물건이 없어 할 일이 없고, 나라에 바칠 진상물(進上物)도 궁핍하니, 이는 공사 간에 낭패라는 것이다. 따라서 서울 주변 백리 지역에서는 도고 행위를 엄금하고, 발각되면 엄형에 처해 달라고 요청하고 있다. 이 때 시전들이 조사한 바에 의하면 먼저 원산에 거주한 사람들로는 남대봉, 김의경, 김성오, 김치환, 김후약 등이고, 누원에 거주한 사람들에는 김운경, 박귀종, 이효백 등이 있어서 서로 주객의 관계를 맺고, 또 통천 포구의 석경수, 허영서, 배경화 등과도 연계하여 이익을 독점하였다는 것이다. 그 물량은 소·말 바리로 6·70바리였다고 한다.

사례에서 보듯이 누원의 상인들은 대규모의 자본으로서, 조직적인 상행위를 통하여 원산·통천 등의 생산지 상인과 결탁, 도고 행위를 벌였는데, 이 같은 새로운 상업계의 변화는 18세기 이후에는 누원, 송우점뿐 아니라 양주, 광주, 파주, 포천 등지의 육상 교통로 요충지와 인천을 비롯한 연해안 포구, 용산, 송파 등 한강변에서 서울로 통하는 주변 각처에서 볼 수 있었다.

확실히 조선 후기 특히 18세기 후반 이래 상업계는 변화하고 있었다. 종래의 관권과 결탁된 특권 상인에 비하여 풍부한 자본력과 우월한 조직력을 바탕으로 한 사상 도고의 활동이 보다 두드러졌고, 봉건 정부로서도 더 이상 사상인의 성장을 제어할 수 없게 되었다. 통공 정책(通共政策)의 시행은 이를 의미하는 것이다. 그리하여 시전의 독점적 상업 체제는 점차 해체되어 갔으니 18세기 후반에서 19세기 전반에는 사상 도고가 상업계를 주도하였고 이러한 상황에서 누원의 상인들 역시 나름대로 역할을 하였다. 즉 전근대 사회 말기에 있어 성북구 일대는 경제적으로 자못 주목받는 곳이었던 것이다.

【주】

1) 太宗實錄 권25, 태종 18년 6월 병인
2) 서울특별시사편찬위원회, 『서울명소고적』, 1958, p.229
3) 한글학회, 『한국지명총람(1)』, 서울편, 1966, p.121
4) 서울특별시사편찬위원회, 『동명연혁고(8)』, 성북구편, 1983, p.141
5) 太祖實錄 권7, 태조 4년 9월 기미
　　太祖實錄 권10, 태조 5년 8월 병오
6) 東國輿地備攷 권2, 전야
7) 太祖實錄 권6, 태조 3년 8월 경진
8) 擇里志, 복거총론 산수
9) 한영희, 「한반도 중서부지방의 신석기 문화」(『한국고고학 연보』5, 1978),
　　p.20
10) 신형식, 『백제사』(이화여대 출판부, 1992), p.47
11) 世宗實錄 권10, 세종 10년 윤4월 기축
12) 최영준, 「조선시대 한양의 郊지역 연구」(『문화역사지리』 창간호, 1989), p.8
13) 世宗實錄 권48, 지리지 경도 한성부
　　大東地志, 경도 강역
14) 續六典 권5, 형전 금제
15) 東國輿地備攷 권2, 전야
16) 서울특별시사편찬위원회, 『동명연혁고(8)』, 성북구편, 1983, p.146
17) 成宗實錄 권20, 성종 3년 7월 갑자
18) 經世遺表 권8, 지관수제 전제 11
19) 최영준, 앞의 글, p.11
20) 朴慶龍, 「잠실고」(『향토서울』 43호, 1985), p.73
21) 新增東國輿地勝覽 권1, 경도 상 단묘
22) 박경룡, 앞의 글, p.70
23) 東國輿地備攷 권2, 한성부 관방
24) 肅宗實錄 권37, 숙종 28년 8월 경인
　　肅宗實錄 권39, 숙종 30년 3월 갑자
25) 최영준, 『영남대로』(고려대 민족문화연구소, 1990), p.130
26) 英祖實錄 권 53, 영조 17년 3월 신묘
　　英祖實錄 권 88, 영조 32년 11월 정미
27) 남원우, 「15세기 유통 경제와 농민」(『역사와 현실』 5, 1991), p.72
28) 남원우, 앞의 글, p.81
29) 강만길, 『조선후기 상업자본의 발달』(고려대 출판부, 1970), p.180
30) 강만길, 앞의 책, p.179
31) 各廛記事 천권, 무신 5월
32) 備邊司謄錄 127책, 영조 30년 11월 28일
33) 各廛記事 인권, 가경 9년 2월
34) 各廛記事 천권, 무신 4월
35) 備邊司謄錄 165책, 정조 6년 8월 7일
36) 유원동, 『한국근대경제사 연구』(일지사, 1988), p.227

8. 송파장의 상인들

1. 경제 활동의 입지

(1) 자연적 입지

송파(松坡)는 현재 서울의 동남쪽에 위치하며 중심부와 멀리 떨어져 있어 조선 시대에는 개발이 늦었다. 도시 구조의 모습을 보이기 시작한 것은 1970년대에 이르러서였다. 조선 시대 한성부(漢城府)의 교외 지역인 성저십리(城底十里)에도 속하지 못한 채 광주부(廣州府)에 편입된 한적한 전원 지역이었다.

그러나 송파의 자연적 입지는 이 지역을 언제까지나 전원 지역으로 머물게 하지는 않았다. 조선 후기 전반적으로 사회·경제적 변화가 일면서 이 지역은 이 지역이 갖는 자연적 입지에 의해 상업의 중심지로서 변모되어 갔다. 송파장(松坡場)의 이름이 전국적으로 알려져 갔던 것이다. 그것은 이 지역이 남방과 북방을 이어주는 육상 교통의 길목이었을 뿐 아니라 이 지역의 북쪽을 가로 흐르는 한강의 경제적 입지 때문이었다. 특히 육상 교통 수단이 발달하지 않았던 조선 시대에 있어서 한강은 그 강변에 위치한 수도 한양에 필요한 모든 물자를 공급해 주는 젖줄이었다. 한강을 통해서 서해안의 평안도, 황해도, 충청도, 전라도의 산물과 내륙 강원도, 충청도의 물화가 한양으로 공급되었다.

한양은 수도였을 뿐 아니라 인구가 다수 집중되어 있어 당시 조선 사회에서는 최대의 소비 도시였다. 때문에 한강의 기능과 역할은 매우 컸다. 그런데 초기에는 도성과 가까운 용산, 마포, 서빙고, 두모포 등이 전국 각지에서 운송되어 오는 선박의 화물을 받아들였지만, 봉건적 상업 체계의 문제점과 그 많은 물화를 수용할 수 없는 포구의 한계성으로 인해 18세기 이래로는 송파(松坡)가 새로운 포구로 주목되고 그 역할을 대신해 갔다. 자연적 입지로 볼 때 송파는 양호한 포구 조건을 갖추고 있었다.

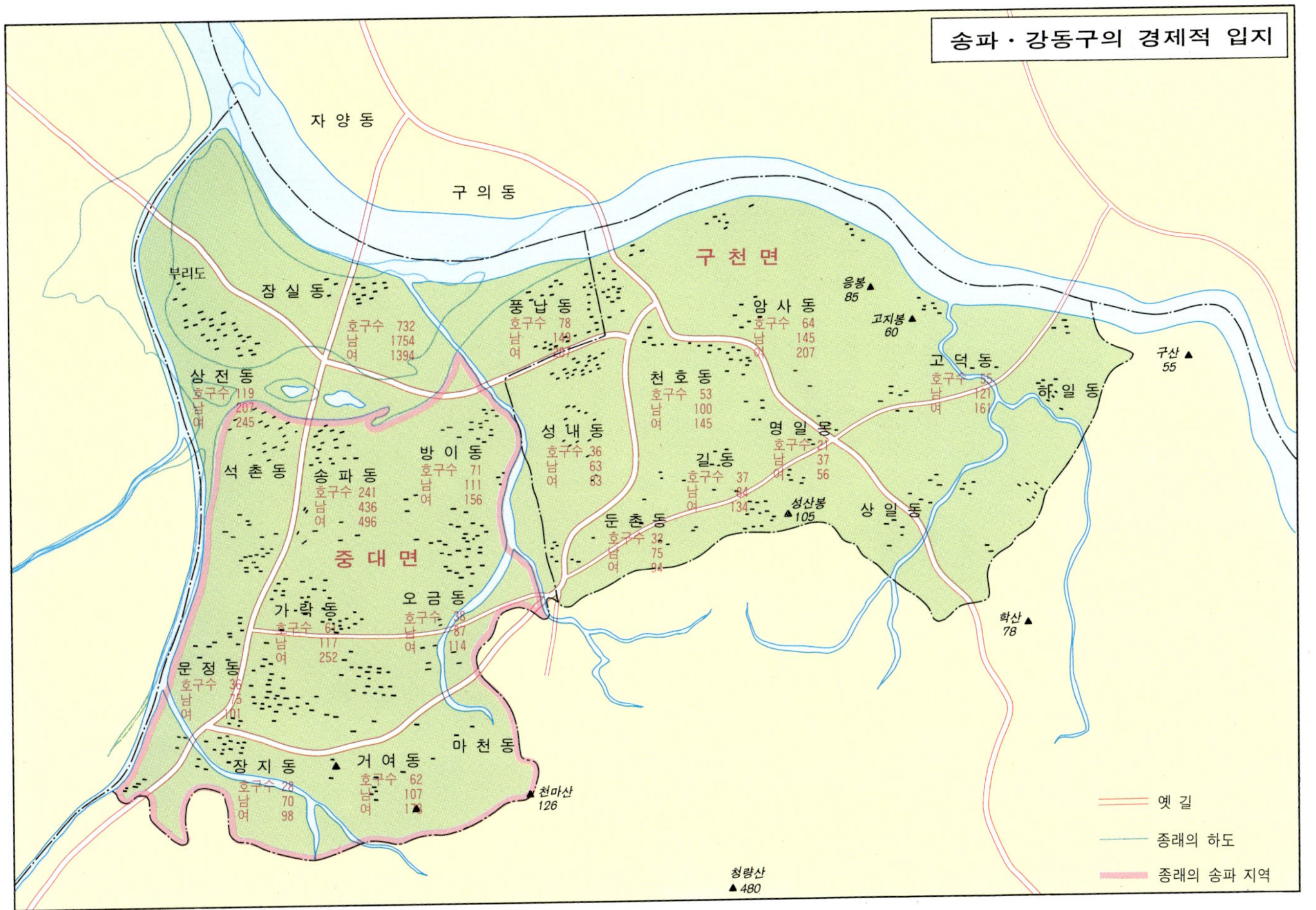

송파 · 강동구의 경제적 입지
구천면
중대면
자양동
구의동
부리도
잠실동
호구수 732
남 1754
여 1394
삼전동
호구수 119
남 207
여 245
석촌동
송파동
호구수 241
남 436
여 496
방이동
호구수 71
남 111
여 156
풍납동
호구수 78
남 140
암사동
호구수 64
남 145
여 207
응봉 85
고지봉 60
고덕동
호구수 55
남 121
여 161
하일동
구산 55
천호동
호구수 53
남 100
여 145
성내동
호구수 36
남 63
여 83
길동
호구수 37
남 84
여 134
명일동
호구수 21
남 37
여 56
성산봉 105
상일동
학산 78
둔촌동
호구수 32
남 75
여 94
가락동
호구수 61
남 117
여 252
오금동
호구수 38
남 87
여 114
문정동
호구수 36
남 75
여 101
마천동
장지동
호구수 28
남 70
여 98
거여동
호구수 62
남 107
여 1
천마산 126
청량산 480
옛 길
종래의 하도
종래의 송파 지역

　　송파구 지역은 현재에는 조선 시대 광주부 중대면(中臺面)에 속했던 송파동·삼전동·가락동·오금동·방이동·문정동·거여동·장지동·마천동 등지를 일컬으나, 그 이전에는 광주부의 구천면(龜川面) 일대까지 아울렀고 근래에는 양주군에 속했던 잠실까지 포함시키고 있다. 오늘에는 오히려 잠실이 송파의 중심지로서 역할하고 있다. 이와 같이 송파구 지역의 관계적 위치는 본래 북쪽으로 한강을 경계로 하여 양주 또는 고양과 접하고 있었고, 남쪽으로는 남한산성의 청량산과 그 줄기가 방벽을 이루고 있었으며, 동쪽으로는 성내천, 서쪽으로는 탄천이 경계선을 형성하고 있었다. 즉, 이 지역은 동·서·북쪽이 강과 개천으로 담장을 하고 있었는가 하면 남쪽으로는 성산봉·천마산·영장산으로 이어지는 표고 100m 내외의 작은 구릉들이 맥을 이루며 울타리 역할을 하고 있는 평원이었다. 그리하여 사람들은 이 곳을 흔히 송파벌이라 불렀다.

　　이러한 송파구(松坡區) 일대의 면적은 강동구(江東區) 지역까지 포함하여 총 60.07㎢로서 예전에는 거의 농지와 임야로 구성되어 있었고, 송파동·문정동·성내동 등지를 중심으로 취락이 조방적으로 형성되어 있었다. 지형적으로 남동쪽에 구릉성 산지를 울타리로 하고 있는 이 지

🔷 송파진 (松坡津)

역은 북쪽으로 한강에 연해 있고, 그 지류가 관내를 흐르고 있어 연변에는 넓은 충적 지대를 형성하고 있다. 그리하여 대부분의 토양은 오랜동안 화학적 풍화 작용이 진전되어 적갈색 또는 황갈색의 토양을 형성하고 있고 간혹 자갈이 섞여 있다. 그리고 10∼20m 깊이에 자리한 기반은 편마암으로 이루어져 기복량(起伏量)이 적다. 이는 식생(植生)에 매우 유리하였다. 그리하여 이 곳은 토양의 비옥도가 높음으로 인해 일찍부터 농경지로 주목되어 왔다. 다만 잠실동·풍납동·천호동·암사동 지역은 한강과 평탄하게 접해 있어 농업 용수를 충분히 공급받을 수 있는 유리한 조건을 갖추고 있었다.

　반면 이 지역은 홍수로 인한 침수의 가능성이 항상 내포되어 있었다. 이로 인해 일찍부터 하안 제방 공사, 한강 유로 변경 사업, 토지 구획 정리 사업 등이 추진되었다. 특히 잠실 지역은 '메기가 하품을 하거나 개미가 침만 뱉어도 물에 잠기는 곳'으로 알려진 상습 수해 지구였다. 이를 극복하기 위해 시행한 대표적 사업이 한강 유로 변경 사업이었다. 즉, 현재 잠실대교가 놓인 잠실동과 성동구의 자양동 사이는 본래 육지로 이어져 있었다. 말하자면 잠실동은 자양동에 연속된 반도였다.

　한강의 유로는 풍납동 성내천 입구에서 석촌 호수를 우회하여 강남구 대치동 옆을 거쳐 북상, 청담동을 끼고 압구정 동쪽으로 흐르고 있었다. 그런데 16세기 초 대홍수가 나면서 현재의 유로(流路)쪽으로 샛강이 생겼다. 사람들은 이를 새내, 새내강 또는 신천(新川)이라 하였다. 그러나 당시에도 한강의 본류는 석촌 호수 쪽으로 우회하는 것이었다. 따라서 농경, 목축, 교통 등 모든 인간 행위에 지장을 주는 새내를 막는 제방 공사가 수시로 행해졌지만 자연의 힘을 막아낼 수 없었다.

　마침내 1970년대에는 차라리 새내 쪽의 유로를 현재와 같이 크게 넓히고 석촌 호수 쪽의 하천을 폐쇄함으로써 잠실 지역을 송파 쪽으로 육속화하기로 토지 구획 정리 사업을 계획하고, 하도 입구에 폭 10∼20m, 연장 8,083m의 방수제(防水堤)를 축조하고, 공유 수면을 3년에 걸쳐 매립했다. 이로써 수 년에 걸친 침수의 위험은 사라지고 이 지역이 오늘날 송파구의 핵심 지역으로 자리잡게 되었다.

　전근대 사회에 있어서 송파 일대가 농업 등 생산 경제(生産經濟)의 입지로서 유리하였던 것은 지형, 지질, 수리 등의 조건뿐 아니라 기후 조

건도 다른 지역에 비해 매우 양호하였기 때문이다. 위도상 북위 37° 30′
에 위치하여 겨울에는 한대의 시베리아 기후에 속하고 여름에는 열대의
해양성 기후의 영향권에 든다. 그리하여 연중 기후의 변화가 심한데, 연
평균 기온은 10~11℃의 분포를 보여 인간 생활에 적합하다. 겨울 기온
이 매우 낮은데 비해 여름에는 고온이 계속되어 식물의 성장에 양호하
다. 더구나 강수량은 연 1,200㎜내외로서 비가 많은 편인데, 계절적으
로 여름에 집중되는 것이 특색이다.

(2) 인문적 입지

송파구 지역은 자연적 입지가 양호해 취락의 형성이 가능했고, 농경
등 생산 경제의 장으로서 적합하였을 뿐 아니라, 교통, 산업, 문화 등 인
문 지리적 입지에서도 경제적 중심지로 성장할 가능성을 충분히 지니고
있었다.

첫째, 교통이 비교적 편리하였다. 일찌기 선사 시대(先史時代)에도 암
사동 · 풍납동 · 방이동 · 석촌동 · 삼성동 · 역삼동으로 이어지는 길이 있
었으리라 추정되는 이 지역은 백제가 이 곳에 도읍지를 정하고 500년
동안 정치 · 행정의 중심지가 되면서 백제 전역으로 펼쳐진 도로망의 출
발점이었다.

조선 시대에 이르러서도 이 지역은 한양과 남한산성 또는 광주부를 잇
는 길목이었기 때문에 대로가 이 지역을 지나고 있었다. 즉 동대문을 나
선 파발마는 청계천의 영도다리를 건너 왕십리 살곶이다리를 경유, 자마
장(雌馬場) 즉 자양동에 이른다. 전기에는 여기에서 부리도를 지나 삼전
도 나루를 건너 경주 · 경안으로, 후기에는 새내를 건너 경주 · 경안 또는
판교참으로 치달렸다. 한편 자양동에서 구의동 쪽으로 방향을 돌려 광진
나루를 건넌 파발은 천호동 · 명일동 · 상일동으로 이어지는 국도 43번
도로를 타고 덕풍역, 경안역으로 빠졌다. 그리고 광진 나루에서 성내
동 · 오금동 · 거여동 · 장지동으로 이어지는 길도 사람들이 많이 왕래하
던 도로였다.

그리하여 송파동 · 장지동 · 풍납동 등지에는 주막거리가 생겨나고, 진
도(津渡) 취락이 형성되고 있었다. 특히 송파진 부근은 육상 교통 뿐 아
니라 수상 교통에도 편리한 위치에 있어 상업 중심지로서 예비되고 있었

다. 모든 지역은 각각 독특한 자연 환경을 가지고 있으므로 자원의 분포가 다르다. 그러므로 사람들은 물자 교환을 통하여 부족한 자원을 보충하며 남아도는 자원을 처리한다. 이를 매개하는 것이 교통이다. 따라서 교통의 중심지는 물화가 집중되고 사람들의 왕래가 분주하다. 송파에 장터가 생긴 것은 이러한 입지 조건 속에서 자연스러운 현상이었다.

송파구 일대에 도로가 형성되고 교통량(交通量)이 많아진 것은 조선 후기에 이르러서였다. 인근 지역에서 선사 문화가 발달하여 선사 시대부터 이 지역에는 사람과 동물의 왕래를 통해 길이 생겨났지만, 그러한 길은 자연 발생적인 것이어서 길의 폭이 일정하지 않으며 도로 표지나 시설물이 없었다. 따라서 길의 의미가 그리 크지 못했다.

길은 그 위로 이동하는 사람과 물화가 많아지면서 국가 사회적으로 이에 관심을 갖고 지표(地表)상에 많은 노동력을 투입하여 일정한 너비로 닦고 도로 표지 등 일정한 시설을 갖추었을 때 의미를 갖는다. 즉, 정치 · 경제 · 사회 · 문화적 기능을 갖는 도로일 때야 길은 그 역할을 다한다고 할 수 있다. 조선 후기에 이 지역을 지나는 도로는 그러한 점에서 이 지역의 생활을 변화시키는 힘을 갖고 있었다.

둘째, 산업의 측면에서도 이 지역의 지형적 입지는 일찍이 이 지역을 농경의 요람이 되게 하였고, 후에는 상업 기지화하게 했다. 이 지역은 전술한 바와 같이 기후가 온난하였고, 토양이 비옥하여 일찍부터 인간의 서식처로 자리잡았으니, 이 곳에 자리잡은 사람들은 농경을 통해 그들의 생업을 보장받았다.

인근 암사동 등지에서 발견된 괭이 · 보습 등은 신석기 시대부터 원시적이나마 농경이 이루어졌음을 밝혀주는 유물(遺物)이었다. 그리고 청동기 · 초기 철기의 반달돌칼 · 갈돌 등이 주변에서 상당수 채집되고 있음은 벼농사를 비롯한 농경이 광범위하게 행해지고 있었음을 알게 해준다. 특히 송파구 지역 중에서도 가락동 · 풍납동 · 장지동 일대의 저습지는 충적토가 광범위하게 형성되어 농업 생산력을 충분히 보장해 주었다. 가락동 출토 토기나 석촌동 고분의 유물은 이 지역에 일찍부터 취락이 형성되었음을 증거해 주고 있는데, 고대 사회에서 취락의 형성은 농경을 토대로 하였다. 백제가 삼국 중에서 가장 먼저 부강할 수 있었던 것도 이 지역이 농경의 요람이었기 때문이다.

한편, 이 지역은 조선 후기에 이르러 한양 주변의 여러 위성 도시 가운데서도 특히 주목되는 경제적 중심지였는데, 교통이 편하다는 입지와 함께 상인들이 거점을 삼을 수 있는 또 다른 여건이 예비되어 있었다. 이 지역은 조선 시대 광주부(廣州府)에 속하였는데, 광주의 행정 중심지는 남한산성 안의 관청리였으나, 상업 중심지는 한강에 이웃한 송파로서, 관청리를 훨씬 능가하는 도시로 성장하고 있었다. 그 까닭은 일찍부터 이 곳이 상인들에게 거점으로 주목되었고, 조선 후기에 이르러는 정부로서도 상업의 발달을 조장하여 송파 장시의 성장을 지원해 주었기 때문이다.

고려 왕조의 멸망으로 정치 분야에서 길을 잃은 개성 사람들은 곧 경제 분야에서 잃은 것을 보충하고자 하여 뛰어난 상술을 발휘하였다. 그들은 끊임없이 교역로를 개척하여 전국 각지로 상권을 확대시켰는데, 특히 광주의 송파는 그들이 주목한 주요한 거점이었다. 왜냐 하면 이 곳은 한양으로의 길목이었을 뿐 아니라 배후지의 인구가 비교적 많았고, 산물이 풍부하였고, 또 육로·수로를 통해 충주·청주·안성 등지의 상권과 연계가 쉬웠기 때문이다. 후에는 사상(私商) 중에서도 난전인으로 지탄받던 사람들의 근거지가 되고 있는데, 금난전권(禁亂廛權)을 행사하던 한양 시전인들의 통제권에서 벗어나 있었기 때문에 사상들의 활동이 매우 활발하였다. 사상들의 활동이 활발해지면서, 정부로서도 그들의 생업을 보장해주는 대신에 상업세를 받는 것이 유리하다고 판단하여 송파 장시의 상업 활동을 보호하고 육성하였다.

셋째, 교통이 편하고 생업이 가능한 지역이었기 때문에 송파구 일대에는 일찍부터 취락이 발달하였다. 취락의 형성, 나아가 고대 도시의 발달 역시 이 지역을 경제적 중심지로 성장하게 했다. 송파구 일대의 산업 기반은 본래 농업이었다. 따라서 도시화의 가능성은 희박하였다. 취락이 형성되었다고 하여도 산촌(散村) 형태의 취락이 일반적인 취락 형태였다. 그렇다고 하여도 이 지역은 용수(用水) 사정이 좋고, 비옥한 경지가 많고, 교통이 편리하여 인근의 암사동·역삼동 유적에서 살필 수 있듯이 집단 주거지가 일찍부터 형성되어 인구의 집중이 이루어지고 있었다. 지금까지의 농경 촌락의 단계에서 벗어나 고대도시로 발돋움한 것은 이 지역에 백제의 도읍지가 설정되면서였다. 몽촌토성에서 알 수 있듯이 당시의 도시는 읍성 취락 수준이었지만 왕국이 성장하여 통치의 중심지로 역할하면서 행정 군사 기능이 강화되어 갔다. 이 지역은 이제까지의 생산 기능에 대신하여 소비 도시로 탈바꿈되어 갔다. 삼국 통일에 의해 그 격이 낮추어졌지만, 한주(漢州)가 설치되어 지방 통치의 중심지로서 역시 중요시되었고, 고려 시대에는 남경(南京)과 이웃하여 귀족들의 생활 무대로서 주목되었다. 그러나 백제가 479년 웅진(熊津)으로 도읍을 옮긴 이후 이 지역은 도시로서의 모습은 점차 사라지고, 다시 옛 농경 취락의 모습을 보였다.

　그러한 이 지역에 인구가 집중하기 시작한 것은 송파 강가에 진도 취락(津渡聚落)이 형성되고, 인근에 장시가 생겨나면서부터였다. 18세기 후반 송파장은 전국 15대 장시의 하나였다. 이 곳은 동북 지방과 삼남 지방에서 찾아오는 상인들로 항시 붐볐다고 하는데, 장시가 흔히 5일장이라고 하였지만, 송파장은 그러한 장이 아니라 상설 시장이었다. 따라서 상인들 뿐 아니라 객주·여각·거간·주막 등 부대 시설도 많아서 인구가 다수 집중되고 있었다. 상업 도시로 성장해간 것이다. 이러한 전통 속에서 송파구 지역은 경제적 중심지로 성장할 여건을 마련해가고 있었다. 18세기 송파구 각 지역의 인구를 『여지도서(與地圖書)』에 의해 살펴 보면 다음과 같다.

〈표〉18세기 송파구의 인구

동리 명칭	호수	인구 수
거여미동	62	285
오 금 리	38	201
장 지 리	28	168
문 정 동	36	176
가 락 동	61	369
송 파 동	241	932
삼전도리	119	452
이 　 동	71	267
일 　 동	78	436
잠 실 리		
신 천 리		

2. 삶의 요람

(1) 원시인(原始人)들의 삶의 터전

송파구 일대의 지정학적 위치는 문화적 측면에서도 의미가 깊다. 경제 활동(經濟活動)이 삶의 일환이라고 할 때, 그것은 하나의 문화를 창출한다. 농경 문화, 상업 문화 역시 문화의 틀이다. 이 지역에서 농경 문화가 오래 지속되었고, 근대에 이르러는 상업 문화가 이루어질 수 있었던 것은 그것을 가능케 한 문화적 바탕이 있었기 때문이다. 어느 사회에서나 구성원들은 자기 나름대로 고유의 양식으로 행동하지만, 다른 한편으로 그들의 행동에는 공통적인 어떤 보편성이 작용하고 있다.

이 같이 한 사회 구성원들이 공통적으로 지니고 있는 행위 양식 및 사고 양식을 포함한 생활 양식 전반을 문화(文化)라고 하는데, 그것은 촌락과 같은 국지적 부문에서도 성립되고, 국가·민족·세계와 같은 광범위한 범주에서도 존재한다. 송파구 지역의 문화는 송파산대놀이에서 보듯이 매우 끈끈하다. 그러한 문화 전통의 뿌리는 이 지역에 취락이 형성된 선사 시대에까지 거슬러 올라간다. 이 지역은 한강 유역에서 원시인(原始人)들이 가장 먼저, 그리고 집중적으로 삶의 터를 마련했던 곳이다. 그만큼 이 지역의 문화적 기반은 유구하고 강인하다.

송파구 일대의 한강 유역은 앞에서 살펴본 바와 같이 경제적 입지가 식생(植生)에 매우 유리하였다. 토양이 비옥하였으며, 기후가 온난하였기 때문에 자원이 풍부하였고, 한강이라는 큰 강과 남한산 즉, 청량산의 큰 산악이 앞과 뒤를 막아주어 주거지로서 매우 적합하였다. 그리하여 인류가 처음 문화를 이룩했다는 구석기 시대로부터 이 지역에는 인간이 널리 살고 있었다. 가락동·암사동·역삼동 등지에서는 당시의 유물인 타제 석기 등이 채집되었다.[1]

이 지역의 선사 문화는 신석기 시대에 이르러 큰 의미를 갖는다. 송파구의 풍납동, 강동구의 암사동, 하남시의 미사동, 망월동 등지의 유적에서는 이 시기의 문화를 증거하는 빗살무늬 토기가 다량으로 출토되었는데, 빗살무늬 토기는 도토리나 달걀 모양의 뾰족 밑 또는 둥근 밑 모양을 하고 있으며, 크기도 다양하다. 이들 토기는 함께 출토되는 돌괭이·

돌보습과 더불어 이 지역에서 농경이 행해졌음을 보여주는 것이다.

　이 지역에 구석기 시대의 사람들이 살았다고 하여도, 그들은 동굴이나 강가에서 잠시 머물면서 동물을 사냥하거나 나무 열매를 채집하였고, 한 곳에 정착하지는 못했다. 그러나 신석기 시대(新石器時代)이래로 사람들은 농경을 알게 되면서 한 곳에 정착하였으며, 식량을 생산하고 저장하기 위해 토기를 발명했다. 신석기 시대의 사람들은 농경뿐 아니라 그물과 작살, 그리고 낚시 등을 이용하여 물고기잡이도 즐겼는데, 송파구 일대의 한강 유역은 수량이 풍부해 물고기가 많았다.

　또 저습지는 농경이 용이하여 그들의 거주지로 아주 적합한 장소였다. 그리하여 지금으로부터 7천년 이전부터 이 지역은 신석기인들의 생활 무대가 되었고, 그 흔적으로 빗살무늬 토기, 돌연모, 그물, 낚시의 흔적 등이 곳곳에서 발견되었다. 특히 암사동 유적에서는 20여채의 움집터와 그 부속 시설이 확인되었고 많은 빗살무늬 토기와 마제 석기 등이 출토되었다.[2] 집자리의 바닥은 원형 또는 방형인데 중앙에 취사와 난방을 위한 화덕이 위치하고 있다. 햇빛을 받는 남쪽으로 출입문을 냈으며, 화덕이나 출입문 옆에는 저장 구덩이를 만들어 식량이나 도구들을 저장하였다. 전체적으로 집의 크기는 성인 4명 정도가 살기에 적당한 정도였다. 이 유적(遺蹟)에서는 토기 이외에 돌로 된 괭이, 보습, 낫, 도끼, 갈돌, 화살촉, 어망추 등의 유물이 출토되었는데, 이들은 당시 사람들이 농경 또는 어로에 종사하였음을 보여주고 있다.

　도구가 발달하고 새로운 경제 활동이 시작되면서 이 지역에는 인구가 집중되고 집단 생활이 촉진되어 문화 양상에 커다란 변화를 가져오기에 이르렀다. 채집에서 생산 단계로 식량의 조달이 바뀌어지면서 의생활도 바뀌어 갔는데, 직포 기술(織布技術)을 개발하여 직물로 옷을 만들어 입었다. 물론 아직도 짐승의 가죽을 가공하여 몸에 걸치는 경우가 많았지만, 이 시기 유적에서 출토되는 방추차로 보아 삼실로 옷을 만들어 입는 경우도 있었다.

　이러한 신석기 문화의 전통을 이어 청동기 시대에 이르러 송파구 일대는 보다 다양한 문화를 이루었다. 송파구 일대의 청동기 유적은 가락동이 대표적인데, 이 곳에서는 독특한 가락 토기(可樂土器)가 출토되었다. 그리고 인근 강남구의 역삼동, 강동구의 암사동, 상일동, 성동구의 응봉동, 아차산 등지에서도 청동기 시대의 유물들이 출토되었다. 대표적인 유물로는 청동검, 여러 종류의 토기, 반달돌칼, 홈자귀, 숫돌, 낫, 바퀴날도끼, 화살촉, 갈돌 등의 마제 석기 등이 확인되었다. 이 시기를 대표하는 민무늬 토기는 지역에 따라 다른 모양을 보이고 있으나, 밑바닥이 좁은 팽이형과 밑바닥이 판판한 원통 모양의 화분형이 기본적인 것으로 빛깔은 모두 적갈색이다. 가락동에서는 전자가, 역삼동에서는 후자가 출토되었다. 이 시기에는 이전부터 주요한 생산 도구로 사용되던 마제 석기, 즉 간석기가 더욱 다양해지고 기능도 개선되어 생산 경제(生産經濟)가 보다 발전하였다.

이 시기의 사람들은 강가에서 보다 내륙 쪽으로 삶의 터전을 옮겼는데, 신석기 시대에는 암사동이 중심지였으나 청동기 시대에는 가락동·거여동 쪽이 중심지 역할을 했다. 그것은 농경이 더욱 발전했기 때문이다. 암사동 일대는 농경이 행해지기도 했지만 물고기잡이의 터전이었다. 그러나 가락동 일대는 내륙으로서 오로지 농경에만 종사해야 했다. 사람들은 돌도끼나 홈자귀, 팽이로 땅을 개간하여 곡식을 심고, 가을에는 반달돌칼로 이삭을 잘라 추수를 해서 갈돌에 빻아 먹었다. 농사는 조·피·콩·보리·수수·기장 등 밭농사가 중심을 이루었지만, 저습지에서는 벼농사도 행해졌다. 이 지역에서 멀지않은 여주군 흔암리 움집터에서는 이 시기의 것으로 보이는 탄화된 쌀이 출토되었다. 사냥이나 물고기잡이도 여전히 행해졌으나, 농경의 발달로 그 비중은 낮아지고, 돼지·소·말 등 가축의 사육이 이전보다 늘어났다.

그리고 가락동·역삼동 등의 움집터에 의하면 이 시기의 집자리 유적은 대체로 북서풍을 막아주는 나즈막한 야산을 뒤에 두고, 앞에는 시냇물이 흐르는 곳에 식수원인 우물을 중심으로 모여 있다. 이는 오늘날의 농촌의 자연 취락과 비슷한 모습을 보인다.

집자리의 형태는 장방형(長方形) 움집이 중심인데, 점차 지상 가옥으로 바뀌어 갔다. 움집 중앙에 있던 화덕은 한쪽 벽으로 옮겨지고, 저장 구덩이도 따로 설치하거나 한쪽 벽면을 밖으로 돌출시켜 만들어 놓았으며, 움집을 세우는데 주춧돌을 이용하기도 하였다. 집자리는 넓은 지역에 많은 수가 밀집되어 있어 취락(聚落) 형태를 이루고 있었다. 이것은 농경의 발달과 인구의 증가로 정착 생활의 규모가 점차 확대되었음을 보여주는 것이다. 또 같은 지역의 집자리라 하더라도 그 넓이가 다양한 것으로 보아 주거용 이외에도 창고, 공동 작업장, 공공 의식의 장소 등도 있었다고 본다. 그리고 보통의 주거용 집자리는 4-8명 정도의 가족이 살 수 있는 크기로서, 이것은 결혼의 형태가 부부를 중심으로 한 일부 일처제로 바뀌면서 가족용으로 바뀌어졌음을 뜻한다. 이러한 환경에서 여성은 주로 집안에서 집안일을 담당하였고, 남성은 농경과 같은 바깥일을 맡았다. 따라서 경제 활동의 중심이 남성에게로 옮아가고, 생산의 증가에 따른 잉여 생산물의 축적과 사적 소유로 인해 빈부의 차이와 계급이 발생하게 되었다. 계급이 발생하면서 권력과 경제력을 가진 지배자가 나타났는데, 그들은 스스로 하늘의 자손이라고 하면서 주변 지역을 통합하거나 정복하고 공납(貢納)을 요구하였다. 그리하여 군장 국가가 형성되었다.

한강 유역에 정치 집단이 형성된 시기는 기원전 3세기 경으로 진(辰)이 그 중심 세력이었다. 진(辰)은 이 지역의 선사 문화를 더욱 발전시켜 이 지역을 정치 중심지로 부각시켰는데, 마한·백제가 그 역할을 계승한 것이다. 더구나 진(辰)은 북쪽 고조선 사회의 변동에 따라 대거 남하해 오는 유이민에 의해 철기 문화(鐵器文化) 등 새로운 문화를 수용, 사회를 더욱 발전시켰다. 풍납동 토성 유적은 이 지역에서 발견된 대표적 철기 유적으로서 여기에서 낙랑식 기와가 발견됨으로써 당시 목조 기와집이 존재하였음을 추정케 한다. 풍납동 유적은 주거지로서 초기 철기 시대에 이르면 이 지역의 생활 중심선이 가락동에서 풍납동으로 옮겨지고 있음을 보여 준다.

(2) 백제인(百濟人)의 고향

철기 문화가 발달하면서 송파구 일대에는 강력한 왕국이 터를 잡았다. 왕국(王國)은 군장 국가가 발전한 국가 형태로서, 국왕이 출현하고, 국가 조직을 갖추었다. 이 지역에 터를 잡은 최초의 왕국은 온조(溫祚)가 세운 백제였다. 성내천과 인접한 방이동의 몽촌토성이 초기 백제의 도읍지였다고 알려지고 있다. 온조는 이 곳에 궁궐을 세워 도성의 모습을 갖추고서 이를 하남 위례성이라 했다. 온조가 이 지역에 자리를 잡은 것은 기원전 1세기 전후였다. 온조 집단이 북쪽에서 남하하여 처음으로 자리 잡은 곳은 현재의 미아리 또는 중랑천 일대로 비정되는 하북 위례성이었

다. 그러나 하북 위례성에 머문 시기는 그리 길지 않았고, 이 때의 나라 이름은 십제(十濟)였다.[3]

기록에 의하면 온조 집단은 곧 하남 위례성으로 도읍을 옮기고 있다. 이 지역은 자연적 입지가 매우 비옥한 농경 지대였을 뿐 아니라 그 때문에 일찍부터 문화의 요람이었으니 전술한 바와 같이 암사동·가락동·풍납동 등지는 대규모의 주거지를 형성하여 선사 문화를 꽃피웠던 곳이다. 유이민 집단으로서 온조 집단은 이 지역의 자연적 조건과 문화적 토양에 유의하여 북방에서 경험한 선진적 철기 문화와 기존의 문화를 융화시키면서 고대 왕국을 성립시켰던 것이다. 그리하여 이 지역에는 기원을 전후한 시기에 접어들면서 이전까지의 문화 양상과는 다른, 보다 차원 높은 새로운 문화가 성립되기에 이르렀고, 이러한 토대 위에서 백제는 고도의 정치력을 발휘하여 강력한 집권 국가를 수립, 북방 세력의 위협을 능히 극복할 수 있었고, 진(辰)에 이어서 이 지역을 아우르고 있었던 마한(馬韓)을 완전히 제압할 수 있었다.

그러나 백제의 강성은 정치, 문화적 요인에만 힘입은 것이 아니고, 경제적 입지가 내면적 성장의 기틀이 되었다. 광활한 농토와 그 동안 진전되어 온 농업 기술은 이 지역의 생산력을 증대시켰는데, 이에 더하여 초기부터 적극적으로 시도한 백제의 중농 정책이 실효를 보아서 백제의 국력이 크게 신장되었던 것이다. 그렇다고 하여도 본래 이 지역에 형성되어 있던 문화 기반이 국력 신장의 기본적 요인이 되었던 점은 결코 무시할 수 없다.

온조 집단이 초기에 가장 역점을 두어 편 시책은 이 지역에 오래 자리하고 있던 선주민 집단을 융화시키는 것이었다. 그것은 물론 쉽지 않았다. 왜냐 하면 오랜 문화의 전통 속에서 이 지역의 선주민들은 크고 작은 읍락(邑落)을 단위로 군장 국가를 이루며 강인하게 뿌리를 내리고 있었기 때문이다. 그들은 한 때 진왕(辰王)의 지배를 받기도 했는데, 그 후에는 독자적으로 세력을 펴고 있었다.

송파구 일대를 장악하고 있던 군장 국가는 회안국(淮安國)으로 알려지고 있다. 그러나 그들의 세력은 일정한 한계를 지니고 있었다. 왜냐 하면 유이민 집단인 온조 집단이 철기 문화·흑색 토기 문화 등 고도의 문화 집단임에 비하여 선주민들은 아직 청동기 문화·무문 토기 문화 단계에 있었기 때문이다. 선주민들의 문화는 신석기 문화의 바탕 위에 먼저 동북 지역에서 공렬 토기(孔列土器) 계열의 문화를, 이어서 서북 지역에서 각형 토기(角形土器) 계열의 문화를 수용하여 비교적 수준 높은 문화를 향유하고 있었다. 그럼에도 불구하고 전체적으로 무문 토기 문화 단계에 있었다. 더구나, 이들은 각지에 군(群)을 이루고 있는 경우도 있지만 대개 고립 분산적으로 거주하고 있었다. 이러한 사실은 이 지역에서 발견되는 유적, 유물들에서 확인되고 있는데, 이로써 볼 때 이 시기에는 각 지역의 선주민들을 하나의 정치 세력으로 결속시킬만한 유력한 세력 집단이 아직 등장하지 않았던 것이다.

기원전 3세기를 전후하여 한반도 북부 한군현(漢郡縣) 사회에서 정치적 변동이 일면서 이들 사회도 새로운 모습을 보여갔다. 지금까지 널리 사용하던 비파형 동검에 대신하여 세형 동검이 보급되어 갔고, 공렬 토기 · 각형 토기가 사라지는 대신에 점토대 토기(粘土帶土器)가 나타났으며, 철기가 본격적으로 보급되면서 홈자귀가 널리 사용되어 생산력이 급증해갔다. 이 시기의 문화 흔적은 송파구 일대 도처에서 발견되었으니, 가락동 · 방이동 · 문정동 · 암사동 · 고덕동 · 명일동 · 상일동 · 풍납동 등지에서 주거지 · 토광묘 등의 유적과 점토대 토기 등의 유물이 확인되었다.

그런데 이 시기에 남쪽에서는 마한 · 진한 · 변한 등이 강성함을 자랑하고 있었던 데 비하여 이 지역에는 전 지역을 통활할 세력이 형성되지 못하고 있는 힘의 공백을 이루고 있었다. 바로 이러한 현상이 소수의 세력이지만, 고도의 정치력을 지니고 있던 온조 집단이 이 지역에 용이하게 정착할 수 있었던 요인이었다.[4]

온조 집단(溫祚集團)은 숫적인 열세에도 불구하고 고도의 철기 문화를 통해 아직 청동기 문화 단계에 있던 선주민들을 흡수 · 통합해 갔다. 그것은 3세기 말까지 계속되었다. 이 시기 몽촌토성, 풍납동토성, 암사동토성, 이성산성, 아차산성, 삼성동토성 등이 축조되었는데, 대부분 선주민들의 근거지였다. 그런데 몽촌토성, 풍납동토성, 석촌동토광묘, 가락동토광묘 등의 유적에서는 고구려적 색채가 보다 분명한 흑색마연 토기가 출토되어 북방 유이민 집단인 온조 집단이 이 지역의 선주민(先住民) 세력들을 차츰 흡수 · 동화시켜 가는 과정을 입증시켜 주고 있다.

몽촌토성을 근거지로 한 백제는 이 곳의 선주민 세력을 통합한 후, 때

마침 북방에서 한군현과 말갈 등이 압력을 가해옴을 계기로 유역의 여러 토착 세력과 연대하여 대응하는 한편 연맹체를 강화해 갔다. 즉 백제는 3세기 초 북부와 동부의 토착 세력을 자신의 영역으로 편입시키고, 이어서 미추홀을 중심으로 한 서부 세력까지 제압하였다. 그것은 『삼국사기(三國史記)』의 기록뿐 아니라 이 지역에 분포된 적석총·토광묘의 분포에서도 입증되고 있다.

이후 백제는 내적인 체제 정비에 착수하였는데, 3세기 중엽 고이왕 때 5부제, 6좌평제, 16관등제가 시행된 것이 대표적 사례이다. 이로써 백제는 확대된 영토와 통치 조직을 갖춤으로써 중앙 집권 국가의 기틀을 확립하였다. 이를 전후하여 송파구 일대는 한반도에서 강력한 정치 세력의 거점으로 주목되었는데, 사실 백제 660년의 역사 가운데, 약 500년간은 이 곳이 통치의 중심지였다. 4세기 후반 근초고왕 때 잠시 지금의 서울 중심부인 한강 이북의 남평양(南平壤)으로 도읍지를 옮긴 때도 있었지만, 몽촌토성 일대가 백제의 기본적 근거지였다. 이렇게 볼 때 이 지역은 백제인의 고향이라 하겠다.

백제(百濟)가 이 지역에 터를 잡고 선주민 세력을 통합하면서 아울러 역점을 기울인 것은 농업의 진흥이었다. 송파구 일대의 한강 유역은 전술한 바와 같이 자연적 입지가 농경에 매우 적합하였다. 그리하여 선사시대 원시인들이 삶의 터전으로서 이 곳을 주목하였고, 백제도 이 지역을 근거지로 나라를 세웠던 것이다. 백제의 시조 온조왕은 즉위 직후 이 곳 하남의 땅이 북쪽으로 한강과 연해 있고, 동쪽으로는 높은 산이 울타리를 만들었으며, 서쪽으로는 바다에 이르고, 남쪽으로는 비옥한 농토가 있음을 주시하고, '어찌 이 곳에 도읍을 정하지 않겠는가' 하였다. 백제가 자리잡은 방이동·송파동·석촌동·가락동·문정동·풍납동·성내동 일대는 충적 지대가 넓게 형성된 평원으로 농경지의 후보지였다. 여기에 선진적 철제 농기구가 가세하면서 농업의 비약적 발전은 예고된 것이었다. 백제는 특히 농토의 개간과 수리 시설의 확충에 심혈을 기울였다.

백제의 위정자들은 경제력이 국력의 토대이고, 그 경제력은 농업 생산력에 전적으로 의지해야 함을 인식하고 있었다. 따라서 농토를 보다 많이 개간하고, 생산성이 높은 논농사를 위해 수리 시설을 확충하고자 하였다. 즉, 온조왕은 직접 각 마을을 순행(巡行)하면서 농사짓기를 권장하였고, 관리들로 하여금 농민들을 괴롭히지 못하게 하였다. 다루왕 때는 벼농사를 보다 적극적으로 권장하여 국가가 여러모로 지원하였고, 구수왕·고이왕 때도 벼농사를 널리 보급시키고자 수리 시설을 확충시키는가 하면 저습지를 개간, 논으로 풀게 하였다.

이러한 백제의 권농 정책은 점차 효과를 나타내어 농경지가 확대되었고, 도처에 제방이 생겨 생산력이 비약적으로 증대되었다. 석촌동·방이동 등 백제 고분에서 출토되는 가래·따비·쇠스랑·쟁기 등은 당시의 농업 상태를 살피는 데 좋은 참고 자료가 된다. 이들 철제 농기구 특히, 쟁기의 사용으로 심경 농업(深耕農業)이 가능해져 농업 생산력의 향상은 물론 농경 방법의 다양화를 촉진시켰다. 특히 소, 말과 같은 가축의 힘을 농업에 이용할 수 있게 되었다. 그리하여 증대된 경제력을 바탕으로 정치력·군사력을 강화한 백제는 4세기 후반에는 오늘의 중부 지방뿐 아니라 낙동강 유역에서 예성강 유역까지 그 위세를 과시하였다. 그것은 기본적으로 송파구의 문화 기반에 힘입은 것이었다.

3. 벼농사의 고장

(1) 조선 왕조의 중농 정책과 송파 지역

송파구 일대는 백제가 도읍지를 정한 이후 정책적으로 개발을 추진하여 당시로서는 가장 번성한 곳으로 주목되었다. 그것은 이 지역의 경제적 입지와 중농 정책에 토대한 농업 생산력이 다른 어떠한 지역보다도 월등하였기 때문에 가능하였다. 문물의 번성은 사람들을 사치스럽게 하는 한편 나태하게 하는 경향이 있다. 백제가 경제적 풍요로 일찍부터 화려하고 세련된 문화의 꽃을 피웠으나, 백제인들은 그 때문에 해이해져 갔고, 그리하여 정치·군사·사회 등 모든 분야의 제도가 흐트러져 갔다. 이에 더하여 북쪽에서는 고구려가 힘을 굳혀 남하해 왔으니 마침내 향락을 일삼던 개로왕은 475년 고구려 장수왕에게 죽임을 당하고, 백제는 도읍지를 금강 유역으로 옮기지 않으면 안되었다.

이로써 송파구 일대의 한강 유역은 정치의 중심권에서 멀어지고, 대신 고구려·백제·신라의 3국이 각축하는 군사적 요충지로 바뀌어 갔다. 그리하여 농경이 제대로 이루어지지 못하였다. 7세기 중엽 신라가 삼국을 통일하면서 어느 정도 안정을 되찾았으나, 8세기 후반 신라 왕실이 내분으로 동요되면서 이 지역은 지방 세력이 웅거하는 변경 지대로 인식되었다.

고려 초기에도 이 지역은 왕규(王規) 등 호족들이 장악하고 있어서 국가의 정책적 지원을 받지 못하고 있었다. 농민들은 왕규의 사적인 지배 속에서 온갖 수탈을 받았기 때문에 생산에 전념할 수 없었고, 그리하여 이 지역의 농경은 그리 진전되지 못하였다. 이 지역의 농경이 활성화되는 것은 10세기 후반 광종·성종에 의해 국가 기반이 확립되면서였다. 호족 세력을 제압하고 왕권을 강화한 고려 왕조는 과단성있는 정치로 국가 기반을 확립하고, 이를 뒷받침하기 위해 중농 정책에 힘썼다. 왜냐하면 당시의 주요 산업은 농업이었고, 따라서 국가 재정의 토대가 농토에 있었기 때문이다.

고려 왕조는 농토에서의 생산력 증대에 관심을 갖지 않을 수 없었고, 그리하여 비옥하고 넓은 평야가 자리한 송파구 일대의 개발을 염두에 두지 않을 수 없었다. 송파구 일대의 농업 생산력은 급속도로 복구되었다. 정부에서는 곡물의 증산을 위해 황무지의 개간을 장려하였다. 12세기 초 고려에 왔던 송나라의 사신 서긍은 『고려도경(高麗圖經)』에서 창고에는 미곡이 가득하고[5] 산간오지에도 계단을 이루며 전답이 개간되고 있다고 하였다. 송파구의 거여동·마천동·오금동에 분포된 구릉 지대도 이 때에 개간되었다고 본다.

송파구 일대의 개발은 조선 시대에 이르러 보다 촉진되었다. 조선 왕조는 고려보다도 더 중농 정책을 강화하여 여타의 산업 활동을 억제하고 국가의 기본적 산업 시책을 농업 위주로 편제하였다. 정부와 농민은 농업 생산력을 높이기 위하여 국초부터 토지의 개간, 수리 시설의 확충, 종자의 개량, 농기구·시비법의 개선 등 농업 기술의 혁신에 힘썼다. 송파구 일대도 이러한 중농 정책에 힘입어 널리 개발되어 갔는데, 당시 이 지역의 농경 기술과 개발 현황을 가늠해 주는 자료가 『금양잡록(衿陽雜錄)』이다. 이 책은 송파구 지역과 그리 멀지 않은 시흥, 즉 금천에서 은퇴하여 만년을 보낸 강희맹(姜希孟)이 인근 농촌을 돌아보며 보고 들은 농법을 소개한 책이다.

따라서 이 책에 실린 농경 기술은 당시 경기도 일대에서 널리 행해지던 것들이라 하겠다. 『금양잡록』에 의하면, 농작물의 품종이 매우 다양하였다. 벼·콩·팥·녹두·완두·수수·조·피·보리 등 80가지의 작물이 소개되고 있다. 벼의 품종만도 27가지나 되는데, 중국이나 일본에서 도입된 듯한 것들도 상당히 있다. 그리고 재배 방법에 따라 생산량이 달라지고 있음을 지적하였고, 밭벼 등은 토질이 비옥하면서도 마르지 않는 땅에서 적합하다고 하였다.

연평균 기온을 고려하여 파종기를 택하고 있는 모습도 소개하였다. 땅을 갈 때는 춘하경(春夏耕)은 얕게, 추경(秋耕)은 깊게 하며, 농기구로서는 써레·쇠스랑·끍개·밀개·곰배·호미 등이 주로 쓰인다고 했다. 그리고 땅이 질고 물이 찬 곳에서는 객토가 행해졌고, 토박한 땅에는 인분, 녹비 등을 적절히 사용하여 생산력을 높이고 있다고 하였다. 특히 척박한 땅에서 사람들은 녹두를 키워 무성하였을 때 갈아 엎어 잡초와 병충해를 방지하기도 했다. 이 지역의 농업은 밭농사와 채소 원예가 중심이었다.

물론 송파구 일대에서도 탄천 연변의 삼전동, 가락동, 문정동, 장지동 등지와 성내천 연변의 성내동, 풍납동, 방이동 등지, 고덕천 연변의 하일동, 상일동 등지는 물의 공급이 용이해 일찍부터 논농사가 행해졌다. 방죽마을이란 옛 이름이 전해오는 가락동 등지에서는 방죽을 쌓아 논농사를 행하기도 하였다. 방죽은 보(洑)의 일종으로서 논에 물을 대기 위한 작은 못이었다.

그러나 전반적으로 송파구 일대는 표고 50m 이내의 낮은 구릉지대를 이루고 있다. 따라서 이러한 지형 조건에서는 밭농사가 널리 행해졌다. 구릉지대라고 하더라도 이 지역은 기후가 온난하고 토양이 비옥하며 강우량이 적절하여 농사 기술에만 유의하면 생산성이 매우 높은 곳이었다. 더구나 이 지역은 서울 한양의 교외 지역으로서 인분의 공급이 용이하여 논농사이건 밭농사이건 생산력이 크게 증대될 수 있는 곳이었다.

농민들은 비료주는 법, 객토하는 법, 제초 작업, 농기구의 개량 등에 힘쓰는 한편 품종 개량에도 노력하였다. 생산력은 우량 품종에 의해 좌우되기도 했기 때문이다. 19세기 초에 서술된 『임원경제지』에 의하면 새로 보이는 벼 품종으로 올벼가 15종이고 늦벼가 11종인데, 그 가운데서도 바람과 추위에 잘 견디는 품종이 6종이나 되었다.[6] 벼는 본래 따뜻한 남쪽 지방에서 재배되던 것인데, 송파구 일대의 한강 유역만 하여도 위도가 매우 높아 본래의 품종으로는 재배가 용이치 않았다. 이에 사람들은 자기들이 살고 있는 이 곳의 기후와 토양에 맞는 품종을 개량한 것이다. 콩·팥·밀·보리·조 등 밭작물에서도 품종 개량이 끊임없이 이루어졌는데, 밭벼의 일종인 서화는 한 말을 심으면 110~120말을 수확할 수 있는 우량 품종이었다. 그리고 19세기 초에 널리 재배된 쌀보리는 본래 전라도 지역에서 개발되었는데, 이 지역에서도 널리 재배되었다. 그 생산성은 한 되의 종자로서 20말의 소출을 낼 수 있는 정도였다.

한편 콩의 품종도 다양해졌는데, 그 영양가가 알려지면서 또 부식으로 가공되면서 소비가 많아졌다. 이 때 재배된 콩으로 동부, 완두 등이 새로운 품종이었다. 동부는 한 줄기에 40~50꼬투리씩이나 달리는 우량 품종이었다. 알곡 이외에 조선 후기에 새로이 전래되어 급속히 퍼진 작물이 감자, 고구마였다. 감자는 중국에서, 고구마는 일본에서 전해진 작물로서, 흉년에 구황용 식품으로 널리 애용되었는데, 이 지역의 토양에 적합하여 널리 재배되었다. 특히 거여동, 오금동 구릉지대에서 많이 심었다고 본다.

농작물의 품종이 다양하고 농업 생산력이 높다는 것이 알려지면서 양반 관료들이 이 곳에 농장을 마련했다. 특히 방이동, 즉 옛 몽촌 일대는 한강이 바라다 보이고 구릉이 어우러져 풍광이 수려하였기 때문에 많은 양반들이 이 곳에서 여생을 즐겼다. 고려 말의 조운흘, 조선 초기의 서거정, 권람, 허계, 조선 후기의 김구 등이 이 곳에 별야를 마련하고 전원 생활을 하였다. 서거정은 이 곳의 풍경을 다음과 같이 읊었다.[7]

술두루미를 옮겨 몽산 머리에 날 듯 올라가
눈을 동쪽 봉우리로 돌려
새 달 뜨기 기다리니
새 달이 넘실넘실 구름 끝으로 내미네

얼음같은 수레 둥글고 금빛 물결무늬 일렁일렁
삽시간에 하늘 복판에 두둥실 걸려있어
사방 천지 밝게 비추이네

잔을 들어
달에 물어도 대답이 없고
토끼가 나의 공허한 심정을 비웃는구나.

　탄천 유역 문정동은 병자호란 때 명망을 드날린 임경업 장군이 태어나
고 자란 곳이다. 인근에는 그와 얽힌 일화가 많이 전해오고 있다. 그리
고 인근 둔촌동은 고려 말의 명신 둔촌 이집(李集)이 은거한 곳으로서,
그 자손들이 조선 왕조에 벼슬하여 정승 5명, 판서 6명을 배출하였다.
그들은 이 곳을 세거지로 하여 둔촌동의 이름을 남겼고, 광주 이씨의 종
파를 형성하였는데, 따라서 이 일대에 많은 농장을 소유하고 있었다. 그
리고 고덕동에는 고려 말의 이양중, 조선 초기의 어효담 등이 살았는데,
농토가 비옥하고 경치가 좋았기 때문이다.

(2) 상품 작물의 재배

　송파구 일대에서는 논농사보다도 밭농사가, 밭농사 중에서도 채소·
과일 재배가 성하였다. 특히 삼전동 일대는 토질이 좋아 무·배추 등의
채소가 잘 되었다. 그리고 문정동·장지동 등지에서는 고추·오이·참
외·수박·토마토 등을 재배하였는데 이 곳의 수박은 크고 달기로 이름
났다. 『임원경제지』에 의하면 이 곳은 전라도 광주의 무등산, 평안도 평
양의 능라도와 더불어 전국적으로 손꼽히는 수박의 명산지였는데, 이 곳
의 수박은 그 특수한 재배법으로 품종이 매우 우량하였다.[8]

　조선 후기에 이르러 감자·고구마·수박·참외·고추·토마토 등 새
로운 작물의 재배는 농업에서 생산의 다각화와 전문화를 촉진함으로써
농업 생산력을 더욱 증대시켰을 뿐 아니라, 그것은 또한 생산물의 대부
분을 생산자 스스로가 소비하는 곡물과 달라서 시장화되는 비율이 높았
으므로 농업에서의 상품 생산 발전에 크게 이바지하였다.

　조선 후기에 상품 작물로 이름났던 것에는 인삼과 담배가 있다. 이에
못지않게 상품으로 재배된 작물이 도시 주변의 채소였다. 한양 주변에서
채소 재배로 유명하였던 곳은 당초에는 도성에서 가까운 이태원, 청파
동, 왕십리, 답십리, 연희동 등이었지만, 점차 그 재배 지역이 확장되어
18세기 후반 이래로는 송파구, 강남구 일대에도 넓은 채소밭이 형성되

기에 이르렀다. 『경세유표(經世遺表)』에 의하면, 18세기 말 큰 도시 주
변에서는 6·7백평의 오이밭, 파밭, 마늘밭에서도 수백 냥의 수익을 얻
고 있었다.[9] 일부 농가에서는 도라지, 생지황과 같은 특용 작물도 재배
했고, 삼·닥나무 등 공예 작물도 재배했다. 삼전동에는 삼을 많이 심었
기 때문에 마전포(麻田浦)라고도 했다.

한편, 과수를 심어 많은 소득을 올리고도 있었다. 생활이 개선되면서
과일의 수요가 증대되어 공급이 달리게 되고, 그렇게 되면 값이 오르게
된다. 그리하여 과일만 전문으로 재배하는 농가도 출현하였다. 서울 주
변에서는 묵동의 먹골배와 성북동의 복숭아가 유명하였는데, 송파구 일
대도 그 지형적 조건 때문에 과수의 재배가 성행하였다. 전술한 문정
동·장지동의 수박·참외 뿐 아니라 삼전도의 잣, 거여동의 밤, 암사동
의 복숭아, 하일동의 가래 등이 널리 알려진 과일이었다.

송파구 등 한강변에서 상품 작물, 특히 채소 재배가 성행한 데에는 그
나름의 요인이 있었기 때문이다. 첫째, 이들 지역은 토양이 양호했고,
수원이 풍부해 채소 재배가 생산성의 측면에서 유리했다는 점이다. 게다
가 널리 이용되던 비료로서 인분의 공급이 용이했다. 한양은 다수의 인
구가 집중되어 있었기 때문에 인분의 공급이 충분했다. 청계천, 한강으
로 오가는 인분 운반선인 농선(農船)이 성 안에서 이 지역으로 인분을
조달해 주었다.

둘째, 바로 곁에 20만 명의 인구가 집중되어 방대한 소비 시장을 끼고
있다는 시장성의 측면에서도 유리했다. 당시 한양의 인구는 18세기 이
후 급증하고 있는데, 그들 대부분이 소비 인구였다. 그들에게 채소는 부
식으로서 빼놓을 수 없는 것이었다. 일부 가정에서는 울안에 텃밭을 마
련하고 고추·파·무·배추 등 채소를 자급하기도 했지만, 대부분 사서
먹어야 했다. 수요는 공급을 촉진시킨다는 시장성의 원리가 도시 근교의
채소 재배를 성행시켰다.

셋째, 운반성에 있어서도 송파구 지역 등 한강변은 도성과 출입이 용
이했다. 한강변은 육로 뿐 아니라 수로에 있어서도 운반성이 유리했다.
더구나 채소 등은 신선도 때문에 신속히 공급되어야 했다. 곡물은 삼남
지방 등 원거리에서도 공급이 가능했지만, 채소·과일 등은 교통이 불편
한 당시에 있어서 신선도 때문에 가까운 곳에서 신속히 공급되어야 했다.

　농민들은 조선 후기의 사회 변동 속에서 비교적 적은 면적의 땅에서 많은 수익을 올리기 위해서 채소 등 상품 작물의 재배에 힘썼는데, 그들이 이윤을 고도화할 수 있었던 것은 토지 이용을 집약화하고, 작물을 전문화시켰던 데에도 기인하고 있다. 상품 작물의 재배가 성행하면서 이 지역의 일부 농민은 재산을 모으는 경우도 있었다. 조선 후기의 농학자 우하영(禹夏永)에 의하면 채소 두 마지기를 심으면 보리밭 열 마지기의 수확만큼 이윤을 추구할 수 있어 도시 근교에서는 채소를 심는 데 열심이었고, 그들의 행상 행렬이 길에 줄을 이었다고 한다.[10]

(3) 잠실에서의 양잠

　잠실(蠶室)은 누에고치를 키우는 곳으로 양잠 사업의 기초적 시설이다. 조선 시대 양잠업의 발달은 잠실의 설치와 운영을 통해 이루어졌다. 고려 말 정치·사회적 불안과 목면의 전래 등으로 양잠업이 한때 침체되었으나, 조선 왕조의 위정자들은 '농상성(農桑盛)'이라 하여 농업과 함께 양잠을 국가 경제 정책의 주요 지표로 삼았다. 누에고치에서 실을 뽑아 만든 옷감 명주는 목면이 전래된 이후에도 고급 옷감으로 널리 애용되었다. 그런데 누에고치를 생산하기 위해서는 누에를 잘 키워야 했고, 뽕나무 재배에 유의해야 했다. 조선 시대에는 국왕이 적전(藉田)에서 몸소 밭갈이를 하여 농사에 모범을 보임과 아울러 왕비가 궁중에 친잠실(親蠶室)을 설치하고 친히 누에를 키우는 일에 솔선수범함으로써 양잠업을 적극 권장했다. 그리고 일반 백성들로 하여금 양잠 기술을 익히도록 전국 각지에 잠실 도회(蠶室都會)를 설치했다.[11]

　세종 때에는 서울 지역에도 잠실이 설치되었다. 즉, 현재의 잠실동인 도성 동쪽 아차산 아래에 동잠실, 그리고 서쪽 연희동에 서잠실을 설치한 것이다. 현재의 잠실동은 본래 성동구 자양동에 연이은 반도로서, 당시 송파구 일대가 광주군에 속해 있었지만, 이 곳은 행정 구역상 양주군에 속했다. 그 후 성종 때는 현재의 서초구 잠원동에 신잠실이 설치되었다.

　국가가 잠실을 설치한 목적은 백성들에게 양잠을 권장하자는 데 그 목적이 있었으나 세월이 흐르면서 국가에서는 누에고치의 생산에만 집착하여 공납을 강요하게 되고 이로 인하여 민폐가 크기도 했다. 잠실에서는 누에고치의 생산뿐 아니라 뽕나무 재배에도 힘썼으니, 현재의 잠실동 주변에는 뽕나무가 무성하였다. 얼마 전까지만 하여도 크고 작은 뽕나무 고목이 이 곳에 있었다.

양잠은 조선 초기에 특히 권장되었는데, 뽕나무 재배도 이 때에 매우 장려되었다. 태조·태종·세조·성종 등은 양잠을 위해서는 뽕나무 재배가 우선되어야 함을 인식하고, 그 재배를 의무화하는가 하면 뽕나무를 벌채하면 엄히 처벌하도록 했다. 그리고 잠실의 운영을 위해서 관원 중에서 감고, 양잠관 등을 선별 임명하여 누에고치 생산에 힘쓰게 했다.

그리하여 조선 후기에는 민간에서도 양잠열이 고조되어 양잠이 널리 성행되었다. 그것은 정부의 권장뿐 아니라 사회·경제적 발전으로 생활 수준이 향상되면서 비단의 수요가 늘었고, 또 양잠이 농가의 부업으로 충분히 가능했기 때문이다. 더구나 이 때에는 특권층에만 허용되던 비단 옷을 일반인들도 입을 수 있게 되어 수요가 늘어 상품 생산으로 양잠이 주목되면서 전업적 생산 농가도 나타나기에 이르렀다.

4. 어로 활동

송파구 지역의 북쪽에는 오대산에서 발원하는 한강이 흐르고 있다. 한강은 폐수로 인해 오염되고 있는 오늘과 달리 전근대 사회에 있어서는 어패류의 보고였다. 어패류는 단백질이 풍부하여 곡물과 채소에서의 부족한 영양분을 보완해 준다. 우리 조상들은 이를 일찍부터 알고 있어 선사 시대 이래로 어패류를 채집하여 식생활을 조화있게 꾸몄다. 그리하여 여기 저기로 먹이를 찾아 헤매다 한강을 비롯한 하천 유역에 정착하게 되었는데, 특히 한강 연안은 그들이 선호한 삶의 터전이었다.

풍납동, 암사동 등지에서는 낚시, 작살, 어망추 등의 신석기 시대 유물이 다수 발견되었다. 신석기 시대의 사람들은 어로 활동을 생업의 주요 활동으로 여겼다. 암사동에서는 신석기 시대의 주거지 20여 채가 확인되었다. 이 곳에 살던 사람들은 인근의 구릉지대에서 풀뿌리나 나무 열매를 채집하기도 했지만, 수심이 깊지 않은 강변에 나가서 붕어, 쏘가리, 모래무지 등의 물고기와 우렁이, 다슬기, 달팽이, 재첩 등의 조개류를 채집하여 생활했다.

잠실에서 암사동을 거쳐 하일동에 이르는 어로 구역에는 여러 종류의 담수어와 조개가 살고 있었다. 특히 암사동·풍납동·송파동 일대는 잠실 지역이 한강의 물 흐름을 완만하게 하여 물고기들이 살기에 적합하였고, 또 성동구 쪽의 강변과 달리 강변의 지표와 물 밑의 지표가 완만하게 이어져 수심이 얕아 어로 활동이 용이하였다. 기록에 의하면 이 일대에는 잉어·누치·숭어·은어·모래무지·참모지·피라미·동자개·바가사리·쏘가리 등의 물고기와 우렁이·다슬기·달팽이·말조개·칼조개·재첩 등의 조개류가 널리 서식하고 있었다.[12] 특히 송파동·풍납동 일대에서는 잉어·쏘가리가, 암사동 일대에서는 조개류가, 성내천·고덕천 등 개천에서는 게·가재 등이 많이 잡혔다. 상일동 일대의 고덕천에는 게가 많아 게내라는 지명까지 생겼다.

고기잡이 방법도 시대가 바뀜에 따라 점차 발달하였다. 낚시와 그물의 모양도 달라졌으며, 발을 쳐서 물의 흐름을 이용하여 게·물고기를 잡기도 하였다. 겨울에는 강물이 얼기 때문에 얼음판 위로 다니면서 떡메로 두들겨 잉어같은 것을 잡기도 하였다. 여러 사람이 힘을 합하여 후릿그물로 고기를 잡기도 하였다. 조선 후기에는 물고기의 수요가 늘고 상업이 발달하면서 먹기 위한 고기잡이에서 팔기 위한 고기잡이로 바뀌어 갔다. 농토가 없는 사람들은 고기잡이를 생업으로 하는 경우가 많았는데, 농사짓는 것보다 고기잡이가 수익성이 높은 때도 있었다.

5. 옹기와 벽돌

전근대 사회에 송파구 지역은 대체로 농경지였고, 한강 연안에 포구가 몇 곳 있었을 뿐이어서 제조업은 그리 발달하지 못하였다. 그러나 그러한 속에서도 이 지역이 갖는 토양 조건 때문에 생업으로 옹기나 벽돌을 굽는 사람들이 있었다. 오랜 세월이 지나는 동안 헤일 수 없을 정도로 한강은 범람하였고, 이에 따라 한강과 접해 있는 풍납동 · 천호동 · 암사동 등 한강 연변 일대에는 홍수에 밀려 온 흙 · 모래 등이 퇴적하고 풍화 작용을 일으켜 이 지역의 지표를 기름진 옥토로 만들었을 뿐 아니라 옹기나 벽돌을 만들기에 더없이 좋은 흙을 쌓아 놓았다.

그리하여 전술한 바와 같이 신석기 시대의 사람들은 암사동 등지에 대규모의 주거지를 마련하고 삶을 전개하면서 생활에 필요한 그릇을 흙으로 빚어서 만들었으니, 그것이 바로 즐문 토기, 즉 빗살무늬 토기였다. 지금도 암사동 등지에서는 빗살무늬 토기의 파편들이 출토되고 있는데, 그 후 청동기 시대에 이르러는 보다 단단한 민무늬 토기, 즉 무문 토기를 만들었다. 민무늬 토기는 풍납동 · 가락동 등지에서 주로 발견되었다. 이어서 사람들은 그릇에 빛깔이 있는 홍도, 채도, 흑도도 만들었다. 이렇게 이 지역에서 흙을 빚어 그릇을 만드는 법을 알게 된 것은 그 유래가 꽤 오래 되었다. 곡물을 저장하고 음식을 담아 먹고 보관하기 위해 처음에는 목기나 소쿠리 등이 쓰였겠지만 흙으로 그릇을 빚어 불에서 단단하게 구워내는 방법을 알고부터 토기는 우리 생활과 뗄 수 없는 관계에 놓이게 되었으며, 그 후 사람들은 토기를 더욱 발전시켜 옹기 · 도기 · 자기를 만들어 썼다.

사람들은 지혜가 발달하면서 토기나 도자기에 문양을 새겨넣어 멋있게 만들어 보기도 하고, 여러 가지 모양으로 꾸며보기도 하였다. 모든 진흙 속에는 철분이 들어 있는데, 이것 때문에 토기와 도자기의 색이 판가름난다. 가마를 만들지 않고 노천에서 토기를 굽거나 가마를 만들었더라도 자연스럽게 아궁이를 열어놓고 공기가 마음껏 들어가게 하면 진흙 속에 들어있던 철분이 공기 중의 산소와 결합하여 시뻘겋게 되고, 그릇도 쇳가루의 함량에 따라 황색에서 다갈색, 적갈색으로 된다. 한편 가마에 바람이 들어가지 않게 하고, 새어나가지도 않게 봉하고 가마에서 1,100℃ 이상 그릇을 구우면 그릇은 쇳가루의 함량에 따라 청회색, 회흑색으로 된다. 우리 조상들은 이러한 기술을 일찌기 터득하였다.

그리하여 백제 때 이 곳에서는 적색 토기가 만들어졌고, 조선 시대에는 옹기도 만들었다. 몇십년 전까지만 하여도 우리네 살림에서 옹기, 즉 오지그릇은 중요한 생활용기였다. 조선 시대 생활이 다양해지고 풍부해지면서 옹기는 특수한 용도에 쓰이는 특수한 용기로 발전하였다. 옹기 가운데서도 특히 독이나 항아리는 음식물을 오래 저장해야 하므로 바람이 통하고 숨을 쉬게 하며 그 속의 저장물이 쉬거나 썩는 것을 막아준다. 간장, 된장, 고추장, 김장 등 발효 식품이 주요한 비중을 차지하는 우리 나라 식품 저장에서 독항아리는 큰 역할을 했다. 이 지역에서 만든 장독은 미끈하게 크고 때론 풍만하고 너그럽게 잘 생겼고 구김살이 하나

○ 옹 기

도 없다. 옛날부터 장은 잘 생기고 좋은 독에 담가야 장맛이 변하지 않는다고 했다.

옹기그릇의 생김새와 이름은 지방마다 특징이 있었으니 대독, 중두리, 방구리, 항아리, 종지, 자배기, 바래기, 뚝배기, 옹배기, 동이, 단지, 방통이, 소줏고리 등 헤아릴 수 없이 다양하다. 화로, 시루, 약탕관, 연적, 재털이, 수반, 술병 등도 옹기로 만들지만, 옹기라면 흔히 항아리 · 독을 연상한다. 오랜동안 우리 조상들은 옹기로 된 항아리를 즐겨 썼기 때문에 우리 나라를 '항아리의 나라' 라고도 한다.[13]

송파구 일대에서 옹기 제조가 성행한 것은 질좋은 찰흙이 풍성했기 때문이기도 하지만, 바로 가까이에 큰 소비 시장이 있었기 때문이다. 주로 등짐 장사들이 메고 다니며 처분했기 때문에 도성에서 가까운 이 곳은 품질 좋고 모양새 있는 옹기를 먼저 맡으려고 등짐 장사들이 줄을 이었다. 더구나 인근 송파장에는 전국 각지에서 장사치들이 모여 들었기 때문에 장터에는 많은 옹기들이 선보였다.

한양에 인구가 증대하고, 상품의 수요가 촉진되면서 조선 후기 송파구 일대의 풍납동 · 성내동 · 암사동 등지에는 옹기만을 전문적으로 생산하는 점촌(店村)이 형성되었는데, 기록에 의하면 1925년 을축년 대홍수 때 이 곳에서 대대로 옹기를 굽던 200여 채의 가호가 모두 물에 잠겼다고 한다.[14] 이로써 볼 때 이 일대에서 옹기 제조가 얼마나 번성하였는지를 짐작할 수 있다.

한편, 이들 지역에서는 옹기와 더불어 기와 · 벽돌도 제조하였다. 기와 · 벽돌은 건축용 자재로서, 주거 환경이 사치스러워지면서 기와 · 벽돌의 수요도 많아졌다. 기와나 벽돌 역시 찰흙으로 만든다. 그 수용량이 많기 때문에 운반이 용이해야 했다. 그런데 송파구 일대는 한강에 연하여 선박으로 운반이 가능했다. 다만 옹기에 비하여 작업장의 부지가 넓어야 했다. 그리하여 기와 · 벽돌은 풍납동 · 성내동 등지가 주택지로 바뀌면서 천호동 · 암사동 · 명일동 · 상일동 등지로 그 작업장이 옮겨 갔는데 해방 이후까지 이들 지역에서의 기와 · 벽돌 제조는 성행하였다.

한편 삼전동 서쪽 연변에는 탄천, 즉 숯내가 흐르고 있는데, 그 유래는 이 곳에서 숯을 구워 도성에 공급했기 때문이라는 것이다. 즉, 강원도 등지에서 사람들이 목재와 땔감을 뗏목으로 하여 한강을 통해 갖고 와서 뚝섬에 풀어 놓는다. 이를 가지고 숯을 굽는 곳이 삼전동·청담동 등지였고, 그리하여 개천물이 검게 변했다는 것이다. 여하튼 이 곳은 숯을 제조한 곳이었다.

6. 송파상의 도고 활동

(1) 시장 형성의 사회적 배경

송파장은 조선 후기 전국 15대 장시의 하나였다. 당시 전국에는 1,000여 개소의 장시가 있었지만 송파장은 안성 읍내장, 은진 강경장, 덕원 원산장과 함께 대표적인 장시였다.[15] 전국 각지의 물화가 송파장에서 거래되었고 심지어 "임금님께 진상하는 꿀단지도 송파를 거친다"는 말이 있을 정도였다.

송파장의 형성과 발전은 이 시기 경제 활동의 전반적 활성화에 토대하였다. 조선 후기에는 사상인의 활동이 활발함과 더불어 전국 각지에 장시가 생겨 농촌 사회에서도 상거래가 촉진되고 있었다. 그 중에서도 15세기 말 전라도 지역에서 개설되기 시작한 장시는 흉년으로 인해 농촌에서 이탈한 농민들이 살길을 모색하기 위해 만들었다고 하는데, 보다 근본적으로는 15세기 농업 기술상의 혁신으로 농업 경제력이 크게 신장되고, 소농민들도 자신들의 잉여 생산물을 자유롭게 처분할 수 있게 되었기 때문이다. 더구나 16세기에는 전주 전객제(佃主佃客制)가 약화, 해체되면서 농민들은 전주(佃主)의 사적(私的) 지배를 벗어나게 되고 그리하여 자신들의 생산물을 직접 교역할 수 있게 되었다. 그리고 지주제가 발달하면서 많은 잉여 생산물을 보유하고 있던 지주들은 이를 처분할 유통 기구가 필요했고 반면 지주층의 토지 집중으로 농촌에서 쫓겨난 비농업 인구는 곡물의 수요를 증가시켜 미곡의 상품화가 추구되었고 이러한 속에서 장시가 성립되어 갔던 것이다.

장시(場市)는 보통 5일마다 열려서 인근 주민들이 농산물과 수공업 제품 등을 교환하였는데 장시를 주도한 상인은 보부상이었다. 대개 30리에서 40리에 걸쳐 산재된 장시는 1일 행정으로서 보부상이 각 장시를 순회하기에 편하도록 형성되어 있었다. 장시는 지역에 따라서 3일, 5일, 10일, 15일마다 개설되었는데 거의 5일마다 열리는 5일장이었다. 5일장은 1·6일, 2·7일, 3·8일, 4·9일, 5·10일 등 장시마다 개시일이 다르게 설정되어 1개월에 6회 장이 열렸는데 1·6일장에서 5·10일장의 5개 장시는 대개 한 시장권을 형성하여 보부상들은 이들 시장권을 순회하면서 장사를 하였던 것이다. 5일장이었던 송파장도 본래 인근 장시와 연계하여 하나의 시장권을 형성하고 있었다.

　이와 같은 시장권의 형성은 18세기 중엽 이후에 두드러졌다. 지금까지는 비록 장시가 전국적으로 개설되고 있었다고 하여도 장시들은 각기 분산, 고립적으로 존재하였다. 그러나 장시가 숫적으로 많아지고 장시 내부에서 질적인 전환이 요구되면서 각 지방에서는 인접한 4, 5개소의 장시가 서로 밀접한 연관 관계를 맺으며 개시일이 서로 중복되지 않도록 장날을 변경, 조정하고 있었다.[16] 이러한 지역적 시장권은 또 다른 인접 시장권과도 연계하여 상품 유통을 활발하게 촉진시켰다. 실학자 이익(李瀷)은 각 고을에 장시가 증가하여 매달 6회씩 개설되므로 2,30리 사이의 장시가 하루도 비는 날이 없이 개설된다고 하였다.[17] 시장권은 곧 그 지역의 유통권이었다. 각 지방의 장시 발달과 그에 따른 시장권의 확대는 지역간 상품 유통의 증대를 가져왔다.

　더우기 18세기 이후 해안 또는 강변에 포구(浦口)가 개설되면서 선박

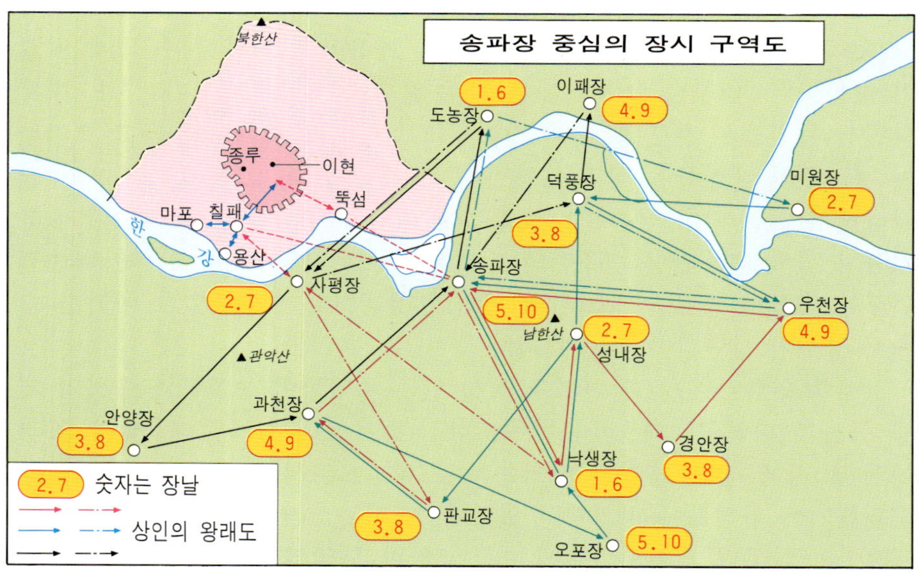

을 이용한 상품 수송이 활성화되었다. 이에 따라 포구가 새로운 유통 기지로 대두하였고, 더 나아가 시장권내 중심지로 발달하였다. 종래 함경도의 어상(魚商)들은 그 곳에서 생산되는 북어를 원산포에서 송우점, 누원 등의 육로를 거쳐 송파, 칠패 등지로 운송하였는데, 19세기에 들어서는 원산포에서 해로로 포항, 창원포를 거쳐 강경포에서 일부 처분하고, 다시 북상하여 한강 연안의 마포, 송파 등지에서 마저 처분하고 아울러 자신들이 필요한 물품을 이들 포구에서 구입하여 원산포로 돌아갈 정도로 상품 유통이 확대되고 있었다.[18]

장시가 발달하고 시장권이 형성되면서 보부상 등 상인들의 활동 범위가 확대되었고 취급하는 물품도 다양화되었다. 『임원경제지』에 의하면 19세기 각 지방 장시에서 거래되고 있던 물품은 쌀, 콩, 모밀 등 곡물과 면포, 마포, 저포 등 직물류 그리고 농업 생산과 관련된 철물이나 목제품 그리고 유기, 토기, 자기, 옹기 등의 그릇류가 중심을 이루고 있었다. 대개 농업 생산과 관련된 것들이고, 이와 더불어 각 지역의 특산물이 거래되었으며 때로는 원격지의 생산물이 상인들을 통해 교역되고 있는 것도 있었다.[19]

요컨대 장시의 발달은 사상인의 성장과 상권의 확대, 상품 유통의 활성화를 가져와 상업계를 크게 변모시켰다. 상업에 종사하는 사람들이 늘어났고 상업에 대한 사람들의 인식도 바뀌어 갔다. 18세기 이후 사회 전반에 나타난 일반인들의 인식은 농사보다는 장사가 훨씬 이익이 있다는 분위기였다. 평안도 지방에서는 농사를 그만두고 상업에 종사하는 자가 열에 여덟, 아홉이나 된다고 하였다.[20] 농사를 계속 짓는 경우에도 상업적 농업을 통해 소득이 높은 작물을 재배하여 장시에 내다 팔고 있었고, 가내 부업으로 수공업 제품을 생산해 장시에 내다 팔아 소득을 증대시키고 있었다.[21]

(2) 송파장의 형성

조선 후기 경제 활동의 전반적인 활성화에 힘입어 상인들의 활발한 활동뿐 아니라 전국 각지에 장시가 형성, 발전되어 갔는데 교통의 요지에 위치한 송파나루 부근에 장시가 설립되지 않는다는 사실은 생각해 볼 수도 없는 문제였다. 한양이라는 큰 소비 시장과 광활한 농경지를 가까이

하고 있는 송파에 장시가 설치되는 것은 시간 문제였다.

정부측 자료에 의하면 송파장은 수어사 민진후(閔鎭厚)가 남한산성의 수비를 맡은 사람들을 위해 창설했다고 한다.[22] 그러나 이에 대해서 이견이 제기되고 있다. 즉, 송파장은 본래 하남시 선동, 즉 둔지에 있었다고 한다. 그런데 어느 때인가 홍수로 인해 암사동 바윗절 부근 포구(浦口)로 이전했다. 그런데 인조 25년(1647) 다시 큰 홍수가 일어 포구 일대가 쓸려나가자 현재의 석촌호수 남쪽 언덕으로 장터를 옮겼다.[23] 이로써 볼 때 송파장은 17세기 이전에 형성되었는데, 18세기에 이르러는 매우 규모가 큰 장시로 발돋움하고 있었다.

기록에 의하면 송파의 사상인들이 도성 안의 사상인과 서로 결탁하여 삼남 지방과 동북 지방에서 오는 상인들을 유인하여 대규모의 장터를 이루고 있다고 하였다.[24] 이에 시전(市廛)상인들이 그들의 영업에 지장을 준다고 항의하기에 이르렀고, 그리하여 당시의 유통 질서를 감독하고 있던 평시서(平市署)는 시전 상인들의 입장을 지지하여 송파 장시의 폐지를 주장하였다. 그러나 현지의 책임자인 광주 유수(廣州留守)는 백성들의 생업을 마음대로 빼앗을 수 없다면서 그 폐지를 반대하여 조정에서는 중신들이 여러 날 논의를 하였다. 결국 정부로서도 활성화되고 있는 상업 활동을 통제만 할 수는 없어서 송파 장시를 계속 운영하도록 하였다. 이후 명목상으로는 한달에 6회장을 연다고 했지만 실제로는 매일 상품을 거래하였다.

그들이 취급하는 물품도 다양하여 시전에서 취급하는 모든 상품이 거의 다 있었다. 송파장에서 거래된 주요 물품은 미곡, 잡곡, 채소, 담배, 숯, 옹기, 북어 등 다양하였다. 상설 시장화한 송파장은 나날이 번창하였으니 이제 송파에는 상

○ 부상도(負商圖)

인들 뿐 아니라 객주, 여각, 주막 등 이에 관련된 사람들이 대거 몰려들
어 상업 도시로 모습을 굳혀갔다. 이 시기에 용산, 마포, 두모포, 뚝섬,
말죽거리, 누원 등지 역시 경제적 위성 도시로 발돋움하고 있었는데, 송
파는 그 중에서도 가장 번창하고 규모가 큰 상업 도시로 착실히 성장하
고 있었다.

(3) 송파장의 상인들

　송파장이 전국적 장시의 하나로서, 규모가 큰 상업 도시로서 성장할
수 있었던 것은 이 지역의 경제적 입지가 양호했고 상업이 활성화되고
있던 시대적 분위기에 고무된 데에도 그 요인이 있었지만 송파장을 키운
이 곳 상인들의 주체적 활동이 기본적 토대를 이루었다. 송파 상인들은
그들의 거점이 비록 금난전권의 범주 밖에 있었지만 그들을 난전이라 규
정하고 송파까지 상업 활동을 확장하고자 했던 시전 상인과의 대결에서
우선 역량을 과시하였다. 시전 상인들은 송파 상인들이 장시를 열어 시
전에서 파는 상품을 마을 안에 쌓아두고 매일 거래하므로 자신들은 이
때문에 영업에 크게 손해를 본다고 하면서 평시서(平市署)를 움직여 송
파장을 폐지하고자 하였다.[25] 이러한 시전 상인의 횡포에 대해 송파 상
인들은 강력히 반발하였다.

　당시 송파장에 드나들던 상인은 세 부류로 분류될 수 있었다. 장지동
등지에서 채소를 재배하여 이를 처분하거나 풍납동, 성내동 등지에서 옹
기를 제조하여 판매하고자 한 소상품 생산자들이 있었다. 이들은 원칙적
으로 상인은 아니었다. 그러나 그들은 자급자족을 위해서가 아니라 시장
에서 판매하였기 때문에 생산자이면서 상인이기도 하였다. 둘째, 소상품
생산자의 물건을 받아 소비자에게 직접 처분하는 소상인들이 있었다. 이
들은 송파장에서 물건을 받아 도성 안에서 처분하였기 때문에 시전 상인
들에 의해 난전으로 단속되었다. 성 안의 가난한 사람들은 약간의 자금
을 마련, 송파장에 가서 채소, 젓갈 등을 머리에 이고 손에 안고 이현 등
지에 가서 팔았다. 셋째, 비교적 많은 자본으로 상품을 독점하였다가 일
정 기간이 지난 뒤 많은 이윤을 남겼던 사상 도고(私商都賈)들이 있었다.
송파장이 홍청대고 전국적 장시로 발돋움한 것은 이들 때문이었다.

　물론 18세기 후반부터는 사상 도고들이 송파장의 상업 활동을 주도해

갔다.

이 시기는 전술한 바와 같이 지역적 시장권이 또 다른 인접 시장권과 연계하고, 나아가 대장시 또는 포구를 중심으로 전국적 시장권이 형성되고 있던 때였다. 송파의 사상 도고들은 이런 상업계의 분위기를 주시하고 각 지역 간의 가격차를 이용하여 이윤의 극대화를 추구하고자 매점매석 행위를 거침없이 자행하였다.

(4) 도고 상업(都賈商業)의 전개

송파 상인의 도고 활동은 세 가지 유형으로 전개되었다.[26] 첫째는 소상품 생산자 또는 지방 상인이 서울에서 팔려고 가져오는 상품을 중간에서 매점하였다가 처분하는 경우이다. 기록에 의하면 송파의 사상인들이 삼남 지방과 동북 지방에서 오는 상인들을 유인하고 있다고 하였다.[27] 이는 서울로 진입하는 길목이었기 때문에 충분히 가능하였다. 송파 상인들은 육로, 수로를 통해 서울에 반입되는 어물(魚物)을 모두 도집(都執)하기도 하였다.[28]

이러한 중간 도집(中間都執) 행위는 당시의 사상 도고들이 일반적으로 행하던 상업 활동으로서 이로 인하여 시전 상인들이 실업 상태에 빠지는 경우도 있었다. 그들은 어물뿐 아니라 채소, 담배, 곡물, 목면 등 어떠한 물품도 가리지 않고 매점하여 난매(亂賣)하였기 때문에 시전 상인들에게 심각한 타격을 주었다. 더구나 그들은 비교적 싼 값으로 물건을 모두 매점하였다가 물건이 귀해서 값이 오르기를 기다려 두 배 이상으로 값을 받고 팔기 때문에 물가가 크게 올라 민폐를 자아내기도 하였다.

둘째, 송파 상인들은 지방의 생산지나 장시에 가서 현지의 상품을 모두 매점하여 송파장에 갖고 와서 처분하였다. 이는 첫째의 도고 행위보다 한층 진보된 상업 활동이다. 기록에 의하면 송파 근처의 부호들이 포천 장거리까지 진출하여 북도 지방에서 오는 어물을 도집하여 송파장으로 운반, 처분하고 있었다.[29] 생산지에서의 도집 행위는 곡물의 경우 더욱 두드러지고 있었다. 송파장 배후에는 광주, 이천, 여주, 용인, 김포 등 쌀의 명산지가 도사리고 있었다. 송파 상인들은 이를 매집하기 위해 수시로 현지에 직접 가거나, 혹은 거간을 통하여 현지의 곡물을 도집하였다.

18세기 후반 서울의 인구는 대략 20만 명이었는데 정조 때 좌승지 유의양(柳義養)에 의하면 시민 한 사람이 하루에 식량으로 두 홉을 소비한다면 서울에서의 연간 소비되는 양곡은 100만 석으로, 정부 방출미가 20만 석, 서울 거주 양반의 농장에서 운반해 온 미곡 20만 석을 제외하면 1년에 60만 석이 부족하다는 것이다.[30] 이 60만 석의 곡식 중 대부분이 송파, 용산 등 경강 연변의 사상인에 의해 조달되었다.

사상인들도 초기에는 선상 활동(船商活動)을 통해 구입한 이들 곡식을 시전 상인에게 전매하였으나, 시전 상인의 제재를 벗어나는 송파 등지에 자신들의 판매처를 가지고 정착하게 되면서 도고 상업을 자행하여 시전 상인들과 대립하였다. 이들은 우세한 자본력을 매개로 전라도에까지 진출하여 미곡을 매점하였다가 쌀값이 오르면 성 안의 소상인들과 결탁하여 미곡을 유통시킬 뿐 아니라, 미곡을 창고에 쌓아 두었다가 쌀값이 비싼 지역으로 운반하여 판매하기도 했다.[31] 이는 송파 상인들이 지방의 쌀값을 파악하고 지역적 가격차를 이용하여 부(富)를 축적할 수 있을 정도로 상업망이 확대되었고, 다량의 미곡을 장기간 매점할 수 있을만큼 자금면에서 규모가 컸고 창고 시설이 충분했기 때문이다.

송파 상인들이 전개한 또 하나의 도고 활동은 생산 현지에서 상품을 매점하되, 직접 산매하지 않고 다른 상인에게 전매하는 경우였다. 이는 다른 상인들과 유대 관계가 돈독할 때에야 가능한 것이었고, 상업망이 구축되어 있어야 했다. 그런데 송파 상인들은 서울의 사상인, 양주의 누원 상인, 포천의 송우점 상인 등과 연계하고 있었다. 이 무렵 광주(廣州), 양주(楊州), 포천(抱川), 수원(水原) 등 서울을 둘러싼 몇 개의 장시를 연결하는 사상 도고의 조직은 비교적 큰 규모의 것으로 유대 관계가 돈독하였다. 이는 시전 상인에게는 매우 불안한 것이었으며 시전 상인들도 이를 주지하고 대응해왔다. 그러나 그럴수록 송파 상인들은 돈독한 상업망을 활용하여 도고 활동을 자행함으로써 시전 상인을 위협하였다.

송파 상인들이 연계한 서울의 사상인 중에서 대표적인 존재는 중도아(中都兒)로 지칭된 칠패(七牌)의 상인들이었다. 칠패의 상인들은 본래 소상인층이었다. 이들의 상업 활동은 난전이었기 때문에 시전 상인에 의해 규제를 받았지만 달리 생업이 없었던 그들로서는 제약을 무릅쓰고 상행위를 했다. 그들은 시전 상인의 금난전권이 강화되고 난전에 대한 규제가 심화되자, 일부는 스스로 시전 상인으로 전환하기도 하고 상행위의 합법성을 구하기 위해 특정 시전과 결탁하여 중도아로 변신하기도 했다.

또 다른 일부는 시전 상인의 금난전권을 피해 송파와 같은 서울 외곽의 장시로 근거지를 옮기기도 했다.[32] 그리하여 서울에 남아 중도아로 변신한 이들은 시전 상인들로부터 약간의 물건을 구입하여 상업의 합법성을 확보한 다음, 그것과 송파장에서 보내온 물건을 섞어서 팔더니[33] 점차 시전 상인을 배제하고 송파 등지의 상인과 결탁하여 도고 활동을 폈다. 송파 상인들은 이들 칠패의 중도아들과 쉽게 연계되었다. 송파 상인 중의 일부가 칠패 출신이었다는 사실은 그들의 연계를 보다 촉진시켰다.

전술한 기록에 의하면 송파의 상인들이 서울의 중도아들과 연계하여 삼남 지방과 동북 지방의 물화를 도집하여 시전 상인들이 실업하고 있다고 하였다. 19세기 초 삼전도(三田渡)에 근거지를 두고 있던 송파 상인 손도강(孫道康)은 양주, 광주 등지의 부호들에게서 수만 냥의 자금을 조달하여 직접 원산에 가서 어물, 선박 전부를 매점하고서, 이를 서울로 운반하여 칠패의 중도아들에게 전매하였으며 그가 전매해서 운반하던 어물(魚物) 30여 바리를 시전 상인들이 취체하려다가 오히려 그 일당에게 구타당했는데 손도강은 본래 행상이 아니라 칠패의 중도아였다.[34] 1805년에도 송파 상인 20여 명은 퇴계원에서 북어, 대구, 해태 등 50여 바리를 싣고 오다가 시전 상인들이 그들에게 전매할 것을 요구하자 이를 거부하고 방해하는 그들을 구타하기도 했다.

난전, 즉 사상인들이 시전 상인들의 억압에도 불구하고, 이에 대항하여 상업망을 확고히 하고 자본을 증대시켜 상행위를 계속하자, 정부로서도 더 이상 사상인의 성장을 막을 수 없었다. 더구나 시전 상인의 통제 밖에 있던 송파 상인들은 그리 심한 규제도 없이 도고 활동을 증대시켜 갔는데 오히려 시장세에 주목한 광주 유수(廣州留守)의 비호 하에 송파장을 정기 시장이 아닌 상설 시장으로 변모시켰다.

정부가 1791년(정조 5년) 신해통공을 시행, 사상인들의 활동을 합법화한 이후에는 송파 상인들은 시전 상인을 완전히 제압하면서 서울 지역의 상권을 좌지우지하기에 이르렀다. 이들이 상권 경쟁에서 끝내 이길 수 있었던 것은 시전 상인들이 관권과 결탁하여 금난전권을 획득, 서울에 앉아서 지방의 행상들이 가져오는 물건을 받아 처분하는 소극적 상행위를 벌인데 대하여, 이들은 생산지에서부터 그것이 소비지로 운반되는 모든 길목을 장악하고 적극적으로 상행위를 폈던 때문이다.[35]

이들 송파 상인의 신분은 당초 빈민, 군졸, 세도가의 노복이었다. 그러나 18세기 중엽 이후 도고 상업이 발달하면서 양반들도 상업 활동에 참여하게 되었다. 그들은 보다 자금이 풍부하였다. 그리하여 송파장에 여객(旅客)을 차려놓고 주인권(主人權)을 행사하며 상거래를 독점하여 갔다. 주인권은 장시나 포구에서 상품 유통을 독점적으로 중개하는 권리를 말한다.

용산, 마포 등 경강 연변에는 일찍부터 지방에서 올라오는 선상(船商)들의 숙식을 제공하고, 혹은 그들의 상품을 위탁 판매하는 여객 주인이 일찍부터 존재하고 있었다.[36] 이들은 농촌 사회가 분해되면서 농토에서 방출되어 도시로 모여들었다가 경강 연변에 거처를 정한 무리들이었는데 달리 살아갈 방도가 없었기 때문에 서울에 상품을 싣고 들어오는 선상들을 안내하고 그들의 거래를 주선해 주면서 그에 대한 구문(口文)을 받아 생활했다.

여객 주인은 상품 경제가 진전하여 경강으로 반입되는 상품량이 증가하면서 그 수가 증가하였고, 그 근거지도 송파, 뚝섬 등 각 곳으로 확대되었다. 송파는 전술한 바와 같이 육로 교통의 요지였을 뿐 아니라 포구로서도 매우 양호하였다. 따라서 송파장이 상설 시장화되면서 이 곳에는 많은 여객 주인들이 자리를 잡았다.

한편 일찌기 세곡 운송 용역에 참여하고 한강의 수로, 연해안 일대를 왕래하며 상품을 구입, 용산·마포·송파 등지에 처분하던 선상(船商)들도 점차 경강 연변에 정착하여 여객 주인이 되고자 했다. 초기의 선상들은 자신들의 상품을 직접 소비자에게 팔지 못하고 반드시 시전 상인이나 여객 주인에게 전매해야 했다. 그러나 이는 선상들에게는 불리한 조처였으니 가격의 조정뿐 아니라 제때에 팔지 못하는 경우도 있었다.

그리하여 선상들은 경강 연변에 자유로이 상품을 팔 수 있는 자신의 판매처를 갖고자 했으니, 가장 쉬운 방법은 여객 주인권을 매입하는 것이었다. 18세기 중엽의 선상 김세만(金世萬)은 10명의 여객 주인권을 매입하여 여객 주인이 되고 있다.[37] 송파 상인들 가운데서 비교적 규모가 큰 상인이 여객 주인들이었다. 18세기의 여객 주인들은 초기와는 달리 상품의 중개만이 아니라 직접 자본을 투입, 상품을 매점하는 도고 활동을 폈기 때문에 당시의 여객 주인권은 상당한 경제력을 지닌 부자가 아니면 소유하기 어려운 권리로 알려졌다. 더구나 자본의 집중 현상이 나타나면서 소수의 인물들이 여러 지역의 주인권을 독점해가는 경향을 나타냈다.

그리고 부자라고 하더라도 단순히 경제력만 소유한 자들이 아니었다. 봉건 권력과 일정하게 결탁하거나 양반 계층이 주인권을 장악하는 경향이 나타났다. 이러한 경향은 상거래가 그 어느 곳보다도 활발했던 광주(廣州)의 송파장에서 두드러졌다. 양반들은 대개 노비의 이름으로 주인권을 소유하고 있었는데 1829년 이후 거의 전 시기에 걸쳐 양반 계층들이 주인권을 틀어 쥐고 상품의 거래를 독점하고 있었다.[38] 때로는 궁방(宮房)까지 주인권을 소유하고자 했다.

이와 같이 송파장의 소유권을 쥐고 있던 상인은 막대한 재산과 권력을 배경으로 전국적 상품 유통망을 활용하면서 조선 후기 상거래를 주도하였으니, 당시 전국에 송방(松房)이라는 지점망을 두고 대외 무역에까지 참여하던 송상(松商)과 필적할 만한 경제 세력이었다. 경강 상인(京江商人)중에서 가장 규모가 컸던 상인들이 송파 상인들이었다. 이들 송파 상인들은 20세기까지도 위세를 보였다.

(5) 송파 상인과 산대놀이

송파장에는 전국 각지에서 갖가지 상품이 집결하여 번창하였지만 송파 상인들은 더더욱 장터의 분위기를 고조시키고자 놀이판을 벌이기도 했다. 즉, 상인들이 얼마씩 기부금을 수령하여 놀이패를 고용, 장터의 흥을 돋구었으니 송파산대놀이가 그것이었다.

장터는 교역의 장소일 뿐 아니라 정보 교환과 오락 장소의 구실도 하였다. 장터에서의 오락은 많은 사람들을 모여 들게 하여 교역을 촉진시키게 한다. 송파 상인들은 이 점에도 유의했다. 전국 각지에서 물건을 매점해 오면 그것을 소비자에게 처분해야 했는데 가급적 많은 사람들에게 소개해야 했다. 사람들을 모이게 하는 데는 놀이가 가장 좋았다. 그리하여 장터에서는 한쪽에서 장을 열어 물건을 사고 파는가 하면 다른 한쪽에서는 씨름, 줄다리기, 윷놀이, 사당패놀이, 장타령 등 온갖 오락 행사들이 펼쳐졌다. 과거에는 이만한 구경거리도 따로 없었고, 그리하여 부근의 주민들은 장도 보고 구경도 하기 위해 장터로 모여 들었다.[39]

경기도 일대의 장터에서는 탈놀음이 유명하였는데 그 가운데에서도 대표적인 것이 양주 노원장의 별산대 놀이와 광주 송파장의 산대놀이였다. 송파산대놀이는 정월 대보름, 오월 단오, 칠월 백중, 팔월 추석 등 명절에 주로 행해졌다. 칠월 백중에는 일주일에서 열흘씩 놀이판을 벌여 시장을 더욱 번성시켰다. 이 때는 탈놀이판을 크게 벌이기 위해서 전국에서 이름난 재주꾼을 불러 놀게 하였는데 장이 조금이라도 잘 안된다 싶으면, 상인들이 즉시 추렴하여 줄을 걸었고 산대놀이를 벌였던 것이다.

한편 장터에서는 여름에는 씨름, 겨울에는 윷놀이가 행해졌는데 장터에 구경나온 누구든지 참여할 수 있었고 상인들은 상금으로 황소를 내걸기도 했다. 따라서, 장터에서는 물건을 흥정하는 소리, 놀이패의 풍악소리, 씨름판의 고함소리 등으로 왁자지껄하였다. 장돌뱅이들의 각설이타령 등 장타령은 이 같은 분위기를 더욱 고조시켰다.[40]

　　짚신에 감발차고 파랭이 쓰고
　　꽁무니에 짚신차고 이고 지고
　　이 장 저 장 뛰어가서
　　장돌뱅이 동무들 만나 반기며
　　이 소식 저 소식 묻고 듣고
　　목소리 높여 고래 고래 지르며
　　비가 오나 눈이 오나 외쳐대다
　　돌도부장사하고 헤질 무렵
　　손잡고 인사하고 돌아서네
　　다음 날 저 장에서 다시 보세

이것은 어느 장터에서나 들을 수 있었던 장돌뱅이, 즉 보부상들의 노래다. 노래만 들어도 보부상들의 하루 일과가 눈에 보이는 듯하다. 송파장도 원래 5일장이었기 때문에 상설 시장이 된 후에도 장돌뱅이들의 발걸음이 잦았다.

(6) 송파상(松坡商)의 역사적 위치

　지금까지 조선 후기 송파 지역에서 비교적 큰 규모로 상업 활동을 편 송파상에 대하여, 그들이 출현할 수 있었던 경제적 입지와 송파장(松坡場)의 형성, 도고 상인으로 발돋음해가고 있던 모습 등을 당시 변화를 보이고 있던 유통 질서와 연계하여 살펴보았다. 요컨대 송파 지역은 육로와 수로가 연결되는 교통상의 요충지일 뿐 아니라, 서울이면서 최대의 인구를 수용하고 있는 한양을 가까이 하고 있어서 생산과 소비라는 경제 원리가 매우 이상적으로 반영될 수 있는 곳이었다.

　이에 상품 화폐 경제의 진전이라는 시대적 분위기 속에서 상인들이 이곳을 근거지로 하게 되었으며 더구나 시전 상인의 금난전권이 적용되는 범주에서 벗어나 있어 상인들의 활동이 비교적 자유롭게 보장되었다. 자본을 축적한 송파 상인들은 보다 적극적으로 광범한 조직망, 신속한 정보망을 통해 원거리에까지 진출, 상품을 매점하고 이를 상설 시장화한 송파장에서 산매하거나 인근 지역 상인에게 전매하면서 관부와 결탁하여 지금까지 상업계를 주도해 온 시전 상인들과 대립, 여러모로 압력을 가했다. 그러한 움직임 속에서 송파는 한양 부근에서 가장 흥청대는 상업 도시로 성장해 갔다.

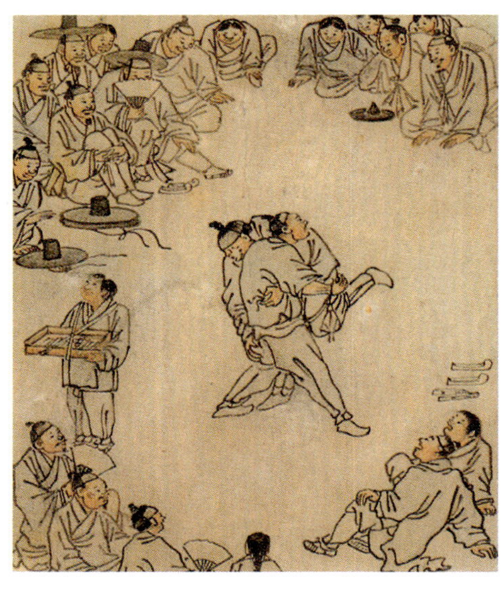

○ 씨　름

　이 같은 송파상의 활동을 살펴보면서 몇 가지의 결론을 도출해보면 다음과 같다. 첫째, 송파와 같이 경제적 입지가 유리한 지역은 상업 기지의 가능성이 크다는 점이다. 자급자족적 경제 단계에서는 생산이 곧 소비이지만 상품 화폐 경제 단계로 이행되면 생산물은 유통 과정을 거쳐 소비자에게 전달되는데 이 때 상업 기지의 형성은 경제적 입지에 의해 좌우되기 때문이다.

　둘째, 중세 사회 해체기, 즉

상품 화폐 경제가 성립되는 초기에 있어서는 소상인, 소상품 생산자의 역할이 두드러진다는 점이다. 이 때 그들의 상품을 처분해주는 공간으로서 장시(場市)와 같은 존재가 나타난다. 상품의 거래가 그리 활발하지 않은, 수요가 공급을 앞지르지 못하는 단계에서는 지속적이고 다량의 상품 공급이 필요치 않다. 이에 5일 또는 10일의 정기 시장만이 거래를 만족시켜 준다. 이 때에는 아직 상설 시장이 그 의미를 갖지 못한다.

셋째, 상품 거래에 있어서는 생산권과 소비권을 모두 장악하고 있는 편이 그 어느 한쪽에만 의존하는 편보다 상권 경쟁에서 유리하다는 점이다. 시전 상인은 한양이라는 소비 시장에만 의존하여 상업을 영위하였지만 송파 상인은 생산지와 소비지를 모두 장악하고 있었기 때문에 시전 상인과의 상권 경쟁에서 승리할 수 있었던 것이다.

넷째, 자본의 규모와 조직망, 정보망이 상업 활동의 성패를 좌우한다는 점이다. 도고가 성행하는 속에서 자본의 규모가 큰 상인이 보다 규모가 큰 도고 활동을 할 수 있고, 가격·물량 등에 대한 정확한 정보와 전국적 유통 조직이 전제되어야 이윤을 보다 많이 추구할 수 있기 때문이다. 이 점에서 송파 상인은 다른 상인들보다 비교적 유리한 위치에 있었고, 때문에 큰 상인으로 성장했던 것이다.

조선 후기 경제사에서 송파상이 차지하는 역사적 위치는 위의 몇 가지 결론에서 의미하는 바와 같이 그 활동이 본격화되는 18세기 중엽을 계기로 분명해진다고 하겠다. 이 시기에 상인으로서의 송파상은 도고 상인으로서, 장시로서의 송파장은 상설 시장으로서 그 위치를 분명히 했던 것이다.

【주】
1) 임효재, 「구석기 시대의 한강유역」, (『한강사』, 서울특별시, 1985), p.196
2) 김종철, 「서울시 암사동 선사취락지」, (『한국 고고학연보』 2, 1975), p.22
3) 노중국, 『백제정치사연구』, (일조각, 1988), p.56
4) 권오영, 「초기 백제의 성장과정에 관한 일고찰」 (『한국사론』 15, 1990), p.95
5) 高麗圖經 권 23, 잡속 2 종예토산
6) 林園經濟志 행포지 권 4, 곡명
7) 新增東國輿地勝覽 권 6, 경기 광주목 산천
8) 林園經濟志 행포지 권 3, 종서과

9) 經世遺表 권 8, 지관수제 전제 11
10) 觀水漫錄 경세권농지책
11) 박경룡,「잠실고」(『향토서울』43호, 1985), p.56
12) 최기철,「한강의 기후와 생태: 어류」, (『한강사』, 서울특별시, 1985), p.75
13) 정명호 외,『옹기』, (대원사, 1991), p.11
14) 서울특별시사편찬위원회,『洞名沿革攷 (11)』, 서울특별시, 1986, p.179
15) 萬機要覽 재용편 5, 각전부 향시
16) 김대길,『조선후기 장시에 대한 연구』(중앙대 박사학위논문,1993), p.112
17) 星湖塞說類選 권 4, 하 인사편 6 치도문 3 허시
18) 고동환,「18 · 19세기 외방포구의 상품유통 발달」(『한국사론』 13,1985),
　　p.10
19) 林園經濟志 112, 아규지 4, 팔역장시
20) 英祖實錄, 권 33, 영조 9년 3월 기유
21) 김용섭,「조선후기 경영형 부농과 상업적 농업」(『조선후기 농업사연구Ⅱ』, 일
　　조각), 1971
22) 備邊司謄錄 134책, 영조 34년 4월 18일
23) 김영상,「한강본류의 사적」(『한강사』 서울 특별시, 1985), p.620
24) 備邊司謄錄 134책, 영조 34년 4월 18일
25) 備邊司謄錄 128책, 영조 31년 1월 16일
26) 김영호,「조선후기에 있어서 도시상업의 새로운 전개」(『한국사 연구』
　　2,1968), p.35
27) 備邊司謄錄 127책, 영조 30년 11월 28일
28) 備邊司謄錄 165책, 정조 6년 8월 7일, 동 166책 정조 8년 월 29일
29) 各廛記事 인권, 건륭47년(1782년) 11월　일
30) 承政院日記 1540책, 정조 9년 9월 9일
31) 備邊司謄錄 141책, 영조 38년 6월 21일
32) 市弊 2, 우전
33) 各廛記事 지권,건륭 46년(1781) 4월　일
34) 各廛記事 인권, 가경 9년(1804) 2월　일
35) 備邊司謄錄 163책, 정조 5년 11월 17일, 市弊 2, 우전
36) 承政院日記 212책, 현종 10년 1월 10일
37) 이병천,「조선후기 상품유통과 여객주인」(『경제사학』6호, 1993), p.113
38) 앞의 글, p.132
39) 정승모,『시장의 사회사』(웅진출판사, 1992), p.44
40) 앞의 글, p.44

9. 강남과 영등포의 개발

1. 경제 활동의 입지

(1) 교통의 중심지

강남과 영등포 일대는 조선 시대에는 서울의 범주에 속하지 않았다. 서울 지역은 성저십리(城底十里)라 하여도 한강 북쪽에 국한되어 있었다. 당시 강남과 영등포 지역은 경기도 지역으로서 전형적인 농촌 지역이었다. 그러한 이들 지역이 오늘에는 서울의 중심 역할을 하고 있다. 특히 강남구 지역은 교통이 매우 번잡한 서울에서 가장 살기 좋은 곳으로 알려졌다.

이 지역은 1963년 경기도에서 서울특별시로 편입되면서 개발되기 시작하였다. 그 이전까지 강남과 강북을 연결하는 이 지역의 교통 수단은 한남동 나루와 뚝섬 나루에 불과하였다. 물론 전근대 사회에 있어서도 한남동 나루, 즉 사평도(沙坪渡)를 건너 말죽거리를 통해 판교로 빠지는 영남대로는 간선 도로의 중추였다. 고려 후기의 유명한 문인 이규보(李奎報)는 이 곳을 지나면서 다음과 같은 시를 읊었다.[1]

말이 피로하니 걸음이 느리구나
길은 험하고 멀었건만
애오라지 여기에 머무르리라
오고가는 말들이 길을 메웠네
처음엔 시끄러워 주저했으나
한 마리 학이 숲에서 소리하니
나를 묶어 머물게 하는구나
만 길이나 이어지는 무지개가 꼬리를 둘렀고
수천 척의 늘어선 배는
얼새 머리를 나란히 하였구나

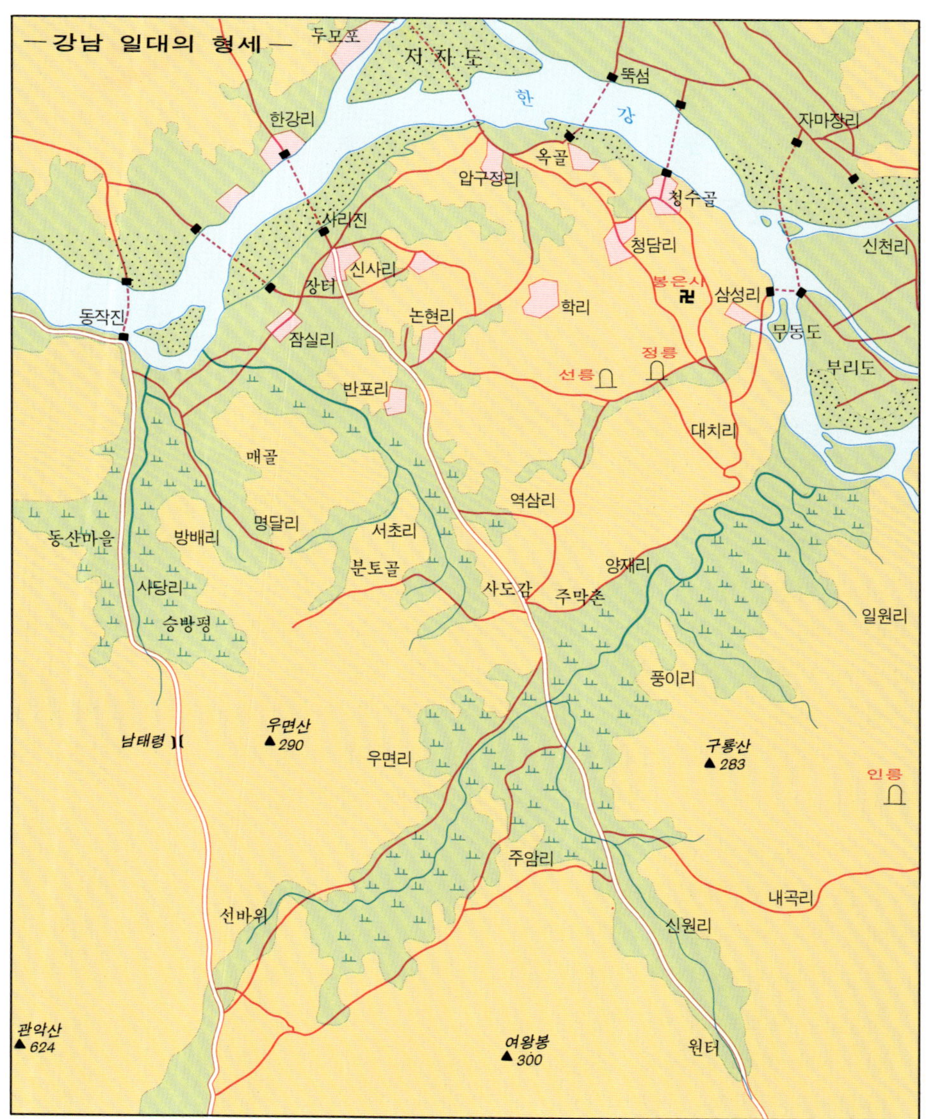
— 강남 일대의 형세 —
두모포
저자도
한 강
뚝섬
자마장리
한강리
옥골
압구정리
청수골
사리진
청담리
신천리
신사리
장터
봉은사
삼성리
논현리
학리
무동도
잠실리
선릉
정릉
부리도
동작진
반포리
대치리
매골
역삼리
명달리
서초리
동산바을
방배리
분토골
양재리
사당리
사도감
주막촌
일원리
승방평
풍이리
우면산
▲ 290
구룡산
▲ 283
인릉
남태령
우면리
주암리
내곡리
선바위
신원리
관악산
▲ 624
여왕봉
▲ 300
원터

　　그러한 강남 지역이 1968년부터 토지 구획 정리 사업에 의해 계획적으로 개발되면서 교통 문제가 우선적으로 고려되었다. 그리하여 도심과 곧바로 이어지는 한남대교, 영동대교, 성수대교, 동호대교 등이 잇달아 가설되었고, 강남대로, 영동대로와 올림픽 도로, 남부 순환 도로가 직교식으로 연결되어 바둑판 같은 도로망이 형성되었다. 특히 도로망은 현대 사회의 주된 교통 수단인 자동차를 위해 적합하게 계획되어, 넓게 확 트인 도로가 바둑판의 금처럼 규칙적이고도 곧게 수없이 뻗어나가 서양의 어느 도시에도 뒤지지 않은 도로망을 보여주고 있다. 여기에 고속 도로가 이웃하고 있고, 지하철이 동서와 남북으로 교차하여 십자로를 이루고 있다. 그리하여 강남은 기본적으로 주거지로서 매우 적합한 입지 조건을 갖추고 있다.

　　주거지뿐 아니라 상업지로서도 도로의 역할은 빼놓을 수 없다. 도로가 지역의 정치·경제·문화의 발달에 미치는 영향은 매우 크다. 인체의 모든 부분으로 피가 흐르는 혈관이 있는 것과 같이 도로는 지역 내에, 또는 지역 간에 정보와 물화를 전달해 준다. 도로는 최소 교통비로 최단 시간 안에 출발지에서 목적지까지 도달할 수 있어야 좋은 도로이다.[2] 신속성, 효율성이 높아야 한다는 것이다. 강남구 지역의 도로는 이와 같은 특성을 최대한 살리고자 하였다.

　　강남구 지역에 분포된 교통 시설은 지역 내에서 뿐 아니라 지역 밖과의 교류에 있어서도 효율성이 매우 높다. 고속 버스 터미널, 화물 터미널은 국지적 교통망이 아니라 전국적 교통망의 중심지이다. 모든 지역은 각각 독특한 자연 환경을 가지고 있으므로 자원의 분포가 다르다. 그러므로 사람들은 물자 교환을 통하여 부족한 자원을 보충하며 남아도는 자원을 처리한다. 이 때 교통이 편하면 직교역이 이루어진다. 강남구 지역에는 이와 같은 조건 때문에 대규모의 유통 센터가 생겨났고, 주민들은 다양하고 신선한 재화를 보다 싸게 구입할 수 있어 매우 편하다.

　　그리고 지역 사이에는 문화와 기술 수준의 차이가 존재하며, 상대적으로 선진 지역일지라도 특정 분야에 있어서는 후진성을 띠는 분야가 있을 수 있다. 그런데 교통은 이 같은 제약점을 쉽게 극복하게 해 준다. 따라서 교통이 편리한 지역은 일반적으로 문화와 기술에 있어서도 선진 지역이다. 강남구 지역의 문화가 급속도로 선진화되고 있는 것은 교통이라는 입지 조건에 의존하는 바 크다. 교통이 편리한 강남구 지역 중에서도 도로 여건이 보다 좋은 신사동, 강남역, 양재역 부근에는 많은 인구가 밀집하여 경제·문화의 본거지로 변해가고 있다.

교통의 측면에서 강남구 지역이 현재 매우 편리한 곳이라면, 영등포구 지역은 매우 번잡한 지역의 하나이다. 취락의 형성이 극히 빈약하던 이 지역이 번잡해지기 시작한 것은 1910년대부터였다. 조선 피혁 주식회사, 경성 방직 회사 등이 이 지역에 설립되면서 곧이어 많은 공장들이 가동했다. 영등포구 지역에 공장이 집중적으로 설립된 것은 본래 이 지역이 한강과 안양천으로 둘러싸인 범람원으로서 염가로 토지를 매입할 수 있었고, 또 경인선과 경부선이 개통되면서 철도 교통이 편리했기 때문이다. 예나 지금이나 영등포역은 가장 바쁜 철도 역 중의 하나이다. 그리고 한강에 인접하여 공업 용수가 용이했고, 최대의 소비지인 서울과 가까이 위치했다는 점이다.

게다가 일제(日帝)는 1930년대 식민지 정책의 일환으로 공업 시설을 확대하고자 하면서 이 지역을 공업 지대로 계획하고 추진했다. 그리하여 영등포동, 당산동, 양평동, 도림동, 문래동 일대에는 온갖 공장들이 집중적으로 세워졌다. 이러한 정책은 대한 민국이 수립되고서도 지속되었다. 특히 구로동 일대에는 1960년대 이래 수출 산업이 육성되면서 대규모의 수출 산업 공단이 형성되었다. 산업의 기지로서 국가 발전에 있어서 첨병 역할을 해왔으나, 그 여파로 쾌적한 주거 환경과는 거리가 먼 곳으로 인식되어 왔다. 교통이 번잡하고, 환경이 오염되어 사람들은 인근의 여의도, 대방동, 신림동 방면으로 점차 주거지를 이전하고 있으나, 현재도 여전히 인구가 밀집되고 있다.

영등포구 지역은 강남구 지역과 더불어 한 때 한강 이남이라고 통칭되었다. 즉, 관악산에서 사당동, 동작동으로 이어지는 능선을 경계로 하여 동쪽을 강남구가, 서쪽을 영등포구가 차지했었다. 영등포 일대는 강남 지역보다 일찍 개발되었다. 그것은 전술한 바와 같이 이 지역으로 1900년대에 이미 경인선, 경부선이 관통하였고, 그리고 공장이 다수 설립되었기 때문이다.

본래 이 지역은 전형적인 농경 지대였다. 현재의 영등포구 지역은 구로구, 관악구, 안양시, 광명시 지역과 함께 백제 때는 잉벌노(仍伐奴),

영등포 일대의 형세
원당리
등촌리
염창리
소금
웅어
숭어
양화리
나루촌
서강
한　강
마포
용산
화곡리
양평리
당산리
반곡
여 의 도
은행정리
주막촌
게　나루
배어
신정리
옹기
도림리
노량진
잉어
옹기말
동이점
흑석리
동작진
오금리
산길리
옹기
번대방
상도리
국사봉
▲180
오류리
원지목
우와피
개봉리
구로리
가리봉리
서원리
봉천리
숲
천왕리
철산리
문교리
사당리
복은촌
신림리
숲
광명리
도덕산
▲182
독산리
목골산
▲163
밥골
관악산
▲629
노온사리
처흥리(금양)
아방리
운산
242▲
소하리
삼성산
▲455
영당리
안양리
평촌
석수동

신라 때는 곡양(穀壤)으로 불리웠는데, 조선 초기에는 과천 지역과 합하여 금과(衿果)라고도 했고, 양천·강서 지역과 합하여 금양(衿陽)이라고도 했으나, 일반적으로 금천(衿川)이라 했다. 조선 후기에 이르러 시흥으로 바뀌었다.[3]

조선 시대 금천현은 현내면, 동면, 서면, 남면, 상북면, 하북면으로 이루어져 있었는데, 동면이 현재의 관악구와 동작구 일부로, 상북면과 하북면이 영등포구와 구로구로 바뀌었다. 즉 동면에 상도리, 봉천리, 신림리, 난곡리, 문교리 등이, 상북면에 당산리, 양평리, 선유봉리, 하북면에 방학호리, 고사리 등이 소속되어 있었다.

그리고 안양천을 경계로 서쪽에 위치한 양천구·강서구 지역은 조선 시대에 양천현에 속한 곳이었다. 양천현은 현내면, 가곡면, 남산면, 장군소면으로 이루어져 있었으며, 현내면·가곡면의 전역과 남산면 일부가 강서구의 관할 구역으로, 남산면 일부와 장군소면 전역이 양천구의 관할 구역으로 되었다. 즉 현내면에 공암리, 방화리, 마곡리 등이, 가곡면에 과해리, 송정리, 내발산리, 외발산리 등이, 남산면에 화곡리, 목동리, 등촌리, 염창리 등이, 장군소면에 신월리, 신정리, 당곡리 등이 속해 있었다.[4]

구로구, 관악구, 양천구, 강서구를 포함한 영등포 일대의 지형과 지세는 관악구 지역을 제외하면 전반적으로 평탄한 지역이었다. 간헐적으로 우장산, 매봉산, 궁산, 개화산 등이 솟아 있지만, 안양천이 관내 곳곳을 지나고 있어서 비교적 넓은 뜰을 보유하고 있었다. 조선 시대 이 지역에서 개간된 농토는 금천현이 2,762결, 양천현이 1,877결이었는데, 상당수가 논이었다.[5] 곡양(穀壤)·화곡(禾谷) 등의 지명은 이 지역에서 일찍부터 수전 농업이 행해졌음을 말해주는 것이다. 조선 초기에 이 지역에 거주하였던 강희맹은 『금양잡록(衿陽雜錄)』에서 당시 행해지고 있던 농사에 대해 자세히 소개하고 있다.

전형적인 농경 지대였기 때문에 거주하는 인구도 많지 않았다. 조선 초기의 『세종실록지리지』에 의하면 금천현의 호구는 가호 327호, 인구 937명이었고, 양천현의 호구는 222호, 인구 509명이었다. 조선 후기 인구의 자연 증가와 아울러 서울 부근으로 인구 집중이 이루어지면서 이 지역의 호구도 점차 늘어났으니, 『여지도서』에 의하면 금천현은 1,873

호에 7,733명, 양천현은 1,039호에 3,642명이었다.[6] 그러나 이는 조선 초기 240호에 743명이었던 과천현이 조선 후기에 동작진, 흑석진, 노량진을 중심으로 상업 지구로 발돋움하여 가면서 3,150호에 14,632명을 보유한 것과 비교하면 크게 늘었다고 할 수 없는 추세였다

〈표〉 조선 시대의 근기 지역의 인구 변동

고을별	시기별 구분	조선 초기 (세종실록지리지)	조선 후기 (여지도서)	증감율
금 천	호구수	327호	1873호	+ 572 %
	인구수	937명	7733명	+ 825 %
양 천	호구수	222호	1039호	+ 468 %
	인구수	509명	3642명	+ 716 %
과 천	호구수	240호	3150호	+ 1313 %
	인구수	743명	14632명	+ 1969 %
광 주	호구수	1436호	11713호	+ 801 %
	인구수	3100명	54709명	+ 1765 %
김 포	호구수	318호	1566호	+ 492 %
	인구수	651명	8119명	+ 1247 %
안 산	호구수	302호	2221호	+ 735 %
	인구수	588명	10090명	+ 1716 %
부 평	호구수	429호	2923호	+ 681 %
	인구수	954명	10898명	+ 1142 %
고 양	호구수	679호	2890호	+ 426 %
	인구수	1314명	13175명	+ 1003 %

　그것은 인구 증가의 중요한 변수인 상공업이 이 지역에서는 거의 이루어지지 않았기 때문이다. 이러한 이 지역의 획기적 발전은 근대화, 산업화와 아울러 서울의 영역에 포함되어 새로운 시가지로 설정되면서였다.

그러나 강남구와 아울러 서울과 남쪽 지방이 통하려면 반드시 지나야 하는 관문이었기 때문에 조선 사회에서도 주목되고 있었다. 조선 왕조는 한양에서 전국으로 통하는 간선 도로의 대부분이 지나는 이 곳에 역(驛)과 원(院) 등을 두어 교통의 편의를 도모하였고, 양반들은 교통이 편하면서도 서울과 멀지 않은 이 곳에 별장을 마련하고 여생을 즐겼다.

　조선 시대 주요 간선 도로로는 『증보문헌비고』에 의하면 9개 노선이 있었다.[7] 이 가운데 한양에서 의주로 가는 제 1로와 경흥으로 가는 제 2로, 평해로 가는 제 3로의 3개 노선을 제외한 6개 노선이 강남과 영등포 지역을 통과하였다. 즉 제 4로는 한강진-판교창-용인-충주로 하여 부산까지, 제 5로는 제 4로와 같이 가다가 문경에서 갈라져 상주-성주-함안으로 해서 통영까지, 제 6로는 동작진 또는 노량진을 건너 수원-천안-공주로 해서 통영까지, 제 7로는 제 6로와 같이 가다가 삼례에서 갈라져 태인-장성-나주로 해서 해남까지, 제 8로는 노량진을 건너 수원-평택-신창으로 해서 보령까지, 제 9로는 양화진을 건너 양천-김포로 해서 강화까지 이어지는 노선이었다.

　따라서 한강진, 동작진, 노량진, 양화진 등의 나루는 항시 사람과 마필의 왕래로 붐비었다. 즉 전근대 사회에서도 이 지역은 서울의 관문이었기 때문에 언젠가는 경제 활동의 새 장을 열게 되어 있는 예비 후보지의 가능성을 내포하고 있었다. 그 조짐이 조선 후기에 다소 보였으니, 나루터 부근에 형성된 진촌(津村), 선촌(船村)을 중심으로 유통 기지가 새롭게 구축되어 갔다. 더구나 이 지역에선 시전 상인들의 금난전권의 저촉을 받지않아 사상인들이 자유롭게 상행위를 전개할 수 있었다. 그리하여 나루나 포구 부근에는 장터가 점차적으로 마련되어 갔다.

(2) 문화의 요람

　교통의 중심지, 광활한 평야는 주거에 여러 모로 도움이 되기 때문에 그러한 곳에는 쉽게 취락이 형성된다. 일반적으로 취락 즉, 삶의 터전은 주변의 자연 환경과 사회·경제적 특성들이 결합되어 이루어진다. 즉, 취락은 인간이 뿌린 씨앗으로, 거기에는 여러 가지 문화적 요소들이 남게 된다.

　특히, 강남구 지역은 일찌기 백제가 터전을 삼아 문화를 꽃피우던 요람이다. 물론 그에 앞서 이 지역에서는 선사 문화가 선을 보이고 있었다. 백제가 4백년 이상 이 지역을 중심으로 강성할 수 있었던 것은 이 지역의 문화적 배경이 있었기 때문이다. 이 지역의 북쪽 장벽을 이룬 한강은 남방의 문화를 북상시키는 남한강, 동북방 문화를 남하시키는 임진강과 합류하고 하구에서는 바닷길 또는 예성강을 통하여 서북방의 문화를 받아들이는 문화의 젖줄이다. 선사 시대에는 특히 강이 문화 전파의 구실을 하였다. 그리하여 이 지역에는 각형 토기, 공열 토기, 빗살무늬 토기, 고인돌, 적석총 등 남방 문화와 북방 문화가 융합되어 새로운 문화 변용을 이루고 있었다.[8]

더구나 한강 유역은 앞에서 본 바와 같이 자연 조건이 특히 유리하였다. 기후가 온난하였고, 비옥한 토지는 농업을 일찍부터 발달시켜 구석기 시대이래 인류의 서식처가 되고 있었다. 강남구의 역삼동, 이웃 송파구의 가락동, 강동구의 암사동 등지에서는 구석기 유물이 채집되었고, 신석기 시대에 이르러는 암사동, 풍납동 등지에서 당시의 주거지가 집중적으로 발견되었다. 청동기 시대에 이르러 한강 유역에는 보다 다양한 문화가 꽃피웠다. 강남의 역삼동, 가락동과 강북의 응봉동, 쌍문동, 망우동 등지에서 청동기 문화 유적이 발견되었다. 무엇보다도 역삼동의 주거지는 면적이 48㎡나 되어 최소 10명의 가족이 거주할 수 있는 초대형 거주지로서, 권력 발생에 따른 가부장적 사회가 형성되고 있음을 입증시켜 주고 있다.

주거지의 집중적인 발전은 취락 형성의 가능성을 높여 주었고, 여주의 흔암리에서 발견된 탄화미와 각처에서 출토된 반달 돌칼, 갈돌 등은 벼 농사가 행해지고 있음을 의미하는 것이었다. 청동기 문화의 흔적은 영등포 일대에서도 발견되고 있다. 즉 영등포구 대방동에서는 세형동검이 출토되었고, 구로구 고척동, 광명시 철산동 등에서 청동기 시대의 분묘인 고인돌이 발견되어, 당시 이 지역에서 청동기인들이 삶의 터전을 마련했음을 입증해주고 있다.

실로 한강 유역에 위치한 강남·영등포 지역은 비옥한 충적 평야로 일찍부터 농경 문화가 가능하였고, 교통이 편하고 방어가 용이하였기 때문에 인구의 집중이 쉽게 이루어져 일찍부터 취락이 발달하였다. 더구나 이 지역은 연평균 기온이 11.6℃로서 사람이 생활함에 매우 적합하여 백제가 이 땅에서 강성하였고, 삼국이 이 땅을 차지하려고 다투었다.

2. 농경 생활

(1) 농경(農耕)의 기원

강남·영등포 지역에서의 농경은 이 지역에 사람들이 정착하면서부터였다. 일찍이 강남구 역삼동 등지에서 뗀석기가 일부 발견되어 구석기 문화의 터전으로 지적되고도 있지만, 이 지역에 본격적으로 사람이 거주한 것은 신석기 시대부터였다. 즉, 이웃 강동구(본래는 강남구 관할이었음) 암사동에서 당시의 생활 모습을 알려주는 주거지가 발견되어 전형적인 빗살무늬 토기인 어골문 토기와 함께 괭이, 보습이 출토되어, 거주 사실뿐 아니라 농경의 존재도 짐작케 해주고 있다. 암사동에서 발견되었다면, 강남구의 청담동이나, 신사동 등지에서도 그 가능성은 충분히 있다고 본다.

청동기 시대에 이르러 이 지역에는 역삼동을 중심으로 본격적으로 주거지가 형성되고, 농경 문화가 발달하여 갔다. 1966년 발굴된 역삼동의 청동기 유적에서는 길이 16m, 폭 3m의 장방형 주거지가 확인되었다.[9] 집의 구조는 깊이 50~60㎝정도의 수혈(竪穴)을 파고, 둘레에 2m 간격으로 직경 10~15㎝의 기둥을 세운 다음 지붕을 덮은 형태로 밝혀졌다. 기둥의 재료는 참나무를 썼고, 입구는 남쪽에 있었다. 이 주거지의 실내 면적은 약 12평 정도로서 15명 정도의 가족이 거주할 수 있었다. 종래의 주거지가 직경 6m 내외의 규모로서 소가족이 살았다고 보이는데 비하여, 역삼동의 주거지는 청동기 문화가 보급되면서 사회 구조에도 변화가 생겨 중가족 형태로 옮겨가고 있음을 증거해 주는 것이라 하겠다. 이는 권력의 발생에 따른 가부장적 사회의 형성이라고도 볼 수 있다.

주거지 발굴 과정에서 돌도끼, 돌괭이, 구리 화살촉, 반달 모양의 돌칼, 숫돌, 갈돌, 갈판, 망칫돌 등 다수의 석기와 민무늬 토기, 붉은 칠을 한 토기 등의 토기가 발굴되었다. 민무늬 토기는 청동기 시대의 대표적 토기인데, 여기에서 발견된 것은 밑이 좁고, 아가리가 넓게 벌

❂ 선사 주거지(서울시 강동구 암사동)

어진 나팔 모양으로 생겼다. 태토는 점토(粘土)에 성근 모래를 많이 섞었으며, 굽기 정도가 아주 낮은 것으로, 회갈색 또는 흙갈색을 띠고 있었다.

　이와 같은 유적, 유물을 볼 때, 역삼동 일대에 살던 청동기 시대의 사람들은 농경 생활을 하였음이 분명하다. 역삼동뿐만 아니라 논현동 등지에서도 발견된 돌도끼, 반달 모양의 돌칼은 이 시기의 대표적인 농경 도구였다. 즉 이 시기의 사람들은 신석기 시대에 시작한 농경 생활을 더욱 발전시켜 봄에 돌도끼, 돌괭이로 땅을 파헤쳐 곡식을 심고, 가을에 반달 모양의 돌칼로 이삭을 잘라 추수하였을 것이다. 대전 지역에서 발견된 이 시기 방패 모양의 청동기에는 솟대같은 그림이 새겨져 있고, 뒷면에는 밭을 가는 모습이 그려져 있다. 즉, 농부가 따비로 이랑이 정연하게 밭을 갈고, 그 옆에서는 괭이로 땅을 파고, 또 여인이 수확물을 그릇에 넣고 있다.

　농업 형태는 조·피·콩·보리 등 밭농사가 중심이었지만, 여주군 흔암리의 탄화미에서 보듯 벼농사가 한강 유역에서 행해졌다고 하면 이 지역에서도 양재천, 탄천 등 유역의 저습지에서는 벼농사도 행해졌을 것이다.

　농업 다음으로 역삼동 사람들의 주된 생업은 수렵 또는 가축의 사육이었다. 민무늬 토기를 사용한 사람들이 구릉 지대에 살면서 수렵을 즐겼다는 것은 널리 알려진 사실이다. 주거지의 위치나 발굴된 3개의 돌 화살촉에서 볼 때, 역삼동 지역에서도 수렵이 널리 행해졌을 것이고, 한강 연안이나 양재천, 탄천 연안에서는 신석기 시대 이래의 물고기잡이도 여전히 행해졌을 것이다. 즉, 이 시기에는 사냥이나 물고기잡이가 계속 행해졌으나, 농경이 점차 발달하면서 그 비중이 낮아지고, 돼지·소·말 등 가축의 사육이 보다 늘어났다.

　생산이 증가하면서 잉여 생산물이 축적되고, 그것의 사적 소유로 인해 빈부의 차이와 계급이 발생하게 되었다. 이 같은 사실을 입증해 주는 것이 거대한 덮개돌과 여러 개의 받침돌로 만든 고인돌이다. 고인돌은 강남·영등포 일대에서 두루 발견되었는데, 원지동, 양재동, 우면동, 개포동, 반포동, 고척동, 철산동, 소하동 등지에서 다수의 고인돌과 많은 유물들이 확인되었다. 이들 지역은 역삼동 주거지에서 그리 멀지 않은 곳이었다. 이와 같이 강남·영등포 지역에는 오랜 문화의 축적이 있었고,

이를 토대로 하여 백제가 이 곳에 나라를 세우게 된 것이다.

(2) 백제의 농업 정책

백제가 터를 잡은 곳은 청계산의 동쪽 기슭에서 내려온 염곡천과 서쪽 기슭에서 내려온 양재천이 양재동에서 만나 개포동을 지나 탄천에 합류하여 한강 본류로 유입되는 개천 연변의 광주 평원이었다. 광주 평원(廣州平原)은 탄천 유역에 넓게 형성되어 있는 충적 지대로서, 예로부터 매우 비옥한 농경 지대로 알려져 신석기 시대에는 암사동에, 청동기 시대에는 역삼동, 가락동 등지에 대규모의 주거지가 형성되어 있었다.

백제의 시조 온조는 즉위 직후 이 지역의 개발을 염두에 두었으니, 이 곳 하남의 땅은 북쪽으로 한강과 연해있고, 동쪽으로 높은 산이 울타리를 만들었으며, 서쪽으로는 바다가 있으나 남쪽으로 비옥한 농토가 펼쳐 있음을 주시하고, ‘어찌 이 곳에 도읍을 삼지 않겠는가’ 하였다. 그 지역은 좁게는 탄천 유역이지만, 넓게는 강남구, 서초구, 영등포구, 구로구, 송파구, 성남시 일대를 가리킨다. 이 지역에 온조가 나라를 세운 것은 기원전 1세기 전후였다.

온조 집단이 남하하여 처음으로 자리잡은 곳은 한강 이북의 하북 위례성이었다. 그러나 하북 위례성에 머문 시기는 그리 길지 않았고, 증거도 남기지 않아서, 그 위치가 미아리인지 세검정인지 분명치 않다. 온조 집단은 곧 하남 위례성으로 자리를 옮기는데, 그 위치 역시 춘궁리토성인지, 몽촌토성인지 확인되지 않고 있지만, 탄천 유역임에는 틀림없다. 즉 강남구, 송파구 일대에는 백제 초기의 유적인 삼성동토성, 몽촌토성, 풍납토성 등 성터가 밀집 분포되어 있고, 가락동, 석촌동, 방이동 일대에 고분이 다수 남아 있다.[10]

오늘의 청담동, 삼성동, 수서동, 일원동, 개포동 등 탄천 유역은 전술한 바와 같이 충적 지대가 넓게 형성된 평원이었다. 여기에 선진적 철제 농경 기구가 가세하면서 농업의 비약적 발전은 예고된 것이었다. 백제의 건국 이전에 이 지역에서는 곡식의 파종기와 추수기에 성대한 계절제(季節祭)가 행해지고 있었으며, 볍씨를 뿌리고 양잠법을 알아 비단 옷감을 짰다고 중국측 기록은 말해주고 있다.

백제는 특히 농토의 개간과 수리 시설의 확충에 심혈을 기울였다.[11]

시조 온조왕은 어느 정도 정치적 안정이 이루어지자 직접 각 마을을 순행하면서 농사짓기를 권장하였고, 관리로 하여금 농민들을 괴롭히지 못하게 하였다. 이 때에 이미 식량 작물뿐 아니라 양잠도 권장하고 있었다. 다루왕 때는 벼농사를 본격적으로 시행하도록 국가가 지원하였고, 구수왕 때는 벼농사를 위해 수리 시설을 확충케 하였다. 그리고 고이왕 때는 벼농사의 보급을 위해 농토를 개간, 논으로 풀도록 하였다.

백제가 수리 시설의 확충에 힘썼다는 사실은 고구려·백제·신라의 3국 중에서 홍수의 피해가 가장 적었다는 데서도 나타난다.[12] 물론 홍수의 피해 수치는 고구려와 같이 6회이지만, 태풍의 수나 강우량으로 볼 때 백제의 6회는 월등히 적은 수치였다. 이 때 신라는 30회의 홍수 피해를 겪고 있었다. 이러한 백제의 권농 정책은 단순히 백성을 위한다는 위민적인 경제 시책이 아니었다. 한강 유역은 백제의 정치적 안정과 직결되어 있었기 때문에 경제 정책을 강조한 이면에는 정치·군사적 의미가 내포되어 있었다. 즉 곡창 지대인 한강 유역의 확보가 국가 존망의 관건을 이루고 백제 성장의 토대가 되었기 때문에 그 수호에 국력을 기울였고, 권농 정책을 강력히 추진하였던 것이다.

백제 고분에서 출토되는 낫, 가래, 따비, 쇠스랑, 쟁기 등은 당시의 농업 실태를 살피는 데 좋은 참고가 된다. 그리고 당시의 지명과 인명에 제방, 즉 둑을 뜻하는 이름이 많고, 기록에도 논을 뜻하는 답(畓)자가 많음에서 볼 때 백제에서는 밭농사와 아울러 벼농사가 널리 보급되었다고 보인다.

백제에 이어서 이 지역을 장악한 고구려, 그리고 신라는 서로 세력을 확대하고자 다투었기 때문에 통일기에 있어서 이 지역은 그 쟁탈전의 터전이 되었고, 그리하여 농경이 제대로 이루어지지 못하였다. 그러나 7세기 중엽 신라가 삼국을 통일하면서 이 지역도 안정을 되찾아 농경이 다시금 발달했으리라고 보는데, 기록이 없어 자세히 알 수 없다.

그러나 신라 역시 한강 유역의 곡창 지대를 소홀히 하지는 않았을 것이다. 신라 말 이 지방 세력들이 중앙 정부에 반기를 들 때도 그들은 군사력 못지않게 이 지역의 경제력을 바탕으로 힘을 구축하고 있었기 때문에 가능했던 것이다. 실제로 고려 건국에 있어 힘이 되었던 호족 중에서도 이 곳을 기반으로 한 왕규는 가장 강력한 세력의 하나여서, 후에 왕권에 도전하기도 하였다.

(3) 고려 시대의 농업

신라에 이어서 강남구 일대는 고려 왕조가 지배하였다. 고려 왕조도 중농 정책을 국가의 기본적 시책으로 삼았다. 즉, 농업 국가로서의 면모를 분명히 하였다. 당시의 국가 경제는 농업에 토대하지 않을 수 없게끔 다른 산업이 발달하지 않고 있었다. 그리하여 위정자들은 적극적인 권농 정책을 폈다. 농번기에는 가급적 농민을 잡역에 동원하지 못하게 하고, 흉년이 들어 재해가 심하면 조세를 감면해 주었으며, 임금이 적전(藉田)을 갈아 농사의 모범을 보이기도 했다. 곡물의 증산을 위해 진전(陳田)의 개간을 장려하였다. 특히 벼농사의 보급을 위해 수리 시설을 확충함에 힘썼다.

12세기 초 고려에 왔던 송나라의 사신 서긍(徐兢)은 『고려도경』에서 창고에는 미곡이 가득하고, 산간오지에도 계단을 이루며 전답이 개간되고 있다고 하였다. 그리고 도처에 수리 시설이 마련되고 농기구의 제작도 활발했으며, 특용 작물의 재배도 왕성하여 옷감과 종이는 그 제품이 우수하였다고 했다.[13]

고려 시대의 농경 기술은 우경에 의한 심경법(深耕法)이 일반적으로 행해져 농토를 쉬는 휴한 농법이 극복되었고, 파종법도 2년 3작의 윤작법(輪作法)이 널리 행해지고 있었다.[14] 그리하여 토지가 비옥하고 산물이 풍부한 옛 강남구 일대는 귀족들의 농장이 도처에 설치되고 있었다.

일찍이 건국 초기에도 각 지방에는 그 곳에서 대대로 지배적 지위를 누리는 토호들이 있었다. 이들은 신라 왕실이 9세기에 이르러 그 힘이 약화되고 귀족들이 부패하여 농민들의 불만이 커지는 상황 속에서 독자적인 세력을 형성, 반독립적으로 중앙 정부에 항거하였다. 그들은 사병을 보유하여 지방의 행정권과 군사권을 장악하고 경제적 지배력을 행사하였다.

따라서 왕건(王建)이 고려를 세우고 후삼국을 통일했다고 하여도 각지에서 여전히 그 세력을 과시하고 있어서 정국의 불안은 계속되고 있었다. 즉 왕건의 가장 중요한 과제는 호족 세력을 어떻게 편제하여 통합을 굳건히 하느냐 하는 것이었다. 당시 황주에는 황보씨가, 충주에는 유씨가, 나주에는 오씨가, 승주에는 박씨가 비교적 세력이 큰 호족으로서 위세를 보이고 있었다. 이에 고려 왕실은 이들과 정략 결혼까지 하면서 국가의 지배력을 유지하고자 하였다. 그러나 그것은 곧 위기를 초래하였다. 광주 평원, 즉 강남구 일대의 대호족이었던, 그리하여 왕실과 중첩된 혼인 관계를 맺고 있던 왕규(王規)가 혜종을 암살하고 왕위에 오르고자 한 것이다.[15] 음모는 비록 실패하였지만, 당시 왕규는 혜종의 왕권을 능가할 만큼 광주 평원에 넓은 농장을 갖고서 사병을 키우고 있었다.

　호족 세력에 억눌림을 당하던 고려 왕실은 광종 때에 이르러 왕권을 강화하고 새로운 정치 질서를 수립, 성종 때에는 국가의 지방에 대한 지배력을 확립하였다. 이에 토대하여 전국의 모든 토지가 국가에 의해 장악되었으나, 12세기에 이르러 중앙의 정치 질서가 문란해지면서 권세가들이 다시금 각지에 대토지를 소유하여 갔다. 그들은 남의 토지를 강제로 빼앗기도 하였다. 그러한 농장의 규모는 산천을 경계로 하고 고을을 단위로 할만큼 거대한 것이었다. 한강 유역에는 한양 조씨, 파평 윤씨, 금천 강씨, 양천 허씨, 양주 송씨, 평양 조씨 등의 문벌이 소유한 농장들이 분포되어 있었다. 이 지역에 있던 농장주의 신분은 분명치 않으나, 여기에서는 벼농사 외에 보리, 콩, 조 등 밭농사가 널리 행해졌다.

(4) 농업 생산력의 증대

　조선 왕조는 고려보다도 더 중농 정책을 강화하여 여타의 산업 활동을 억제하고 국가의 기본적 산업 시책을 농업 위주로 편제하였다. 정부와 농민은 농업 생산력을 높이기 위하여 국초부터 토지의 개간, 수리 시설의 확충, 종자의 개량, 시비법의 개선 등 농업 기술의 혁신에 힘썼다. 토지의 개간은 내륙의 황무지는 물론 변경 지방과 해안 지방에까지 이루어짐으로써 건국 초에 100만 결 정도에 지나지 않던 농토가 15세기 중엽에는 160만 결로 늘어났다. 저수지 또한 수 천 개소로 늘어났으며, 농작물의 품종도 다양하게 개발되었다. 농업 기술도 크게 발달하여 시비법, 이앙법(移秧法), 그리고 목화 재배, 과수 재배, 뽕나무 재배가 널리 보급되어 갔다.

　강남·영등포 일대도 이러한 중농 정책에 힘입어 농토가 널리 개발되어 갔으니, 탄천, 양재천, 사당천, 안양천 일대의 삼성동, 청담동, 압구정동, 수서동, 일원동, 자곡동, 개포동, 포이동, 사당동, 반포동, 양평동, 대방동, 구로동, 목동, 화곡동을 중심으로 하던 농토가 논현동, 역삼동, 난곡동, 신림동, 독산동 등의 구릉 지대로 확장되어 갔다.

　　강남구 지역은 구릉이 많아 고려 이전에는 주로 개천 연변에서 논농사가 이루어졌고, 밭농사가 국지적으로 행해지고 있었다. 그러나 개간 사업이 본격화되면서 구릉 지대가 농토로 변해갔고, 시비법이 개선되고 종자가 개량되면서 농업 생산력이 비약적으로 증대하였다. 더구나 강남구 일대를 비롯한 한강 유역은 기후가 온난하고 강우량이 적절하여 농사 기술에만 유의하면 생산성이 매우 높은 곳이었다. 그리하여 논현동 고개마루까지 논이 있었으니, 논고개가 논현동으로 바뀌어졌다고 한다. 특히 이 곳은 1년 농사를 지으면, 장마, 홍수로 인하여 3년을 농사짓지 못하여도 살 수 있게끔 농토가 비옥하였다.[16)]

　　그리고 오늘의 신사동 일대는 모랫벌이 넓게 펼쳐진 지역으로서 예전

한국일보

1994年3月8日 （火曜日）

내가살던 압구정리

　　내가 태어난 경기 광주군 언주면 압구정리가 지금은 서울시로 편입돼 부촌으로 발전했지만 어렸을 적만 해도 1백호의 초가들이 올망졸망 모여있는 촌락이었다.

　　한남동 나루터에서 배를 건너 논둑 길을 지나오면 야트막한 고갯길에 성황당이 우뚝 버티고 있었다. 그 곳을 지날 때마다 소원을 빌면서 돈을 던지곤 했는데 바람에 흩날리는 하얀 끈과 울긋불긋한 천 조각들이 아직도 기억에 생생하다.

　　눈이 시리도록 하늘이 파란 날 구렁박이라고 부르는 동네 언덕배기에 오르면 확 트인 마을과 벌판을 수놓던 황금빛 들녘이 손에 잡힐 듯 다가왔다.

　　한 겨울엔 동네 아낙네들이 빨래 터가 있는 까치벌에서 서로 웃음꽃을 피우며 빨래질을 하는데 어찌나 정겨워 보였는지 모른다.

　　주민들은 이른 봄만 되면 까치벌에 몰려와 달래랑 냉이랑 쑥이랑 온갖 상큼한 봄나물들을 뜯어다가 저녁상을 푸짐하게 차렸다.

　　동리 한 가운데는 수백년은 넉넉히 됐을 느티나무 고목 한 그루가 치렁치렁한 줄기를 뻗은채 우람하게 서 있었다. 단오 때마다 그 곳에 그네를 매어놓고 시합을 하곤 했는데 수줍은 새악시나 처녀들도 그 날만은 동네총각들과 어울리며 한껏 미태를 뽐냈다.

　　여름철엔 시원한 그늘이 되어 매미소리를 들으며 오수를 즐길 수 있는 그 느티나무는 동네의 큰 자랑이었다.

　　지금은 이 모든것들이 신도시 개발정책에 밀려 가뭇없이 사라졌다.

　　떠난지 20여년만에 찾은 고향 역시 빽빽히 들어선 고층빌딩과 대규모 아파트단지에서 을씨년스럽게 풍겨나는 삭막함만이 감돌았다.

　　이역만리 타향에서 한없이 그리워했던 향긋한 고향 냄새는 어디로 갔는지….

　　돌아가는 길에 가슴 아리도록 푸르던 고향하늘 생각에 눈물이 절로 났다.

【김정자·250E WASHINGTON ST. LAKE CITY, FL U.S.A.】

에는 농토가 거의 없었으나, 개간 사업이 활발해지면서 이 지역도 농토로 바뀌어져 근교 농업이 이루어지고 있었다. 논농사가 보급되면서 탄천, 양재천 주변에는 큰 방죽들이 만들어졌는데, 자곡동의 못골은 큰 저수지에서, 율현동의 방죽말이란 이름은 방죽에서 연유된 것이다. 특히 일원동 같이 탄천과 양재천을 옆에 끼고 있는 지역은 오랜 동안 퇴적되어 비옥한 전답을 이루고 있어 일찍부터 주거지가 형성되고 있었다. 그러나 탄천과 양재천의 물을 받아들여야 하는 대치동(大峙洞)은 홍수가 지면 쉽게 범람하여 농토가 물에 잠겨버리고, 또 저지대에는 갈대만 무성하여 농사가 제대로 되지 않았다고 한다.

한편 영등포 일대는 전체적으로 대단히 평탄할 뿐 아니라 안양천에 인접한 지역은 충적토가 넓게 분포되어 일찍부터 수전 농업이 발달했다. 『세종실록지리지』나 『여지도서』에서도 논농사가 잘되는 곳이라 했다. 서쪽의 강서 지역은 가양천, 방화천의 수로가 발달했고, 두터운 퇴적층으로 인해 옛부터 비옥한 농경지로 알려져 온 곳이다. 비교적 구릉이 많은 관악구 일대에서는 논농사보다는 밭농사가 발달했으리라고 본다. 밭농사 지대에서는 무우, 배추, 오이, 고추, 감자, 토마토, 참외 등이 많이 생산되어 도성 안으로 공급되었다. 특히 도곡동과 역삼동 구릉 지대에서는 도라지가 일종의 특산물로서 생산되었다.

조선 후기에 이르러 고추, 감자, 토마토 등 새로운 작물의 재배는 농법에서 생산의 다각화와 전문화를 촉진함으로써 농업 생산력을 더욱 증대시켰을 뿐 아니라, 그것은 또한 생산물의 대부분을 생산자 스스로가 소비에 충당하는 곡물과 달리 시장화되는 비율이 매우 높았으므로 농업에서의 상품 생산 발전에 큰 영향을 주었다.

당시 농업에서 상품 생산적 성격이 뚜렷하였던 것은 인삼, 담배와 도시 주변의 채소 재배였다. 18세기 이후 인구의 도시 집중이 심화되고, 소비 도시화되면서 도시 주민들에게 부식으로서 빼놓을 수 없는 채소를 공급하기 위한 상업적 채소의 재배는 자연적 현상이었다.

한양 주변에서 채소 재배로 유명하였던 곳은 당초에는 도성에서 가까운 이태원, 청파동, 왕십리, 답십리, 연희동 등이었지만 점차 그 재배 지역은 확장되어 18세기 후반 이래로는 한강을 넘어 강남구, 송파구, 영등포구 일대에도 넓은 채소밭이 형성되기에 이르렀다. 『경세유표』에 의하면, 18세기 말 큰 도시 주변에서는 6백 내지 8백 평의 파밭, 마늘밭, 오이밭에서 수백 냥의 수익을 얻고 있었다.[17] 일부 농가에서는 도라지, 생지황, 금은화 등의 특용 작물도 재배하였다. 도라지는 전술한 바와 같이 도곡동, 역삼동에서, 생지황과 금은화는 신사동과 청담동에서 특히 집단적으로 재배되고 있었다.

한편 이 지역의 농민들은 과수를 심어 많은 소득을 올리기도 하였다. 생활이 개선되면서 과일의 수요는 매우 증대하여 공급이 달리게 되고, 그렇게 되면 값이 오르게 된다. 그리하여 과일만 전문으로 재배하는 농가도 출현하였다. 서울 주변에서는 묵동의 먹골배와 성북동의 복숭아가 유명하였는데, 강남·영등포 일대에도 그 지형적 조건 때문에 과일의 재배가 성행하였다. 즉, 신사동, 청담동 등지는 앵두의 산지로 유명하였고, 율현동에는 대규모의 밤나무 단지가 인공적으로 조성되어 있었다. 율현동의 밤나무 단지는 조선 후기 영의정을 지낸 유상운(柳尙雲)이 벼슬에서 물러나 이 곳에 은거하면서 지속적으로 가꾼 것이라 한다. 그 밖에도 배나무, 감나무 등이 곳곳에 무성하였다. 즉, 사당동의 배나무골, 봉천동의 감나무골, 가리봉동의 밤나무골 등에서는 배, 감, 밤 등의 생산이 많았다.

채소, 약재, 과일 재배에서 주목되는 것은 그 순수한 상품 생산적 성격과 높은 수익성이다. 높은 수익성은 무엇보다도 바로 곁에 방대한 소비 시장을 끼고 있다는 시장성 때문이기도 하지만, 또한 그것은 높은 토지 이용율과 집약적 경영성에도 기인하고 있다. 비교적 적은 면적의 땅에서 많은 수익을 올리기 위해서는 작물의 선택, 비료의 개선, 영농 방법의 전환 등 여러 모로 농법이 연구되어야 했다.

농법의 연구는 당시 재야 지식인들이 주도하였다. 농촌에 머물면서 농경의 실태를 주목한 지식인들은 농업 생산력의 증대를 위해 새로운 기술을 연구 보급하였으니, 박세당(朴世堂) 같은 사람은 보다 높은 소득을 올릴 수 있는 채소, 과일, 목축 등에 대해서 관심을 보이고, 그 재배를 권장하였다.

농업 기술의 보급은 물론 중농 정책을 표방한 정부에서도 일찍이 관심을 보였다. 그리하여 농서가 간행되고 새로운 농기구가 소개되었다. 당시의 농서로는 『농사직설』과 『금양잡록』이 대표적이다.[18] 『농사직설』에서는 주로 논농사에 대하여 종자 선별, 농기구 사용법, 비료의 종류, 모내기 방법 등을 소개하고 있다.

이 지역과 관련이 깊은 농서는 조선 초기의 학자 강희맹(姜希孟)이 금천 즉 시흥 지방에 오래 머물면서 직접 보고 듣고서 이 곳의 농사를 소개한 『금양잡록(衿陽雜錄)』이다. 이 책의 내용은 인근 지방에 적지않게 영향을 주었다고 본다. 그 책에 의하면, 당시 이 지역에서 재배되고 있던 곡물의 품종이 매우 다양하였으니, 벼만 하여도 27종이 있었고, 콩, 팥, 녹두, 완두, 수수, 조, 보리 등도 유사하였다. 재배 방법은 조기 재배를 권장하고 있고, 심경법과 제초 작업을 장려하였다.

조선 왕조는 농업 기술을 보급하고 농업 경영 방법을 혁신하도록 농서를 펴내면서, 한편 권농관(勸農官)을 임명하여 직접 농민들의 농경 활동을 감독하고 지도하게 하였다.[19] 이는 전국 각지 뿐 아니라 서울 주변 성저십리에 파견된 관리로서, 때로는 지역 민중에서 선임되기도 하였다. 권농관의 임명은 국가의 농업 정책 방향에서 결정된 것이다. 조선 왕조 농업 정책의 기본 목표는 농민들의 생활 안정도 의도하였지만, 농업 생산력을 높여 조세원을 확대시킴으로써 국가의 재정적 기반을 확고히 함에 있었다. 이러한 기본적 정책 방향에 따라 지방관을 임명하면서 그 임무로서 농상을 주지시켰다. 지방관인 수령이 할 일은 일곱 가지로서, 그것이 인사 고과의 기준이었는데, 그 중 '농상성(農桑盛)'이 첫째 사항이었다.[20] 이는 고려 때는 엿볼 수 없는 사실이었다.

수령은 권농관과 함께 농경 현장을 주관하도록 되어 있었다. 실제로 유능한 권농관 또는 수령은 농경 현장에서 많은 역할을 하였다. 즉, 그들은 농작물의 재배, 수리 시설의 확충, 농업 기술의 보급 등 농민들이 당면한 문제를 지도하고 해결해 주었다. 강남구 일대는 예전 광주군에 속하여 광주 부윤이 책임자로서 그 휘하에 권농관을 거느렸는데, 이 지역에서 권농관들의 역할이 어느 정도였는지는 자세히 알 수가 없다.

그러나 이 지역의 농경 기술이 다른 지역보다 비교적 선진적이었음은 그 지정학적 위치에서 볼 때 틀림없을 것이다. 벼농사에서는 수도(水稻), 육도(陸稻)가 모두 재배되었을 것이나, 수리 시설이 확충되고, 이앙법이 보급되면서 수도가 일반적으로 재배되었다고 보여진다. 밭농사에서는 콩, 보리, 기장, 피 등 곡물 외에도 앞서 살핀 채소, 과일, 약재의 재배가 성행하였을 것이다.

　이 시기 농경 방법은 고려 이전까지 행해지던, 토양을 쉬게 해서 지력을 회복시키던 휴한 농법이 농경 기술의 발달로 사라지고, 연년 계속 경작되었으며, 땅을 깊이 가는 심경법(深耕法)이 보급되면서 쟁기가 많이 이용되었다.[21] 쟁기가 사용되면서, 소·말 등 가축이 농경에 동원되는 비율이 보다 높아졌다. 이 밖에도 삽, 가래, 호미, 쇠스랑, 낫, 써레 등 다양한 농기구가 사용되었고, 비료도 여러 가지로 변용되어 사용되었다.

3. 어로 활동

　강남과 영등포 지역의 북쪽을 지나고 있는 한강은 전근대 사회에 있어서는 어패류의 보고였다. 어패류는 단백질이 풍부하여 곡물과 채소에서의 부족한 영양분을 보완해 준다. 우리 조상들은 이를 일찍부터 알고 있어 선사 시대 이래로 어패류를 채집하여 식생활을 조화있게 이끌었다. 그리하여 여기저기로 먹이를 찾아 헤매다 한강을 비롯한 강 유역에 정착하게 되었는데, 한강 연안에서 발견되는 신석기 시대의 여러 가지 유물은 한강 연안이 우리 조상들의 삶의 터전이었음을 입증시키는 것이다.

🔼 고기잡이

암사동, 미사동 등지에서 일찍부터 낚시, 작살, 그물 등을 사용하여 물고기잡이로 생활한 대규모의 주거지가 발견되고 있는데, 강남구의 청담동, 압구정동, 신사동, 삼성동과 동작구의 흑석동, 노량진동, 영등포구의 여의도동, 당산동, 양평동, 강서구의 염창동, 가양동 등의 지역 역시 그 가능성이 충분히 있는 곳들이었다.

　잠실에서 행주대교에 이르는 어로 구역에는 여러 종류의 담수어와 조개가 살고 있었다. 당시의 한강 물은 오염되지 않았고, 자연 생태계에 대한 인간의 압력이 거의 없었기 때문에 물고기나 조개가 풍부했을 것이다. 더구나 청담동, 압구정동, 신사동 앞의 한강은 성동구 쪽의 한강과 비교하여 벼랑이 없고 수심이 얕으며 물살이 거세지 않아서 어종이 다양했고, 특히 조개와 게가 풍부하였다. 기록에 의하면 잉어, 붕어, 숭어, 은어, 뱅어, 게, 쏘가리, 뱀장어, 바가사리, 모래무지, 피라미, 동자개 등의 물고기가 많았고, 우렁이, 다슬기, 달팽이, 말조개, 칼조개, 재첩 등의 조개류가 널리 서식하고 있었다.[22] 특히 영등포 앞 강은 조수와 담수가 교차하는 곳이어서 어종이 풍부했다.

지역별로 구체화하면 압구정동 앞 강에서는 게, 신사동 모래 강변에서는 조개류, 청담동 앞 강에서는 게, 붕어, 쏘가리 등이 많이 잡혔으며 특히 청담동 지역은 탄천의 샛강이 한강과 합류하는 곳이어서 물고기가 많았고, 그리하여 어업에 종사하는 사람이 많았다고 한다. 이 곳에서 잡힌 물고기는 청담나루에서 배에 실려 강북으로 수송, 도성 안으로 공급되었다. 특히 청담동의 게와 붕어는 왕실에 진상되는 상품(上品) 중의 상품(上品)이었다.[23] 그리고 흑석동, 동작동 앞 강에서는 뱅어, 잉어, 게, 염

🔹 **압구정**(狎鷗亭)

창동, 양평동에서는 웅어, 숭어 등이 많이 잡혔다.

고기잡이 방법도 시대가 바뀜에 따라서 점차 발달하였다. 낚시와 그물의 모양도 달라졌으며, 발을 쳐서 물의 흐름을 이용하여 물고기를 잡기도 하였다. 겨울에는 강물이 얼기 때문에 얼음판 위로 다니면서 떡메로 두들겨 잉어 같은 것을 잡기도 하였다. 조선 후기에는 상업이 발달하면서 먹기 위한 고기잡이에서 팔기 위한 고기잡이로 바뀌어 갔다. 청담동 지역에서는 농사짓는 것보다 고기잡이가 보다 수익성이 있었다고 한다.

4. 제조업

오늘날 강남구 지역에는 공장 부지가 전혀 없다. 거의 주택지와 상업지로 구성되어 있다. 제조업이라고 하면 가내 수공업에 의존하는 의류, 피혁, 악세사리 등의 생산이 다소 있을 뿐이다. 전근대 사회에서 이 지역의 제조업은 거의 없다고 할 정도였다. 대부분이 농경지였고, 일부 지역에서 어로 또는 상업이 이루어졌을 뿐이다.

예전의 제조업 흔적을 살핀다면 양잠, 옹기, 공예 그리고 숯과 같은 연료의 제조가 일부에서 이루어지고 있었다. 한강 남쪽 연안에는 충적토가 두텁게 퇴적되어 백사장을 이루었다. 특히 신사동과 잠원동 일대는 지명 그대로 모래땅이었다. 양잠의 원료라고 할 수 있는 뽕나무는 이러한 모래땅에서 잘 자란다. 조선 시대에는 농업과 더불어 양잠을 권장하여 뽕나무를 많이 가꾸도록 하였다.

사람의 삶에는 식생활 문제와 더불어 의생활 문제가 매우 중요하다. 전근대 사회에서는 옷감으로 모시·베·목면, 그리고 비단이 있었다. 모시·베·목면 등이 서민을 위한 것이었다면, 비단은 고급의 옷감일 뿐 아니라 대외 수출품으로서도 이름나서 그 수요가 컸다. 그런데, 비단은 명주실로 짜며, 명주실은 누에고치에서 뽑는다. 그리고 누에는 뽕나무 잎을 먹고 산다. 따라서 비단을 제조하기 위하여는 뽕나무를 잘 키워야 한다. 누에를 키우며, 뽕나무 재배 단지로 유명했던 곳이 잠실이다.[24]

조선 시대에는 당초 연희동과 자양동에 잠실을 설치하였으나, 점차 그 수요가 부족해서 새로이 지금의 잠원동에 잠실을 설치하였다. 잠원동은 1988년 서초구에 소속되기 전에는 1975년부터 강남구 관할이었는데 본

래는 잠실리와 신원리로 나뉘어져 있었던 것을 송파구의 잠실동과 구분
하기 위해 합칭한 것이다. 잠실이라는 이름에서 알 수 있는 바와 같이
이 곳에서는 누에고치의 생산이 활발하였다. 현재도 잠원동의 신동 초등
학교 북서쪽 잠원로 길가에는 서울 특별시 기념물 제 1호인 ‘잠실의 뽕
나무’가 서 있다.

한편, 이 지역은 구릉 지대로서 조금 남쪽으로 나가면 청계산, 남한산
의 큰 산이 있어 골짜기에서는 옹기 굽는 곳이 많았다. 도곡동 골짜기에
는 독구리, 독골 등의 자연 부락이 있었는데, 이 곳에서는 독을 구워 팔
던 사람들이 살았다고 본다. 곡물을 저장하고 음식을 보관하기 위하여는
그릇이 필요한데, 옛부터 우리 조상들은 흙으로 그릇을 빚어 불에 구워
내는 법을 알았다. 논현동, 역삼동 등지에서 발견된 청동기 시대의 민무
늬 토기의 파편들은 이 지역에서의 그릇 제조의 역사를 말해준다. 고려
나 조선 시대에 이르면 도자기 제조 기술은 더욱 발전하였는데, 이 지역
에서는 주로 서민을 위한 옹기가 제조되었다. 간장, 된장, 고추장 등을
담가두는 오지그릇, 질그릇은 만들기가 어렵지 않아서 조선 후기에 상품
경제가 발달하면서 대독, 중두리, 방구리, 항아리, 동이, 단지 등이 상품
으로서 제조되었다. 청계산 부근에서는 옹기가 도처에서 만들어지고 있
었다.

그 밖에 청담동 강변에서는 닥나무가 많이 생산되어 동리 이름도 닥점
이란 곳이 있었는데, 닥나무 껍질은 한지의 원료이다. 이 곳에서는 이를
전문적으로 생산해 냈던 것이다. 부근에는 저자도(楮子島)라는 섬도 있
었다. 그리고 청담동의 숯골이란 동리에는 참나무가 많아서 이를 태워서
숯을 구워 팔기도 하였다. 청계산, 남한산 골짜기에는 숯을 굽는 곳이
많았다.

한편, 오늘날 대규모의 공장 지대로 바뀌어져 있는 영등포 일대에도
예전에는 제조업이 거의 이루어지지 않았다. 대부분이 농경지였기 때문
에 농민들이 자급자족하기 위하여 가내에서 물건을 만드는 경우는 있었
을 것이나, 그것은 결코 상업적인 것이 아니었다. 현재 살펴볼 수 있는
이 지역의 제조업은 노량진의 동이점, 영등포동의 옹기말 등의 이름에서
도기, 옹기 등이 제조되었음을 알 수 있다. 그 밖에 당산동, 신림동, 봉
천동 일대에서는 숯을 구워 팔았다.

5. 유통 경제

(1) 사평(沙坪)나루와 사평장(沙坪場)

○ 나룻배

신사동, 즉 예전의 사평리는 전술한 바와 같이 한강을 사이에 두고 오늘의 한남동과 마주하는 곳으로서, 예로부터 서울에서 남부 지방으로 왕래하는 대로의 길목이었다. 고구려의 광개토왕과 장수왕이 남진 정책을 추구하여 남하했던 아리수도 이 나루터였고, 신라가 삼국을 통일하기 위하여 북진할 때도 이 나루를 건넜다.

고려 때는 전국의 도로를 체계적으로 관리하기 위하여 각지에 역(驛)과 원(院) 그리고 진도(津渡)를 설치하였는데, 이 곳에 설치되었던 나루가 사평도였다. 당시 사평도는 임진강에 설치되었던 임진도(臨津渡)와 더불어 대표적인 나루였다. 조선 시대에는 전국의 도로를 대로, 중로, 소로로 구분하여 관리하였는데, 이 나루를 지나야 했던 양재도는 대로 중에서도 대로였다. 남쪽에서 서울이나 북쪽 지방으로 가고자 했던 행인들은 양재역 즉 말죽거리에서 한 숨을 쉰 후, 사평리 주막에서 마지막 밤을 보낸 후 나루를 건너야 했다. 15세기에는 국가가 원을 설치하여 행인들의 편의를 도모하였으나, 사평원(沙坪院)은 후에 폐쇄되고, 사설 주막이 생겨났다. 고려 후기의 유명한 문인 이규보는 이 곳의 풍경을 다음과 같이 시로 읊었다.[25]

멀리 강줄기 하늘에 이어졌는데
배가 움직이니 언덕이 따라서 움직이네
엷은 구름은 흰 비단처럼 비껴있고
가랑비가 실마냥 흩어져 내리네

여울이 빠르니 물도 빠르게 흐르는구나
봉우리 하도 많으니 산줄기 끝이 없도다
흥얼거리다가 문득 고개를 돌리면
고향 생각 간절하구나

　나루가 있었고 포구가 있었기 때문에 강을 건네주는 나룻배뿐만 아니라 고기잡이배, 장삿배들도 사평나루로 모여들었다. 국가적 교통 시설로서 사평원이 그 기능을 잃었지만, 사람들이 모여들고 물화가 집산되면서 이 지역은 노변 취락(路邊聚落)으로서 그 모습을 보여갔다. 원이 쇠퇴한 후 그 기능을 이어받은 것은 사설 주막이었다. 주막촌(酒幕村) 가운데 인근에 장터가 있던 곳은 규모가 큰 취락으로 성장하여, 그 중의 몇은 중심 도시로 발전하기도 하였다. 사평이나 판교 주변에는 제법 번성한 장시가 있었고, 그들은 교통의 입지 조건으로 인해 상업 요지가 되었다.
　사평과 더불어 주목되는 주막촌이 말죽거리이다. 말죽거리 역시 영남대로 상에 위치한 교통의 길목이다. 조선 시대 한양에서 경상도로 가는 큰 길은 한강나루, 사평나루를 건너 말죽거리를 거쳐 판교, 용인, 충주로 통하는 길이다. 말죽거리, 즉 양재역에는 종6품의 찰방(察訪)이 주재하여 인근의 역을 통할하였는데,[26] 말죽거리의 이름이 언제부터 누구에 의해 불리워졌는지는 알 수가 없다. 조령이나 죽령을 비롯하여 수많은 고개와 하천을 넘고 건너, 서울에 당도하기 하루 전 양재역까지 와 주막에 들어, 우선 타고 온 말들에게 죽을 먹이도록 한 후 본인도 손발을 씻고 저녁밥을 청하였다는 데서 말죽거리라 했다고 한다.[27]
　조선 시대에 강남구 일대가 구릉 지대이어서 농업이 주로 행해지고 있었지만, 사평리나 말죽거리 일대에는 사람들이 많이 모여들어 상업의 요지가 될 가능성이 많았다. 특히 사평리는 수륙 교통의 요지에 위치하였기 때문에 지역 상권의 중심지로 발돋움했다. 더구나 장시가 농산물 집산지라고 할 때, 사평장은 배후지의 면적이 광대하였다.
　사평장과 말죽거리가 상업 중심지로 성장한 것은 조선 후기에 이르러서였다. 『만기요람』에 의하면 사평장은 인근의 송파장과 더불어 전국 15대 장시에 속하고 있었다. 이들 장시(場市)는 배후에 농산물이 풍부한 광주 평원을 갖추고 있고, 전국으로 뻗는 간선 도로를 끼고 있을 뿐 아니라 한강을 통해 수로를 적절히 이용할 수 있어 전국 각지의 물화가 집산될 수 있었고, 게다가 인근에 최대의 소비 시장인 한양이 위치하고 있었다. 더구나 한양의 상권을 장악하고 있던 시전(市廛)의 규제에도 벗어날 수 있는 위치에 있어서 사상인들이 자유롭게 상업 활동을 영위할 수 있었다.

사평장이나 송파장에서는 미곡, 과일 등의 농산물, 면포, 마포 등의 농가 부업 제조품, 어염 등 연해안에서 생산되어 원거리 수송되어 온 수산물, 그리고 사기, 도기 등 전문 제조업자들이 제조해 낸 생산품 등 그 물화가 다양하였다. 이들 물화는 이 곳 주민들에 의해 소비되기도 하였지만, 대부분 소비지로 다시 공급되어 갔다. 말하자면, 이들 장시는 생산지에서 소비지로 물화가 이행되기 전의 중간 매개지였다.

장시의 주도권은 중도아 등 중간 상인들이 장악하고 있었는데, 그들은 상권을 확장하기 위하여 전국 각지의 상인이나 생산자와 연결하고 있었다. 즉, 서울 인근의 난전 상인(亂廛商人), 예컨대 칠패, 이현, 누원 등지의 사상인들 뿐 아니라 삼남 지방, 평안도, 함경도, 강원도 지방의 상인들과도 연계하며 상행위를 펴고 있었다.[28] 그리하여 당초 원, 역 또는 주막이 있던 교통 중심지를 토대로 형성되었던 사평리, 양재리와 같은 노변 취락에 장시가 생겨나면서 이들 지역은 점차 상업적 도시의 성격을 띠어 갔다.

(2) 노들나루와 동작나루의 선상(船商)

사평나루 외에도 한강 남쪽에는 많은 나루가 있었다. 동작나루, 노들나루, 방학호나루, 양화나루, 공암나루가 있어 강북 지역으로 오가는 사람들을 건네 주었다. 그 중에서도 동작나루는 전라도·충청도 지역에서 진위를 거쳐 수원·과천 쪽으로 오는 경우 건너는 나루였고, 노들나루는 수원에서 안양·시흥을 거쳐 오는 경우 건너는 나루였다.[29] 그리고 양화나루는 고려 초부터 중요한 길목이었는데, 한양에서 강화로 가자면 남대문을 나와 아현고개를 넘어 서강 연변에서 배를 타고 이 곳으로 건너와 양천·김포를 거쳐 가는 길이 일반적이었다. 강화가 국가 변란시에 대비하기 위한 장소로 지목되고, 국가의 중요 서적을 보관하는 곳이 되면서 양화나루의 비중은 컸다. 그리하여 일찍부터 이 곳에는 10척 내외의 관진선(官津船)을 배치하였다. 조선 중기에는 사람들의 내왕이 많아지면서 배 한 척에 많은 사람이 승선하여 침몰하는 경우도 종종 있었다.[30]

　그러나 사평나루, 즉 한강나루에 버금가게 사람들의 내왕이 빈번했던 나루는 노들나루였다. 한양에서 삼남 지방으로 가려면 남대문을 나와 청파역에서 직진하여 용산 강변에서 배를 타고 노들나루를 건너는 것이 거리도 짧고 시간이 단축되었다. 연산군 때는 한강에 배다리를 놓으면서 모든 나루의 통행을 금지시켰는데, 이 나루만은 개통시켰다.[31)]

　한강 연안에는 이와 같이 곳곳에 나루가 있어 강남과 강북을 왕래함에 편의를 제공하고 있었다. 이와 아울러 나루터를 비롯한 포구도 곳곳에 있어 한강 상류 또는 하류에서 짐을 싣고 온 배들이 물건을 하역하고 장사를 하기도 했다. 그러한 포구는 도성과 인접한 강북 지역에 주로 발달하였으니, 용산, 서강, 마포, 서빙고, 두모포, 뚝섬 등이 조선 시대에는 그 역할을 충실히 했다. 시흥·수원으로 가는 큰 나루였던 노들나루에도 각지에서 어선이 몰려 어물의 매매가 활발하였지만, 수심이 얕아서 부상대고의 큰 선박은 정박하지 못하고, 작고 가벼운 배들만 입항하였다.[32)] 노들나루에는 주로 숭어를 잡은 배들이 집결하였다.[33)] 그리고 흑석동 명수대 앞에는 조선 초기부터 흑석참(黑石站)이 설치되어 있었는데, 좌도수운판관(左道水運判官)에 속해 있었다.[34)] 좌도수운은 한강 상류의 세곡 운송을 담당하고 있었는데, 흑석참은 세곡선이 운항하다가 잠시 쉬어가는 경유지였다.

　조선 후기에 이르러 나루로서의 기능이 커지고, 포구로서도 주목되어 상선의 출입이 잦았던 곳이 동작나루였다. 동작나루는 조선 초기에는 나루를 건너는 사람들이 그리 많지 않았으나, 정조 때 수원에 사도세자의 능침을 마련하고 서울·과천·수원 사이의 길을 확장하면서 사람들의 통행이 많아졌다. 그리하여 노들나루에서 나룻배 5척을 이관받아 배치하더니, 후에는 각 군영에서도 독자적으로 나룻배를 배치하고 선세(船稅)를 징수하였다.[35)]

　동작나루는 경강 상인(京江商人)들의 유통 기지로서도 돋보였다. 한강 연안에서 주로 상행위를 전개한 경강 상인들은 서울이란 최대의 소비지를 배경으로 미곡, 어물, 소금 등을 거래하였다. 그리하여 한강 연안에는 곳곳에 경강 상인들의 유통 기지가 형성되었는데, 동작나루도 그 하나였다. 상인들은 배를 갖고 쌀, 생선, 소금 등을 생산하는 현지로 가서 그것들을 구입해 가지고 한강 연변으로 운반해서는 창고에 쌓아 두었

다가 그 가격을 조작하면서 많은 이득을 남겼다. 예컨대 동작나루, 노들
나루에 근거를 둔 선상들은 어물전 상인들이 난전(亂廛)이라 하여 그들
의 물건을 싼 값에 사려 하자, 이에 반발하여 사상인들에게 비싼 값에
팔아버린 일도 있었다.[36] 동작나루의 선상들이 주로 거래한 사상인은 조
선 후기 대표적 도고 상인의 하나였던 칠패(七牌) 사상 도고였다. 1746
년(영조 22) 기록에 의하면 칠패 사상 도고들은 동작나루에 들어오는
어물을 몇 백, 몇 천 바리를 막론하고 모두 매점하고 있었다.[37]

요컨대 조선 시대의 한양의 도심권이 도성 안을 중심으로 구성되었다
고 할 때, 그 주변에서 발달한 용산, 마포, 서강, 서빙고, 두모포 등은 제
1차적 위성 도시였으며, 이에 더하여 송파, 사평리, 양재리, 과천, 동작
진, 노량진 등은 한강 북쪽 연안의 상업 기지보다 한겹 더 외곽에 위치
한 제 2차적 위성 도시로서, 이들 위성 도시들은 상업이 발달하면서 나
타난 새로운 도시들이었다.[38]

확실히 조선 후기, 특히 18세기 후반 이래 경제계는 변화하고 있었는

○ 정선 동작진(銅雀津)

데, 종래의 농업적 질서는 점차 동요하고 상업 활동이 경제계에 크게 작용을 가하기에 이르렀다. 그것도 관권과 결탁하여 상권을 독점하던 기존의 특권적 상업 질서가 아니라 풍부한 자본력과 우월한 조직력을 바탕으로 한 자유로운 사상인의 활동을 중심으로 상행위가 영위되어 갔다. 원촌, 주막촌, 나루터에 불과하던 사평리나 말죽거리, 그리고 동작진, 노량진 등이 상업 중심지로 성장, 위성 도시화한 것은 매우 주목되는 역사적 사실이다. 그것은 특히 이 곳의 입지 조건, 그 중에서도 한양 주변에 위치한 교통의 중심지였다는 점에 토대하였던 것이다.

【주】

1) 新增東國輿地勝覽 권 6, 경기 광주목 역원
2) 최영준,『영남대로』(고려대 민족문화연구소, 1990), p.164
3) 新增東國輿地勝覽 권 6, 경기 금천 군명
4) 輿地圖書 상, 경기도 금천·양천
5) 世宗實錄 권 148, 지리지 경기 금천·양천
6) 輿地圖書 상, 경기도 금천·양천·과천
7) 增補文獻備考 권 24, 여지고 20 도리
8) 신형식,『백제사』, (이화여자대학교 출판부, 1992), p.41
9) 임병태,「역삼동 주거지 발굴보고」, (『사학연구』20호, 1968), p.23
10) 권오영,「초기 백제의 성장과정에 대한 일고찰」, (『한국사론』15, 1990), p.64
11) 신형식, 앞의 책, p.51
12) 신형식,『삼국사기 연구』, (일조각, 1981), p.187
13) 高麗圖經 권 23, 잡속 2, 종예·토산
14) 이태진,『한국사회사연구』, (지식산업사, 1986), p.92
15) 박용운,『고려시대사』, (일지사, 1985), p.52
16) 서울특별시사편찬위원회,『동명연혁고(10)』, 강남구편, 1984, p.61
17) 經世遺表 권 8, 지관수제 전제
18) 이호철,『조선전기 농업경제사』, (한길사, 1986), p.12
19) 世宗實錄 권 40, 세종 10년 윤4월 기축
20) 이존희,『조선시대 지방행정제도 연구』, (일지사, 1990), p.164
21) 민성기,『조선농업사연구』, (일조각, 1988), p.81
22) 최기철,「한강의 기후와 생태:어류」, (『한강사』, 서울특별시사편찬위원회, 1985), p.75

23) 重頂 南漢志 권5, 물산 · 공헌
24) 박경룡, 「잠실고」, (『향토서울』 43호, 1985), p.55-61
25) 東文選 권 9, 오언율시
26) 世宗實錄 권 148, 지리지 경기 과천현
27) 손정목, 『조선시대 도시사회 연구』, (일지사, 1977), p.272
28) 重頂 南漢志 권5, 물산 · 공헌
29) 備邊司謄錄 123책, 영조 27년 8월 7일
30) 中宗實錄 권 52, 중종 19년 9월 정유 · 무술
31) 燕山君日記 권 55, 연산군 10년 9월 정사, 권 60 연산군 11년 11월 경자
32) 各廛記事 인권, 건륭 54년 12월
33) 承政院日記 1669책, 정조 13년 12월 14일
34) 新增東國輿地勝覽 권 8, 경기 과천현 역원
35) 고동환, 『18 · 19세기 서울 경강지역의 상업 발달』(서울대 박사학위 논문, 1993), p.163
36) 備邊司謄錄 172책, 정조 12년 1월 13일
37) 各廛記事 지권, 건륭 11년 11월
38) 손정목, 앞의 책, p.273

Ⅲ. 한양의 상업 도시화와 주변 요인

● 1. 운송 수단의 발달과 한양 / 435

● 2. 경제 정책의 변화와 한양 / 477

1. 운송 수단의 발달과 한양
- 京江船을 중심으로 -

1. 조선 초기의 한강과 운송 문제

한양이 행정 도시에서 상업 도시로 변모함에는 여러 가지 요인이 작용하였다. 앞에서 그 양상을 지역별로 살펴보았지만, 이를 구체적으로 분석해 볼 필요가 있다. 한 사회의 변화는 그 사회가 갖고 있는 내적인 요소와 또한 외부에서 그것을 가능케 하는 외적인 요소에 의해 일어나는 것이 일반적이다. 서울의 변화도 예외일 수 없다. 특히 서울은 한강을 끼고 있어서 한강의 역량, 다시 말하면 한강을 어떻게 이용하느냐에 따라서 그 특성을 새로이 할 수 있다. 한강은 서울 시민의 젖줄이다. 조선 시대에 있어서도 한강은 한양의 동맥이었다. 이에 한강의 역할과 이를 잘 활용한 경강 선인의 활동을 통해 한양의 상업 도시화를 점검해 보고자 한다.

(1) 경강(京江)의 경제적 위치

경강은 한강 중에서도 도성(都城) 남부를 흐르고 있는 부분을 말한다. 한강의 근원은 강원도 오대산으로서, 충주 서북에 이르러 달천(達川)과 합류하고 원주 서쪽에 이르러 안창수(安昌水)와 합류하여 양근 서쪽에 이르러 용진(龍津)과 만난다. 이어서 광주 경계에 들어가 도미진(渡迷津), 광진(廣津), 삼전도(三田渡), 두모포(豆毛浦)를 지나 한강진(漢江津)에 이른다. 여기서부터 서쪽으로 흘러서 노량(露梁)이 되고, 용산강이 되다가 다시 서쪽으로 흘러서 서강이 되고, 이어서 양화도, 공엄진을 거쳐서 교하에 이르러 임진강과 합류하며 통진 북쪽을 지나 강화도 해협으로 들어간다.[1] 총 길이 514km의 수로인 한강의 본류는 용진에서 강화도 해협까지라 하겠는데, 경강은 그 중에서도 한성부가 주관하는 광진에서 양화도까지의 부분인 것이다. 경강 선인의 근거지는 바로 광진에서

양화도 사이의 연안이었다.[2]

경강의 역할이란 바로 수도 한양의 발전에 경강이 어떻게 기여하였는 가다. 중앙 집권적 사회에 있어서 그 사회의 발전은 대체로 수도를 중심으로 이루어졌다. 중앙 집권 체제를 강력히 추구하였던 조선 왕조 역시 수도 한양을 중심으로 발전하였다. 즉, 한양은 1394년 도읍지로 정해진 이래 행정의 중심지였으며, 가장 번화한 도시로 성장하였다. 따라서 한양을 끼고 흐르는 한강, 그 중에서도 경강이 지니는 중요성은 어느 하천보다도 컸다.

특히, 한양의 경제적 발전에 있어서 경강은 큰 몫을 하였다. 한양의 인구는 1428년(세종 10)에 109,372명이었고, 1648년(인조 26)에 95,569명, 1759년(영조 35)에 172,166명, 1835년(헌종 1)에 203,901명이었다.[3] 전근대 사회에 있어서는 도시에로의 인구 집중이 그리 심하지 않았지만, 그럼에도 불구하고 한양은 조선 사회에서 가장 많은 인구를 수용하고 있었다. 그렇기 때문에 최대의 인구를 수용한 한양은 최대의 소비 도시(消費都市)였다. 그리하여 전국 각지에서 물화가 집산되었으며, 정치·문화의 중심지이기도 하여 전국 각처에서 인마(人馬)의 왕래가 빈번하였다.

한양이 번창하기 위해서는 물론 교통이 편리하고, 운송이 용이하며, 물화의 거래가 쉽게 이루어져야만 했는데, 그 역할은 주로 경강이 담당하였다. 즉, 한양은 그 성장의 바탕을 경강에 의존하고 있었던 것이다. 한양의 경제적 발전에서의 경강의 주요 역할을 다음 세 가지로 집약할 수 있다.

첫째, 경강은 조운선(漕運船)의 집결지로서의 역할을 했다는 점이다. 도로 사정이 좋지 못하고 수레가 발달하지 못하였던 전근대 사회에 있어서는 육운(陸運)보다는 하천과 연해안 항로를 통한 선운 활동이 중요시되었다. 경강은 선운 활동에 있어서 더할 나위없는 좋은 조건을 제공해 주고 있었다. 즉, 경강은 남한강과 북한강, 그리고 하구에서 합류하는 임진강과 예성강에 의하여 중부 내륙 지방과 연결되고, 더구나 남한강이 소백 산맥을 넘어 낙동강과 접속됨으로 인하여 경상도 지방과도 통할 수 있으며, 한편 서해 연안 항로를 통하여 남으로는 충청, 전라, 경상도 지방, 북으로는 황해, 평안도 지방과 연결되었다.

그리하여 각처의 물화가 선운에 의하여 경강으로 집산되어 소비 도시 한양에 공급되었다. 정부가 전국에서 수취한 세곡이 관조(官漕)를 통하여 경강으로 운송되었고, 서울의 양반 지주들이 외방의 농장에서 수취한 소작료도 사조(私漕)를 통하여 경강으로 운송되었다.[4] 특히 관부가 각 지역의 농민으로부터 징수한 현물 지대로서의 세곡은 당시 가장 큰 운송 화물이었기에, 정부에서는 그 운송 대책인 조운에 매우 유의하였다.

둘째, 경강은 교통로로서의 역할도 컸다. 도로 사정이 좋지 못하고 교통 수단이 발달하지 못한 그 당시에는 운송에 있어서 육운보다는 선운 (船運)이 발달하였고 교통에 있어서도 수상 교통이 주목되었다. 특히, 한강 유역에는 춘천, 원주, 충주, 여주, 광주 등 대도회지가 발달하고 있어서 그들 도회지와 한양과의 왕래에 있어서 사람들은 한강의 수로를 이용하는 경우가 적지 않았다. 조선 후기의 사례이지만, 이벽(李蘗)이 한강의 수로를 이용하여 마재에서 한양으로 배를 타고 가면서, 정약용을 비롯한 여러 사람에게 천주교를 전도하였다는 이야기에서도 한강에서의 수상 교통의 일면을 엿볼 수 있다.[5]

교통로로서의 경강의 위치는 경강에 설치된 진(津) · 도(渡)를 보면 더욱 잘 파악할 수 있다. 조선 왕조는 중앙 집권화 정책을 강화하여 지방 행정 체계를 정비함과 아울러 보다 강력한 지방 통제를 위하여 교통망의 정비를 서둘렀다. 역참제가 그것이었으니, 전국의 도로망은 한양을 기점으로 하여 외곽으로 거미줄같이 뻗쳐 있었다. 그런데, 9개의 간선 도로 중 6개 도로가 경강을 통과해야 했다.[6] 경강은 삼남을 비롯한 남부 지방과의 왕래에 있어서 큰 장애물이었다. 이와 같은 장애물을 극복하고자 마련된 것이 진(津), 도(渡) 등의 나루였다.

경강에는 일찍부터 광진, 삼전도, 서빙고진, 한강도, 동작진, 노량진, 마포진, 서강진, 양화도 등 크고 작은 나루가 개설되어 중요 교통로로 이용되고 있었다.[7] 나룻터에는 나룻배(津船)가 있어서 사람과 물화를 건네주었으니, 나룻배는 강변 양쪽의 통로를 이어주는 최대한의 편의 시설이었다. 관부에서는 그 편의와 관리를 위하여 관선과 진부를 배치하고, 별장과 같은 책임자를 임명하기도 하였는데, 사람들은 관선보다는 사선을 이용하는 경우가 많았다.[8] 실로 경강의 진(津) · 도(渡)는 남부 지방과의 왕래에 있어서 교통의 관문으로서, 그 역할이 컸다. 교통의 편의 역시 운송의 용이함과 아울러 경제 활동을 촉진시키는 여건이 되었던 것이다.

세째, 경강은 상업 기지로서의 역할도 담당하였다. 한양은 전술한 바와 같이 최대의 소비 도시였다. 그런데, 도성민들의 일상 생활용품은 대부분 외방에서 구입되어야 했다. 양식으로서의 곡물뿐만 아니라 시탄, 어염, 광물, 목재 등이 거의 모두 외방에서 공급되어야 하는데, 이들의 대부분도 그 양이 많은 것은 경강의 사선(私船)을 통하여 공급되었다.

예컨대, 마포에는 어염이, 서강과 용산에는 곡물이, 뚝섬에는 목재가 집산되었다. 이처럼 경강에는 일찍부터 물화의 집산이 활발하였으므로, 경강변(京江邊)에는 왕조 초기부터 많은 상인들이 몰려들어 여러 가지 형태와 규모를 지닌 상업을 영위하여 갔다. 그리하여 경강변에는 용산, 마포, 서강, 뚝섬, 두모포(豆毛浦) 등지를 중심으로 선상(船商)들의 상업 기지가 형성되어 갔다.[9] 상인들은 선박을 이용하여 한강의 수로 또는 연해안 일대를 왕래하며 한양 사람들에게 필요한 생활용품을 구입, 경강변의 상업 기지로 운송하여 직접 판매하거나, 시전 상인에게 공급하였던 것이다. 실로 경강변에는 조선 후기 경강 상인들이 활발히 상행위를 전개할 수 있었던 여건이 조선 초기부터 이미 조성되어 있었던 것이다.

한편, 경강에서는 자체적으로 어물과 얼음 등이 산출되어 한양에 공급되고 있었다. 경강 연변의 어촌에는 고기잡이로 생계를 영위하는 사람들이 일찍부터 존재하고 있었으며,[10] 동빙고(東氷庫), 서빙고(西氷庫)의 촌락에서는 관청에 얼음을 공급하고 있었다.[11]

(2) 경강에서의 사선 활동

경강에서의 사선들은 왕조 초기부터 세곡 운송에 참여하기도 하였지만,[12] 그것은 본래적인 현상이 아니었다. 경강에서의 사선의 본래적 활동은 어디까지나 어채(漁採), 선상(船商) 및 진(津)·도(渡)에서의 활동이었으며, 그것은 사선인들이 자율적으로 확보한 생업의 하나였던 것이다.

1445년(세종 27) 집현전 직제학 이계전(李季甸)의 보고에 의하면, 사람들이 사선을 건조하는 까닭은 고기잡이와 상행위에서의 이익 때문이라고 하였다.[13] 사선을 소유한 선인들은 고기잡이와 행상보다 이익을 많이 취하고 있었고, 그것이 그들의 본업이었던 것이다.

　사선인들은 고기잡이와 행상을 자신들의 생업으로 굳혀가고 있었다. 그러한 상황은, 예컨대 사선을 소유함은 오로지 생업을 위함인데, 만약 2년을 연속하여 세곡 운송에 동원하면 선인(船人)들은 소생할 수 없다는 보고에서도 입증되고 있다.[14] 1529년(중종 24) 특진관 신공제(申公濟)의 보고에서도 국가가 경강의 사선을 동원하면서 그들이 부담하는 선세(船稅)를[15] 감해 준다고 하여도 그것은 선상(船商)에서의 이득과 크게 차이가 있으니, 어찌 원망하지 않겠는가 하면서 나아가 그들 사선인들의 상행위가 비록 국가에 직접적 이해 관계는 없다고 하지만, 그들이 전라 · 충청도 지방에서 구입해 와 매매하는 곡물은 경중(京中)의 곡가를 조절하고 있어서 백성들의 경제 생활에 크게 영향을 미치고 있음을 지적했다.[16]

　사선인들은 어채와 선상, 특히 선상 활동에서 나름대로 활로를 구축하고 있었기 때문에, 정부의 강제적 운송 용역인 세곡 운송에는 기꺼이 참여하려 하지 않았다. 그럼에도 불구하고, 정부에서는 관선(官船)의 수급 부족으로 인하여 운송 역량이 뛰어난 사선(私船)을 계속 강제 동원하고자 하였으니, 그 수탈로 인하여 사선인들은 통분하여 선박을 팔아 버리거나, 아예 경강에 나타나지 않았으며 그로 인하여 경중(京中)의 물가가 폭등하기도 하였다.[17] 뿐만 아니라 일부 선인들은 계속적인 강제 동원에 항거하여 소요를 일으키기도 하였다.[18]

　한편, 사선인들은 나룻배를 보유하고서 진도업(津渡業)에 종사하기도 하였다. 관부뿐만 아니라 서민의 교통 시설로서도 중요한 진(津) · 도(渡)는 본래는 자연적으로 개설되었던 것이다. 그러나 왕권이 강화되고 체제가 정비되면서 국가적 관리 체계에 수용되어 갔으니 관방(關防)의 요지로 주목되었기 때문이었다. 조선 왕조에서는 1414년(태종 14) 경기 관찰사의 건의에 의하여 경강 일대의 진도를 정부가 관장하기로 하고 관선을 배치하고 별감(別監-후에는 도승(渡丞))을 파견하여 감독케 하였다.[19]

　즉, 진도는 인마의 왕래를 위한 교통로로서, 물화의 운반을 위한 운송로로서뿐 아니라 범죄인의 단속을 위한 초소로서의 역할이 증대되어 갔다. 따라서 한강도(漢江渡), 삼전도(三田渡), 노량진(露梁津), 양화도(楊花渡) 등 별감이 파견된 큰 진도에서는 기찰이 심하여 오히려 시민들의 통행에 불편을 주었다.[20] 또한 사선은 관선에 비하여 선체가 작고 경쾌하여 쉽고 빠르게 강을 건네 주었다.

[21]때문에 사람들은 비록 배삯을 지불하더라도 사선을 이용하고자 하였고, 그리하여 사선의 활동은 초기부터 활발하였다. 사선인들은 진·도에서의 활동 역시 생업의 하나로 간주하기에 이르렀던 것이다.

요컨대, 조선 초기 경강의 사선인들은 주로 어채(漁採), 행상(行商), 진도업(津渡業) 등의 분야에서 생업의 길을 모색하고 있었다. 그러나, 그렇다고 하여서 세곡 운송의 용역을 전혀 외면한 것은 아니었다. 국가의 강제적인 동원과 헐한 선가(船價)에 대하여 만족해하지는 않았으면서도, 그들은 그것을 통해 나름대로 이익의 확보를 도모하였다. 즉, 합법적인 선가의 취득 외에 적재량을 초과하여 싣고자 하면, 사물(私物)을 첨재하여 과외의 수입을 추구하기도 하였다.[22]

그러한 현상은 봉건적 질서가 이완되어 가는 16세기에 있어서 더욱 심화되었으니, 마침내 사선인들은 세곡 운송 용역도 생업의 좋은 수단이 될 수 있음을 확인하자, 보다 적극적으로 세곡 운송에 참여하기에 이르렀다.[23] 더구나 이 때에 이르러는 외방 농장에서 지주들이 수취하는 소작료도 거의 사선에 의해 운송되고 있었다.[24] 운송 용역은 이제 사선인이 포기할 수 없는 주요 활동 분야의 하나가 되었다. 조선 후기의 선운 활동을 주도한 선인들의 활동은 이미 이 때부터 보여지고 있었던 것이다.

1) 정부의 세곡 운송

여러 분야에서 활동상을 보여주고 있던 사선들은 일찍부터 세곡 운송 용역에 참여하여 운송선으로서의 역량을 보이고자 하였으며, 특히 경강의 사선들은 점차 운송업을 하나의 영업 분야로 도모하기에 이르렀다. 즉, 사선에 의한 선운업의 성장 가능성은 세곡 운송에서 나름대로의 역량을 발휘하면서부터 이미 예견되고 있었던 것이다.

당초 사선이 세곡 운송에 참여할 수 있었던 동기는 무엇이었던가. 첫 번째 동기로서는 관선의 수급이 원활치 않았다는 점을 들 수 있겠다. 1398년(태조 7) 도당(都堂)이 채택한 실무 관청의 건의를 근거로 그 실정을 살펴보면, 관선이 배치되지 않는 지방에서는 모름지기 사선을 차용, 때에 맞춰 조운토록 하고 있었다.[25] 이러한 사실은 국초부터 이미 관선수급에 차질이 빚어지고 있었음을 말해 주는 것이다. 당시의 사선이 정부의 세곡을 어느 정도 운반하였는지는 잘 알 수 없다. 다만 전라도 지방에 한해서는 대략 30%였음을 확인할 수 있다. 즉, 1412년(태종 12) 우군동지총제 홍유룡(洪有龍)의 보고에 의하면, 다소의 신축은 있겠지만, 정부로서는 약 1백척의 조선으로 세곡의 70%를 운반하고, 그 여분 즉 조세 수송량의 30% 내외는 사선에 의지하려 했었다.[26)]

사선 등장의 두번째 동기는 사선 자체의 성장이라고 할 수 있다. 즉, 앞에서 살펴 본 바와 같이 사선의 항해 기능은 점차 관선의 역량을 능가해가고 있었다. 그리하여 정부에서는 마침내 사선 조운을 결행키로 논의하였으니 1415년(태종 15) 전판한성부사 최용소(崔龍蘇) 등이 전라도 조운에 있어서 사선을 임차하여 운송하고 병선(兵船)으로 호송토록 하자고 건의하자, 태종은 그리하라고 하며, 여분의 세곡은 조운토록 지시한 사실이 그것이다.[27)]

그리하여 조운의 무대는 판도가 뒤바뀌게 되었다. 즉, 사선 조운이 위주가 되고 관선 조운은 부차적인 것으로 전환된 것이다. 15세기 중엽, 특히 세종조(世宗朝)를 전후해서는 확실히 사선이 세곡 운송을 주도하고 있었다.[28)]

이 같은 사선의 진출 양상은, 당시의 사선이 관선을 대행하여 그 역할을 충분히 감당할 수 있었음을 반영하는 것이라고 해석해도 좋을 것이다. 그만큼 조선 초기 운수업계에서의 사선의 활동은 점진적으로 확대되고 있었기 때문이다.

당시에 있어서 사선의 활동은 각도 전역에 걸쳐서 활발하게 이루어졌던 것 같으니 1425년(세종 7)에는 다음과 같은 사선 항해 규칙까지 제시되고 있었다. 즉, 첫째, 사선은 3,4척 혹은 6,7척이 일종(一綜)이 되어 항해할 것, 둘째, 항해 중에는 연해 수군 진영을 경유, 검문을 받을 것이며, 만일 이러한 규칙을 이행하지 않을 때에는 법에 의해 엄히 처벌토록 하고 있었다.

무릇 1415년(태종 15) 이래 사선 조운이 공식적으로 결정된 후, 그 성장 과정에서는 정부의 수탈과 간리(奸吏)의 침해를 받아 오면서도, 사선들은 그 나름대로 발전하여, 급기야는 이득의 추구를 위하여 '탐가중재(貪價重載)', '사물첨재(私物添載)' 등의 간계까지 자행하고 있었다.

이에 1446년(세종 28)에는 사선의 적재량을 규정하게 되었으니, 즉, 모든 선박을 대(大)·중(中)·소(小) 3종으로 구분하고 대선에는 250석, 중선에는 200석, 소선에는 130석으로 각각 적재량을 제한하면서 초과하여 실을 때에는 선주는 물론 감독 관리까지 엄히 처벌토록 법제화하였다.[29]

태종·세종때의 사선 활동은 세조(世祖)의 집권으로 일시적이나마 제동이 걸리게 되었다. 즉, 사선인에게 지급하는 선가(船價)가 많다 하여 관선 조운 체계로 환원하였던 것이다. 물론 세조조에 사선이 전혀 동원되지 않은 것은 아니었다.[30] 다만 관선의 역할이 중심이 되었고 사선의 활동은 극히 부분적으로 이루어지고 있었던 것이다. 그러나 세조조에 이룩된 관선 조운제의 확립은 곧이어 난항에 부딪히고 말았다.

첫째, 조선 작업이 여의치 않았던 것이다. 선재(船材)의 조달이 힘들었을 뿐만 아니라 조선 작업으로 인하여 폐단이 많았다. 둘째, 조선(漕船)이 제대로 확보되지 못하자 부득이 병선을 사용하였으나 병선 역시 사고가 많았고 또 선군(船軍) 수군(水軍)을 조군에 충당함으로 인하여 변경 수비가 소홀해졌던 것이다.

여기에 사선 조운 혹은 공·사선 겸용의 안이 다양하게 제기되었다. 관선 조운제가 확립된 이후 처음으로 사선 조운을 주장한 사람은 1470년(성종 1) 사헌부집의 유지(柳至)였다. 그의 주장은, 지금의 관선 조운은 선가(船價)가 많이 든다는 이유로 실시된 것이지만 실제 선가는 관선을 이끄는 방어 선군에 지급하는 과해량(過海糧)과 별로 큰 차이가 없으며, 또 선군은 오로지 방어에만 전담시켜야 할 것인데, 그렇게 되지 못하고 있으니, 마땅히 전례에 의하여 사선으로 조운하고 선군은 방어에만 전담케 하자는 것이었다.[31]

이와 같이 관선 조운에 대한 논란이 다시 대두하게 된 것은 확실히 당시의 관선 조운의 운영이 원활치 못한 상황이었음을 말하여 주고 있는 것이라 하겠다. 그런데 집권층에서는 그 줄기찬 사선 임용론(私船賃用論)에도 불구하고 계속 병선을 고집하고 있었다.

성종과 한명회(韓明澮) 등이 병선 조운을 고집한 표면적 이유는 ‘수군 습선(水軍習船)’과 ‘선왕성법(先王成法)’이었다.[32] 물론 당시 방어 태세로 보아 수군의 훈련도 중요하였으리라 생각되지만, 병선 조운을 반대하는 측도 ‘만호독수공영(萬戶獨守空營)’이라 하여 국방을 이유로 들고 나온 것을 고려하여 보면, 매우 아이러니컬하다 하겠다.[33] 즉 양측이 모두 국방의 문제를 가지고 병선 조운의 찬반을 논란하고 있는 것이다.

그러나 거론의 이유에서 본다면, 성종의 '수군습선'보다는 '만호독수 공영'한다는 병선 조운 반대론자들의 주장이 더욱 타당성을 느끼게 한다. 왜냐 하면 병선을 조운에 이용하는 것이 수군의 조련을 위한 적절한 방책이라고는 생각되지 않기 때문이다. 그리고, '선왕성법'이라는 이유도 납득하기 어렵다. 봉건적 위정자들은 시책에 대한 어떠한 반론이 제기되어 그에 대해 뚜렷이 반박할 수 없을 때면 항상 '선왕성법(先王成法)', '조종지법(祖宗之法)'을 구실로 내세우곤 하였는데 이 경우에도 마찬가지라고 생각된다.

그리하여, 사선의 세곡 운송 참여는 성종 때에는 거의 실현을 보지 못하고 있었다. 그러나 연산조에 이르러 법 질서의 해이와 함께 사선 조운의 활약이 다시 두드러져, 중종조 후기에 이르러서는 오히려 사선 조운을 실시해서는 안된다는 주장까지 제기될 정도였다. 그런데, 세곡 운송에의 사선 동원을 힘써 반대한 것은 도리어 사선인들 자신이었다. 세곡 운송을 통하여 어느 정도 이득을 꾀할 수는 있었지만 그리 만족스러운 것은 아니었던 것이다.

일부 사선인들은 소요까지 일으켰다. 즉 1529년(중종 24) 박명손(朴命孫)의 보고에 의하여 살펴보면 전라도의 농사가 비교적 잘 되어 세곡의 운송량은 많고 그것을 운송할 선박의 수는 적어서 호조로서는 달리 어찌할 방도가 없어서 부득이 사선을 동원하는 조처를 취했더니 사선인들이 소요를 일으켰다는 것이다.[34]

우리는 사선들의 이와 같은 운송 기피 현상을 어떻게 해석해야 할까. 이는 단순히 정부의 강제 징발을 모면하고자 해서만은 아니었다고 본다. 다시 말해 사선인들은 이제 조운이 아니고서도 자신의 생업을 이룩하여 갈 수 있게 되었음을 보여주는 사례라고 해석할 수 있다. 즉 그들은 그들이 지금까지 익혀 온 조운의 루트를 이용하여 상업적 활동을 할 수 있었고, 그 밖에 어업(漁業)이나 진도업(津渡業)에서도 유리한 위치를 차지하고 있었다. 특히 이들은 조운계에서의 경험을 살려 연안 해로 혹은 내륙 수로를 통하여 미곡·어염의 판매 활동도 전개하고 있었던 것이다.

뿐만 아니라 16세기에는 지방 장시의 대두와 아울러 양반 지주층의 농장(農場)이 각처에 형성되고 있었다. 그리하여 지주층의 미곡이 상품으로 처리되면서 사선업자의 활동을 한층 활성화시켰다. 사선인 중에서도 이른바 선상(船商)들은 미곡 운송을 중심으로 전국적인 상업 활동을 활발히 전개시키고 있었으니, 남으로 전라·충청도 연해, 북으로 황해·평안도 등 서해안 전역에 걸쳐 미곡·수산물·포화를 무역하였고, 이외에 강원도 양구 등지의 목재를 한강의 수운을 이용하여 판매하는 사선업자까지도 있었다.[35] 이와 같이 선상들은 그 상업 활동의 범위나 취급하는 규모가 상당하였는데, 그들이 그렇게 성장 발달하게 된 이면에는 조운계에서 터득한 운송 기능이 커다란 힘으로 작용하였던 것이다.

　여하튼 정부로서는 사선인의 생업을 보호한다는 입장에서 사선의 동원은 가능하지 않다는 태도를 표명했지만, 실제에 있어서는 사선인의 강한 반발에 부딪쳤던 것이다. 그러면서도 정부에서는 조선(漕船)의 확보가 여의치 않은 상황에서 사선의 동원을 단념하지 못하고 있었다. 이와 같은 사정은 1529년(중종 24) 5월에 특진관 신공제(申公濟)가 '근래 조운에서는 모두 사선을 이용하고 있는데 그 사람들(사선 소유자)이 매번 곤경을 호소하고 있는 바, 금년은 이미 지나 어쩔 수 없다 하지만 명년에 또 사용하면 그 고통이 또 얼마나 심하겠는가, 정부에서 사선을 동원 조운하면 비록 그 선세를 감하여 주고는 있지만, 감선세(減船稅)와 상행위와 비교하여 볼 때 양자에는 크게 경중의 차이가 있으니 그 어찌 자생(資生)할 수 있겠느냐'고 통론하는 데서 분명히 확인된다.[36]

　여기에서 우리는 몇 가지 사실을 살필 수 있으니, 첫째, 중종 년간에는 사선이 상당히 조운계에 진출하고 있었다는 점이다. 박명손과 심정의 보고에 의하면 1528년(중종 23)에야 비로소 부득이 사용되었다고 하지만 실제는 그 전에도 사선 임운이 시행되고 있었음을 살필 수 있다. 둘째, 그렇지만 사선업자는 관부의 예속적인 조운 업무를 탐탁히 여기지 않고 있었다는 것이다. 다시 말하면 그들은 세곡 운송 업무에 동원되는 조건으로서 그들이 부담하는 선세를 면제받고 있었는데, 그것은 상행위에서의 이익보다 불리하였다. 이 때문에 소요를 일으키기도 하였다. 셋째, 사선업자는 전라도·충청도의 미곡 수송 업무 내지 곡상 행위를 통하여 한양의 곡물 가격을 조종하고 있었다는 점이다. 즉 이들은 전라도, 충청도의 조운로(漕運路)를 자신들의 생업의 길로 파악, 선운업을 일정한 선에서 활발히 진전시키고 있었음을 알 수 있다. 사선 소유자들이 조운의 무대에서 익힌 루트를 통하여 상업 활동을 적극적으로 움직여 갈 수 있었다는 사실은 매우 흥미있는 문제가 아닐 수 없다.

2) 지주층의 소작료(小作料) 운송

조선 후기에 있어 선운업의 성장은 세곡 운송에서와 마찬가지로 일찍부터 행하여 온 지주의 소작료 운송에서도 그 기반을 마련하고 있었다. 왜냐 하면 농장의 소작료는 그 성질상 유통을 전제로 하고 있었기 때문이다. 그런데, 농장 즉, 토지 사유의 확대는 고려를 무너뜨린 과전법을 제안한 사람들이 매우 부심하였던 문제의 하나였고, 따라서 과전법(科田法)에서는 그 규제 조치가 상당히 강구되기도 했지만, 여러 가지 사정으로 과전법이 무너지면서 조선조에서도 15세기 말부터는 대토지 사유가 놀라울 만큼 확대되고 있었다.[37]

무분별하게 증대된 농장에서는 엄청난 양의 소작료가 수취되었으니, 1518년(중종 13)의 기록에 의하면, 전라도 순천 등지의 지주들은 대체로 5,6천 석 내지는 1만 석까지 소작료를 수취하고 있었다.[38] 당시 농장을 소유한 지주층은 내수사(內需司)를 비롯한 다수의 궁방(宮房), 양반 관료, 부상대고(富商大賈) 등의 대지주에서 영세한 소지주에 이르기까지 매우 폭넓게 구성되어 있었는데,[39] 그들이 매년 징수한 소작료의 총량은 국가의 세곡 총량과 비견될 정도였던 것 같다. 이들 소작료의 대부분은 처분되어야 했다. 그런데 소작료의 처분은 농장 소유주의 커다란 걱정거리의 하나였다.

소작료는 먼저 고리대를 통한 식리 활동(殖利活動)에서 상당량이 처분되었다. 1474년(성종 5) 7월 교리 최한정(崔漢禎)은 당시 한 집에서 수만 석의 고리대를 하고 있음을 보고하고 있고,[40] 또 정염 등의 상소에는 당시의 거의 모든 고관들이 식리 활동에 참여하고 있음을 지적하고 있다. 정인지, 홍윤성, 윤필상 등이 그러한 인물이었다.[41]

지주의 소작료는 선상(船商)을 통하여서도 처분되고 있었다. 선상은 행상으로서는 제법 규모가 큰 상인 조직이었다. 그들은 일찍기 간여하였던 조운 루트를 활용, 전국 각지를 항해하며 장사를 하여 선운업을 전개시켜 가고 있었다. 선상은 동해안에서는 경상도의 미곡으로 강원 · 함경도의 수산물과 교역하였고,[42] 한강의 수운을 이용하여 강원도나 충북 산군(山郡)의 목재를 거래하기도 하였다.[43]

경강의 선상은 주로 전라도에 이르는 서해안의 항로를 통해 영업 활동을 폈는데, 곡물은 그들의 주요한 상품이었던 것이다.[44] 그 중에서도 미곡이 으뜸이었으니, 미곡은 조선 후기에 이르러서는 점차로 식생활의 중심이 되고 있어서 수요나 구매력이 컸던 까닭도 있지만, 화폐의 대용품으로서의 역할을 하고 있었기 때문에 쉽게 상품화되었던 것이다. 물론 그들이 무곡(貿穀)하는 곡물의 전부가 농장의 생산물이라고 볼 수는 없지만, 지주의 소작료가 커다란 비중을 차지하였으리라는 것은 추정해 볼 수 있다. 한편, 농장의 미곡은, 대개 재지지주(在地地主)의 경우에는 장시에서 처분되기도 하였고,[45] 또 전답의 매입을 위해서도 사용되었다.[46] 그리고, 사행(使行)을 통한 중국 물화의 무역, 밀무역을 통한 왜화(倭貨)의 교역 과정에서 그들의 소작료를 처분하기도 하였다.[47]

이상에서 살핀 바와 같이 외방 농장의 곡물은 여러 가지 통로를 거쳐 처분되고 있었는데, 그렇게 함으로써 지주들은 더욱 부의 재생산을 증대시켜 갔던 것이다. 곡물은 실로 화폐의 대용품으로서 재화의 가치를 발휘하고 있었다. 그들 농장의 소작료는 대부분 농장 현지에서 처분되기도 하였지만, 상당량은 서울로 운송되었다. 소작료의 운송도 세곡의 운송에서와 같이 선운에 의존하였다. 왜냐 하면, 당시로서는 선운에 의하는 것이 가장 용이하였기 때문이었다. 지주들이 소작료를 운반하기 위하여 필요한 선박을 독자적으로 확보하기는 쉽지 않았다. 그리하여 농장주들은 그 운반을 위하여 대개 두 가지의 방법을 채택하였다. 국가의 세곡선을 은밀히 이용하거나, 또는 당시 성장하여 가고 있던 사선(私船)을 임용하여 운송하였던 것이다.

국가의 세곡선에는 원칙적으로 사물(私物)의 첨재가 금지되고 있었다. 『대전속록』에 의하면, 전세(田稅)를 선박에 실을 때에 사물을 실은 자는 영선·천호와 물주 모두를 전 가족과 함께 변방으로 강제 이주시키며, 이를 검거하지 못한 압령관은 파면 축출토록 하고 있다.[48] 이 조치만으로는 사물의 내용이 무엇인지 분명히 드러나 있지는 않지만, 그 내용물이 곡물일 것이라는 것은 생각하기 어렵지 않다. 후에 정리된 『대전회통』에서는 아예 사곡(私穀)으로 못박고 있다. 예컨대 사곡 10석 이상을 첨재한 자는 3년의 금고형, 100석 이상을 첨재한 자는 5년의 금고형에 처하고 그 사곡은 몰수한다고 한 규정이 바로 그것이다.[49]

사곡첨재에 대한 규제를 강화한 까닭은 과적으로 인한 침몰 사고의 염려 때문이었다. 선운 과정에서 부당 이익을 꾀한 물주(物主)·조졸(漕卒) 등은 배의 하중을 고려치 않고 '탐가중재(貪價重載)'하였던 것이다. 교통 수단이 미비한 당시에 있어서 외방의 소작료를 운송하려는 농장주와 그를 통하여 법정 외의 수입을 확보하려는 조운의 이해가 상호 일치하게 되니, 관선에의 사곡첨재는 엄연히 불법인데도 사실상은 통용되었다. 선조 때의 김적(金適)은 유신(維新, 충주) 현감으로 있으면서 관권을 빙자하여 관선으로 양곡과 탄목을 사사로이 권문에 운송시켰다고 하여 승정원의 탄핵을 받고 있었다.[50] 또 당시의 대신 유희춘(柳希春)의 소작료 역시 관선으로 운송된 예가 있었다.[51] 법규가 엄하다고 하여 고관의 사물이 관선에 첨재되지 못할 것은 결코 아니었다.

뿐만 아니라 조선(漕船)을 이끌고 가는 조군들도 '사물첨재'를 통하여 사리를 꾀하고자 하였다. 조선 후기에 송시열(宋時烈)이 보고한 바에 의하면, 무릇 곡물의 적재는 선박의 대소에 따라 결정되기 때문에 선박의 크기를 헤아려 선적하게 되면 비록 풍파를 만나더라도 침몰의 환난을 면할 수 있건만, 뱃사공들은 요행을 바라고 불법적으로 과중한 사물첨재를 거침없이 자행하고 있는 바, 이 때 그 수량은 무려 적재량의 배나 되었다고 지적하고 있다.[52] 이 같은 상황은 날로 심해 갔으리라고 본다.

양반 지주들은 소작료 운송을 위해 그들의 권력을 바탕으로 관선을 이용하기도 하였지만, 이는 어디까지나 불법적인 것으로서 일시적인 수단일 수 밖에 없었다. 16세기에 있어 부재지주 소작료의 주요 운송 매체는 일찍부터 세곡 운송 루트를 통하여 자신의 위치를 확보하여 가던 사선(私船)이었다. 사선의 활동은 어업·진도·상업 등 여러 부문에서 활발하였지만 주기능은 운송에 있었던 것이다. 생산지에서 소비지로 운송이 요구되고 있던 부재지주의 농산물은 자연 사선이 운송해야 했다.

중종조의 영부사 심정(沈貞)이, 주차(舟車)의 이익은 백성들의 삶의 자본이고, 때문에 이 이익을 잃으면 반드시 원망이 일게 되며, 또 외방의 곡물이 경중에 수송된 연후에나 물가가 안정되니 사선의 활동이 국가에 도움이 아니된다고 할 수 없다고 하였으며, 이를 보충하여 특진관 신공제(申公濟)가 전라·충청 지방 등의 곡물은 반드시 사선으로 경중에 운송해야 한다고 건의한 것은 사선이 농장 생산물 운송에 있어 주요한 수단이었음을 방증하는 것이라고 본다.[53]

16세기에 있어 소작료의 임선운송(賃船運送)은 남부 지방에서 뿐 아니라 북부 지방에서도 전개되었다. 선박의 통행이 여의치 않은 함경도는 지세로 보아서도 농산물의 생산이 넉넉치 않았다.[54] 그러나, 황해도, 평안도에서는 이 시기에 이르러 일부 지배 계층에 의해 개간이 활발히 추진되어 농산물의 생산량이 많았다.[55] 그 사곡(私穀)의 상당량은 임선에 의해 서울에 거주하는 부재지주에게 운송되었다.

황해도 및 평안도 지방의 소작료가 그 지주에게로 쉽게 운용될 수 있었던 것은 서해 항로에서 가장 험난한 항로의 하나였던 장산곶(長山串)의 통행이 이 시기에 이르러 가능해진 때문이었다.[56] 사실 16세기 이전에 있어서의 소작료의 임운은 남부 지방에 있어서조차 부진하였었다. 그 것은 세곡의 운송도 여의치 않은 관선에 첨운(添運)을 크게 기대할 수 없었을 뿐만 아니라, 안행량(安行梁)의 험로를 통과한다는 것도 자못 어려웠기 때문이다. 그리하여, 태종조에 있어 사전(私田)을 하삼도(下三道)로 이급함에 있어서도 지주들은 그 소작료의 운송을 가장 염려하였던 것이다.

한편, 사선인들이 지주들의 소작료 임운을 추구하였다고 할 수 있는 또 하나의 방증은 한강변에 세워진 많은 별장을 통해서도 확인된다. 용산강·마포·서강 등지의 한강변은 국가의 세곡이 집결되는 곳이기도 하지만, 지방 농장의 소작료도 이 곳에 집결되어 다시 각 지주의 가정으로 수송되었던 것이다.

서거정(徐居正)의 견문에 의하면, 세조 때의 명신 양성지(梁誠之)는 수백 경(頃)의 농장을 보유하여 해마다 10만 석의 소작료를 수취하였으며, 통진의 대포곡별장(大浦谷別莊)에는 조선·상선이 줄을 이었다고 한다.[57] 물론 여기에서의 조선은 관조선으로도 볼 수 있겠으나, 관선에의 사물첨재 금지 조치가 강화되던 세조 때의 상황임을 전개할 때 그것은 사조선(私漕船)이었을 가능성이 더 많다. 세종조 이래 활발히 세곡 운반에 참여하였던 대부분의 사선들은 세조의 관선 조운 정책으로 말미암아 지주의 소작료 운반에 참여하였으리라고 보인다.

　　이와 같이 사선인들은 지배 계층들이 지방에 갖고 있었던 농장의 소작료를 임운하여 한강에 이르도록 하였던 것이다. 이 때에 지주층의 일부는 자체적으로 선박을 보유하여 소작료를 직접 운반하기도 하였다. 세종 때의 안평대군이 그러하였고,[58] 명종 때의 유희춘 역시 선박을 개인적으로 소유하고 있었다.[59] 당시 가장 큰 지주라고 할 수 있는 내수사(內需司)도 자체로 선박을 소유, 그 소작료를 운반하였다. 왕실의 사고(私庫)로서의 기능을 가진 내수사는 조선 초기에 이미 전국에 걸쳐 농장을 다수 보유하고 있었다.[60] 그렇기에 성종 때의 남효온(南孝溫)은 내수사가 지방 곳곳에 농장을 확보하고, 별좌·서원 등을 보내 소작료를 마구 징수하고 조운해 와서 썩히고 있음을 지적한 바 있었다.[61]

　　요컨대, 조선 후기 선운업의 성장에는 외방 농장의 소작료를 운송하면서 꾸준히 역량을 키워간 선인들의 활동이 또 하나의 기반이었음을 확인할 수 있다. 15세기 후반 이래 농장이 전국적으로 보급되면서, 더구나 전호적 경영에 의해 병작제(竝作制)가 널리 보급되자 지주들은 50% 이상의 소작료를 수취하게 되었으며, 그 막대한 소작료는 다시 고리대, 전답 매입 등 여러 가지 방법으로 처분되었다. 한편 부재지주의 경우에는 그 소작료의 상당량이 서울로 운송되었는데, 이 때 일부 지배층은 자체로 개인 선박을 이용해 운송하였지만, 대부분의 지주들은 사선을 빌어 운송하여야만 하였다. 선운업자들은 16세기 이후에 이르게 되면 운송을 위해 필수 불가결한 존재로 부각되었으니, 그들이 외방의 곡물을 임운한 연후에야 비로소 한양의 삶이 여유로와졌다고 한다.

2. 경강선의 활동

(1) 경강선의 활동 기반

조선 후기 세곡 임운(稅穀賃運) 활동에서 크게 활약을 보인 사선은 경강선이었다. 경강선은 18세기에 그 활동이 두드러지고 있었는데, 17세기에 세곡 운송을 주도하던 지토선(地土船)과는 또 다른 입장에서 세곡 운송 용역을 주도해 가고 있었다. 18세기에는 정치적 안정과 더불어 농업, 수공업, 광업 등 여러 분야에서 산업이 진흥되고, 그에 따라서 유통 경제가 활기를 띠었다. 이러한 시대적 상황을 바탕으로 하면서 아울러 경강의 입지적 조건을 최대로 활용하여 경강의 사선(私船)들은 그들의 활로를 적극적으로 개척하여 나갔던 것이다. 일찌기 15세기에도 그 역량을 과시하였던 경강의 사선들은 조선 후기에 이르러 경강의 효용성이 증대됨에 비례하여 보다 적극적으로 활동을 전개하며 그 영역을 확장시켜 갔는데, 경강 연변의 서강, 마포, 용산, 송파 등지에는 이들에 의하여 전국의 중요한 물산이 집산되고 있었다.[62]

즉, 경강 연변에 근거를 두고 있던 선인들은 선박을 이용하여 가까운 충청도·황해도뿐만 아니라 멀리 남으로는 전라도·경상도까지, 북으로는 평안도에까지 드나들며, 각 지방의 산물을 구입, 최대의 소비 시장인 한양에 공급하고 있었던 것이다. 여러 가지 물화 중에서도 경강의 선인들이 취급하던 중요한 것은 곡물(穀物)이었다.

경강의 선인들이 곡물의 운송과 판매에 관계하기 시작한 것은 세곡과 지주의 소작료를 임운하면서부터였다. 그들은 조선 전기에는 정부의 조운 정책에 편승하여 부분적으로 참여하였지만, 조운 체계가 허구화되어 가고 있던 조선 후기에 이르러서는 운송 용역에 적극적으로 개입하면서 그 위치를 굳혀갔다. 즉, 임운업(賃運業)을 주도하여 갔다. 특히 지토선을 토대로 실시하고자 하였던 대동미의 운송 계획이 17세기 말에 이르러 지토선이 지닌 한계로 인하여 정상적으로 실시되지 못하자, 이를 계기로 경강 선인들은 자신들의 영역을 확고히 굳혀 갔으니, 1704년(숙종 30)에는 공식적으로 세곡 운송의 이권을 보장받기에 이르렀다.[63] 조선 후기에 이르러 그 뚜렷한 모습을 부각시키고 있던 경강의 선인과 선박은 당시로서는 최대의 운송 용역인 세곡 임운을 주도할 수 있을만큼 나름대로 그 뿌리를 내리고 있었다.

이와 같은 경강 상인(京江商人)의 두드러진 활동상에 대하여 학계에서는 일찌기 주목한 바 있었다. 그리하여 경강 선인의 선상 활동과 그 자본 집적의 문제는 비교적 상세히 밝혀져 있다.[64] 그러나, 경강 선인이 그 같은 활동을 할 수 있었던 활동 기반 문제는 다소 미진한 채로 남아 있다.

조선 후기에 이르러 제기되는 역사적 변화는 경강 선인의 활동을 가능케 하는 몇 가지 조건을 마련해 주고 있었다. 즉, 경강 선인의 활동이 가능할 수 있었던 입지적 조건은, 당시의 사회·경제적 변화로 인한 외적 환경이 그 하나였다면, 또 하나의 조건은 경강 상인 스스로의 자본력, 항해술, 조선술이 그들의 활동을 가능케 할 만큼 진전되어 가고 있었다는 점이다. 특히 후자의 조건은 경강 상인의 활동과 직접적으로 관련된 여건이라 할 수 있다.

따라서, 조선 후기 경강 선인의 역량을 이해하기 위하여는 먼저 경강의 선인들이 어떠한 존재이며, 그들의 선박은 구조와 성능이 어떠하였기에 두드러지게 활약을 보일 수 있었는지를 밝혀야 할 것이다. 다시 말하면 조선 후기 경강선이 보인 활동의 기반이 해명되어야 하겠는데, 그것은 선인과 선박의 두 측면에서 입론의 근거가 제시될 수 있다고 본다. 즉, 선인의 측면에서는 선주의 자본력과 사공(沙工), 격군(格軍)의 항해술이 과연 이 시기에 있어서 그 같은 경강선의 활동을 가능케 할 수 있었는지 증명되어야 하며, 선박의 측면에서는 경강선의 구조와 성능이 과연 그와 같은 활동을 보장할 수 있었는지 그리고 선박의 조달에 있어서도 그들의 조선 능력이 그들의 활동을 뒷받침할 수 있었는지가 입증되어야 할 것이다.

1) 선인(船人)들의 실태 〈자본력과 항해술의 문제〉

먼저 선인의 명칭 문제가 정리되어야 할 것 같다. 경강에서 사선을 소유하거나 운행한 선인의 명칭은 통칭해서 경강 선인이라고 하여야 할 것이다. 기록에 의하면 경강에서 선박과 관계된 사람들의 명칭은 경강 선인(京江船人), 경강인(京江人), 경강민(京江民), 경강민인(京江民人), 경강거생지인(京江居生之人), 경강모리지배(京江謀利之輩), 경강부한(京江富漢), 경강사선지류(京江使船之類), 강상부민(江上富民), 강민(江民), 강상(江商), 선상(船商), 오강부상배(五江富商輩), 강상미상배(江上米商輩), 강상모리지배(江上牟利之輩), 강상무뢰지배(江上無賴之輩), 삼강민인(三江民人), 팔강민인(八江民人), 선강거민(船江居民) 등으로 나타나고 있다. 이들 중에서도 경강 선인, 경강인의 명칭이 흔히 사용되었다.

그들의 명칭을 '경강 선인'이라고 할 때, 그 의미는 말할 나위도 없이 경강에 소재한, 또는 경강을 중심으로 활동한 선인이란 뜻으로 정의된다. 경강 중에서도 이들 선인의 중요 근거지는 17세기까지는 주로 3강 연안에 소재한 선촌(船村)이었다. 그것은 관부가 운송 용역이 있어서 그 대책을 논의하고자 하면, 흔히 3강의 선촌(船村)을 중심으로 의견을 수렴하고 있었음에서 알 수 있다. 예컨대 1645년(인조 23) 군량미 운송에 있어서 선혜청 안부선을 동원하고자 하였는데, 이미 호남 지방으로 출동하고 없었기 때문에 부득이 경강선을 임대하면서 선박에 필요한 집기를 3강 선촌(三江船村)에 위임하였다.[65]

당시의 3강은 한강, 서강, 용산강이었다고 본다. 이들 세 곳은 조선 초기 이래로 선박의 출입이 빈번하였던 지역이었다. 그 후 경강선의 활동이 보다 두드러진 18세기에 이르러는 이들 3강 선촌 외에 마포, 서빙고, 송파진, 양화진, 광진, 뚝섬, 노량진, 두모포 등의 선촌도 번성하여 이른바 5강 선촌 또는 8강 선촌(船村)으로 그 근거지가 확산되었다. 이들 선촌을 근거지로 하여 경강 선인들은 전국의 연해안을 왕래하며 물산을 운반하고 행상하였던 것이다.

그러면, 경강선의 활동을 가능케 한 선인의 자본력 또는 항해술은 과연 어떠하였을까. 그 문제를 살피기에 앞서서 경강선에 관련된 선인의 구성이 밝혀져야 할 것이다. 일반적으로 선박에는 그 소유주인 선주가 있고, 그리고 운항을 주관하는 선장, 선원들이 배속되어 있다. 경강선에 있어서도 그 구성은 유사하였으리라고 본다. 즉, 경강 상인들은 여타의 사선과 마찬가지로 선주·사공·선졸(격군) 등으로 구분되었는데,[66] 선주는 문자 그대로 경강선의 소유주이며, 사공은 운항에 있어서 일체의 지휘권을 갖는 선장이라 하겠다. 그리고 격군은 격졸, 선인이라고 하는데 운항의 실무를 맡고 있었다. 흔히 선인이라고 하면 승선하는 사공·격군만을 의미하지만, 관부에서는 선주까지 포함하여 광의의 개념으로 파악하고 있었다.

경강 상인의 자본력 문제는 선주(船主)와 관련된 문제이다. 선박을 구입하고 상품을 구매하기 위하여는 적지 않은 자본이 소요된다. 과연 경강선의 선주는 정부의 막대한 세곡 운송을 도급맡을 수 있을만큼 운송 역량을 지니고 있었으며, 그를 유지할 수 있는 자본력을 확보하고 있었을까. 경강선의 선주는 기록에 경강부한, 경강부민, 경강거부, 강상부민, 강선주인, 강상모리배, 강주인, 선주인 등으로 불리웠던 계층이다.[67]

경강선의 선주는 본래 어선, 진선 등으로 생업을 영위하는 영세 선주였으나, 후기에 이르러는 점차 조선(漕船)보다 큰 선박을 구입하거나 건조하여 사공·격군을 고용하고 임운업, 선상업에 종사하면서 활동 영역을 확대하여 갔으니, 18세기의 기록은 상당한 자본력을 지닌 선주도 있었음을 보여주고 있다.

예컨대 곡물·어염·목재 등의 선상 활동에 있어서는 적지 않은 자본이 소요되었는데, 1719년(숙종 45)의 기록에 의하면 서강에 근거를 두고 있던 경강 선주 김세만은 1백여 석의 미곡을 황해도에서 구입해 올 수 있는 자본을 보유하고 있었으며,[68] 1779년(정조 3)에는 5강의 부상들이 미곡을 매점 매석하여 10배의 이익을 남겼다고 하며,[69] 수만 석의 미곡을 구입할 만큼의 자본을 보유한 경강 선주도 있었다고 한다.[70] 동막(東幕)에 근거를 두고 있던 경강 선주 김재순은 상당한 자본을 갖고 있어서, 1833년(순조 33) 서울 장안을 동요시켰던 이른바 쌀 폭동의 배후 조종자로 지목되기도 하였다.[71]

그리하여 많은 재산을 모은 경강선의 선주들은 지방 여러 곳에 화려한 가옥과 비옥한 전답을 장만하고 있었으며,[72] 나아가 정부의 고관을 움직여 세곡 운송 용역과 같은 이권 사업에 적극 개입, 더욱더 많은 부를 축적하려 시도하기도 하였다.[73]

다음, 경강선의 활동을 보장하여 준 또 하나의 측면인 항해술의 문제는 선박에 직접 승선하여 활동하는 사공·격군 등 협의의 선인에 관계된 문제이다. 즉, 사공(沙工)은 모든 승선원을 지휘 통솔하고, 선박과 선적 화물을 관리하며 안전한 항해를 도모해야 하는 최고 책임자이기 때문에 경험이 풍부하고 노련한 사람이어야 했다. 그리고 오늘날 사공이라 불리우는 격군(格軍)은 선장인 사공을 보좌하여 직접 선상 노무에 종사하는 실무자였기 때문에, 역시 주집(舟楫)과 수로(水路)에 익숙해야 했다. 경강 선인에 있어서도 물론 예외일 수 없다. 경강선의 활동이 조선 후기에 특별히 돋보였던 것은 이들 사공·격군의 항해술이 다른 선박의 사공·격군의 항해술보다 뛰어났던 데에도 그 이유가 있었다.

경강선의 활동이 본격화되는 조선 후기에 이르러 경강 선인의 항해술은 독보적이었고, 따라서 한때 지토선·도감선(都監船) 등과 경쟁하던 그들은 점차 전국의 선운업계를 주도하기에 이르렀다. 17세기에 있어서 경강 선인의 항해술은 내륙 하천에서 주로 운항하는 수상선을 가지고 칠산도, 안흥량 등 위험한 항로가 많은 호남 지방에까지 가서 세곡을 임운하는 경우가 허다하였음에서도 그 탁월함을 알 수 있다.[74]

경강 선인들은 연해안은 물론 제주도에까지 왕래하며 그 역량을 발휘하고 있었는데, 정부에서는 제주에 흉년이 들면 경강 선인으로 하여금 본토에서 진휼미(賑恤米)를 운반토록 종종 용역을 위임하고 있었다.[75] 경강 선인의 뛰어난 항해술은 교묘하게 자행하는 부정 행위에서도 엿볼 수 있다. 고패(故敗)를 비롯한 선인의 부정은 18세기에 너무도 자주 자행되어 한때 경강선에 의한 세곡 운송 정책을 재고케 할 만큼 위정자들에게는 주요 관심사의 하나이기도 하였다.

1725년(영조 1) 태안유학 김진의 상소에 의하면, 경강 선인들은 남방의 세곡을 임운하면서 기일을 천연시켜 발선하면서도 곳곳에서 정박, 지체하면서 풍파를 칭탁하고 고의로 선박이 침몰한 척 가장하여 세곡을 횡령하고 있었는데,[76] 이는 그들의 항해술이 뛰어나지 않고서는 감히 자행할 수 없는 수법이었다.거센 풍랑을 틈타 고패를 자행하기 때문에 관부에서도 그 실상을 정확히 파악하기 어려웠다. 항해술이 뛰어난 경강 선인들은 지토선까지도 운항을 위임받고 있었으니, 1763년(영조 39) 전라도 순천의 지토선이 경강 선인에 의해 운항된 바 있었고,[77] 뿐만 아니라 경상도의 지토선은 거의 경강 선인이 운항하고 있었다.[78]

그러면, 우수한 항해술을 보여 준 경강선의 사공과 격군은 어떠한 존재였을까? 선박에서의 노동은 잡역과 같이 인식되어 사람들은 과히 탐탁하게 여기지 않았고, 더구나 생명을 건 노동이어서 조운에 있어서도 그 충원이 여의치 않았다. 실제로 유걸기민이나 빈궁무뢰배들이 사공·격군으로 고용된 예가 적지 않았다.[79] 보다 구체적으로 그들의 신분을 밝혀 주는 기록이 있다. 1710년(숙종 36) 압구정 일대에 근거를 두고 활동하던 경강 선인 이말귀 등 6명이 중국 연해안까지 표류하였다가 귀환한 바 있었는데, 그들은 본래 선상으로서 그 전년 7월 10일 500냥의 자금을 마련, 해주에 가서 소금 550석을 구입하여 돌아오다가 연평도 앞바다에서 돌연 광풍을 맞아 표류하였다는 것이다.[80] 표류 귀환인들을 조사한 보고서에 의하면 선인들의 신분은 양인이 3명, 노비가 3명이었다.

　같은 해의 기록에는 또 용산에 거주하는 경강 선인 한금과 구가금 등 6명이 소금을 구매하기 위해 평안도 지방으로 가던 중 황해도 장산곶에서 태풍을 만나 표류한 사실도 보여주고 있는데, 이들의 신분도 노비 4명, 양인 2명이었다.[81] 그 후, 1767년(영조 43) 6월 28일 경강에서 상고미(商賈米)를 싣고, 7월 25일 평양에 가서 처분하고 귀환 도중 황해도 장산곶에서 풍랑을 만나 표류한 선인이 있었는데, 그들은 서빙고에 근거를 둔 경강 선주 정시봉(鄭時奉)의 선인들이었다. 기록에 의하면 정시봉의 선인은 본래 충청도 강진에 거주하는 차수인(車守仁) 등 3명이었으나, 이 때 곡물 행상을 위하여 이웃에서 추가로 박론찬(朴論賛) 등 5명을 일시적으로 고용하고 있었다.[82] 이들 선인의 신분은 구체적으로 알 수 없으나, 앞의 자료에 보인 선인들과 마찬가지로 양인 또는 노비 출신이었으리라고 본다.

　실제로 승선하여 선상 활동을 한 선인들의 신분이 비천하였다면 그들이 독자적으로 선박과 자금을 보유하고 운영하였다고 보기는 어렵다. 물론 압구정과 용산에 근거를 둔 이말귀, 한금 등의 신분이 노비라고 하여서 반드시 선주나 강주인 등 자본주에게 예속되거나 고용되어서 활동을 대행하고 있었다고 단정하기는 어렵다. 그러나, 선인들은 대체로 선주에게 예속되거나 고용되었으리라고 보여진다. 선인들이 선주에 고용되었다고 하면, 그들은 용역 업무에 따라서 일시적으로 고용되었든지, 아니면 선주와 계속적으로 거래하면서 장기적으로 고용되었든지 간에 나름대로의 고가(雇價)를 지급받았을 것이다.

　선인에게 지급된 고가, 즉 급료가 어느 정도였는지 구체적인 자료가 보이지 않아서 정확히 알 수는 없다. 『경제야언(經濟野言)』에 의하면 정부의 세곡 운송 용역에 참여하였을 경우의 예를 보여주고 있다. 즉, 비변사우통례 우정규(禹禎圭)는 경상도의 세곡을 경강 선인에게 위임하여 운반시키자면서, 경강선의 선주에게는 선박 임대료로서 연간 70석의 미

곡을 지급하고, 별도로 사공에게는 삭료(朔料)로서 20 두(斗), 격군에게
는 12 두(斗)를 지급하게 함으로써 소요되는 60척의 급료는 도합

$$
\begin{array}{lll}
\text{선주 70 石} \times \text{60 척} & = & \text{4,200 石} \\
\text{사공 20 斗} \times \text{12 月} \times \text{60 척} & = & \text{960 石} \\
\text{격군 12 斗} \times \text{12 月} \times \text{12 명} \times \text{60 척} & = & \text{6,912 石}
\end{array}
$$

계　12,072 石

12,072 석(石)이 된다고 계산하고 있다.[83]

　　다시 말하면 사공의 급료는 월 20 두, 년 16석, 그리고 격군의 급료는
월 12 두, 년 9.6석으로 산정되고 있다. 이는 물론 정부의 운송 용역에
동원되는 경우이고, 소작료 운반이나 선상 활동에 있어서는 보다 대우가
나았으리라고 본다.

　　2) 선박(船舶)의 실태 〈조선술(造船術)의 문제〉

　　경강 선인들이 특출한 활동을 보일 수 있었던 또 하나의 바탕은 그들
이 제작한 경강선의 구조와 성능이 우수하였고 선박의 조달이 쉽지 않았
던 당시였지만, 그 문제를 극복할 수 있을 만큼 그들의 조선술이 뛰어났
기 때문이기도 하였다. 경강 선인은 항해술과 더불어 조선술에 있어서도
뛰어난 솜씨를 보이고 있었다. 경강 선인이 당초 어로(漁撈) · 진도(津
渡) 등에서 소규모 활동을 전개하고 있었을 때에 그들은 스스로 선박을
건조하거나 퇴락한 관선을 불하받아 개조하여 사용하였다.[84] 이 때에 있
어서는 그리 큰 기술이 요구되지 않았다.

　　조선 후기에 이르러서도 경강 선인들은 한동안 퇴락한 병선을 구입,
개조 · 개수하여 사용하는 것이 일반적이었다.[85] 법전에서는 퇴병선의 매
매 가격을 명문화시켜 놓고 있기까지 하였다.[86] 그러나 경강 선인들의
활동 범위가 확대되고, 선박의 규모도 수백 석의 곡물을 적재해야 할 만
큼 점차 대형화되면서 선박의 조달 문제는 용이치 않았다.[87] 그러나, 그
문제는 점차로 극복되어 갔다. 경강 선인들은 자신들의 생업과 관련되
고, 거기에 자본 증식의 길이 있음을 인식하자 적극적으로 이에 대처하
여 조선술 개발에 힘쓰게 되었다. 즉, 그들은 오랜 동안 선박과 관련한

생활 속에서 선박의 생리를 터득하게 되었고, 또한 퇴병선(退兵船)을 개수·개조하는 과정에서 보다 규모가 큰 선박에 대하여도 그 나름대로 조선술을 체득하기에 이르렀다. 그리하여 경강 선인들은 마침내 비용만 많이 들고 수명이 오래지 않는 퇴병선의 개수·개조보다도 선박을 새로이 건조하는 방향에서 문제의 해결을 시도하였다.

경강선의 기술적 진보는 생산력이 증대되고, 잉여 생산물의 유통이 활발히 촉진된 조선 후기에 현저하게 이루어졌다. 즉, 지금까지 경강을 중심으로 활동했던 경강선이 경강을 벗어나 연해안을 오가면서 원거리 운송 또는 선상 활동을 통하여 꾸준히 활동 영역을 확장하게 되자, 그에 대응하여 경강선의 선체 구조도 변화하지 않으면 안 되었던 것이다. 경강선이 연해·심해를 왕래하며 거센 파도를 제어하고 선박의 운항을 용이하게 하기 위하여는 평저형(平底型)보다는 첨저형(尖底型)이 유리하였으며, 수상선보다는 흘수선이 높은 수하선이 안전하였다.

호남·영남에서 한양까지의 원거리 운송 항로에 있어서 1천석 내외의 세곡을 싣고 안전하게 항해함에는 우수한 항해술도 중요하지만, 그에 못지 않게 조선술의 개발도 중요한 관건이었다. 따라서 경강선이 해양 활동을 본격적으로 전개하기 위하여는 당시 해양 활동의 중심을 이루고 있던 조선의 형태와 유사한 구조로 그 선체를 개조하여야 했다. 고려 시대에도 그러하였지만, 조선 시대에도 연해안을 오가면서 세곡을 운송하던 이른바 초마선(哨馬船)은 배 밑바닥이 넓지 않은 첨저형의 선박이었다.[88] 『각선도본(各船圖本)』에 보이는 조선의 구조도 첨저형 수하선이었다.[89] 물론, 해양을 오가는 경강선이 모두 첨저형 수하선은 아니었다고 본다. 본래의 수상선을 해양에 적합하게끔 부분적으로 구조를 변형시킨 경우도 있었을 것이다.[90]

경강선의 기술적 진보는 외견상 운항 능력과 적재 능력에서 보여진다. 선체 구조의 개발로 인하여 조선 후기의 경강선은 운항 능력뿐만 아니라, 적재 능력이 제고되었다. 그런데, 운항 능력과 적재 능력은 상관 관계를 보이고 있어서, 운항 능력이 높으면 적재 능력이 낮고, 적재 능력을 높이고자 하면 운항 능력이 약화됨을 면할 수 없었다. 15세기에 있어서 2백 석 내외의 적재 능력을 보이던 경강선은 적재 능력이 낮기에 운항 능력이 높아 안전성과 신속성을 과시하였다.[91] 그러나 조선 후기에 이르러서는 운송 화물의 물량이 많아지면서 모든 운송 선박은 적재 능력이 특히 요구되었다.[92] 그리하여 적재 능력을 높이고자 하니, 그에 대응하여 안전성과 신속성에 문제가 제기되었다.

1743년(영조 19) 영의정 김재로(金在魯)에 의하면 선박 1척의 적재 능력은 원칙적으로 6·7백 석에 지나지 않는데, 소요되는 선박은 부족하고 또한 선인들이 보다 많은 선가(船價)를 취득하기 위하여 한도 이상으로 과적하는 경우가 많아서 심지어는 2천 석까지 싣는 예가 있었다고 한다. 때문에 선박 침몰 사고가 빈번히 일어나니, 대형 선박의 건조를 규제해야 한다고 주장하였다. 그에 의하면, 대형 선박이 풍랑을 만나면 반드시 파선한다는 것이었다.[93]

그러나, 경강선은 기술적으로 이를 극복하고 있었는데, 본래의 선체 구조에 해선(海船)의 구조를 응용하여 과다한 적재량도 감내할 뿐더러 안전성에 있어서도 관선에 비하여 훨씬 양호하였던 사실은 경강선의 운항 능력을 잘 보여주고 있다. 경강 선인들은 적재 능력을 높이면서, 아울러 운항의 안전성까지 고려하여 조선술을 발휘하고 있었다.

선박의 건조는 물론 용이한 것은 아니었다. 다산 정약용의 지적처럼, 아무리 훌륭한 선장(船匠)이라도 좋은 배를 만들기는 쉽지 않았다. 그가 갑(甲)이라는 배를 잘 만들었다고 하여도 을(乙)이라는 배를 만들면 그 성능이 갑(甲)만 같지 않은 경우가 많았다는 것이다.[94] 그러나 경강 상인의 선박술은 날이 갈수록 뛰어났고 그 우수함이 인정되어, 마침내 관부의 선박 건조 용역까지 청부받아 조달하기도 하였다.[95]

요컨대, 경강 선인들은 이미 조선 초기 이래로 경강에서 그 발판을 굳히고 있었는데, 조선 후기에 와서 그 활동이 본격화할 수 있었던 것은 이 시기에 이르러 인구의 증가, 생산력의 증대, 유통망의 확대 등 당시의 사회·경제적 변화로 인해 활동 조건이 마련되었음과 아울러 경강 선인 자체의 내적 성장이 가능하였기 때문이었다. 특히 후자의 경우, 자본력, 항해술, 조선술 등이 우세하고 우수하였던 경강 상인들은 당시의 사회·경제적 여건을 최대로 활용하면서 지토선(地土船)·도감선(都監船) 등과의 경쟁에서도 주도적으로 활동할 수 있는 경쟁력을 보유하고 있었던 것이다.

(2) 경강선(京江船)의 세곡 운송

1) 운송 용역의 전문화

경강선은 어채선(漁採船) · 진도선(津渡船) · 운송선(運送船) · 행상선(行商船) 등을 통하여 다양한 활동을 전개하고 있었다. 그리하여 경강 선인들은 조선 후기 선운업계에서 그 기반을 확고히 굳히게 되었는데, 그들은 그러한 중에서도 특히 운송 용역을 전문화시켜 하나의 영업 분야로 정착시켜 갔다.

경강선의 활동 역시 17세기 초에는 그리 활발하지 않았다. 비록 일찍부터 경강선이 세곡 임운에 참여하고는 있었지만 [96] 본격적인 것은 아니었다. 1668년(현종 9) 재상 김좌명(金佐明)의 보고에 의하면, 공가(貢價)의 지급과 기민(飢民)의 구제를 위하여 양반 지방의 미곡 7만 석을 운송해 오고자 하였으나, 경강선의 수가 많지 않아서 문제가 되고 있었다.[97] 이보다 앞서 1638년(인조 16) 호조의 보고에서도 평안도 지방에 군량미 3만 석을 운반해야 하는데, 경강선의 확보가 여의치 않아 문제가 되었다.[98] 경강선 자체의 운송 역량이 문제될 뿐 아니라 고을의 세곡은 원칙적으로 지토선(地土船)에 의해 운송하고 지토선이 비치되지 아니한 고을에 한하여 경강선의 동원을 용인하였다.[99]

경강선의 활동이 활발해지는 것은 17세기 후반에 이르러서였다. 이때에 이르러서는 그 역량이 신장되었을 뿐 아니라 경강선에 의한 임운이 경제적으로 보다 유리하다고 판단되어, 위정자들은 경강선의 세곡 운임에 호의적이었다. 그리하여 먼저 전세곡(田稅穀)에 대한 경강선의 운임 용역이 증대되어 갔다. 즉, 본래 전세곡의 운송을 위하여 마련되었던 조운제가 이 때에 이르러 그 문제점이 크게 노출되었고, 이곳 저곳에서 조운제 혁파론과 더불어 임선제 도입론이 줄기차게 제기되었으며 마침내 임선제가 현실적으로 보급되어 가면서 경강선은 1704년(숙종 30) 합법적으로 전세곡 운송에 참여하기에 이르렀던 것이다. 당시 입안하여 반포한 『양호선절목(兩湖船節目)』에 의하면, 정부는 이제까지 강행해 오던 조역제(漕役制)를 혁파하고 대신 선인을 고립하여 세곡을 운송하고자 하면서 그에 부수하여 경강선을 임차하여 전세곡을 운송하고자 하였다.[100] 이를 계기로 경강선은 전세곡 운송에서 본격적으로 그 활동을 전개하게 되었다.

한편 대동미 운송에 있어서도 거의 이와 때를 같이 하여 경강선의 활동이 주목되고 있었다. 본래 특별한 운송 수단의 확보가 없이 시행한 대동법이었지만, 위정자들은 막대한 운송량의 대동미를 운송하기 위하여 지토선(地土船)의 활용을 시도하였다.[101] 그리하여, 한동안 지토선이 대동미의 운송을 주도하였으나, 선재(船材)가 부족하여 지토선의 확보가 여의치 않았고, 또한 지토선인들의 간악한 행위가 심하여 선혜청(宣惠廳)에서는 1684년(숙종 10)경부터 경강선에 그 운송 용역을 청부시키고 있었다.

그러나 그것은 합법적인 조처가 아니어서 1702년(숙종 28) 위정자들은 이 문제를 본격적으로 논의하여 경강 선척 3백여 척 중에서 적재 능력 4·5백 석 이상의 선박을 선발, 선안(船案)을 작성하고 그들로 하여금 대동미를 운송케 하였다.[102] 그리하여 이후 경강선은 대동미의 운송을 전담하여 갔으니, 당시 대동미 운송 용역에 참여하고 있던 경강선은 90여 척에 이르렀다.[103]

경강 선인들은 전세곡과 대동미의 운송을 주도하면서, 세곡의 임운을 하나의 영업으로 굳히고 본격적으로 치부에 힘쓰기 시작하였다. 그리하여 그들은 보다 많은 운임의 취득을 위하여 운송 물량의 확보에 힘쓰고, 그 과정에서 지방 관리와 결탁하기도 하였다.

경강선은 세곡의 운송뿐만 아니라 군량미의 운송에도 참여하고 있었다. 본래 국경 지역의 세곡은 그 지방에 잉류시켜 군수에 충당함과 아울러 남부 지방에도 군자전(軍資田)을 설치, 그 세금으로 군량미를 확보하여 수시로 국경 지대에 이송토록 조치되어 있었다. 이 때에 군량미 운송은 원칙적으로 병선이 전담하고 있었다.[104] 그러나, 운송해야 할 군량미는 때로 수만 석 내지 수십만 석에 이르고 있었다. 운송 물량이 많아 병선만으로는 그 운송을 모두 감당할 수 없었다. 그리하여 일찍부터 사선이 동원되기도 하였다.

조선 후기의 기록에 의하면, 경강선이 군량미의 운송도 맡고 있었다. 즉, 1671년(현종 12) 기록에 의하면 국가 재정이 악화되어 평안도 지방에 비축된 군량미로써 변통하고자 이를 서울로 운송해오려고 하였는데, 당시 본도의 지토선으로서 바다를 운항할 수 있는 선박은 그 수가 많지 않아서 전례에 의해 경강선을 모집, 운송 용역을 의뢰하고 있다.

관조선의 기능이 약화되고, 병선의 동원이 여의치 못한 상황 속에서 군량미는 거의 경강선에 의해 운송되고 있었다. 경강선이 군량미 운송을 주도하면서 나름대로 그 능력을 발휘하고 있었지만, 그 곳으로 경강선을 모두 투입하다 보니 삼남 지방의 세곡 운송에 있어서 문제가 발생하고 있었다. 군량미보다 더 시급하다고 할 수 있는 세곡의 운송에 있어서 그 운송 선박을 확보하기가 어렵게 된 것이다.[105]

한편 진휼미(賑恤米)도 경강선이 운송하고 있었다. 조선 시대에는 세곡, 군량미 못지 않게 진휼미도 그 운송 물량이 적지 않았다. 조선 시대의 기록을 면밀히 검토하여 보면, 유난히도 기근(饑饉)과 재난이 심하였다. 수재, 한재, 질병 등의 재난으로 기근이 계속되어 그 피해가 전국적으로 파급된 때가 있었는가 하면, 몇 년 동안 흉년이 계속되기도 하였다. 기민, 유민이 속출하는 이와 같은 상황에 대하여 위정자들은 대책 마련에 고심하지 않을 수 없었다.

그리하여 그들은 재정의 확보를 위하여 수세 정책을 강화함과 아울러, 한편으로는 민생의 안정을 위해 휼민 정책에도 진력하였다. 구황청, 진휼청 등의 관서가 설치되어 진휼 업무를 주관하였고, 각 고을의 수령 역시 의무적으로 기민의 진휼에 힘쓰게 하였다. 또한 흉황에 대비하여 곳곳에 비축 창고를 설치, 곡물을 예비하였다. 예컨대 전라도 임피에 나리포창(羅里鋪倉), 경상도 연일에 포항창(浦項倉), 그리고 경상도 사천, 전라도 순천·나주, 충청도 비인에 제민창(濟民倉)을 설치하고, 나리포창과 포항창에는 각기 3만 석 내외, 사천 제민창에는 6만 석, 순천·나주·비인의 제민창에는 각기 3만 석의 곡물을 비치토록 하고 있었다.[106]

이들 진휼미의 운송은 대개 기근 지역의 지토선으로 운반토록 되어 있었으나 실제로 해당 지역에 있어서의 선박 사정은 그리 좋지 않았다. 그리하여 진휼미도 경강선이 운송하고 있었다. 1690년(숙종 16) 기록에 의하면, 영남과 호남 지방에 기근이 들어 경창의 진휼미로써 구황하고자 하였는데, 이 때에 영남 지방에서 필요한 3만 석의 곡물을 경강선이 운송하였다.[107]

경강 선인들이 세곡, 군량미, 진휼미 등 관곡을 운송함에 있어서 당초에는 강제적 동원의 성격을 띠었다. 그러나 점차 그 운송의 용역에도 이득이 있음을 살핀 경강 선인들은 자율적으로 참여하고 있었고, 급기야는 운송의 용역을 활로의 하나로서 간주하여 적극적으로 그 길을 개척하여 나가기에 이르렀다. 예컨대, 1728년(영조 4) 기록에 의하면, 경강 선인의 부정 행위가 극심해지자 호남어사 이광덕(李匡德)이 경강선의 호남 지방 왕래를 금한 바 있었다. 이에 대하여 경강 선인들은 이는 자신들의 생업을 막는 것이라면서 입궐하는 대신의 길을 막고서 조처의 철회를 강력히 요청하였다.[108] 위정자들도 경강 선인의 생업이 세곡 등 곡물의 운송에 있음을 인지하고 있어서 정조와 같은 임금은 그 생업의 보호를 위해 힘쓰고 있었다.[109]

한편, 경강 선인들은 관부 용역과 아울러 민간 용역에도 적극적으로 참여하고 있었다. 예컨대, 재경지주의 농장에서 수취하는 소작료의 대부분이 경강선에 의해 운송되고 있었던 것이다. 1702년(숙종 28)의 기록에 의하면, 당시 경강선 3백여 척 중 약간의 선박을 제외하고는 모두가 궁방(宮房)·아문(衙門)에 소속된 선박으로서 실제에는 선세의 징수가 목적이었다고 하여도 그 표면상의 이유는 해당 궁방과 아문 소유의 농장에서 수취하는 소작료의 운송에 있었다.[110] 위정자들이 경강선의 확보를 위해 노력한 이유의 하나도 세곡의 운송과 아울러 소작료 운송에 있어서 경강선의 역할을 주목하지 않을 수 없었기 때문이다.

그리하여 위정자들은 경강 선인의 폐단이 문제화됨에도 불구하고 그들의 생업인 선운업의 길을 막는 조처를 취할 수가 없었다. 1781년(정조 5) 기록에 의하면, 당시 전라도 관찰사가 조선(漕船) 29척을 더 건조하여 선박의 수요 문제를 해결하고, 나아가 경강 선인의 병폐를 제거하자고 건의한 데 대하여, 정조는 이는 경강 선인의 생업과 직결되어 있는 문제라면서, 비록 관부로서는 다소 이득이 있다고 할지라도 경강 선인들로서는 잃는 바가 크니 백성들의 뜻을 생각하지 않을 수 없다고 말하였다. 나아가, 그는 차라리 수천 가마의 곡물을 잃을지라도 어찌 수만 경강 선인으로 하여금 그 생리(生利)를 잃게 하겠느냐면서, 선리(船利)가 끊어지면 장차 선박이 없어질 것이고, 그렇게 된다면 경중의 사대부들 역시 장차 소작료를 운송하는 길이 막힐 것이라면서, 소작료 운반에 있어서의 경강선의 역할을 강조하였다.[111]

1785년(영조 9) 좌승지 유의양의 보고에 의하면, 당시 서울에 거주하는 양반 지주들이 외방 농장에서 수취해 오던 추수곡은 대략 20만 석 가량이었던 것 같다.[112] 한양의 연간 소비량 1백만 석의 20%가 소작료로 충당되었다고 보이는데 그 대부분이 경강 선인에 의해 운송되고 있었던 것이다.

소작료 운송에 있어서 경강선의 역할이 증대됨과 상응하여 경강 선인들은 그 생업의 일부를 실로 소작료의 운송 용역에서 찾고 있었다. 소작료의 운송 용역은 세곡 운송과 더불어 당시 가장 큰 운송 용역이었다. 앞의 1728년(영조 4) 기록에 의하면, 호남어사 이광덕이 경강선의 호남 지방 왕래를 금하자 소작료를 비롯한 곡물의 운송 용역이 불가능해졌고, 이로 인하여 경강 선인들은 영업의 한 분야를 잃게 되었다고 불평하면서 호남 지방에의 왕래를 허용해 달라고 청원하였다.[113] 이 같은 움직임은 그들의 생업이 세곡 운송뿐 아니라 소작료 운송에도 있었음을 말해주는 것이다.

요컨대, 당초 강제적으로 세곡 운송에 동원되던 경강 선인들은 소작료의 운송을 통하여 운송 영역을 확장시키더니, 조선 후기에는 운송업을 그들의 영업의 하나로서 적극적으로 개척하기에 이르렀던 것이다. 세곡 운송을 비롯한 곡물 운송 용역이 경강 선인의 전문적 영업이었음은 여러 기록에서 확인할 수 있다.

1728년(영조 4) 기록에 의하면, 경강 선인들 자신이 그들의 생업이 오로지 세곡 운송에 있음을 밝히고 있는데, 그들은 용산, 서강에 있던 경창(京倉)에의 세곡 수납 과정에서의 용역까지도 그들의 이권으로 헤아리고 있었다.[114] 세곡 운송 용역을 자신들의 고유한 영업으로 자처하고 있었던 경강 선인들은, 때문에 관부가 조운 정책을 강화하려고 하였을 때 고관까지 사주하여 세곡 운송 용역의 이권을 고수하고자 적극적으로 노력하였다. 즉 1760년(영조 36) 경부터 그 때까지 경강선이 세곡을 임운하고 있던 경상도에 조운제가 실시되었는데, 이로 인하여 경강 선인들은 생업의 기회가 감축되었다. 이에 선인들은 대사간 김양심(金養心)을 매수, 사주하여 이를 환원시키고자 시도하였다. 그들의 노력은 대사헌 이계에 의해 결탁 사실이 밝혀지면서 실효를 거두지 못하였다.[115]

그러나 위정자들로서도 점차 그들의 영업권을 존중해 주지 않을 수 없게끔 선인들의 지위는 성장해 가고 있었다. 즉, 1781년(정조 5) 전라도 지방의 세곡 운송에 있어서 선인들의 농간이 심하다고 하여 조운제를 다시금 강화하자는 의견이 제기되었을 때, 정조는 경강 선인의 입장에서 그들의 영업권을 지지하였는데, 그는 선인들의 부정이 있다고 하더라도 팔강민(八江民)들이 선박으로써 영업을 하고 있는데 세곡 운송을 할 수 없게 되면 삶의 길이 끊어질 것이라며, 백성의 부모가 되어서 경강 선인이 수백 년 이어온 영업을 하루 아침에 빼앗을 수는 없다고 주장하였다.[116] 마침내 관부에서도 경강선에 의한 세곡 운송 영업을 공식화하고, 보다 적극적으로 경강 선인의 영업 활동을 지원해 주기에 이르니, 주교선에 의한 작대법(作隊法)의 실시가 그것이었다. 그런데 그 주교선(舟橋船)이란 곧 경강선이었던 것이다. 실로 경강 선인들은 운송 용역을 전문화시켜 그들이 살아가기 위한 영업의 하나로서 정착시켜 조선 후기 선운계에서 그 기반을 확고히 굳히기에 이른 것이다.

2) 영리(營利)의 추구와 자본 집적

　경강 선인들은 운송 영역을 전문화시킴과 아울러 이득의 추구에도 적극성을 보여 주었다. 물론 이익의 추구는 어느 시대, 어느 지역에서나 있을 수 있다. 그러나 영리 활동이 생산력의 확충과 일치하고, 그것을 촉진하는 작용을 갖는다고 할 때, 그 의미는 달리 주목될 만한 것이다. 운송 영역을 자신들의 영업으로 자처한 경강 선인의 영리 활동은 곧 그들의 자본 집적의 길이기도 하였다.

　운임의 취득을 기본 목적으로 하는 운송 영역에서 경강 선인은 이익 추구의 길을 다양하게 모색하고 있었다. 그들은 이익이 있는 것이라면 수단과 방법을 가리지 않고 접근하여 갔다. 세곡 임운 과정에서 분석되는 경강 선인의 이익 추구는 크게 두가지 방향에서 전개되고 있었다. 그 하나는 정당한 방법으로서의 운임, 즉 선가(船價)의 취득이었고, 다른 하나는 운송 용역을 수행하는 과정에서 부수적으로 취할 수 있는 부당한 방법으로서의 부정 행위였다.

　먼저, 선가의 취득은 운송 용역에 대한 반대 급부로서 그들이 정당하게 받는 합법적 보수였다. 운송 물량이 많아지면서 선가는 관부나 선인 모두에게 큰 비중을 차지하였다. 물론 관부에서 선가를 지급하였다고는 하지만, 자율적 참여가 아니라 강제력에 의해서 어쩔 수 없이 동원되었을 초기에 사선인들이 받았던 선가는 운송 용역에 합당한 대가가 아니었던 것 같다. 왜냐 하면, 1445년(세종 27) 기록에 의하면 위정자들 스스로가 사선인들이 받는 선가가 어업, 행상에서의 이익보다 못함을 인정하고 있었고, 그리하여 사선인들은 가급적 운송 용역에의 동원을 회피하고 있었던 것이다.[117)

　운송 용역이 전문화되지 못한 17세기에 있어서도 그러한 사정은 크게 달라지지 않고 있었다. 1669년(현종 10) 기록에 의하면, 경강 선인들이 운송 용역에 참여하고는 있었으나, 그리 달가와하지 않고 있었음을 알 수 있다. 즉, 선인들은 이 때에 고기잡이의 시기를 놓치지 않고자 하였는데,[118) 고기잡이가 그들의 본업이었기 때문이라고 본다. 행상선의 경우도 마찬가지였을 것이다. 그들이 운송 용역에서 받는 선가는 좋은 편이 아니었던 것 같다.

　그러나, 18세기에 이르러서는 경강 선인들이 자진하여 운송 용역에 참여하고 있다. 즉, 1702년(숙종 28) 행사직 이인엽의 보고에 의하면, 당시 선혜청에서 대동미 운송 용역을 경강선에 의뢰하고자 하여 현황을 조사하였던 바, 당시 경강선의 수는 2, 3백 석을 실을 수 있는 것까지 포함하여 3백여 척이나 되었다. 이 중에서 소선은 제외하고 4, 5백 석에서 1천여 석까지 실을 수 있는 선박을 선안(船案)에 등록, 매년 순차적으로 세곡을 운송케 하고자 하였다. 그리하여 이인엽이 직접 경강 연안 선촌(船村)에 나아가 선인들에게 선안에 등록하기를 원하는 자는 공곡을 운송케 하고 원하지 않는 자에게는 공곡의 운송을 허가하지 않는다고 하니, 모두가 등록을 원하였다는 것이다.[119)

　이로써 보면 선인들은 강요에 의해 세곡 운송에 참여하는 것이 아니었다. 세곡 운송에의 참여 여부는 그들의 자유 의사에 의해 결정되었던 것이다. 그런데 모두가 선안에 등록하여 세곡 운송 용역에 참여하고자 하였으니, 그 같은 상황의 변화에는 나름대로의 이유가 있었다고 하겠다. 즉, 그 이유의 하나로는 그들이 받는 선가가 어느 정도 합당한 대가였기 때문이었을 것이다. 선가의 변화에는 운송 용역을 전문화시켜 가던 선인들의 노력이 크게 작용하였다고 보여지는데, 한편, 이 시기에 이르면 관부로서도 조역의 문제, 조선의 어려움 등으로 더 이상 조운제를 강요할 수 없는 상황이었고, 더구나 대동법(大同法)의 실시를 계기로 운송 물량이 크게 증대하여 경강 선인을 비롯한 사선인들에게 운송 용역을 위임치 않을 수 없는 상황에 부딪치고 있었던 것이다. 때문에 세곡을 운송해 오지 않고는 국가 재정을 유지할 수 없었던 당시의 조정으로서는 세곡의 운송을 위하여는 현실에 가까운 선가를 지급하여 운송의 차질을 방지하여야 했던 것이다.

　경강 선인들이 받고 있었던 선가(船價)는 그러한 사정으로 인하여 그 액수에 변화가 있었으리라고 보이는데, 자료의 한계로 인하여 정황을 정확히 이해하기가 쉽지 않다. 부분적인 자료를 종합하여 대강의 모습이나마 추정해 볼 수 밖에 없다. 선가는 원칙적으로 운송 거리와 운송 물량에 의해 계산되었다. 즉, 운송 용역을 수행함에 있어서 투여된 노동과 자본에 의해 물화의 사용 가치가 증진되었다면, 증진된 가치의 일부를 운송업자는 운임, 구체적으로 선운업자는 선가로서 취득하였던 것이다. 그런데 장소적 이동을 특징으로 하는 운송 용역에서는 특히 운송 거리가 고려되었다.[120] 일찍이 고려조의 세곡 운송에 있어서도 그「수경가(輸京價)」를 책정함에 있어서 운송 거리에 비례하여 산정한 바 있었다.[121] 조선조의 세곡 임운에 있어서도 예외일 수 없었다.

　1669년(현종 10) 기록에 의하면, 거리에 따른 당시의 선가가 밝혀지고 있다. 즉, 이 때까지는 세곡을 임운하는 경우, 경상도에서는 10석마다 2석, 전라도는 원도, 중도, 상도, 최근읍으로 나누어 10석마다 각기 2석 5두, 2석, 1석 10두, 1석 8두씩 지급하였다.[122] 이와 같은 선가 지급 규정은 당시 안흥량에서 침몰 사고가 잦아 그 대책의 하나로서 안민창(安民倉)이 설치되면서 다소 조정되었으나 거의 준용되고 있었다. 그리고 1704년(숙종 30) 이정청에서 조역제(漕役制)를 개혁하면서 마련한『양호선절목(兩湖船節目)』에도 대체로 수용되었다. 다만 보다 개괄적으로 책정, 충청도에서는 10석마다 1석씩, 전라도는 중도를 기준으로 하여 10석마다 2석씩으로 정하고 있었다.[123] 말하자면 안흥량을 경계로 그 이상에서는 10석마다 1석씩, 그리고 그 이하에서는 10석마다 2석씩이었던 것 같다. 그러나 이는 대체적인 기준이라고 보며, 구체적으로는 고을마다 선가의 책정이 달리 산정되었을 것이다.

　한편 18세기 후반의 법전에서는 선가의 상한선과 하한선만을 규정하였는데 즉, 가장 가까운 고을은 미(米), 태(太) 10석마다 1석씩, 가장 먼 고을은 3석씩 지급토록 법제화하였다.[124] 즉, 당시 선가의 규정은 충청도에서는 매 10석에 1석, 전라도에서는 2석, 경상도에서는 3석으로 일반화할 수 있다. 이를 운임율로 환산하여 보면 대체로 10%, 20%, 30%에 이르는 것이었다. 고려 시대에 있어서 경상도 연해안 20%, 전라도 중부 11.1%, 충청도 아산만 연안 7.7%에 비하여 보면[125] 조선 후기 경강 선인들이 취득한 운임율은 매우 높은 것으로서, 확실히 영리성이 충분히 보여지고 있었으며, 때문에 많은 선가를 지급해야 하는 관부로서는 재정상의 문제가 되기도 하였다. 막대한 선가의 지급은 여유가 없는 국가 재정에 더욱 어려움을 가중시켜 주었던 것이다. 당시 관부가 지급한 선가의 총량은 수만 석에 이르고 있었다.

경강선이 본격적으로 활동을 펴는 18세기에 이르러는 운송 물량의 상당수가 경강선에 의해 운송되었다고 보여진다. 1784년(정조 8)에 선인들이 파악하고 있던 양호 지방에서 임운되는 세곡의 물량만도 전라도에서 10만 석 내외, 충청도에서 6만 석 내외로서 도합 16만 석에 이르고 있었다. 16만 석의 세곡을 운송하기 위하여는 1천 석을 실을 수 있는 선박 160여 척이 필요하였다.[126] 이에 대한 선가(船價)를 산정하여 보면 전라도의 경우 10만 석×2/10=2만 석, 충청도의 경우 6만 석×1/10=6천 석으로서, 양호 지방만 하여도 선인들이 취득하는 선가는 대체로 2만 6천 석에 이르고 있다.

한편 경상도의 세곡도 조운제가 실시된 1760년(영조 36)경 이전에 있어서는 경강 선인이 그 운송 용역을 전담하고 있었는데,『경제야언』에 의하면 운송 물량은 대략 6만 석 정도였다고 한다. 이에 대한 선가는 6만 석×3/10=1만 8천 석에 이르니, 삼남 지방의 선가는 어림잡아 4만 4천 석으로서, 이 같이 막대한 선가가 거의 경강선에 의해 취득되었다면, 그들의 자본 집적의 양상은 결코 무시할 수 없는 정도였다고 하겠다. 세곡 임운은 합법적 방법만으로서도 경강 선인들에게 치부의 기회를 제공해 주고 있었던 것이다. 다시 말하여 막대한 물량의 세곡 운송을 도맡아 가며, 게다가 유리한 선가의 책정을 통해 경강 선인들은 대규모의 운송업자로 성장해 갔던 것이다.

경강 선인들이 세곡 운송 용역에 참여하면서 벌인 또 하나의 영리 활동은 부정 행위를 통한 이익 추구에 있었다. 운송 용역을 전문화시키면서 이익 추구에 보다 적극성을 보이기 시작한 경강 선인들은 치부 수단의 하나로서 첨재(添載), 고패(故敗), 화수(和水), 투식(偸食) 등의 묘책을 고안하였는데, 그 같은 행위는 분명히 불법적이고 부당한 행위였다. 그러나 부정 행위에 의한 이득은 선가의 취득이라는 정당한 방법을 통한 것보다 훨씬 영리성이 있었다.

부정 행위는 일찍이 조군(漕軍)에게서도 보여진 상황으로서, 위정자들은 법제적으로 이를 강력히 규제하고자 하였으나 쉽게 근절되지 아니하였다. 경강 선인들이 세곡 운송 용역을 주도하면서 그와 같은 부정 행위는 보다 심화되었는데,[127] 그들에 의해 자행된 부정 행위의 양상은 매우 교묘하여 당국자로서도 쉽게 판별할 수 없는 경우가 많았다.

경강 선인들이 자행한 불법적 이익 추구도 그 과정에서 보면 두 가지의 경우가 있었으니, 용역을 이행하고서 자행하는 경우와 용역 자체를 포기하고서 자행하는 경우가 그것이었다. 첨재, 화수 등의 예는 전자의 경우였고, 고패, 투식 등의 방법은 후자의 경우였다.

먼저 첨재는 선인들에게는 인정된 과외 수입이라고 할 수 있었으니, 선박의 확보가 여의치 않은 상황에서 관부도 묵인하는 경우가 많았다.[128] 더구나 사물첨재는 대체로 권력층의 강압으로 말미암아 이루어지는 예가 적지 않았다.[129] 그러나, 선박을 비롯한 모든 운송 수단에는 하중이 정해져 있고, 따라서 적재 능력이 일정하다. 이를 위반하게 되면 운송 기능이 정상적으로 발휘되지 못하며 심한 경우에는 운송 능력이 파괴된다.

선박의 경우에 있어서는 특히 그러하여서 과적은 곧 사고의 유발을 의미하는 것이나 다를 바 없었다. 즉, 선박에는 그 대소에 따라서 선적(船積)에 많고 적음이 있는데, 이를 헤아리지 않고 과적하게 되면, 하중이 무거워져 부력(浮力)이 약해지기 때문에 물과 뱃머리가 평행하게 되니, 이 때에 조금이라도 풍랑이 있으면 그 선박은 침몰을 피할 수 없는 것이었다. 그리하여 위정자들은 과적에 대하여 유의하여 선박의 적재 한도를 규정하고, 과적자에 대한 처벌을 강화하는 등 규제를 철저히 하고자 하였다.[130] 그러나 경강 선인들은 생활 수단의 하나로서, 나아가 영리 기회의 하나로서 세곡 운송 용역에 참여하고 있었던 터이어서 비록 위험성이 내포되어 있고 규제가 심하다고 하더라도 그 기회를 포기할 리가 없었다.

조선 후기에 있어서 사선의 적재량은, 특히 18세기 이후에 있어서는 1

천 석이 일반적이었다.[131] 조선 후기에 있어서도 처음에는 조선(漕船)에 준하여 선박 1척의 적재 한도는 5백 석에서 6, 7백 석이었던 것 같다.[132] 그러나, 영리의 길을 찾아낸 경강 선인들은 조선(造船), 수선(修船) 과정에서 임의로 선박의 규격을 크게 하여 보다 많은 이익을 추구하였고, 또한 외방의 각 고을에서는 운송선을 충분히 확보하지 못하여 과적금규(過積禁規)에도 아랑곳하지 않고 기일내에만 상납하고자 하였으니, 이를 기화로 하여서 경강 선인들은 선박의 규격을 크게 할 뿐 아니라 사물(私物)의 첨재까지 거침없이 자행하기에 이르렀던 것이다.

첨재와 더불어 경강 선인들이 즐겨 사용하던 부정 행위에는 이른바 화수(和水)의 방법이 있었는데, 그 방법은 운송 곡물에 일정량의 물을 타서 곡물을 불게 함으로써 그만한 양을 횡령하려는 것이었다.[133] 이와 같은 방법도 선인들이 일찍부터 사용하였던 이익 추구의 길이었다. 그리하여 관부에서는 화수하는 자를 강변에 효시(梟示)케 하는 등 엄히 문책하고자 하였지만,[134] 선인들은 결코 단념하지 않았다. 1732년(영조 8)의 기록에 의하면, 해주에서 3척의 선박이 세곡 7백 석을 싣고 상경하였는데, 낭청(郎廳)이 검사한 바 검사용의 1백 석을 제외하고는 모두가 화수되었으며 심지어는 너무 물이 젖어 덩어리를 이루고 있기도 하였다. 그리하여 선인들을 문초하였더니, 경강의 염창 부근에서 경강인 정수강과 도사공 박주태가 짜고서 쌀 한 가마에 물 한병 반의 비율로 화수하였다는 것이다.[135]

한편, 경강 선인들은 운송 용역의 이행 자체를 포기하고서 세곡을 송두리째 횡령하는 경우도 있었다. 즉, 고의 또는 허위로 세곡선을 침몰시킴으로써 세곡을 횡령하든지, 또는 운항 도중 항로를 바꿔 세곡을 실은 채 다른 곳으로 도주하는 예도 있었다.

당시 선인들이 널리 사용하고 있던 고패(故敗)의 방법은, 먼저 세곡의 대부분을 미리 횡령하고서 약간의 잔여곡을 실은 선박을 수심이 얕은 해변에서 고의로 침몰시킴으로써 횡령을 엄폐하는 것이었다.[136] 고패의 경우 대부분의 선인은 무사하고, 그들의 선박도 그리 큰 손실이 없는 것은 고의성을 여실히 드러내고 있는 증거라 하겠다. 고패를 꾀하는 선인들은 출항 당시부터 이미 술책을 꾀하고 있으니, 여러 가지 이유를 내세워 세곡선의 발선을 지연시켜 기한을 어길 뿐 아니라, 곳곳에 체류하여 장마

철에 이르러는 풍랑을 칭탁하여 고패를 자행하고 있었다. 더구나, 선인들은 세곡선을 무인도 등에 은닉하고서 침몰이라고 허위로 보고하는 경우도 있었다.[137] 세곡 운송 용역을 청부받은 경강 선인들은 운항 도중에 곡물의 일부를 착복하거나, 전부를 횡령하는 때도 있었다.[138]

선인들은 다양한 방법을 동원하여 영리를 추구하고자 하였으니, 1728년(영조 4) 기록에 의하면 경강 선인들의 부정 행위로 인하여 손실되는 세곡이 매년 수천 석에 이르렀다고 하였다.[139] 그리하여 호조(戶曹)에서는 경비가 부족한 실제의 이유가 거기에 있다고까지 보고하고 있었다.[140]

경강 선인들이 부정 행위를 자행함에 있어서는 그 행위가 노출될 경우에 그들이 확보한 운송 용역권을 박탈당하는 위험성을 감수해야 했다. 실제로 경강 선인들의 부정 행위가 심해지면서 위정자들은 경강선에 의한 세곡 운송 정책을 개혁하고자 누차 그 논의를 제기하고 있었다.[141] 그러나, 그럼에도 불구하고 선인들은 세곡 운송 과정에서 다각도로 이익의 추구에 집착하고 있었다. 곡물과 같은 긴요한 물화의 운송이 사선인에게 청부되고 있는 한, 그들의 영리 욕구는 단념될 수 없는 것이었으며, 따라서 부정 행위도 근절될 수 있는 것이 아니었다.

요컨대, 세곡 운송에 자율적으로 참여하면서 그 용역이 자신들의 영리의 기회임을 인식한 경강 선인들은, 운송 용역에 대한 반대 급부로서 합법적으로 선가를 취득함과 아울러 부수적으로 취득할 수 있는 영리 활동까지 모색하기에 이르렀다. 즉, 경강 선인들은 이익이 있는 곳이라면 수단과 방법을 가리지 않고 접근하여 갔다. 그리하여 이와 같은 경강 선인들의 영리 활동이 한양의 상업 도시화를 추동함에 있어서 적지 않은 요인이 되었다고 할 때, 경강 선인의 경제사적 위치는 재고되어야 할 것이다. 시전 상인, 송파 상인 등과 함께 경강 선인들의 활동은 한양의 분위기를 새로운 방향으로 이끌어 가고 있었던 것이다.

【주】

1) 新增東國輿地勝覽 권 3, 한성부 산천
　　東國輿地備攷 권 2, 한성부 산천
2) 新增東國輿地勝覽 권 3, 한성부 산천
　　萬機要覽 재용편 3, 해세 총례
3) 增補文獻備考 권 161, 호구고 1 인조 26년
　　英祖實錄 권 94, 영조 35년 12월 병오
　　憲宗實錄 권 2, 헌종 1년 12월 갑신
4) 太祖實錄 권 15, 태조 7년 12월 신미
　　擇里志 복거총론 생리
5) S. 달레, 『한국천주교회사』 (분도출판사, 1982) p.302
6) 增補文獻備考 권 24, 여지고 20 도리
7) 최완기, 「수상교통」 (『한강사』, 서울특별시사편찬위원회, 1985) p.403
8) 世宗實錄 권 102, 세종 25년 10월 임진
9) 擇里志 복거총론 생리
10) 世宗實錄 권 109, 세종 27년 8월 무진
11) 世宗實錄 권 148, 세종실록지리지 경도 한성부
　　中宗實錄 권 62, 중종 23년 8월 계축
12) 太祖實錄 권 14, 태조 7년 12월 신미
　　太宗實錄 권 24, 태종 12년 11월 갑신
13) 世宗實錄 권 109, 세종 27년 8월 무진
14) 中宗實錄 권 65, 중종 24년 4월 경오
15) 萬機要覽 재용편 해세
16) 中宗實錄 권 65, 중종 24년 5월 을묘
17) 太祖實錄 권 15, 태조 7년 12월 신미
18) 中宗實錄 권 65, 중종 24년 4월 경오
19) 太宗實錄 권 28, 태종 14년 9월 임신
20) 최완기, 앞의 글, p.402
21) 世宗實錄 권 102, 세종 25년 10월 임진
　　世祖實錄 권 5, 세조 2년 12월 경오
22) 世宗實錄 권 113, 세종 28년 9월 신사
　　成宗實錄 권 16, 성종 3년 3월 갑자
23) 中宗實錄 권 65, 중종 24년 5월 을묘
24) 최완기, 「조선전기의 곡물임운고」 (『사총』 23, 1979, 12) p.38
25) 太祖實錄 권 14, 태조 7년 12월 신미

26) 太宗實錄 권 24, 태종 12년 11월 갑신
27) 太宗實錄 권 29, 태종 15년 6월 임오
　　太宗實錄 권 29, 태종 15년 6월 경오
28) 端宗實錄 권 2, 단종 즉위년 8월 을유
29) 世宗實錄 권 113, 세종 28년 9월 신미
30) 世祖實錄 권 27, 세조 8년 2월 을미
31) 成宗實錄 권 6, 성종 1년 6월 을묘
32) 成宗實錄 권 48, 성종 5년 10월 을유
　　成宗實錄 권 196, 성종 17년 10월 기축
33) 成宗實錄 권 47, 성종 5년 9월 계해
34) 中宗實錄 권 65, 중종 24년 4월 경오
35) 成宗實錄 권 53, 성종 6년 3월 신유
　　中宗實錄 권 88, 중종 33년 9월 기묘
36) 中宗實錄 권 65, 중종 24년 5월 을묘
37) 이재룡,「과전법의 붕괴와 토지사유화의 진전」(『한국사』10, 국사편찬위원회,
　　1974) pp.262-268 참조
38) 中宗實錄 권 33, 중종 13년 5월 을축
39) 世祖實錄 권 32, 세조 10년 2월 병술
　　世祖實錄 권 46, 세조 14년 4월 병신
　　成宗實錄 권 20, 성종 3년 7월 갑자
40) 成宗實錄 권 45, 성종 5년 7월 기축
41) 成宗實錄 권 89, 성종 9년 2월 임자
　　成宗實錄 권 89, 성종 9년 2월 갑인
　　成宗實錄 권 59, 성종 6년 9월 갑인
　　成宗實錄 권 181, 성종 16년 7월 임자
42) 世宗實錄 권 122, 세종 30년 11월 임인
43) 成宗實錄 권 53, 성종 6년 3월 신유
　　中宗實錄 권 88, 중종 33 9월 기묘
44) 世祖實錄 권 20, 세조 6년 5월 병신
　　英祖實錄 권 73, 영조 27년 2월 정축
45) 中宗實錄 권 97, 중종 37년 3월 기해
46) 成宗實錄 권 130, 성종 12년 6월 임자
47) 中宗實錄 권 52, 중종 19년 12월 임자
　　中宗實錄 권 54, 중종 20년 6월 을유
　　明宗實錄 권 15, 명종 8년 10월 병신
48) 大典續錄 권 2, 호전 조전

49) 大典會通 권 2, 호전 조전
50) 宣祖實錄 권 5, 선조 4년 10월 무신
51) 眉巖日記草(중추원 간행본) 권 1, p.149
52) 增補文獻備考 재용고 4, 조운
53) 中宗實錄 권 65, 중종 24년 5월 을묘
54) 明宗實錄 권 16, 명종 9년 5월 경술
55) 明宗實錄 권 16, 명종 9년 5월 경술
56) 明宗實錄 권 16, 명종 9년 5월 경술
57) 訥齋集 부록 서거정통진현대포곡별야낙성기
58) 端宗實錄 권 8, 단종 원년 10월 무신
　　端宗實錄 권 10, 단종 2년 2월 계사
59) 眉巖日記草 권 3, p.24
60) 周藤吉之, 「麗末鮮初に於ける農莊に就しこ」(『동아학』3, 1940) 참조
61) 成宗實錄 권 91, 성종 9년 4월 병오
62) 손정목, 『조선시대 도시사회 연구』(일지사, 1977.2) p.246
63) 度支志 권 7, 조전부 양호선절목
　　肅宗實錄 권 39, 숙종 30년 정월 정사
64) 강만길, 「경강상인연구」(『아세아연구』14-2, 1971) 참조
65) 備邊司謄錄 5책, 인조 16년 8월 18일
　　備邊司謄錄 9책, 인조 23년 3월 11일
66) 新補受敎輯錄 권 2, 호전 조전
67) 承政院日記 22책, 현종 10년 정월 10일
68) 肅宗實錄 권 64, 숙종 45년 7월 임자
69) 備邊司謄錄 160책, 정조 3년 정월 10일
70) 承政院日記 601책, 영조 원년 9월 24일
71) 강만길, 『조선후기 상업자본의 발달』(고려대학교 출판부,1974), p.89
72) 英祖實錄 권 114, 영조 46년 5월 정유
73) 備邊司謄錄 157책, 영조 51년 1월 9일
74) 備邊司謄錄 28책, 현종 10년 2월 10일
75) 備邊司謄錄 67책, 숙종 40년 3월 12, 13일
76) 承政院日記 588책, 영조 원년 3월 11일
77) 備邊司謄錄 143책, 영조 39년 5월 13일
78) 備邊司謄錄 137책, 영조 35년 9월 25일
79) 承政院日記 370책, 숙종 23년 3월 13일
80) 備邊司謄錄 60책, 숙종 36년 7월 14일
81) 備邊司謄錄 60책, 숙종 36년 9월 6일

82) 備邊司謄錄 150책, 영조 43년 10월 1일
83) 經濟野言 영남조선변통지책
84) 經國大典 권 6, 공전 주거
　　世祖實錄 권 27, 세조 8년 2월 을미
85) 備邊司謄錄 60책, 숙종 36년 6월 27일
　　備邊司謄錄 174책, 정조 13년 5월 27일
86) 大典續錄 권 6, 공전 주거
　　備邊司謄錄 86책, 영조 5년 9월 2일
87) 承政院日記 408책, 숙종 28년 12월 28일
　　備邊司謄錄 92책, 영조 8년 12월 25일
88) 中宗實錄 권 27, 중종 12년 3월 계묘
　　高麗史 권 33, 지 식화 2 조운
89) 奎章閣圖書 번호 12163, 각선도본 조선도
90) 增補文獻備考 권 120, 병고 12 주거
　　備邊司謄錄 28책, 현종 10년 2월 10일
91) 太宗實錄 권 29, 태종 15년 6월 임오
　　世宗實錄 권 102, 세종 25년 10월 임진
92) 備邊司謄錄 21책, 현종 2년 2월 25일
　　備邊司謄錄 92책, 영조 8년 12월 25일
93) 備邊司謄錄 122책, 영조 19년 6월 22일
94) 經世遺表 권 14, 균역사목추의 2 총론
95) 備邊司謄錄 102책, 영조 13년 12월 25일
　　承政院日記 513책, 숙종 45년 2월 3일
　　日省錄 정조 12년 정월 13일
96) 備邊司謄錄 3책, 인조 2년 정월 21일
97) 備邊司謄錄 72책, 현종 9년 정월 13일
98) 備邊司謄錄 5책, 인조 16년 3월 26일
99) 受敎輯錄 권 2, 호전 조전
100) 肅宗實錄 권 39, 숙종 30년 정월 정사
　　度支志 권 7, 판적사 조전부 조선절목
101) 度支志 권 10, 판적사 공헌부 대동 사실
102) 承政院日記 408책 숙종 28년 12월 18일
103) 備邊司謄錄 82책, 영조 3년 12월 13일
104) 김용곤, 「조선전기 군량미의 확보와 운송」(『한국사론』 7, 1980) p.285
105) 承政院日記 736책, 영조 7년 12월 21일
106) 萬機要覽 재용편 5, 황정, 동 재용편 6, 제창

107) 備邊司謄錄 44책, 숙종 16년 11월 23일
108) 備邊司謄錄 83책, 영조 4년 정월 23일
109) 備邊司謄錄 163책, 정조 5년 9월 24일
110) 承政院日記 408책, 숙종 28년 12월 18일
111) 日省錄 정조 5년 9월 24일
112) 承政院日記 1540책, 정조 9년 9월 9일
113) 備邊司謄錄 83책, 영조 4년 정월 23일
114) 備邊司謄錄 83책, 영조 4년 2월 28일
115) 備邊司謄錄 157책, 영조 51년 정월 9일
116) 備邊司謄錄 163책, 정조 5년 9월 24일
117) 世宗實錄 권 109, 세종 27년 8월 무진
118) 備邊司謄錄 28책, 현종 10년 4월 2일
　　　備邊司謄錄 45책, 숙종 17년 4월 19일
119) 承政院日記 408책, 숙종 28년 12월 18일
120) 典律通報 권 2, 호전 조전
121) 高麗史 권 79, 지 2 식화 조운
122) 備邊司謄錄 28책, 현종 10년 2월 10일
123) 度支志 권 7, 판적사 조전부 조선절목
124) 典律通報 권 2, 호전 조전
125) 北村秀人, 『高麗初期の漕運についての一考察』 (古代東アジア 論集, 上,
　　　1978) 참조
126) 備邊司謄錄 167책, 정조 8년 8월 20일
127) 各司受敎 권 2, 호조수교
　　　承政院日記 212책, 현종 10년 정월 10일
128) 備邊司謄錄 112책, 영조 19년 6월 22일
129) 尤庵集 권 13, 경술 9월 의소
　　　經世遺表 권1, 지관 호조 조운사
130) 萬機要覽 재용편 2, 조전
　　　備邊司謄錄 120책, 영조 25년 11월 6일
　　　度支志 권 7, 판적사 조전부 영남선절목
131) 備邊司謄錄 112책, 영조 19년 6월 22일
　　　備邊司謄錄 120책, 영조 25년 11월 6일
　　　續大典 권 2, 호전 조전
132) 承政院日記 212책, 현종 10년 정월 16일
　　　備邊司謄錄 112책, 영조 19년 6월 22일
133) 강만길, 앞의 글, p.62

134) 仁祖實錄 권 7, 인조 2년 11월 임자
135) 備邊司謄錄 91책, 영조 8년 4월 23일
136) 承政院日記 588책, 영조 1년 3월 11일
137) 備邊司謄錄 84책, 영조 4년 7월 7일
　　　備邊司謄錄 143책, 영조 39년 4월 27일
138) 承政院日記 532책, 경종 원년 7월 17일
　　　備邊司謄錄 139책, 영조 36년 12월 21일
139) 備邊司謄錄 83책, 영조 4년 4월 22일
140) 備邊司謄錄 102책, 영조 13년 11월 28일
141) 備邊司謄錄 84책, 영조 4년 7월 25일
　　　備邊司謄錄 90책, 영조 7년 8월 4일
　　　承政院日記 728책, 영조 7년 8월 10일
　　　備邊司謄錄 137책, 영조 35년 9월 25일

2. 경제 정책의 변화와 한양
- 大同法의 시행과 관련하여 -

1. 대동법의 특성

(1) 현실적 측면

조선 후기에 이르러 한양이 상업 도시로 변모함에는 경제 정책의 변화도 적지 않게 작용하였다. 조선 왕조의 위정자들 스스로가 중농 정책을 점차 포기하고 현실에 신축적으로 대응하기에 이른 것이다. 그 구체적 사례가 1608년부터 꼭 100년에 걸친 대동법의 시행이었다.

대동법의 특성은 한마디로 16 · 17세기의 사회 · 경제적 현실에 부응하여 봉건 국가로서의 조선 왕조가 현실 상황을 나름대로 극복하고, 아울러 봉건적 질서를 보다 강화하고자 한 경제적 측면에서의 지배 구조의 재편성이었다고 하겠다. 왜냐 하면 조선 왕조가 대동법을 통하여 종래의 현물 공납제를 전결(田結)을 기준으로 지세화(地稅化)하였다고 하여도 그것은 결코 봉건적 수취 체제를 포기한 것은 아니었기 때문이다.

말하자면 대동법과 같은 일련의 세제 개혁은 봉건 사회의 운영 논리를 부인하지 않는 전제 하에서 당시 보여지고 있던 사회 경제적 변화, 예컨대 토지 소유 관계의 변화, 농민 의식의 성장, 산업 구조의 변화 등에 나름대로 대처하기 위하여 국가가 농민에 대한 지배 방식을 조정한 데 불과한 것이었다. 봉건적 질서가 대동법 시행 후에도 강행되었음은 양반 중심의 신분 질서, 성리학 중심의 사회 사상이 봉건 사회의 운영 논리로서 계속 작용하였음에서 엿볼 수 있다. 그럼에도 기층 사회는 변하고 있었다.

어떤 특정한 시기에 마련된 체제는 그 시기의 역사적 조건을 반영하고 성립되는데, 역사적 조건이 변하게 되면 과거 일정한 시점의 역사적 조건을 반영하고 성립된 체제는 당연히 그 현실과 갈등을 일으키게 된다. 17세기를 전후한 조선 사회는 봉건 국가와 농민의 갈등이 두드러지게 나타나고 있던 시기였다.[1]

　　15세기에 정비되었던 조선 왕조의 봉건적 질서는 16세기 중엽 이래로 해이해지더니 왜란과 호란을 겪으면서 한층 더 이완되어 갔다. 왕권이 약해지고 정치의 실권이 양반 관료에게 넘어가면서 양반 계층은 자체 분열을 일으켜 정쟁이 끊임없이 일어났다. 양반들의 정치적 대립은 민생 문제에 대한 것도 없지 않았지만 주로 예론(禮論)이나 왕위(王位)의 계승 문제를 중심으로 한 것이어서, 백성들의 생활 문제와는 거의 무관하였다. 전후 복구를 위한 시책도 미봉적일 수밖에 없었고, 이에 지배 계층에 대한 민중의 불만은 날로 커갔다.

　　사회·경제적 측면에서도 여기저기서 모순이 드러나고 특권적 경제 질서는 그 한계를 보이고 있었다. 봉건적 토지 분급 제도인 과전법(科田法)은 이미 16세기에 폐지되었고, 상업과 수공업에 대한 통제도 제대로 이루어지지 못하고 있었다. 부역제에 의한 노동력의 강제 동원도 실효를 거두지 못하고 있었다. 그럼에도 불구하고 양반 관료들에 의한 토지 겸병과 농장의 확대는 날로 늘어나 국가 재정을 위축시켰고 농촌 경제를 악화시켜 농민의 몰락을 재촉하였다. 빈민을 구제하기 위하여 마련되었던 환곡제는 오히려 농민의 궁핍화를 가속화시켰다. 특히 정부의 가혹한 수취 체제, 예컨대 군정(軍政)의 문란, 방납(防納)의 폐단 등으로 인하여 농토에서의 농민의 이탈은 날로 심화되고 있었다. 그리하여 당시의 농촌은 무전농민(無田農民)으로 충만되어 있었으며, 그로 말미암아 농민의 유망이 전국적으로 광범위하게 전개되고 있었다.

　　충청도 단양현의 경우를 예로 들면, 1454년에 235호이던 양민호(良民戶)가 1557년에는 40여 호로 격감하고 있다.[2] 이러한 현상은 다른 고을에서도 유사하였다. 그런데 이는 결과적으로 봉건 국가로 하여금 수탈의 기반을 잃게 하는 것이었다. 왜냐 하면 당시 봉건 국가의 재정 기반은 농민에게서의 세수(稅收)에 있었고, 세수 확보를 위해서는 농민의 토지에의 긴박이 그 필수적 전제가 되고 있었기 때문이다. 조선 왕조는 모든 세수의 원천을 농민에 두고 있었다. 국가의 세수 가운데서도 특히 중요한 부문을 차지하고 있던 공물의 징수도 그 부과 대상을 농민에 두고 있었다.[3]

　　그러나 계속 점증하는 농민의 유망은 공물제의 순탄한 시행을 불가능하게 하였다.[4] 이는 국가의 재정 기반, 나아가 국가 기강 자체를 위태롭게 하는 것이었다. 이러한 사태에 대응하기 위하여 봉건 위정자들은 공물의 부과 대상을 유망, 이산하기 쉬운 인신(人身)에서 그것이 불가능한 토지에로 전환하고자 하였던 것이다. 대동법을 실시하고자 한 의도는 여기에서 자명해지는 것이다.

그런데 농민의 유망은 국가에 대한 농민의 소극적 저항이기도 하였다. 따라서 농민의 유망을 억제하는 것은 국가 재정 기반을 굳히는 길일 뿐 아니라 농민의 불만을 해소하는 길로써 받아들여져야 했기 때문에 공물의 부과 대상을 토지에로 전환시켰다고 하여서 근본적인 문제가 해결되는 것은 아니었다. 그리하여 보다 적극적인 농민들은 수탈에만 집착하던 지배 계층에 대하여 거세·항조·민란 등의 형태로 자신들의 불만을 나타냈다. 따라서 무전농민(無田農民)을 공물 부과의 대상에서 제외한 대동법은 동요하는 농촌 사회를 안정시키고자 하는 고식적인 대책일 뿐이었다고 하겠다.

실로 봉건적 질서의 동요 속에서 특히 봉건적 경제의 토대인 토지 소유 관계의 변화 속에서 많은 농민들이 농토를 잃고 유리하는 일련의 역사적 조건에 대응하여 대동법이 실시되었다고 볼 때, 그것은 체제 위기를 미봉적으로 고수하려는 봉건적 특성을 여실히 입증하는 것이라 하겠다. 말하자면 대동법은 봉건 지배층이 수탈의 기반을 확보하고자한 또 하나의 노력이었던 것이다.

한편, 대동법은 비특권적 유통 경제의 발달에 직면하여 이에 대응한 봉건 국가의 특권적 유통 기구의 재편성이라는 본질을 갖는다. 대동법은 본래 유통 경제의 발달을 전제로 하여 성립되었다.[5] 왜냐 하면 농민에게서 징수한 미곡이나 포목으로 종래 현물로 징수하던 관수품을 구입해야 하는 것이 대동법이었기 때문에 이의 시행을 위해서는 상업이나 수공업의 발달이 전제되어야 했다. 다시 말하면 대동법의 성립은 농민들의 미곡 생산량이 증대되어 있었고 또 농민들이 공물로 납부한 토산물보다 우수한 물품을 구입할 수 있었던 경제적 여건이 조성되어 있었기 때문에 가능했던 것이다.[6]

봉건 사회로서의 조선 사회의 기초 산업은 농업이었다. 조선 사회의 지배적인 생산 양식이 농업에 토대하고 있었던 만큼 조선 왕조의 봉건 지배층은 그 경영과 관리에 절대적이라 할 만큼 관심을 기울여 ‘농자지천하지대본(農者之天下之大本)'이라 하였다. 그리하여 15세기에는 농지 확대와 전제 개혁에 의해 농업 생산력이 발전할 수 있는 토대가 마련되었다. 여기에 국가의 적극적인 권농 정책과 지식층의 영농법에 관한 연구가 어우러져 농업 생산력에 있어서 비약적인 성장을 보였다.[7]

이에 반하여 상공업에 대하여는 이른바 '무본억상(務本抑商)'을 내세워 통제하고자 하였다. 농업 위주의 경제 체제를 지향한 봉건 국가는 상업과 수공업에 대하여는 적극적으로 간여하여 그들의 활동을 규제하였던 것이다. 전문적인 수공업자인 장인(匠人)들을 신분제를 토대로 중앙과 지방의 각 관청에 예속시켜 국역의 일환으로 사역하였다.[8] 따라서 생산 활동은 원활치 못하였다. 상업도 작은 규모는 허락하였으나, 규모가 큰 것은 점포의 크기, 상품의 종류, 수량, 가격 등을 국가가 규제하고 통제하였다.[9] 그리하여 상업 활동도 부진함을 면치 못하였다.

그러나 16세기를 전후하여 경제계는 점차 변화를 보였으니 조선 왕조의 상공업 정책이 무너져가기 시작하였다. 신분적 예속성에서 벗어나고자 하는 장인들의 이탈, 그리고 정부의 재정 사정 악화로 인해 관장제(官匠制)의 운영이 어려워져 갔던 것이다. 여기에 더하여 전반적인 경제 성장에 따라 수공업의 수요가 증가하고 다양해져 통제적인 관장제로는 감당하기가 어려웠던 것이다. 이에 사장(私匠)의 활동이 주목되었다. 관아의 통제를 받지않는 사장들은 비교적 자유로운 생산 활동에 종사하고 있었는데, 그들의 제품은 품질과 가격면에서 관장들의 그것을 앞서 갔다. 수공업의 성장에 따라 그 원료 생산을 위한 광업의 발달도 촉진되었다. 16세기 이래로 농민들은 종래와 달리 광산에서의 부역 동원을 거부하고 사사로이 채굴 활동에 참여하기 시작하였다.

이와 더불어 16세기에는 상업계에도 변화가 일어났는데, 지방 각 교통 중심지에 장시(場市)가 발달한 것이다. 그것은 15세기에 이루어진 농업 기술의 발달을 토대로 농업 생산력이 높아지면서 구매력이 증대된 결과이지만, 이를 계기로 전국적인 규모의 유통망이 수립되어 갔던 것이다.[10] 그리하여 이들을 거점으로 한 사상들의 활동이 두드러져 갔다.

사장(私匠)·사채(私採)·사상(私商)의 활동은 비특권적 유통 경제의 진전이었다. 이 같은 현상은 사회적 변화로서 필연적이었지만, 봉건 국가로서는 결코 쉽게 용인될 수 있는 것이 아니었다. 16세기 이래 봉건적 통치 질서가 동요되고 있었다고 하여도 위정자들은 봉건적 질서를 포기하지 않았다. 오히려 그들은 지배 체제를 계속 유지하기 위하여 통치 질서를 재정비하고 성리학적 도덕 규범을 강화하여 지배 체제의 구조적 모순을 은폐하고자 하였다.[11]

17세기에 이르러서도 중세적 신분 질서는 엄격하게 요구되었고, 사회 전반에 걸쳐 중세적 예속성과 신분적 명분론이 작용하여 규격화된 사회상을 보여 주고 있었다. 봉건 국가는 유통 경제의 새로운 변화에 대하여도 특권적 유통 기구로 재편성하고자 하였으니 대동법이 그것이었다.[12] 국가가 유통계의 움직임을 봉권적 특권을 바탕으로 획일적으로, 그리고 집중적으로 장악하고자 한 것이다.

더구나 당시 유통계의 진전에 따라 미포(米布)가 교환 수단으로서 널리 통용되어 가고 있었고, 정부의 공물 구입 자체도 방납의 유행으로 이미 시장 경제 원리에 부응하고 있었던 현실이었다.[13] 따라서 정부는 그 과정에서 야기되던 비리를 제거하고 바람직한 방향에서 현실의 상황을 수용함으로써 역사적 현실을 인정하고, 나아가 그 현실을 주도하여 동요되던 봉건 질서를 미봉적이나마 유지해보려 한 것이다. 즉, 기본적으로 경제계를 국가가 통제하면서 그 내부에서의 변화를 묵인하고자 하였던 것이니, 그것은 정부가 대동법을 계기로 공인(貢人)이라는 새로운 특권 상인을 지정, 그들에게 영업의 독점과 특권을 부여하고, 연간 30만 석 안팎의 막대한 공가(貢價)를 지급하여 정부 수요의 물품을 구입하면서 특권적 어용 상업을 육성하고자 한 데서도 엿볼 수 있다.[14]

그리하여 종래 방납을 중심으로 비합법적으로 전개되어 오던 비특권적 유통 경제 활동이 공인을 중심으로 합법적으로 특권적 경제 활동에 편입되어 갔으니, 공인은 정부 수요의 물품을 구입하기 위해 생산자, 상인, 장시 등과 깊이 연계하여 그들의 물품 제조 활동이나 유통 활동을 규제하였다.[15] 따라서 관수품 조달 상인으로서 정부의 비호를 받는 공인의 역량이 크면 클수록 국가의 경제계에 대한 공인의 영향은 보다 증대되었던 것이다.

(2) 법제적 측면
대동법은 동요하는 봉건적 질서를 재정비하려는 현실적 측면에서의 봉건성을 지니고 있을 뿐 아니라, 법 자체에도 봉건적 특성이 크게 작용하고 있었다고 하겠다. 왜냐 하면 대동법은, 비록 그것이 그 내부에 발전적인 형태를 지녔다고 하더라도 본질적으로는 봉건적 경제 제도의 하나로서 국가적 지배를 기반으로 하는 봉건적 수취 제도였기 때문이다. 즉, 수취 체제의 원리에 봉건성이 오히려 강화되고 있었다.

대동법에 내재한 봉건성을 구체적으로 살펴보자. 첫째 대동법의 실시로 과세의 기준이 종전의 민호(民戶)에서 전결(田結)로 바뀌었다.[16] 따라서 토지를 가진 농민은 부담을 면할 수 없지만, 토지를 가지지 못한 영세 농민은 일단 과세 부담에서 해방되기 때문에, 무전농민이 많았던 당시의 현실에서 이는 바람직한 것으로 보였다.

그러나 봉건 지주층의 토지 겸병으로 인하여 소작농이 보편화되고 있던 실제 상황 속에서, 그리고 그들 소작농은 봉건 지주의 경제외적 수탈을 면할 수 없었던 상황 속에서 이를 고려하지 않고 막연히 전결을 기준으로 하였다고 하여서 농민에게 유리하였던 것은 아니다. 부담의 주체가 명확하지 않은 속에서 가난한 농민이 거의 그 부담을 지지 않으면 안되었다.[17] 실제로 18세기 말의 예를 보면, 대동미(大同米)를 포함한 전세와 종자의 부담이 지주로부터 소작인에게 거의 전가되고 있었다.[18]

대동미의 과세 기준이 민호에서 전결로 바뀐 것은 어찌보면 소득과 세납을 직결시키는 과세상의 진보를 보인 것이라고도 하겠지만, 본질적으로 그것은 철저한 봉건성을 드러낸 것이다. 사회 발전에 있어서 봉건 경제 단계에서는 토지가 주요 생산 수단이었고 또 유일한 부(富)의 기본 형태였다.

그런데 조선 사회의 공납제에서는 토지가 아닌 민호에 공납과 역역을 부과하고 있었다. 즉, 그것은 인신적 수취를 기본으로 하는 노예 경제 단계의 수취 체제에 가까운 모습이었다. 따라서 공납제는 토지에서의 수취를 기본으로 하는 봉건 경제 단계의 측면에서 보면 봉건성이 철저하지 못하였다.

본래 조선 왕조는 봉건 지배층 중심의 지배 질서를 정비함과 아울러, 그 경제적 기반으로서 농업 사회적 수취 체제를 확립, 봉건 경제 체제를 지향하여 과전법을 만들고 농민을 수탈의 기본적 대상으로 편제하였었다. 그리하여 농민에게 부과되는 여러 가지 부세 제도를 만들어 놓고,

그것을 용이하게 운영하기 위한 지배 체제를 강화하였다. 『경국대전』에 의하면 중앙에서 파견되는 말단 행정관인 수령의 가장 중요한 책임은 부세의 징수 상납에 있었다.[19] 부세의 징수는 철저하였다.

농민에 대한 수탈의 가혹성은 세액이 과다한 데만 있는 것이 아니었다. 부과의 대상을 확실히 하기 위하여 농민을 토지에 긴박시켜 이동을 억제하였으니, 호패법·오가작통법 등은 그러한 정책의 구체적 표현이었다.[20] 그리하여 농민은 대를 이어가며 한 곳에 살면서 자급자족적인 봉건 경제권에 묶여 있어야만 했다.

그러다 양 난을 겪으면서 전술한 바와 같이 농민의 유망이 광범위하게 전개되면서 농촌 사회에 대한 정부의 지배력에는 한계가 드러나게 되었다. 봉건적 지배성의 취약점이 확연히 노출된 것이다. 이 시기에 있어서의 문제점은 종래와 같이 법령의 강화만으로 시정될 수 있는 성질의 것이 아니었다.

이에 봉건 지배층은 여러 각도에서 방안을 모색한 끝에 최선의 대책이라고 하여 대동법을 제시하였다. 즉, 대동법은 농민 지배에 대한 새로운 차원의 조처로서, 후에 제정된 비총법(比摠法)·호수제(戶首制)·공동납제(共同納制) 등과 마찬가지로 보다 강력히 농민을 통제하고 아울러 확고히 국가 재정 기반을 굳히고자 한 것이었다. 다시 말하면 대동법은 명분상으로는 민폐를 시정한다는 전제 하에 괴리되어 가는 농민 세계를 회유 장악하고, 그리하여 지배 질서의 계속적 유지를 시도하고, 실제적으로는 유망이 가능한 농민보다는 유망이 불가능한 토지를 수취의 대상으로 삼아 이것을 법제화함으로써 봉건 국가로서는 조금도 손실을 보지 않고자 한 치밀한 대안이었던 것이다.

한편, 대동법에 의해 현물로 바치던 공물이 미(米)와 포(布)로 바뀌었다.[21] 법제적으로 수취의 형태가 바뀌었다. 그러나, 이 역시 농민들로서는 그리 큰 변화가 아니었다. 공물의 대가로서 미 또는 포를 거두는 이른바 수미(收米)·수포(收布)의 형태는 매우 이른 시기부터 나타나고 있었다.[22] 그것은 공납제 자체가 내포하고 있는 문제점에서 유래하고 있다.

본래 각 고을에의 공물의 배정은 각 지방의 토산(土産)에 따르도록 되어 있었다.[23] 그러나 실제로는 생산되지 않는 공물이 배정되는 경우가 많았다.[24] 이와 같은 불합리한 조처는 자연히 농민으로 하여금 위로부터의 압력에서 벗어나기 위하여 방납에 이용되도록 하는 결과를 초래하였다. 게다가 고을의 수령들은 해당 품목의 공물을 기한 내에 상납하지 않으면 추고(推考)의 대상이 되었기 때문에 쉽게 방납에 동조하게 되었다.[25]

그리하여 15세기 후반 이래 각 관청의 서리, 노복 등 방납배들은 방납 행위를 집요하게 추구하여 정부가 필요로 하는 공물을 구하여 선납하고 그 대가를 해당 고을에 요구하였다. 후에는 수령들도 자의든 타의든 방납 구조 속에 깊이 포섭되어 공물을 본색(本色) 대신에 미곡과 포목으로 방납배들에게 지급함을 당연시하였다. 16세기에는 이 같은 현상이 도처에 만연하였다. 예컨대 1602년(선조 35) 4월의 기록에 의하면, 방납 행위로 말미암아 여러 고을이 그 곳에서의 생산되는 바를 고려하지 않고 백성에게서 바로 미곡과 포목을 거두어 중앙에 상납하고 있다고 하였다.[26] 본 뜻은 이미 사라지고 오로지 수미(收米)·수포(收布)의 행태가 보편적이었던 현실이었다. 일부 지방에서는 지방관이 방납의 운영 방식을 합리적으로 개선하여 민폐를 제거하기도 하였으니, 황해도 해주의 수미법이 그것이다.[27]

이와 같이 대동법 이전에도 이미 미곡 또는 포목으로 징수하는 사례는 널리 보여지고 있었다. 따라서 대동법에서의 미·포의 징수는 전혀 새로운 것이 아니었으며 봉건적 관행을 국가 기구 내에 포섭함으로써 공적으로 법제화시킴에 불과한 조치였다. 결국 대동법이란 방납의 운영 원리가 전제되었던 것이고, 방납을 가능케 하였던 16세기 이래의 봉건적 제관계를 수용하여 확정한 봉건적 수취 체제의 하나였던 것이다. 곧 공납제 자체가 갖는 봉건적 한계성을 법제적으로 확인한 조처가 대동법이었던 것이다.

그런데, 공물 수취의 형태가 현물에서 미곡이나 포목으로 바뀌었다고 하더라도 그것이 모든 품목에 해당되는 것은 아니었다. 예컨대 별공(別貢)과 진상(進上)은 그대로 남아 농민에게서 여전히 현물이 수취되고 있었다.

원래 공물에는 상공(常貢)과 별공(別貢)의 두 종류가 있었으니, 상공은 생산지를 구별하지 않고 일반적으로 징수되는 공납을 말하며 별공은 특정 지방에서만 생산되는 것을 수취하기 위한 공납을 말한다.[28] 뿐만 아니라 상공은 년례상공(年例常貢)이라 하여서 항시적인데 대하여 별공은 정부가 특별히 필요로 하는 때에 차정하는 것이 원칙이었다. 말하자면 별공은 특별한 지역에서 생산되는 것을 특별한 때에 징수하는 것이다.

그런데 대동법에서는 상공만이 개혁의 대상이었고 별공은 계속 현물로 수취토록 용인되었다.[29] 다시 말하면 왕실이나 중국 사신에 특별히 지공(支供)할 필요가 있을 때, 특히 그 공물의 품질이나 규격, 수량이 제한적일 때는 해당 고을 또는 해당 생산자에게 직접 현물로 납입토록 하였다. 그러나 이와 같은 별공도 후에는 불시에 필요하여 징수한다는 원래의 의도와는 달리 고정적으로, 그리고 정기적으로 부과되었다. 주로 약재 · 유석 · 지물 · 녹피 등이 별공의 물품으로서 왕실에 상납되었다.

한편, 공물과 별도로 진상이란 것이 예전부터 있었는데, 계속 시행되었다. 공물이 세납의 명분을 갖는 데 비하여 진상은 지방관이 국왕에게 예물을 바친다는 성격을 지니고 있었다. 즉, 국왕의 어선(御膳)을 비롯하여 궁중의 제향 · 빈객 · 하사 등에 소요되는 물품을 관찰사, 병사, 수사 등이 한 달에 한 번씩 바쳤다.[30] 진상은 형식상에서 보면 각 도가 상납의 단위가 되었으나, 실제에 있어서는 역시 각 고을에 분담되었고, 다시 농민에게 부담되었다. 이러한 점에서 보면 진상도 공물과 다름없이 세납의 성격을 띠고 있었다. 더욱이 진상물은 썩기 쉬운 식료품이 대부분이었으므로 까다로운 경우가 많았다. 대동법에 의해 공물이 현물에서 곡물이나 포목으로 대신 바치게 된 뒤에도 진상은 여전히 현물로 바쳤다.[31]

이와 같이 현물로 징수하는 별공이나 진상이 잔존하고 있는 한, 대동법의 성격은 일정한 한계를 갖고 있는 것이다. 봉건 국가가 수요 위주로 재정 수취 체제를 편제한 일면을 간단히 보여 주고 있었다. 특히 국왕 중심으로 재정 체계가 편성되고 있음을 알 수 있게 해준다 하겠다.

한편, 수요 기준의 측면에서도 대동법은 여전히 봉건성을 내포하고 있었다. 본래 공물은 농민의 생산 물량을 과세의 기준으로 삼은 것이 아니라 봉건 국가의 수요를 기준으로 하여 과세하였다. 그리하여 과세량에 무리가 있었고, 고을에 따라서는 생산되지 않는 물품이 과세되는 경우도 있었다. 여기에 공물 수납상의 가장 큰 폐단의 하나였던 방납이 생겨났던 것이다.[32] 그런데 대동법에서도 그 폐단은 크게 시정되지 않고 있었다.

본래 대동법 시행의 본원적 의도는 양 난 직후에 제기된 재정 위기를 극복함과 피폐한 농촌 사회를 재건함에 있었다. 특히 위정자들은 후자의 측면을 명분상 강조하였다.[33) 그러나 실제에 있어서는 전자의 입장에 보다 유의하였다.[34) 전란 후에는 녹봉의 지급이 원활치 못할 정도로 재정이 파탄 상태에 이르고 있었고,[35) 따라서 대동법이 그 해결 방안으로 강구되면서, 자연히 농민의 부담보다는 국가의 수요에 법 규정이 강조되었다.

유성룡이 처음 대공 수미법(代貢收米法)을 제정 시행할 때 과세 수취량을 1결당 2 두로 상정하였던 것을 후에 12 두 혹은 16 두로 바꾼 것은 그러한 상황을 단적으로 보여 주고 있다. 뿐만 아니라 전결을 기준으로 함에 있어서도 '수기수세(隨起隨稅)'의 원칙에 따른다고 하였으나, 봉건 국가의 수요는 원칙을 바로 지키게 하지 못하였고, 그리하여 여러 해 묵혀오던 진전에서도 수세하였다.[36) 게다가 갖가지 명목의 잡세를 부가하여 징수하였으니, 가승미(加升米)·선상미(船上米)·창역가미(倉役價米)·부가미(浮價米)·작지미(作紙米) 등의 부가세가 그것들이다.[37) 대동법에서는 이 같은 부가세가 합법화되고 있었다. 이는 일체의 과외 징수를 금지한다고 한 대동법의 근본 정신과도 위배되는 조선 왕조의 기만성을 보여 주는 것이기도 하였다.

결론적으로 대동법은 개별적 내용에 있어서는 다소 발전적 요소가 내포되어 있었다고 하더라도, 본질적으로는 봉건적 경제 질서를 계속 유지하거나, 보다 강화하고자 한 수취 체제의 개혁으로서, 봉건적 특성이 그 토대로 작용하고 있다고 하겠다. 말하자면 대동법은 국가 자체가 대지주였던 현실 속에서 수취 기반을 확고히 함으로써, 점차 문제화되고 있던 정치적 구속력의 약화를 경제적 수탈에서 보상받으려 한 조선 왕조의 농민 지배성을 법제적으로 보여준 것이다. 왜냐 하면 농민에 대한 봉건 국가의 수탈 형태는 토지를 토대로 한 부세 수취가 전형적이었기 때문이었다.

2. 대동법 시행의 의도

(1) 국가 재정 위기의 극복

17세기의 조선 사회는 임진왜란, 병자호란 등의 전란을 거듭 겪으면서 생산 구조가 파괴되고 국가 재정은 궁핍하여 사회가 자못 어수선하였고 위기 의식이 도처에 팽배하였다. 특히 국가 재정은 봉건 왕조의 체제와 질서를 유지하기가 힘들 정도로 어려운 상태에 직면하고 있었다. 영정

법·대동법·균역법 등 일련의 세제 개혁은 이러한 상황 속에서 이루어
졌던 바 세수(稅收)의 확보가 무엇보다도 시급히 요청되던 현실이었다.

흔히 대동법은 공물의 과중한 부담과 그 수납상에 있어서 제기된 폐단
으로 인하여 농민이 도탄에 빠지게 되었으므로 이를 시정하기 위하여 시
행되었다고 한다.[38] 특히 공물 수납 과정에서 나타난 방납의 폐단은 농
촌 사회의 동요를 가져올 만큼 그 후유증이 심하여 농민층의 유망, 즉
토지 이탈을 격화시켰다는 것이다. 따라서 민생의 안정을 위해서는 전체
농민의 파산을 예방하기 위한 세제의 개혁이 불가피하였다는 것이다.

물론 공납제의 폐단으로 인한 것만은 아니겠지만, 그것이 주 원인이
되어 농민의 토지 이탈은 16세기 이래 하나의 사회적 경향으로 주목될
만큼 심해지고 있었음은 사실이다.[39] 그리고 이 같은 현상은 '민유방본
(民惟邦本)', '농자지천하지대본(農者之天下之大本)'을 내세우는 성리학
적 봉건 사회에서는 중대한 문제였기도 하다.

그러나 대동법이 실시된 동기를 좀더 본질적으로 살펴보면, 특히 앞에
서 살핀 대동법의 봉건적 특성과 연관하여 볼 때, 대동법은 봉건 국가의
재정적 위기에서 그 시행의 의도를 찾아야 할 것이다. 농민의 토지 이탈
이 문제가 된 것도 농민 자체를 염려해서라기보다는 국가 재정을 위태롭
게 하는 요인이 되었기 때문이다. 왜냐 하면 조선 사회는 봉건적 생산
양식, 즉 토지 지배에 기반을 둔 봉건 사회였던 것이다.[40] 따라서 농민의
토지 이탈은 곧 수취 기반의 이탈이었다.

고려 말의 사회 혼란과 이민족의 침입이 계속되는 어려움 속에서 건국
된 조선 왕조는 강력한 중앙 집권 체제를 통해 봉건적 질서의 재정비를
시도하면서 국가 역량을 키우고자 국가를 부강시키고 민생을 안정시키
는 방향으로 경제 구조를 대폭 개편하였다. 특히 경제 구조의 바탕을 농
업에 두고 농업 생산력을 높이기 위한 토지 개간, 수리 시설 확충, 농업
기술 개량 등에 주력하였다. 그리하여 15세기 중엽에는 농지가 160만
결에 이르렀고 단위 면적당 수확량도 크게 늘어났다.[41] 이에 토대하여
15세기 봉건 국가의 국가 재정은 그런대로 안정 상태를 유지하였다.

그러나 15세기 말 이래 토지의 사유화가 진전되어 많은 양반 관료들
이 농장을 소유하고 그들의 경제 기반을 확대시켜 나가면서 봉건 국가의
공적 경제 기반은 점차 위축되어 갔고, 게다가 사회 변동에 수반하여 국

가 기강이 동요되면서 수취 체제도 정상적으로 운영되지 못하면서 국가의 재정 수입은 날로 감소되어 갔다.

이러한 상황 속에서 양 난을 겪게 되자, 국가 재정은 급격히 악화되어 갔다. 특히 7년 간에 걸쳐 전국을 휩쓴 임진왜란은 농촌 사회를 황폐화시켜 1601년(선조 34) 전국의 토지 면적은 30만 결로 감축되었다.[42] 가장 피해가 컸던 경상도는 약 1/6로 감축되었다. 이에 왜란이 끝난 후 황무지를 개간하고 양전 사업을 실시하여 토지 면적이 점차 회복되었으나, 쉽게 국가 재정은 호전되지 않았다.[43]

1624년(인조 2) 호조의 보고에 의하면, 백관의 춘계 녹봉으로 지급해야 할 수량이 쌀 10,500여 석, 콩 4,600여 석인데, 당시 광흥창(廣興倉)에 비축되어 있었던 것은 쌀 880석, 콩 230석 뿐이었다고 한다.[44] 1651년(효종 2)의 기록에 의하면 사대부들이 기근을 면치 못하고 있음을 알 수 있다.[45] 국가 재정 형편이 이와 같이 파산 직전에 있었건만, 5군영의 설치 등 군비 증강에 따른 국방비의 증대와 국가 기구의 증설로 인한 행정비의 증대로 국가적 경비는 오히려 팽창하는 추세에 있었다.

한편, 지방 재정도 17세기에는 급속도로 악화되어 가고 있었다.[46] 본래 조선 왕조에서는 지방 관아의 재정 운영을 위해서 관둔전이라는 명목의 토지를 지급하였다. 그 관둔전은 농민의 사역이 금지되고 관노비나 진수군(鎭戍軍)으로 경작함이 원칙이었다.[47] 그런데 전쟁으로 말미암아 경작자의 태반이 도망가고, 관둔전 자체도 위치와 크기를 알 수 없을 정도로 황폐되어 버렸다.[48]

게다가 전란 직후 야기된 절수(折受)의 남발과 기강의 문란 등으로 인한 토지 제도의 문란 과정에서 궁방(宮房)을 비롯한 국가 권력과 밀착된 봉건 지배층에 의해 관둔전의 상당수가 점탈되어 갔다.[49] 뿐만 아니라 지방 관원의 녹봉을 위해 지급되던 소정의 아록전(衙祿田), 공수전(公須田)도 지급되지 않는 경우가 많았다.[50] 지방 관아에서는 심각한 재정난에 직면해 있었다. 이에 봉건 정부는 잡다한 명목으로 농민으로부터 잡세(雜稅)를 징수하였지만 실효를 거둘 수는 없었다.[51]

요컨대 15세기 말 이래 농촌 사회에서는 양반 관료들의 토지 겸병이 광범위하게 전개되고 있었는데, 그와 같은 사적 경제 기반의 확대는 국가의 공적 경제 기반을 약화시키는 것이었다. 게다가 공적 질서가 동요하면서 봉건 지배층의 농민에 대한 수탈이 가중되었고 이는 농민의 유망을 유발시켜 결과적으로 국가 재정의 수취 기반을 붕괴시켰다. 이와 같은 사회 경제적 변동 속에 마침내 전 국토를 유린한 전란은 그나마 유지되어 오던 국가 재정을 파탄으로 몰고 갔던 것이다. 체제의 유지가 어려울 정도로 17세기에 있어서의 재정 위기는 심각하였다.[52]

봉건 지배층은 이러한 당면 과제를 부세(賦稅) 및 재정 구조의 개혁을 통해서 해결하고자 하였다. 그리하여 제기된 가장 체계적인 타개책이 공납제의 개편이었던 것이다. 대동법 시행의 본원적 의도는 일차적으로 파국 상태에 놓여 있었던 중앙 재정과 지방 재정을 재건함에 있었던 것이다.

김육이 충청·전라의 양도 전결 27만 결에 대동법을 적용하면 목면 5,400 동(同), 미곡 8,500 석(石)을 거둘 수 있어 경비의 여유가 생기고 국가 재정이 풍족해질 것이라고 보고한 것은 대동법의 기본 목표가 재정난 타개에 있음을 단적으로 보여 주고 있다.[53] 이와 같은 사실은 조익(趙翼)의 상소에서도 역시 입증되고 있다. 조익은 당시 전국 공물가(貢物價)의 미곡 환산액을 9만 석으로 추정해 놓고 경기·충청·전라·강원의 4도에 대동법을 실시할 때 예상되는 세수액을 37만 석으로 추계하여, 거기에서 상납미(上納米), 유치미(留置米), 운송미(運送米)를 모두 공제하더라도 12만 석 내지 13만 석의 잉여가 생긴다고 하였다.[54]

실제로 대동법은 거의 파산 상태에 빠져 있던 조선 왕조의 재정 사정을 어느 정도 회복시켜 주었다. 특히 그 시행 초기에는 성과가 있어서 지배 체제를 지속 강화시키는 역할을 결과적으로 수행하였다.[55]

대동법에 의해 확충된 재정 수입은 어느 정도였던가를 살펴보자. 대동세는 포목으로도 징수하였으나, 계결수미(計結收米)의 원칙 하에서 미곡으로 징수하는 것이 기본이었다. 대동미 징수율은 그 실시 초기에는 각 도마다 달랐다. 처음 시행된 경기에서는 토지 1결에서 봄·가을로 각 8두, 합계 16 두의 미곡을 징수하였다. 그러나 현종 3년(1662) 양전(量田) 이후 12 두로 감하였고, 이어서 실시된 강원도에서도 실시 당초에는 경기에서와 같이 매 결당 16 두의 미곡을 징수토록 하였으나, 숙종 36년 (1710)에 일부 군현에 양전을 실시하고서 양전을 한 영서 지방의 8읍은 12 두, 양전을 하지 않은 나머지 영서 지방의 9읍은 16 두, 그리고 영동의 9읍은 14 두씩 징수하였다. 충청도에 대하여는 효종 3년(1652)

처음 시행할 때에 10 두를 부과하였으나, 현종 15년(1674) 12 두로 증액하였고, 전라도에 대하여는 효종 8년(1657) 13 두를 부과하였으나 현종 7년(1666) 경기의 예를 따라 12 두로 개정하였다. 경상도 역시 시행 당초에는 13 두를 부과하였으나, 숙종 39년(1713) 12 두로 개정하였고, 황해도에는 숙종 36년(1710) 별수미 3 두를 포함하여 17 두씩 징수하였다가, 영조 23년(1747) 15 두로 감하였다. 이처럼 당초에는 그 징수율이 달랐으나, 1663년 경기도 징수율이 매 결 12 두로 개정된 것을 계기로, 강원·황해도를 제외하고는 모두 12 두로 통일되었다.[56]

소정의 징수율에 의하여 각 도의 대동세액은 결정되었는데,『선혜청절목(宣惠廳節目)』에 의하여 황해도를 제외한 5도의 대동세 총액을 살펴보면, 17세기 전반에는 대략 42만 7천 석이었다.[57] 이에 황해도의 것을 포함한다면 보다 증대될 것이다. 이와 같은 대동세 총액은 후에도 거의 비슷하였는데,『증보문헌비고』에 나타난 대동세의 징수액은 〈표 1〉과 같다.

42만여 석의 대동세 수입은 인조 18년(1640) 당시 10만 석에도 미치지 못하던 세수입과 비교하면 엄청난 것으로서, 탕진된 국가 재정을 보강하는 데 크게 이바지할 수 있었던 것이다.[58] 즉, 대동법에 의해 막대한 재원을 확보하게 된 봉건 국가는 대동세로써 관아 또는 왕실에 소요되는 물자를 조달할 수 있었을 뿐만 아니라 극심한 재정 궁핍을 극복하게 되었다. 그리고 관둔전·아록전·공수전 등의 재원을 상실하여 재정이 극도로 핍박해진 각 지방 관아도, 특히 그 초기에는 대동세 수입의 약 절반에 가까운 유치미를 획급받음으로써 재정난을 타개할 뿐만 아니라 상당한 재정 잉여도 갖게 되었다. 실로 대동법은 조선 왕조의 재정적 위기를 타개하기 위하여 제시된 방안으로서, 결과적으로도 재정적 측면에서 원천적으로 의의를 지녔다고 하겠다.

(2) 농민 부담의 감축

대동법 시행의 본원적 의도는 분명히 재정적 위기 상황에 직면한 지배층이 이를 극복하여 나름대로 체제를 계속 유지하고자 함에 있었다. 대동법 자체가 지니고 있는 봉건적 특성과 연관하여 보아도 그러하다. 정치적 이상에 앞서 현실적으로 그들은 다급한 상황에 직면하여 있었기 때문이다.

〈표 1〉 대동법의 도별 징수 총량과 내용

지역 구분	경 기			충 청		
	上納分	留置分	計	上納分	留置分	計
米(石)	22,482	5,235	27,717	48,643	20,205	68,848
太(石)				4,651 (2,325)		4,651 (2,325)
木(疋)				19,018 (7,607)		19,018 (7,607)
錢(兩)				35,200 (7,040)		35,200 (7,040)
計	22,482	5,235	27,717	(65,615)	20,205	(85,820)
지역 구분	전 라			경 상		
	上納分	留置分	計	上納分	留置分	計
米(石)	69,848	35,039	104,887	33,749	23,044	56,793
太(石)	5,700 (3,800)		5,700 (3,800)	1,277 (745)		1,277 (745)
木(疋)	38,602 (20,588)		38,602 (20,588)	70,501 (32,900)		70,501 (32,900)
錢(兩)	77,000 (20,533)		77,000 (20,533)	134,800 (31,453)		134,800 (31,453)
計	(114,769)	35,039	149,800	(98,847)	23,044	121,891
지역 구분	강 원			황 해		
	上納分	留置分	計	上納分	留置分	計
米(石)	1,120	3,978	5,098	4,450	15,129	19,579
太(石)	205 (68)		205 (68)			
木(疋)	7,400 (2,467)		7,400 (2,467)			
錢(兩)	16,000 (2,667)	52,557 (8,760)	68,557 (11,427)	12,250 (2,722)		12,250 (2,722)
計	(6,322)	(12,738)	19,060	(7,172)	15,129	(22,301)

　그럼에도 불구하고 그들은 명분상으로는 민생을 안정시킨다는 구실
하에 '구민지양법(求民之良法)' 또는 '균역편민(均役便民)'이라면서 농

민 부담의 감축을 공납제 개혁의 목표로 내세웠다. 봉건 지배층에게 있어서 민생의 안정은 그들이 이끌어 가고 있던 사회의 안위와 국가의 존폐에 직결되는 문제였을 뿐 아니라 그들의 가치관인 성리학의 왕도 정치 사상에 있어서의 기본 이념이었기 때문이다.

특히 농업을 국가의 경제 기반으로 여기고 있던 그들은 '농자지천하지대본' 또는 '왕자지정(王者之政) 막선어안민(莫先於安民)'이라고 하여, 국초부터 농업을 보호, 육성하여 민생을 안정시키려는 농본 민생 정책을 펴나갔다. 즉, 농사가 잘 되어 백성들의 생활이 넉넉해야 나라가 안정되고 백성들이 염치를 알게되며, 그리하여 사회가 안정된다는 것이다. 한마디로 농민들이 지배 질서에 순명하고 잘 따를 때에 지배 체제의 유지가 장애를 받지 않게 되는데, 그것은 농민이 농토에 긴박되는 조건에서 가능하다는 것이다. 이를 성리학의 왕도 사상은 합리화시켜 주었고, 따라서 지배층은 이를 선양하고자 여러모로 노력하였다.[59] 그러나 그것은 농민의 입장에서 제기된 것이 아니라 어디까지나 조선 왕조 또는 지배층의 이해를 전제로 한 논리였다.

그런데 현실적으로 당시의 농촌 사회는 그들의 논리가 무색할 정도로 피폐해져 가고 있었다. 농촌 사회를 위협하는 요소는 여러 부면에서 나타났지만, 특히 부세 수취 체제의 모순에서 비롯되는 것이 심각하였다. 부세 수취는 생산 문제와 더불어 농민 생활에 직결되는 문제였다. 지배층의 부세 수취는 날로 가혹해졌으며 여러 가지 부세 중에서도 공납이 가장 무거운 부담이었다.[60]

공납의 양적 부담도 문제가 컸지만, 그에 못지 않게 수납 과정에서 생기는 폐단도 심하였다. 특히 공물 수납 과정에서 생겨난 방납은 이미 16세기 초부터 허다한 물의를 빚고 있었다.[61] 방납은 원래 생산되지 않는 고을에 부과된 공물을 방납인들이 대신 바치고 농민에게서 그 대가로 쌀이나 포목을 받아낸 데서 비롯되었는데, 수납 과정에서 필연적으로 있게 되는 불량품 또는 기준에 미달하는 물품에 대한 수납 거부 행위인 점퇴(點退)로 인하여 보다 조장되었다. 방납인들은 이에 편승하여 온갖 간계와 협잡을 꾸며 농민의 부담을 가중시키고 그 생활을 크게 위협하였던 것이다.

그러나, 공납 제도는 그것이 국가 재정에서 차지하는 비중이 너무나 컸을 뿐 아니라 부분적으로는 국왕에 대한 예헌(禮獻)이라는 지중한 의미마저 지녔던 데서 좀처럼 개혁되지 못하였고, 또 방납배·호우배(豪右輩)의 이권이 개재되고 있었던 데서 쉽사리 개선되지 못하였다.[62] 조선 왕조에서는 방납의 폐해를 시정하기 위하여 대납의 금지, 대납가의 공정, 제한적 대납 공인 청원 대납제(請願代納制) 등 일련의 대책을 강구해 보았으나, 실효를 거두지 못하였고 그 폐해는 해를 거듭할수록 확대되어 갔다. 임진왜란을 전후하여 방납의 폐단은 특히 혹심하여, 농민들은 꿩 한 마리를 바치기 위하여 쌀 여덟 말, 생선 한 마리를 바치는 데 쌀 열 말의 대납가를 지불해야 했다.[63] 또 경우에 따라서는 쌀 한 말, 베 한 필의 값을 수십 배로 물어야 하는 때도 있었다.[64] 이에 농민들의 생활은 견딜 수 없을 정도로 궁핍해져 갔다.

사회 체제가 어떠하던 간에 한 사회의 통치자들이 그 구성원들에게 한계 이상으로 생존 문제에 제약을 가한다면, 그 구성원은 마침내는 그 사회 체제에서 이탈하게 된다. 생존 능력 이상의 제약은 구성원으로 하여금 본능적으로 순응할 수 없게 만들기 때문이다. 조선 사회에서도 예외일 수 없었다. 지배 체제에 거의 무조건적으로 순응하던 조선 사회의 농민들이었지만, 그들이 부담할 수 있는 능력 이상으로 수탈이 강화되면서 마침내 농민들은 그들이 소속되어 있는 체제에서의 이탈을 시도하기에 이르렀다. 가혹한 공부의 부담을 견딜 수 없었던 농민들은 가족을 거느리고 고향을 떠나 사방으로 도산하기 시작하였다.

농민층의 유망은 16세기 중엽에 이미 널리 나타나고 있어 심각한 사회 문제가 되고 있었다. 앞에서도 잠시 언급했듯이 충청도 단양현의 경우를 보면, 단종 2년(1454)에 235호이던 양민 호구수가 명종 12년(1557)에 40여 호로 격감하였고, 경상도 언양현의 경우에도 명종 22년(1567)에 양민 호구가 많아야 20여 호, 적으면 10여 호에도 미치지 못하는 상태였다고 한다.[65]

토지를 이탈한 농민의 일부가 도시의 상업 인구로 전환되기도 하였지만, 또 다른 일부 농민들은 도적떼가 되어 봉건 정부에 항거하였다.[66] 농민들의 일부는 점차 국가와 지배층이 그들의 편이 아니라는 것을 인식하여 갔던 것이다. 그들은 조선 왕조가 내세웠던 농본 정책이 지배층의 정치적 구호였다는 것과, 따라서 그것은 기대할 수 없는 허구임을 깨닫기에 이르렀다. 그리하여 농민들은 마침내 불만을 토로하였으니, 유망은 그들이 보인 소극적 저항이었고, 보다 적극적으로 항거한 것이 임꺽정 (林巨正) 등의 조직적인 저항이었다.

임진왜란을 겪으면서 농민의 토지 이탈은 더욱 촉진되어, 인조 때의 조익(趙翼)의 보고에 의하면, 가난한 농민들은 거의 모두 파산하여 생업을 잃고 타향을 전전하다가 마침내는 토호의 소작인이 되어 겨우 호구를 면하는 경우가 많고, 각 고을에는 유민이 태반이라는 것이다.[67] 문제는 유민 당자에만 그치는 것이 아니었다. 봉건 지배층은 유망자의 공부 부담을 군포 징수에서와 같이 남아있는 이웃, 친족에게 전가시키니, 견디지 못한 이웃, 친족까지도 유망하지 않을 수 없었다. 이른바 인징(隣徵)·족징(族徵)으로 인하여 농촌 사회는 전답에 잡초만 우거져 있을 정도로 황폐해져 가고 있었다.[68]

이와 같은 농촌 사회의 현실은 농민 자체뿐만 아니라 국가로서도 심각한 문제였다. 왜냐 하면 공납제를 비롯한 부세 수취는 농민층의 토지에의 긴박을 바탕으로 한 것이었는데 16·17세기를 통한 농민층의 광범위한 토지 이탈 현상은 그것의 유지를 곤란하게 했기 때문이다.[69] 따라서 지배층은 자신들을 위해서도 농촌 사회의 파산을 예방하기 위한 세제상의 변혁이 불가피했으며, 이러한 조건 아래에서 실시된 것이 대동법과 균역법이었다. 곧 수취 체제에 대한 조정은 당시 불가피한 조처였던 것이다.

대동법이 비록 지배 체제의 유지 강화를 위한 것이었다고 하여도, 그것은 법을 제정함에 있어서 한계점에 이르고 있던 농민의 부담 능력을 아울러 고려한 조처였기 때문에, 농민의 부담이 다소 경감되고 그리하여 농촌 사회를 어느 정도 안정시킨 것은 사실이다.[70] 대동법의 시행으로 공부 부과의 기준이 민호에서 전결로 바뀌어 토지를 갖지 못한 영세 농민은 그 부담에서 해방되었다. 그리고, 공납제 하에서 1결당 6·70 두의 부담을 지던 농민들이 대동법에 의해 1결당 12 두의 부담만 감당하게 되었으니, 농민의 부담은 크게 감축되었던 것이다.[71]

특히 방납의 폐해가 크게 시정되었으니 설령 방납인들이 대동법 이후 다시 공인(貢人)으로 뽑힌다고 하여도 중간 이득이 공식적으로 정해져 있어 중간 수탈이 거의 봉쇄되었기 때문에 농민들은 그러한 수탈로부터도 벗어날 수 있었다. 물론 봉건 국가가 농민에게 약속한 당초의 규정이

18세기 후반 이래로는 거의 무의미해져 갔지만,[72] 대동법이 처음 시행되던 때는 농민이 부담하던 일체의 잡세를 혁파하여 농촌 사회를 진정시키고자 하였다. 즉, 대동세를 비롯한 전세, 삼수미 그리고 각 고을의 수요에 충당하기 위한 일부 공물을 제외한 모든 형태의 과외 잡세를 철폐하고, 장차에도 이를 부과하지 않기로 하였던 것이다.[73]

　　요컨대 대동법은 특히 시행 당초에는 농촌 사회를 안정시키는 데 나름대로 기여하였다. 법을 시행하고자 한 본원적 의도가 재정적 위기 상황에 직면한 봉건 지배층의 현실적 대안이었다고 하여도, 봉건 사회의 토대가 토지에 있었기 때문에 그들의 대안은 농민 문제를 전제로 하지 않을 수 없었고, 그리하여 부차적이라 하더라도 농민 부담을 경감시키는 방향으로 입안되지 않으면 안 되었던 것이다.

3. 대동법 시행의 결과

(1) 부세 제도의 전환

　　대동법은 기본적으로 봉건적 특성을 갖고 있으며 법을 마련하고 시행한 본원적 의도가 일차적으로는 봉건 국가의 재정 파탄을 극복함에 있고, 부차적으로 농촌 사회의 안정을 위한 농민 부담의 감축에 있다고 하더라도, 대동법의 마련과 시행은 분명히 조선 후기 사회의 변화와 유기적으로 관련된 수취 체제의 개혁이었다. 조선 후기 사회는 어떤 요인에서건 대동법의 시행을 불가피하게 했던 것이다.

　　한 사회에 있어서 제도의 변화는 그것이 수용되던 시기의 역사적 상황과 밀접히 관련되어 나타난다. 따라서 역사적 상황이 변하게 되면 제도는 자체 수정이 불가피해진다. 그 요인이 지배층의 이해 관계에서 비롯되었건, 사회 변동에 기인하였건, 기존의 제도는 새로운 역사적 상황을 맞게 되면 접목이 어렵게 된다.

　　대동법 역시 성격과 목적, 동기와 원인 그리고 이해 관계가 여하간에, 그것은 결과적으로 그 이후의 사회 변화에 작용하는 여러 가지 조건을 파생시켰다. 즉 대동법을 계기로 지배 체제, 나아가 사회 구조가 크게 변하여 갔던 것이다.

대동법이 파생한 첫번째의 영향은 부세 제도의 방법이나 형태 등이 여러 가지 면에서 바뀌어졌다는 것이다. 우선 대동법은 그 과세 기준 설정에 있어서 새로운 것이었다. 즉, 종래에는 민호를 대상으로 하여 공물을 부과하였는데, 대동법에서는 전결을 기준으로 세가 부과되었던 것이다. 물론 그렇다고 하여서 공납의 과세 기준을 전결에 두고자 한 조치가 대동법에 처음으로 나타난 것은 아니었다. 전결에 준하여 공물을 부과 징수하고자 한 원칙은 이미 15세기에 보이고 있기 때문이다.

원래 공납은 정복 과정, 통치 과정에서 정복과 통치의 반대 급부로서 복속민에게서 현물의 토산품을 징수하던 데서 비롯되었기 때문에 인두세(人頭稅)의 성격을 띠고 있었다. 공납이 제도적 세목으로서 정해진 것은 고려 초기였으니, 광종이 즉위하여 주현의 세공 액수를 정하였다고 한 기록에서 알 수 있다.[74] 여기에서 보이듯이 공물 납부의 주체는 주현(州縣), 즉 각 고을이었다. 그러나 종국적으로 그 부담을 진 것은 각 주현 촌락에 살고 있는 일반 백성들이었다.

다시 말하면 공납제는 주현 단위로 배정되지만, 다시 민호에 재배정되어 수납된 수취 체제였던 것이다.[75] 그러한 원칙은 14세기까지 유지되었다. 그러던 중 조선이 건국되어 봉건 국가로서의 체제 정비가 시도되면서 농민에 대한 보다 철저한 지배와 국가 재정 기반의 확대를 위하여는 공물을 토지 결수에 준하여 수납하자는 주장이 제기되고, 마침내 원칙이 수립되었던 것이다. 즉, 모든 공부와 요역은 농민이 경작하는 전답 면적 수에 의거하여 정한다고 하였던 것이다.[76]

그러나, 전결에 준하여 공물을 부과 징수하고자 한 원칙은 당초에 시행되었던 것 같지는 않다. 왜냐 하면, 자작(自作)·소작(小作) 형태가 병존하던 현실의 토지 소유 관계를 고려하지 않고 막연히 전결 수에 따른다고 하였을 뿐이어서 부담 주체가 분명하게 설정되어 있지 않았고, 그 시행 세칙에 대한 세부적인 기록도 보이지 않으며, 또한 실제의 사례에서도 목·부·군·현 등 각 고을의 전결 총수를 단위로 공물이 부과되고 있을 뿐이었기 때문이다.[77] 16세기 말의 유성룡(柳成龍)도 당시 공물 부과의 관행이 전결 수에 기초하지 않기 때문에 농민의 부담이 공평치 않다고 지적하고 있다.[78]

15세기에 정해진 공납의 지세화(地稅化) 원칙은 대동법에 이르러 비로

소 현실적으로 실천에 옮겨지고 있다. 과세의 기준이 민호에서 전결로 전환된 것은 매우 의미있는 사실이었다. 봉건 사회에 있어서는 부(富)의 기본 형태가 토지였고, 주요 생산 수단이 토지였다. 따라서 부세의 원천을 토지에 두었다는 것은 봉건 경제 단계의 확립이라는 측면에서 17세기의 역사성을 드러낸 것이다. 15세기에 원칙이 정해졌으면서도 실천되지 못하였던 것이 17세기에 가능하였던 것은, 이 시기에 이르러서야 비로소 그 때까지 잔존하고 있던 고대적 수취 체제의 유산이라고 할 수 있는 공납제를 청산할 수 있을만큼 봉건성이 보다 철저해졌음을 뜻한다. 그렇다고 하더라도 과세 기준이 민호에서 전결로 바뀐 것은 소득과 세납을 직결시키는 과세상의 진보라 하겠다.[79]

물론 공납의 지세화를 위해서는 토지 면적에 대한 정확한 조사가 선행되어야 한다. 이 때문에 공납의 지세화가 지연되었다고도 볼 수 있다. 왜냐 하면 토지 조사, 즉 양전 사업은 막대한 비용과 번거로운 행정 문제가 결부되어 쉽게 행할 수 있는 사업이 아니었기 때문이다. 대동법을 시행하기에 앞서 봉건 지배층은 양전 사업을 서둘렀고, 양전 사업이 끝난 지역부터 대동법을 시행하였다.

다음 대동법은 세(稅)부담에 있어서 공평성과 보편성의 원칙에 한 걸음 접근된 세제였다. 공납제에서는 공물의 부과가 민호를 기준으로 하였기 때문에, 농민 각자의 소득과 부담이 일치하지 않았다. 즉, 공부(貢賦)는 당시 주요 생산 수단이며 부(富)의 기본 형태인 토지의 많고 적음을 기준으로 해서 부과된 것이 아니라 개개의 민호가 공부 부과의 일차적 대상이었기 때문에 무전농민(無田農民)에게도 부과되었던 것이다. 따라서 공납제는 토지를 많이 가진 부호에게는 이로운 제도였으며, 이와 반대로 영세 농민에게는 매우 불리한 제도였다.[80]

이와 같은 사실을 16세기 말의 유성룡은 정확히 파악하고, 당시 농민들이 1결의 공물 값으로 혹은 1·2 두, 혹은 7·8 두, 또는 10 두에 이르는 부담을 지는 것은 공부의 부과가 전결 수에 기초하지 않았기 때문이라고 지적하였다.[81] 뿐만 아니라 양반 관료나 토호들은 그 세력을 이용하여 자신의 부담을 일반 농민에게 전가시키니, 농민층의 부담은 더욱 가중되었다.[82]

공납제에 있어서는 부호(富戶)와 빈호(貧戶)의 부담이 크게 격차가 있었을 뿐 아니라 대읍(大邑)과 소읍(小邑)의 부담도 크게 차이가 있었다. 인조 16년(1638) 충청감사를 지내고 있던 김육(金堉)의 보고에 의하면 소읍의 주민은 대읍의 주민보다 약 13배 내지 15배 정도 더 많은 공물을 부담하고 있었다.[83] 이러한 과세 부과 과정에 있어서의 불공평, 불균형 등은 공납제 자체에 그것이 가능할 수 있었던 모순이 있었기 때문이지만, 결과적으로 계층 간에, 또는 지역 간에 갈등을 자아내고 마침내는 사회 동요를 초래한다. 실제로 그 염려는 유망, 도산의 형태로 나타났다. 대동법은 이 같은 문제점을 바로 인식하고 그 모순을 시정하고자 한 것으로, 과세 부과 기준을 토지에 둠으로써 과세 공평의 원칙에 충실해 보고자 한 조치였던 것이다.

그리고, 대동법은 과세 매체의 전환을 가져왔다. 종래의 공납제에서는 '임토작공(任土作貢)'이라 하여 각 지방의 토산물이 과세 매체의 기본이었다. 즉, 각종의 농산물, 수산물, 공산품, 약재, 과일 등 수백 종의 현물이 공납의 매체였다. 농민들은 고을에서 토산물이 생산되지 않으면 다른 고을에 가서라도 구하여 납부해야 했다. 그런데, 대동법에서는 현물에 대신하여 미곡 또는 포목으로 대신 납부하도록 하였다.

그런데 미곡 또는 포목으로 공물값을 대신 거두는 이른바 수미(收米)·수포(收布)의 행태는 대동법 이전부터 이미 널리 행해지던 관행이었다. 즉, 공물 수납 과정에서의 모순으로 방납이 생겨나면서, 방납배들은 공물의 대가로 미곡 또는 포목을 요구하였으니, 수미·수포의 행태는 방납의 전제였다. 방납이 보편화되는 16세기 후반에 이르러 지역적 편의에 따라 연해 지방에서는 미곡, 산군 지방에서는 포목으로 수납하는 관행이 일반화되었던 것이다.

수미·수포의 행태가 사회·경제적 변화 속에서 유리하다는 점이 밝혀지면서 일부 지방에서는 이를 합리적으로 선용하여 사대동(私大同)이 생겨나기도 했는데,[84] 대동법은 그러한 운영 방식을 참조하여 국가 기구 안에 포섭함으로써 공식화한 조처였던 것이다. 그런데, 공물의 값을 미곡 또는 포목으로 대신 수납한다는 것은 미곡 또는 포목이 가치 척도, 교환 수단, 지불 수단으로서 그 기능을 충실히 수행할 수 있다는 전제 하에서였다. 실제로 미곡 특히 포목은 조선 초기 이래 실물 화폐로서 유통 경제를 지배하여 왔다.[85] 물론 미곡 또는 포목의 화폐화는 중세적 유통 구조의 전개 속에서 이루어진 것이다.

나아가 대동법에서는 미·포·목으로의 수납에서 점차 전화(錢貨)로의 환봉(換捧)을 이룸으로써 조세 금납화의 단초적 형태를 마련해 주었다. 비록 넓은 지역에서 행해진 것은 아니지만, 황해도·경상도 등 일부 지역에서는 대동법을 계기로 조세 금납화가 추구되고 있었다. 이 같은 조세 금납화 현상은 비록 그것이 부수적이라 하더라도 상품 생산과 교환 경제를 촉진시킨다는 점에서 매우 중요한 의의를 지니는 것이라 하겠다.

(2) 재정 구조의 개편

부세 제도의 전환이란 측면에서 주목되는 대동법은 그 본원적 의도가 파산 직전에 놓여 있던 조선 왕조의 재정 위기를 극복하여 지배 체제를 지속 강화시킴에 있었는데, 그 의도는 어느 정도 적중하여 일시적이나마 재정난을 해소시켰다. 대동법에 의해 종래 공납제 하에서 수납한 세수(稅收)에 비하여 4~5배에 달하는 세수의 증대가 이루어져 극도로 어려 웠던 재정 위기를 일단 극복하였던 것이다.

그런데 대동법의 재정사적 의의는 재정난의 극복과 아울러 재정 질서의 정비라는 측면에서도 주목된다. 즉, 대동법은 예산 제도의 기틀을 마련하여 무질서한 봉건 재정에 일정한 수취 질서를 부여하였던 것이다.

물론 공납제 하에서도 공안(貢案)과 횡간(橫看)이 있어 예산 제도의 명목은 갖추어져 있었다. 조선 조의 모든 법제를 규정한 『경국대전』에 의하면, 국가의 모든 경비에서는 공안과 횡간을 쓴다고 하였는데,[86] 이는 이후의 국가 재정 운영을 구속하였다. 여기에서 공안이란, 공물의 상납 읍(上納邑), 액수, 그리고 상납자 등을 자세히 기록한 세입 예산안을 말하며, 횡간이란 국가의 경비 전반에 걸친 경비식례(經費式例)로서, 일종의 세출 예산안을 가리킨다. 그런데 이 안들은 매년 편성되는 것이 아니어서 특히 공안의 공액(貢額)은 일단 정해지면 장기간 부동적이었고, 양입 제출의 원칙에 입각한 것이어서 신축의 자유가 전혀 고려되지 않았기 때문에 인납, 별용 등 별도 수지의 길이 강구되어야 했으며, 그리하여 별공이 자주 징수되기도 했다.[87] 따라서 공안과 횡간에 의한 예산 제도는 일단 준수되기는 하였으나, 오히려 별도의 수단을 통한 수지회계가 행해질 소지가 많았다.

그러한 우려는 16세기에 이르러 현실로 나타났다. 난정(亂政)을 일삼던 연산군은 경비의 남용을 은폐하기 위하여, 장부를 삭제하는 일까지 자행하며,[88] 오직 일방적인 공상(供上)만을 강요하였다. 그리하여 마침내는 상공 이외에 가정, 인납이 없는 해가 없다고 할 지경에 이르렀다.[89] 그리고 쓰임새에 있어서도 횡간 외에 별용(別用), 잡용(雜用) 등도 상설적인 행위가 되어버려 공안·횡간에 의한 예산 제도는 사실상 그 의미를 상실하고 있었다.

대동법은 이와 같이 재정 체계의 한계성이 결과적으로 빚어내고 있었던 무질서하고 착취적인 수취 질서를 파기하고, 양출 정입(量出定入)의 원칙에 입각하여 보다 합리적인 예산 제도를 마련하였다. 즉, 매년 선혜청에서 소요 경비로 예상되는 상납액을 책정하고, 그 안에서 경비 세목을 정하여, 이를 해당 각 도에 통보 시행케 하는 예산 편성 방법이 그것이다.

『만기요람』에 의하면 먼저 선혜청에서 세전(歲前)에 각 도로 하여금 과세 대장이라 할 수 있는 수조안을 올리게 하여 대체로 1결당 미곡 12두로 되어 있는 각 도의 식례(式例)에 따라 과세 부과량을 산출한다. 도별 부과량은 종래의 부담물종과 수량에 준하여 환산 책정되었다. 그리고 그것을 토대로 고을의 경비, 경청 상납액(京廳上納額), 각도 저치액(各道儲置額) 등을 참작하여 대동 예산안을 작성, 각 도에 하달하는데 이를 수조 분강(收租頒降)이라 한다. 각 도에서는 이 분강 실수(頒降實數)에 따라 각 고을의 경비를 산정, 기록하여 다시 선혜청에 보고하는데, 이로써 연간 대동 예산안이 확정된다.[90] 이 같은 예산 제도는, 비록 종래의 공납제 체제가 잔존하기도 하였지만 분명히 진전된 형태의 예산 제도였다.

한편, 대동법을 계기로 지방 재정에도 예산 제도가 도입되었다. 대동법 이전에는 따로이 예산이 배정되지 아니하고, 각 고을에 소정의 관둔전·아록전·공수전 등을 지급하여 그 수입으로 수령의 봉급, 병기의 조달, 사신 접대비, 관아의 수리 및 기타 공공 경비에 쓰게 하였었다. 그런데 토지 제도의 문란 과정에서 전술한 바와 같이 지급된 토지가 점탈되거나 지급되지 않은 경우가 많았다. 이에 각 관아에서는 자의적으로 잡다한 명목의 잡세를 징수하였는데, 그것은 합법적이 아니었을 뿐 아니라 합리적이지도 않았다. 오히려 농민에게 부담만 가중시켜 농민층의 불만만 고조시켰다.

이에 대동법에서는 징수한 대동세의 전액을 중앙으로 상납하지 아니하고 일부를 지방에 유치시켜 지방 재정에 충당케 하였다.[91] 이는 지방 재정 운영에 있어서는 획기적인 조치였다. 임시변통으로 경비를 마련해 왔고, 그것도 비합리적으로 처리되었기 때문에 많은 폐단을 유발시켰던 종래의 지방 재정은 이제 비리와 모순을 청산하고 건전하게 운영될 소지가 보였다. 『대동사목(大同事目)』에는 중앙으로의 대동세 상납액과 지방에의 유치액, 그 용도에 관한 규정이 세밀하게 제시되어 있었으니[92] 지방 재정은 이에 의거하여 운영되어야 했다.

대동법 시행 초기에는 상납액과 유치액의 비율이 대체로 거의 비슷하였으니, 경기도는 16 두 가운데 6 두를, 충청도는 10 두 가운데 5 두를, 강원도의 상납액은 지방에 따라 12 두, 8 두, 6 두로 차이가 있으나, 유치미는 일률적으로 6 두를, 전라도는 13 두 가운데 7 두를 지방에 유치토록 규정하였다. 이에 의거하여 징수된 시행 초기의 대동세액과 상납미와 유치미의 비율을 『대동사목』에서는 〈표 2〉와 같이 밝혀주고 있다. 여기에서 주목되는 것은 상납미와 유치미의 비율에 있어서 유치미의 비율이 높다는 것이다. 특히 곡창 지대라고 할 수 있는 전라도, 경상도 지방에서의 본도 유치율이 60% 정도로 높게 나타나고 있다는 사실이다. 이는 파탄에 직면해 있던 종전의 상황과 비교하여 볼 때 지방 재정의 재건이라는 측면에서 매우 주목된다.[93]

나아가 절망에 빠져있던 농촌 사회를 일시적이나마 안정시키는 계기로 작용하였다는 측면에서도 중요한 의미를 갖는다. 비록 18세기 중엽 이후 상납률이 격증하고 유치율이 격감되면서 지방 재정을 다시금 궁핍화시켰고, 나아가 농민 수탈이 다시금 자심해졌다고 하더라도,[94] 대동법에 의해 유치미에 토대하여 편성된 지방 재정 예산은 합리적인 지방 재정 운영, 그리고 지방 관청 예산 체계의 기틀을 닦는 데 나름대로 기여하였던 것이다. 요컨대 대동법을 계기로 중앙과 지방을 막론하고 재정 구조의 개편이 결과적으로 단행된 것이다.

〈표 2〉 大同稅額과 上納米·留置米의 비율

도별(연도)	총 징 수 액	상 납 미		유 치 미	
		量	%	量	%
경기 (1608)	45,316(石)	30,000(石)	66.6	15,316	33.4
충청 (1652)	83,164	48,280	58.1	34,884	41.9
전라 (1662)	147,134	61,218	41.6	85,916	58.4
경상 (1679)	137,452	53,507	38.9	83,945	61.1

* 1. 표의 작성은 『度支志』 권 10, 판적사 대동 선혜청절목에 의하였다.
  2. 상납미와 유치미의 비율은 총액에서의 비율이다.

(3) 유통 구조의 변화

조선 후기에는 수도인 한양(漢陽)을 중심으로 상품 화폐 경제가 크게 발전하고 있었다. 비록 그것이 특권적이고 정책적이어서 아직은 그 발전에 한계가 있다고 할지라도 종래의 농본억말(農本抑末)을 바탕으로 한 경제 단계에 비하면 새로운 변화임에는 틀림없다. 물론 거기에는 16세기 이래 생산력이 증대되고 장시를 중심으로 비특권적 유통 경제가 나름대로 자리잡혀 간 것도 영향을 끼쳤지만, 그보다는 특권 상인 중심의 상업 정책에 힘입은 바가 더 크게 작용하였다.

봉건 정부는 정책적 배려를 통해 특권 상인을 육성하고 특권적 유통 기구를 운영하였으며, 이를 통해 국가 재정의 충실을 기하고 있었던 것이다. 대동법의 시행, 금난전권의 부여, 부상대고와의 유대 등이 그것이다.[95] 특히 대동법은 16세기 이래의 유통 경제의 발달에 토대하여 그 시행이 가능한 것이었지만, 정부는 공인의 설정, 수미·수포의 관행 공식화, 조세 금납화의 추구 등 특권적 유통 기구의 기반을 조성하여 결과적으로 유통 경제의 발전을 한층 더 촉진시켰던 것이다. 말하자면 대동법의 시행은 자급자족적 경제를 기초로 하는 봉건적 현물 경제 체제를 지양하고, 생산과 소비에 있어서 유통이 전제되는 상품 화폐 관계의 발전을 촉진시켰던 것이다.

첫째, 상업 활동의 촉진은 특권 상인으로서의 공인(貢人)의 활동과 막대한 대동세에 의한 공가(貢價)의 확보에 근거하였다. 공인(貢人)은 대동법에 의해 생겨난 특권 상인으로서, 시전 상인과 더불어 정부로부터 영업의 독점과 특권을 부여받아 관청의 수요품을 조달·공급하였다. 즉, 정부는 농민에게서 수취한 막대한 양의 대동미 또는 대동포를 공인들에게 공가로 미리 지급, 관청의 수요품을 독점적으로 조달하게 하였으므로, 공인은 그만큼 특권을 가진 상인들이었다. 일정한 관청에 독점적으로 물품을 조달한다는 것 자체가 특권성을 지닌 것인데, 또한 독점 조달을 위해 독점 매입권도 부여받고 있었다. 게다가 그들은 물품 구입을 위한 자본금을 정부로부터 선대받았던 것이다.

공인들에게 지급되는 공가는 주로 선혜청에서 주관하였다. 그리고 그 액수는 적지만 호조·상평청·진휼청·균역청에서도 관장하였다. 이들이 공인에게 지급하는 공가의 실제 액수는 매년 일정하지는 않으나, 선혜청의 경우 다음 〈표 3〉에서와 같이 20만 석에서 30만 석에 이르렀다. 이와 같이 막대한 양의 공가가 공인에게 미리 지급되었으며,[96] 그것도 초기에는 4~5배 혹은 10배에 이르는 후한 값이었다.[97] 그러므로 공인들은 자기 자본이 없이도 영업을 할 수 있었다.

〈표 3〉 선혜청의 年間貢價支出額　　　　　　　　　　　(단위 : 石)

	경기청	강원청	호서청	호남청	영남청	해서청	계
1759(영조 35)	44,056	16,762	67,445	91,116	64,864	2,077	286,320
1766(영조 42)	30,955	13,858	48,184	57,722	50,967	963	202,649
1769(영조 45)	32,183	14,725	59,462	65,703	59,959	1,116	233,148
1787(정조 11)	34,572	10,642	75,555	98,464	70,997	12,082	302,312
1795(정조 19)	37,080	12,895	63,010	78,271	71,989	1,379	264,624
1799(정조 23)	29,708	11,907	55,503	63,807	60,001	1,112	222,038
1807(순조 7)	31,956	11,141	60,408	69,913	67,625	1,294	242,337

공가를 지급받은 공인들은 독점 매입권에 의거하여 왕실 및 각 관청의 수요품을 구입하였는데, 물품을 구입하는 방법으로는 농민, 수공업자 등 직접 생산자를 찾거나, 선주인(船主人)·강주인(江主人)·여주인(旅主人) 등 중간 상인을 통하여 구입하기도 하고, 지방의 장시에서 공급받기도 하였다. 그들이 취급하는 물품은 공납제에서와 마찬가지로 식료품·

직물 · 종이 · 자리 · 약재 · 수공예품 · 무기 등 다양하였다.[98] 이로써 상품 생산과 유통 관계의 발전이 보장되었는데, 나아가 공인들은 특정 물품을 대량으로 취급하는 까닭에 독점적인 도매 상인인 도고(都賈)로까지 성장하기도 하였다.

요컨대 공인의 활동은 비록 봉건적 생산 양식 아래 잉여 노동의 통상적 형태인 봉건 지대(封建地代)에 기생하는 특권적 상업 형태라 할지라도 일정한 단계에까지는 교환 경제의 발전을 추진하였으며, 나아가 특권적 상업 구조에 도전하는 비특권적 유통 경제의 발전을 촉발시키기에 이르렀다. 조선 후기의 사상(私商)의 발달은 공인과 같은 관상(官商)에 도전하면서 이루어진 것으로서, 비록 특권 상인들이 정부로부터 금난전권을 얻어내어 사상들의 활동을 억압하려 하였으나 사상들은 이에 대항하여 상업 활동의 기반을 오히려 더욱 굳혀갔던 것이다.[99] 대동법은 이 같은 유통 구조의 변화에 의도적이든, 그렇지 않든 적지 않게 작용하였던 것이다.

한편, 대동법에서의 작미(作米) · 작목(作木) · 작포(作布) · 작전(作錢) 관행 역시 상업의 발달을 보다 촉진시켰다. 대동법에 의해 농민들이 납부하던 현물의 공납은 미곡 또는 포목, 혹은 전화(錢貨)로 대신 납부하도록 부세의 매체가 바뀌었다. 이는 부세 제도의 전환이라는 면에서도 주목되지만, 이미 실물 화폐로 쓰여지고 있던 미곡 또는 포목의 활용성을 보다 높여 주었다는 데에서도 또 하나의 의미를 주고 있다.

곡물과 포목은 일찍부터 가치의 척도, 교환의 수단으로 활용되어 교환 경제를 유도하여 왔다. 조선 시대에 이르러서도 그 초기에 정부가 저화 또는 전화의 사용을 시도한 바 있지만,[100] 민간에서는 오히려 면포가 널리 쓰여 한때는 추포가 유통 경제를 주도하기도 하였다.[101] 한편, 15세기 후반 이래 수전 농업이 발달하고 그에 따라서 미곡의 생산도 자연히 증대되었고, 그리하여 16세기에는 미곡도 교환 수단으로서 상품 경제의 발달에 부응하여 통용되어 갔다. 마침내 16세기 후반에 이르면 미곡과 면포가 공경제와 사경제에서 모두 통용되기에 이르렀다. 대동법은 이러한 관행을 공식화한 것이다. 즉, 대동법의 시행을 계기로 정부는 미곡과 면포를 재정 수지 수단으로 법제화하여 합법적인 실물 화폐로 통용시켰던 것이다.

　　대동법 시행 초기에는 전·답을 막론하고 소정의 과세량을 백미(白米)로만 획일적으로 징수하였었다. 그러나 1652년 충청도에 대동법이 시행되면서 이 원칙은 파기되었는데, 운송 문제와 산간 지역의 특수성에 의해 목면이 아울러 징수되었던 것이다.[102] 그 후 대동법의 시행 지역이 확대됨에 따라 작목(作木) 지역도 확대되어 갔는데, 17세기 말에는 전화로도 수납하는 작전(作錢) 지역도 생겨났다. 그 밖에 지역에 따라서 마포로 납부하는 작포(作布) 지역이 있었고, 또한 소미(小米)·대두(大豆)·소두(小豆) 등의 잡곡으로 대납하는 곳도 있었다.

　　과세 물종에 따른 대동세 지역을 살펴보면, 경기도는 주창(州倉)에 회록되는 강화·광주·개성을 제외한 이천 등 35읍 전부가 작미 지역이었고, 충청도는 공주 등 35읍이 작미 지역, 보은 등 13읍이 작목 지역, 그리고 목천 등 6읍이 미포삼반(米布參半) 지역이었다. 전라도는 김제 등 30읍이 작미 지역, 남원 등 21읍이 작목 지역, 장수 등 2읍이 작포 지역이고, 제주 지역은 주창(州倉)에 회록되었다. 경상도는 창원 등 22읍이 작목 지역, 풍기 등 45읍이 작목 지역, 함양 등 4읍이 작포 지역이었으며, 강원도는 춘천 등 10읍이 작미 지역, 강릉 등 16읍이 작포 지역이었다.[103] 한편 상정법이 시행된 황해도는 초기에는 23읍 모두가 작미하였으나, 후에는 장산곶 이남 8읍은 작미 지역, 그 이북 15읍은 작전 지역으로 설정하였다. 전화의 보급에 따라서 작전 지역은 그 후 확대되어 갔는데, 경상도·

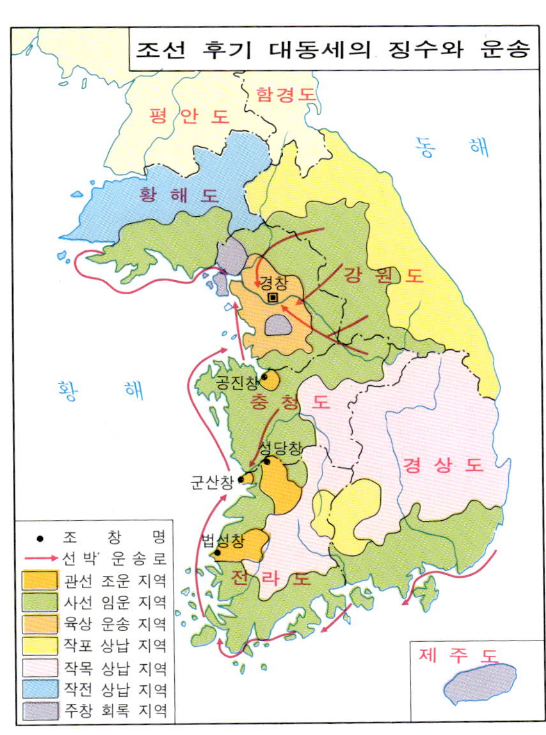

강원도·충청도·전라도의 일부 산군이 작전 상납하여 갔다.

정부는 부세 수취에 있어서 미곡·면포·마포·전화를 과세물로서 징수하였을 뿐 아니라 이를 각종 경비에 지출하였으니, 상인들은 이들을 매체로 한 특권적 경제 질서를 나름대로 구축하였던 것이다. 그런데 특권적 경제 질서라 하더라도, 그 한계 내에서 상품 생산과 교환 경제의 발달은 보장하였다. 왜냐 하면 실물 화폐를 부세 수취의 수단으로 사용함으로써 전국적, 합법적 활용성을 제고시켜 화폐 경제 체제로의 전환을 이루는 하나의 계기를 마련해 주었기 때문이다. 특히 전화를 통한 부세의 금납화는 화폐의 통용을 크게 촉진시켰고, 나아가 상품 유통을 보다 촉진시켰다. 물론 화폐의 유통은 이 시기에 있어서의 유통 경제의 발전에 힘입은 것이지만, 그것은 결과적으로 유통 경제의 발전을 보다 촉진시키기도 하였던 것이다.

한편 대동법은 부수적이긴 하지만 세납의 작미·작포 등을 통해 농민으로 하여금 유통 경제에 스스로의 의사에 반하여 참여케 하는 작용도 하였다. 왜냐 하면 농민들은 종래 생산되지 않는 공물(貢物)을 다른 곳에서 구입하여 납부하였던 것처럼 생산이 여의치 않은 미곡·포목 등의 대동세를 내기 위해서는 자신의 생산물 일부를 상품으로서 생산하고 미곡 또는 포목으로 전환시켜야 했기 때문이다. 종래에는 이와 같은 과정에 방납인들이 개입하였기 때문에 농민이 직접 유통 시장에 참여하지 않아도 되었다.

농민들은 이제 정해진 과세 규정 때문에 작미 지역에서 미곡의 생산이 여의치 않을 때는 포목, 기타의 생산물을 처분하여서라도 미곡을 사서 내야 했고, 작포 지역에서 포목의 생산이 여의치 않을 때는 곡물, 기타의 생산물을 처분하여서라도 포목을 구입하여 대동세를 내야 했던 것이다. 예를 들면 경상도 산청 지방의 농민들은 작목 지역이었으나 그 생산이 여의치 않아 먼 곳까지 가서 비싼 값으로 목면을 구입, 대동세를 납부하고 있었다.[104] 이 같은 현상은 다른 지역에서도 마찬가지였다.[105]

뿐만 아니라 농민들은 대동세 수납 과정에서 양포(良布) 수탈을 위한 점퇴방납(點退防納)의 문제와 봉건 국가가 재정 보전을 위해 추진한 전화 유통 정책에 토대한 부세의 작전화(作錢化)가 18세기 이래 널리 보급되면서,[106] 이로 인하여 화폐 경제에 깊숙히 침윤되어 가기도 하였다.

즉, 작미 지역, 작포 지역의 농민들은 미납·포납의 작전이 이루어지면서 미곡, 포목 등을 전화로 전환시키지 않으면 안 되었다. 다시 말하면 농민들은 부세를 부담하기 위하여 염가로 미곡이나 포목을 팔아 화폐를 손에 넣지 않으면 안 되었던 것이다. 이렇듯 조선 후기의 농민들은 부세 제도의 개편에 의해서도 화폐 경제권에 불가피하게 포섭되어 갔던 것이다.

(4) 생산 활동의 촉진

대동법의 시행은 자급자족적 생산을 토대로 하는 봉건적 경제 체제에서나마 생산 활동을 활성화시키는 데도 나름대로 영향을 끼쳤다. 물론 대동법 자체가 성립되기 위해서는 상품 생산과 교환 경제가 어느 정도 발달해야 하지만, 한편 대동법은 농업·수산업·광업·공업 등 생산 분야의 활동을 자극하였으니, 수십만 석에 이르는 대동미로 농산물·수산물·광산물·공산품 등의 각종 관청 수요품을 구입하게 되면서 생산 활동이 보다 촉진되었던 것이다.

먼저 농업에 있어서는 단위 면적당의 생산력이 증대되었을 뿐 아니라 농산물의 상품화가 진전되었다. 농업 생산력은 15세기에 농업 경제 기반이 조성됨을 계기로 16세기에는 괄목할 만한 성과를 보였으나, 그 수준은 아직 자급자족적 농업에 머무르고 있었다. 그런데 17세기에 대동법이 실시되면서 교환 경제가 발전하는 가운데 농민들은 점차로 잉여의 축적을 목적으로 상업 작물을 재배하여 소득을 높여 갔고, 이러한 분위기 속에서 생산력 증대를 위해 수리 시설을 확충하고 영농 기술을 개발하여 갔다. 특히 대동법에 의해 현물의 공물이 작미화되어 작미 지역이 설정되고, 여기에 더하여 봉건 국가의 곡물 확보책, 도시의 발달로 인한 수요의 증가 등이 요인이 되어 미곡을 중심한 곡물의 생산은 당시 국가적, 사회적 관심사였다.

농민들도 기본적 생활 자료인 미곡이 대동법을 계기로 실물 화폐로서 공인되어 교환 수단, 지불 수단의 기능을 수행함에 따라 미곡의 중요성을 보다 깊이 인식하였고 생산을 위한 노력에 보다 힘을 기울였다. 즉, 봉건 정부가 가뭄의 피해를 우려하여 이앙법(移秧法)을 금지하였으나, 금지령에도 불구하고 농민들은 노동력을 덜어주고 수확이 높은 이앙법을 일반화시켜 갔다. 그리하여 미곡의 생산이 매우 증대되었으니, 18세

기 말 서울의 20만 인구가 소비하는 쌀은 대략 1백만 석에 이르렀다고
한다.[107] 이앙법에 의해 벼의 성장이 촉진되고 또 굳건히 자랄 수 있어
미곡의 생산이 증대되기도 하였지만, 이앙법은 농민의 노동력을 감축시
켜 농민들의 1인당 경작 면적이 더 넓어질 수 있었고, 이 때문에 농민들
가운데 일부는 광작(廣作)을 하기도 하였다. 기록에 의하면, 직파법(直播
法)으로는 10두락도 못짓던 농가에서 이앙법으로는 20두락 내지는 40
두락까지도 지을 수 있게 되었다고 한다.[108]

　벼농사에서 새로운 농법의 보급에 따라 미곡의 생산이 증대되어 간 한
편, 상품 유통이 활발해지는 속에서 면화·담배·인삼·채소·약재 등
특수 작물의 재배법도 발달하여 농민들의 소득을 높여 갔다. 당시 일부
농민들은 수익성이나 시장성을 고려하여 생산에 힘썼으니 영세농이면
영세성을 극복하기 위해서, 부농층이면 보다 더 많은 수입을 위해서 농
업 경영의 쇄신을 꾀하였다. 특히 면포와 마포는 기본적 생활 필수품일
뿐 아니라 대동법에 의해 실물 화폐로 공인되어 장시에서 그 유통성이
높았기 때문에 농촌에서는 면화·삼·저마 등의 재배에 관심이 컸다.
18세기에는 면화가 거의 전국적으로 재배되었는데, 『택리지』에 의하면
충청도 금산과 옥천 지방은 논이 적어서 면화 재배를 전업으로 하는 농
가도 있다고 하였다.[109] 그리고 서울 근교에서는 채소 재배를 통해 높은
소득을 올리고도 있었다.[110]

　이와 같이 대동법이 시행된 17세기 이래로 농촌 사회에서는 종래 자
급자족 위주의 농업에서 탈피하여 보다 높은 소득을 올릴 수 있는 상업
적 농업이 발달하였다. 이는 봉건적 수취 관계 하에서도 오히려 그것이
요인이 되어 농촌 사회가 변하고 있음을 보여 준 것이라 하겠다.

　다음 수산업 분야에서도 대동법의 시행을 계기로 새로운 변화가 나타
났다. 공납제 하에서 수산물은 주요한 공물 품목이었다. 어민들은 왕실
과 각 관부에서 필요로 하는 수산물을 공물로서 납부하였었다. 그러나
대동법 이후에는 다른 관수품과 마찬가지로 수산물도 공가(貢價)를 지불
하고 구입해야 했다. 수산물의 조달은 주로 어물전과 어부계공인(漁夫契
貢人)이 맡았으며, 외방의 군영이나 고을에서 구입하여 바치는 경우도
있었다.

　이처럼 공납제가 폐지되고 대동법이 시행되면서 수산물도 자유로이

판매되고, 그리하여 수산업 분야에서도 상품 생산이 활기를 띠어 갔다. 특히 동해 연안의 명태와 대구, 서해 연안의 조기와 청어, 전라도 연해의 김, 경상도 연해의 미역은 유명하였다.[111] 상품으로 채취한 수산물은 경강 상인·공인 등을 통하여 주로 서울에서 유통 판매되었다. 수산물의 유통이 활발해지고, 그 수요가 증대하면서 18세기 말에는 전업적인 수산업자도 나타났고, 가공과 보관을 위한 특별한 대책도 강구되었다. 명태는 말려서, 새우와 같은 것은 젓갈로 제조되어 유통되었고, 냉장선도 일부 지방에서는 선보였다.[112]

생산 활동은 수공업 분야에서 특히 활발하였다. 공납제 하에서의 수공업 활동은 관장제(官匠制) 중심으로서, 생산 활동이 그리 두드러지지 못하였다. 관영 수공업장에서는 왕실과 관부의 수요만 충족시키고 있을 뿐이어서 잉여 생산을 기대하기가 어려웠다. 민간 경제도 자급자족적 농업 사회였기에 수공업품의 수요가 그리 많지 않았다. 그러나 대동법의 시행을 계기로 이러한 수공업계에 커다란 변화가 나타났다. 대동법을 계기로 종래 관영 수공업장에서 직접 생산하거나 공납으로 충당해 오던 각종 수공업 제품을 높은 가격을 지불하고 구입하게 되었기 때문이다.

그리하여 지금까지 관영 수공업장에 동원되거나 주문 생산에만 응하고 있던 수공업자들이 점차 상품 생산에 참여하니, 조선 초기에 2,800여 명에 달하던 한양의 경공장(京工匠)은 18세기 후반에는 약 1/10 줄어들었다.[113] 이에 대하여 국가에 장인세를 내고 자유로이 생산 활동에 종사하던 납포장(納布匠)이 18세기 중엽에 10만여 명을 헤아리게 되었다.[114] 납포장은 공인이나 일반 시장을 상대로 물품을 제조하였으므로 독립 수공업자나 다름없었다. 그들이 제조한 물품은 주로 공인이 구입하였다. 이렇듯 대동법과 수공업은 서로 밀접한 관련을 가지며 전개되었다.

물론 당시의 수공업자들은 공인하고만 연결을 가진 것이 아니라 대상인과도 깊이 제휴하였다. 제조 과정이 간단하고 소비 규모가 작은 상품은 수공업자가 자기 자본으로 제조·판매하여 상인과 경쟁할 수 있었지만, 종이·자기·직물·철물 등과 같이 소비 규모가 크고 막대한 원료비가 소요되는 물품은 대자본을 가진 상인의 힘을 빌지 않으면 안되었다. 이 경우 대상인은 원료와 대금을 선대(先貸)해주고 생산된 물품을 차지하였으며, 그들을 '물주(物主)'라고 불렀다.[115] 물주의 등장은 17,18세기 수공업 분야의 특징적 현실이었다.

수공업 활동이 활발해지고, 대외 무역에서 은의 수요가 증대되면서 광산의 개발도 촉진되었다.[116] 그리하여 17세기 말에는 70개소의 가까운 은점(銀店)이 설치되었다.[117] 금광이나 은광만큼 활기를 띠지는 않았으나, 동전의 보급과 더불어 동광이 개발되고, 놋그릇과 무기의 재료로서 철물의 수요가 늘면서 철광의 개발이 촉진되었다. 이 같은 광산의 개발 역시 대동법 시행이 직접 간접으로 파생시킨 결과였다.

(5) 운송 활동의 증대

공납제가 대동법으로 개혁되면서 생겨난 막대한 양의 대동미는 운송 수단의 문제를 제기하였고, 자연히 운송업자의 활동을 자극하였다. 특히 그것이 선운에 의존하지 않을 수 없는 상황 속에서 사선인(私船人)들이 성장함에 있어 주요한 여건을 제공해 주었다. 이 역시 대동법 시행의 파생적 영향이었다.

조선 후기 운송계에는 관선 조운 체제(官船漕運體制)가 붕괴되면서 새로운 양상이 나타나고 있었다.[118] 자율적이고 영리적인 민간 선운업의 성장이 뚜렷이 보여졌다. 정부의 강제적이고 예속적인 관선 조운제에 대신하여 선운업자의 자율적이고 영리적인 선운업(船運業)이 자리잡아 가고 있었다면 거기에는 나름대로의 일정한 여건이 작용하였을 것이다.

조선 후기에 선운업이 크게 성장할 수 있었던 기반에는 대체로 3가지 여건을 들 수 있다. 첫째, 선인(船人)들은 유통 경제의 발달이라는 배경 속에서 한강의 경제적 위치를 충분히 활용하여 가면서 그 활동 영역을 확장시켜 갔다. 수도 한양이 소비 도시로 성장함에 비례하여 한강의 경제적 위치가 증대하였는데 한강은 운송로로서, 상업 기지로서 그 모습을 과시하였다. 그 한강에서의 활동의 주체가 바로 선인이었던 것이다.[119] 선인들은 16세기 이래 조선술과 운송력을 증대시켜 운송 활동의 범위를 근거리에서 원거리로, 부수적인 데서 전문적인 데로 발전시키고 있었던 것이다.

둘째, 조선 후기에 사회 전반에서 널리 행해지고 있던 고립 체계(雇立體系)의 발달 역시 선운업의 성장 기반을 마련해 주고 있었다. 이 시기에는 여러 분야에서 정부가 필요로 하는 노동력을 노임을 주고 고용하는 경향이 보급되고 있었다.[120] 이는 농민들의 거부로 종래와 같은 부역 동원이 불가능해졌을 뿐 아니라 이 시기에 노임을 주고 부릴 수 있는 노동 인구가 실제로 증대되고 있었던 데 기인하는 것이다. 선인의 고용은 선운업의 발전을 자극하였으며 고가(雇價)의 책정과 고용의 기회가 보다 합리적으로 모색되었다.[121] 그리하여 선운업자들은 보다 충실하고 보다 적극적인 노동력을 확보할 수 있었다.

　셋째, 선운업의 성장을 가능케 한 또 하나의 여건은 조선 후기에 이르러 운송 물량이 크게 증대되었다는 사실이다. 운송 활동을 증대시킴에는 운송 수단의 개선과 더불어 운송 물량의 증대가 크게 영향을 끼친다. 17세기에는 농업 생산력의 증대로 인하여 전국적으로 농산물의 물량이 증대되었다. 게다가 공납제가 대동법으로 개편되면서 막대한 양의 대동미가 수취되었다. 당시에 있어서 전세의 세율은 대체로 전답 매 1결에 미곡 4 두였다. 이에 대하여 대동세의 세율은 전답 매 1결에 평균 미곡 12 두였으니, 그 세율만을 단순 비교하더라도 대동세는 전세에 비하여 대략 3배에 해당되는 것이었다.

　실제에 있어서도 대동세액은 〈표 1〉에서와 같이 42만여 석이었다. 물론 이들 모두가 서울로 운송된 것은 아니었다. 대동법에는 상납미와 유치미의 비율이 일정하게 정해져 있어서 50% 내외의 양만이 서울로 운송되었다. 그렇다고 하여도 그 운송 물량은 적지 않은 것으로 30만 석에 이르는 양이었다.[122] 물론 이들 역시 전액이 미곡을 비롯한 곡물로써만 징수된 것은 아니었다. 연해읍이나 강변읍에서는 미곡으로써 납부하여 선박으로 운송하였지만, 산군(山郡)에서는 목면, 마포, 전화로써 환봉하기도 하였던 것이다.[123]

　그렇다고 하여도 대동미의 징수는 수미법이 원칙이었으며, 따라서 대동미의 운송 문제는 당시의 정책적 과제 중 하나였다. 대동미 운송에 있어서는 전세와 달리 특별히 마련된 운송 체계가 없었기 때문에 부분적으로 조선(漕船)을 이용하기도 하지만, 대체로 선박을 임대하여 운송하지 않으면 안되었다. 이에 17세기에는 지토선(地土船)이, 18세기 전반에는 경강선(京江船)이, 18세기 말 이래로는 주교선(舟橋船)이 중심이 되어 운송업을 하나의 영업 분야로 굳혀 갔다.

　선운업이 발달하면서 지토선, 경강선 등은 그 선형(船型)과 선종(船種)

에 있어서 다양성을 나타냈다. 뿐만 아니라 선박의 구조 역시 세분화되고, 기능도 전문화되어 갔다. 실로 운송량의 증대는 운송업의 성장을 뒷받침하는 중요한 요소로서, 전란으로 파산된 조운계가 그 기능을 다하지 못하고 있는 상황 속에서 그것은 사선인(私船人)의 활동을 보장해 주고 발전시키는 데 주요한 기반을 형성하였던 것이다.

(6) 사회 계층의 분화

대동법은 16세기 이래의 생산력 증대와 유통 경제의 발달을 토대로 하여서 성립되었으나 그 결과는 생산 활동과 유통 경제의 진전을 한층 더 촉진시켰다. 나아가 그것은 공인(貢人)이란 하나의 새로운 상인층과 조선 후기 최대 규모의 상업 자본인 도고(都賈)의 출현에 촉매적 작용을 하였다. 뿐만 아니라 대동법 실시에 따라 현저히 발달한 상품 화폐 경제의 농촌 침투에 의해 새로운 지주층의 성장을 초래하였는가 하면, 다수의 농민층을 몰락시켜 농민층의 분해를 촉진시키기도 하였다.

먼저 공인의 출현이 주목되었다. 정부는 대동법을 시행하면서 관수용 물자의 확보를 위하여 공인을 지정하고 그들에게 대동미 또는 대동목을 지급하여 필요한 물품을 구입, 납부토록 하였다.[124] 정부의 수요품을 조달하는 공인에는 상인도 있었고, 수공업자도 있었다. 단순히 유통 과정에서의 이윤만을 취하는 상업적 공인이 많았지만, 한편에서는 일정한 제조 작업장을 갖추어 상품을 제조 조달하는 수공업적 공인도 있었다. 그 유형이 어떠하든 공인이라고 하는 새로운 상인의 발생은 직접 간접으로 상업계에 활기를 불어넣었다. 공인들은 같은 관청에 물품을 조달하는 상인끼리 공동 출자에 의한 공계(貢契)를 조직하고 있었다.[125] 예를 들면 장흥고 공인(長興庫貢人)은 궁궐이나 중앙 관청에서 쓰는 자리, 종이 등을 관장하는 장흥고를 상대로 계 조직을 통해 물품을 공동으로 조달하고 있었던 것이다. 이들 공인은 전국적인 활동망과 막대한 양의 공가(貢價)의 규모를 통해서 짐작할 수 있듯이 당시 유통 경제의 발달에 상당히 영향을 미쳤다.

공인은 여러 가지 특권을 인정받는 어용적 청부 상인이었기 때문에, 이들은 당시 사회 경제 변동의 추진 세력으로도 주목되었다. 공인이 지닌 특권, 즉 공인권은 그것이 공인에게 무상으로 주어졌다는 사실이 의

문시 된다고 할 정도로 막대한 특권이었다. 일정한 관청에 독점적으로 물품을 조달한다는 일 자체가 특권성을 지닌 것이었지만, 또한 독점 조달을 위한 독점 매입권도 행사하였다. 공계인(貢契人)들은 관청에 조달할 물품을 매점하기 위하여 도고(都庫)[126]를 차리고 이 도고를 통하여 관청에의 조달을 핑계로 상품 생산자로부터 헐값으로 강제 매입하기도 했고, 혹은 독점 매입하여 자본을 축적하여 갔던 것이다. 즉, 조선 후기의 상업계를 주도하였던 도고 상업은 이들 공인 자본의 규모가 커져 형성된 특권적 매점 상업에 그 토대가 있었다.

그런데 공인 자본의 도고화 과정에는 공인권을 둘러싸고 공인 서로 간에, 또는 여타의 상인들과의 이해가 대립되면서 상인층 내의 계층 분화가 전개되어 갔고, 상업 구조가 재편되는 현상을 보이기도 하였다.[127] 즉, 조선 후기 도고의 성장은 농업에 있어서 광작의 유행과 비교되는 새로운 경제 현상으로서, 후자가 농민의 계층 분화를 촉진시킨 것과 마찬가지로 전자는 상인의 계층 분화를 유발시키는 요인이 되었던 것이다.

한편, 대동법의 시행으로 도시 수공업은 물론 농촌 수공업도 활기를 띠어 농민층의 분해가 촉진되기도 하였다. 즉, 농촌 수공업은 종래에는 전적으로 부업적이었으나, 그 소득이 농경에서 보다 훨씬 많아지면서 전업적으로 바뀌어 갔고, 그리하여 농촌에서도 농공분업(農工分業)의 현상이 현저해져 갔다.

물론 농민층의 분해 현상은 여러 가지 요인에 기인하고 있다. 첫째, 17세기 이래 지주제가 확대되면서 권력층과 결탁된 봉건 지주의 토지 겸병이 심화되어 대부분의 농민이 영세농이 되거나 나아가서는 무전농민으로 전락되었다.[128] 둘째, 봉건 질서가 동요하는 속에서 정상적으로 운영되지 못한 왕조의 수취 제도와 이를 기화로 사리에 집착한 탐관오리들의 가혹한 착취는 농민의 몰락을 보다 재촉하였다.[129] 가혹한 수탈을 견디지 못한 농민들은 유망하거나 피역(避役)으로 저항하였는데, 결과적으로 이는 농민층의 분해를 초래하는 것이었다.

셋째, 농업 경영의 발달, 상공업 및 화폐 경제의 발달도 농민층의 분해를 촉구하였다. 즉, 이앙법 · 이모작 등으로 노동력이 절감되어 광작(廣作)이 가능해지면서 일부 농민들은 '경영형 부농'이 될 수도 있었지만, 다수의 농민들은 농토에서 방출되어야 했고, 또 지주층으로 하여금 토지 집적을 보다 가속화시켜 무전 농민은 날로 늘어났다.[130] 그 밖에 인구 증가, 천재지변 등으로 인한 자연적인 농민층 분해도 전개되어 조선 후기 농촌 사회에서는 부농이 존재하는가 하면 다수의 농민은 농토에서 이탈하여 임노동자의 길을 가야만 했다.[131] 여기에 더하여 대동법 시행 이후 특히 발달한 농촌 수공업도 농민층 분해의 한 요인으로서 작용하였던 것이다.

대동법 실시 후에도 진상을 통하여 농촌 수공업 제품의 현물 수탈이 계속되었다. 그러나 역시 대동법 이전보다는 현물 수탈의 범위가 좁아졌고, 점차 공인의 상품 생산 수요가 늘어나고, 장시(場市)가 발달하면서 상품을 위한 생산이 발달하였다. 예컨대 옷감으로 쓰이는 면포는 거의 모든 장시에서 대량으로 거래되었고, 특히 경상도의 진주에서 생산되는 진목(晋木)은 질이나 생산량에 있어서 거의 독점적이었다.[132] 그리하여 농가에서는 직포를 전업으로 하는 경우도 여러 곳에서 생겨났다. 대동법의 작목 · 작포 규정은 이 같은 현상을 보다 촉진시켰다. 실로 대동법 시행 후 조선 후기 사회에는 대동법의 영향을 비롯한 여러 가지 요인에 의해 상인 및 농민의 계층 분화가 광범위하게 전개되고 있었던 것이다.

(7) 도시 인구의 집중

대동법 실시 이후 조선 후기 사회에는 공인으로서 막대한 부를 축적한 자본가가 나타났는가 하면 공인의 주문에 따라 수공업에서의 생산 활동도 크게 활기를 띠었는데, 이와 더불어 도처에서 물화의 집산지로서, 교역의 중심지로서 새로운 도시의 형성이 촉진되기도 하였다. 또한 농촌의 해체 과정에서 농토를 잃은 상당수의 농민들이 도시로 이동하고 있었으며 기근과 같은 자연 재해의 결과 유민의 도시 집중 현상이 보편화되고, 그로 인하여 한양과 같은 기존의 도시 인구도 급격히 증대되어 갔다.

종래의 도시는 행정 도시, 군사 도시의 성격을 띠고 있었는데, 중앙 집권적인 정치 성향으로 인하여 한양을 제외한 지방 도시의 성장은 극히 미미하였다. 개성 · 평양 · 함흥 · 공주 · 충주 · 전주 · 경주 등의 지방 도시가 지역 중심지로서의 역할을 수행하였으나, 인구 수나 도시 규모는 오늘에 비교한다면 매우 왜소하였다. 18세기 후반의 기록에 의하면, 인구 2만 명 이상의 지방 도시는 개성과 평양이 있을 뿐이고, 상주 · 전주·대구·충주·의주·진주가 인구 1만 명을 상회하고 있을 뿐이다. 그 밖의 지방 도시는 인구 1만 명에도 미치지 못하고 있다.[133] 다만 한양은 비약적으로 인구가 증대하여 거대 도시로 커가고 있었다.

한양의 인구가 급증한 것은 17세기 후반부터였다. 즉, 정부 통계에 의하면, 효종 8년(1657)까지만 하더라도 한양의 인구는 10만 명 미만이었다. 그러나 12년 후인 현종 10년(1669) 한양의 인구는 194,030명으로 조사되어 종래보다 무려 2배가 되는 급속한 인구 증가 현상을 보이고 있다.[134]

이와 같이 한양의 인구가 급속히 증가한 데는, 종래의 통계가 전란 직후의 행정 부재 현상으로 조사가 철저하지 못하였고, 또 백성들이 정부의 세역을 기피하기 위하여 자주 이래이거(移來移去)하거나 호적에 누탈시켰기 때문이기도 하지만,[135] 농민 분해에 의한 이농민의 한양으로의 집중 현상이 가장 큰 요인이 되고 있다. 17세기 후반 이래 유민의 한양 유입은 연례 행사와 같이 전개되고 있다.[136] 이에 봉건 정부는 급량(給糧) 또는 귀농(歸農) 조치를 취하지만, 그것은 근본적인 대책이 될 수 없었다. 농촌에서 살 길을 잃은 농민들은 새로운 삶의 길을 찾아 무조건 한양으로 몰려 들었다.

한편, 한양이 조선 후기의 유통 경제의 진전에 상응하여 상공업 도시로 전환되면서 그것이 요인이 되어 한양으로의 인구 집중이 전개되고도 있었다. 당시 한양은 최대의 소비 도시이기도 하였다. 그리하여 전국 각처에서 물화가 집산되었으며, 항상 인마(人馬)의 왕래가 빈번하였다.

특히 한양의 중심가인 운종가는 상업 활동의 중심지로서 시전 상인과 공인들의 활동 근거지였고, 이현·종루·칠패 등지에는 새로운 상가가 설치되어 행상의 집합처가 되었다. 이들 시장에는 전국 각처의 물산들 외에 중국이나 일본의 상품까지 곁들여서 성황을 이루었다. 그리고 그 주변에는 갖가지 수공업자들이 조업하여 역시 사람의 왕래가 빈번하였다.

게다가 한양 주변에는 한양의 대도시화에 부응하여 많은 위성 도시가 형성되고 있었다. 한강 연안의 마포·서강·용산·뚝섬·두모포·동빙고·서빙고·송파·누원·과천 등은 한양으로 통하는 교통의 요지로서, 인마가 붐비고 물산이 집산되는 위성 도시로 성장해 갔다. 특히 용산·마포·서강·뚝섬 등은 곡물·어염·목재·시탄 등 한양 도민의 생활용품을 조달하는 전국 각처의 선박들로 붐비고 있어 객주 · 여각 등도 즐비하였다고 한다.[137] 그리하여 한양의 인구는 18세기 말에는 공식적으로 20만 명에 이르렀다.[138]

한편, 조선 후기에는 한양 이외의 지역에서도 인구가 늘어나고 있었다. 조선 후기의 대표적 지방 도시로는 전술한 개성 · 평양 · 상주 · 대구 · 전주 · 충주 · 의주 외에 해주 · 공주 · 동래 · 밀양 · 안주 · 단천 등이 있었으니, 이들은 대개 본래 행정 중심지였으나, 조선 후기에 상공업이 발달하면서 보다 발달하였다.[139] 특히 장시의 발달이 도시의 발달을 촉진하였다.

17세기까지는 대체로 중부 이남에서 장시가 발달하였지만, 18 · 19세기에는 전국적으로 큰 장시들이 형성되고, 그 중의 일부는 상설 시장으로 변모하였으며, 마침내는 상업 도시로 발달해 가고 있었다. 『만기요람』에 의하면, 대표적인 장시로 경기도의 송파장과 사평장, 안성 읍내장, 충청도의 은진 강경장, 직산 덕평장, 전라도의 전주 읍내장, 남원 읍내장, 강원도의 평창 대화장, 황해도의 토산 비천장, 황주 읍내장, 봉산 은파장, 경상도의 창원 마산포장, 평안도의 박천 진두장, 함경도의 덕원 원산장 등이 유명하였다.[140]

그 중에서도 강경은 1799년 당시 약 6~7천 명의 인구를 갖는 도시로 발전하였고, 광주도 약 3천의 인구를 갖는 상업 도시로 성장하고 있었다.[141] 그리고 행정 도시가 아니었던 곳에서 도시가 형성되고도 있으니, 상업 중심지이거나 교통 중심지인 강경 · 원산 · 동래 · 사리원 · 장호원 등이 새로운 도시로 발돋움하고 있었다. 특히 강경 · 삼랑진 · 아산 등지는 한양으로 운송되는 대동세 및 전세곡 등 미곡의 집산지로서 새로이 도시를 형성하거나 도시의 규모를 확대시켜 가고 있었다. 상업 도시가 형성되어 가는 추세 속에서 18세기 말에는 화성과 같은 계획적인 성곽 도시도 건설되었다.

이와 같이 조선 후기에는 행정 도시가 상업 도시화해가고, 장시를 중심으로 상업 도시가 신설되는가 하면, 농촌 지역에서도 장시의 수가 날로 늘어나 상설 시장화해 갔는데, 거기에는 여러 가지 요인이 작용하였지만, 기본적으로 그와 같은 현상은 대동법의 파생적 효과였다고 하겠다. 대동법으로 인하여 상공업의 발달이 촉진되고, 또한 농촌 사회가 분해되면서 도시에로의 인구 유입이 조장되었던 것이다. 도시의 발달은 농업 중심의 봉건 경제 구조를 해체하는 역할을 하기도 하였던 것이다.

(8) 고립 체계(雇立體系)의 진전

대동법은 고립 체계의 진전에도 큰 영향을 끼쳤다. 고립 체계는 이미 16세기에도 행해지고 있었는데, 그것은 봉건 정부가 강행한 부역제가 정상적으로 운영되지 못하기 때문에서였다. 원래 봉건 사회에서 관부가 필요로 하는 노동력은 농민의 부역 동원으로 충당되었다. 양반 지주층이 필요로 하는 노동력도 노비들의 노동이나 소작 농민의 부여 노동으로 충당되었다. 봉건 사회에 있어서 농민 또는 노비 등의 피지배층은 '세전기임(世傳其任) 물차타역(勿差他役)'이라고 하여 관부의 노동력에 강제로 동원되었던 것이다.[142]

그러나 16세기 이래로 봉건 질서가 동요되면서 봉건적 동원 체제인 부역제는 점차 그 모순을 드러냈고, 가혹한 부역 노동에 항거하여 농민들은 피역·유망·대립 등의 방법으로 그 부담을 기피하기에 이르렀다. 마침내 봉건 정부는 포납화(布納化)를 인정하고, 거두어 들인 가포(價布)로서 필요한 노동력을 고용하기에 이르렀다.

그리하여 17세기에는 고립 체계가 상당히 널리 진전되어 갔는데, 산릉·영건·축성·제언 수축·도로 건설·개천 준설·교량 건설 등의 각종 토목 공사 및 광산·창고 하역·운송·관청의 잡역 등에서 임노동이 행해지고 있었다.[143] 농촌에서도 농업 경영 방법의 개선으로 경작지를 확장하고 상업적 농업을 영위하던 일부 농민들은 그 경영을 가족 노동만으로는 감당할 수 없게 되었다. 특히 논농사가 일반화되어 이앙·제초·타작 등에 있어서 단시일에 많은 노동력이 필요하게 되면서 임노동자의 고용이 불가피하였다.[144] 8명의 가족으로 구성된 농가에 있어서도 농번기에는 반드시 임노동자를 고용하였다고 한다.[145] 당시 농촌 사회에는 임노동을 영위하는 농업 노동자가 수만 명에 이르고 있었다.[146]

한편 날품팔이라 할 수 있는 임노동자와 달리 머슴살이로 흔히 알려진 고공(雇工)이 농업 노동에 동원되기도 하였다. 고공은 신분적으로 자유스럽고 계약에 의해 일정한 기간 동안 고주(雇主)에 예속된 존재이나, 기간이 오랠수록 예속성이 강하였는 바 조선 후기에는 1년을 약속하는

고공이 많았었다.[147)]

　이와 같은 고립 체계의 진전이 그 배경이 되기도 하였지만, 또한 대동법은 지금까지의 신역(身役) 일부를 대동세에 포함시킴으로써 고립 체계의 진전을 한층 촉진시켰다. 즉, 봉건 정부는 종래 지방 관부에 의해 자의적으로 이루어지던 요역 수탈을 시정하기 위하여 대동세 이외의 어떠한 형태의 과외잡세도 철폐하고 장차에도 이를 부과하지 않기로 약속하였다.[148)] 크고 작은 역에 농민을 입역시킴은 부당한 것으로서, 만일 피치 못하여 사역할 경우에는 노임을 지급해야 했다. 말하자면 대동세에는 정부가 필요한 노동력을 고용할 경우의 노임도 포함되어 있었던 것이다. 예컨대 전세의 경우에는 그것을 운반하기 위하여 별도의 운반 인력으로서 조군(漕軍)이 부역 동원되고 있었지만, 대동세의 경우에는 당초부터 운반비를 포함하여 징수되었다. 따라서 농민 또는 다른 선인으로 하여금 대동세를 운반시키고자 하면 노임을 지급하였으니, 유치미 중에서 수경가(輪京價) 항목의 예산이 그것이었다.

　신역이 대동세에 포함된 구체적 사례는 『대동사목』에 제시된 호조의 공인, 공조의 기인(其人), 사옹원의 어부, 지방 관청의 경주인(京主人)·방자(房子)·조예, 그리고 예장도감의 조묘군(造墓軍) 등에게 지급되는 역가(役價) 규정에서 잘 나타나고 있다.[149)] 역가는 곧 노임이었다. 또 『속대전』에 의하면, 종래 조예는 외방에서 선상(選上) 종사하였는데, 대동청을 설립하면서 이를 혁파하고 도성민 중에서 고립(雇立)하여 쓰도록 하고, 노임을 지급케 하였다.[150)] 이렇듯이 대동법은 현물의 공납제를 전세화하였을 뿐 아니라 일부 신역도 전세화하여 그 값으로 필요한 노동력을 고용하도록 하였으니, 고립 체계의 진전에 있어서 대동법의 영향 역시 적지 않은 것이었다.

　지금까지 살펴 본 바와 같이 대동법의 시행은, 봉건 사회로서의 조선 사회가 당초에 마련한 스스로의 운영 원리를 조정할 수 밖에 없는 현실 상황 속에서 지배층이 취한 최대의 정책 변화로서, 그것은 나름대로 효과를 거둔 정책이었다고 할 수도 있다. 지배층은 당초에 의도하였던대로 거의 파탄에 빠졌던 조선 왕조의 재정 위기를 일시적이나마 극복케 했고, 또 한계점에 다다른 농민의 담세 능력을 다소 완화시켜 파경으로 치닫던 농촌 경제를 잠시나마 안정시켰던 것이다.

　그렇다고 하여서 대동법의 의의가 적극적으로 평가됨에는 재고의 여지가 있다. 왜냐 하면 대동법이 지니고 있는 본질적 특성을 외면하고서, 그것이 파생시킨 부수적 결과만을 중시한다면, 더구나 그 결과를 과장되게 해석하려다 보면 대동법의 의의는 바로 규정될 수 없다고 보기 때문이다.

　조선 왕조가 동요하는 자체의 질서를 바로잡아 지속적으로 지배 구조를 유지하고자 하는 데서 대동법과 같은 미봉책이 제시되었던 것이라 함이 보다 실상에 가까운 이해라고 보고 싶다. 어찌보면 지배 체제의 모순을 은폐하고자 한 편법의 하나가 대동법이었다고 하겠다. 그것은 그 이후 조선 왕조의 농민 지배 양태, 지배 체제 유지의 방향에서 여실히 드러나고 있다. 종래의 연구에서 적극적으로 평가한 수취 체제의 변화, 사회 경제적 영향은 파생적인 것으로서, 대동법 이전에 이미 그러한 조건은 마련되고 있었으며, 대동법으로 인하여 다소 증폭되었던 것이기 때문이다.

　여하튼, 대동법의 특성이 봉건적이었고, 그 시행 의도가 국가 재정 위기의 극복과 농민 부담의 감축에 있어 궁극적으로 봉건 사회의 지속적 유지에 본질적 의미가 있다고 하더라도, 그것은 결과적으로 그 이후의 사회 변화에 작용하는 여러 가지 조건을 파생시켰다. 대동법의 시행 이후 조선 후기 사회는 크게 변모하였다.

　변화의 모습은 한양에서 두드러지게 나타났다. 비록 대동법의 본의가 아닐지라도 대동법은 사회 구조의 변화에 자극을 주어 유통 경제를 진전시키고 사회 분화를 촉진하여 마침내는 지배 체제의 변동에도 나름대로 작용하였던 것이다. 대동법 시행으로 인한 파생적 영향으로는 부세 제도의 전환, 재정 구조의 개편, 유통 구조의 변화, 생산 활동의 촉진, 운송 활동의 증대, 사회 계층의 분화, 도시 인구의 집중, 고립 체계의 진전 등을 꼽을 수 있다.

　나아가 대동법의 시행은 궁극적으로 서울을 대도시로 성장하게 하는 토대가 되었고, 더구나 서울의 변모를 상업 도시로서의 특성을 갖게 함에 결정적으로 영향을 끼쳤다. 정책적으로도 상품 화폐 경제가 추구되는 상황 속에서 조선 후기의 한양은 더 이상 행정 도시로서만 만족할 수는 없게 된 것이다.

【주】

1) 김용섭,「조선후기의 사회변동과 실학」(『동방학지』 58, 1988) p.23
2) 김윤곤,「임진란 발발 직전의 지방 군현 실태」(『유홍렬박사 화갑기념논총』, 1971) p.234
3) 김윤곤,「대동법의 시행을 둘러싼 찬반양론과 그 배경」(『대동문화연구』 8, 1971) p.138
4) 明宗實錄 권 22, 명종 12년 5월 기미
　　潛溪先生遺稿 권 3, 소차 음성현진폐소
5) 김용섭, 앞의 글, p.32
6) 김윤곤, 앞의 글, 160
7) 이태진,『한국 사회사 연구』(지식산업사, 1986) p.121
8) 강만길,「조선 전기 공장고」(『사학연구』 12, 1961) p.28
9) 유교성,「서울 육의전 연구」(『역사학보』 8, 1955) p.394
10) 이태진, 앞의 책, p.293
　　이경식,「16세기 장시의 성립과 그 기반」(『한국사연구』 57, 1987) p.56
11) 김태영,「성리학」(『한국사 연구입문』 지식산업사, 1981) p.56
12) 방기중,「조선 후기 수취제도·민란연구의 현황과『국사』교과서의 서술」(『역사교육』 39, 1986) p.108
13) 고석규,「16·17세기 공납제 개혁의 방향」(『한국사론』 12, 서울대 국사학과, 1985) p.209
14) 김옥근,『조선 왕조 재정사연구』(일조각, 1988) p.368
15) 유교성,「이조 공인자본의 연구」(『아세아 연구』 16, 1964) p.9
16) 萬機要覽 재용편 3, 대동작공
　　光海君日記 권 4, 광해군 즉위년 5월 임진
17) 浦渚集 권 2, 인구언론시사소
18) 이세영,「18,9세기 곡물시장의 형성과 유통구조의 변동」, (『한국사론』 9, 1983) p.18
19) 이존희,『조선시대 지방행정제도 연구』(일지사, 1990) p.118
20) 仁祖實錄 권 9, 인조 3년 7월 경신
　　孝宗實錄 권 2, 효종 즉위년 11월 병인
21) 續大典 권 2, 호전 세공
　　增補文獻備考 권 152, 전부 12, 대동
22) 燕山君日記 권 27, 연산군 3년 9월 병인
　　中宗實錄 권 97, 중종 37년 3월 신묘
　　明宗實錄 권 17, 명종 9년 11월 을묘
23) 萬機要覽 재용편 3, 대동작공

24) 宣祖實錄 권 15, 선조 14년 5월 병술
25) 고석규, 앞의 글, p.177-181
26) 宣祖實錄 권 149, 선조 35년 4월 임자
27) 栗谷全書 권 15, 동호문답
　　鶴峰全集 속집 권 2, 황해도순무시소
28) 田川孝三,「이조공물고」(『조선학보』 9, 1956) p.138
29) 大典會通 권 2, 호전 요역
30) 田川孝三,「이조진상고」(『조선학보』 13, 1958) p.29
31) 大典會通 권 2, 호전 세공
　　度支志 권 9, 판적사 공헌부 어공
32) 栗谷全書 권 7, 소차 5 진시폐소
　　西厓文集 권 14, 잡저 공물작미의
33) 潛谷全書 잠곡유고 권 6 청행본도대동장
34) 孝宗實錄 권 2, 효종 즉위년 11월 경신
35) 仁祖實錄 권 4, 인조 2년 정월 기미
　　孝宗實錄 권 6, 효종 2년 3월 계묘
36) 備邊司謄錄 135책, 영조 34년 8월 8일
37) 經世遺表 권 7, 지관수제 전제 7
38) 한영국,「대동법의 실시」(『한국사』 13, 국사편찬위원회,1978) pp.146-147
39) 김윤곤, 앞의 글, p.139
40) 김홍식,『조선시대 봉건사회의 기본구조』(박영사, 1982) p.12
41) 世宗實錄 권 148-155, 地理志 京畿-咸吉道
　　박시형,「이조 전세제도의 성립과정」(『진단학보』, 14, 1941) p.124
　　이호철,『조선전기 농업경제사』(한길사, 1986) p.506
42) 宣祖實錄 권 140, 선조 34년 8월 무인
43) 당시 중앙정부의 상납된 세액은 본도에 회록되는 황해, 평안, 함경의 3도 세곡
　　을 제외하고 총 82,849석이었다.(仁祖實錄 권 41, 인조 18년 12월 정미)
44) 仁祖實錄 권 4, 인조 2년 정월 기미
45) 孝宗實錄 권 6, 효종 2년 3월 계묘
46) 이경식,『17세기 농지 개간과 지주제의 전개』(『한국사연구』 9, 1973) p.98
47) 經國大典 권 2, 호전 무농
48) 宣祖實錄 권 182, 선조 37년 12월 기유
49) 承政院日記 64책, 인조 16년 5월 5일
50) 원영환,「조선 후기 둔전고」(『유홍렬박사 화갑기념논총』, 1971) p.281
51) 이경식, 앞의 글, p.104
52) 17세기의 재정 위기는 유통 경제의 발전과 관련시켜 국가의 화폐통제력을 약

화시킨 추포경제의 확립에서 비롯되었다고 보는 견해도 있다. 국가 재정과 유통 수단의 관계는 경제학적 측면에서 고려해 볼만한 문제이다. (방기중,「17·8세기 전반 금납조세의 성립과 전개」『동방학지』45, 1984) p.146

53) 孝宗實錄 권 2, 효종 즉위년 11월 경신

54) 浦渚先生文集 권 2, 논선혜청소

55) 한영국, 앞의 글, p.212

56) 萬機要覽 재용편 3, 대동작공 각도응봉

57) 최완기,「17세기 세곡임운활동의 일면」(『명지사론』창간호, 1983) p.149

58) 17세기에 있어서 농민들이 부담하던 田稅·三手·米大同米·요역 등의 세역중에서 대동미가 차지하는 비율은 전체의 50％에 이르렀다고 밝혀지고 있다.(한영국,「호서에 실시된 대동법」,『역사학보』14, 1961) p.125

59) 봉건 지배층들이 향촌을 지배하기 위하여 제시한 대책으로는 향규의 작성, 향약의 보급, 향교·서원의 운영 등을 꼽을 수 있는데, 그들은 교화를 명분으로 내세우고 있었다(정진영·박경하,「16·7세기 재지 사족의 향촌 지배와 그 성격」『한국 중세사회의 지배구조와 ‘민’의 성장』, 1989) pp.26-29

60) 공부의 부담이 전세보다 무거웠다는 사실에 대하여 당시 李珥, 兪棨와 같은 지식인들은 ‘經貢重稅’라고 표현하고 있다.(栗谷全書 권 7,소차, 增補文獻備考 권 150, 전부고 10 공제)

61) 김진봉,「조선초기의 공물대납제」(『사학연구』22, 1973) p.20

62) 한영국, 앞의 글, p.146

63) 明宗實錄 권 17, 명종 9년 11월 을묘

64) 孝宗實錄 권 7, 효종 2년 8월 기사

65) 김윤곤,「임진란 발발 직전의 지방 군현 실태」(『유홍렬박사화갑기념논총』,1971) pp.236-237

66) 宣祖修正實錄 권 27, 선조 27년 정월 경진
농토를 이탈한 유민들이 도적떼를 이루어 중앙 정계에 큰 물의를 일으키고, 지방 수령이 업무를 바로 집행하지 못하고 있던 상황에 유의하여, 그것이 위정자들에게는 정치적 위기로 인식되고, 그리하여 개혁이 보다 촉진되었다고 보는 견해도 있다. (김윤곤,「대동법의 시행을 둘러싼 찬반양론과 그 배경」,『대동문화연구』8, p.155)

67) 浦渚集 권 2, 인구언론시사소

68) 鶴峰全集 속집 권 2, 황해도순무시소

69) 강만길,『한국 근대사』(창작과 비평사, 1984) p.23

70) 仁祖實錄 권 1, 인조 원년 4월 계해

71) 김윤곤, 앞의 글, p.141

72) 經世遺表 권 11, 지관수제 부공제 7

73) 仁祖實錄 권5, 인조 2년 3월 임술
74) 高麗史 권 78, 식화지 1 전제 공부
75) 강진철,『고려토지제도사연구』(고려대 출판부, 1980) pp.272-276
76) 成宗實錄 권4, 성종 원년 4월 병자
77) 고석규, 앞의 글, pp.192-193
78) 宣祖修正實錄 권 28, 선조 27년 4월 기유
79) 한영국, 앞의 글, p.213
80) 김윤곤, 앞의 글, p.135
81) 宣祖修正實錄 권 28, 선조 27년 4월 기유
82) 浦渚集 권 2, 인구언론시사소
83) 潛谷全書 잠곡유고 권 6, 청행본도대동상
84) 仁祖實錄 권 19, 인조 6년 10월 기축
85) 增補文獻備考 권 160, 재용고 7, 포백
86) 經國大典 권 2, 호전 경비
87) 고석규, 앞의 글, p.177
88) 燕山君日記 권 60, 연산군 11년 11월 병신
89) 燕山君日記 권43, 연산군 8년 3월 임오
90) 萬機要覽 재용편 3, 대동작공 수조식
91) 度支志 권 10, 판적사 대동 선혜청절목
92) 湖西大同事目 (규장각도서 No. 1594) 세칙
    全南道大同事目 (규장각도서 No. 1556) 세칙
    嶺南大同事目 (국립중앙도서관 古01593) 본도절목
93) 安達義博,「18·9세기 전반의 대동미·목·포·전의 징수 지출과 국가재정」
    (『조선사연구회논문집』13, 1976) p.100
94) 안병태,『조선 근대경제사 연구』(용계서사, 1975) p.176
95) 김용섭, 앞의 글, p.32
96) 承政院日記 680책, 영조 5년 3월 4일
97) 備邊司謄錄 76책, 영조 즉위년 11월 1일
98) 유교성, 앞의 글, p.18
99) 강만길,『조선후기 상업자본의 발달』(고려대 출판부, 1973) p.168
100) 이종영,「조선조 화폐제의 변천」(『인문과학』7, 1964), p.296
101) 방기중, 앞의 글, p.114
102) 한영국,『호서에 실시된 대동법』(『역사학보』14,1961) p.83
103) 최완기, 앞의 글, p.160
104) 肅宗實錄 권 62, 숙종 44년 윤 8월 무신
105) 承政院日記 444책, 숙종 34년 9월 7일

106) 방기중, 앞의 글 pp.158-188

107) 承政院日記 1540책, 정조 9년 9월 9일

108) 日省錄 정조 22년 5월 22일

109) 擇里志 팔도총론 충청도

110) 김용섭, 『조선후기 농업사 연구』 Ⅱ (일조각, 1971) p.169

111) 이병천, 「조선후기 상품유통과 여객주인」 (『경제사학』 6, 1983) p.134

112) 박구병, 『한국 어업사』 (정음문고 73, 1975) pp.141-150

113) 經國大典 권 6, 공전 경공장
　　　大典會通 권 6, 공전 경공장

114) 유원동, 「한국 상공업사」 (『한국문화사대계』 Ⅱ, 1970) p.1,085

115) 송찬식, 『이조 후기 수공업에 관한 연구』 (한국문화연구소, 1973) p.55

116) 유승주, 「조선후기의 광업정책 연구」 (『민족문화연구』 9, 1975) p.9

117) 備邊司謄錄 52책, 숙종 28년 2월 13일

118) 최완기, 앞의 글 p.114

119) 최완기 「조선후기 경강선의 기능과 역량」 (『향토서울』 45, 1988) p.68

120) 강만길, 「조선후기 고립제 발달」 (『한국사연구』 13, 1976) p.60
　　　윤용출, 「17·8세기 역부모립제의 성립과 전개」 (『한국사론』 8, 서울대 국사
　　　학과, 1982) p.154

121) 최완기, 「조선후기 조역의 변통과 선인의 고립」 (『이원순교수 화갑기념사학
　　　논총』, 1986) p.177

122) 최완기, 「17세기 세곡 임운 활동의 일면」 (『명지사론』 창간호, 1983) p.157

123) 한영국, 「대동법의 실시」 (『한국사』 13, 국사편찬위원회, 1978) p.168

124) 承政院日記 680책, 영조 5년 3월 4일

125) 유교성, 「이조 공인자본의 연구」 (『아세아 연구』 16, 1964) p.10

126) 조선후기 자본력을 바탕으로 독점상업 행위를 전개한 상인 또는 그 행위를 가
　　　르킨 都賈는 원래 都庫에서 비롯되었는데, 당시 두 용어는 통용되었다. 그런
　　　데 都庫는 원래 공인들이 공납품을 미리 사서 예치해 두는 기관 혹은 창고를
　　　뜻하는 것이었다.(한우근, 「이조후기 공인의 신분」 『학술원논문집, 인문사회
　　　과학편』 5, 1965 참조)

127) 오미일, 「18·19세기 공물정책의 변화와 공인층의 변동」 (『한국사론』 14,
　　　1986) p.177
　　　정형지, 「조선후기의 공인권」 (『이대사원』 20, 1983) p.193

128) 備邊司謄錄 3책, 인조 2년 3월 6일
　　　承政院日記 49책, 영조 16년 2월 14일

129) 김용섭, 「조선시대 농민의 존재형태」 (『사총』 1, 1955) p.84

130) 송찬식, 「조선후기 농업에 있어서의 광작운동」 (『이해남 화갑기념 사학논총』,

　　　　1970) p.130

131) 農圃問答 (을유문고 125) 균전제

132) 林園經濟志 아규지 권 6, 팔역물산

133) 손정목, 『조선시대 도시사회 연구』(일지사, 1977) p. 207

134) 增補文獻備考 권 161, 호구고 1, 효종 8년 및 현종 10년 기사

135) 孝宗實錄 권 8, 효종 즉위년 11월 병인

136) 김갑주, 「18세기 서울의 도시 생활의 일양상」(『동국대논문집』 23, 1984)
　　　　p.218

137) 손정목, 앞의 책, pp.241-276

138) 正祖實錄 권 50, 정조 22년 12월 기미

139) 손정목, 앞의 책, p.222

140) 萬機要覽 재용편 5, 각전 향시

141) 이세영, 「18 · 9세기 곡물시장의 형성과 유통구조의 변동」(『한국사론』 9, 서
　　　　울대 국사학과, 1983) p.206

142) 經國大典 권 4, 병전 번차도목 조졸 · 수군

143) 강만길, 앞의 글, p.68
　　　　윤용출, 앞의 글, p.154

144) 김용섭, 앞의 책, p.185

145) 日省錄 정조 23년 3월 28일

146) 김용섭, 앞의 책, p.185

147) 日省錄 정조 23년 3월 28일

148) 肅宗實錄 권 41, 숙종 31년 3월 임인
　　　　肅宗實錄 권 59, 숙종 43년 3월 계해

149) 仁祖實錄 권 5, 인조 2년 3월 임술

150) 光海君日記 권 79, 광해군 6년 6월 을유

글을 마무리하며

과학이 우상화되고 있다. 역사(歷史)가 외면당하고 있다. 옛 이야기를 하려고 하면 고리타분하다고 한다. 역사 공부는 재미없다고 한다. 자동차 왕 헨리 포드는 과거가 그렇게 중요하다고 여기면 네 발로 걸어다니라고 했다. 그러면서도 사람들은 역사 속에서 벗어나지 못하고 있다. 아니, 그는 영원히 역사의 물결에서 벗어나지 못할 것이다. 왜냐 하면 그의 삶 자체가 역사이기 때문이다. 보다 분명하게 표현하면 역사는 그가 살아 온, 그리고 그가 살아 갈 삶의 뿌리이다. 나무의 뿌리가 없다면 그 나무는 결코 살아날 수 없다.

그런 연유에서인지 사람들은 역사를 꺼려하면서도 은연 중에 역사에 솔깃해 한다. 사실 사람들은 역사에 대하여 알고 싶은 것이 너무 많다. 그런데 지금까지는 알고 싶은 것을 알 수 없었다. 역사가(歷史家)들이 보여 주는 것만 보아 왔다. 그리하여 역사는 스스로 방어벽을 굳건히 쌓아 왔다. 방어벽을 쌓는 데 역사가들은 충실히 이바지하였다.

역사가들은 편벽스러운 것이 일반적이다. 역사가들은 역사의 생김새를 자의로 제한하는 것을 즐긴다. 역사가들은 자기 자신이 알고 있고 공부한 것을 두터운 유리로 감싸거나 껍질만 보여 주고자 힘써 왔다. 관객(觀客)을 기피한 것이다. 관객의 취향을 무시한 것이다. 그러니까 관객도 연극 보기를 꺼려했다. 관객이 알고 싶어하고 재미있어 하는 진솔한 삶의 현실에 대하여 역사가들은 그것은 자신들의 범주 밖의 것이라고 도외시하였다. 그러나 역사의 단면은 매우 넓고, 그 지층은 매우 두텁다. 삶의 깊이는 헤아릴 수 없다.

철의 장막이나 대나무 울타리가 걷혀가고 있는 이즈음, 우리는 우리의 뿌리가 어디에 있는가를 더 다양한 방법으로 찾아야 한다. 관객이 보고 싶어하는 연극을 연출해야 한다. 그것이 어찌보면 진솔한 역사일 것이다. 이 책을 쓰게 된 동기는 바로 그러한 데에 있다. 역사는 시간의 흐름에 따라 변화(變化)한다. 이 때문에 많은 사람들은 역사를 곧게 뻗은 직선으로 생각한다. 그러나 역사는 곧바로 직진하는 것만은 아니다. 역사는 소용돌이 속에서 맴도는 경우도 많다. 우리 눈에 보이는 것은 대체로 역사의 껍질이다. 그 껍질 안에는 보이지 않는 끈질긴 삶이 고뇌와 갈등 속에서 숨쉬고 있다. 사람들은 과일 가게에 가면 우선 보기에 맛있고 큼직한 사과를 고른다. 그러나 그 사과가 과연 맛이 있는지는 먹어보지 않고는 모른다.

이 책은 서울의 역사, 특히 옛 서울 사람들이 어떻게 먹고, 입고, 살았는가 하는 삶의 모습을 소박한 마음으로, 그러면서도 생동감 있게 그려보고자 하였다. 서울은 우리의 고향이다. 서울은 단순히 공간적으로 매머드화한 괴물이 아니다. 서울은 사람들이, 특히 많은 사람들이 살고 있는 보금자리이다. 서울은 서울 사람만의 보금자리가 아니라 우리 민족 모두의 보금자리이다. 그 속에서 민족의 삶이 꽃을 피웠고, 뿌리를 내렸기 때문이다. 서울은 민족의 희망이었고 절망이었다. 서울은 민족의 기대이었고 불만이었다.

서울이 우리 민족의 진정한 보금자리가 된 것은 지금부터 600년 전이었다. 그것은 조선 왕조(朝鮮王朝)가 서울을 우리 민족의 구심점으로 삼으면서부터였다. 조선 시대에 서울은 행정적으로는 한성부(漢城府)라 하였지만, 사람들은 한양(漢陽)으로 부르기를 즐겨 했다. 사람들은 사람은 한양으로, 말은 제주도로 보내라고 하였다. 서울의 위상은 한양의 이름 하에 조선 왕조 500년의 역사에서 굳건히 다져졌다. 한양은 조선 왕조의 정치·경제·사회·문화 등 모든 역사의 움직임을 주도하면서 그 구심점으로서의 역할을 충실히 수행했다. 한양은 특히 조선 후기에 이르러 안팎으로 역동성(力動性)을 보이면서 사람들의 삶을 변모시켰다. 이 시기에 한양은 상업 도시로서의 면모를 분명하게 보여 가고 있었다.

이 책에서는 그러한 면모를 주체적, 발전적 측면에서 밝혀보고자 하였다. 이는 한양의 역사뿐만 아니라 민족사를 체계화(體系化)하는 작업의 하나이기 때문이다. 그리고 이는 대도시 서울의 오늘이 있기까지의 성장 과정을 밝히는 작업으로서, 결과적으로 서울 시민으로 하여금 자신의 뿌리에 대한 자긍심을 키워주리라고 본다.

도시의 변화는 내재율과 더불어 외적 요소에 의해 전개된다고 한다. 이 책에서는 특히 내재율(內在律)의 측면에서 상품 화폐 경제의 진전에 따라 조선 후기 한양 곳곳에서 새로운 삶을 추구하는 사람들의 모습과 그들의 삶의 현장에서 제기되는 문제들을 분석해 보고자 하였다.

그러나 글을 마무리하고 보니, 결과는 의도한 바와는 상당한 거리가 있음을 솔직히 고백하지 않을 수 없다. 부족함은 전적으로 필자의 능력 때문이다. 다만 생생한 삶의 모습을 그려냄에 있어서는 자료가 보다 많이 발굴되고, 연구가 보다 심층화되어야 하겠다는 아쉬움이 크다. 옛 모습을 바로 복원하고자 하여도 문헌은 매우 제약적이었다.

바탕에서 삶의 현장(現場)을 보고해 주는 문헌이 거의 없었다. 따라서 그 동안의 연구도 제약적이었다. 그리하여 그 동안의 연구를 바탕으로 한 이 책에서는 때로는 무리한 추론을 내세우고 분명한 근거를 제시하지 못하는 어리석음을 저질렀다. 앞으로는 그러한 어리석음이 계속되지 않기 위해서도 신선한 자료가 발굴되고 열린 마음으로 역사의 시각이 전환되어야 할 것이다. 역사의 설명은 항상 새로와져야 한다.

글을 정리하면서 그 동안 도움을 주신 많은 분들의 고마움이 새롭게 되새겨진다. 먼저 필자에게 삶의 역사를 일깨워 주신 김용섭 선생님, 그리고 안정된 분위기에서 공부를 할 수 있게 해 주신 강우철 선생님께 감사를 드린다. 특히 상업성이 거의 없는 이 책의 출판을 기꺼이 허락하신 교학사 양철우 사장님과 이 책을 맵시있게 꾸며주신 편집부 여러분의 고마움을 잊지 못하겠다. 끝으로 이 책이 완성된 기쁨을 항상 서로를 믿고 사랑하는 우리 가족과 함께 나누고 싶다.

지은이

參考文獻

〈자료〉

漢京識略, 經國大典, 大典續錄, 續大典, 大典通編, 三國史記, 高麗史, 朝鮮經國
典, 各廛記事, 市牌, 萬機要覽, 度支志, 增補文獻備考, 新增東國輿地勝覽, 東國輿
地備攷, 輿地圖書, 擇里志, 大同地志, 朝鮮王朝實錄, 備邊司謄錄, 承政院日記, 經
世遺表, 高麗圖經, 東文選, 戶口叢書, 傭齋叢話, 千一錄

〈저서〉

강만길:『조선후기 상업 자본의 발달』, 고려대 출판부, 1970
　　　　『조선시대 상공업사 연구』, 한길사, 1984
　　　　『이조의 상인』, 한국일보사, 1981
고동환:『18·19세기 서울 경강 지역의 상업발달』, 서울대 박사학위논문, 1993
권병덕:『전통도자기의 생산과 수요』, 영남대 출판부, 1993
김용섭:『조선후기 농업사 연구』, 일조각, 1970
김대길:『조선후기 장시에 대한 연구』, 중앙대 박사학위논문, 1993
김재근:『한국 선박사 연구』, 한국문화연구소, 1984
김홍식:『조선시대 봉건사회의 기본구조』, 박영사, 1981
박경룡:『개화기 한성부 연구』, 일지사, 1995
박용운:『고려시대사』, 일지사, 1985
서울시:『한강사』, 서울시사 편찬위원회, 1985
　　　　『서울 600년사』, 서울시사 편찬 위원회, 1977
　　　　『서울의 문화재』, 서울특별시, 1984
손정목:『조선시대 도시사회연구』, 일지사, 1977
송찬식:『이조후기 수공업에 관한 연구』, 한국문화연구소, 1978
신형식:『백제사』, 이화여대 출판부, 1992
양보경:『서울의 옛 지도』, 서울학연구소, 1995
오　성:『조선후기 상인 연구』, 일조각, 1989
원영한:『조선시대 한성부 연구』, 강원대 출판부, 1990
원유한:『조선후기 화폐사 연구』, 한국연구원, 1975
　　　　『조선 후기 화폐유통사』, 정음사, 1978
유승주:『조선시대 광업사 연구』, 고려대 출판부, 1993
유원동:『이조후기 상공업사 연구』, 한국연구원, 1968
　　　　『한국근대 경제사 연구』, 일지사, 1977
이존희:『조선시대 지방행정제도 연구』, 일지사, 1990

이종호:『조선시대의 경제사상』, 민속원, 1993
이태진:『한국 사회사 연구』, 지식산업사, 1986
이태호:『그림으로 본 옛 서울』, 서울학연구소, 1995
이호철:『조선전기 농업경제사』, 한길사, 1986
이훈섭:『부보상 연구』, 보경문화사, 1990
임인영:『이조 어물전 연구』, 숙명여대 출판부, 1977
전석담:『조선에서의 자본주의 관계의 발생』, 이성과 현실, 1989
정승모:『시장의 사회사』, 웅진, 1992
조성윤:『조선후기 서울주민의 신분구조와 그 변화』, 연세대 박사학위논문, 1992
진덕규:『전통사회의 변모와 민중의식』, 고대민족문화연구소, 1982
최몽룡:『한강 유역사』, 민음사, 1993
최영준:『영남대로』, 고려대 민족문화연구소, 1990
최완기:『조선후기 선운업사연구』, 일조각, 1989
최운식:『한국의 육상교통』, 이대출판부, 1995
한상권:『조선후기 사회와 소원제도』, 일조각, 1996
한영우:『조선전기 사회경제사 연구』, 을유문화사, 1983
홍희유:『조선중세 수공업사연구』, 지양사, 1979

〈논문〉

강만길:「경강상인 연구」, 아세아연구 14-2, 1971
        「조선 전기 공장고」, 사학연구 12, 1961
고동환:「18세기 서울에서의 어물 유통 구조」, 한국사론 28, 1992
고석규:「16·17세기 공납제 개혁의 방향」, 한국사론 12, 1985
권오영:「초기 백제의 성장과정에 대한 일고찰」, 한국사론 15, 1990
김갑주:「18세기 서울의 도시 생활의 일양상」, 동국대 논문집 23, 1984
김영상:「상업의 중심지 운종가」, 신동아 227호, 1983, 7
김영호:「조선후기에 있어서의 도시상업의 새로운 전개」, 한국사연구 2, 1968
        「조선후기 수공업의 발전과 새로운 경영형태」, 19세기의 한국사회, 1972
김용섭:「조선초기의 권농정책」, 동방학지 42, 1984
김윤곤:「대동법의 시행을 둘러싼 찬반양론」, 대동문화연구 8, 1971
남도영:「조선시대의 목축업」, 동양학 9, 1979
남원우:「15세기 유통경제와 농민」, 역사와 현실 5, 1991
박경룡:「조선전기의 잠업연구」, 국사관논총 12, 1990
        「잠실고」, 향토서울 43, 1985
박경안:「고려후기의 진전개간과 사전」, 학림 7, 1985

방기중:「17 · 18세기 전반 금납조세의 성립과 전개」, 동방학지 45, 1984
변광석:「18세기 평시서의 시전 운영과 시전 체계의 변질」, 부대사학 17, 1993
송찬식:「이조후기 상업자본에 의한 수공업지배」, 창작과 비평 8-1, 1973
안병태:「상품경제의 발전과 사상」, 조선사 연구회 논문집 5, 1968
오미일:「상품 화폐 경제의 발전과 자본주의적 관계의 발생」, 한국사 9, 한길
       사,1994
이경식:「17세기 농지개간과 지주제의 전개」, 한국사연구 9, 1973
       「16세기 장시의 성립과 그 기반」, 한국사연구 57, 1987
이문규:「조선후기 서울 시정민의 생활상과 새로운 지향의식」, 서울학연구 5, 1995
이범직:「조선왕조의 통치철학」, 박영석화갑기념논총, 1992
이병천:「조선후기 상품유통과 여객주인」, 경제사학 6, 1983
이원명:「한양천도 배경에 관한 연구」, 향토서울 42, 1984
이영학:「농업 생산력의 발달과 지주제의 변동」, 한국사 9 ,한길사, 1994
이우성:「18세기 서울의 도시적 양상」, 향토서울 17, 1963
이존희:「조선초기의 수령제도」, 역사교육 30, 31 합집호, 1982
이춘녕:「서울의 농업지대 소고」, 향토서울 47, 1989
이태진:「조선시대 서울의 도시발달 단계」, 서울학연구 1, 1994
이현종:「경강 진도선에 대하여」, 향토서울 27, 1966
임의제:「조선시대 서울 누정의 조영특성에 관한 연구」, 서울학연구 3, 1994
최몽룡:「문화 유적으로 본 한강유역」, 향토서울 44, 1987
최영준:「남한강 수운 연구」, 지리학 35, 1987
       「조선시대 한양의 교지역 연구」, 문화역사지리 1, 1989
최완기:「대동법 실시의 영향」, 국사관논총 13, 1991
       「수상교통」, 한강사, 1985
       「17세기 세곡임운 활동의 일면」, 명지사론 1, 1983
       「조선후기 한양의 경제적 성장과 그 의미」, 이화사학연구 20 · 21, 1993
한영국:「대동법의 실시」, 한국사 13, 국사편찬위원회, 1978

A Study for the mode of economic living in Seoul during the Cho-Sun Dynasty

WON-GEE CHOI

Professor

Dept. of Social Studies (History)

The book, 'A Study for the mode of economic living in Seoul during the Cho-Sun Dynasty' is vividly described about the history of Seoul which provide the background for human living, in particular, how the ancient Seoulite find some means of living such as clothes, food, and shelter.

Seoul is a our home. It is not the mammothized monster, but it is a nest where many people live in. It is a home not only for Seoulite but also for the Korean. The Korean culture has blossomed and has deeply taken roots in Seoul. It has been 600 years since Seoul become a true home for the Korean. It was the time that Cho-Sun Dynasty decided Seoul as a administrative center. Although Seoul was officially called 'Han-Sung Boo' during the Cho-Sun Dynasty, in general, it was called 'Han-Yang' .

There is a Korean old saying, 'Send a man to Han-Yang, and a horse to Chae-Ju Do' . Under the name of 'Han-Yang' which was a capital of Cho-Sun, the status of Seoul has firmly established in the history of Cho-Sun Dynasty for 500 years. The city of Han-Yang played its role as a center of Cho-Sun and led the various aspects of life, namely politics, economy, culture, folklore, and the like.

In the latter part of the Cho-Sun Dynasty, a mode of living in Han-Yang was modified as the internal and external state of affairs had dynamically changed. In this period, the city of Han-Yang had been clearly showing its characteristics of as a commercial city. So this book is intended to manifest such characteristics of Han-Yang in term of development of country. This process is a kind of the systematized work not only for the history of Han-Yang, but also for the whole Korean history.

Therefore this book introduces the factors which had influence on the transfer of the capital to 'Han-Yang'. It pointed out that these factors were related to the central location of Korea peninsular, the theory of Geomancy, historical trait and relational position of Han-Yang. Furthermore it also shows the locational factors which had influence on the transfer to commercial city from the administrative city, Han-Yang, in relating to the aspect of economy, politics, and social structure.

The urban structure of Han-Yang, as a commercial city, analized based on regional and industrial parts. The economic activities in Han-Yang, including Si-Cheon Merchants, Chil-Pai Merchants, Commercial activities of Song-Pa and Nou-Won, agrarian life outside The West Gate and The East Gate, and industrial complex around Chong-Ro, are developed based on the local characteristics of the economic location.

찾 아 보 기

ㄱ

가가(假家)　42,174
가락바퀴　209
가락 토기(可樂土器)　371
가로망(街路網)
　41,97,152
가승미(加升米)　486
가초전(假草廛)　130
가칠장　111
가칠장이　55
가포(價布)
　113,118,166,517
가흥창(可興倉)　204,313
각설이타령　399
각자장　163
각형 토기(角形土器)
　375,411
간선 도로　195,410
갈판　209
감나무골　420
갑인자(甲寅字)　164
갑인통공(甲寅通共)
　180,182
강거(江居)　193
강경장　389,516
강남 농법　245
강상(江商)　205
강상모리배(江上謀利輩)
　230
강상미(江上米)　229,321

강상 시전(江上市廛)　225
강주인(江主人)
　181,226,503
강촌(江村)　34,194
강희맹(姜希孟)　378,421
개경　24
개빙제(開氷祭)　218
객주(客主)　37,181,516
객주골　177
객주집　38
거간(居間)　37,181
건방(乾房)　180,358
검계(劍契)　60
게내　385
격군(格軍)
　205,451,452
격쟁(擊錚)　59
격졸　452
결절점(結節點)　195
경강　436,437,438
경강 상인(京江商人)
　49,54,56,76,139,
　175,205,316,398,
　429,451
경강선(京江船)
　59,314,454,461,
　511
경강 선상(京江船商)　179
경강 선인(京江船人)
　73,451
경공장(京工匠)　108
경국대전(經國大典)

41,46
경기(京畿)　17,19
경복궁(景福宮)
　18,39,87
경성 방직 회사　406
경시서(京市署)　125
경염전　138
경원가도(京元街道)　329
경자자(庚子字)　163
경적(耕籍)　254
경주인(京主人)　181
경중오부(京中五部)　30
경창(京倉)　203,463
경희궁　39,87
계거(溪居)　193
계결수미(計結收米)　489
계룡산(鷄龍山)　17
계미자(癸未字)　163
계절제(季節祭)　414
고가(雇價)　455,511
고공(雇工)　517
고관 대작　87
고덕천　385
고려도경(高麗圖經)　275
고립(雇立)　518
고문계(古門契)　261
고암(鼓岩)　327
고원(庫員)　218
고인돌
　242,330,411,413
고주(雇主)　517
고초전　126

고패(故敗)　206,225,454
곡양(穀壤)　408
곰계　261
공가(貢價)　459,481,508,512
공계(貢契)　512
공납(貢納)　45,106,160,341
공납제　74
공동납제(共同納制)　483
공렬 토기(孔列土器)　375
공물가(貢物價)　489
공미(貢米)　229,230
공상(供上)　500
공수전(公須田)　488
공안(貢案)　499
공엄진　435
공열 토기　74,120,229,349,411,481,494,502,512
공장(工匠)　45,71,107,160,166
공전(功錢)　115,116
공조(工曹)　107,108
공조서　107
공진창(貢津倉)　204
과전법(科田法)　445,478
과해량(過海糧)　442
곽계(槨契)　220
관가(觀稼)　102,248
관경대(觀耕臺)　254
관계성(關係性)　15
관광 도로　270
관문(關文)　319
관방(關防)　196,439

관상(官商)　504
관상감　110
관상 도고(官商都賈)　55,140
관선 조운 체제(官船漕運體制)　204,442
관악산　28
관영 수공업　108
관영 수공업장　164
관우물　151
관자골　47,120
관자전　48,172
관장(官匠)　45,107,112
관장제(官匠制)　480,509
관조(官漕)　437
관진선(官津船)　197,428
광나루(광진)　198
광나루　44,315
괘서(掛書)　60
광작(廣作)　223,299,508,513
광주도(廣州道)　268
광주 평원　414
광진(廣津)　195,196,435
광진교　44
광탄원　269
광통교　42
광통방　38,90,155,159,172
광평대군(廣平大君)　327
광화문　41
광화방　90
광흥창(廣興倉)　192,204,488
괭이　209

교서감　46,107,162
교서관(校書館)　109,155,162
구릉지대　379
구문(口文)　397
구문계(舊門契)　261
구사(丘史)　165
구수영　88
구수온(具修溫)　52
구피계(狗皮契)　133
국립 공업 단지　46
국마(國馬)　302
국사당　147
국선도(國仙徒)　326
국역(國役)　93,171,358
군기감(軍器監)　107,161
군기시 공인(軍器寺貢人)　133
군기시　46,108,155,161
군자감(軍資監)　200
군자전(軍資田)　460
군자창(軍資倉)　204
군장 국가　373
군정(軍政)　478
굴정　151
궁말　335
궁방(宮房)　398,445,488
권농(勸農)　213
권농관(勸農官)　213,246,297,421
권율　88
권중화(權仲和)　17
귀록정　62

귀마개　168
귀향　33
귀후서(歸厚署)　118,221
규장각　40
균역법(均役法)　58
균역청　183
균자장　163
그물추　209
근교 농업(近郊農業)　284
근대 도시　39
금계공인　132
금곡포창(金谷浦倉)　204
금과(衿果)　408
금난전권(禁亂廛權)
　　49,55,75,132,135,
　　137,173,227,228,
　　328,354,368
금성　24
금양(衿陽)　408
금양잡록(衿陽雜錄)
　　378,421
금양현　214
금위영　40,184
금천(衿川)　408
급보제(給保制)　165
기름전　48,172
기우제　101
기인(其人)　518
길지론(吉地論)
　　12,13,16
김매기 소리　276
김병학　88
김사형(金士衡)
　　12,86,194
김상용　88
김상헌　88

김세만(金世萬)　397
김수항　88
김양심(金養心)　463
김위제　83
김재로(金在魯)　458
김재순(金在純)　233,453
김정희　88
김조순　88
김좌명(金佐明)　459
김평심(金平心)　176

ㄴ

나루터
　　196,198,201,429
나룻배(津船)　197,437
나리포창(羅里鋪倉)　461
나무 다리　42
낙천정(樂天亭)　300
낙타산　28,81
난매(亂賣)
　　175,178,232,394
난전(亂廛)　55,75,93,
　　174,287,317,347,
　　352,396
난전 상인(亂廛商人)　428
날품팔이　61
남경(南京)　27,84,124,
　　190,344,369
남곤　88
남단(南壇)　337
남대문구릉(南大門丘陵)
　　149
남별궁　158
남산(南山)　146

남산골　30,149
남소영　155
남창(南倉)　184
남촌(南村)　30,149
남평양(南平壤)　376
남호　293
남효온(南孝溫)　449
납포장(納布匠)　111,118
내농포(內農圃)　102,105
내박배　306
내상(萊商)　353
내섬시　109,118
내수사(內需司)
　　46,87,109,445,449
내외어물전　129
내자시(內資市)
　　46,109,118
내잠실　339
널우물　151
노도(路渡)　199
노도(露渡)　199
노들나루　44,198,429
노량(露梁)　435
노량도(鷺梁渡)　199
노량진(露梁津)
　　44,195,196,199
노변 취락(路邊聚落)
　　260,345,427
논골　103,276,335
놀이패　399
놋그릇　285
놋바리　285
놋점　285
농본억말(農本抑末)　502
농본 정책　47
농사직설(農事直說)

213,250,420

농상집요 213
농선(農船) 382
농장(農場) 444
농파니 105
농포안 105
누각골 122
누원 11,32,49,54,
329,346,354
누정 62
능라도 299
능행길 195
능행로 258

ㄷ

다락원 328
다리 42
달천(達川) 435
답작지대(畓作地帶) 209
대경(代耕) 254
대공 수미법(代貢收米法)
486
대광통교 41,48,98,152
대동법(大同法) 46,48,
55,58,74,120,132,
133,479,481,482,
484,485,487,490,
495
대동사목(大同事目) 501
대로(大路) 95,152
대시(大市) 124
대추말 279
대평방 155,172
대포곡별장(大浦谷別莊)

448
대화장 516
덕성창(德聖倉) 204
덕수원 269
덕양산 28
덕평장 516
덕흥창(德興倉) 203
도(渡) 437
도가 127
도감선(都監船) 454,458
도감선인(都監船人)
73,206
도고(都賈)
55,140,184,288,318
도고 상업(都賈商業)
74,77,353
도고 상인(都賈商人) 178
도기 386
도당(都堂) 440
도로망 95
도미진(渡迷津) 435
도선(渡船) 83,197
도선업(渡都業) 198
도성(都城) 28
도성축조도감(都城築造都
監) 18
도승(渡丞) 197,439
도시화(都市化)
40,50,77,84
도염서 107
도요연 315
도자동(刀子洞) 169
도자장(刀子匠) 117
도자장 55
도자전(刀子廛)
72,126,169,172

도중(都中) 127,129
도집(都執) 174,394
도평의사사 17
도화동 325
도화서 110,118,155
독골 425
독구리 425
독락정 62
독우물 151
돌따비 209
돌삽 209
돌우물 151
돌칼 209
동경(東京) 84
동교(東郊) 261,290
동국세시기(東國歲時記)
65
동두천장 349
동막(東幕) 453
동부채(東部菜) 56,141
동빙고(東氷庫) 218,438
동소문 외계 325
동요(東窯) 220
동이전 48,173
동이점 425
동작나루 429
동잠실(東蠶室) 277,383
동재기나루 44,198
동적전(東籍田) 251
동파역 269
동호(東湖) 293
되너미고개 326
두레 210
두모방 9,159
두모포(豆毛浦) 32,38,
57,292,293,313,

435,438
둔지방 90
등짐 장사 388
떡메 385,424
뗀석기 330
뚝섬 32,292,438
뚝섬나루 315
띳골 122

ㅁ

마계공인 132
마두산 29,81
마목장 304
마보단(馬步壇) 307
마사단(馬社壇) 306
마산역 269
마산포장 516
마석우장 349
마장안벌 306
마전 48,172
마전터 340
마전포(麻田浦) 382
마포 32,438
마포 대교 44
마포진(麻浦津) 199
만도(晚稻) 214
만리재 223
만리창(萬里倉) 208
만상(灣商) 353
만초천(蔓草川) 192,207
말업(末業) 47,53,92
말죽거리 426,427
망건당굴 285
매봉 29

먹골배 257,323
먹절골 30,149
메주가마골 121
메주막 220
면자전 137
면주전 129
면포전 129
명당 81
명당길지(明堂吉地) 13
명례궁 87
명례방 172
모내기소리 276
모시전 48,172,173
모시전골 155
모의장(毛衣匠)
55,117,131
모전 48,72,159
목기전 126
목멱대왕 147
목멱산 28,81
목자(牧子) 304
목장 163,302
목재 도고(木材都賈) 319
못골 419
몽촌 토성 296
무곡(貿穀) 446
무분전(無分廛) 125
무쇠막 310,314
무악(毋岳) 11,13,17
무악재 103
무전농민(無田農民)
478,479
문객(門客) 88
문계 261
문외 시전 126
문익점 249

물류 시설(物流施設) 47
물장사 150
물주(物主)
115,447,509
물차타역(勿差他役) 517
미나리꽝 161
미나릿골 103,158,281
미전(米廛) 225
미추홀 376
미포삼반(米布參半) 505
민무늬 토기
209,386,412
민영 수공업 46,117
민영 수공업장(民營手工
業場) 47
민영익 88
민유중 88
민정중 88
민진후(閔鎭厚) 392
민화 64

ㅂ

바리동 120
박론찬(朴論贊) 455
박명손(朴命孫) 443,444
박물전(博物廛) 174
박석고개 29,81
박세당(朴世堂) 420
박은 88,334
박자청(朴子靑) 207
박제가(朴齊家) 71,325
박지원(朴趾源)
63,71,300
반달형 돌칼 209

반석방
　　　30,33,38,159,312
반송방
　　　30,33,38,90,130
반포 대교　44
밤고개　279
밤나무골　420
밤섬　301,310
방납　478,498
방민(坊民)　42
방수제(防水堤)　365
방아다리　103,248
방죽　379
방죽말　419
방짜　285
배고개　29,36,81
배나무골　420
배다리　201,429
배산임수(背山臨水)　29
배오개(梨峴)　48,49,
　　　53,56,136,138,175
백립전　126
백목전　48,93,172
백목전도가　127
백악산　28,81
뱃골(梨洞)　337
뱃길　73
뱃사공　198
번차제(番次制)　165
범람원　290,406
법성창(法聖倉)　204
벙거짓골　120
벽서(壁書)　60
벽제역　269
별감(別監)
　　　196,199,439

별고(別庫)　208
별공(別貢)　484
별궁(別宮)　85
별서(別暑)　219
별야　380
별영창(別營倉)　208
별와요(別瓦窯)　220
별용(別用)　500
별장　199,207,437
별창(別倉)　184
병선(兵船)　205,441
병선 조운　443
병작제(竝作制)　449
병조선(兵漕船)　221
병풍전　48,172
보(洑)　99,379
보부상　399
보습　209
보인(保人)　112
복사동　325
복숭아　159
복숭아밭　158
본방(本房)　127
본색(本色)　484
봉상시　107,110
봉수군(烽燧軍)　156,226
부가미(浮價米)　486
부교(浮橋)　44,201
부도심　35
부둣가　63
부상대고(富商大賈)
　　　65,116,445
부소(扶蘇)　18
부역제
　　　45,107,284,341,478
북고남저(北高南低)　29

북독(北讀)　198
북로(北路)　195,344
북바위　334
북부 의통방　108
북상(北商)　180,345
북저동(北渚洞)　325
북좌남향(北座南向)　29
북촌(北村)　29,82,91
북한산　28
북한산주(北漢山州)　267
분강 실수(收降實數)　500
분전(分廛)　355
분지(盆地)　148
불일사(佛日寺)　17
붉은재　29,81
붓배기　285
비농업 인구　45
비서감　162
비천장　516
비총법(比總法)　483
빗살무늬 토기
　　　209,295,386,411
빙고(氷庫)　217,320
빙도고(氷都賈)　320
뽕나무골　158

ㅅ

사경제(私經濟)　94
사고(私庫)　449
사곡(私穀)　446
사공(沙工)
　　　205,451,452,453
사기장　65
사농(司農)　213

사대동(私大同)　498
사도시　109,118
사리(沙里)　200
사리진(沙里津)　196
사복시　107
사비　24
사산금표(四山禁標)　30
사상(私商)　34,74,75,
　222,345,368,480
사상 도고(私商都賈)
　55,56,140,227,316,
　354,356,394
사상인　54,329,389
사선(私船)
　438,446,450
사선 임용론(私船賃用論)
　442
사선 조운　441,442,443
사설 항로　73
사섬시　107,118
사시찬요　213
사온서
　87,107,110,118
사옹원(司饔院)
　46,108,116
사장(私匠)
　46,113,117,480
사조(私漕)　437
사조선(私漕船)　199,448
사주인(私主人)　181
사직(社稷)　101
사직단　101
사채(私埰)　480
사촌리(沙村里)　200
사축서　155
사평도

　196,198,403,426
사평원(沙坪院)　426
사평장　516
사포서(司圃署)　104,118
사한단(司寒壇)　320
사행(使行)　446
사행로(使行路)　269
삭료(朔料)　456
산적(山賊)　357
산촌(山村)　83
산촌 취락(山村聚落)　27
살고지벌　38,303,304
살곶이다리　258,315
3강　45
3경　84
삼개　192
삼개나루　44,198,199
삼계공인　132
삼남로(三南路)　195,344
삼밭나루　44,198,315
삼선평(三仙坪)　326
삼아동　30,149
삼전도(三田渡)
　196,435,439
삼해주(三亥酒)
　65,221,310
상공(常貢)　484
상납미(上納米)　489
상목배양절목(桑木培養節
　目)　279
상설 시장　401
상세(商稅)　171
상언(上言)　59
상업 도시　51,76,77
상업 인구　76,227
상업취락(商業聚落)　32

상의원　46,107,108,339
상인물주　116
상전　48,172,173
상평방　33,90,103
상평통보(常平通寶)
　46,74,119,160
상품 작물　298
상품 화폐 경제
　62,96,117,400
새내강　365
새다리　103
생랍계 공인(生蠟契貢人)
　133
서강　435,438
서강나루　198
서강방　38,90,212
서긍(徐肯)　211
서로　195,344
서릉씨(西陵氏)　337
서린방　38
서빙고(西氷庫)　218,438
서빙고나루　44,198
서빙고진(西氷庫津)　201
서성(徐省)　183
서요(西窯)　220
서운관(書雲觀)　17
서잠실　277,383
서적원　107
서적전(西籍田)　251
서학고개　161
서호　293
선가(船價)　197,198,
　206,224,440,458,
　464,466
선공감　46,107,108
선군(船軍)　442

선농단(先農壇) 245,251,297

선농제(先農祭) 252

선농탕 256

선대(先貸) 509

선대제 114,116

선리(船利) 462

선매(先買) 174

선목단(先牧壇) 306

선상(船商) 397,438,439,444,445

선상(選上) 518

선상미(船上米) 486

선상업(船商業) 205,314

선세(船稅) 198,439

선안(船案) 460,465

선운(船運) 203

선운업(船運業) 510

선운 활동 436

선인(船人) 438,439,452,510

선잠단(先蠶壇) 323,337

선잠례(先蠶禮) 338

선장(船匠) 231,458

선재(船材) 442,460

선전 129

선전도가 127

선점(銑店) 17

선졸 452

선주(船主) 452,453

선주인(船主人) 181,226,503

선촌(船村) 192,410,452,465

선혜청(宣惠廳) 40,74,133,183,184,460

설렁탕 256

성덕정(聖德亭) 305

성리학적 질서 51

성석린(聖石隣) 16,18

성수침 88

성저십리 30,32,35,38,71,89,91,104,154,275,296

성저오리 35,89

성중오부(城中五部) 35

세검정 62

세곡 임운(稅穀賃運) 450

세물전 126

세삼 공인(稅蔘貢人) 133

세전기임(世傳其任) 517

소격서 118

소금전 48,172,173

소동루 62

소로(小路) 95,152

소비 도시(消費都市) 51,436

소빙기(小氷期) 52,58

소시(小市) 124

소양강창 204,313

소작(小作) 496

소작료 206,445

손도강(孫道康) 142,356,396

솔고개 29,81

솔마장벌 306

솟을대문 87

송도(松都) 13

송방(松房) 398

송상(松商) 353,398

송시열(宋時烈) 447

송악(松岳) 211

송우장 349

송우전 49

송우점(松隅店) 54,180,354,356,360

송파 14,49,54

송파나루 44,315

송파벌 364

송파산대놀이 64,398,399

송파 상인(松坡商人) 76

송파장(松坡場) 362,389,392,393,394,516

수경가(輸京價) 466,518

수군(水軍) 442

수도(水稻) 214

수로전운소(水路轉運所) 200

수리계 공인(修理契貢人) 133

수미(收米) 484

수선전도(首善全圖) 152

수어청 40,184

수운(水運) 203

수의(獸醫) 304

수장 163

수전 농업(水田農業) 193

수조 분강 500

수진궁 87

수진방 38

수창궁 16,85

수철계공인 132

수철리 220

수철장(水鐵匠) 308

수포(收布) 484

수표교 42

수혈(竪穴) 412
숙정문(肅靖門) 325
술청 59
숫돌 209
숭례문 41
숭신방 30,90,103,236
숯광골 308
숯내 388
시목전(柴木廛) 54,225
시비법 212,275,417
시사(詩社) 63
시저전 48,173
시전(市廛) 47,48,53,
91,93,112,123,124,
155,286
시전 상업(市廛商業) 34
시전 상인(市廛商人)
48,53,54,75,318,
329
시전인(市廛人) 71
시전행랑 19
시지(試紙) 114
시회(詩會) 63,253
신공제(申公濟)
439,444,447
신궁(新宮) 85
신농신(神農神) 252
신도궁궐조성도감(新都宮
闕造成都監) 19,39,151
신방(新房) 93
신양역천(身良役賤) 205
신완(申琓) 341
신잠실 383
신전(新廛)
48,53,172,173
신주(新州) 210

신창(新倉) 184,208
신천장 349
신탄 도고(薪炭都賈) 230
신해통공(辛亥通共)
137,227, 319,352
실우물 151
심경 농업(深耕農業) 377
심경법(深耕法) 99,211,
214,245,416,422
심덕부(沈德符) 19
심상규 88
심용(沈鏞) 62
심정(沈貞) 444,447
10강 45
12강 45
십제(十濟) 243,374
싸전 48,173
쌍호정 62
써레질 277

ㅇ

아록전(衙祿田) 488
아악서 107
아차산(蛾嵯山) 301
안다리 103
안락현(安樂峴) 260
안말 335
안민창(安民倉) 466
안산 146
안완경(安完慶) 197
안창수(安昌水) 435
안평대군 449
안행량(安行梁) 448
안흥량(安興梁) 73

압도(鴨島) 218
애오개 284
야장 55,163
야주개 98
약고개 158,183
약전 48,172
약전현(藥田峴) 282
양대전(凉臺廛) 287
양마장 306
양성지(梁誠之) 448
양잠 277
양재역 427
양태전 48,126,173
양향청 183,184
양현고 118
양현교 110
양화나루 44,198
양화도(楊花渡)
196,435,439
어로(漁撈) 456
어망추 307
어물전(魚物廛)
48,137,173,225,358
어상(魚商) 391
어선(御膳) 485
어영청(御營廳)
40,184,340
어용 상점 93
어의궁 87
어정 151
어채(漁採) 438,440
어채선(漁採船) 459
여각 181,516
여객(旅客) 181,397
여객 주인(旅客主人)
177,181

여객촌 177
여경방 109
여덟배미 102
여주인(旅主人) 181,226,503
역(驛) 269,410,426
역가(役價) 518
역로(驛路) 195,268
역사성(歷史性) 16
역원제(驛院制) 345
역참(驛站) 40,268
역참제 437
연산군(燕山君) 119
연서역 269
연쇄 상가 125
연은방 33,90
연작(連作) 259,336
연죽전 48,173
연초전 48,137,172
연화방 90
연희방 33,90
열소리 276
염전(鹽廛) 126,225
영남대로 403
영남로(領南路) 195,344
영도교 42
영미다리 258
영산창(榮山倉) 204
예관(藝館) 162
예론(禮論) 478
예빈시 107,118,155
예은(禮銀) 127
예헌(禮獻) 493
5강 45
오가작통법 483
오강 상인(五江商人) 139

오세만(吳世萬) 56,141
옥계시사(玉溪詩社) 63
온조(溫祚) 373
온조 집단(溫祚集團) 374,375
옹기 387
옹기말 425
옹리(甕里) 221
와서(瓦署) 113,219,232
왕규(王規) 378,417
외공장(外工匠) 108
외나무다리 196
외농포 105
외어물전(外魚物廛) 175,288
외잠실 339
용마산 28
용봉정 62
용산 32,438
용산강(龍山江) 200
용산방 38,90,212
용진(龍津) 196,435
용흥궁 87
우경(牛耕) 99,211
우대 29
우전 48,172
우정규(禹禎圭) 455
우하영(禹夏永) 383
운송 기지(運送基地) 34
운송미(運送米) 489
운송선(運送船) 459
운종가(雲從街) 155,171
웃들 103
웅진 24
원(院) 260,269,346,410,

426
원산장 389,516
원서동 87
원촌(院村) 328
원효 대교 44
월파정 62
위례성 296
위성 도시 77,291,368,430,515
유기전골 287
유단(流團) 60
유득공(柳得恭) 257
유량(柳亮) 207
유민 33,71
유분전(有分廛) 125
유상운(柳尙雲) 420
유성룡(柳成龍) 496
유수원(柳壽垣) 71
유이민 집단 374
유자신 88
유장(柳匠) 117
유지(柳至) 442
유치미(留置米) 489
유통 기지(流通基地) 34
유희춘(柳希春) 447,449
육도(陸稻) 214
육운(陸運) 203,436
육의전(六衣廛) 76,93,129,347
6조 거리 91
윤작법(輪作法) 211,416
은방 172
은점(銀店) 510
은파장 516
읍내장 389,516
읍락(邑落) 243,374

읍청루(揖淸樓) 220
응방 305
의영고 107,109
의영고 공인(義盈庫貢人) 133
의전 137
의주로(義州路) 269
이경 214
이계전(李季甸) 438
이광덕(李匡德) 462
이광덕(李匡德) 59
이궁(離宮) 305
이규보(李奎報) 403
이농 인구(離農人口) 35
이문께 306
이벽(李蘗) 437
이보혁 135
이색(李穡) 214
이성계(李成桂) 11,13,15,34,39,194
이숙번 88
이숭인(李崇仁) 208
이암 249
이앙법(移秧法) 214,298,417,507
이엄장(耳掩匠) 111
이엄전(耳掩廛) 72
이염 17,85
이완 88
이익(李瀷) 390
이정원표(里程元標) 41,95
이종무(李從茂) 312
이중환(李重煥) 44,193
이집(李集) 381
이현(梨峴) 36,46,75,91

인달방 90
인두세(人頭稅) 496
인왕산 28,81
인징(隣徵) 494
인창방 30,236
인출장 163
일물일전(一物一廛) 127
임광재 88
임꺽정(林巨正) 494
임노동(賃勞動) 70,119,223,283
임노동자 283
임선운송(賃船運送) 448
임운업(賃運業) 450
임운 활동(賃運活動) 206
임진 11
임진도(臨津渡) 426
잉벌노(仍伐奴) 406

ㅈ

자기 386
자리전 48,172
자리전골 155
자마장(雌馬場) 294,306,366
자마장리(雌馬場里) 301
자문지(咨文紙) 115
자작(自作) 496
작대법(作隊法) 206,464
작목(作木) 504,505
작미(作米) 504
작전(作錢) 504,505
작지미(作紙米) 486
작포(作布) 504,505

잔반 71
잡곡전 48,173
잠모(蠶母) 339
잠상(潛商) 117
잡세(雜稅) 488
잠실(蠶室) 278,339,383,424
잠실 도회(蠶室都會) 302,383
잡용(雜用) 500
잡철전 126
잣골 106
장군통 158
장돌뱅이 59,399
장목전 138
장사치 62
장산곶(長山串) 73,448
장삿길 71
장시(場市) 514
장시 155,174,259,349, 350,351,359,389, 391,401,516
장악원 155
장안벌 261
장원서(掌苑署) 106,118
장인(匠人) 45,72,309,480
장적(匠籍) 110,118
장전 48,172
장제급(張濟汲) 148
장타령 399
장터 58,64,281,392, 398,399,410
장통교 42
장통방 124
장흥고 87,107,110,183

장흥고 공인(長興庫貢人) 133

재산루 62

저자거리 63

저자도(楮子島) 293,425

저택(邸宅) 88

저포전 129

적색 토기 387

적석총 411

적성 11

적유령 326

적전(籍田) 102,211,245, 250,297,338,416

적전제(籍田祭) 252

전결(田結) 477,482

전관교(箭串橋) 315

전교서 162

전구서(典廐署) 221

전농시 246,248

전도감교(錢都監橋) 167

전설사 118

전안(廛案) 55,127,140

전옥서(典獄署) 120

전주(佃主) 389

전주 전객제(佃主佃客制) 389

전함사(典艦司) 118,192,221

절수(折受) 488

점촌(店村) 388

점토대 토기(粘土帶土器) 375

점퇴(點退) 492

점퇴방납(點退防納) 506

정궁(正宮) 85

정도전(鄭道傳) 12,16,18,39,86,88, 151

정릉(貞陵) 161

정리자(整理字) 164

정배율(定配律) 197

정선방 90

정숫굴 316

정시봉(鄭時奉) 455

정약용(丁若鏞) 104,312

정이오(鄭以吾) 147

정주 상인(定住商人) 358

정철 88

정총(鄭摠) 18

제민창(濟民倉) 461

제반교 42,315

제용감 46,87,118

제용감 공인(濟用監貢人) 133

제용고 107

조각장 163

조강(祖江) 199

조개전 48,173

조군(漕軍) 204

조만영 88

조묘군(造墓軍) 518

조산 146

조선(漕船) 181,203,204, 313,447,453,462

조선 피혁 주식회사 406

조야회통(朝野會通) 60

조양루 62

조역(助役) 112

조역제(漕役制) 459,466

조영무 100

조운(漕運) 15,16,203

조운로(漕運路) 16,73,444

조운선(漕運船) 192,436

조운 제도 203

조원경(趙元卿) 100

조읍포창(助邑浦倉) 204

조익(趙翼) 489,494

조인옥 100

조전(漕轉) 203

조졸(漕卒) 205,447

조준(趙浚) 12,17,86,194

조지서(造紙署) 109,114

조창 313

조치서 46

족두리전 126

족징(族徵) 494

종루(鐘樓) 24,46,51

종암(鍾岩) 327

종자전 126

좌반전 126

주거지 411,412

주거지화 155

주교(舟橋) 44,201

주교사(舟橋司) 40,44

주교선(舟橋船) 206,464,511

주교절목(舟橋節目) 44

주막 37,426

주막거리 32,286

주막촌(酒幕村) 427

주산 146

주성리 220

주인권(主人權) 397

주자소 163

주장 163

주전도감(鑄錢都監)

160,167

주전소(鑄錢所) 167

주전청 167

주창(州倉) 505

죽물전 48,173

죽전 48,172

준천사 40

중간 도집(中間都執) 394

중도아(中都兒) 48,49,
54,138,172,176,
177,178,287,352,
355,357

중로(中路) 95,152

중세 도시 39

중심성(中心性) 12

지계공인 132

지관 148

지리 도참설 13

지장(紙匠) 114

지장 163

지전 48,129,173

지주 445

지치바위 106

지토선(地土船) 314,
450,454,458,459,
460,461

지토선인(地土船人) 206

직파법(直播法) 508

진(辰) 373

진(津) 437

진도(津渡)
42,426,456

진도(津渡) 취락 366

진도선(津渡船) 459

진도업(津渡業) 439,440

진도제(津渡制) 196

진도 취락(津渡聚落) 369

진두장 516

진목(晋木) 514

진무사(鎭撫使) 198

진부(津夫) 197

진상(進上) 86,484

진선(津船) 197

진수군(鎭戍軍) 488

진왕(辰王) 374

진전(陳田) 211,416

진척(津尺) 197

진촌(津村) 410

진황지(陳荒地) 274

진휼미(賑恤米) 454,461

진휼청(賑恤廳) 184,208

집성촌(集姓村) 328

집약 농법(集約農法) 249

집자리 242

집터 153

징검다리 42,196

ㅊ

차수인(車守仁) 455

차인(差人) 319

차탄장 349

찬샘골 30,149

찬우물 151

찰방(察訪) 427

참선 314

참운(站運) 203

창경궁 39,87

창덕궁(昌德宮)
19,39,87

창역가미(倉役價米) 486

창준 163

채도 386

채마전 106

채색계공인 132

채소전 126,138

채전(菜田) 335

채제공(蔡劑恭) 137

채종답(採種畓) 239,248

천수경(千壽慶) 63

천장산 336

철교 47,120

철물교 47,120

첨운(添運) 448

첨저형(尖底型) 457

청교도(靑郊道) 268

청교역 269

청구야담(靑丘野談) 62

청밀전 138

청원(請願) 59

청치맛골 276

청포전 48,172

청학동(靑鶴洞)
30,147,149

청화 백자 116

체재지(體裁紙) 115

쳇골 155,169

초립전 126

초마선(哨馬船) 457

초물전 48,173

촌락 문서(村落文書) 277

총융청 40,184

총장(總匠)
55,111,117

최무선(崔茂宣) 162

최소 총화 거리(最少總和
距離) 13

최용소(崔龍蘇) 441
최한정(崔漢禎) 445
최해산(崔海山) 162
추경(秋耕) 379
추흥정(秋興亭) 208
춘주도(春州道) 268
춘하경(春夏耕) 379
충청주도(忠淸州道) 268
치계전 138
치장 111,117
친경(親耕)
　　102,248,334
친경의(親耕儀) 254
친잠(親蠶) 338
친잠단(親蠶壇) 102
친잠례(親蠶禮) 338
친잠실(親蠶室) 278,383
칠계공인 132
칠패(七牌) 48,49,53,
　56,75,136,138,174,
　175,223,227,281,
　287,318,430
칠패 객주 177
칠패어(七牌魚) 56,141
침자전 126

ㅋ

큰 뜰 276

ㅌ

타락골 30,149
탄동 308

탄천 388
탄항계민(灘項契民) 45
탄화미 209,295
탄춘대 109,114,340
태고정 62
태조실록(太祖實錄) 16
태평교 42
택리지 44
텃골 250
텃밭 103,157,280,298
토산(土産) 483
토호(土豪) 100
통공 발매(通共撥賣) 135
통공 정책(通共政策) 360
통정 151
퇴병선(退兵船) 457
투식(偸食) 206,225

ㅍ

파발(擺撥) 195
파자교 124
파장교 42
판소리 63
판적사(版籍司) 246
8강 45
팔도배미 102
팔송정 151
팽이 토기 209
평구도(平丘道) 268
평시서(平市署) 392
평양성 24
평저형(平底型) 457
포구(浦口) 44,200,
　274,390,397,429

포도청 52
포전 48,173
포항창(浦項倉) 461
표피계(豹皮契) 133
풀무골 155,169
풍수 지리설 27,29,82,
　85,146,193
풍저창(豊儲倉) 204
피골 241
피난로(避亂路) 270
피란골 30,149
피역(避役) 205,513
필분각 255

ㅎ

하남 위례성 296,374
하도(河道) 290
하도감고(下都監庫) 184
하륜(河崙)
　12,16,17,18,207
하북 위례성 243
하적호(河跡湖) 293
학더미 334
한강계(漢江契) 199
한강나루 44,198
한강 대교 44
한강도(漢江渡)
　196,198,439
한강방 38,90,212
한강하(漢江河) 198
한명회(韓明澮) 442
한산주(漢山州) 210,267
한성 24
한성부(漢城府)

42,100,211
한양가(漢陽歌) 64,176
한양골 84,100
한양부(漢陽付) 85
한양십경 337
한양 천도론 85
한주(漢州) 369
해선(海宣) 220,458
해운(海運) 203
행(行) 141
행랑(行廊) 112,124,125,126,170
행랑세 125
행상(行商) 176,351,440
행상선(行商船) 459
행상제(行商制) 34,222
행정 도시(行政都市) 19,51
향민 도고(鄕民都賈) 359
향토 문화(鄕土文化) 14
허견 88
허적 88
허정 151

혜민서 155
혜전(鞋廛) 137,120
혜정교 42,124
혜화문(惠化門) 325
호미걸이 277
호박굴 281
호소(呼訴) 59
호수제(戶首制) 483
호패법 483
호피계(虎皮契) 133
홍덕이밭 105
홍도 386
홍도동 325
홍봉한(洪鳳漢) 340
홍수동(紅樹洞) 258
홍유룡(洪有龍) 441
홍제원(弘濟院) 269,286
홍화동 282
화덕 242
화수(和水) 206,225
화양정 306
화주(化主) 220
환곡제 478
환도 96

환봉(換捧) 499
황토마루 29,41,81,98,161
회안국(淮安國) 374
회현방 172
횡간(橫看) 499
효경교 42
후서강단(後西江團) 60
후직신(后稷神) 252
훈도방 109,155,162,172
훈련도감 40,184,199
휘양 131
휴지전 48,172
휴한법(休閑法) 249
흑도 386
흑립전 126
흑석참(黑石站) 429
흙다리 103
흥원창(興元倉) 203,204,313
흥인문 41
흥천사(興天寺) 161

1997년 3월 10일 초판 발행 / 2006년 5월 30일 3쇄 발행

저　자 / 최완기

펴낸이 / 양철우

펴낸곳 / (주)교학사

주　소 / 서울특별시 마포구 공덕동 105-67
　　　　　(공장) 서울특별시 금천구 가산동 319-7

전　화 / 02-7075-100(대표전화)
　　　　　02-7075-153~6(영업)

등　록 / 제 18-7호(1962. 6. 26)

편　집 / 양기주 / 김선중

디자인 / 이정국 / 오흥환

정가 20,000원

ISBN 89-09-12188-2-93900